U0593272

国家出版基金项目
NATIONAL PUBLICATION FOUNDATION

欧亚历史文化文库

总策划 张余胜

兰州大学出版社

杜 撰 集

丛书主编 余太山

杜斗城 著

图书在版编目(CIP)数据

杜撰集 / 杜斗城著. —兰州:兰州大学出版社,
2013.5
(欧亚历史文化文库/余太山主编)
ISBN 978-7-311-04271-4

Ⅰ.①杜… Ⅱ.①杜… Ⅲ.①佛教—文集 ②佛教—宗
教考古—文集 ③敦煌学—文集 Ⅳ.①
B948-53 ②K870.6-53

中国版本图书馆 CIP 数据核字(2013)第 233711 号

总 策 划　张余胜

书　　名　杜撰集
丛书主编　余太山
作　　者　杜斗城　著
出版发行　兰州大学出版社　　(地址:兰州市天水南路 222 号　730000)
电　　话　0931-8912613(总编办公室)　　0931-8617156(营销中心)
　　　　　0931-8914298(读者服务部)
网　　址　http://www.onbook.com.cn
电子信箱　press@lzu.edu.cn
印　　刷　天水新华印刷厂
开　　本　700 mm×1000 mm　1/16
印　　张　35.5(插1)
字　　数　475 千
版　　次　2013 年 9 月第 1 版
印　　次　2013 年 9 月第 1 次印刷
书　　号　ISBN 978-7-311-04271-4
定　　价　108.00 元

(图书若有破损、缺页、掉页可随时与本社联系)
淘宝网邮购地址:http://lzup.taobao.com

作者与星云大师2003年秋摄于台北

作者与南怀瑾先生1996年夏摄于香港南怀瑾先生家中

出 版 说 明

　　随着 20 世纪以来联系地、整体地看待世界和事物的系统科学理念的深入人心，人文社会学科也出现了整合的趋势，熔东北亚、北亚、中亚和中、东欧历史文化研究于一炉的内陆欧亚学于是应运而生。时至今日，内陆欧亚学研究取得的成果已成为人类不可多得的宝贵财富。

　　当下，日益高涨的全球化和区域化呼声，既要求世界范围内的广泛合作，也强调区域内的协调发展。我国作为内陆欧亚的大国之一，加之 20 世纪末欧亚大陆桥再度开通，深入开展内陆欧亚历史文化的研究已是责无旁贷；而为改革开放的深入和中国特色社会主义建设创造有利周边环境的需要，亦使得内陆欧亚历史文化研究的现实意义更为突出和迫切。因此，将针对古代活动于内陆欧亚这一广泛区域的诸民族的历史文化研究成果呈现给广大的读者，不仅是实现当今该地区各国共赢的历史基础，也是这一地区各族人民共同进步与发展的需求。

　　甘肃作为古代西北丝绸之路的必经之地与重要组

成部分,历史上曾经是草原文明与农耕文明交汇的锋面,是多民族历史文化交融的历史舞台,世界几大文明(希腊—罗马文明、阿拉伯—波斯文明、印度文明和中华文明)在此交汇、碰撞,域内多民族文化在此融合。同时,甘肃也是现代欧亚大陆桥的必经之地与重要组成部分,是现代内陆欧亚商贸流通、文化交流的主要通道。

基于上述考虑,甘肃省新闻出版局将这套《欧亚历史文化文库》确定为2009—2012年重点出版项目,依此展开甘版图书的品牌建设,确实是既有眼光,亦有气魄的。

丛书主编余太山先生出于对自己耕耘了大半辈子的学科的热爱与执著,联络、组织这个领域国内外的知名专家和学者,把他们的研究成果呈现给了各位读者,其兢兢业业、如临如履的工作态度,令人感动。谨在此表示我们的谢意。

出版《欧亚历史文化文库》这样一套书,对于我们这样一个立足学术与教育出版的出版社来说,既是机遇,也是挑战。我们本着重点图书重点做的原则,严格于每一个环节和过程,力争不负作者、对得起读者。

我们更希望通过这套丛书的出版,使我们的学术出版在这个领域里与学界的发展相偕相伴,这是我们的理想,是我们的不懈追求。当然,我们最根本的目的,是向读者提交一份出色的答卷。

我们期待着读者的回声。

总序

　　本文库所称"欧亚"(Eurasia)是指内陆欧亚,这是一
个地理概念。其范围大致东起黑龙江、松花江流域,西抵
多瑙河、伏尔加河流域,具体而言除中欧和东欧外,主要
包括我国东三省、内蒙古自治区、新疆维吾尔自治区,以
及蒙古高原、西伯利亚、哈萨克斯坦、乌兹别克斯坦、吉
尔吉斯斯坦、土库曼斯坦、塔吉克斯坦、阿富汗斯坦、巴
基斯坦和西北印度。其核心地带即所谓欧亚草原
(Eurasian Steppes)。

　　内陆欧亚历史文化研究的对象主要是历史上活动
于欧亚草原及其周邻地区(我国甘肃、宁夏、青海、西藏,
以及小亚、伊朗、阿拉伯、印度、日本、朝鲜乃至西欧、北
非等地)的诸民族本身,及其与世界其他地区在经济、政
治、文化各方面的交流和交涉。由于内陆欧亚自然地理
环境的特殊性,其历史文化呈现出鲜明的特色。

　　内陆欧亚历史文化研究是世界历史文化研究中不
可或缺的组成部分,东亚、西亚、南亚以及欧洲、美洲历
史文化上的许多疑难问题,都必须通过加强内陆欧亚历
史文化的研究,特别是将内陆欧亚历史文化视做一个整

体加以研究,才能获得确解。

中国作为内陆欧亚的大国,其历史进程从一开始就和内陆欧亚有千丝万缕的联系。我们只要注意到历代王朝的创建者中有一半以上有内陆欧亚渊源就不难理解这一点了。可以说,今后中国史研究要有大的突破,在很大程度上有待于内陆欧亚史研究的进展。

古代内陆欧亚对于古代中外关系史的发展具有不同寻常的意义。古代中国与位于它东北、西北和北方,乃至西北次大陆的国家和地区的关系,无疑是古代中外关系史最主要的篇章,而只有通过研究内陆欧亚史,才能真正把握之。

内陆欧亚历史文化研究既饶有学术趣味,也是加深睦邻关系,为改革开放和建设有中国特色的社会主义创造有利周边环境的需要,因而亦具有重要的现实政治意义。由此可见,我国深入开展内陆欧亚历史文化的研究责无旁贷。

为了联合全国内陆欧亚学的研究力量,更好地建设和发展内陆欧亚学这一新学科,繁荣社会主义文化,适应打造学术精品的战略要求,在深思熟虑和广泛征求意见后,我们决定编辑出版这套《欧亚历史文化文库》。

本文库所收大别为三类:一,研究专著;二,译著;三,知识性丛书。其中,研究专著旨在收辑有关诸课题的各种研究成果;译著旨在介绍国外学术界高质量的研究专著;知识性丛书收辑有关的通俗读物。不言而喻,这三类著作对于一个学科的发展都是不可或缺的。

构建和发展中国的内陆欧亚学,任重道远。衷心希望全国各族学者共同努力,一起推进内陆欧亚研究的发展。愿本文库有蓬勃的生命力,拥有越来越多的作者和读者。

最后,甘肃省新闻出版局支持这一文库编辑出版,确实需要眼光和魄力,特此致敬、致谢。

余太山

2010 年 6 月 30 日

代序（赵俪生）

　　斗城同志叫我在他这本新著前写点什么，这我不能推辞，也不愿推辞。但是，把到家的话说出来，我是不配给这本大著作序的，理由很简单，我在佛学、佛经、佛教史诸方面的根底和素养，远远盖不过这本书所涉及的范围。由我来写序，实在是一种"僭越"。但他提出来这个意思，也许由于我的岁数几乎是他岁数的一倍。对此，我谨表感谢。

　　但也并不是说，我与这本书的内容毫无毗连之处的。从三十几岁，我在从事"十六国史""北魏史"的学习过程中，就一眼盯上了北凉，一眼盯上了沮渠家，一眼盯上了昙无谶这个和尚，直觉地感觉到从这中间能抖搂出很多东西来，但由于个人的兴趣太泛太杂，一转眼被别的题目挡掉了，几十年来每一提及，总觉得是一块心病。

　　当代，有人宣扬，不须读内容就可以写序。惭愧，我没有那种本领（这也证明，我属于更低一个档次的人类）。两天以来，我老实巴交地读着《北凉译经论》这100个打印页的内容，感到精神上得到了平生未有过的享受和满足。当年我想抖搂的东西,现在由我的同事抖搂出来了。他比我年轻,他比我精力旺盛,他比我佛经根底深厚得多,兼以对河西石窟的熟悉等优势,所以由他来表达这段历史底蕴,是顺理成章的,合情合理的。我感到了一种暮年人少有的心情上的愉悦。

我与斗城同校同系,凡同事近 20 年,但我们过从甚疏,无杯酒之欢,只是在采购生活日用品的店铺里遇见,彼此相跟走一段马路,交流交流各自的心得、心情而已。但我很早就预感到,此人的能量是非凡的。现在这种预感已逐渐显影了。我愿在我还活着的时候,能够亲眼看到这种能量的更汹涌的宣泄。是为序。

赵俪生　时年 79

1995 年 8 月 12 日于兰州大学

目录

3

1 关于敦煌人宋云西行的
几个问题

北魏一代,佛教风行,魏明帝时,曾派宋云(甘肃敦煌人)、惠生向·西域求经,取回大乘妙典一百七十部。这是中西交通史上的一件大事。宋云这次西使之后,著有《宋云家纪》一书,惜其书在唐以后失传。由于正史无传,宋云的生平事迹不详。幸亏《洛阳伽蓝记》的作者杨衒之独具慧眼,把《宋云家纪》作为《洛阳伽蓝记》卷5的主要内容而引用,才得以保留宋云西行的梗概。这篇材料详细记载了宋云等人西行所经诸国的政治人物、风俗地理、宗教文化、山川河流等各方面的情况,故为治中西交通史者所重视。关于宋云西行的许多问题学术界至今还存在着不同说法,本文拟谈三个问题。

1.1 关于宋云西行的年代问题

关于宋云西行的年代,由于史书上的记载各有不同,至今还无统一的说法。周祖谟先生以《洛阳伽蓝记》说法为是。黄盛璋先生等主《魏书·释老志》之说,直至最近,有些文章还持此说。为了说明问题,我们先看以下材料:

(1)《洛阳伽蓝记》卷5"凝玄寺"条下曰:"闻义里有敦煌人宋云宅,云与惠生皆使西域也。神龟元年十一月冬……初发京师","至正光二年二月始还天阙。"[1]

(2)《魏书》卷114《释老志》曰:"熙平元年,诏遣沙门惠生使西域,

---

[1]〔魏〕杨衒之撰,周祖谟校释:《洛阳伽蓝记校释》,中华书局1963年版,第182-183、224页。

·欧·亚·历·史·文·化·文库·

采诸经律。正光三年冬,还京师。"[1]

(3)《魏书》卷102《嚈哒传》曰:"熙平中,肃宗遣王伏子统宋云、沙门法力等使西域,访求佛经。"[2]

(4)《北史》卷97《西域传》曰:"初,熙平中,明帝遣剩伏子统宋云、沙门法力等使西域,访求佛经,时有沙门慧生者,亦与俱行。正光中,还。"[3]

(5)《隋书·经籍志》曰:"熙平中,遣沙门慧生使西域,采诸经律,得一百七十部。"[4]

(6)《资治通鉴》卷148《梁纪·天监十七年》曰:"魏胡太后遣使者宋云与比丘惠生如西域求佛经。"[5]

(7)《释迦方志》卷下《游履篇》曰:"后魏神龟元年,敦煌人宋云及沙门道生等,从赤岭山傍铁桥至乾陀卫国雀离浮图所,及返,寻于本路。"[6]

从以上材料中可以看出,宋云等人出使西域的年代有神龟元年、熙平元年、熙平中三说。甚至同一《魏书》,说法也是矛盾的。至于宋云同谁出使西域,说法也各有不同,这里存而不论。由于史书上记载的这种混乱,后人引用时也各据一书,所以不同的说法就难免了。

我们认为周祖谟先生的观点应当引起重视,即宋云出使年代,应为神龟元年,即以《洛阳伽蓝记》的说法为是。

首先,上列各书,据杨衒之自叙可知,《洛阳伽蓝记》成书在东魏武定五年,即公元547年。而魏收《魏书》成于北齐天保五年,即公元554年。可见,《洛阳伽蓝记》成书要早一些。更主要的是《洛阳伽蓝记》引用了作者杨衒之亲手录的《宋云家纪》,并参考了《惠生行纪》,系第一

〔1〕《魏书》卷114《释老志》,中华书局1974年版,第3042页。

〔2〕《魏书》卷102《嚈哒传》,第2279页。

〔3〕《北史》卷97《西域传》,中华书局1974年版,第3231-3232页。

〔4〕《隋书》卷35《经籍志》,第1098页。

〔5〕[宋]司马光著,[元]胡三省注:《资治通鉴》卷148《梁纪四》"武帝天监十七年(518)",中华书局1956年版,第4640页。

〔6〕《大正藏》第51册,第969页。

手资料,应为可靠信史。

其次,《洛阳伽蓝记》载有具体日程,这是考证宋云出使西域年代最有力的证据。周祖谟先生指出:"依本文所记惠生行历年月考之,自以作神龟元年为是。"这是很正确的。《洛阳伽蓝记》云:"神龟元年十一月冬……初发京师,西行四十日至赤岭,即国之西疆也。"赤岭即今青海境内日月山,朱驹波国在今新疆叶城境内,宋云走完这一段路程用的时间是从神龟元年十一月至第二年七月,共历时 9 个月左右。计其行程,从洛阳至赤岭,行四十日,因在国内故行速;从赤岭至朱驹波,行约 7 个月左右,因在西域诸国,交使盘桓,加之这一段路程艰难,又值隆冬,故行缓。以日程考之,宋云出使的年代,当以神龟元年较为妥当。如按《魏书》熙平元年或熙平中之说,则宋云从赤岭至朱驹波国就用了将近二至三年的时间,也就是说宋云用了二至三年的时间还没有走出我国的新疆,这显然是不符合事实的。

另外,持《洛阳伽蓝记》之说的还有《释迦方志》和《资治通鉴》。前者是佛教徒所著的专书,而后者取材之严也是史家公认的。《资治通鉴》引此事为"梁天监十七年",即北魏神龟元年。而熙平元年之说,除《魏书·释老志》外,还没有发现其他佐证的资料。至于熙平中的说法,虽有李延寿的《北史》和《隋书·经籍志》及《魏书·嚈哒传》。但前面书均系唐人之作,后者更是宋人根据《北史》补入,所以是不足为据的。且"熙平中"本身也是一个大概的说法。

因此,我们认为宋云出使的年代应根据《洛阳伽蓝记》的记载,熙平之说是不可靠的。

1.2　宋云所经吐谷浑城的位置问题

宋云西行所经的"吐谷浑城"应在何处,这是一个有关研究中西交通史的重要问题,但对这个问题史学界也有不同意见。

宋云这次西行,并没有走"河西走廊"这条大道,而是经主要统治领域在今青海北部的吐谷浑国。我们知道,两晋南北朝以来,河西"丝路"常常被阻,以致有许多旅行家不得不走比河西走廊更为艰巨难行的青海道。但是,宋云在青海境内的这段行程,《洛阳伽蓝记》卷5叙述略而不详,故其具体路线很模糊,有许多问题还有待于讨论。上面所提到的"吐谷浑城"的问题就是其中一例。

据《洛阳伽蓝记》卷5的记载,宋云等人于神龟元年十一月,从京师洛阳出发,"西行四十日至赤岭"。"发赤岭,西行十三日,渡流沙,至吐谷浑国。路中甚寒,多饶风雪,飞沙走砾,举目皆满,唯吐谷浑城左右暖于余处"。"从吐谷浑西行三千五百里,至鄯善城"。有人认为上面所提到的"吐谷浑城"即今青海湖西岸、布哈河下游南侧发现的"伏俟城"。此说是值得商讨的。《吐谷浑故都——伏俟城发现记》一文中说:"宋云、惠生西行求法所经,由赤岭出吐谷浑国(伏俟城),经鄯善、左末、于阗越葱岭后以入印度者。"[1]同文还认为伏俟城的建立应在吐谷浑王伏连筹时代。我们认为这些看法,理由皆欠妥当。一、宋云等人从洛阳出发,四十日达赤岭,"发赤岭,西行二十三日,渡流沙,至吐谷浑国"。可见,他们从洛阳到吐谷浑城共用了63天时间。如前所述,宋云出发的年代为神龟元年十一月,加上这63天,他们到达吐谷浑城的时间应是第二年一月左右。据青海省文管会同志说,伏俟城周围冬天均很冷,这和《洛阳伽蓝记》上"唯吐谷浑城左右暖于余处"的记载很不相符。另外,从赤岭到伏俟城步行七八天可到,不须23日,而且途中不经"流沙"。二、翻赤岭后西行,位置偏北的伏俟城并非必经之地,若此城为"吐谷浑城",则宋云的行纪对青海湖景观就应有涉及,奇怪的是,宋云记载了沿途所见的许多事情和吐谷浑城"左右"的情况,而恰恰对偌大的青海湖一句也没提及,这可为宋云未经伏俟城之反证。三、说伏俟城是伏连筹所建,同样是缺乏根据的。《魏书·吐谷浑传》曰:"伏连筹死,子夸吕立,居伏俟城。"这里虽然没有讲伏俟城为夸吕所建,但特别突出了"夸吕立,居伏俟城",也就说明了伏连筹与伏俟城没有多大关系。考伏连筹率大军助魏镇压过莫折念生起义,这次起义发生在北魏正光五年(524)。伏连筹死于何时,魏书虽没讲明,但至少正光五年他还活着,而宋云是正光三年回到洛阳的。也就是说,在伏连筹时代使经吐谷浑国的宋云,当然也就看不到夸吕所居的吐谷浑都城了。

据上述三点,"伏俟城"即是宋云所经的"吐谷浑城"之说当不能成立。关于"吐谷浑城"的位置,新版《中国历史地图集》第四册图50—51标其具体地点在今青海都兰。夏鼐先生认为"应该在今日柴达木盆地"[1]但我们认为,宋云所经的吐谷浑城,应在都兰更西南的巴隆一带。因为巴隆地处柴达木盆地南沿,河流纵横,绿洲密布,这和《洛阳伽蓝记》中"唯吐谷浑城左右暖于余处"的记载相符。又以行程考之,从赤岭至此,"二十三日"可达。更能说明问题的是,有人考证被吐谷浑几代首领视为军事要点的"白兰"就在巴隆一带[2]我们认为此说可取。《魏书》中经常看到吐谷浑"退保白兰"的记载。当时吐谷浑东边的主要对手是北魏,吐谷浑一旦被北魏打败,往往"退保白兰"。早在吐谷浑首领吐延死时,就叮咛其子和部下,"吾气绝,棺敛讫,便速去保白兰";又太延二年(436)吐谷浑首领慕利延被北魏打败,"走白兰",北魏又讨之于白兰,慕利延驱部"渡流沙"逃入于阗,杀其国王,南征罽宾;又吐谷浑首领拾寅时"保白兰",魏分南北两路讨之[3]由此可见,白兰是吐谷浑的重要据点,通于阗又很方便,途中又有"流沙",这和《洛阳伽蓝记》关于"吐谷浑"城的记载暗合。加之吐谷浑几代首领皆在此活动,因而"吐谷浑"城就是文献记载的白兰,问题不会太大。至于青海湖西岸的伏俟城,则应是吐谷浑从夸吕开始所居的都城。

如以上述,宋云西行经过的"吐谷浑城"位置在柴达木盆地东南沿的巴隆,那么,宋云在今青海和新疆境内的行程就大致如下:越赤岭后,由青海湖南西行,进入柴达木盆地,再沿柴达木盆地南沿西行,越阿尔金山,进入塔里木盆地,又从塔里木盆地南沿也就是由通常所说的"南

[1]夏鼐:《青海西宁出土的波斯萨珊朝银币》,载于《考古学报》1958年第1期,第109页。
[2]吴景敖:《西陲史地研究》,上海:中华书局1948年版,第5—6页。
[3]分别参阅《魏书》卷101《吐谷浑传》,第2234页;《魏书》卷102《于阗传》,第2263页;《北史》卷96《西域传》,第3183页。

道"西行,至今新疆塔什库尔干地区(当时的汉盘陀国)后,越葱岭到达天竺。在宋云之前的吐谷浑首领慕利延也大概是沿着这条路线从白兰逃入于阗的。这条大道也就是今天还继续采用的从格尔木西行翻阿尔金山通塔里木盆地南沿的青新公路,当然,其具体路线就不一定完全相同了。

1.3　相传吕光所造"无胡貌"的佛像问题

《洛阳伽蓝记》卷5说宋云"从鄯善西行一千六百四十里,至左末城……城中图佛与菩萨,乃无胡貌,访古老,云是吕光伐胡时所作"。"左末"又作且末,《魏书》卷120《西域传》曰:"且末国都且末城,在鄯善西去代八千三百里。"宋云所经"左末城"虽非近代新疆且末县治,但不可能距此太远。这个地方处在塔里木盆地南沿,宋云在这里看到了没有胡貌的"佛与菩萨"是很有意思的。"乃无胡貌"即是相对中原地区汉化了的佛教造像来说的。我们知道,佛教艺术刚刚传入中国后,还没来得及完全中国化以前,其西方因素还是很多的。如属于云冈石窟第一期的18、19、20窟,麦积山的78窟,炳灵寺的169窟中西秦建弘元年的造像,都保留着较多的西方因素。董玉祥先生在《炳灵寺石窟的分期》中说:建弘元年左右的造像,无论佛与菩萨,皆"形体高大、面相圆润、高鼻深目、细眉薄唇,具有一种古朴而雄健,敦厚又朴实的风格,佛身着通肩大衣或半披肩袈裟,质地较轻薄,躯体轮廓清晰可见"[1]这种情况虽然不是照搬西方,但是其受中印度秣菟罗式造像的影响是很明显的。在敦煌的早期石窟中也具有这种风格。但后来,这种情况发生了变化,在云冈第二期晚期的石窟中,不管是石窟形制和石窟内的装饰,还是佛像的制作,都发生了明显的变化,"中国传统的建筑形式及其装饰,日益增多",佛像的制作,不但面相变化了,连服装"也换上

---

〔1〕董玉祥:《炳灵寺石窟的分期》,参见《中国考古学会第一次年会论文集(1979)》,文物出版社1980年版,第349页。

了中原流行的新型的褒衣博带式的样式"。[1] 我国著名考古学家宿白先生指出:"外来的佛教石窟艺术,在北中国,就是在这个时期(即云冈第二期,本文作者注),较显著地开始了逐渐中国化。"但宋云西行时在左末城看到的"乃无胡貌"的佛像,据"古老云"是"吕光伐胡时所作",这是很令人费解的事情。"吕光伐胡"当指吕光伐龟兹击西域一事,其事在公元383年,即十六国早期的前秦时代,属于这个时期"乃无胡貌"的佛教像在我国还没有发现过。从现存的遗物来看,"乃无胡貌"这种汉化了的佛教艺术的出现,最早才到云冈的二期。这期的时间"大约自文成帝以后以迄太和十八年(494年)迁都洛阳以前的孝文帝时期,即465—494年"。[2] 这就证明,"吕光伐胡"时作"无胡貌"的佛像之说是不可信的。我自己推测,这可能是左末城的"古老"搞错了。但是,宋云的发现给我们提出了一个问题,即最晚在宋云西行之前,在今天新疆腹地就有中原式的佛教造像了。因此,我们在谈论西方佛教艺术对东方的影响时,不能忽视中原化了的佛教艺术对西方的影响。

（本文原载于《甘肃社会科学》1982年第2期）

---

〔1〕宿白:《云冈石窟分期试论》,载于《考古学报》1978年第1期,第27页。

〔2〕宿白:《云冈石窟分期试论》,载于《考古学报》1978年第1期,第26—27页。

2 魏晋南北朝时代河西僧人的
西行与南下

本篇题目虽曰《魏晋南北朝时代河西僧人的西行与南下》,其实所牵扯的人物不限于"河西",而包括了整个甘肃,但河西僧人所占的比例却要大得多。这里说的"西行",是指去西域;所谓"南下",是指从河西去当时的南朝。所涉及的人物大都在魏晋南北朝时代。我们想通过对这些人物事迹的论述,谈谈当时河西在佛教文化交流中的地位及河西僧人对南朝的影响等问题。

2.1

关于中国僧人西行的问题,很早就有人注意了。张星烺先生的《中西交通史料汇编》[1]就搜集了这方面的大量资料,其书所录魏晋南北朝时代西行僧人共 11 人,始于曹魏朱士行,终于宋云、惠生。其中河西僧人有智严、宝云、慧览、宋云 4 人,从其比例来看,所录河西僧人,已不算少了。但河西西行者并不止这 4 人。当然,张先生是着眼于"交通"史料的,有些人物录入其书的意义并不太大。但如果从另外一个角度来看,这些人物的活动同样是重要的,下简述其事迹便明之。

竺法护,原籍月氏,后"世居敦煌",8 岁出家,从天竺大德竺高座学佛。他看到当时"寺庙图像,虽崇京邑"而"方等深经,蕴在葱外",故决意西行,于是他便同老师一同去西域求法。法护很快通晓了西域各国的语言,携带了大量佛教典籍回到长安。他后半生的精力,几乎都用在佛经的翻译上。大概为了更确切地翻译某种佛典,他常常往来于敦煌、

---

[1] 张星烺编注,朱杰勤校订:《中西交通史料汇编》,中华书局 1977 年版。

长安、洛阳等地。竺法护在长安青门外立寺修行,各地道俗从学者竟达千余人。《出三藏记集》卷13《法护传》说:"法经所以广流中华者,护之力也",可见其对中国佛教的影响之大。他译的佛经,数量庞大,种类繁多,"言准天竺,事不加饰",以其忠实于原文而为后世称道。法护一生译经159部,309卷,现存下来的还有85部,191卷。[1] 这里值得一提的是西晋太康五年(284),他还在敦煌译出过《修行道地经》和《阿惟越致遮经》。10年后,又在酒泉译出过《圣法印经》。他的弟子竺法乘,后来在敦煌建寺延学,影响很大。大概由于法护世居敦煌,又名扬中外,所以被誉为"敦煌菩萨"。

宝云,凉州人,云于东晋隆安中在张掖遇到法显,同去西域,至佛楼沙分别。《法显传》谓宝云先归,《高僧传》卷3《宝云传》及《历代三宝记》卷10皆言宝云历游天竺诸国,遍学梵书音学诂训,后还长安,不久南下江左。《高僧传》还说宝云游历天竺诸国,"别有本传",《隋书·经籍志》和两唐志皆录宝云《游历外国传》一书,可惜今佚。

智严,西凉州人,严"每以本域丘墟,志欲博事名师,广求经诰",亦于东晋隆安中在张掖遇法显后一同西行,严在敦煌与法显分别,稍停之后又西行,又返高昌"求行资"。后继续西行达罽宾,从佛陀先比丘咨受禅法。3年后又请罽宾禅匠佛陀跋陀罗"逾越沙险,达自关中"。东晋义熙十三年(417),刘裕西伐长安,智严受请南下建康始兴寺。《高僧传》卷3《智严传》说智严"积年禅观,而不能自了,遂更泛海,重至天竺",后来又步归罽宾,"无疾而化"。智严先后从陆海两路去天竺,这在西行的僧人中还是少有的。

竺道曼,凉州人。《出三藏记集》卷11《比丘尼大戒·序》曰"凉州道人竺道曼,于丘慈(龟兹)因此异事来与敦煌道人"云云,可见竺道曼也是去过西域的。《比丘尼大戒》末有"秦建元十五年十一月五日岁在鹑尾"的题记,可知道曼为前秦时人。

---

[1]竺法护译经,各《经录》记载不同,此处从吕澂先生《谈新编汉文大藏经目录译本部分的编次》一文所说。见吕澂编:《新编汉文大藏经目录》,齐鲁书社1980年版,第7页。

道泰,凉州人。北凉沮渠氏时,道泰"杖策冒险,爰至葱西",取回《大毗婆沙经》等胡本 10 万余偈。凉王沮渠牧犍对此经特别重视,请西域沙门佛陀跋摩同道泰及其他北凉僧人一起在凉城内苑闲豫宫寺译出。由于此经为有部所依据的主要经典,且卷数浩大,先后经 300 多人考文详义,历经几年方迄。此经后来虽然散失了不少,但道泰的功绩历来为释家称道。[1]

沮渠京声,为北凉王沮渠蒙逊从弟,位列安阳侯。京声曾渡"流沙至于阗",在于阗从禅师佛陀斯那受《禅要》《秘密治禅病经》,又于高昌得观世音弥勒二观经各一卷。北凉亡后,沮渠京声南奔宋。[2]

昙学、威德,《出三藏记集》卷 9《贤愚经记》云:"河西沙门释昙学、威德等,凡有八僧,结志游方,远寻经典",在于阗大寺遇到 5 年一度的佛教结集,这里"三藏诸学,各弘法宝,说经讲律,依业而教,学等八僧随缘分听,于是竞习胡音,折以汉义,精诚通译,各书所闻。还至高昌,乃集为一部。既而逾越流沙赍到凉州,于是沙门释慧朗,河西宗匠……故因事改名,号曰《贤愚》焉。元嘉二十二年岁在乙酉,始集此经。京师天安寺沙门释弘宗者……此经初至,随师河西"。[3] 从上文可知,昙学、威德共 8 人出使西域,可惜其余几人佚名。

玄畅,金城人,后往凉州出家,曾从北方著名禅师玄高受学。北魏太武帝灭佛,玄畅南逃扬州。《高僧传》卷 11《释法期传》说法期为玄畅弟子,学业过人,畅很赞赏,因而叹曰:"吾自西至流沙,北履幽漠,东探禹穴,南尽衡罗。唯见此一子,特有禅分。"可见玄畅也曾西行。[4]

法献,西海延水人。献闻智猛等人西游,"备睹灵异,乃誓欲忘身,往观圣迹"。南朝宋元徽三年(475)献"发踵金陵,西游巴蜀,路出河南,道经芮芮。既到于阗,欲度葱岭,值栈道断绝,遂于于阗而返"。献曾在于阗得到佛牙、佛像,后南下建康。[5]

〔1〕见《出三藏记集》卷 10《毗婆沙经序》,第 80 页。
〔2〕沮渠京声事迹分别见于《出三藏记集》有关部分及《高僧传》卷 2《昙无谶传》。
〔3〕《大正藏》第 55 册,第 67 页。
〔4〕〔梁〕慧皎撰:《高僧传》卷 8《玄畅传》,中华书局 1992 年版,第 314-316 页。
〔5〕《高僧传》卷 13《法献传》,第 488 页。

慧览,酒泉人。"览曾游西域,顶戴佛钵",在罽宾从达摩比丘咨受禅要等法。后还于阗,不久东归,"路由河南。河南吐谷浑慕延世子琼等,敬览德问,遣使并资财,令于蜀立左军寺,览即居之。后移罗浮天宫寺"。览不久又东下建康,止钟山定林寺。[1]

宋云,敦煌人。云于北魏神龟元年十一月,与惠生等人西行,他们西行的路线是越赤岭(今青海省境内的日月山)至吐谷浑国,达鄯善、于阗等地后越葱岭进入天竺诸国。宋云这次西行取回"大乘妙典一百七十部"。其事迹详载于《洛阳伽蓝记》卷5。《隋书·经籍志》录有《宋云家纪》,两唐志皆录《宋云以西十一国事》,可惜皆佚。

以上共列了13名河西西行的僧人,这些人西行的背景虽各有不同,但大多数是为了访求名师,瞻仰"圣迹",学习梵文或取佛经的。这13人中,有6人后来回到了江南,在南朝佛教界很有影响。

当时的南朝,活动着很多北方僧人,在北方僧人中,以河西僧人最多。其有可靠记载,且事迹突出者,除前面提到的6名外,还有很多,如敦煌单道开、竺昙猷、于道邃、道法、法颖、超辩,凉州道猛、法成、僧候、弘充,陇西僧镜、法瑗,安定道温、僧慧等人。[2]

2.2

上文所述的22名在南朝活动的河西僧人,如按其"学业"来分,可成2类:一类是"专精禅业"的"禅师";一类是"内外兼综""学业高明"的"义学"僧人。

所谓"禅",是梵语的音译,意译为"思惟修""静虑""弃恶"等。禅的同义语为"定",所以佛经上往往"禅定"连称,其实它是佛教的一种修行方法。我国北朝以前的石窟,往往和僧人习禅有关。敦煌莫高窟

---

〔1〕《高僧传》卷11《慧览传》,第418页。

〔2〕以上16人《高僧传》皆有传,有些也见于《补晋书·艺文志》卷1-4、《魏书·释老志》卷114等正史。本文多从《高僧传》,因其书只有14卷,且有目录,一览便知,故下再不一一注明出处。

就有跏趺端坐而习禅的僧人形象。[1] 僧人坐禅,并不是一件简单的事情。坐禅需要思想高度集中,不能胡思乱想,有点类乎今天气功中的"静功"。这种宗教修养方法又可分为好几个阶段,但主要的要求是一心"观佛",美化佛。另一方面是通过苦思冥想,修心见性,从而达到离俗厌世、否定人生、"以求解脱"的目的。这种修行方法,在十六国北朝时代是非常流行的。当时佛教徒讲经,甚至被认为是"比丘中第一粗行"[2],而"坐禅苦行"者往往得升天堂。这种情况,正是"五胡十六国"以来,北方文化落后、社会极度黑暗的反映。"禅法"的流行,也正适应了北方"胡族"统治者的需要。这是因为在当时阶级矛盾和民族矛盾都非常尖锐的情况下,统治阶级所需要的是"摄心守道,志在禅诵,不干世事,不作有为"[3]的佛教徒等。正因为这样,北方当时禅风非常流行。因此,也出了很多禅师,也修造了很多"禅窟"[4],河西地区的情况尤其是这样。上面我们提到的几个南下的河西禅师,其中有些人就曾与"杖策西秦,隐居麦积山"的北方著名禅匠玄高有过来往,也是很能说明问题的。

当时的南朝,在很大程度上还保留有止始"玄风",因为南朝佛教与玄学关系极为密切,所以南朝僧人往往重视"理论",对于"禅修"之类是不太重视的。所谓"江南佛法,弘重义门",即指此况。这种风气,和北方重视实修的风尚大为不同。南方只是在宋初曾一度流行禅法。这时的南朝禅风之兴,河西僧人所起的作用很大。如慧览早就和北方著名禅师玄高同以"寂观"见称,后游西域,在罽宾从达摩比丘受禅谙要,览南下建康后,宋文帝请其住钟山定林寺,后又住中兴寺,览在建康"禅僧皆随踵受业"。又如僧隐,很早就从玄高受禅,尽解禅门律要,宋初至江陵琵琶寺,"名重当时,道扇方外",使"禅慧之风被于荆楚"。刺史王若等名士也"税驾禅房,屈膝恭礼",可见其人在这里的影响。又

---

[1]见敦煌莫高窟 285 窟南北壁小窟顶。

[2][魏]杨衒之撰,周祖谟校释:《洛阳伽蓝记校释》,中华书局 1963 年版,第 76 页。

[3][魏]杨衒之撰,周祖谟校释:《洛阳伽蓝记校释》,中华书局 1963 年版,第 77 页。

[4]北朝以前的石窟,多与僧人"行禅"有关,这个问题,宿白、刘慧达、贺世哲诸先生都有文章论及。

如道法由于"专精禅世"被请为成都兴乐、香积二寺主。以上这些事实都说明河西僧人对当时南朝"禅法"的流行起了很大的作用。

但是,在南下的河西僧人中,更多的是能翻译佛经、精通佛典、深解佛义的"义学"僧人。这些人和前面讲的那些只重视"实践"的禅师不同,他们能够注意从"理论"上宣传佛教,其对南朝佛教的影响更大、更深刻。

东晋、南朝时期,南方佛教处于重要的发展阶段,南方无论是佛经的翻译还是佛理的探研,都很兴盛。但在南方佛经的翻译中,河西僧人的贡献是不可忽视的。如智严、宝云从西域回来后,都来到南方。他们共同在建康枳园寺译出过《普耀》《广博严净》《四天王》等经。宝云还独译过《新无量寿经》《佛本行赞》等。《高僧传》卷3《宝云传》说宝云止京师(建康)道场寺,"众僧以云志力坚猛,弘道绝域,莫不披衿咨问,敬而爱焉",又说"晚出诸经,多云治定,华梵兼通,音训允正,云之所定,众咸信服……江左译梵,莫逾于云"。可见宝云在当时译经中的作用了。又如沮渠京声,在北凉灭后,南奔刘宋,"晦志卑身,不交世务","拒绝妻孥,无欲利禄",在南方译出了他去西域时在于阗得到的《观世音弥勒二观经》。此外,还曾译出了《佛母泥洹经》等。大概由于河西地接西域,这里懂梵文和西域地区文字的僧人很多,这些人不但翻译佛经,还为南朝僧人所译的佛经做"刊定"工作。如玄畅去荆州长沙寺,值沙门功德直出《念佛三昧经》,畅为其"刊正文字,辞旨婉切"。

河西僧人在南朝除了译经之外,还有"注经""疏经"的。如凉州弘充,在南朝时就曾对《文殊问菩提经》及《首楞严经》作过注;陇西僧镜也曾对《法华》《维摩》《泥洹》等经作过"义疏"。耐人寻味的是僧镜的"义疏"选择了《法华》《维摩》《泥洹》等经。

《维摩经》中描写的维摩是一个居士(不出家而信佛的人),其人有广大的田园财产,有妻子有儿女。维摩病了,佛派弟子去问疾,大家都不敢去,因为维摩虽然没有出家,但对佛教理论的熟悉和修行要比佛的弟子高得多,而且特别善于辩论。《维摩经》中说维摩家中"资财无量",他本人"奉戒清净",虽然富有,但不为物累。他"入诸淫舍,示欲之过;入诸酒肆,能立其志"。这就是说维摩虽然吃喝玩乐,但与一般人的吃喝玩乐是不同的。他虽然过着世俗的生活,但却有超脱世俗的思想境界。《维摩经》中描写的这个形象,正是当时南方腐朽的剥削阶级和那些整天高谈玄理、自命清高的士族文人所向往的。因为这些养尊处优的"寄生虫"是极不愿意出家当"苦行僧"的,他们既想保持"清高",又想沽名钓誉,还想成佛,故不出家而享尽人间荣华富贵,修养还比佛的弟子要高的维摩居士,自然是他们极力追求的榜样了。《维摩经》在当时的流行,正是适应了南朝统治阶级的这个要求,对其进一步"义疏",也正是那些不劳而获的贵族所欢迎的。

前面已经提到,僧镜还对《法华》《泥洹》进行了"义疏"。在南下的河西僧人中,有很多人都以讲这类经典为主。如超辩就常颂《法华》《金刚》等经;僧慧也以能讲《涅槃》(泥洹)、《法华》为其所长;僧候诵《法华》《维摩》等经"二日一遍"。可见这些经典在当时是很流行的。《法华经》主张"人人皆可成佛";《涅槃经》宣扬"一切众生,皆有佛性",其诱惑性更大。因为这类说教不但适合了剥削阶级想"成佛"的口味,也麻醉了广大民众,所以对其进行"义疏"也是当时的统治者所急需的。

这里值得一提的还有法瑗这个人物,宋明帝造湘宫寺,"大开讲肆,妙选英僧",瑗被选为"法主"。法瑗"笃志大乘,傍寻数论。外典坟素,颇亦披览",堪称一代高僧。因他"使顿悟之旨重申宋代",故很得南朝宋齐两代统治者的赏识。所谓"顿悟",是说只要真正理解了佛理,即可成佛。它和小乘佛教主张的那种需要累世修行,积累功德,才能"成佛"的"渐悟"截然相反,也和那种主张逐渐修行,到了一定阶段即可飞跃而"成佛"的说法也大相径庭。"放下屠刀,立地成佛"就是对"顿悟"的形象说法。因为"顿悟"成佛特别快,所以更能麻醉急于摆脱压迫的民众,也为那些杀人如麻的剥削者打开了方便之门。宋文帝刘义隆时,大概由于东晋末年的战乱,有些人对此教义不太熟悉了。法瑗能"使顿悟之旨重申宋代",可想见其在当时佛教中的作用。

值得注意的是,在河西南下的僧人之中,有很多被南朝统治者敕为

"僧主"、"寺主"、寺院"纲领"、"法主"等等。这些人如宝云、弘允、道猛、道法、法瑗、道温、法颖、僧慧、玄畅、法献等。这种人的身份地位和一般的僧人大不相同。如道猛为"纲领"的寺院,被敕名为"兴皇寺",宋明帝为他赐钱30万以供资待,并说:"人能弘道,道籍人弘。今得法师,非直道益苍生,亦有光于世。"道猛开说《成实》的第一天,"帝亲临幸,公卿皆集,四远学宾,负帙齐至"。刘宋统治者不但每月给猛钱3万,还给"吏四人,白薄吏二十人,车及步舆各一乘"。像道猛这样的荣誉,是很少有人得到的。道猛之所以这样"吃香",正是因为他的"弘道"起到了"兴皇"的作用。又如法献"被敕与长干玄畅同为僧主,分任南北两岸"[1],并常"与武帝共语";道温"善大乘,明数论",在樊邓地区影响很大,张邵镇襄阳时也"躬身往候之",后被敕为都邑僧主;弘充初至江南多宝寺,"善能问难",当地"先达多为所屈",后为湘宫"纲领",每讲《法华》《十地》,听者盈堂;法颖曾先后任宋、齐两代都邑"僧主",齐时"资给事事,有倍常科",享受着极高的待遇;僧慧被敕为"荆州僧主","年衰常乘车赴讲,观者号为秃头官家"。

以上这类人物,已不是一般的僧侣了,他们不仅是僧侣中的贵族和剥削阶级的组成部分,也是统治阶级的得力帮手。他们替统治阶级向"草窃"说法"教诱","弘法匡世",起着"世俗"的统治者所起不到的作用。中国封建社会的佛教虽然没有欧洲中古时期教会那样直接干预和支配政治的权力,但从意识形态上维护剥削阶级的统治,并不比欧洲的基督教差。充当"僧主""纲领"的这类僧人,所起的作用就更大了。

2.3

河西地区自汉武帝设郡以来,其地位日益重要,这里不但是汉王朝经营西域的基地,也是东西往来的商旅要道。但东汉以后,这条道路常常被阻,一直处于半通半绝的状态。西晋末年,张轨入据河西后,西通

---

〔1〕《高僧传》中有2个玄畅,分别见于卷8、卷13,前者为金城人,后者为秦州人。此处指秦州玄畅,其事附见《高僧传》卷13《法献传》。

·欧·亚·历·史·文·化·文·库·

西域,南控诸羌,内攘巨猾,东奉晋室,这条道路又被打开。由于张氏政权是当时北方唯一的汉人政权,故很多中原的汉人都避难河西,这些人中,不但有一般的老百姓,也有不少西晋士族和文人。所以河西地区的经济、文化在前凉时代有了蓬勃的发展。这种情况,为佛教的传播和中西僧人的来往提供了良好条件。前凉张天锡时曾翻译了不少佛经,就说明了这一点。前凉被前秦灭后,河西很多僧人东到关中,对前秦、后秦的佛教都有很大的影响。这时也有很多河西僧人辗转到了江南,这些人和西晋末年战乱时那些南下的僧人,大概是河西南下较早的一批僧人。前秦亡后,吕光又治河西,史称后凉。吕光原是苻坚派往西域征龟兹的将领。吕光东返时,带回的不光是西域宝物和龟兹音乐之类,最重要的是佛教史上所谓的"四大翻译家"之一的鸠摩罗什也被"请"来了。后凉被后秦灭后,河西曾经有过一段战乱,但不久就以沮渠蒙逊代段业入据张掖而告终。因为沮渠蒙逊也是一个"弘化利民"之君,河西佛教在这个时代发展到了顶峰。《魏书·释老志》谓:"凉州自张轨后,世信佛教。敦煌地接西域,道俗交得其旧式,村坞相属,多有塔寺",正是对当时河西佛教情况毫无夸张的描写。公元439年,北魏太武帝亲提大兵,攻下凉城,"徙其国人于京邑,沙门佛事皆俱东",河西佛教从此衰落了。但这时的河西沙门并非《魏书》上说的"皆俱东",而是有不少南下了。这批南下的人和灭凉后不久又因太武帝灭佛而南逃的人,大概是河西僧人南下较晚的一批(当然还有其他原因而先后南下的)。我们如果抛开其他不谈,只就河西当时有这么多的西行和南下的高僧这一点来看,也足以说明当时河西佛教之盛了。这一点,在有关的僧传中也表现得非常明显。梁慧皎《高僧传》尽管详南略北,很多活动在北方的河西高僧没有录入其书,但在立传的250多个僧人中,河西僧人就有30多人。在唐道宣《续高僧传》中,所录的河西僧人就很少了。至于宋赞宁的《宋高僧传》,河西僧人就更少了。这种情况不但反映了魏晋南北朝时代河西佛教的盛况,也反映了此时代之后,河西佛教的衰落。隋唐两代,虽然佛教比以前更盛,"丝绸之路"也更加繁荣,但是由于这时的政治、经济、文化中心皆在中原,河西佛教就远不如魏晋南北朝时期兴盛了。《大唐西域求法高僧传》中记录了 60 多位唐代西行求法者,河西僧人却寥寥无几,这是很能说明问题的。总之,不管从哪一方面讲,魏晋时代的河西佛教,要比隋唐时代兴盛得多。这时的河西僧人,在很大程度上起着把印度佛教与中国佛教连接起来、交流下去的作用。这种情况,在隋唐时代是看不到的。不仅是佛教,其他方面也大概如此。因此,我们可以说,魏晋南北朝时代的河西,在中国文化发展史上有着重要的地位,就河西地区的文化发展来说,其他任何时期都不能和这一时期相比。

［本文原载于《西北民族学院学报》(哲学社会科学版)1982 年第 4 期］

3 北凉佛教
与河西诸石窟的关系

　　河西地区是指今甘肃西部的武威、张掖、酒泉、敦煌等地。其地北接内蒙古,南邻青海,地形狭长,绵延千里。汉唐期间,这里是著名的"丝绸之路"的必经之地。佛教自印度经我国新疆向内地传播,这里又成为中土和西域僧人来往求法取经的通道。魏晋时期,随着佛教的广泛传播,河西地区逐渐成为我国佛教圣地之一。《魏书·释老志》记有"凉州自张轨后,世信佛教。敦煌地接西域,道俗交得其旧式,村坞相属,多有塔寺"。

　　淝水战后,随着前秦统治的土崩瓦解,原在苻坚控制下的汉族和一些少数民族的上层分子,纷纷割据一方,在我国北方的广大地区内,先后建立了20多个地方政权,再度出现了分裂割据的局面。晋末以来,一直比较安定的河西地区,这时也曾先后出现过前凉、后凉、南凉、西凉及北凉等几个政权。这几个政权中的北凉,自公元397年至439年,历时43年。其中除由汉族段业持政4年外,其余39年则为沮渠蒙逊父子主国。

　　《晋书》卷129《沮渠蒙逊载记》云:"沮渠蒙逊,临松卢水胡人也。其先世为匈奴左沮渠,遂以官为氏焉。"卢水胡的分布地点虽然较广,但河西走廊的今张掖、肃南一带,却是他们长期居住的地方。在十六国纷争时期,卢水胡为了保存自己,经过不断的武装斗争,逐渐形成为一支军事力量。曾经割据河西地区的吕光、段业等人,也都想利用这支力量来扩充自己的势力。公元397年,后凉主吕光,命其子吕纂率卢水胡部帅沮渠罗仇讨伐西秦,吕光弟吕延战死,吕光杀沮渠罗仇及其弟沮渠麹粥。当时,沮渠蒙逊在姑臧(今甘肃武威)"自领营人配厢直"(《宋书·氐胡传》),担任宿卫,他利用罗仇和麹粥归葬临松故地的时机,与诸部结盟起兵，攻下后凉临松郡，屯居金山（今甘肃山丹西南）。与此同时，蒙逊的堂弟沮渠成男也聚众反凉，并共推后凉建康太守段业为凉州牧、建康公。不久，段业进据张掖，自称凉王。公元401年，蒙逊聚众反段，并将其杀死而自称为使持节、大都督、大将军、凉州牧、张掖公等。公元411年，蒙逊又屡败南凉秃发傉檀后，终于占据姑臧。公元412年，遂迁都姑臧，改称"河西王"。公元420年，蒙逊灭西凉，取酒泉、敦煌等地。此后，整个河西地区全为北凉所占领。北凉全盛时期，其势力范围，除拥有河西地区的大片土地外，还占据了西海（今内蒙古额济纳旗东南）、金城、西平和乐都等地。

北凉卢水胡，是一支以农业为主的定居民族，其汉化程度较高。沮渠蒙逊其人"博涉群史，颇晓天文"。蒙逊父子也很重视对古籍的保存和传播。他们先后派遣使者向东晋王朝求得《周易》和子部、集部诸书，并将永嘉以后保存在凉州一带的《周髀》《三国总略》等书及本地撰述的《凉书》《敦煌实录》等书籍也还赠给东晋。沮渠蒙逊建立北凉政权后，更是"素奉大清，志在弘通"。在他的积极扶植下，北凉佛教得到了发展，并影响周围地区。本文就有关的历史文献和现存于世的一些遗物，探讨一下北凉的佛教及其有关的一些问题。

北凉佛教的兴盛，首先表现在对佛教经典的翻译方面。当时的姑臧，就集中了不少著名的中土和西域的高僧。据有关文献记载，凉土僧人中，从事佛经翻译的僧侣，比较著名的就有道龚、法众、僧伽陀、昙无谶、沮渠京声、浮陀跋摩、道泰、法盛等，其中尤以昙无谶的事迹最为突出。《魏书·释老志》记云："先是，沮渠蒙逊在凉州，亦好佛法。有罽宾沙门昙摩（无）谶，习诸经论。于姑臧，与沙门智嵩等，译《涅槃》诸经十余部。又晓术数、禁咒，历言他国安危，多所中验。蒙逊每以国事谘之。"[1] 梁《高僧传·昙无谶传》亦云："昙无谶，或曰昙摩谶，或曰昙无谶，盖取梵音不同也。其本中天竺人……初学小乘，兼览五明诸论，讲说精辩，莫能酬抗……谶明解咒术，所向皆验，西域号为大咒师。"昙无

---

〔1〕〔北齐〕魏收：《魏书》卷114《释老志》，中华书局1974年版，第3032页。

谶后来东行,"先至敦煌,停止数载",时正值北凉沮渠氏定河西,他遂被请来姑臧。蒙逊与谶相见,"接待甚厚……欲请出经本……时沙门慧嵩、道朗,独步河西,值其宣出经藏,深相推重,转易梵文,嵩公笔受。道俗数百人,疑难纵横,谶临机释滞,清辩若流,兼富于文藻,词制华密。嵩、朗等更请广出诸经,次译《大集》《大云》《悲华》《地持》《优婆塞戒》《金光明》《海龙王》《菩萨戒本》等,六十余万言。"[1]《出三藏记集》载:昙无谶等在北凉时,译出佛经 11 部共 120 卷。特别是译出的《大涅槃经》,在当时的佛教界具有巨大的影响。《出三藏记集》卷 8《大涅槃经序》曰:"大涅槃经者,盖是法身之玄堂,正觉之实称,众经之渊镜,万流之宗极。"[2]此经阐佛性说,开中国佛理之一派。不久,经本传到南朝,由高僧慧严、慧观、谢灵运等于宋之元嘉中重加修订,成 36 卷 25 品,佛教史上称其为南本《涅槃》。自此以后,南、北各家都争相提倡《涅槃》,讲疏竞出,直至唐代不衰。昙无谶在敦煌时,又译《菩萨戒本》,此戒出,影响亦颇大。沙门道进,驰往敦煌,躬自接受,凉州道朗,西土之望,感有瑞梦,亦屈年从进受戒。于时,受戒者有三千人。[3]印度大乘佛教的戒律,到了《瑜伽师地论》的《菩萨地》,才把散见于各经籍中有关的大乘戒律总集起来,成为一个整体。昙无谶首先把它译成汉文,为以后大乘佛教的规范奠定了基础。

北凉时期,除翻译了《大涅槃经》等重要佛经而外,还翻译了一部比较著名的佛教论书——《大毗婆沙》。高僧释道挺曾为此作序云:"毗婆沙者,盖是三藏之指归,九部之司南,司南既准,则群迷革正,指归既宣,则邪轮辍驾。"[4]按道挺的说法,《大毗婆沙》为道泰"爰至葱西"所得,由沮渠蒙逊之子沮渠牧犍(继蒙逊之后称"河西王")敬请当时西域著名沙门浮陀跋摩同北凉沙门一起,在京城内苑的闲豫宫译出。这部长达百卷的巨籍由沙门智嵩、道朗等 300 余人历经数年艰辛,才得

---

〔1〕《大正藏》第 50 册,第 335 - 336 页。

〔2〕《大正藏》第 55 册,第 59 页。

〔3〕《法苑珠林》卷 89《受戒篇·三聚部》,见《大正藏》第 53 册,第 939 页;《高僧传》卷 2《昙无谶传》,见《大正藏》第 50 册,第 336 - 337 页。

〔4〕《出三藏记集》卷 10《大毗婆沙序》,见《大正藏》第 55 册,第 73 - 74 页。

以完成考文释义。可惜,此经译出后不久,正值凉城覆灭,散失了将近一半。在翻译《大毗婆沙》的过程中,北凉的最高统治集团很重视。沮渠牧犍曾"亲屡回御驾,陶其幽趣,使文当理诣,斥言有寄"[1]。最高统治阶级的人物,也有参与佛经翻译和亲自去西域取秘经的。如位列安阳侯的沮渠京声,就曾西行至于阗求经,并翻译过《秘密治禅病经》,观音、弥勒二观经等。

北凉时期佛教的兴盛,还表现在修造石塔方面。《太平御览》卷124《偏霸部》八曾记云:"初,[沮渠]茂虔为酒泉太守,起浮图于中街,有石像在焉。"《集神州三宝感通录》卷上亦记"北凉河西王蒙逊为母造丈六石像在于山寺"。《释迦方志·通局篇》记载过沮渠蒙逊在"凉州南洪崖"造碑的事。这些记载中的实物,虽早已无存,但在一定程度上反映了北凉时期的统治者们是重视建寺造塔的。

1949 年前后,在酒泉、敦煌等地,先后出土了一些北凉时期的造像石塔。酒泉、敦煌出土的北凉石造像塔,形体小巧玲珑,是当时佛教徒专供于寺院内的奉献之物。塔上的文字,除了经文之外,还刻有功德主的祈求和愿望之文。这种石塔很可能是置于寺院中的殿堂内,奉献给佛寺的,也供人们瞻仰和礼拜,这些石塔,有明确纪年的是沮渠蒙逊承玄元年(428)、二年(429)及延和三年(434)等;另外,还有承阳二年和太缘二年的纪年,但不见于史籍。十六国纷争,朝代更迭频繁,往往一个年号还未通行,即被另一个王朝所代替,因而出现年号的纷乱。河西的北凉王朝,毕竟是一个地方割据的小王朝,即便是使用一个新的年号,也未必能得到社会上的承认或完全录于史籍之中。这几座石造像塔上的两个年号还有待于进一步考证。有关这些石塔的情况,王毅先生作过专门的研究[2],现摘录如下:

[1]高善穆造像塔。1969 年酒泉县城在施工中发现。塔呈圆锥形,通高 44.60 厘米,由塔顶、刹柱、相轮、塔颈、塔肩、塔腹及塔

〔1〕《出三藏记集》卷 10《大毗婆沙序》,见《大正藏》第 55 册,第 74 页。
〔2〕王毅:《北凉石塔》,载于《文物资料丛刊》1977 年第 1 期,第 179－188 页。

基等部分组成。塔顶为半球形,顶之正中阳刻北斗七星。顶下刹柱上雕饰七重相轮呈立锥形。塔颈较短,下为覆钵式塔肩,上刻尖角莲瓣。莲瓣下周围凿八个圆拱形浅龛,除一龛内雕一尊作交脚状的弥勒菩萨外,其余七龛中,每龛内雕一佛。佛均结跏趺坐于长方形低坛基上,双手置于腹前作禅定印。塔腹为圆柱形,周阴刻文字(文字省略,下同)。其后为阴刻《增一阿含经》中的部分经文,经文后阴刻发愿文。塔腹下的塔基呈八角形,每面阴刻一尊天人像,共四男四女,头部均有圆形顶光。每尊天人头部左侧上方各刻一个八卦符号。

[2]程段儿造像塔。其形与高善穆造像塔基本相同。塔肩上也凿有八个圆拱形浅龛,龛内按顺序雕七佛与弥勒菩萨。塔腹周围阴刻经文及发愿文共 26 行,每行 7～12 字不等。经文内容与高善穆塔上的基本一致,文末刻"劝书令狐廉嗣"6 字,其后为发愿文。塔基呈八面形,每面也阴刻天人一尊,共四男四女,形与前塔大同小异,只是天人头侧没有八卦符号。

[3]马德惠造像塔。此塔顶部已毁,仅留方形塔顶,塔肩及塔腹部分残高 34 厘米,塔肩部浮雕八个圆拱形浅龛,龛内以顺序雕七佛及弥勒菩萨,佛均结跏趺坐于束腰方形台上,双手置于腹前作禅定印,或举起作施无畏印。龛顶空间浮雕飞天,塔腹上阴刻文字33 行,内容与前塔略同,经文后阴刻发愿文。塔基呈八面形,每面阴刻一天人,多为坐式,每尊天人顶部正中阴刻一个八卦符号;每个像的侧旁还刻三股叉和供养人的姓名等。

[4]田弘造像塔。塔形与上述 1、2 两塔基本相同,塔顶及肩部已残,肩部八龛内亦雕七佛及弥勒菩萨,塔腹为圆柱形,周刻经文及发愿文 23 行,经文与前塔基本一致,但有残缺,经文后有发愿文。塔基呈八面形,每面刻天人一尊,装饰亦与上述 1、2 塔同,天人顶部刻八卦符号(现仅存 6 个符号),由发愿文"戊辰"知此塔应为北凉承玄初年(428)所造。

[5]白双且造像塔。此塔上部亦毁,仅留塔肩、塔腹和塔基三

个部分,残高56厘米,塔肩及塔腹均为圆柱形,塔肩部凿八个圆拱形浅龛,龛内以顺序雕七佛及一弥勒菩萨。塔肩下腹周边开八个圆拱形浅龛,除两龛中分别雕一思惟菩萨和弥勒菩萨外,其余六龛内各雕一佛。佛均结跏趺坐。塔基作八面形,上阴刻经文及发愿文,现存文字仅有6面,经文17行,其后为发愿文。

[6]石造像塔残件。顶作覆钵式,上刻尖角莲瓣,塔颈为圆柱形,塔肩覆钵式,周凿八个圆拱形浅龛,龛内以顺序雕七佛及一弥勒菩萨,塔顶莲瓣内,各刻一佛名称,能辨认出字迹的有"迦叶佛"等。

上述6座石造像塔,塔基下均有榫,说明石塔的塔基下原有塔座,现已缺失。从这几座石塔的塔形看,多少还受到印度"窣堵波"的影响,尽管其塔身结构,已有了我们民族形式的一些成分,但从总体来看,这种石造像塔,还没有完全达到民族化的程度。再从造像的特点分析,佛多作磨光高肉髻,面形圆润丰满,体态雄健挺拔,身着通肩大衣或半披肩袈裟,衣纹为较有规则的阴刻密线。菩萨高发髻,宝缯束发垂肩,上身裸露,戴项圈、臂钏,胸前挂短璎珞,下着大裙,帔巾穿肘下垂。无论佛与菩萨,都具有一种古朴严峻的气概。这种风格与气质,在我国早期石窟造像和一些金铜造像中也是常见的。现存于世的后赵石虎建武四年(338),夏赫连定胜光二年(429),宋文帝元嘉十四年(437)、二十八年(451)及现存于甘肃省博物馆内的甘肃省泾川县出土的十六国时期的无纪年金铜造像等,都与上述北凉石造像塔上的佛、菩萨等,有很多的共同点。[1]

石造像塔上所雕的造像,多为七佛和弥勒菩萨。《魏书·释老志》记云:"释迦前有六佛,释迦继六佛而成道,处今贤劫。文言将来有弥勒佛,方继释迦而降世。"七佛和弥勒佛(未来佛)同时出现的造像题材,反映了当时人们不仅对七佛的信仰,同时也渴求弥勒降世。石塔上所刻佛经为《增一阿含经·结禁品》的一段。《增一阿含经》的主要内

---

[1]杨泓:《试论南北朝前期佛像服饰的主要变化》,载于《考古》1963年第6期,第330页。

容是论述四谛、八正道、十二因缘、五蕴、四禅及善恶因果报应、生死轮回等小乘佛教之教义。这说明北凉统治下的河西地区,也流行着小乘佛教。

北凉佛教的兴盛也表现在大规模地建造石窟。石窟的建造与禅法的流行有密切的关系。凉州在晋末为禅法最盛之地。所谓"禅",是佛教中的 6 种(六度)修行的方法之一。这种修行,要求僧人们通过坐禅入定,澄心清思,一心念佛而达到往生"净土"的目的。当时河西的著名僧人,也大多以习禅而著称。昙无谶曾受学于白头禅师。沮渠蒙逊之从弟沮渠京声也西行得禅法。其他像玄高、昙曜等人,也专长禅修。

开凿石窟,不仅有利于弘布佛教,而且更便于广招沙门同修禅法。今河西走廊大大小小的十数处石窟群,多造于绵延千里的祁连山境内及其周围的群山僻壤中。规模最大的敦煌莫高窟,大约开创于十六国时期的前秦建元二年(366)。其余像安西榆林、玉门昌马、酒泉文殊山、肃南的金塔寺(原属张掖)等石窟,根据早期窟龛的形制、造像、壁画内容和风格等,再结合有关文献的记述,可判断这些石窟有可能开创于十六国时期五凉时代的北凉。武威天梯山石窟当为北凉时期修凿。

关于肃南马蹄寺石窟群(包括金塔寺等),修于民国十二年(1923)的《东乐县志》云:"薤谷石室,在县城西南一百一十里临松山下,今为马蹄寺佛龛,晋名贤郭瑀开辟隐居讲学处","石窟凿于郭瑀及其弟子,后人扩而充之,加以佛像"。《晋书·郭瑀传》云:"郭瑀字元瑜,敦煌人也。有超俗之操,东游张掖,师事郭荷,尽传其业。精通精义,雅辩谈论,多才艺,善属文……隐于临松薤谷,凿石窟而居。"[1]郭瑀生活的年代,正是晋末和十六国的前凉、前秦先后统治河西的时期。郭瑀隐居此山,说明这里已开始有人活动。尽管记载中并未说明郭瑀当时的活动是否与佛教有关,但后人却在此处扩充并加以佛像,其时也不会相隔甚远。

酒泉文殊山石窟,据《肃州县志》记载:"城西南三十里山峡之内,

---

[1]〔唐〕房玄龄等:《晋书》卷 94《隐逸传·郭瑀传》,中华书局 1974 年版,第 2454 页。

凿山为洞,盖房为寺,内塑佛像,归称三百禅室,号曰小西天。"又元代泰定三年(1326)《重修文殊寺碑》云:"所观文殊圣寺古迹,建立已经八百年矣。"若以泰定年间上溯 800 年,则为公元 526 年左右,此时正值北魏孝明帝孝昌年间。当时,全国各地的造像与壁画的风格,早已被孝文、景明以来逐渐盛行的清俊飘逸的"秀骨清像"风格所代替。文殊山千佛洞内的现存壁画风格,则接近敦煌莫高窟 272、275 窟等十六国时期壁画的风格。《重修文殊寺碑》中所记,应指文殊寺院的修建时代,而文殊山石窟的开创,则要早于公元 526 年。樊锦诗等先生的《敦煌莫高窟北朝洞窟的分期》认为,莫高窟 268、272 及 275 窟为第一期——十六国(北凉)时期的石窟。

武威天梯山石窟 1、4 两窟最底层壁画的风格接近永靖炳灵寺西秦时期的 169 窟风格。

玉门昌马石窟的第四窟、酒泉文殊山石窟的千佛洞及肃南马蹄寺窟群中的东、西二窟等,都有时代较早的塑像或壁画。这些壁画与造像都具有一种古朴挺健的早期风格,与敦煌、武威、永靖等地石窟内的十六国时期的造像与壁画的风格极为接近或一致。现对比研究一下各石窟窟龛及其内容的异同。

敦煌莫高窟

268 窟:平面作长方形,平顶。窟内正壁开一圆拱形大浅龛,内塑一着僧祇支,半披肩袈裟的交脚弥勒佛。南、北二壁各开两个圆拱形的平顶方形小禅宝。正壁龛内外彩绘供养菩萨、飞天及供养人等。南、北二壁下层彩绘药叉、飞天(表层有隋代重绘千佛)。窟顶画斗四式平棋图案四方,中绘莲花、火焰及飞天等。

272 窟:平面作方形,窟顶略作四面坡式。正中深雕套斗式藻井。窟内正壁开一平面作方形的窟窿顶深龛,龛内塑一佛结跏趺坐于一方形台上。龛外彩绘供养菩萨,南、北二壁中绘简单的佛说法图,周围绘千佛。窟顶四周彩绘天宫伎乐、千佛及飞天等。

275 窟:平面作长方形,窟顶为起脊人字披式,上面浮雕脊枋和椽。窟内正壁一高大挺健的交脚弥勒菩萨,其两侧彩绘胁侍菩萨、供养菩萨及飞天等。南、北二壁为上、中、下三层。上层内侧各开两个阙形龛,龛内塑交脚弥勒菩萨,外侧各开一个圆拱形龛,内各塑一思惟菩萨。中层彩绘佛传及佛本生故事的片段,南壁绘有佛传故事"出游四门"。北壁绘有佛本生故事中的毗楞竭梨王、尸毗王及月光王等。下层彩绘三角形垂帐纹等。

玉门昌马石窟群中的下窖第 1 窟

平面作纵长方形,窟内正中凿方形中心柱。中心柱分上、下两层,每层每面各开一个圆拱形龛,每龛内塑一佛二菩萨。

酒泉文殊山石窟的千佛、万佛二洞

此两窟为文殊山石窟群中时代最早和最完整的洞窟。其中千佛洞最有价值。该窟平面作方形。窟内正中凿中心方柱,中心柱每面分两层,每层每面各开一个圆拱形龛。龛内塑一佛,龛外两侧各塑一胁侍菩萨(后经历代重修)。但是,窟内四壁和顶部还残留一些壁画,均为开窟初期所作。西壁分上、下两段作画,上段画千佛,下端画立佛一排。北壁正中画简单的佛说法图。窟顶围绕中心柱四周彩绘飞天、伎乐等。

肃南马蹄寺窟群中的金塔寺东、西二窟

金塔寺的东、西二窟,为该窟群中时代最早者。东窟平面作纵长方形,窟内正中凿中心方柱。中心柱每面分上、中、下三层开龛。下层每龛内塑一佛,龛外两侧各塑二菩萨或二弟子。龛楣两侧外影塑六身或八身飞天及小佛。中层每面开三个并列的圆拱龛,其中除西面一龛内塑苦修佛、龛外塑一胁侍菩萨和一天王外,其余龛内均塑一佛,龛外各塑胁侍菩萨,上层龛内每面原塑千佛及菩萨等。

西窟形式与东窟基本相同,只是规模略小,中心柱每面也分三层开龛造像。下层每案内塑一佛,龛外两侧塑一菩萨、一天王或二菩萨。中层每面龛内塑一佛或思惟菩萨,龛外塑供养菩萨多身。上层每面龛内原塑千佛或菩萨。现窟内的壁画多达三层,最底层彩绘并排作半跪式的供养菩萨数十身,窟顶满绘飞天。

天梯山石窟中的一、四两窟

第一窟:平面作长方形,窟内正中凿中心方柱,分上、中、下三层开

龛。每层每面各开一圆拱形龛,每龛内塑一佛,龛外两侧各塑一胁侍菩萨。

第四窟:平面作长方形,窟内凿中心方柱,分上、下两层开龛,每层每面各开一龛。两窟内的壁画也多达三层。1958 年搬迁时,剥露出下层壁画,内容为简单的佛说法图,一佛二菩萨、供养菩萨及千佛等,大部分壁画的侧旁有墨书题记,标名佛的名称。

从上述诸石窟中的一些早期窟龛的窟形、造像和壁画的内容及特点来看,虽然不在同一地区,但是它们有强烈的时代共性。

首先从洞窟形制来分析。上述诸窟龛中,除了敦煌莫高窟 268、272、275 窟外,其他几乎全是中心柱式窟。中心柱的结构形式也几乎完全一样。

这种中心柱式洞窟,是印度式石窟传入我国以后,逐渐民族化了的洞窟。石窟的开凿,起源于印度,其洞窟形制,大致可分为两类,一类叫"毗诃罗"窟,另一类称"支提"窟。所谓"毗诃罗"窟,又名精舍或僧房,这种洞窟其结构形式平面多作方形或圆形,周围配以小石室,前面凿有波斯或印度式的石柱。"支提"窟原有"塔庙"或"舍利殿"之意。它的结构形式是平面多作方形或长方形,其后部凿成半圆形,并设一塔,塔式为覆钵形,塔之两侧凿有八角形的石柱。最早出现类似"支提"窟的中心柱窟,有新疆拜城克孜尔和库车库木图拉等石窟中的早期洞窟,如克孜尔第 17、47、48、69 等窟。此类窟多作前后二室,前室大部分崩毁,后室平面多作长方形,券顶,正中凿有通顶的中心柱,中心柱两侧有券顶式甬道,可方便佛教徒观佛、礼佛。河西诸石窟中的早期中心柱洞窟,多为单室,中心柱设于窟内正中,两侧不设甬道,使洞窟开阔敞亮。佛教徒们更加自由地围绕中心柱巡礼。这种洞窟形式是河西地区早期洞窟的形式。这种形式来源于印度的支提窟,经过我国古代艺匠们不断地改造与创新,发展为具有我国民族特色的形式。

造像题材在上述诸石窟中,也大同小异,多为一佛二菩萨。壁画则以简单的说法图,单幅的佛像、菩萨像以及佛传和佛本生故事的个别场面为主,与新疆拜城克孜尔石窟早期洞窟的壁画内容基本相似。永靖炳灵寺 169 窟中也有类似的壁画。

造像与壁画特点：上述诸石窟早期佛像均多作波浪纹或磨光高肉髻，面形丰满圆润，体格挺拔雄健，双眉细如弯月，两眼大而细长，高高的鼻梁直通眉际，双唇薄而紧闭，着通肩大衣或半披肩袈裟，具有一种古朴敦厚及严峻神秘的气质。菩萨则多作高髻宝冠，长发垂肩，宝缯束发于双耳之侧作折叠状。上身袒露，戴项圈、臂钏，下着裙，帔巾自双肩搭下穿肘外扬，衣纹多采用阴刻或圆线条式，细密而有规则。另外，在窟顶和龛外彩绘的供养菩萨及飞天等，其形象和特点也极为相似。飞天多作圆脸，身材健壮，上身袒露，下着大裙，双足裸露于外，姿态近似"U"字形。绘画技法，都先用土红色线勾出人物轮廓，然后施色，最后再以奔放劲健的墨线完成，使用的方法基本上是"铁线描"法。同时在很大的一部分作品中，还使用了西域的"晕染法"，在人物肌肤部分的边沿，用深红色加重，鼻梁上和双眉下涂以白色，使人物的立体感增强，这种技法在新疆拜城、库车等地的石窟中很流行。炳灵寺 169 窟内的西秦壁画中，也用此法。

总之，从上述诸石窟现存造像、壁画、窟龛形制及造像题材等方面分析，它们很可能属于同一时期，其时大约在十六国时期的五凉（北凉）时代。

在谈及北凉佛教时，必然要涉及凉州石窟的问题。过去，人们曾对凉州石窟有过不少的推测。在武威天梯山石窟未被发现之前，有人认为"凉州石窟"是榆林窟，也有人认为是文殊山等等。1952 年武威天梯山石窟发现后，大部分人认为《广弘明集》《法苑珠林》等古籍中所记载的凉州石窟，就是现今的天梯山石窟。如果我们再仔细分析一下当时的历史状况和上述这几个石窟的现状，就不难发现，古文献中所记载的凉州石窟，可能并非指某一地或某一个石窟，而是指整个祁连山（南山）境内的一些石窟。

涉及凉州石窟的主要文献有《集神州三宝感通录》《广弘明集》和《法苑珠林》等，记载大同小异，其中以《集神州三宝感通录》比较详细，其曰："凉州石崖塑瑞像者，昔沮渠蒙逊以晋安帝隆安元年据有凉土，三十余载,陇西五凉,斯最久盛,专崇福业,以国城寺塔终非久固。古来帝宫,终逢煨烬,若依立之,效尤斯及,又用金宝,终被毁盗,乃顾昄山宇,可以终天。于州南百里,连崖绵亘,东西不测,就而斫窟,安设尊仪,或石或塑,千变万化,有礼敬者,惊眩心目。"[1]另外,《广弘明集》卷14亦记:"凉州南百里崖中,泥塑行像者,昔沮渠蒙逊王有凉土,专弘福事,于此崖中,大造形像,千变万化,惊人眩目。"[2]

晋安帝隆安元年为公元397年,当时正是后凉主吕光令其子吕纂率卢水胡沮渠罗仇讨伐西秦的时候。不久,段业进据张掖自称凉王而创立北凉。此间北凉的政治中心则在今甘肃张掖、肃南一带。公元401年,沮渠蒙逊杀段业而自称"张掖公",其活动中心仍在今张掖一带。直到公元411年,沮渠蒙逊才占领姑臧(今甘肃武威),并于次年迁都在此。自公元397年北凉兴起到公元412年迁都姑臧的十余年间,北凉统治者们活动的中心一直在张掖一带。肃南马蹄寺石窟群中的金塔寺东、西二窟,就位于祁连山境内的临松山中。临松卢水胡沮渠氏的故地也在此地。而就金塔寺东、西二窟的内容、时代和规模来看,很可能是北凉立国后,修建在祁连山境内的第一处石窟。公元412年,沮渠氏迁都姑臧,其国力也达最盛之时。在他们的扶植与倡导下,凉州(即姑臧)也曾成为我国北方佛教盛地。一时高僧云集,佛事盛况空前。天梯山石窟很可能是在公元412年以后,继肃南金塔寺(原属张掖)之后而出现的第二处北凉时期开凿的石窟。公元420年,沮梁蒙逊灭西凉后,取酒泉、敦煌等地,完全控制了河西西部地区,为了发展自己的势力,在新占领的地方,也自然会借助佛教来维持自己的统治,故在他们统治河西之时,必然继续提倡奉佛和修凿石窟,酒泉文殊山、玉门昌马及敦煌莫高窟等石窟内的早期窟龛也很有可能是在公元420年到439年(北凉亡)期间陆续修凿的。

上述诸石窟的位置,基本上都在祁连山境内。而文献记载中的凉

---

[1]《大正藏》第52册,第417-418页。
[2]《大正藏》第52册,第202页。

29

州"南山"及"州南百里,连崖绵亘"的山,应当指横贯河西走廊南面的祁连山。凉州在古代,狭义地来说,即指今天的武威,广义地来说,也指整个河西地区。故我们认为,古文献中载的"州南百里,连崖绵亘,东西不测"和"或石或塑,千变万化"及"惊眩心目"的"凉州石崖塑瑞像",不一定就单指某地的一个石窟。整个河西祁连山境内的武威天梯山,肃南金塔寺、马蹄寺,酒泉文殊山,玉门昌马,甚至安西榆林窟和敦煌莫高窟的早期窟龛,才能称得上"连崖绵亘"和"东西不测",也才能使人感觉到"千变万化"和"惊眩心目",古文献中的"凉州石窟"可能泛指分布于河西地区祁连山境内的诸石窟。

长期以来,对我国石窟寺的探讨和研究,多以中原地区的云冈和龙门等地为主。在进行石窟寺的断代和分期上,也自然多以那里的造像为模式和标准。而对于我国石窟寺分布最广和开创时间早于云岗和龙门石窟的新疆和甘肃的石窟寺及其他佛教遗物和遗迹,除敦煌莫高窟外,其余的就很少有人问津。1962年,炳灵寺石窟169窟内发现了西秦时期的造像、壁画及乞伏炽磐建弘元年(420)的造像铭文以后,人们才对河西地区的诸石窟重视起来,对这些造像和壁画的年代也有了一些新的认识,认为河西诸石窟的开创应在十六国时期的五凉时代。

甘肃诸地的一些早期石窟,从一些古籍的记载中也可以得知,它们之间的关系是相当密切的,特别是麦积山、炳灵寺和凉州之间的石窟更是如此。把它们联系起来的一个主要人物,则是曾活跃于西秦、北凉和北魏佛教界的重要人物——玄高。《高僧传·玄高传》云:"高乃杖策西秦,隐居麦积山,山学百余人,崇其义训,禀其禅道。时有长安沙门释昙弘,秦地高僧,隐在此山,与高相会,以同业友善。时乞伏炽磐,跨有陇西,西接凉土,有外国禅师昙无毗,来入其国,领徒立众,训以禅道。"又云:"河南王籍其高名,遣使迎接……王及臣民,近道候迎,内外敬奉,崇为国师。"后高与昙弘进向河南(今临夏),"河南化毕,进游凉土"[1]。

---

〔1〕《大正藏》第50册,第397页。

玄高由麦积山(秦州)到炳灵寺(枹罕,今甘肃临夏),再到本来佛教就很盛行的凉州,有可能更进一步促使那里佛教的发展和石窟寺的修凿。河西的石窟寺,特别是武威天梯山第1、4二窟的北凉壁画,炳灵寺169窟的西秦壁画的特点,说明了在十六国纷争时期,尽管处于一个暂时的分裂局面,但无论哪个民族建立政权,在修窟造像上仍然在互相借鉴,虽然有地域和民族的差别,但都具有共同的时代特点。

　　十六国时期,河西地区开窟造像,以北凉为最甚,所留遗物和遗迹也最多。此时的佛造像与壁画,与西域(主要指当时的古代龟兹和高昌一带)的佛教艺术作品相比,有不少的变化与发展。但当时的佛教艺术体系并没有完全摆脱来自西域佛教艺术"粉本"的一些程式约束,人物形象和服饰等多少还带有一些明显的西域特点。北凉时期,沮渠氏尽管崇尚佛法,影响也遍及四方,然而北凉王朝毕竟还是一个割据一方的封建小王朝,在它统治的三四十年中,不可能也没有力量一下子改变外来佛教艺术面貌。直到北魏孝文帝迁都洛阳后,由于政治、经济等方面实行了种种改革措施后,石窟寺内的造像与壁画的内容和形式才有了比较明显的变化,一扫十六国以来那种"雄健挺拔"的作风,而被一种潇洒飘逸和清俊秀美的"秀骨清像"所代替。这才具有我们民族的特色,也符合我们民族的传统习俗和欣赏习惯了。

　　(本文与董玉祥先生合作,原载于《敦煌研究》1986 年第 1 期)

4 关于敦煌本《佛说十王经》的
几个问题

　　敦煌本《佛说十王经》共有二十几个卷子,分藏于巴黎、伦敦、北京、日本。藏于巴黎、伦敦的此类卷子,有几件还有彩绘,应是此类写经中的精品。此类写经包括的内容极为广泛,牵扯的问题也很多。笔者据缩微胶卷录出全文,并谈几个有关问题,望能得到有关同志的批评指正。

4.1 经名问题

　　笔者在接触敦煌写经中的 P.2870 号缩微胶卷(卷后原题《佛说十王经》)时发现,与此《经》经文内容相同,而省去了其中图、赞的其他此类写经,在《敦煌遗书总目索引》中却被题以不同经名。此类卷子共有20多个,《索引》中共用了10多种经名,现具列之:

　　《佛说阎罗王授记令四众逆修生七斋功德往生净土经》 S.5544

　　《阎罗王受记经》 S.4530

　　《阎罗王受记经》 S.2815、S.6230、散535、散1215

　　《佛说十王经》 S.3961、P.2870、P.2003

　　《佛说阎罗王受记四众逆修生七斋往生净土经》 S.3147

　　《佛说阎罗王经》 S.4805

　　《佛说阎罗王授记四众逆修》 S.2489

　　《佛说阎罗王受记劝修生七斋功德经》 S.4890

　　《阎罗王预修生七往生净土经》 P.3761

　　《佛说阎罗王授记劝修七斋功德经》北图咸75、服37、字45、字66、列26、冈44

《佛说阎罗王授记经》散 799

此类写经,被《敦煌遗书总目索引》用以上这么多的经名编目,无疑给读者带来很多不便,因为人们往往会根据《索引》中的这些经名,误认为这是内容不同的写经。但我们不能就此完全责怪《索引》的编者,因为此种写经的首尾(甚至在经文中)往往题以不同经名,加之此类写经,又常对经名随意增损,故使得不同的经名反复出现。《索引》的编者,当然来不及逐个考察这20多个卷子的内容,况且有些卷子,不是前缺,就是后残,编者只能就看到的经名编目。笔者经过排列,将这20多个卷子,分为甲、乙两类:甲类是经文、图、赞文三者齐全者;乙类是只有经文,而无图无赞者。这两类写经,经文全同(不包括因抄写失误造成的差异),乙类品是无图无赞而已。本文把这两类写经通称为《佛说十王经》,如要使人们一目了然,也可视其实际情况,题两种经名。总之,《索引》用十多种经名来称实际上是一种写经的现象,是需要纠正的。

4.2 写经年代

这类写经,有2个卷子有明确年代题记。S.6230 后题为:"同光肆年丙戌岁六月六日写记之耳";散 799 题为:"清泰三年丙申十二月二十日"。[1] 其他如 S.4530 题为"戊辰年",S.5544 题为"辛未年"。"戊辰年"晚唐至宋初一共有三,即公元848 年(唐大中二年),公元 908 年(五代后梁开平二年),公元 968 年(北宋太祖乾德六年)。我们知道,敦煌写经最晚的年代题记为宋咸平五年(1002),故 S.4530 的下限年代也应在宋初以前。它的上限年代最早也应在大中二年(848)以后,因为大中二年,张议潮收复河西,此前,敦煌曾被吐蕃占领。吐蕃当时用十二生肖纪年(如鼠年、牛年之类)。"辛未年",晚唐五代也有好几个,道理同前,故不赘述。同光四年,为公元 926 年;清泰三年,为公元

---

〔1〕此题记未见到原文,采自商务印书馆编:《敦煌遗书总目索引》,中华书局1983 年版,第331 页。

936 年,皆为五代后唐年号,此时,敦煌为曹氏统治,故 S.6230、散 799 年代甚明。

至于其他无年代题记的这类卷子,其具体年代虽然不明,但最早也不会在中唐以前。如有些卷子题有"成都府大圣慈寺沙门藏川述"之语,其"成都府"三字,对断定这些写经的上限年代提供了重要根据。《元和郡县图志》卷 31《剑南道》载:"天宝元年,改蜀郡大都督府。十五年玄宗幸蜀,改为成都府。"[1]在此之前,成都历为蜀郡益州、益州路治所,从未称"府"。可见此《经》"藏川述"时,已在天宝十五年(756)之后了,至于其在敦煌抄写的年代,当应更晚。

又此类写经,如 S.3961、P.3761、P.2870 等,上皆有彩绘,其中所画的人物特别是"俗人"的服饰等,与敦煌莫高窟曹家时代的洞窟壁画中供养人的服饰完全一致,所有这些都是判断此类卷子年代的重要依据。

总之,从上述几点看得很清楚,敦煌这类写经抄写的年代,大致就在五代宋初这一段,也就是曹氏统治敦煌时期。

4.3 真伪问题

关于《佛说十王经》,各种《大藏经》和历代佛家经目都未收入。日本《大正藏·法宝总目录·敦煌本古逸经论章疏并古写经目录》收《阎罗王受记经》1 卷;李翊灼《敦皇石室经卷中未入藏经论著述目录疑伪外道目录附》[2]收入《阎罗王受记经》1 卷,并注曰:"内题:《佛说阎罗王受记四众逆修生七斋往生净土经》。"《大正藏》所收的这个"目录"是据日人中村不折所藏的敦煌卷子;李氏所见的这个卷子是北图咸字 75 号。李氏入其卷子为"大乘经藏类",看来他认为此写经是"未入藏经论著述"。但笔者认为,此类写经,并非"大乘经藏类",就其性质来

---

〔1〕〔唐〕李吉甫撰,贺次军点校:《元和郡县图志》卷 31《剑南道上》,中华书局 1983 年版,第 767 页。

〔2〕敦煌遗书运到北京后,李翊灼曾整理过有关佛教方面的卷子,并编了《敦皇石室经卷中未入藏经论著述目录疑伪外道目录附》,详见《敦煌遗书总目索引》,第 338-343 页。

说,它是不能"入藏"的。

我们知道,所谓"佛经",有两个含义:一是泛指佛教的一切经典,包括经、律、论各种著述;另一种含义是专指"三藏"(经、律、论)之一的"经藏",这部分佛经,佛教相传是释迦牟尼所说,其中有于后世结集的经典,也有历代以"如是我闻"的形式创造的经典,敦煌本《佛说十王经》就是用了"如是我闻"这个形式(参阅附录《十王经》原文)。

众所周知,古代印度佛经原无写本,全凭师徒口传心记,佛教徒在讲经、传经时,往往以"如是我闻"为开场白,目的当然是取信于众。敦煌本《十王经》虽采用了这个形式,但仍不能掩饰其"伪经"的本来面目。因为此经文中,出现了"太山府君"这样的神名,且"太山府君"是以释迦牟尼说法时在场的"听众"的身份出现的。我们知道,太(泰)山,是中国之东岳;太山府君(东岳大帝),是为道教神名。道教自魏晋以来,就传说人死后魂归太山,又说太山府君为地下之主。晋干宝《搜神记》曾记泰山人胡母班魂游地府,乞泰山府君免其亡父之苦作等,晋张华《博物志》等也载其事。佛教自传入中国以来,由于佛道斗争和佛教急于适应新的土壤的需要,也与道教一样,采取了剽窃对方内容的手段,因此,佛籍中常出现道教名词,或用道教的形式来附会佛教的内容等,但像把"太山府君"说成是释迦"说法"时与阿难等一起听法之类的附会,未免太笨拙了。因为这里不但有中印异国之别,还有时代上的距离。只就这一点也可看出,《佛说十王经》不是佛说的"真经"。

另外,在《佛说十王经》中,还出现了很多与传统佛教相矛盾的话,例如"若造此经及诸尊像,记在冥案,身到之日,阎王欢喜,放其人当生富贵家,免其罪过","生处登高位,富贵寿永长"等语,这类语言,全部违背了传统佛教中"一切皆空"的思想。

还有,此类写经有些卷子后题"成都府大圣慈寺沙门藏川述",说"述",不说"译",也是很耐人寻味的。

总之,这类写经显然不是真正的"佛经"。

4.4　性质问题

此种写经既不是"真经",它又是什么东西呢?让我们先考察一下这类写经的本身。

以上我们曾讲到,此类卷子,可分甲、乙两类。

甲类:有经文、有赞文、有图者。如 S.3961、P.2870 等。

乙类:有经文、无赞文、无图者。如 S.2489、3815、3147、4530、4805、4890、5544 等。

乙类数量很大,若从其形式上看,还是很像佛经的(详见附录原文),这大概是因为伪撰者想尽力使人们相信他的作品是"真经"的原因。

如果在经文中插入赞文,或既插入赞文又有图画(如甲类),这样形式就大变了,变得有点像"变文"了。不过,这种"变文"只是在形式上和佛经没有两样的文体中插入了押韵的七言韵文等,显得还很生硬,"文"气不足。但此种体裁与"变文"的距离不远,却是事实。

这里,我们还要指出的是:像《佛说十王经》(甲类)中的这类插图,应直接来源于"经变",即所谓"变相""变现"等。众所周知,敦煌莫高窟唐代后期以来的洞窟,与前期相比,在壁画的表现方式上出现了较大的变化,即这时窟中的经变数量(种类)增多,且一般在主要壁画下部画 12 至 14 扇屏风,屏风上多绘佛经各品比喻故事细节,与上部经变中的主要情节盛大法会(或说法)相配合。现在很多人把此种形式称为"屏风画"。另外,此时还有不少在"经变"主要场面两侧画佛经比喻故事的形式。如《观无量寿经变》两侧分别画"未生怨"与"十六观";《药师经变》两侧分别画"十二大愿"与"九横死"。《佛说十王经》(甲类)的形式实际上也类乎上述布局,但因其绘在纸卷上,受空间的限制,只好从右至左,图文相间,依次排列下去。如果把《佛说十王经》(甲类)的插图用壁画的形式表现出来,很可能就是唐代后期以来的"屏风式经变",或在"经变"主要场面两侧加画其他细节的形式。

学术界有些学者认为，"变文""讲经文"之类，和以后的"诗赞类"文学作品有关，这是很正确的。笔者认为，像《十王经》（甲类）这类散韵相间、文图并茂的作品，应与"变文""讲经文"之类与宋代以来的"图赞"有密切关系。

南宋刻本《佛国禅师文殊指南图赞》（下简称《图赞》）[1]，是现在能见到的较典型的宋代《图赞》，此《图赞》的形式与《佛说十王经》（甲类）基本相似。它反映的主要内容是"善财童子五十三参"[2]。为了说明这种《图赞》与《佛说十王经》的关系，现抄录其原文一段：

> 善财童子初诣娑罗林中，参
>
> 文殊师利菩萨，象王顾盼，师子嚬呻，
>
> 六千比丘言下成道，五众益友顿起初心，
>
> 得根本智指南法门证十信心　赞曰：
>
> 出林还又入林中，便是娑罗佛庙东。
>
> 师子吼时芳草绿，象王回处落花红。
>
> 六千乞士十心满，五众高人一信通。
>
> 珍重吾师向南去，百城烟水渺无穷。

此段赞文上方画文殊乘象居中，左一比丘，右一菩萨等。左下角画善财参拜文殊状，右下角两俗人亦作参拜文殊状。

> 善财童子第二诣妙峰山，参
>
> ……（散文全省）赞曰：……（赞文形式同前，赞文上方画图二）

此种文图并茂，散韵相间之形式，一直到善财童子五十三参毕，共64图。

若把此种《图赞》与《佛说十王经》（甲类）相比较，其中共同之处，一览便知。稍不同的是《佛说十王经》（甲类）开头一幅是佛给十王"说法"的场面（相当于"经变"中的序品），这大概是《佛说十王经》还未完

[1]此《图赞》为日本京都神田氏藏本，罗振玉影印其入《吉石庵丛书》，本文即据此。
[2]善财童子五十三参事详见《华严经·入法界品》。

37

全变成"图赞"而留下的"尾巴"。

《佛说十王经》中的另外一类,即无图无赞只有"经文"的乙类,看来只是写经者为自己作"功德"而抄写的(甲类当然也有"作功德"的一面)。因为此经明确指出"若造此经读诵一偈,我皆免其一切苦楚,送出地狱,往生天道,不令稍滞,隔宿受苦"。

从这类卷子的某些题记来看,其抄写者不但有佛教徒,也有俗人;不但有为人作功德而抄写的,也有为牲畜作功德而抄写的。

如 S.3147 后题为"比丘道真受持";S.2489 后题为"安国寺患尼弟子妙福发心敬写此经一七卷,尽心供养"。以上这两个卷子显然是佛教徒抄写的。又 S.5544 后题为"奉为老牛一头,敬写《金刚》一卷、《授记》一卷(《阎罗王授记经》的简称),愿此牛身,领受功德,往生净土,再莫受畜生身";S.6230 后题为:"奉为慈母患病,速得痊瘥,免授(受)地狱,一为在身父母,二为自身,及全家内外亲(姻)等。元知□长,病患不侵,常保安乐,书写次(此)经,免其□□业报。"很明显,这两个卷子是"俗人"抄写的。令人奇怪的是,有此类题记的写经,全是无图无赞者(乙类)。这些经卷不但无图无赞,"经文"抄写得也很潦草,看来纯粹是为了写经而写经,完全成了一种"形式",故它的作用与前类(甲类)是有区别的。换句话说,甲类是一种糅合了佛道甚至儒家思想的、宣传性很强的"画本",而乙类只是当时人们为"自己"作"功德"而抄写的。

4.5　关于"七七"

《佛说十王经》的主要内容是宣扬"作七斋""供十王"之类。按照其"经"的说法,人们在每月十五日、三十日设"十王修名",供养三宝,死后就可"配生快乐之处,不住中阴四十九日"。如果是"新死亡人"的家属给"亡人"作斋,必须从人死的第一个七天开始作斋,直至七七(共四十九日)、百日、一年、三年,共作十次、十王关即过。其《经》还说,每作一斋,都有"使者"下来"检察","若阙一斋,乖在一王",就不能转生。若人"无财物及有事忙",不能作斋,"下食两盘,纸钱餧饲",也可使"新死亡人""免冥时业报之苦"。其经又谓,人若在世时,就作此斋,名为"预修生七斋",七分功德,全为作斋者自己得去;若人死之后,家属为其作斋,七分功德"亡人唯得一分,六分生人将去"。

佛教中的"七七"传到中国后,很早就为时人相信。《魏书·胡国珍传》载:胡国珍死后,"诏自始薨至七七,皆为设千僧斋"。[1] 可知至迟在北魏时代"七七"已"理论与实践结合"了。

按照佛教的说法,人死之后,都存一个"中阴"期,所谓"中阴",即指人死之后,到转生之前的这段时间。"中阴"的时间问题,佛典也有记载。《瑜伽师地论》卷 1 曰:"又此中有,若未得生缘,极七日住,有得生缘,即不决定,苦极七日未得生缘,死而复生,极七日住,如是展转,未得生缘,乃至七七日住,自此已后,决得生缘。"[2] 从此可知,"中阴"期共有四十九日,且每七日一个阶段。《地藏菩萨本愿经》卷上有这样一段话:

> 圣女又问,此水何缘,而乃涌沸,多诸罪人及以恶兽? 无毒答曰:此是阎浮提造恶众生新死之者,经四十九日,后无人继嗣,为作功德,救拔苦难,生时又无善因,当据本业所感地狱,自然先渡此海……[3]

从此又可看出,此作"七斋"之俗,很早就在古印度流行。

但把"七斋"与"十王"拉扯到一起,时间显然晚了。出现于五代时的敦煌本《佛说十王经》,即是把两者拉扯到一起的"标本"。此种情况,实际上是佛教进一步"世俗化"的表现。

使我们感兴趣的是:以上作"七斋"、供"十王"之俗,在今农村的某些地方还顽固地保留着。如今陇东和陕西关中等地的农村,在家人死后(专指"老丧",不包括"凶死"及未成年者)还做"七斋"。具体过程是:人死后的第一个七日的早上,由"孝子"去坟上"请灵"(经过一定仪

---

[1]〔北齐〕魏收:《魏书》卷 83 下《胡国珍传》,中华书局 1974 年版,第 1834－1835 页。
[2]《大正藏》第 30 册,第 282 页。
[3]《大正藏》第 13 册,第 779 页。

式,把预先用纸做好的"灵牌"抱回家中供养),"请灵"回家之后,孝子烧纸上供、抱头痛哭等等,下午再"送灵"归坟。此第一七日,当地人叫"头七","头七"过后,还有"二七""三七"等,直到"七七"。但在陇东地区,二、四、六七已看得不那么重要了,一般家庭都不作这几斋。"七七"过后,"百日"(人死后的第一百天)和"一周年""三周年"很重要,作斋的规模较大。特别是"三周年"(陇东地区叫"三周年一毕"),其"斋日"仪式超过以前任何一个斋日,有些家庭情况好的,还请和尚、道士作"道场",同族与亲朋好友都来"行情"等。"三周年"斋作完之后,孝子"送灵"归坟,从此,除每年清明节"上坟"一次外,再没有其他活动了。陇东等地虽还盛行此种迷信活动,但如问当地老乡为什么要作此斋? 为什么七日一次? 很少有人回答出来,但他们都说这是为死者"尽心",不这样做,死者要在地狱受苦等。

从《佛说十王经》的内容来看,不但人死之后,家属须为"亡人"作斋,就是人生在世时,也可为自己作斋,提前为自己免遭地狱之苦创造条件,但今陇东地区根本没有人生前就为自己作"此斋"的。但生前就为自己作七七斋的习俗在古代敦煌地区曾流行过,这从《佛说十王经》中看得很清楚。[1]

附录:《佛说十王经》录文
(据 P.2870 录文)

(《十王经》开卷为佛说法图一幅)

谨启讽《阎罗王预修生七往生净土经》,誓劝有缘以五会启经入赞念阿弥陀佛。成都府大圣慈寺沙门藏川述《佛说阎罗王授记四众预修生七往生净土经》。

赞曰:　　　如来临般涅槃时,广召天龙及地祇。

因为琰魔王授记,乃传生七预修仪。

[1]本文"变文""讲经文"的定义采用了张鸿勋先生的观点,详见《敦煌学辑刊》总第3期;本文所引佛教典籍,多据《大正藏》本。

如是我闻:一时佛在鸠尸那城阿维跋提河边,娑罗双树间,临般涅槃时,举身放光,普照大众及诸菩萨摩诃萨、天龙、神王、天主、帝释、四大天王、大梵天王、阿修罗王、诸大国王、阎罗天子、太山府君、司命司录、五道大神、地狱官典,悉来集会,礼敬世尊,合掌而立。

赞曰: 　　时佛舒光满大千,普臻龙鬼会人天。

　　　　　　释梵诸天冥密众,咸来稽首世尊前。

佛告诸大众:阎罗天子于未来世,当得作佛,名曰普贤王如来。十号具足,国土严净,百宝庄严,国名华严,菩萨充满。

赞曰: 　　世尊此日记阎罗,不久当来证佛陀。

　　　　　　庄严宝国常清静,菩萨修行众甚多。

尔时阿难白佛言:"世尊,阎罗子以何因缘,处断冥间,复于此会,便得授于当来果记?"佛言:"于彼冥途,为诸王者,有二因缘,一是往不可思议解脱不动地菩萨,为欲摄化极苦众生,亦现作彼琰魔王等。二为多生习善为犯戒,故退落琰魔天中,作大魔王,管摄诸鬼,科断阎浮提内十恶五逆,一切罪人,系关牢狱,日夜受苦,轮转其中,随业报身,定生注死。今此琰魔天子因缘以孰是,故我记来世宝国,证大菩提,汝等人天,应不疑惑。"

赞曰: 　　悲憎普化是威灵,六道轮回不暂停。

　　　　　　教化厌苦思安乐,故现阎罗天子形。

若复有人修造此经,受持读诵,捨命之后,不生三途,不入一切诸大地狱。

赞曰: 　　若人信法不思议,书写经文听受持。

　　　　　　捨命顿超三恶道,此身长免入阿鼻。

在生之日,煞父害母,破斋破戒,煞猪、牛、羊、鸡、狗,毒蛇一切,重罪应入地狱,十劫五劫。若造此经及诸尊像,记在冥案,身到之日,阎王欢喜,判放其人,当生富贵家,免其罪过。

赞曰: 　　破斋毁戒杀鸡猪,业镜照然报不虚。

　　　　　　若造此经兼画像,阎王判放罪消除。

若有善男子、善女人、比丘、比丘尼、[优婆塞]、优婆夷,预修生七斋者,每月二时供养三宝,所设十王修名,纳状奏上六曹,善恶童子奏上天地府官等,记在名案,身到之日,便得配生快乐之处,不住中阴四十九日,不待男女追救命。过十王若阙一斋,滞在一王,留连受苦,不得出生,迟滞一年。是故劝汝,作此要事,祈往生报。

赞曰:　　四众修斋及有时,三旬两供是常仪。

　　　　　莫使阙缘功德少,始交中阴滞冥司。

尔时地藏菩萨、龙树菩萨、救苦观世音传萨、常悲菩萨、陀罗尼菩萨、金刚藏菩萨各各还从本道光中,至如来所,异口同声,赞叹世尊。哀愍凡夫,说此妙法,拔死救生,顶礼佛足。

赞曰:　　足膝齐凶口及眉,六光菩萨运深悲。

　　　　　各各同声咸赞叹,恳勤化物莫生疲。

尔时一十八重,一切狱主,阎罗天子、六道冥官,礼拜发愿;若有四众、比丘、比丘尼、优婆塞、优婆夷,若造此经读诵一偈,我皆免其一切苦楚,送出地狱,往生天道,不令稍滞,隔宿受苦。

赞曰:　　冥官注记及阎王,诸佛弘经礼赞扬。

　　　　　四众有能持一偈,我皆送出往天堂。

尔时阎罗天子说偈白佛:

南无阿罗河,众生恶业多。

轮回无定相,犹如水上波。

赞曰:　　阎王白佛说伽陀,愍念众生罪苦多。

　　　　　六道轮回无定相,生灭还同水上波。

愿得智慧风,漂与法轮河。光明照世界,巡历昔经过。普救众生苦,降伏摄诸魔。四王行世界,传佛修多罗。

赞曰:　　愿佛兴扬智慧风,漂归法海洗尘蒙。

　　　　　护世四王同发愿,当传经典广流通。

凡夫修善少,颠倒信邪多。持经免地狱,书写过灾疴。超度三界难,永不见药叉。生处登高位,富贵寿延长。

赞曰:　　恶业凡夫善力微,信邪倒见入阿鼻。

　　　　　欲求富贵家长命,书写经文听受持。

至心诵此经,天王恒记录。莫煞祀神灵,为此入地狱。念佛犯真经,应当自戒罚。手执金刚刀,断除魔种族。

赞曰:　　罪苦三途业易成,都缘煞命祭神明。

　　　　　愿执金刚真惠剑,斩除魔族悟无生。

佛行平等心,众生不具足。修福似微尘,造罪如山岳。当修造此经,能除地狱苦。往生豪贵家,善神常守护。

赞曰:　　罪如山岳等恒沙,福少微尘数未多。

　　　　　犹得善神常守护,往生豪富信心家。

造经读诵人,忽尔无常至。天王恒引接,菩萨捧花迎。愿心往净土,八百亿千生。修行满证入,金刚三昧成。

赞曰:　　若人奉佛造持经,菩萨临终自往迎。

　　　　　净国修行日满已,当来正觉入金城。

尔时佛告阿难,一切龙天八部及诸大神、阎罗天子、太山府君、司命司录、五道大神、地狱官等行道大王,当起慈悲法,有宽纵可容一切罪人,慈孝男女修福,荐拔亡人,报生养之恩,七七修斋造像,以报父母恩,令得生天。

赞曰:　　佛告阎罗诸大神,众生造业具难陈。

　　　　　应为开恩容造福,教蒙离苦出迷津,

(插图三:一使者骑马,掌幡,两边各一仆从)

阎罗法王白佛言:"世尊,我等诸王,皆当发使,乘黑马,把黑幡,着黑衣,捡亡人家造何功德,准名放牒,抽出罪人,不违誓愿。"

赞曰:　　诸王遣使捡亡人,男女修何功德因。

　　　　　依名放出三途狱,免历冥间遭苦辛。

伏愿世尊听说十王,捡斋十王名字。

赞曰:　　阎王向佛再陈情,伏愿慈悲作证明。

　　　　　凡夫死后修功德,捡斋听说十王名。

(插图四:绘秦广王等)

第一七日过秦广王:

赞曰:　　一七亡人中阴身,驱羊队队数如尘。

且向初王斋点捡,由来未渡奈河津。

(插图五:绘初江王等)

第二七过初江王:

赞曰:　　　二七亡人渡奈河,千群万对涉江波。

　　　　　引路牛头肩挟棒,催行鬼卒手擎叉。

(插图六:绘宋帝王)

第三七日过宋帝王:

赞曰:　　　亡人三七转恓惶,始觉冥途险路长。

　　　　　各各点名知所在,群群驱送五官王。

(插图七:绘五官王等)

第四七日过五官王:

赞曰:　　　五官业称向空悬,左右双童业簿全。

　　　　　轻重岂由情所愿,伍昂自任昔因缘。

(插图八:绘阎罗王等)

第五七日过阎罗王:

赞曰:　　　五七阎罗息诤声,罪人心恨未甘情。

　　　　　策发仰头看业镜,始诸先世事分明。

(插图九:绘变成王)

第六七日过变成王:

赞曰:　　　亡人六七滞冥涂,切怕生人执意愚。

　　　　　日日只看功德力,天堂地狱在须臾。

(插图十:绘太山王等)

第七七日过太山王:

赞曰:　　　七七冥途中阴身,专求父母会情亲。

　　　　　福业此时仍未定,更看男女造何因。

(插图十一:绘平正王等)

第八百日过平正王:

赞曰:　　　百日亡人更恓惶,身遭枷杻被鞭伤。

　　　　　男女努力修功德,免落地狱苦处长。

（插图十二：绘都市王等）

第九一年过都市王：

赞曰：　　　一年过此转苦辛，男女修何功德因。

　　　　　　六道轮回仍未定，造经造像出迷津。

（插图十三：绘五道转轮王）

第十三年过五道转轮王：

赞曰：　　　所后三历是关津，好恶唯凭福业因。

　　　　　　不善尚忧千日内，胎生产死拔亡人。

（插图十四：绘牛头守火城图）

十斋具足，免十恶罪，放其生天。

赞曰：　　　一身六道苦忙忙，十恶三途不易当。

　　　　　　努力修斋功德具，恒沙诸罪自消亡。

我常使四药叉王，守护此经，不令陷没。

赞曰：　　　阎王奉法赞弘扬，普告人天众道场。

　　　　　　我使药叉齐守护，不令陷没永流行。

稽首世尊，狱中罪人，多是用三宝财物，喧闹受罪，识信之人，可自诚慎，勿犯三宝，报业难容，见此经者，应当修学。

赞曰：　　　欲求安乐住人天，辄莫侵凌三宝钱。

　　　　　　一落冥间诸地狱，喧喧受苦不知年。

尔时琰魔法王，欢喜踊跃，顶礼佛足，退坐一面，佛言此经名为《阎罗王授记四众预修生七往生净土经》，汝当流传国界，依教奉行。

赞曰：　　　阎王退坐一心听，佛更慇勤嘱此经。

　　　　　　名曰预修生七教，汝兼四众广流行。

《佛说阎罗王授记四众预修生七往生净土经》普劝有缘，预修功德，发心归佛，转愿息轮回。

赞二首：

第一赞：一身危脆似风灯，二鼠侵凌险井蹬。

　　　　苦海不修舡筏波，欲凭何物得超升。

第二赞：舡桥不造此人痴，遭险恓惶君始知。

若悟百年弹指过，修斋听法莫交迟。

《佛说十王经》一卷。

（本文原载于《世界宗教研究》1987 年第 2 期）

5　关于敦煌本《五台山赞》与《五台山曲子》的创作年代问题

敦煌遗书中的五代时写本《五台山赞》及《五台山曲子》是研究诗赞类文学作品与曲子词的珍贵资料。更为重要的是,这类作品还是研究佛教圣地五台山的第一手资料。关于这类作品的校录、注释及其他研究文章,笔者将另文发表,本文所涉及的主要是这类作品的创作年代问题。

敦煌遗书中的《五台山赞》及《五台山曲子》的创作年代问题,唯任二北先生曾经论及。由于任先生是研究敦煌曲子词的权威,故其观点在学术界影响很大,例如最近上海古籍出版社所出《全五代词》收录的《苏莫遮五台山曲子六首》,就采用了他的观点。但是,任先生对此曲创作年代的看法,是很成问题的,不仅这样,任先生在推论《五台山曲子》的创作年代时,还牵扯到了《五台山赞》之类的创作年代,由于"立足点"错了,对后者的推论就更不能成立。以下我们先看看任先生的有关意见。

任先生在其 50 年代问世的名著《敦煌曲初探》第五章《杂考与臆说》中说:

> 苏莫遮五台山大曲,可能作于武后朝至玄宗朝之间。此曲六首、与许书下辑咸字十八号《五台山赞文》比较,内容全同,取材、遣辞,亦颇一致,其详见《校录》内。而《赞文》之第二首曰:"大周东北有五台山",足见为武后或去武后不远时之作品。则苏莫遮之作辞时代,亦可连同假定,或与相同,或相去不远。使武后时,果已有苏莫遮之长短句辞,在过去探词之起源者视之,岂非一种奇迹!再《敦煌石室遗书》内载玄本撰《五台山圣境赞》七律八首,亦分五台描写,与苏莫遮六曲之内容、格局,亦完全相同。向达《伦

·欧·亚·历·史·文·化·文·库·

敦所藏敦煌卷子经眼目录》内,称为"金台释子玄本"。倘求得玄本之时代,则此六曲之作辞时代,或亦可得一大概。惟唐代文字中,有虽称大周,而时代则在后者。如《鸣沙石室佚书》本《沙州图经》,罗振玉提要云:"虽卷中多颂扬武后语,及遇大周处多挑行空格,而……有开元之纪年……"即是一例。故此套大曲,亦可能出于开元耳。[1]

任先生《敦煌曲校录》第三《大曲》中又说:

此曲(指《五台山曲子六首》)写作时代,可能在武后与玄宗两朝之间。[2]

从上引文可以看出,任先生"最有力"的证据是许国霖《敦煌石室写经题记与敦煌杂录》下辑北图咸字 18 号《五台山赞文》中的"大周东北有五台山"一句话,换言之,他是据此句话中的"大周"二字,得出此卷"为武后或去武后不远之作品",进而推论与《五台山赞》性质完全不同的《五台山曲子》也是这个时代的作品。

这里,我们必须指出,任二北先生所说的"苏莫遮五台山大曲"(即 P.3360 号)与许国霖所录《五台山赞文》(北咸字 18 号),并不像任先生说的那样"内容全同,取材、遣辞,亦颇一致",而是差异甚大。从体裁上来看,前者属"长短句",后者属七言诗或七言韵文;从内容来看,前者援引佛教人物典故较少,而后者较多;从字数来讲,前者 360 字左右,而后者有 500 字左右。关于这些,如稍作观察,便很清楚。

因为它们是两种性质完全不同的东西,所以就不能用此卷去"引出"彼卷的年代,但任二北先生却这样推测了。即使我们抛开此点不谈,仅就任先生对"大周"二字的理解来说,也是根本不能成立的,而这点,恰恰是任先生"连同假定"的根据。

众所周知,武则天称帝后,改唐为周,故有"大周"之称。但《五台山赞》中的"大周"绝非此意,而是"代州"的音讹。同类卷子 S.5573 此

---

〔1〕任二北著:《敦煌曲初探》,上海文艺联合出版社 1955 年版,第 260－261 页。

〔2〕任二北著:《敦煌曲校录》,上海文艺联合出版社 1955 年版,第 182 页。

处即作"代州",其文曰:"代州东北有五台山,其山高广共天连。"还有"代州"二字,S.4429、5487又作"大州"。"代""大"在这类卷子中往往通用,其意甚明。再如从《五台山赞》行文的前后关系来看,显然以地名"代州"为妥。唐朝代州治在今山西省代县,五台山在其东北,与《赞文》意合。如说"大周"朝的"东北有五台山",这就很难使人理解。

总之,此处"大周"即"代州",绝非武后王朝的称谓。因此,以此"大周"来确定敦煌遗书中此类作品的创作年代,显然是不妥的。

此外,我们还注意到,任二北先生把罗振玉《敦煌石室遗书》内收的玄本撰《五台山圣境赞》(即 P.4617 号)也同《五台山曲子》拉在一起,硬说其两者"内容、格局,亦完全相同"。这里,任先生又错了,因为这两种卷子无论是"内容"还是"格局",都是不同的。任先生还试图通过"求玄本(即罗振玉收玄本撰《五台山圣境赞》)之时代",而得出《五台山曲子》的作辞时代。这样,任先生在论及《五台山曲子》的创作时代时,实际上就牵扯了三种不同类型的卷子。谈到这里,我们就不能不怀疑,由于当时条件的限制,任先生没有详细看过这些卷子的内容。

下面是笔者对《五台山曲子》《五台山赞》创作年代的一些看法。

为了说明问题,我们必须首先对这些卷子进行一些初步的分类工作。敦煌遗书中的《五台山曲子》《五台山赞》之类卷子共 20 多个编号,据其内容和形式,《五台山赞》可分为甲、乙、丙、丁 4 类。《五台山曲子》另为一类。

甲类卷子(以 S.5573 为例)一般自题名"五台山赞",正文开头两句为"道场屈请暂时间,至心听赞五台山"两句,很明显,这类作品可能是在"道场"讲演的"底本"。

乙类卷子(以 S.4504 为例)一般自题"五台山圣境赞",正文开头两句为"金刚真容化现来,光明花藏每常开",文多夸张,援引佛教典故的极多。

丙类卷子(以 S.0370 为例)自题"五台山赞文"(或无"文"字),正文开头两句为"凉(或作梁)汉禅师出世间,远来巡礼五台山",亦多援引五台"圣迹"及佛教人物典故。

丁类卷子(以 P. 2483 为例)最少(只有一卷),自题"五台山赞",正文开头两句为"文殊菩萨五台山,遍化神通在世间",文字较长,内容中多提五台山寺名,可考其古迹之处众多。

至于《五台山曲子》(以 S. 0467 为例)之类,虽有几个编号,但同属一类,自题"五台山曲子",开头几句为"大圣堂,非常地,左右龙盘,为有台相倚。岩岫嵯峨朝圣地。花木芬芳,菩萨多灵异",文笔气势夺人,应出大家之手。但文中可考的"古迹"甚少。

以上各类作品,任先生提到了其中的三类,即许国霖的咸 18 号《五台山赞文》(属甲类),罗振玉《敦煌石窟遗书》所录《五台山圣境赞》(属乙类)和他自己所录的《五台山曲子》。

其实,考察这些作品的创作年代实际上不需外求,只找其卷子内容中的"蛛丝马迹"就足够了。

首先,我们注意到在上数各类卷子中,出现了不少佛教人物典故,这是判断这些卷子最有力的"本证"。如甲类卷子中(以 S. 5573 为底本)就提到了"新罗王子泛舟来""解脱和尚灭度后""佛陀波利里中禅""有一天女名三昧"等佛教人物典故。

如乙类卷子又有"无染亲经化寺中""南梁法照游仙寺、西域高僧入化城"等句。

丙类卷子中也有"凉(梁)汉禅师出世间""法照远须山顶礼""法照□尚到台中""法照其时出山里"等。

唯丁类作品中未涉及人物,《五台山曲子》也只有"西国高僧远远来瞻礼"一句话。

根据以上线索,我们试将这些作品的年代作如下推论:

一、《五台山赞》的创作时代

(1)甲类作品的创作时代

甲类作品中分别有"解脱和尚灭度后""佛陀波利里中禅""新罗王子泛舟来""有一天女名三昧"等话。这几句话中,都提到了一些可考的人物典故。

"解脱和尚"的事迹见《古清凉传》卷上、《续高僧传》卷 21、《华严经传记》卷 4 等佛典,但各家所记事迹稍异。

《古清凉传》载:

> 昔有大隋开运,正教重兴,凡是伽蓝,并任复修,时五台县昭果寺解脱禅师,于此有终焉之志,遂再加修理。禅师俗姓刑氏,本土人也,驰马之岁,即预出家。宿植德本,早怀津问,初从介山之右抱腹山志昭禅师所,询求定验……解脱禅习冲明,非尔徒所及……遂返故居,自尔常诵《法华》,并作佛光等观。脱数往大孚寺,追寻文殊师利,于东台之左,再三逢遇……[1]

又,《华严经传记》卷 4 谓解脱禅师卒于贞观十六年。

总之,解脱"大隋"时就在五台山一带活动,贞观十六年时卒,其时代是很明确的。

佛陀波利事迹见于《宋高僧传》卷 2、《广清凉传》卷中。据《宋僧传》卷 2 载:

> 释佛陀波利,华言觉护,北印度罽宾国人。忘身循道,遍观灵迹。闻文殊师利在清凉山,远涉流沙,躬来礼谒,以天皇仪凤元年丙子,杖锡五台 …… 见一老翁从山而出,作婆罗门语 …… 翁曰:"师从彼国将《佛顶尊胜陀罗尼经》来否?" …… 举头之顷,不见老人。波利惊愕,倍增虔恪。遂返本国取得经回(《广清凉传》作"至永淳二年回"),既达帝城,便求进见。有司具奏,天皇赏其精诚 …… 波利所愿既毕,却持梵本入于五台,莫知所之。或云波利隐金刚窟 …… 大历中 …… 法照入五台山礼金刚窟,夜之未央,克责扑地。忽见一僧长七尺许,梵音朗畅,称是佛陀波利。[2]

上段文字,记佛陀波利"事迹"也很清楚。即佛陀波利唐仪凤元年(676)首次巡游五台山,后又回印度"取经",于永淳二年(683)回唐土后,再上五台山。

总之,甲类作品中提到的"解脱和尚"与佛陀波利分别为隋唐之际

---

〔1〕《大正藏》第 51 册,第 1095 页。

〔2〕《大正藏》第 50 册,第 717－718 页。

和唐高宗前后人无疑。但我们还不能据此而得出甲类作品就创作于那个时代。因为甲类作品中提到的"新罗王子泛舟来"这句话,又给我们提供了重要的信息。

佛典上记载了不少新罗僧人巡游中国的事迹,但"泛舟来"的"新罗王子"可考者只有二人。《宋僧传》卷21《无漏传》载:

> 释无漏,姓金氏,新罗国王第三子也。本土以其地居嫡长,将立储副,而漏幼慕延陵之让,故愿为释迦法王子耳。遂逃附海舰,达于华土。欲游五竺,礼佛八塔,既度沙漠,涉于阗已西,至葱岭之墟……所还之路,山名贺兰,乃凭前记,遂入其中,得白草谷,结茅栖止。无何,安史兵乱,两京版荡,玄宗幸蜀,肃宗训兵灵武……乃宣征[无漏],不起,命朔方副元帅、中书令郭子仪亲往谕之……[1]

又,《宋僧传》卷20《地藏传》载:

> 释地藏,姓金氏,新罗国王之支属也。慈心而貌恶……于时落发涉海,舍舟而徒,振锡观方,邂逅至池阳,观九子山焉二……建中初张公严典是邦,仰藏之高风,因移旧额奏置寺焉……以贞元十九年夏,忽召众告别……春秋九十九。[2]

以上文献中记载的这两个"新罗王子",皆是"泛舟来"到中国的。他们都是到处巡游的高僧,无漏去过印度,回来后居贺兰山(在今宁夏)白草院;地藏到中国后,曾居佛教四大名山之一的安徽九华山。他们去过五台山与否,有关僧传没有记载。但甲类卷子提到的"新罗王子泛舟来"可能与此二人有关,或许赞文的作者,弄错了他们巡游的地点(如把九华山等误为五台山),以致以讹传讹。但这二人来华的时间是明确的,即无漏"安史之乱"前后在唐朝活动,而地藏活动在"建中""贞元"时。如从这些人物的事迹传播和把其事迹"变"为文学作品还需要一定的时间这个角度来考虑,甲类作品的创作年代就可能在中晚唐了。

---

[1]《大正藏》第50册,第846页。
[2]《大正藏》第50册,第838–839页。

更值得注意的是"有一天女名三昧"这句话。此典故见于《广清凉传》卷中,其文曰:

> 古德相传云:有天女三昧姑者,亡其年代。自云:大圣命我居华严岭……行菩萨道,接引群品,资供山门……姑乃募工,营建精宇,不日而成。躬诣乡川化人,米面身自背负,以充供养。川陆之人,迎施者唯恐在后。游台黑白之众供,亿无算……至贞元三年二月十五日,忽谓门徒曰:吾化缘方毕,今可归天。汝依吾诚,无令断绝。语讫而去。[1]

贞元,为唐德宗年号,贞元三年即公元787年。此明确的年代记载,有力地说明甲类卷子的内容,不会产生于盛唐时代。

(2)乙、丙类作品的创作年代

这里我们先谈乙、丙两类卷子中提得最多的法照(梁汉禅师也指法照)这个人物。

中国佛教史上,以法照为名的和尚不少,但因去五台山见"圣迹"而出名的只有一人。这位法照的事迹《宋高僧传》卷21、《广清凉传》卷中、《净土往生传》卷下都有记载,唯文字稍异而已。《宋高僧传》21《法照传》载:

> 释法照,不知何许人。大历二年栖止衡州云峰寺……则五年四月五日到五台山……六日到佛光寺……复至四月八日,于华严寺西楼下安止,洎十三日照于五十余僧同往金刚窟,到无著见大圣处……大历十二年九月十三日,照与弟子八人于东台睹白光数四……照后笃巩其心,修炼无旷,不知其终……[2]

这一段引文把法照所处的时代,交代得清清楚楚,即法照唐大历年间去五台山,大历十二年九月三日以后,便不知去向了。

这样,我们基本可以肯定,乙、丙两类卷子的创作年代应在法照所处的时代以后,即唐朝大历年间(766—779)以后。但我们还必须注

---

[1]《大正藏》第51册,第1109-1110页。
[2]《大正藏》第50册,第844-845页。

53

· 欧·亚·历·史·文·化·文·库·

意,法照去五台山巡礼的这段传奇性故事,不可能很快传开并在"文学作品"中很快表现出来。换句话说,多次提到法照的乙、丙两类作品的创作年代,比大历年间还要再晚一些。

除此之外,乙类卷子上还出现了一个比法照所处时代更晚的人物,即"无染亲经化寺中"的无染此人。《宋高僧传》卷23、《广清凉传》卷中对此僧事迹亦均有记载。《宋高僧传》卷23《无染传》曰:

> 释无染者……从中条山受业……闻佛陀波利自西国来,不倦流沙,无辞雪岭……染乃从彼发迹,遍访名公……以贞元七年到五台山善住阁院……冬即采薪供众,夏即跣足登游,春秋不移二十余襈,前后七十余遍,游历诸台,睹化现金桥……最后于中台,忽见一寺,额号"福生"……见文殊亦僧也……迨开成中白大众曰……奈何衰老,今春秋七十四,夏腊五十五……此时下山,勿有留难,合掌曰珍重而去(即去世)。[1]

无染于贞元七年到五台山,开成中卒,上文说的也很清楚。据此,乙类作品(卷子)的创作年代最早也到了唐开成年间(836—840)以后了。

(3)丁类作品的创作年代

这类作品,只有一种(P.2483),未见有人著录,任二北先生也未提及。丁类作品中没有可考的人物,但如果从其文体与"赞五台"的形式来看,其创作时间也应与甲、乙、丙相去不远。

二、《五台山曲子》的创作时代

这类作品即是任二北先生所录的《五台山曲子》。这类作品,涉及的人物典故很少,只有"西国真僧远远来瞻礼"这句话最引人注意。

魏晋以来,五台山为佛教圣地,在五台山"巡礼"者,不但有中国僧俗,也有外国僧人。据笔者所见到的材料,宋代以前来五台山的"西国"僧人,有姓名者只有释迦密多罗与佛陀波利两人。

《古清凉传》卷下载:

---

[1]《大正藏》第50册,第855-856页。

西域梵僧,释迦密多罗者,本师子国人。少出家,本住摩伽陀国大菩提寺,游方利物,盖自天真。麟德年中,来仪此土,云向清凉,礼拜文殊师利。自云九十五夏,每跣足而行,常唯一食,或复虚中七日,兼修露坐,不栖房宇。而辄至食,向东北遥礼。至止未久,奉表以闻,特蒙恩许,仍资行调。敕遣鸿胪寺掌客为译语人,凉州沙门智才,乘驿往送所在,供给多罗。以乾封二年六月,登于台者,并将五台县官一员,手力四十人,及余道俗总五十余人。初欲上之日,从思阳村,行三十里,日中时将到。多罗即召集僧徒,自行香水,特以亲手奉施众僧。多罗因不饮食,卒经三日,食讫将行,译语诫众曰:大圣住处,亿劫稀闻,况得亲经……多罗与二僧,最为先导,欲至山下,遥望清凉寺……[1]

释迦密多罗是"西国真僧",唐麟德中来中土,并去五台山游礼,上文记载得很清楚。

另外一个就是前文中提到的佛陀波利,其也是初唐后期(仪凤元年)到中国的。

《大方广佛华严经感应传》又载了两个西域的无名僧人,其文曰:

仪凤年中,西域有二梵僧至五台山,赍莲花,执香炉,肘膝行步,向山顶礼文殊大圣。遇一尼师在岩石间松树下绳床上,端然独坐,口诵《华严》。[2]

从上述记载来看,他们在五台山活动的时间,都在盛唐以前。但我们同样不能得出《五台山曲子》作品就创作于那个时代。

理由是释迦密多罗与两个仪凤年间来五台山的西域梵僧的"事迹"并不那么突出,故以其人为"素材"作《曲子》的可能性较小。唯佛陀波利"巡礼"五台山有一段传奇性的故事。但有关此人故事的流传,可能到法照去五台山以后了。前引《佛陀波利传》中曾提到,法照人五台山,见佛陀波利。法照此人,前文已考,为唐大历时人,而佛陀波利为

---

〔1〕《大正藏》第51册,第1098—1099页。
〔2〕《大正藏》第51册,第175页。

仪凤、永淳时人,年代相去百年左右,何得相见?故此无疑为佛籍中常用的"传奇""夸大"之词,但这个附会却有一点值得注意,即佛陀波利的"美名"后之所以被人们传扬,可能是法照巡礼五台山的结果。《佛陀波利传》说波利第二次"入于五台,莫所知之,或云波利隐金刚窟",可见当时人们连他的踪迹也不知晓。法照去五台山,"见到"佛陀波利与文殊普贤"居在一起",又被其"引入圣寺"。又见一梵僧(实指佛陀波利的"化身"),两次对法照说:"汝见台山境界,何故不说","师所见台山灵异,胡不流布普示"。后两句话暗示了很重要的信息,即法照后来对佛陀波利的"事迹"进行了"流布普示"。总之,法照在五台山"见到"的以上"灵异",使得佛陀波利由一个历史人物变成了"神僧",后来又"变"成了"文学作品"流传。

此外,《五台山曲子》与前四类赞文在文体上也有很大差异,前几类作品属于七言诗,而《曲子》是"长短句",属"大曲"之类。它的出现,也不可能超越中国"曲子词"的发展规律而到武后、玄宗时。所以,从其内容和形式两方面来分析,它很可能也产生于中晚唐以后。

综上所述,甲、乙、丙、丁四类《五台山赞》及《五台山曲子》的创作年代,虽各自可能有时间上稍早稍晚的差异,但其相对年代都应在中晚唐之后。

笔者对"敦煌文学"知之甚少,以上所谈难免肤浅,望任二北先生和有关学者批评。

(本文原载于《敦煌学辑刊》1987 年第 1 期)

6　敦煌所见
《五台山图》与《五台山赞》

6.1　"文殊崇拜"与《五台山图》的流行

敦煌莫高窟的第 9、61、144、159、222、237、361 窟都有中晚唐至五代的《五台山图》,其中 61 窟的规模最大,最有代表性。姜亮夫先生《莫高窟年表》于(825 年)"吐蕃求《五台山图》"条下注曰:"按《五台山图》敦煌残本,据余所见,至少有五本,且皆中唐以后所绘,则与吐蕃之求,或有关连,故著之"。[1] 据此可知,敦煌遗书中也有《五台山图》。

《五台山图》当时为什么会这样流行呢? 这与当时社会上的五台山崇拜有关。"浮生踏着清凉(五台)地,寸土能消万劫灾"[2],这句话真实地显示了人们渴望巡礼五台山的心理和目的。

人们为什么对五台山这样崇拜呢? 归根到底,是因五台山为文殊菩萨的"居地"。文殊菩萨居住五台山的"根据"是从佛经中来的。东晋天竺高僧佛驮跋陀罗译《华严经》卷 30《菩萨住处品》说:东北方有菩萨住处,名清凉山,从昔以过去诸菩萨常于中住。彼现有菩萨,名文殊师利,有一万菩萨,常为说法。

《华严经》的这个内容,无疑给佛教徒附会中国的五台山(就是佛教所说的清凉山)提供了证据。

─────────────

〔1〕姜亮夫:《莫高窟年表》,上海古籍出版社 1985 年版,第 375 页。
〔2〕见敦煌本《五台山赞》。本文提到的《五台山赞》在敦煌遗书中共有 20 多个编号,可分四类,请参见拙文:《关于敦煌本〈五台山赞〉与〈五台山曲子〉的创作年代问题》,载于《敦煌学辑刊》1987 年第 1 期,第 51 页。

·欧·亚·历·史·文·化·文·库·

《太平御览》卷45引《水经注》:

> 五台山……其北台之山冬夏常冰雪,不可居,即文殊师利常镇
> 毒龙之所。今多佛寺,四方僧徒善信之士,多往礼焉。[1]

《水经注》是北朝时的作品,从其记载的此段话可知,早在北朝时,人们已视五台山为文殊菩萨所居之地,换句话说,佛经中所说的清凉山与山西的五台山已被视为一回事了。

唐法藏《华严经传记》卷1又载:

> 案此经(《华严经》)《菩萨住处品》云:东北有菩萨住处,名清
> 凉山,现有菩萨,名文殊师利,与一万菩萨,常住说法,故今此山下,
> 有清凉府,山之南面小峰,有清凉寺,一名五台山。[2]

唐澄观《华严经疏》卷47更直截了当地说:

> 清凉山,即代州雁门郡五台山也,于中现有清凉寺,以岁积坚
> 冰,夏仍飞雪,曾无炎暑,故曰清凉。五峰耸出,顶无树木,有如垒
> 土之台,故曰五台。表我大圣五智已圆,五眼已净。[3]

法藏、澄观都是唐代高僧,后来分别被推为华严宗(五台山曾是其宗的重要基地)第三、第四代祖。他们的著作中明确地说《华严经》中的清凉山就是五台山,文殊菩萨住此山,讲《华严经》等。特别是澄观多年在五台山讲《华严经》,曾被封为"清凉国师",五台山就会更引人注意了。换句话说,唐代以来崇拜五台山的风气与华严宗的兴起关系很大。

与此同时,密宗的创始人——不空和尚与文殊菩萨的密切关系,更值得注意。《宋僧传》卷1《唐京兆大兴善寺不空传》记不空事,很多与文殊菩萨有关,如:

> [不空]诵《文殊菩萨行愿》,一年之限,再夕而终……初至南
> 海郡,采访使刘巨邻恳请灌顶,乃于法性寺相次度人百千万众。空
> 自对本尊祈请旬日,感文殊现身……[唐大历七年]空进表请造文

---

〔1〕〔宋〕李昉等:《太平御览》卷45《地部十·五台山》,中华书局1960年版,第215年。

〔2〕《大正藏》第51册,第157页。

〔3〕《卍正藏经》第65册,新文丰出版股份有限公司1980年版,第388页。

殊阁,敕允奏。贵妃、韩王、华阳公主同成之。[1]

由此可以看出,不空的很多活动事迹都与文殊菩萨有关。《宋僧传》卷5《唐京师兴善寺潜真传》又载:

> 属[唐]代宗朝新译《文殊师利菩萨佛刹庄严经》……因请三藏不空译此经等数十部。续有敕下,天下梵宇各置文殊菩萨,以旌圣功也。又诏以文殊菩萨为上座,皆三藏(不空)所请。[2]

从以上文献可知,对文殊菩萨的崇拜不但与华严宗盛传有关,还与密宗的创始人之一不空也有很大关系。

由于盛唐以来对文殊崇拜的风气愈来愈盛,五台山也就成了佛教徒极为渴望的圣地。这样一来,《五台山图》也就流行了。

文献记载最早的《五台山图》,应是唐龙朔年间西京会昌寺沙门会赜等人所绘的"小张",此事见于《古清凉传》卷下,其文曰:

> 唐龙朔年中,频敕西京会昌寺沙门会赜并内侍掌扇张行弘等,往清凉山,检行圣迹,赜等祇奉明诏,星驰顶谒,并将五台县吕玄览、画师张公荣等十余人,共往中台之上……赜等既承国命,目睹佳祥,具已奏闻,深称圣旨。于是清凉圣迹,益听京畿,文殊宝化,昭扬道路……赜又以此山图为小张,《述略传》一卷,广行三辅。[3]

会赜这次出使五台山,并带画师张公荣等十余人,"以此(五台)山图为小张"的"小张",可能是最早的《五台山图》。值得注意的是,这次图"小张"的同时,又写《述略传》一卷。这个《述略传》,应是"小张"的文字说明之类,应是配合"小张"而作的。这次画"小张"与作《述略传》一卷,"广行三辅",使"清凉圣迹,益听京畿",看来影响是不小的。

《旧唐书》卷17《敬宗纪》又载:

> [长庆四年九月]甲子,吐蕃遣使求《五台山图》。[4]

《册府元龟》卷999《外臣部·请求》同记此事,且较详,文曰:

〔1〕〔宋〕赞宁撰,范祥雍点校:《宋高僧传》卷1《不空传》,中华书局1987年版,第10页。
〔2〕〔宋〕赞宁撰,范祥雍点校:《宋高僧传》卷5《潜真传》,第103页。
〔3〕《大正藏》第51册,第1098页。
〔4〕〔后晋〕刘昫等:《旧唐书》卷17上《敬宗纪》,中华书局1975年版,第512页。

·欧·亚·历·史·文·化·文·库·

穆宗长庆四年（824）九月甲子,灵武节度使李进诚奏:吐蕃遣使求《五台山图》。山在代州,多浮图之迹,西戎尚此教,故来求之。

这次吐蕃求《五台山图》的式样,我们不得而知,但从此可知,《五台山图》这时已大为流行,如不这样,远在西陲的吐蕃怎能派人来求?

再后一点,唐文宗开成五年,日本僧圆仁与汾州头陀僧义圆同游五台,下山至太原后,义圆请画博士绘《五台山化现图》一铺。关于此事,《入唐求法巡礼行记》卷3载之其详,此不赘述。

在圆仁画此《五台山化现图》的前几天(开成五年七月十八日),圆仁还见到"南天竺三藏法达,边写取五台山诸灵化传碑等"。无独有偶,在敦煌本《往五台山行记》(五代时作品,笔者拟题)也有《行记》的作者在太原于某年二月"廿八日下手画《台山图》,廿九日长画至终"的记载。从此可知,当时写画五台山"灵化""化现"之类的人不止一二。

值得注意的是:画博士与南天竺三藏法达及《往五台山行记》的作者是在太原画《五台山图》之类的,更为奇怪的是,法达是根据"碑"来"写取"(画)的。画《五台山图》等,不在五台山而在太原,又根据"碑"来"写取",说明当时的太原,有画《五台山图》的"专家",或有碑刻的五台山诸"化现"故事之类,供人临摹。

以上文献记载,与前文所谈保存至今的《五台山图》一样,同样反映了该图当时流行的情况。从文献记载还可以看出,《五台山图》当时不仅风行中原,而且西传敦煌、西藏,甚至东传日本。至于靠近五台山的地区,此图可能到处都能看到,河北正定开元寺塔有唐代《五台山图》即为例证之一。[1]

6.2 莫高窟 61 窟是五台山在敦煌的"缩写"

敦煌莫高窟 61 窟,原名文殊堂,覆斗顶,中心设佛坛,坛上背屏连

---

〔1〕姜亮夫:《莫高窟年表》,上海古籍出版社 1985 年版,第 376 页。

接窟顶。是五代时期莫高窟的大窟之一。此窟坛上塑像早已损失,背屏上的狮尾保存至今。据此遗迹与原窟名文殊堂推测,此窟佛坛正中原塑文殊师利菩萨无疑。

此窟虽绘有各种经变及佛传故事,但把《五台山图》放在主要位置(正壁),塑像的主尊不是佛而是文殊菩萨。[1] 这些都说明,此窟的主要题材突出了文殊菩萨及其居地——五台山。文殊本来与普贤一起,同是毗卢遮那佛的胁侍,但唐代(或许更早),五台山出现了单独的文殊造像。这个题材,无疑是根据"文殊居清凉山"而来的。五代时,敦煌出现文殊堂,是受当时社会崇拜五台山风气的影响。莫高窟 61 窟是五台山在祖国西陲的"缩写",这并不是偶然的现象。《宋僧传》卷 27《唐京师光宅寺僧竭传》载:

> 释僧竭者,不知何许人也,先在佛家……乃于建中中造曼殊(文殊)堂,拟摹五台之圣相。[2]

僧竭于唐德宗建中年间在长安"拟摹五台之圣相"建立的曼殊堂,无疑受到五台山的直接影响,尽管我们还不清楚僧竭所建"曼殊堂"的具体情况。敦煌莫高窟的文殊堂,也可能是从五台山拟摹而来的。

随着当时人们对五台山愈来愈浓的崇拜,不仅在全国很多地方出现了文殊堂,甚至连五台山也开始"照搬"了。

这里首先提到辽朝的五台山。《辽史》卷 13《圣宗记》载:辽圣宗"[统和十年]九月癸卯,幸五台山金河寺饭僧"。同书卷 68《游幸表》又载:道宗清宁九年七月"幸金河寺"。此圣宗、道宗所到的五台山金河寺无疑在辽的版图之内,否则,辽朝的两个皇帝怎么能先后跑到五台山去?辽朝五台山的金河寺,是辽朝著名的佛教寺院,《龙龛手鉴》的编撰者——高僧行均,就曾驻锡该寺。

辽朝的五台山在石刻、方志中也屡有记载,其地在今河北蔚县境内,至今此地仍称小五台。[3]

---

〔1〕宿白:《敦煌莫高窟中的"五台山图"》,载于《文物参考资料》1951 年第 5 期,第 55 页。

〔2〕〔宋〕赞宁撰,范祥雍点校:《宋高僧传》卷 27《僧竭传》,第 675 页。

〔3〕萧村:《辽朝别有一五台山》,载于《文物》1984 年第 9 期,第 90－91 页。

·欧·亚·历·史·文·化·文·库·

辽朝统治者,在其境内另外"制造"一个五台山,一方面说明五台山(清凉山)的影响之大,使得统治者感到没有它就不可能"消灾禳福",另外一方面也反映了宋辽对立的政治局面。

辽朝东边的新罗国,也曾出现过一个五台山。新罗的五台山,在朝鲜高丽王朝僧一然撰的《三国遗事》中多次提到。该书卷3曾有"新罗大王太子宝川、孝明二昆弟,到河西府……留一宿,翌日过大岭……逃隐入五台山"。从《三国遗事》的记载来看,新罗的"五台山"与中国的五台山有很多类似的地方,如亦有五台、五百大阿罗汉、一万文殊、文殊塑像真如院等等。甚至连中国的五台山是传播"华严"的基地这一点,也被新罗的五台山效法,其山也有人常转《华严经》、设华严会等等。新罗的五台山,无疑是中国五台山的翻版。这点,《三国遗事》中也透露出了不少信息,例如,此书中多处提到了新罗高僧慈藏,说慈藏曾去过中国,并到过清凉山,曾遇一僧人,很神秘地告诉慈藏:"汝本国艮方溟洲界有五台山。"慈藏后来回国,对新罗佛教的发展起了重要的作用。其事在《续高僧传》卷24亦有记载。大概因慈藏后来入山修行,此山便附会成了五台山。慈藏是唐贞观十四年回到新罗的,这时新罗的五台山还没有附会出来,新罗五台山的出现,应该还要晚一些。总之,不管怎样讲,新罗曾经有过一个五台山。

辽朝和新罗,当时都与中原王朝为邻,两国的文化受当时中国文化的影响已久,对佛教的信仰更为强烈,对五台山的崇拜,完全是一样的。但其与中原王朝,又相对峙(特别是辽朝),他们要"依靠"地处华北的五台山就感到极大的不便,他们是敢于同中原王朝分庭对抗的,所以各自大胆地在自己统治区域内"制造"了五台山。至于地处西陲的瓜沙曹氏政权,虽俨然以小朝廷自居,有很强的独立性,但曹氏奉中原王朝,依附性极强,再加上河西的地形限制,另外"制造"一个五台山极不容易,因此,五台山就被经过"压缩"之后,在石窟中出现了。

敦煌莫高窟61窟画塑结合(文殊造像与《五台山图》结合),把佛教圣地——五台山从华北移(再现)到西陲,一方面是为了满足地处边陲的曹家小政权的"祈福",另一方面也满足了地处边陲的善男信女就近"巡礼"五台山的需要。

6.3 《五台山图》《五台山赞》与经变的关系

　　除上文所提龙朔年间唐朝派人在五台山绘"小张"的这条材料外，其他有关《五台山图》的文献记载，都在中晚唐以后，而现存《五台山图》的创作时间，也是在这个时代之后。我们也注意到，敦煌本《五台山赞》与《五台山曲子》的创作年代，也都在中晚唐以后。这个时间关系告诉我们，《五台山赞》与《五台山曲子》的出现，可能要比《五台山图》的流行晚一些。换句话说，随着《五台山图》的流行，赞文之类也就出现了。

　　赞文并不与《五台山图》分家，而应是相辅相成的。下简叙其理由。

　　敦煌莫高窟壁画中保存了几幅《五台山图》，敦煌遗书中也发现了不少《五台山赞》。但我们未曾发现在《五台山图》的绘画中题有赞文，也未发现在写本《五台山赞》中附有《五台山图》。这就是说，把图与文两者结合在一起的现存实物还未发现（姜亮夫先生说他曾见有 5 幅《五台山图》，其情况不明）。但这丝毫不能排除《五台山图》与《五台山赞》曾是相辅而行的。这里，我们以敦煌变文为例来说明这个问题。变文的文体是散韵相间，兼说兼唱，并有图与之配合，如人们常引的吉师老《看蜀女转昭君变》诗中就曾说到演出《昭君变》时，配有相应的画面。又如 S.3491《破魔变文》、P.2524《降魔变文》卷子中，既有文字，也有相应的插图。这些都是"文图并茂"的变文实例。但在敦煌所出的变文中，大多只保留了文字的部分，文图并茂这类变文较少。敦煌本《大目连冥间救母变文并图一卷并序》的题目就反映了文图并茂的事实，但图却没有保留下来。推测其原因，可能有这几点。一是文与图并不一定抄绘在一起，图的部分在流传过程中散失了。另外，可能有些变文只抄文字，而不一定与图配合，因为绘图比抄文字来说，毕竟是困难一些(这也可能是文比图多的原因之一)。还有,敦煌所出的俗文学之类的作品,很多是经生、学士郎作为作业或为人祝愿而抄写的,所以图的部分就不一定绘出。据此,我们推测《五台山赞》与《五台山图》当时也可能另纸抄绘。因为《五台山图》类乎山水画,场面庞大,又要绘出东西南北中的五台(也可称五顶),画面要前后左右展开,不像《破魔变文》之类的图画,故事情节性强,易用连环画的形式表现,所以穿插在变文中极其容易。而《五台山图》不便穿插于文中,所以可能常常另纸绘出。这样,与赞文分家的机会增多,也正因为这样,我们至今还未发现把文、图抄绘在一个卷子上的实物。

但,这类实物在敦煌的其他卷子中却有表现。如敦煌遗书中有一种《佛说十王经》(题名不尽相同,共有 20 多个编号),即有两种表现形式。

一种是经文、插图、赞文三者俱全者;一种是只有经文,无图无赞者。

《佛说十王经》的经文是散文,赞文是七言韵文,插图穿插于文前后,每幅图后均有四句赞文。此种图赞类作品,并不是什么佛说的经,而是一种混合了佛、道、儒三家思想的宣传品,从其形式来看,可能有时也被当作讲演的底本。《佛说十王经》所描写的内容是人死之后到冥间见十王的情况,情节连贯,画面极易插于文中。但即使这样,有些卷子干脆省去插图,只抄文字。

这种情况也说明图与赞在相辅流行时,有时抄在一个卷子上,有时也可分开,分开之后,当然都有可能散失。《五台山图》与《五台山赞》可能属于此种情况。

《五台山图》的表现形式与经变有很多类似的地方。如:《五台山图》正中绘中台之顶,下绘一座四合院落,院中绘一佛二菩萨。菩萨有榜题,一为"大圣文殊菩萨",一为"大圣普贤菩萨"。此院正中下方题"大圣文殊真身殿"。再下又绘一座四合院落,院四周有角楼,院正中绘一座五层楼阁,下题"万菩萨楼"。中台之顶——大圣文殊真身殿——万菩萨楼,上下排列整齐,讲求对称。这一组画在《五台山图》

的中心位置。

值得提出的是:五台山为文殊菩萨的道场,而此图正中却绘制了一佛二菩萨,文殊仍被绘作佛的胁侍,并无突出表现。这种情况,并没有摆脱一般经变正中绘一佛二菩萨的窠臼。由此可以看出,《五台山图》的绘制者,仍然袭用经变的布局手法。这不仅表现在全图正中位置绘一佛二菩萨等,也表现在此图上部的天空。这铺《五台山图》上部天空绘有:

阿罗汉一百二十五人会,

大毒龙二百五十六,

佛头云中现,

大力士金刚现,

通身光现,

化金桥处

……

这种在全图上部(有些夹在图中,如"化金桥处")绘变现之类题材,也是采用经变的形式。此外还有很多有关五台山的佛教史迹画的表现方式也和经变的一些题材的表现方式相类。更有意思的是:义圆赠日本僧圆仁的图,就叫《五台山化现图》。这个《化现图》的具体内容我们虽不得而知,但可以肯定地说,圆仁带到日本的图,已经"变相"了。这种"变相"了的《五台山图》应该说与敦煌莫高窟61窟中的此图内容有很多一致的地方。

经变是根据佛经绘制而成的,《五台山图》所依据的是现实中真正的五台山。经变的主要目的是反映佛国世界,反映现实很大程度是一种不自觉的折射行为,如经变中的《西方净土变》,实际绘出了当时供统治阶级享用的殿堂、宫廷乐舞之类;又如《弥勒经变》的"一种七收",是把人民的辛勤劳动场面展示在我们面前。这是因为画工并没有亲眼见过"西方极乐世界""弥勒净土",他们只能用现实来表现佛国。正因为这样,经变反映具体事物具有高度的抽象性。例如,经变中绘制了一个城池,这城池无疑是根据现实而来的,但这城池可能是众多城池的抽

·欧·亚·历·史·文·化·文·库·

象,也可能是一个城池的照搬。然而,无论是哪一种情况,经变中的城池,绝不会出现附有俗名的榜题的。可是,《五台山图》中俗名出现了,如镇州、五台两城就附有榜题。另外,如五台山诸寺院,也各有题名,凡此种种很多。这样,我们就有可能进一步了解五台山周围城池及其寺院的详细情况,因为此图反映的内容,都是当时存在过,甚至一直保留至今的。上述正是《五台山图》与经变最大的不同之处。

总之,《五台山图》既采取了经变的一些表现手法,有很多"虚"的东西,又反映了当时五台山的历史原貌,有很多"实"的东西。

(本文原载于《敦煌研究》1988 年第 2 期)

7　敦煌慧远述评

中国佛教史上，僧人取名慧远者很多，就隋朝以前来说，见于史载者便有 3 人。即庐山慧远（雁门楼烦氏）、江陵长沙寺慧远（籍贯不明）和京师净影寺慧远（敦煌李氏）。庐山慧远为东晋人，是早期佛教史上最有影响的中国僧人，故多为人们熟知。长沙寺慧远，为南朝刘宋时人，在佛教史上没有多少影响。[1] 至于本文要谈及的敦煌慧远[2]，虽无庐山慧远之声誉，但也不失为一代高僧。正因如此，有人把他与庐山慧远相比，称之为"小慧远"，然因庐山慧远在中国佛教史上的地位极高，致使与其同名的"小慧远"，几乎有被"淹没"的危险。故简谈其事迹及有关问题，以引起人们对敦煌慧远的注意，并希望有关同仁对其事迹和思想作进一步的考察与研究。

7.1　慧远简历

据《续高僧传》（下简称《续僧传》）载，慧远（523—592）原姓李氏，先居敦煌，后徙上党高都（山西晋城）。远自幼丧父，与叔同居，7 岁在学，功逾常百。13 岁时，辞别叔父，往泽州东山古贤寺拜华阴沙门僧思为师。僧思是当时很有名的禅师，他见慧远"有出家之相"，遂收慧远为徒，令诵佛经。不久，僧思携慧远至怀州北山丹谷。此时，慧远已锋芒初露，"每以经中大义问师，皆是玄隐"，故很得老师赏识。16 岁时，僧思令慧远随阇梨湛律师往邺城（河北临漳）。[3] 邺城当时是北齐都

---

〔1〕庐山慧远，《高僧传》卷 6、《出三藏记集》卷 15 皆有传，第 211 - 222、566 - 570 页。江陵长沙寺慧远见《法苑珠林》卷 116 引《冥祥记》，第 918、920 页。

〔2〕敦煌慧远，《续高僧传》卷 8 有传。

〔3〕阇梨，《翻译名义集》卷 1 曰：阇梨，或阿祇利，《南海寄归内法传》说阇梨：梵语阿遮梨耶，唐言轨范……隋言正行。佛教谓能教授弟子，指导弟子行为的人。

· 欧 · 亚 · 历 · 史 · 文 · 化 · 文 · 库 ·

城,高僧聚集,佛教很盛。慧远在这里"大小经论,普皆博涉",但又"偏重大乘"。慧远年满进具之后,又从慧光十大弟子中的法上、慧顺为师。[1] 不久,又依大隐律师听《四分律》。这时的慧远已"声荣之极",前来求学者"相喧互道"了。慧远学成之后,携诸学侣,返回家乡高都清化寺。《续僧传·慧远传》谓:远到高都之后,"众缘欢庆,叹所未闻。各出金帛,为之兴会。讲堂庙宇,一时崇敞。韩魏士庶,通共荣之"。可惜时隔不久,北周灭北齐(承光二年,公元578年),周武帝准备在齐境内大规模灭佛,慧远这时也作为"前修大德"被召集到邺城殿前,[2]人们熟知的以"阿鼻地狱"来与周武帝抗争的事件,就发生在这时(详见下)。周武帝灭佛开始后,慧远又往汲郡西山,继续修道,三年之间,诵《法华》《维摩》等各1000遍,又兼习禅。

周武帝灭齐后的第二年六月即崩,宣(宇文赟)、静(宇文衍)相继。大象二年(580),北周静帝,大兴佛法。"天元微开佛化,东西两京各立陟岵大寺,置菩萨僧。颁告前德,诏令安置"。慧远遂赴嵩山少林寺讲经。

隋代周后,大兴佛教,开皇元年(581),隋文帝普诏天下,听任出家,又计口出钱,营造经像,天下之人从风而靡,竞相景慕,民间佛经多于"六经"者数十百倍。[3] 慧远这时又至洛阳,其故旧学徒,闻风来投。隋文帝闻知慧远大名之后,立即下敕授慧远为洛州沙门都,匡任佛法,"远辞不获免,即而位之"。

开皇七年(587),慧远又往定州传法。途经上党(今山西长治),一路讲说。时隋文帝敕召大德6人,各领弟子10人入京(长安),远名列第一。[4] 据《续僧传·慧远传》载,慧远曾与常随博士200余人,"创达帝室,亲临御筵,敷述圣化,通乎家国",文帝大悦,敕住大兴善寺。先是,开皇二年,隋文帝于龙首原建城,名曰大兴城,以隋文帝初封大兴公

---

〔1〕慧光事迹详见《续高僧传》卷21。

〔2〕大德,佛教对佛及年高有威望僧人的称呼。

〔3〕参阅《隋书》卷35《经籍志》,第1099页;《通鉴》卷175。

〔4〕参阅《隋书》卷35《经籍志》,第1099页;《通鉴》卷175。

故名,大兴善寺立于靖善坊,文帝取城名二字,坊名一字,名为大兴善寺,寺殿崇广,为京师之最,号曰大兴佛殿,制度与太庙同。其中多住高僧,慧远敕住大兴善寺后,"劳问丰华,供事隆倍"。后又因大兴善寺佛教集会频繁,影响慧远传法,乃选天门之南,大街之右,东西要冲,专为慧远立寺,名为净影[寺]。《续僧传》谓慧远常居净影寺讲说,弘叙玄奥,辩畅奔流,吐纳自深,宣谈曲尽,声名大震,四方投学者七百余人,皆海内英华,虽然求学者很多,然成器者相寻。此时虽有很多大德居于京师,但"至于归学师寻,千里继接者,莫高于远矣"!

开皇十二年(592),文帝又敕令知翻译,刊定辞义,其年卒于净影寺。

慧远卒后,隋文帝哀感非常,为之罢朝,并叹曰:"国失二宝矣!"此"二宝"者,指李德林与慧远,因李与远同月丧,故隋文帝有此感慨。李德林,字公辅,曾参与隋文帝代周之谋,后为隋内史令、授柱国、爵郡公等。[1] 隋文帝把慧远与重臣并提,可见对其尊礼之重。又慧远之碑,由薛道衡制文,[2] 虞世基书,[3] 丁氏镌之。薛、虞、丁皆当时名流,时号三绝。此三人为慧远制、书、镌墓志,慧远在当时的影响,也可窥知。

隋炀帝即位以后,又令慧远弟子灵璨往泽州古贤谷(慧远出家处)景净寺起塔,以示对慧远之怀念。

慧远在佛教史上的地位及影响,从唐以后人对他的纪念中也可看出。

清人叶奕苞《金石录补》卷19录有"大隋峡石寺远公遗迹"一条。叶氏按曰:"远公亦名慧远,为敦煌李氏之族,殁于开皇十二年,在京净影寺,是日辍朝。高祖曰:丧我国宝矣!公修《涅槃义疏》绝笔,后人称为绝笔台,台在峡石寺中。"叶氏又谓:远公遗迹碑后有"宝历元年四月,沙门紫羽请刻石台上,河东薛重元刊录故志,薛唐夫书"等语。宝历为唐敬宗年号,宝历元年即公元825年,已为唐代后期,而慧远卒于

---

〔1〕李德林,见《隋书》卷42本传,第1193—1209页。
〔2〕薛道衡,见《隋书》卷57本传,第1405—1414页。
〔3〕虞世基,见《隋书》卷67本传,第1569—1574页。

开皇十二年(592),事隔200多年,还有人对其如此怀念,可见其在当时人们心中的地位了。

7.2 慧远"护法"

慧远抗周武帝灭佛事,是佛教史上一次很有名的事件。此事之后,慧远被当时佛教界誉为"护法菩萨"。慧远后来在佛教界享有崇高威望,与此事关系很大。

据《续僧传·慧远传》的记载,周武帝在北齐承光二年(578)春灭北齐后,立即召集齐境内的"前修大德"于邺城殿前宣布了一道诏令,其文曰:"朕受天命,养育兆民。然世弘三教,其风弥远。考定至理,多皆愆化,并命废之。然其六经儒教,文弘治术,礼义忠孝,于世有宣,故须存立。且自真佛无像,则在太虚,遥敬表心,佛经广叹,而有图塔崇丽,造之致福,此实无情,何能恩惠?愚民响信,倾竭珍财,广兴寺塔,既虚引费,不足以留。凡是经像,尽皆废灭。父母恩重,沙门不敬,勃逆之甚,国法岂容?并退还家,用崇孝始。朕意如此,诸大德谓理何如?"沙门大统法上等500余人,听完诏令之后,慑于皇帝的淫威,皆面面相觑,无敢答者,唯有慧远出列反对曰:"陛下统临大域,得一居尊,随俗致词,宪章三教。诏云:'真佛无像',信如诚旨。但耳目生灵,赖经闻佛,藉像表真,若使废之,无以兴敬。"又曰:"若以形像无情,事之无福,故须废者,国家七庙之像〔1〕,岂是有情,而妄相尊事?"针对周武帝"父母恩重,沙门不敬"之难,慧远又反驳曰:"立身行道,以显父母,即是孝行,何必还家,方名为孝","若以来言,陛下左右,皆有二亲,何不放之?乃使长役五年,不见父母"。最后,慧远又对周武帝说:"陛下今恃王力自在,破灭三宝,是邪见人,阿鼻地狱〔2〕,不拣贵贱,陛下何得不

〔1〕七庙:古代宗法制度,天子有"七庙",太祖居中,左右三昭(父)、三穆(子),共为七庙,是非常重要的封建礼制。
〔2〕阿鼻地狱:某些佛籍所载的八大地狱之一,重罪者堕之,堕入者受苦无穷。佛教用此来扬善戒恶。

70

怖?"[1]《续僧传》用很长的篇幅记载了周武帝与慧远辩论的内容,虽然牵扯了很多方面,但关键是两个问题,这就是:

一,周武帝认为:佛经、佛像、佛塔、佛寺等,皆属荒诞无稽之类,修这些东西来"造福",耗费国家财源,应当废除。

慧远认为:赖经闻佛,藉像表真,经像之类,能使人更好地理解佛义,如果没有这些,人们是不会自知有"佛法"的。

二,周武帝认为:父母恩重,沙门不敬,而出家行道,违反了人之常情,是大逆不道之举。

慧远认为:立身行道,扬名显祖,即为大孝,故沙门出家,不为不孝,而是更高一层的孝。

这两个问题,都是佛教能不能存在的关键问题。因为没有佛经、图像之类,佛教就失去了弘法的法宝。没有人出家,佛教就失去了僧众来源。所以,不管是"灭佛",还是"护法",要回避这两个问题是绝对不可能的。

概括起来看,佛教弘法主要依靠佛经、佛像(包括壁画等)两类。但学习佛经,需要有一定的文化,在当时的条件下,要使大家都来读佛经,不是一件容易的事情。但佛像之类,却能使人们一目了然,其效果不是佛经所能比拟的。

佛教最初是禁止塑造佛像的,这是因为,"如来身者,为是大身,此亦不可思议,所以然者……不可造作……不可摸测,不可言长言短,音声亦不可法则"[2]。在古代印度早期的佛教建筑中,是不雕塑佛像的。公元 1 世纪左右,由于大月氏国王迦腻色迦的大力提倡,在古印度犍陀罗地区出现了释迦的各种雕刻形象。佛教东传以后,佛教艺术也东渐中国。魏晋以来,随着佛教的传播,造像修窟之风大兴,寺院经济蓬勃发展。这样一来,便和世俗地主的代表——封建皇帝的利益发生了矛盾,所以有些封建帝王,对佛教采用了利用、限制的政策,同时他们也认

---

〔1〕《大正藏》第 50 册,第 490 页。

〔2〕《增一阿含经》等早期佛教经典都有类似的说法。

识到佛教在当时社会上具有广泛的"群众基础",所以不到万不得已,不采取激烈手段。周武帝"灭佛",和北魏太武帝有所不同,他是经过首先制造舆论等方面的准备的。[1] 他也企图从"理论"上战胜慧远。但由于时代和阶级的局限,他根本不可能认识到,一种宗教的存在并不是一个偶然的现象,而是具有深刻的社会根源;他也不可能认识到,用粗暴的手段,甚至用武力解决思想信仰问题,会适得其反。加之,他提出的问题矛盾百出,逻辑混乱,经不起丝毫的推敲,故被学识渊博的慧远驳得张口结舌。如慧远提出:既然事佛像之类不能造福,那"国家七庙"也同样不能造福,陛下何必对"国家七庙"而"妄相尊事"呢?周武帝无法回答这个问题,只好推说"七庙是上代所立,朕亦不以为是,将同废之"。这样一来,又被慧远抓住把柄,慧远说:废七庙是不尊祖考,祖考不尊,则昭穆失序,《五经》无用,那么还要儒教干什么呢?如果三教(指儒、道、佛)同废,还用什么来"治国"呢?慧远和周武帝辩论的第一个关键问题——"佛像问题",以周武帝的"理屈"而告终。

沙门出家(第二个关键问题),不敬父母,历来是儒家攻击佛教的口实之一。作为封建皇权的代表——周武帝提出这个问题,只不过是一个借口,他的主要目的,是想阻止其剥削对象和兵源纷纷涌向寺院,从而危及自己的统治。慧远回答这个问题更为巧妙,他说,既然出家是为不孝,那么陛下(周武帝)"左右"的士兵,为什么服役 5 年之多,还不让他们回家看望父母呢?这些问题,都是 6 世纪时代的封建帝王所不能回答的。

但是,中国的封建社会与中世纪时期的欧洲不同,任何宗教都不可能超越皇权。佛教在北周、北齐时,尽管有很大的政治影响和社会基础,也有像慧远这样的人起来坚决"护法",但只要集权力于一身的皇帝滥施淫威,任何个人的力量都是不可能阻挡的。所以慧远虽冒着被杀头的危险反对周武帝灭佛,且驳得周武帝理屈词穷,但终不能改变佛

---

〔1〕见《周书·武帝纪》卷 5－6、《广弘明集》卷 8 等都记载了周武帝在灭佛之前,经过了反复的讨论,最后才以"儒教为先,道教为次,佛教为后"。

教当时面临的"厄运"。据《广弘明集》的记载,周武帝在北齐境内的灭佛,极为暴烈。他把收没的寺庙四万,并赐王公,充为宅第。五众释门三百余万,皆复军民,还归编户。又熔刮佛像,焚烧佛经等等。佛教的寺院财产,皆簿录入官,登即赏赐,分散荡尽。[1]

慧远虽未能阻止周武灭佛,但因他敢于犯触"天子之威",却受到佛教僧侣非同一般的尊敬。《续僧传·慧远传》谓:"齐国初殄,周兵雷震,[其他僧人]见[慧]远抗诏,莫不流汗,咸谓粉其身骨,煮以鼎镬,而远神气岿然,辞色无挠。上统衍法师等,执远手泣而谢曰:'天子之威,如龙火也,难以犯触,汝能穷之。大经所云,护法菩萨,应当如是。'"[2]慧远在当时就被誉为"护法菩萨",在佛教史上还是很少见的。

慧远"护法"的事迹,千百年来,被佛教界作为佳话流传,慧远的勇气和精神也被佛教僧侣当作学习的楷模。

这里首先要指出的是在清末发现的敦煌遗书中,亦出现了一些关于敦煌慧远的材料,如被伯希和盗走的 P.3570 残佛经背面即有敦煌慧远的《因缘记》一节。此残佛经背面抄有:1,《南山宣律和尚赞》;2,《隋净影寺沙门慧远和尚因缘记》;3,《刘萨诃和尚因缘记》;4,《灵州龙兴寺白草院史和尚俗姓史法号增忍以节度使李公度尚书立难刺血写经义》(仅存 14 行。后缺)。"南山宣律",疑夺"师"字,应为"南山宣律师",即《续高僧传》的作者道宣,因其在终南山传律,是佛教"律宗"的创始人,故佛教史上又称其为"南山宣律师",在中国佛教史上地位很高。"刘萨诃和尚",《续高僧传》卷 25 有传,曾经河西,西行西域。敦煌遗书甚至敦煌壁画中也有其有关事迹的材料,是中国佛教史上一个传奇式的人物。"史增忍",《宋高僧传》卷 26 有传,沛国陈留人。曾于贺兰山、灵州一带修行多年,刺血写经,神异朔方,名震当时。唐咸通十二年卒,五代西梁乾化中,朔方节度使韩公逊表奏其事迹,梁太祖赐增忍"法空"之号。后唐同光中,薛昭纪为其树碑。敦煌遗书中也有几条

〔1〕《广弘明集》卷 10《周祖平齐招僧叙废立抗拒事》,见《大正藏》第 52 册,第 153 页。
〔2〕《大正藏》第 50 册,第 490 页。

关于他的资料。"隋净影寺沙门慧远",即本文所叙之"敦煌慧远"。此4人中,时代最晚者为增忍,为唐末人,如再考虑到增忍于五代梁、唐时才被分别赐号、立碑,其事迹当时更多地为人所知,可能已晚到五代梁、唐之后。故从此可知,敦煌此卷的抄写年代,也大概在此时或稍后。这件卷子(后部缺)背面把此4人的事迹抄在一起(笔迹完全相同),目的当然是宣传这些高僧大德的事迹。从敦煌所出这件文书可以看出,当时佛教界也把慧远视为一个"传奇式"的人物。

P.3570《隋净影寺沙门慧远和尚因缘记》写本,对慧远事迹的描述,有很多地方与《续僧传》不同,例如《续僧传》说慧远俗姓李,而敦煌本却说"俗姓张",又说敦煌慧远"直入庐山,而求佛道"等,这里显然又把东晋庐山慧远与隋代敦煌慧远混为一谈,诸如此类的错误,屡见于敦煌本。但敦煌本的主要内容同样突出了"慧远护法"的事迹,其卷最后一句话说慧远是"护法圣者,威神之力也"。总之,敦煌慧远威武不屈,敢于同皇帝抗争,挺身护法的大无畏精神在中国佛教史上得到佛教界非同一般的敬重。

7.3　慧远所学

道宣在《续僧传》中虽列慧远于《义解篇》,但慧远所学实际上是多方面的,这在《慧远传》中看得很清楚。

慧远是一个"禅师"。

慧远13岁出家,启蒙老师僧思即为著名禅师。想必慧远学佛伊始,便是学禅。《续僧传·慧远传》谓:

> 初,远周听大乘,可六七载。洞达深义,神解更新。每于邺京法集,竖难罕敌,由此名冠远近,异论所推。既而勤业晓夕,用心太苦,遂成劳疾。十五日内,觉观相续,不得眠睡。气上心痛,状如刀切。食弱形赢,殆将欲绝。忆昔林虑,巡历名山,见诸禅府,备蒙传法,遂学数息,止心于境,克意寻绎,经于半月,便觉渐差,少得眠息,方知对治之良验也。因一夏学定,甚得静乐,身心怡悦,即以己

证用问僧稠,稠云:"此心住利根之境界也,若善调摄,堪为观行。"远每于讲际,至于定宗,未尝不赞美禅那。[1]

上文的大意是,慧远当初因劳累过度,积劳成疾,经常失眠,又气上心痛,食弱形瘦,弄到快要死的地步了。于是,他"遂学数息",半月之后,逐渐好起来。因为慧远"学数息"得到了实际好处,所以,每于讲经之际,"赞美禅那"不止。

这里所说的"数息",即指"数息观",此为佛教禅观的"五停心观"之一。僧人坐禅,专心记住呼吸(出入息)的次数,使分散浮躁的精神专注一处,这样做,可入"禅定"。慧远所"赞美"的"禅那"即此种修行方法。所谓"禅那"是梵语的音译,意译即"静虑""思惟修""弃恶""功德丛林"等等。僧人通过坐禅,可以心注一境,正审思虑,得到不苦不乐的感受。

上引文中,还提到过僧稠这样一个人。僧稠《续僧传》有载,西域佛陀禅师曾称其"葱岭以东,禅学之最"。慧远和僧稠来往,并问他修禅之事,也可证慧远是很注重禅修的。[2]

"南北朝时期,中国佛教思想和学风大致分为两大趋势。南方佛教哲学和南朝的玄学相适应,体现了南方中国学风的特点,它比较重视义理的理解,以清通简要为特色。北方佛教哲学和北朝的经学相适应,比较重视戒行和禅定,对于纯理论的(空谈)兴趣不高。北方佛教徒多注重禅定,所采取的方法基本上和印度传入的方法一致"。[3] 隋统一后,南北佛教渐融为一体,很多僧人以"定慧双修"为业。隋文帝不但提倡佛教"义学"(慧),也很关心"禅门"(定)。他在长安永阳坊专立禅定寺,集名德禅师 120 人,四事供给,以倡禅修,内住名僧不亚于大兴善寺。又在长安立"五众"(详见下),"禅门众"即其一。从此可知,禅学在隋代仍受重视。隋初,慧远虽注重"义学",勤于著述,但并没有放弃禅修。

---

〔1〕《大正藏》第 50 册,第 491 页。

〔2〕僧稠事迹详见《续高僧传》卷 16 本传。

〔3〕任继愈:《汉唐佛教思想论集》,人民出版社 1973 年版,第 128 页。

慧远又是一个《四分律》师。

前已提及,慧远是慧光的再传弟子,慧光年十三入洛阳从佛陀扇多出家,习戒律,四年后讲《僧祇律》,后又讲《四分律》,曾撰有《四分律疏》,被后世尊为四分律宗之祖。慧远既为慧光的再传弟子,就不可能不受其影响。《续僧传·慧远传》谓慧远后来又就大隐律师听《四分律》,"流离请海,五夏席端。淘简精粗,差分轨辙,灭净捷度,前后起纷,自古相传,莫晓来意。远乃剖析约断,位以单重,原镜始终,判之即离,皆理会文合"。可知,慧远通过学习各家之长,对《四分律》是非常精通的。

《四分律》是佛教史上最有影响的律典。其《律》有比丘戒 255 条,比丘尼戒 348 条,对出家比丘、比丘尼从行动(身)、言论(口)、思想(意)三个方面提出了极其严格的要求,慧远深通此律,就不可能不对当时佛教的传播产生影响。《续僧传·慧远传》又谓:"开皇之始……下敕授(慧远)洛州沙门都,匡任佛法,远辞不获免,即而位之……正气孤雄,道风齐肃,爱敬调柔,不容非滥。至治犯断约,不避强御。讲导所之,皆科道具。或资助有亏,或不洒水护净,或分卫乖法,或威仪失常,并不预听徒。自余堕眠失时,或后及法席,并依众式,有罚无赦。故徒侣肃穆,容止可观。"慧远在任洛州沙门都期间,能"重整佛风"应该说与他深通《四分律》有关。从这一点来看,慧远又是一个"律师"。

慧远又是一个"义学"高僧。

慧远作为一个"义学"僧人,首先表现在他有大量著述方面。慧远著述之富,在隋朝僧人中是名列前茅的,在隋初僧人中是独一无二的。这点,在《慧远传》中说得很清楚。就今天留下来的慧远著述来看,也足以说明这一点。《大藏经》中收入了慧远的如下著作:

书　　名	出　　处
《无量寿经义疏》2 卷	《大正藏》卷 37
《维摩经义记》8 卷	《大正藏》卷 38
《观无量寿经义疏》2 卷	《大正藏》卷 37
《大般涅槃经义记》20 卷	《大正藏》卷 37
《大般涅槃经义记》18 卷	《大正藏》卷 37
《温室经义记》1 卷	《大正藏》卷 39
《大乘义章》25 卷	《大正藏》卷 44
《大乘起信论义疏》4 卷	《大正藏》卷 44
《胜鬘经义记》1 卷	敦煌本 S. 2660，P. 2091、3308，散 1387
《地持论义记》3 卷	敦煌本 P. 2141（卷 10）、散 1440
《华严疏》[1]	后 2 种未留传下来，见《续僧传·慧远传》

在慧远的所有著作中,最值得一提的还是《大乘义章》。此书把佛教"义学"的大纲分作"教法聚""义法聚""染聚""净聚""杂聚"(此聚缺)5 类,每类中先叙《毗昙》《成实》[2],然后归结到《地论》[3]《涅槃》。如读《大乘义章》,魏晋以来佛教义学大略可知。同时,《大乘义章》又是一部百科性质的辞书、类书,全书共收大小辞目 222 条,其于探研佛理,价值很高。[4]

隋唐以前,中国僧人对佛理的探讨和理解,还处在较"原始"的阶段,也就是说,在理论上还跳不出印度僧人所说的那一套,南北朝末期,中国僧人自己的撰述渐渐增多。这种现象是印度佛教逐渐中国化的表现,是中国僧人开始"独立思考问题"的表现。就慧远有大量著述这一点来看,他是走在这个潮流前边的。

---

〔1〕《续藏经》也部分收入了《胜鬘经义记》与《地持论义记》。《华严疏》《十地疏》不传,均见《续高僧传·慧远传》。

〔2〕《毗昙》为有部论书《阿毗昙论》的简称。《成实》为《成实论》之简称。

〔3〕《地论》即《十地经论》的简称。

〔4〕参见汤用彤:《隋唐佛教史稿》,中华书局 1982 年版,第 87 页。

　　从慧远的撰述中还可看出,慧远对佛理的探研是多方面的。周武帝灭佛,慧远逃到汲郡西山,诵属于大乘空宗的《法华》《维摩》,后来又著《法华经疏》和《维摩经义记》,可知他对大乘空宗的思想有深刻了解。《慧远传》又谓慧远"本住清化,祖习《涅槃》",在其以后的著作中又有《涅槃经义记》及《华严疏》《十地疏》之类,说明他对大乘有宗等经典也很有研究。慧远晚年又列席摄论师昙迁的讲筵[1],说明其对摄论学派的学说也有很大兴趣。

　　慧远因学识渊博,解义深刻,故学人相继,门徒成列,其著名弟子灵璨、宝儒、慧畅、善胄、辩相、慧迁等大都见于僧传。[2] 这些人都不同程度地继承了慧远所学,大都通《十地》《涅槃》,有的兼习《摄论》《毗昙》。

　　值得注意的是,灵璨、慧迁还曾于开皇十七年(597)分别被敕为《涅槃》《地论》之"众主"。隋文帝时,南北佛教交光互摄,各派林立,隋文帝提倡佛教"义学",聘选当时佛教各宗派最著名的学者,集中在长安,分为涅槃、地论、大论、讲律、禅门"五众",每众立一"众主",领导教学,故"众主"定要硕学多能者任之。在"五众"中,慧远的弟子就有2个,足见慧远门下的学德也是不同凡响的。[3]

　　总之,敦煌慧远在中国佛教史上的地位,应引起人们的足够重视,笔者不揣浅陋,草成此文,其目的无非是抛砖引玉而已。

（本文原载于《法音》1988 年第 9 期）

---

〔1〕摄论师,指以研习、讲说《摄大乘论》为主的高僧。

〔2〕以上人物分别见于《续高僧传》卷 10(前 3 人)、卷 12(后 3 人)本传。

〔3〕凡文中不注明出处者,多见于《续高僧传·慧远传》。

8 《地狱变相》初探

"地狱"在中国人的传统观念中,是一个非常可怕的名词。在漫长的中国封建社会中,"地狱观念"对中国民众的规范、抑制是非常强烈的。正因很多人怕死后堕入"地狱",其反抗压迫的勇气大都被逆来顺受、委曲求全所代替了。封建王朝因为有"地狱",使得其统治得以延长;中国人民敢于斗争的精神,因为有"地狱"而被消除了大半,尽管有时我们还可看到"地狱"带有劝善戒恶、鞭挞丑恶的一面,但其在中国文化思想史上所起的主要作用还是消极的。

那么,"地狱"到底是什么? 它是如何产生,并用什么手段来影响人们的思想? 本文试图用敦煌所出的资料及佛教石刻中的《地狱变相》来说明之。

8.1 "地狱类"佛典的翻译

众所周知,先秦两汉以来,中国就有丰富的魂魄鬼神思想,但并无佛教中所宣扬的那套完整的"地狱思想"。"地狱思想"较系统地进入中国,是与佛教的东渐分不开的。

我们虽然不能确切地知道古印度文化中"地狱"出现的年代,但可以肯定地说,在佛教没有产生之前,古印度就存在着"地狱观念",而且愈来愈趋完善。例如《梨俱吠陀》中,就有"阎罗王"之说,其谓阎罗专司"死道",但仅统治幸运之死者。惩罚罪恶之说,则是后来所增。在古印度的《奥义书》中,天堂地狱之说,更趋完备,形渐复杂。如其中有真诚者生天上,作诳者入地狱,祸福年限有等差,视善恶之高下为断等等。《奥义书》还谓人死之后循先祖之道,以至月宫享福受业,至其善业尽,后生人间。恶人反之,须入地狱受苦,而得大梵上智者,与常人不

·欧·亚·历·史·文·化·文·库·

同,其可解脱轮回,不生不死,是谓无道。

在与佛教同时兴起的耆那教中,也有轮回地狱之说。耆那教认为天神人类均入轮回,宇宙无始无终,世间为苦乐场所,并分世间为三大部:一天所居,一人所居,一为地狱。

婆罗门教认为,那些非难吠陀者,死后也必堕地狱,可知婆罗门教也有此说。[1]

佛教兴起以后,吸收了以前其他教派的很多思想,"地狱思想"也是其中之一。在早期的小乘佛典中,就有完整的地狱体系,小乘佛教的主要思想"因果报应""六道轮回",就与地狱有密切的关系。

东汉时,佛教传入中土,中国遂有了佛经的翻译,现存译者(实即编译,不明的《四十二章经》文只三千左右,其中虽无"地狱"二字,但却多次出现了"生死不息"的轮回观念。

东汉桓帝、灵帝时来到中国的安息沙门安世高,曾译了 3 部有关地狱的佛籍,即《佛说十八泥梨(地狱)经》《佛说罪业报应教化地狱经》《佛说鬼问目连经》。这 3 部佛经,皆文不足三千,但其介绍地狱的情况还是较详尽的。特别是《佛说十八泥梨经》详尽地介绍了"十八地狱"的名称、用途及"恶人"在各地狱中所受"苦刑"等等。

安世高所译的佛籍,是中国最早翻译的佛典之一,在佛教初入中国之时,他能迅速地译出此类经典,不但说明中国的魂魄鬼神思想与印度的"地狱思想"非常合拍,更重要的是说明当时的中国社会确实存在着把印度"地狱思想"移植过来的需要。

两晋南北朝以来,有关地狱的佛典译得更多,为了节省篇幅,现粗列见表 8 - 1。

以上这些佛经[2],有的是专讲"地狱"的,有的是在一部大经中为"地狱"专列章节的,虽其各种佛籍对"地狱"的说法不尽相同,但如对上述佛籍稍作浏览,一幅幅内容不同的"地狱"就会展现在人们面前。

---

〔1〕上皆参见汤用彤《印度哲学史略》,北平:独立出版社 1946 年再版本。

〔2〕除上表所列佛经之外,这时还有很多译经,其中不乏有关地狱的记载,上表只列其要者而已。

表 8 - 1　两晋南北朝以来有关地狱的佛典

经名	总卷数	内容说明	译人及时代
《大楼炭经》	6 卷	其经卷 2 有《泥梨品》,专讲"十六地狱"情况。	西晋,沙门法立共法矩译
《佛说四泥梨经》	1 卷	其经讲"四泥梨(地狱)"情况。	东晋,西域沙门竺昙无兰译
《佛说铁城泥梨经》	1 卷	其经讲"铁城泥梨"情况。	东晋,西域沙门竺昙无兰译
《佛说泥梨经》	1 卷	其经描写"罪人"入地狱受苦诸状,"盐(阎)王五问"及"八大地狱"情况。	东晋,西域沙门竺昙无兰译
《三法度论》	3 卷	其经卷下专章解释何云地狱及热、寒诸地狱情况。	东晋,罽宾三藏翟昙僧伽提婆译
《俄鬼报应经》	1 卷	其经言目连在恒水旁,见诸饿鬼,受罪不同,众鬼一一向目连问己因果。	东晋,失译
《佛说杂藏经》	1 卷	言目连在恒水旁,见五百饿鬼,其内容大体同上。	东晋,沙门法显译
《十住毗婆沙论》	17 卷	其经很多篇幅专讲堕地狱因缘及诸地狱的情况。	后秦,鸠摩罗什译
《大智度论》	100 卷	其经卷 16 讲轮回转生及地狱诸苦状等。	后秦鸠摩罗什译
《长阿含经》	22 卷	其经引《世纪经·地狱品》详述"八大地狱"及人在各地狱受苦惨状等。	后秦,佛陀耶舍共竺佛念译
《佛说福罪报应经》	1 卷	言人因果及八大地狱情况等。	南朝刘宋,于阗沙门求那跋陀罗译

续表 8-1

经名	总卷数	内容说明	译人及时代
《佛说转轮五道罪福报应经》	1卷	内容与上经大同小异。	南朝刘宋,于阗沙门求那跋陀罗译
《佛说阎罗王五天使者经》	1卷	言阎罗王现"天使"教化人众等。	南朝刘宋,沙门慧简译
《阿毗达磨俱舍释论》	22卷	其经卷8、卷9详述"八大地狱"及"十六地狱"情况。	南朝陈,真谛译
《正法念处经》	70卷	其经卷5至卷15用11卷篇幅专讲地狱情况。另外,其经《生死品》《饿鬼品》《观天品》也讲了很多地狱的情况。	元魏,翟昙般若流支译
《世起经》	10卷	此经卷2至卷4详述"八大地狱"及每一大地狱中"十六小地狱"情况,讲罪人在地狱受苦惨状等。	隋,天竺三藏阇那崛多等译

　　南北朝以来,外来的佛教深入人心,已开始走上了中国化的道路。中国僧人对佛教的态度由原来那种跟着印度僧人跑的阶段,进入了对佛教教义进行深入理解的阶段。这时虽然仍有大量佛经的翻译,但中国高僧自己的撰述增加了很多。因此。有关地狱的情况,既在当时继续翻译的佛籍中出现,也往往被编入一些大型的"佛教类书"中。例如南朝梁沙门僧罗、宝唱等撰《经律异相》卷49、50,隋敦煌释慧远《大乘义章》卷44,唐西明寺沙门释道世所撰《法苑珠林》卷7等,就罗列了不少有关地狱的资料。

　　佛教典籍,虽浩如烟海,包罗万象,但其所宣扬的人生归宿归根到底是"两条道路":一是让人们设法解脱轮回之苦,一是入地狱受诸酷刑。正因为这样,历代佛教信徒对此方面佛经的翻译和编撰是很用力的,也正因此,大量的"地狱类"佛典流传至今。

8.2 《地狱变相》的流行

"地狱类"佛经的翻译和佛教的流行,使得有关地狱的冥报小说、讲唱剧本、图赞作品大量出现,特别是在佛教绘画艺术及石窟雕刻中,这类题材出现得更多。这里我们主要谈谈有关《地狱变相》的一些问题。[1]

所谓"变相",就是把佛籍和与其有关的文字内容用形象表现出来,即用图画或雕塑表现出来。同佛教起源于印度一样,"变相"也起源于印度。北凉昙无谶译《大方等大集经》卷 31 载有佛与日密菩萨一段对白,其中提到了"地狱像"。其原文是:

> 日密言:"世尊,彼维摩诘即我身也。世尊,我于彼土现白衣像,为诸众生宣说法要,或时示现婆罗门像、或刹利像、或毗舍像、或首陀像……畜生像、饿鬼像、地狱像,为调众生故。"[2]

此处所言日密菩萨"为调众生",能变现各种形象,其中即有"地狱像"。此谓日密菩萨能变现"地狱像",虽与绘画艺术中的"地狱变相"有别,但实际上透露了印度很早就有"地狱变相"的情况。因为人(日密)根本不可能变成地狱的。换句话说,上经文所说日密现示的各种形象,可能反映的是当时印度佛教艺术的造型题材。

唐义净所译《根本说一切有部毗奈耶杂事》卷 17 载:

寺中应遍画,然火并洗浴,

钵水不蹈叶,连鞋食不应。

> 缘处同前,给孤[独]长者,施园之后作如是念:若不彩画,便不端严。佛若许者,我欲庄饰。即往白佛,佛言:"随意当画。"闻佛听已,集诸彩色并唤画工,报言:"此是彩色,可画寺中。"答曰:

---

〔1〕《地狱变相》也可称作《地狱变》《地狱变现》等,下文视需要用前两种称谓。

〔2〕《大正藏》第 13 册,第 217 页。

·欧·亚·历·史·文·化·文·库·

"从何处作,欲画何物?"报言:"我亦未知,当往问佛。"佛言长者:"于门两颊应作执杖药叉,次傍一面作《大神通变》,又于一面画作《五趣生死之轮》,檐下画作《本生事》,佛殿门傍画《持鬘药叉》,于讲堂处画《老宿比丘宣扬法要》,于食堂处画《持饼药叉》,于库门旁画《执宝药叉》,安水堂处画《龙持水瓶著妙璎珞》,浴室火堂依天使经法式画之,并画少多《地狱变》。于瞻病堂画《如来像躬自看病》,大小行处画作死尸形容可畏,若于房内应画白骨髑髅。"是时长者从佛闻已,礼足而去,依教画饰,即并画已。[1]

《根本说一切有部毗奈耶杂事》是小乘佛教一切有部有关戒律方面的重要典籍,其内容多讲受戒安居事,其中也夹杂了一些极为繁杂细小的内容。上段文字,把当时印度"寺中应遍画"的情况很清楚地告诉我们,从此可知,把"变相"按其作用绘在寺院中的一定位置,曾是古代印度寺院装饰的内容之一。更值得注意的是,上段文字中提到了"地狱变"。可知,"地狱变"在古印度佛教寺院中早已出现了。古印度地区今天还有无《地狱变相》保存,我们不得其详,可在中国,无论是文献记载,还是实物保存,都可举出不少例子。但就保存的《地狱变相》"实物"来说,时代都是较晚的。这里我们先看看中国文献中对《地狱变》的一些记载。

到目前为止,我们还未发现南北朝时代有关《地狱变相》的材料,但入唐之后,情况大不相同。唐张彦远《历代名画记》中多次提到当时长安、洛阳的一些佛教寺院中有《地狱变》。例如其书卷3载画师张孝师曾画《地狱变》于长安慈恩寺、净域寺、净法寺,吴道子曾画《地狱》于长安景公寺,卢稜伽画《地狱变》于长安化度寺,吴道子还画《地狱变》于洛阳福先寺等等。其书卷9还记录了当时善画《地狱变》的一些著名画家,如:

> 张孝师……尤善画地狱,气候幽暗。孝师曾死复苏,具见冥中事,故备得之。吴道玄见其画,因号为《地狱变》。

---

[1]《大正藏》第24册,第283页。

李生失名,亦吴弟子,善画地狱佛像,有类于吴[道子]而稍劣。[1]

张彦远还记载了善画地狱的陈静心之弟陈静眼等,并引时人论曰:张孝师的画"迹简而粗,物情皆备,除谢、顾、陆、张、杨、田、董、展外,难可比俦也"。

《地狱变》不但绘于当时佛教寺院的壁间,亦绘于纸帛。《宣和画谱》卷3载:

朱繇,唐末长安人也。工画道释,妙得吴道玄笔法……今御府所藏八十有三:《元始天尊像》一、《天地水三官像》三……《地狱变相》一……[2]

朱景玄《唐朝名画录》曾说:尝闻景云寺老僧传云:吴生(吴道子)画此寺地狱变时,京都屠沽鱼罟之辈,见之而惧罪改业者往往有之。段成式也曾看到过长安赵景公寺吴道子的白描《地狱变相》,说其"笔力劲怒,变状阴怪,睹之不觉毛戴"。[3] 北宋黄伯思也曾见到过吴道子画《地狱变相图》,并作跋曰:"吴道玄作此画,视今寺刹所图殊弗同,了无刀林沸镬,牛头阿旁之像,而变状阴惨,使观者腋汗毛耸,不寒而栗,因之迁善远罪者众矣。"[4] 由此可知,吴道子的《地狱变相》是很能打动人心的,但又和后世《地狱变相》中那种专以牛头马面、刀林沸镬之类的场面来吓人的同类绘画是有区别的。

至宋时,官方画院中的学生,也有以画《地狱变相》见长的。《图画见闻志》卷3谓:

赵光辅,华原人,工画佛道,兼精蕃马,笔锋劲利,名刀头燕尾。太祖朝为图画院学生,故乡里呼为赵评事。许昌开元、龙兴两寺,

---

〔1〕〔唐〕张彦远著,俞剑华注:《历代名画记》,上海人民美术出版社1964年版,第171、179页。

〔2〕于安澜编:《画史丛书》第2册,上海人民美术出版社1963年版,第27-29页。

〔3〕〔唐〕段成式撰,方南生点校:《酉阳杂俎·续集》卷5《常乐坊赵景公寺》,中华书局1981年版,第248页。

〔4〕〔宋〕黄伯思:《宋本乐观余论》卷下《跋吴道玄地狱变相图后》,中华书局1988年版,第314页。

皆有壁画,浴室院《地狱变》尤佳。[1]

以上可见,唐代以来《地狱变相》不但大量流行于寺院壁画,也绘于纸帛。画《地狱变》者,不但有当时的第一流画家,也有官方画院中的学生。所有这些,都说明《地狱变相》在当时是非常流行的。

令人遗憾的是:唐代《地狱变相》如此流行,但其实物今天却很难找到,所以人们要了解唐代《地狱变相》所绘的详细内容是很困难的。正因为这样,敦煌写经的发现和大足石刻中的《地狱变相》就更加显示出其独特的价值。[2]

8.3 敦煌本《佛说十王经》与
大足《地狱变相》

敦煌本《佛说十王经》(简称《十王经》)为五代宋初时的卷装写本。[3] 其写本内容特点是散韵相间,文图并茂,文中插图以《十王图》为主,其中虽有地狱的一些情节,但内容却很简单。

大足的《地狱相变》为摩崖石刻,其中也雕刻了"十王像",但"十王像"只是整幅《地狱变相》的一个组成部分。然大足《地狱变相》内容却十分丰富,情节也很连贯。可惜的是全图中穿插雕刻的"经文"、谒、赞之类往往磨泐。特别是其中有关"十王"的几段韵文题铭(敦煌本称"赞"),与敦煌本相较,前后倒置,文句不通。两者互为补充,相彰益得,使人回味无穷!

谈到这里,读者一定很关心其两者的具体内容了,故下略述之。

敦煌本《十王经》有插图14幅,类似今天的连环画,其中十幅是"亡人"过"十殿冥王"的场面。图的形式一般是冥王端坐于案后居中,两边善恶童子。案前牛头小鬼类牵押戴枷"亡人",作受审受罚状等。

〔1〕〔宋〕郭若虚:《图画见闻志》卷3,商务印书馆1936年版,第119页。

〔2〕本文所引大足石刻《地狱变相》的资料均见于1985年四川省社科院刘长久、胡文和、李永翘所编著的《大足石刻研究》一书。

〔3〕关于《十王经》,笔者已做过一些探讨,见拙文《关于敦煌本〈佛说十王经〉的几个问题》,载于《世界宗教研究》1987年第2期,第44-53页。

其十个场面从第一秦广王至第十"五道转轮王"毕,最后绘天、人、畜生、饿鬼、地狱(用牛头执叉令"亡人"下沸镬的场面表示)——"五道图"和牛头守地狱火城图。《十王经》的构图形式,以突出"十王"为主,而其前的"亡人"受审、受罚场面,情节却很简单。以最为复杂的"第四七日过五官王"为例,也只是在五官王前绘一戴枷"亡人"被一冥吏引至一框架式双钩"业称"面前,另一冥吏一手执笔高悬,前跪一捆于木桩上"亡人",跪"亡人"后有俗人一男一女,前置一斗一升,一蛇吐焰,匍匐于地。这个场面实即经中所说"亡人"到冥间后,"衡量"前生罪业的情况。其余冥王前所绘内容虽不尽相同,但情节更为简单,使人看了之后,觉得其图所绘更像封建社会中劳动人民受贪官污吏残酷压迫的情况。换句话说,敦煌本《十王经》主要反映的是"亡人"中阴期(佛教把人死亡后到未转生之前的这一段时间称为"中阴")到地府受"检查"的情况。但其插图的某些内容也反映了"亡人"在地狱受苦的场面。这种以绘《十王图》为主和在其图中加画"亡人"在地狱受苦的形式,在后世仍被延用,例如天水麦积山第 2 窟左右两壁即绘有明代的此类壁画。实际上,这类形式的绘画,特别是天水麦积山的第 2 窟的壁画,应该就是典型的《地狱变相》了。

四川大足《地狱变相》的形式与敦煌本《十王经》插图不同,大足《地狱变相》为南宋时代的摩崖石刻,从时间来讲,亦晚于敦煌本《十王经》。但其内容之丰富,在现存的实物中是罕见的。为使读者知其简要情况,现列大足《地狱变相》示意图如图 8 - 1。

佛 佛 佛	佛	佛				佛 佛	佛	佛 佛
冥官　转轮　都市	平正　秦山	变成	比丘	地藏菩萨	比丘	阎罗　五官	宋帝　初江	秦广　冥官
10.黑暗地狱　9.铁床地狱　8.锯解地狱	7.剉碓地狱	6.毒蛇地狱	5.拔舌地狱	4.剑树地狱	3.寒冰地狱	2.镬汤地狱	1.刀山地狱	
18.粪秽地狱　17.矛戟地狱　16.镬汤地狱　15.铁轮地狱	赵智风塔	14.刀船地狱		13.饿鬼地狱	12.铁围山阿鼻地狱	11.截膝地狱		

图 8－1　大足石刻《地狱变相》示意图

从上图可以看出,大足《地狱变相》的雕刻者是别有匠心的。此图可分三层:一佛国、二冥府、三地狱。全图正中上部雕地藏菩萨,地藏菩萨的位置通连"佛国"(十佛)与冥府(十王)之间。其下层从右至左分两层雕刻了"十八层地狱"。上层所雕为刀山至黑暗十地狱,下层雕刻了从截膝至粪秽八地狱。地狱名称皆为雕刻时自题。

大足《地狱变相》中的神鬼人物、刀山剑树、汤镬铁床等内容的细部情节,交代得非常清楚,活灵活现。如第一"刀山地狱",图中有二人卧于刀山之上,刀刃穿过其身,一恶鬼立在刀山旁,右手倒提一人,正欲抛上刀山,恶鬼后有戴枷女囚,作惊恐状,刀山内火焰熊熊,刀山上立一猛犬监视,刀山下有一毒蛇蜷曲,图旁刻文曰:"月一日念定光佛一千遍,不堕刀山地狱。赞曰:闻说刀山不可攀,嵯峨险峻使心酸。遇奉斋日勤修福,免负前程恶业牵。"

又如第十"黑暗地狱",图中有一男一女二人斜向站立,双目盲,两手作探摸行路状,图旁刻文曰:"日念释迦牟尼佛一千遍,不堕黑暗地狱。赞曰:持斋事佛好看经,积善冥司注姓名。更诵弥陀一千遍,自然黑暗显光明。"

再如第十八"粪秽地狱",不但雕刻出了三人掉入方形大粪池中的景象,还在图旁刻出佛经片断,其文曰:"大藏经云:迦叶白佛言,食肉者堕何处地狱? 佛告迦叶:食肉者堕粪秽地狱,其中有粪乃深万丈……"此种在图像旁边附有题记、经文和谒赞之类的情况,在大足《地狱变相》的其他情节中也常出现。

因大足的《地狱变相》除了图像雕刻外,还穿插了佛经经文及其他赞、题之类,所以我们说大足的此种形式,应是很典型的《地狱变相》。

大足的《地狱变相》既是典型的此类变相,那么它是根据某种佛经"变"来的? 要弄清此问题虽然难度较大,但可以肯定地说,大足《地狱变相》不是根据一种佛经"变"来的,甚至某些内容不是直接根据佛经"变"的。

前文我们曾经谈及,在佛教典籍中,有关地狱内容的佛经很多,在中国人的撰述中,也有很多此类典籍,因此,各种典籍对"地狱"的描述是不同的,如就地狱的名数来说,也有四大地狱、八大地狱、十六地狱、十八地狱等等。经笔者初步查对,凡描写地狱的佛籍,还未发现一部与大足《地狱变相》的内容完全相同者,即使某些专门叙述"十八地狱"的佛籍,虽与大足"十八"名数相同,但记述"十八地狱"名称的顺序也往往不同。

前已提及大足石刻《地狱变相》中,有不少文字雕刻,这些文字雕刻包括题记、谒赞和引用的几种佛经篇段等。这几种佛经有题名者为《护口经》《华鲜经》《出曜经》。另一种经笔者考定为《佛说十王经》篇段。还有些经文不属上数四种佛籍(包括伪经)的内容。现叙四种经的情况如下:

(1)《护口经》,各种佛藏未载,待考。

(2)《出曜经》,为十六国后秦竺佛念译,共 30 卷。"出曜"是梵文的音译,意译为"譬喻"之意。全经通过譬喻来宣传人生无常,以修行戒、定、慧,积善根而达到解脱的道理。其中也提到了地狱的一些情况。

(3)《华鲜经》,佛藏不载。但从大足《地狱变相》石刻中所引的文

欧·亚·历·史·文·化·文·库·

字片断来看,其与敦煌本《大方广华严经十恶品》(S.1320)有密切的关系。[1] 现对列其两种经文篇段如下:

表8-2　大足《地狱变相》与敦煌本《大方广华严经十恶品》经文篇段

大足石刻:大藏佛说华鲜经	敦煌写经:大方广华严十恶品经
迦加白佛言:受(中泐)饮酒。佛告迦叶:善哉,不饮酒者,是我真子,即非凡夫。若饮酒者,或父不识子,或子不识父,或兄不识弟,或弟不识兄,或夫不识妻,或妻不识夫,或姐不识妹,或妹不识姐,或不识内外眷属。善男子,现前颠倒,何况未来,一切众生,不食酒肉者,得发无上菩提心。	迦叶菩萨白佛言:……佛告迦叶:善哉!善哉!汝解我意。一切众生,不饮酒者,是我真子,则非凡夫。善男子,饮酒者或君不识臣,或臣不识君,或父不识子,或子不识父,或兄不识弟,或弟不识兄,或姐不识妹,或妹不识姐,或夫不识妻,或妻不识夫,或师不识弟子,或弟子不识师,或不识内外眷属。善男子,现前颠倒,何况未来。善男子,一切众生,不食酒肉者,得发阿耨多罗三邈三菩提心。
大藏经云:佛告迦叶:若有比丘□我法衣者,一不听饮酒,二不听食肉,三不听起嫉妒心,四不听作不净行。善男子,若大乘大般涅槃者,一生不听食肉。迦叶白佛言:食肉者堕何地狱?佛告迦叶:食肉者堕阿鼻地狱,广□□□□由旬,有门二。门外各有猛火交通。彻上彻下,铁匕、铁枷、铁锁、铁钮、铁械,担火烧之,卧之在上,肉干焦烂,受莫大苦,心生重悔,而□更食,犹如□□□之明珠以铄(中泐)云除月(中泐)复如(下泐)。	善男子,一切众生,若受大乘大般涅槃。善男子,一切众生,若住一劫,不听食肉。世尊,食肉者坠何处地狱?佛告迦叶:食肉者堕阿鼻地狱。纵广正等八万由旬,四方有门,一一门外,各有猛火,东西南北,交通彻地,周匝铁墙,铁网弥覆,其地赤铁,上火彻下,下火彻上,铁枷、铁钮、铁衔、铁釖,持火烧之,驱食肉之人,入此地狱,受其大苦,心生重悔而怀惭愧,又莫更食,犹如浊水置之明珠,以珠威力,水即为清。

[1]关于这点,陈习删先生已注意到了,可惜他未作任何研究。见陈习删著,胡文和、刘长久校注:《大足石刻研究》中篇《大足石刻志略校注》,四川省社科院出版社1985年版,第318页注61。

大足石刻:大藏佛说华鲜经	敦煌写经:大方广华严十恶品经
大藏经言:尔时世尊告诸比丘:若受五戒,二百五十戒,威仪俱足,戒不听,饮酒犯波罗提目叉,若犯即入地狱。迦叶白佛言:酒亦无命,如来何故戒酒为苦?佛告迦叶:汝好谛听,舍婆提国有尪崛魔罗,为饮酒昏乱,淫匿其母,杀戮其父,母即与外人共通担刀杀之。是故今日戒酒为苦。又告:腜陀女为人沽酒,死堕地狱,受形□竟,身长三尺,两耳闭塞,复无两目,亦无鼻孔,下唇蹇哆,手无一指,脚无两足,皆由沽酒,况饮之人?若劝比丘饮酒者,堕截膝地狱。其中力士,将其刀剑,截其两足。强劝比丘酒者,受如是苦。	吉槃陀女,为人沽酒……堕锯床地狱,锯此女身,作其百段,吹令微尘。还复聚合,受形讫竟,身长三尺,颜色青黑,头上无毛,两耳塞闭。复无两目,亦无鼻孔,下唇塞哆,手无十指,脚无两足,皆由沽酒,岂况饮之……世尊告诸大众比丘、比丘尼、优婆塞、优婆夷:若受五戒者,若受二百五十戒者,若受威仪具足戒者,若受戒者,不听饮酒,饮酒者犯婆罗提木叉罪。比丘、比丘尼,若犯此者,即入地狱。若凡夫人犯突吉罗罪,八万劫中,入于地狱。迦叶菩萨白佛言:世尊,酒亦无命,如来何故诫酒为苦?佛告迦叶:舍婆提国有鸯崛魔罗,饮献醉乱,淫匿其母,杀戮其父,其母复与外人共通持刀害之,是故今日诫酒为苦。
大藏经云:迦叶白佛言:食肉者堕何地狱?佛告迦叶:食肉者堕粪秽地狱,其中有粪,乃深万丈,食肉之人,入此地狱。	迦叶菩萨白佛言:世尊,食肉者堕何处地狱?佛告迦叶:食肉者堕粪秽地狱,纵广正等八万由旬。其中有粪乃深万丈,驱食肉之人,入此地狱,受其大苦,五百万世,无有出期。

从上文对照可以看出[1],大足石刻《华鲜经》的这几段文字内容与敦煌本《大方广华严十恶品经》基本一致,不同的地方是大足石刻增损了其中的一些词句。此外,大足石刻经文某些段落的前后顺序也往往随意处置,如"吉槃陀女(大足石刻作腜陀女),为人沽酒"一段,敦煌本位置在"世尊告诸大众比丘、比丘尼、优婆塞、优婆夷、若受五戒"一段文字之前,而大足石刻在此段文字之后。大足石刻还常省去经文中的

---

〔1〕这个对照只是大足石刻残存的几段经文与敦煌本有关内容对照,并非一篇完整连贯经文的对照。

虚词和一些无关要紧的名词,文字显得比敦煌本简练。

总之,大足《地狱变相》石刻图中引用的《华鲜经》片断,可能是根据当时社会上还流行的《大方广华严十恶品经》而雕刻的。至于造成两处经文稍有差异的原因:一种可能是雕刻时的改动;另一种可能是当时社会上还流行着与敦煌本不同的其他《大方广华严十恶品经》的写本。

(4)《佛说十王经》。此"经"已佚,幸在敦煌发现,大足《地狱变相》上层雕有十佛与十殿冥王。其十冥王案前各有一首石刻七言四句的"题文",除其中一首已泐外,余九首与敦煌本《佛说十王经》中的部分"赞文"内容全同[1],所不同的是大足石刻并不严格按所"赞"冥王的对象雕刻其"赞文"内容。而敦煌本的数十首赞文前后顺序清晰,顺理成章。从大足《地狱变相》图中刻有"十王"及引用《佛说十王经》的某些"赞文"可知,其《地狱变相》还可能依据了当时社会上流行的《佛说十王经》。

综上所述,大足的《地狱变相》并不是按一种佛典来"变"的,这种用"各取所需"的手法,把数种佛典(包括伪经)有关地狱的内容表现在一幅经变上的形式,与敦煌莫高窟一般每幅经变只依据一种佛经的情况是不同的。如敦煌壁画中的《华严经变》依据《华严经》,《维摩诘经变》依据《维摩诘经》等等。

根据数种佛经(包括伪经)的内容,来绘一种经变,当然比一幅经变只根据一种佛经更有表现力,更能达到汲取各家之长的目的。特别像《地狱变相》之类的"经变",如根据一种佛经来绘,往往有很大的局限性,因为论述地狱的佛籍很多,其对地狱的描写又各不相同,甚至某些说教也不同,如只根据一种经来"变",往往会顾此失彼,这样就达不到更好的"宣传"效果了,正因为大足石刻采取了以上所说的手法,其《地狱变相》就显得更为生动,更为"深刻",更为形象。

---

〔1〕参见《大足石刻研究》下篇《大足石刻内容总录》第485页及拙文《关于敦煌本〈佛说十王经〉的几个问题》一文所附《十王经》录文。

大足的《地狱变相》,还向我们透露了其中的某些内容可能是根据讲经文、变文之类来绘制的。如其石刻的某些段落一开始往往有"大藏经云""大藏经言""大藏佛说"等语,然后再引出经文,此种情况与敦煌的某些讲经文有很类似的地方。如把此种情况与其《地狱变相》中大量出现"散韵相间"的其他文字结合起来看,其与讲经文、变文之类的密切关系就更为明显。

8.4　《地狱变相》的基本要素

前文曾经提及,古代印度流行过"地狱变",唐代中国佛教寺院中也大量流行"地狱变",可是我们对印度和中国唐代"地狱变"的详细内容却知道得很少。然而,唐代之后的情况,由于不少实物保存,现在越来越清楚了。从现知的情况来看,唐代以后的《地狱变相》必备的要素有以下几点:

8.4.1　地藏菩萨

地藏菩萨是中国佛教信奉的四大菩萨之一,佛教谓其受释迦牟尼佛嘱咐,在释迦既灭、弥勒未生之前,自誓必尽度众生,拯救诸苦,才愿成佛。所谓"地狱未空,誓不成佛",即其愿也。正因如此,其与"地狱"有着特殊的关系。

从笔者见到的材料来看,无论是敦煌的壁画、画本,大足的石刻,麦积山的第2窟,明清以来的寺庙,甚至民间流传的"劝善"画本《玉历至宝钞》等等,凡有地狱题材者,地藏均占有很重要的位置。例如:

敦煌本《佛说十王经》插图"六菩萨图"中,地藏列为第一位,其经文在念诵菩萨名号时,地藏也往往第一个念诵,在"亡人""五七日过阎罗王"一幅图中,地藏与阎罗王并坐一殿等,均说明地藏所处的位置极为重要。

四川大足宝顶山的《地狱变相》,在全图上方正中的位置,雕刻了地藏菩萨,而"十佛"与"十王"却被放在两边,且雕刻得很小。

山西蒲县东岳庙专为地藏设殿,殿阶下即为大型泥塑群体"地狱变"(明代)。

天水麦积山第 2 窟以画塑(明代)结合方式表现"地狱",其窟中的主尊塑地藏菩萨,两边塑判官,南、东、西壁绘《地狱变》。

总之,凡"地狱"题材出现时,地藏菩萨必然出现。

8.4.2　十殿冥王

十王也是唐代之后《地狱变相》的基本题材之一。

十王,也称十殿阎王、十殿冥王、十殿阎君等,即指前文中提到的秦广王、初江王、宋帝王、五官王、阎罗王、变成王、泰山王、平等王、都市王、五道转轮王。其十王名在敦煌本《佛说十王经》、大足石刻《地狱变相》中均可看到,在南宋时出现的《释门正统·利生志》《佛祖统纪》卷 33 中也可看到十王名字。《佛祖统纪》卷 45《法运通塞志》还记有欧阳修见十王的故事。总之,五代之后,供养"十王"已成了一种社会风气。因为首先是佛教,其次是道教都宣扬"十王""科断冥间阎浮提内一切罪人"。所以"十王"便成了《地狱变相》中的重要题材。

"十王"题材,在《地狱变相》中可能出现较晚。因为对"十王"的信仰主要流行于五代之后。敦煌本《佛说十王经》是我们见到有关"十王"的最早资料(五代时),至于《释门正统》《佛祖统纪》之类,都在宋代之后了。

还有,"十王"之说,并不是来自印度的,而是中国的"土产品"。关于它的来源,佛教僧侣们早已注意到了,《佛祖统纪》卷 33"十王像"条下有这样的记载:

> 世传唐道明和上,神游地府,见十王分治亡人,因传名世间,人终多设此供。十王名字,藏典传记可考者六。阎罗、五官:二名见三长斋引《提谓经》。平等:《华严感应传》郭神亮为使者,追至平等王所,因诵若人欲了知四句偈,得放回。泰山:《译经图纪》沙门法炬译金贡《泰山赎罪经》《孝经》援神契泰山天帝孙主召人魂。初江:《夷坚志》池州郭生梦入冥府,王揖坐谓曰:我是西门王郎,冥司录我忠孝正直不害物,得作初江王一纪。秦广:《夷坚志》南剑陈生既死,其弟之女见二鬼导至官殿曰秦广王也,王谓女曰:欲

救伯苦,可转《八师经》。女瘤,家人来得经,请僧诵千遍,兄梦弟来谢曰:已获生天。

由此可见,"十王"之说,多不是从印度传来的,而是中国人根据各种典籍(有些还不是佛籍)中分别提到的王名"拼凑"起来的,这种情况,也是"十王"题材在《地狱变相》中出现较晚的原因之一。

8.4.3 地狱诸苦

笔者在这里所说的"地狱诸苦"是指《地狱变相》中描绘的种种酷刑,即所谓刀山地狱、镬汤地狱、寒冰地狱、剑树地狱、拔舌地狱、毒蛇地狱、剉碓地狱、锯解地狱、铁床地狱、黑暗地狱等等。这是《地狱变相》的主题。这类题材大多取自佛经(参见前文),但其艺术形式无疑是中国式的。例如,地狱"亡人"受刑时所戴的木枷之类刑具,完全是中国式的刑具;镬汤地狱中的"镬"往往作鼎形;锯解地狱中的锯人场面,类似今天农村中还采用的锯木形式;地狱城也常绘作中国式的城池;地狱中的"奈河桥"也作中国式的"拱桥"等等。

佛教"制造"的"地狱",本来是用来"劝善戒恶"的。但它却从另外一个方面反映了古代印度社会的黑暗。具有讽刺意味的是,"地狱"在中国不但没有起到"劝善戒恶"的作用,反被统治阶级直接利用,成了压迫人民的工具。《新五代史》卷65《刘隐传附刘龑传》载:"龑性聪悟而苛酷,为刀锯、支解、刳剔之刑,每视杀人,则不胜其喜,不觉耳颐,垂涎呀呷,人以为真蛟蜃也。"[1]《旧五代史》卷135又载:刘晟"得志之后,专以威刑御下,多诛旧臣及其昆仲,数年之间,宗族殆尽。又造生地狱,凡汤镬、铁床之类,无不备焉。人有小过,咸被其苦"。[2] 刘龑、刘晟皆南汉国王,其以"地狱诸相"仿置刑法,"地狱"被统治阶级直接利用的情况,由此可见一斑。

此外,《地狱变相》中对地狱种种酷刑的描绘,可能越往后越变得复杂了。唐代的情况不太清楚,以现见到最早的敦煌本《佛说十王经》

〔1〕〔宋〕欧阳修:《新五代史》卷65,中华书局1974年版,第811页。

〔2〕〔宋〕薛居正等:《旧五代史》卷135《刘陟传附刘晟传》,中华书局1976年版,第1809页。

的插图为例,其中那种血淋淋的残酷场面并不多,十多幅图一般都绘情节不同的戴枷亡人过十殿阎王前的场面,还无"亡人"上刀山,下火海,入汤镬,被锯解、车裂、拔舌、剜眼等使人毛骨悚然的情景。但四川大足的情况就不同了,以上这些场面基本上齐备。山西蒲县东岳庙的泥塑"地狱变",天水麦积山第2窟的《地狱变》,不但具备上述情节,还出现了"酆都城""望乡台""孟婆亭"等。

总之,无论"地狱诸苦"在《地狱变相》中的表现形式如何,无论内容简单与复杂,都是《地狱变相》的主题,没有它,只有地藏与"十王",只能称作《地藏十王变》而不能称作《地狱变》。

当然,《地狱变相》所包含的内容是丰富而复杂的,但唐代以后此类变相的基本要素是地藏、十王、地狱诸苦三个方面,至于其他题材,都不是非有不可的。

总之,《地狱变相》是一个很复杂的课题,研究这个问题,不但具有历史意义,也具有现实意义。众所周知,"地狱观念"至今仍在中国农村的很多地方顽固地保留着,它不但影响着某些人的思想,还影响着中国广大农村的习俗风尚,关于这一点,我们只要看看至今仍在农村盛行的丧葬旧俗就清楚了。然而,要从人们头脑中清除某种落后的东西,必须首先把其问题的本来面目搞清楚。可惜的是,至今我们还未对此问题引起重视,笔者不揣浅陋,把此问题提出来,供大家参考批评。

(本文原载于《敦煌学辑刊》1989年第1期)

9　五台山是
传习《华严经》的圣地

五台山作为中国佛教四大名山之首,是佛教传播、研习的重要基地。由于它与华严宗有着密不可分的关系,故又是《华严经》传播、研习的一个中心。

华严宗形成于唐,崛起于武则天时代,之前曾经过一个传播、发展的过程。早在魏晋南北朝时期,《华严经》就传入中国,作为华严宗立宗的主要经典,一经传到中国,就与五台山结下了不解之缘。东晋天竺高僧佛驮跋陀罗(觉贤)所译《华严经》卷30《菩萨住处品》云:

> 东北方有菩萨住处,名清凉山。过去诸菩萨常于中住。彼现有菩萨,名文殊师利。有一万菩萨眷属,常为说法[1]。

这段记载,无疑给佛籍记载中国五台山(就是佛教传说的清凉山)提供了证据。在此之前,西晋竺法护所译《文殊师利菩萨现宝藏陀罗尼经》已有"于南瞻部洲东北方,有国名大振那,其中有山,名曰五顶,文殊师利居住,为诸众生于中说法"。古印度称中国为"振那",此"振那"之"五顶",即五台山。

《太平御览》卷45引《水经注》:

> 五台山……其北台之山冬夏常冰雪,不可居,即文殊师利常镇毒龙之所。今多佛寺,四方僧徒善信之士,多往礼焉[2]。

《水经注》是北朝人的作品,从其中所记的这段话可知,在北朝郦道元所处的北魏时代,人们已视五台山为文殊师利所居之地了。佛教徒为了传播佛教,往往选择幽静的山林修炼。那么层峦叠翠,"岁积坚

---

〔1〕《大正藏》第9册,第590页。

〔2〕〔宋〕李昉等:《太平御览》卷45《地部十·五台山》,中华书局1960年版,第215页。

·欧·亚·历·史·文·化·文·库·

冰,夏仍飞雪,曾无炎暑"的五台山,自然成为他们传习的场所,于是五台山被定为文殊菩萨的道场,《华严经》也由此而传到五台山。如是,佛经中所说的清凉山便同五台山合而为一。

华严宗三祖法藏《华严经传记》卷 1 载:

> 案此经(指《华严经》)《菩萨住处品》云:东北有菩萨住处,名清凉山,现有菩萨,名文殊师利,与一万菩萨,常住说法,故今此山下,有清凉府,山之南面小峰,有清凉寺,一名五台山。[1]

华严宗四祖澄观(738—839)《华严经疏》卷 47 则直截了当地说:

> 清凉山,即代州雁门郡五台山也,于中现有清凉寺。以岁积坚冰,夏仍飞雪,曾无炎暑,故曰"清凉"。五峰耸出,顶无树木,有如垒土之台,故曰"五台"。表我大圣五智已圆,五眼已净,总五部之真秘,洞五阴之真源,故首戴五佛之冠,顶分五才之髻,运五乘之要,清五浊之灾矣。[2]

追溯到周隋之际,华严宗发源于关中终南山,其草创人杜顺(557—640),"盖周武灭法时,长安僧人多避难山中",以至相寺为中心,聚居着诸多研习《华严经》的学者,如杜顺、智正、智俨(602—668)等,杜顺、智俨后来被推为华严宗初祖、二祖。可以断言,当时终南山是传习《华严经》的基地。直到华严宗四祖澄观驻锡五台山作《华严经疏》,五台山在佛教界的地位才被提高,成为《华严经》信徒和学者参拜、传习的圣地。法藏(643—712)和澄观作为华严宗三祖、四祖,他们在自己的著述中明确地说《华严经》所载的清凉山就是五台山,自然更加吸引着佛教特别是华严宗僧众。正因为与华严宗的这种微妙的关系,五台山便成为传播、研习《华严经》的重要基地。法藏《华严经传记》卷 1 载:

> 案别传云:文殊师利菩萨,常于彼(指五台山)讲《华严经》。

唐沙门慧祥《古清凉传》卷上亦云:

---

〔1〕《大正藏》第 51 册,第 157 页。

〔2〕《卍正藏经》第 65 册,新文丰出版股份有限公司 1980 年版,第 388 页。

文殊师利者,盖法身之大士也,先成正觉,名龙种尊……

今以方便力,现为菩萨……常居清凉之地,表迹临机,俟我含
识。[1]

由于传说文殊居五台山讲《华严经》,又普度众生,使得五台山成
为传播、研习《华严宗》的"正统"所在,取代了终南山的地位。

自晋至梁,南方少有研习《华严》者,北方习此经者尤为罕见。佛
驮跋陀罗于东晋义熙十四年(418)至元熙二年(420),在建业(今南京
市)译出 60 卷本《华严经》,《华严经》之研习始称滥觞。此后百余年
间,有关研习《华严经》的记载甚少。梁末至唐初,南北无论僧俗,研习
《华严经》的人多起来。据法藏《华严经传记》卷1 记载:

[后魏沙门释灵辩法师]太原晋阳人也……常读大乘经,留心
菩萨行,及见《华严》,偏加味尝,乃顶戴此经,入清凉山清凉寺,求
文殊师利菩萨哀护摄受,冀于此经,义解开发,则顶戴行道。[2]

灵辩头顶《华严经》入清凉山,礼拜文殊菩萨,经年余,足破血流,
肉尽骨现,乃至以膝代步,希求文殊显灵。他于北魏熙平元年(516)在
五台山清凉寺撰《华严论》,"演义释文,穷微洞奥",经 5 年之久,于北
魏神龟三年(520)完成 100 卷。孝明帝胡太后曾召灵辩至洛阳研习佛
经;又受听在洛阳宣光殿讲《大品般若》,博得极高声誉。后"夏则讲
《华严》,冬则讲《大品》"。百卷《华严论》引起了孝明帝的重视,曾敕
曰:"其论是此土菩萨所造,付一切藏,则上目录,分布流行。"但《华严
论》在两京(长安、洛阳)不传,而"盛传汾晋",致使"长安硕德每有延
望"。唐高宗永淳二年,长安至相寺沙门通贤、居士玄爽、房玄德等游
历五台山,至并州童子寺,见到百卷《华严论》,带至京师,朝野惊叹,
"遂缮写流通焉"。

《古清凉传》卷上又载:五台山有王子烧身寺,说北齐太和初,齐主
第三王子于此求文殊师利,竟不得见,乃于塔前焚身供养,因此置寺。

---

〔1〕《大正藏》第51 册,第1093 页。
〔2〕《大正藏》第51 册,第157 页。

王子的宦官刘谦之"自慨刑馀,又感王子烧身之事",进五台山修行,常在王子烧身处诵《华严》,求见文殊,"遂获冥应,还复根形"。刘谦之又"著《华严论》600卷,论综终始"。这段记载未必可信,一则"太和"为北魏孝文帝年号,北齐无此年号;二则北齐诸王子,正史皆有传,无焚身之事。隋侯白《旌异记》也记述了这件事,但未提人名;《古清凉传》是否依《旌异记》而来,或系把两件不同的事扯在一起,不得而知。然阉官刘谦之在五台山清凉寺造《华严论》600卷以解释《华严经》和在五台山时"常日讲《华严》一篇,于是最盛",至少可窥《华严经》在五台山传习之一斑。

《华严经传记》卷4所载隋释昙义的事则确切地说明五台山与《华严经》传习的特殊关系:

> 隋释昙义,并州人也。幼而出家……常居五台山,愿以文殊大师策修胜业,每日诵《法华》两遍,读《华严》一帙,以此为恒,如是因修,积有年稔。[1]

昙义后与弟子昙训游诸台,到南台见一比丘尼,亦"唯诵《华严》"。

《大方广佛华严经感应传》载:

> 仪凤年中,西域有二梵僧,至五台山,赍莲花,执香炉,肘膝行步,向山顶礼文殊大圣,遇一尼师在岩石间松树下绳床上,端然独座,口诵《华严》。[2]

《华严经传记》卷4又载:

> 释解脱,俗姓邢,代郡五台县人也……年十八乃博访群宗……于五台西南之足佛光山,立佛光精舍,依之综习。脱常颂《法华》,又每读《华严》,晓夜无辍,后依《华严》。[3]

解脱和尚的弟子释明曜,"少年出家,与解脱禅师,颇同游处"。明曜"常读《法华》,又披阅《华严》,手不释卷,老而弥笃"。这师徒二人的事迹耐人寻味,足见其在五台山对《华严经》的研习传承关系。

〔1〕《大正藏》第51册,第166页。
〔2〕《大正藏》第51册,第175页。
〔3〕《大正藏》第51册,第169页。

再看一个隋代的例子:隋安定鹑孤(今甘肃灵台)人释法安,"少出家",早年"慕禅为业",后千里迢迢"往五台山等名山,观礼圣迹……每读诵《华严》,遂积寒暑",又入九陇山石室中,"镌写《华严》,因即号为'华严堂'"也(《华严经传记》卷4)。法安归心《华严》,用力传播《华严》,同他往五台山"朝圣"有关。

在诸多往五台山传习《华严经》的僧徒中,尤以唐代高僧澄观最为突出。《宋高僧传》卷5载:澄观原姓夏侯,越州山阴(今浙江绍兴)人,出家后遍游名山。唐大历中随天竺说法师温习《华严》大经;大历十一年(776),澄观誓游五台,一一巡礼。接着往峨眉,再返五台山,驻锡大华严寺(即今显通寺),大弘华严一宗。大华严寺主贤林请他讲《华严经》,并演诸论。因发现《华严经》旧疏"文繁义约",发愿撰新疏,从唐贞元元年(785)正月,到贞元四年(788)十二月,4年始撰成《华严经疏》20轴,即今传《大方广佛华严经疏》60卷。此后又在大华严寺、崇福寺一再讲《华严经》。另外,他还有新疏的演义10卷,即现行的《大方广佛华严经随疏演义钞》90卷。后世将疏、钞合刻,略称《华严经疏钞》,后人讲经多依此,故有"华严疏主"之誉。贞元十二年(796),澄观被召往长安,协助罽宾沙门般若翻译《华严经》,仍题名《大方广佛华严经》,即世称之40卷《华严经》。澄观一生著述颇富,其学深接禅法,著述多同"华严"有关,而五台山实为其事业的发端之地。正因为他同五台山的特殊关系,唐德宗曾诏他讲《华严》,并授予"清凉国师"称号。

澄观在唐顺宗、宪宗、穆宗、敬宗各朝,备受尊重,曾一度任全国僧统,有弟子万余人,其中宗密对"华严"的贡献最大。宗密(780—841)是华严宗五祖,世称圭峰大师。其学继澄观,融华严与禅二宗为一炉,裴休作碑铭视宗密为禅宗大师。中国佛教协会所编《中国佛教》有宗密去五台山之说。(见该书227页,《宋高僧传》卷6、《佛祖统记》卷29均未提及,未知何据)《中国大百科全书·宗教卷》说他于长庆元年(821)游清凉山。现存主要著作有《华严经行愿品别行疏钞》《注华严法界观门》《华严原人论》等十余种。

最后再看《佛祖统记》卷29记载:

法师法顺,万年杜氏……贞观十四年十一月十五日坐亡于[长安]南郊义善寺……有弟子谒五台,抵山麓见老人,语曰:"文殊令往终南,杜顺和尚是也。"弟子趋归,师已长往(卒去)。至今关中以是日作文殊忌斋。[1]

这段文字神话色彩很浓,大概是由于法顺后来被推为"华严初祖"的缘故,所以就应与五台山沾亲带故,有点姻缘,否则就不符合五台山与华严宗的特殊关系这个规律了。

不仅五台山历代传习《华严经》,就是五台山的附近地区乃至山西全境,也有很多传习《华严经》的记载,这自然同五台山盛传华严的影响有关。譬如唐并州武德寺释慧觉,曾以《华严》为务,后被请到高阳(今属河北)演讲《华严经》,听众千余,寺主为之造千人讲堂。

蒲州猗氏人释道英,俗姓陈,至并州听炬法师讲《华严经》。隋开皇十年(590)入太行山柏梯寺,常讲《华严经》。道英死后,蒲晋山川修行之侣,闻丧屯赴,如丧考妣。足见传《华严》的僧人,何等受到尊重!

汾州抱腹岩有沙弥(小和尚)名慧求,亦于塔中"顶戴"《华严》,三年之后,文义俱晓,时人号为"华严塔"(《华严经传记》卷3)。

太原望族释法念,俗姓王,三十出家,常梦入地狱受苦,欲求佛保佑,但不知门径,适遇沙门智炬等,令读《华严》。他"勤加转读,复经三载",并劝其他士俗诵读《华严经》。

据《续高僧传》卷9《智脱传》记载,在并州一带传播《华严经》的还有颖法师及净愿、道璨诸人。上文提到灵辩、昙义也是太原人,都说明了晋汾一带寺院传习《华严经》的情形。

同时,《华严经》在晋汾民间传习的情况,也是其他地区少见的。如晋州临汾县俗人高义成,其家素信奉佛教,乡邻无不敬重。唐咸亨四年(673)二月于洪洞县贤劫寺请《华严经》,在家内塔中诵读,远近同观,莫不感叹(《华严经传记》卷4)。

至于前文所提到的澄观,他被召至长安助译40卷《华严经》后,又

---

〔1〕《大正藏》第49册,第292-293页。

北返蒲晋,入中条山栖岩寺。其入中条山之目的虽不得而知,但足以说明汾晋一带对当时高僧的巨大"吸引"力量。总之,唐代汾晋地区盛传《华严经》的原因,是与五台山分不开的。

最后需要说明的一点是,华严宗虽然是随唐佛教各宗派中最晚出的一个宗派,但由于它对"道学"的较大影响,尤其是它以其"圆融无碍"作为认识的最高境界,并试图调和佛教内部各派同儒、道诸家思想,提倡"三教同源""会通本末",肯定释迦、孔丘、老聃皆为至圣。加之同当时最高统治者的利益相吻合,因而唐王朝不仅对传习《华严经》的高僧非常重视,而且对五台山这个传习《华严经》的圣地也非常重视。《清凉山志》卷5记载,武则天改五台山大孚灵鹫寺为大华严寺,敕令于五台山中台起塔,神游五顶,敕并州刺史重建五台山清凉寺,琢玉文殊菩萨像并命御史大夫魏元忠护送清凉山;《古清凉传》《广清凉传》等书中记载的唐王朝对五台山多次遣使、赐号等,都说明了五台山与华严宗的密切关系及五台山是传习《华严经》的圣地这一历史事实。

（本文与孙安邦合作,原载于《山西大学师范学院学报》1989 年第2 期）

10 张掖大佛寺有关问题考述

张掖是"丝绸之路"上的重镇,其地西通西域,东接武威,南达青海,北控大漠,为河西枢纽。历史上法显、隋炀帝等都经"丝路南道"从青海越祁连山达张掖;元代意大利旅行家马可波罗明永乐十八年(1420)作为古哈烈国沙哈鲁王使臣也路经张掖。

由于张掖在中西交通路线上的重要地位,使得这个地区的佛教兴盛了很长时间,这从有关文献的记载和张掖附近现存的石窟两个方面都可看出。笔者在这里主要涉及的是现存张掖城中的著名古迹——大佛寺。关于此寺,至今还未见到一篇较详的介绍材料,故这篇小文只对大佛寺有关的问题进行一些考述。同时,还希望熟悉张掖大佛寺的同仁,对该寺的材料进行全面的介绍和研究,以引起各界重视。

10.1 大佛寺概况

张掖大佛寺位于张掖县城西南隅,其寺原来规模庞大,山门、过殿、天王殿、大佛殿、三宝殿、藏经阁、佛塔、配殿及僧舍一应俱全,是典型的中国佛教寺院建筑,现只存主体建筑大佛殿及佛塔等。

大佛殿是全寺的主体建筑,坐东面西,平面呈长方形。两层楼重檐歇山顶,木构廊柱绕四周。殿高20.2米,南北宽9间、48.3米,东西进深7间、24.5米,总面积1370平方米。大殿檐下额枋雕龙、虎、鹿、象等走兽,形象生动逼真。

据地方志载(详见后文),此寺建于西夏,明、清曾多次修缮。

藏经阁是大佛寺保存的第二座木构建筑,此阁单檐歇山顶,面宽5间、21.3米,进深6椽、10.5米。明正统十年(1445),明英宗朱祁镇敕赐大佛寺佛经一部原藏于此。

土塔是大佛寺的最后一处建筑,位于寺的中轴线上,原名弥陀千佛塔,为砖块、土坯等混造的"喇嘛塔"。塔残高 20 米,基上共有三层须弥座。一、二层须弥座之间,四周围绕方形木构檐。第二层上是覆钵形塔身,覆钵之上又为须弥座,座周围开小龛,内置佛像。座上为相轮,再上是刹盘。1927 年地震时,塔顶部被毁,今存相轮五重。土塔初建年代,史籍缺载,但据塔的形制来看,覆钵粗壮,具有明代"喇嘛塔"的特点,其形制接近北京玄妙寺白塔。

10.2 大佛寺缘起

记载张掖大佛寺较详细的资料是明宣德年间的《敕赐宝觉寺碑》。此碑录文见于乾隆《甘州府志》及《陇右金石录》。

其碑谓:西夏李乾顺时,有沙门族姓嵬眗,法名思龙,从西夏国师燕丹受学,妙领真乘,故很得时人敬重。一天,嵬眗敛神静居(应是坐禅),"遂感异瑞,慧光奕煜,梵呗清和",他便"起而求之",走到一"崇邱之则",发现有声,且越来越近,他便"发地余尺",发现有翠瓦金甍、古涅槃佛像等等。这个发现,使境内僧人奔走相告,前来观看者更多。大家都说:我们距这里很近,也从未发现有佛,而唯你(指嵬眗)与佛有缘,才有如此感通。嵬眗当然也很高兴,便想在此建立佛寺,经大家赞助,佛寺基本建成,唯佛像未成,后"感神力",佛像也迅速塑成。佛寺竣工之晨,大众咸集,瞻仰欣悦,合掌归诚,膜拜祝赞,连诸天龙神,也来鉴观等等。

嵬眗的老师燕丹,这时西去天竺,到跋提之境[1],见一石碑载有如来等事,碑背上纪云:"甘泉有迦叶遗迹[2],当于来世释迦法中遇八地菩萨,显迦叶之真仪,益恢弘于慧业。自兹以往,如复有善信能以一花一香,致瞻礼之诚者,必登佛果,复生天界。"燕丹把这几句话铭记在心,即日东返,准备弄个究竟。东返之后不久,适值嵬眗感应等事。燕

〔1〕跋提:古印度河名。佛教传说释迦涅槃于跋提河边。
〔2〕迦叶:佛教传说中的释迦弟子之一;"过去世"佛中有一佛亦名迦叶。

丹乃知"灵迹者,迦叶所化,嵬(眸)者,八地之显化"。他便宣扬此事于众,于是归信者更多。嵬眸后圆寂于此寺,此寺名声益隆。

燕丹西去天竺,遇"甘泉"字样并记此为"迦叶遗迹",回到张掖,正值嵬眸感通佛事,张掖又有一泉,遂附会张掖之泉为天竺之"甘泉"。此种情况,犹如附会五台山(也可称清凉山)为《华严经》中的"清凉山"一样。这样一来,嵬眸发现的佛迹便是迦叶所化,嵬眸本人,也是八地菩萨的化身了。

嵬眸的"感通"与燕丹所见事,虽有很多不实的成分,但也反映了重要的历史事实,即张掖大佛寺是建立在一个废弃了的寺院遗址上的,另外,张掖"甘泉"的名字,可能始称于西夏。

又《西夏书事》卷31载,西夏王李乾顺母梁氏卒后,乾顺供佛为母祈福,时"甘州僧法净于故张掖县西南甘浚山下,夜望有光,掘之得古佛三,皆卧像也。献于乾顺,乾顺令建寺供之,赐额卧佛"。[1] 此段记载与前文所引《敕赐宝觉寺碑》虽有很多不符之处,但两条材料显然是记同一事件。特别是《西夏书事》的资料价值更高。张掖大佛寺规模宏大,其中室内泥塑卧佛之大,亦全国第一。要建如此规模的佛寺,很难设想没有得到王室的支持,恰好,嵬眸亦西夏贵族大姓。

西夏党项族的传统风俗是信奉鬼神与崇拜自然神灵,巫术之类亦十分流行。西夏政权正式建立之后,急需加强辖区的统一和提高统治者的权力,原始低级的信仰已不适应统治阶级的需要了,而西夏所临近的北宋、吐蕃等皆为佛教之国,这种形势使得西夏统治者也接受了当时流传最广、影响最大的宗教——佛教。今甘肃境内的很多石窟中,几乎都有西夏佛教遗迹发现,就是西夏大兴佛教的最好证明,张掖大佛寺无疑也是在这种形势下出现的。

这里还需要对大佛寺的"名称"再稍作说明,因为有关材料(如《陇右金石录》)对此寺的记载有很多混乱不清的地方。

今存张掖县文化馆《正统六年岁次辛酉夏五月十九日记碑》载:

---

〔1〕〔清〕吴广成:《西夏书事》卷31,北平隆福寺文奎堂1935年影印本。

敕赐弘仁宝觉寺,旧名迦叶如来寺,永乐年间重修既备,正统六年季春,□建禅堂于北□之后,旧有万寿塔,基址高大,许平,治筑地于其上,发出旧塑佛四尊,各向四面坐,菩萨侍立者八尊,又有镇塔舍利,用玛瑙盒盛贮,及七宝诸物,俱不敢移动。

《甘镇志·建置》又载:

宝觉寺,城西南隅,旧名卧佛寺,夏未安元年建,明洪武五年兵燹,永乐九年重建,十七年敕赐今额,置德二年御制碑文曰……

隆乾《甘州府志》卷5载:

宏仁寺,城西南隅,俗名大寺,一名睡佛寺,西夏永安元年建,明永乐九年修,敕赐寺额曰:"宝觉寺"。有金字藏经、宣德御制碑铭。万历二十二年都督张臣修,通政使穆来辅碑记。我朝康熙十七年敕赐今名。雍正十二年甘山道岳礼、知甘州府冯祖悦、知张掖县李廷桂等重修。[1]

《甘肃新通志》卷30亦载其寺,内容显然来自乾隆《甘州府志》,此不赘。

上几条资料,《甘镇志》(明代)虽然较早,但失误颇多,如《甘镇志》误"永安"为"未安",误"宣德"为"置德",皆为大谬。

总之,据前文所引和有关方志记载,大佛寺曾使用过如下名示。

西夏赐名"卧佛寺",也有称其迦叶如来寺者。

明宣德时赐名"宝觉寺"。

清康熙十七年时赐名"宏仁寺"。

至于大佛寺、大寺、卧佛寺可能一直作为民间的通称。

陶保廉于1897年夏经张掖,其在《辛卯侍行记》中说:张掖"城内西南隅宏仁寺,俗名睡佛寺,创于西夏永安元年,明永乐九年赐名'宝觉',横九间,纵七间。大佛偃卧,佛首占屋一间,志称康熙十七年赐名'宏仁',按明通政使穆来辅有《重修宏仁寺碑》记,则赐名之说,僧人妄

---

〔1〕〔清〕钟庚起:《甘州府志》卷5《寺观》,见《中国方志丛书·华北地方·第五六一号》,(台湾)成文出版社1976年版,第517页。

107

言,修志者妄听之耳"[1] 陶氏据明穆来辅《重修宏仁寺碑》对康熙十七年赐名"宏仁"表示怀疑,虽有一定道理,但也有失察之处。笔者认为"宏仁寺"之名,可能在康熙之前就曾流行,康熙十七年的赐名,可能是对早已使用成习的名称的"追认"。乾隆《甘州府志》等方志,众口一词,皆称康熙十七年敕赐宏仁寺,当朝人记事,失误的可能性很小。问题的关键是"弘仁寺"之名起于何时,方志缺载,但今存张掖县文化馆的《正统六年碑》中已提到"弘仁"寺名,可知"弘仁"之名,流行很早。

10.3　祇园演法

大佛寺正殿(卧佛殿)正门南侧有砖雕图 2 幅,每幅 4.6 平方米左右,对称于正门南北两侧。北边一幅图右下部刻"祇园演法"4 字。

全图正中雕一佛、二弟子、二菩萨(左边为乘狮者文殊,右边为乘象者普贤)。二菩萨后方各雕有二供养人。左边菩萨后为一女供养人、一仆人;右边菩萨后为一男供养人,一仆人。男供养人着帝王装,后边仆人打羽扇;女供养人着菩萨装,仆人亦打羽扇。佛像前(砖雕的下半部分)为一群礼佛众像,人物皆着俗装,左下角为四立像,前三像皆戴纱帽,一像手持笏板,腰束玉带,长袍大袖,乌靴;右下角人物内容略同前者。全图最下部刻双树,双树中间为结跏趺坐弟子像,砖雕最上部为伎乐、诸天像等。

"祇园"是"祇树给孤独园"的简称。佛教说"祇园"是释迦牟尼去舍卫国说法时与僧徒停住的地方。很多佛经上都有"如是我闻,佛在祇树给孤独园"的开场白,即表明此经是释迦在"祇园"所说的。"祇树给孤独园"的建立有一段传奇性的故事。此故事在后汉昙果等译《中本起经·须达品》、北凉昙无谶译《大般涅槃经·狮子吼菩萨品》《佛所行赞·化给孤独品》、北凉慧觉等编译《贤愚经·须达起精舍品》、唐义净译《根本说一切有部毗奈耶破僧事》卷 8、宋法贤译《佛说众许魔诃帝

〔1〕〔清〕陶保廉:《辛卯侍行记》卷 4,见沈云龙主编《近代中国史料丛刊续编》第 93 辑,(台湾)文海出版社 1982 年版。

经》卷 12 等佛籍中都有详略不同的记载。

此故事也见于我国僧众所撰述的佛籍中,如梁僧祐《释迦谱》卷 3、梁宝唱等集《经律异相》、隋吉藏撰《金刚般若疏》卷 1、唐道世撰《法苑珠林》卷 53、唐窥基撰《观弥勒上生兜率天经赞》卷上、唐道宣撰《中天竺舍卫国祇洹寺图经》卷上、唐道宣撰《戒坛图经·戒坛高下广狭》、唐玄奘《大唐西域记》卷 6 等籍都有不同程度的记载。

故事的主要内容是说,舍卫国有一大臣名须达,喜乐好施,救济孤贫,因此大家都称他"给孤独"。给独孤因去王舍城为子娶妻,遇到释迦牟尼,他恳请释迦亦去舍卫国说法,释迦派弟子舍利弗同往选地,建立精舍,以便传法。地址正选中舍卫国太子祇陀的花园,给孤独便以足够布满园地的黄金购买了这个花园的地皮。祇陀太子见给孤独心诚,乃应允,并以园中树木捐献。六师外道闻听释迦弟子舍利弗要在此建立精舍,要求斗法,如沙门得胜,才可建立。于是舍利弗"随事摄化,应物降伏",终于获胜,精舍才得建成,释迦随后自来说法,此园也因命为"祇树给孤独园",简称"祇园"。

关于"祇园"的故事,实际上是两个主要部分:一是给孤独长者以黄金铺地买祇陀太子的花园,一是六师外道与舍利弗斗法。有关"祇园"的艺术作品,出现很早。从印度现存的佛教艺术遗迹来看,大约在公元前 2 世纪左右。如印度巴拉胡提塔的石栏与佛陀迦耶的石栏上都有"祇园记"的浮雕。在巴拉胡提塔的石栏上,"买园"一节表现在一个圆形的画面里。须达中立作灌水状,下有车一辆,旁二牛卧地,一人从车上取黄金,一人担荷于肩,二人铺金于地。须达前有一人手持算盘及笔记数,向左为祇陀太子合掌致谢,其后从者五人。

这是世界上遗存下来最早的有关"祇园"故事的美术作品。

在中国早期的佛教美术作品中,也有相同的题材。我国现存的《祇园图记》以敦煌西千佛洞的一铺为最早。这铺北朝时代的壁画,绘在西千佛洞第 10 窟东壁入口处的北侧。其与南侧的须阇提太子本生画相对称。它是以连环画的形式出现的,由上下二列十一个连续性的情节组成。第一幅一开始就画须达告别释迦与舍利弗往舍卫国选地建精舍事。画上作二人向释迦跪拜,须达身后有侍者二人。题榜为:"须达(给孤独)长者辞佛□(将)向舍卫国[造]精舍,佛□舍利弗共□建造精舍,辞佛之时。"第二、第三幅以次类推,画出全部故事情节,并皆有题榜。[1]

在敦煌莫高窟唐代以后的壁画里,有关"祇园"故事的壁画出现得更多,但其情节突出了外道六师与舍利弗斗法的场面,显得更加生动活泼,故事性强。但张掖"祇园演法"只表现了释迦在"祇园"说法的一个场面,从整个图的布局来看,是以"经变""序品"的形式出现的。

从此幅画的雕刻手法及图中佛、菩萨的造型及俗人的服饰等情况来看,此砖雕应为明代之物。但我们知道,宋代以后,有关"祇园"之类的壁画与雕刻就很少见到了。大佛寺"祇园演法"在明代出现,无非是重新提醒人们,要像须达(给孤独长者)和祇陀太子那样,毫无吝啬地把财物施舍给佛教寺院。此外,明代重修大佛寺的官僚可能也想以祇陀和给孤独自比,捞到名利双收的好处。

10.4　西方圣境

大殿门南侧的一幅砖雕自题为"西方圣境",与"祇园演法"相对于大殿门口两侧。

砖雕正中雕"西方三圣"。中为阿弥陀佛,左右二弟子侍立,再两侧为观世音、大势至菩萨。"西方三圣"(即阿弥陀、观世音、大势至)皆坐于莲花台上。最上部(佛头正上方)有一金翅鸟,右上雕一喇嘛塔。图两边有供养菩萨等。"西方三圣"左右两侧下部雕比丘、菩萨等像,下部雕仙鹤、百鸟等,全图主要场面雕栏围起,栏外水中雕莲花童子,童子多坐于莲花之上等等。砖雕右下角刻有"西方圣境"4字。

此图无疑是描写"西方净土"的,从图的形式来看,类似敦煌唐代

---

〔1〕参阅金维诺:《敦煌壁画祇园记图考》,载于《文物参考资料》1958 年第 10 期,第 9 页;李永宁、蔡伟堂:《〈降魔变文〉与敦煌壁画中的"劳度叉斗圣变"》,载于《1983 年全国敦煌学术讨论会文集·石窟艺术编》(上册),甘肃人民出版社 1985 年版,第 173 - 174 页。

以来的"西方净土变"。

西方圣境,即为"西方净土",也称"西方极乐世界"。后秦鸠摩罗什译的《佛说阿弥陀经》对此有很详细的描写。现录原文一段:

> 从是西方过十万亿佛土,有世界名曰"极乐",其土有佛,号"阿弥陀",今现在说法……其国众生,无有众苦,但受诸乐,故名"极乐"……极乐国上,七重栏楯,七重罗网,七重行树,皆是四宝周匝围绕……国土有七宝池,八功德水,充满其中,池底纯以金沙布地,四边阶道,金银、瑠璃、颇梨合成,上有楼阁,亦以金银、瑠璃、玻璃、砗磲、赤珠、玛瑙而严饰之。池中莲花,大如车轮,青色青光,黄色黄光,赤色赤光……彼国常有种种奇妙,杂色之鸟、白鹤、孔雀、鹦鹉、舍利、迦陵频伽共命之鸟。是诸众鸟,昼夜六时,出和雅音,其音演畅五根五力,七菩提分,八圣道分,如是等法。其土众生,闻是音已,皆悉念佛、念法、念僧……是诸众鸟,皆是阿弥陀佛欲令法音宣流,变化所作。[1]

从上经文可知,"西方圣境"图正是表现这种景象的。

"西方圣境"中的阿弥陀佛,又称无量寿佛。刘宋畺良耶舍译《佛说无量寿佛经》又说,人若能合掌口念"南无阿弥陀佛",即"除五十亿劫生死之罪",并有化佛、化观音、化大势至来迎此人,往生极乐世界。

描写"净土"的佛经很多,后来净土宗主要依据的有三部。除上文提到的《阿弥陀经》与《观无量寿经》之外,还有曹魏康僧铠译的《无量寿经》,合称"净土三经",其描写的内容也不止上述,此不赘述。

对"净土"的信仰由来已久,但唐以后,逐渐形成宗派——净土宗。同密宗、律宗一样,净土宗也是一个缺乏"理论"的佛教派别。它缺乏思辨哲学,用赤裸裸的说教招揽信徒。如它说在西方净土,人"若欲食时,七宝应器,自然在前……百味饮食,自然盈满……事已化去,时至复现"。[2]这种距离现实世界非常遥远的空想,虽无实现的可能,但在当

---

〔1〕《大正藏》第12册,第346－347页。

〔2〕《无量寿经》卷上,见《大正藏》第12册,第271页。

时社会中却有很多人相信,因为这与一般大众向往美好生活的心理是合拍的。加之其宗只要求人们念"阿弥陀佛"即可往生"极乐世界",修行方便,所以信仰者极多。所以自宋以后,净土宗竟成了佛教各派的共同信仰。到明代,更是如此。张掖虽地处河西,又历元代藏传佛教的巨大影响,但"净土宗"可能一直流行,至少到元朝灭亡,明取得河西之后,其又恢复到了应有的地位。

10.5 涅槃佛像

大佛寺正殿佛坛上塑"释迦涅槃像"(俗称卧佛、睡佛等)。佛坛高 1.17 米,长 35 米,宽 5.4 米。坛上卧佛身长 35 米。其像头枕右肩,面西而卧。佛像肩宽 7.5 米,两腿重合伸直,双足并拢,脚板平满,两脚心各有一朵彩莲。佛像面容恬静安详,两眼微眙,神态自若。紧靠卧佛后塑十大弟子举哀群像,神态各异。或痛不欲生,或默念祷告,或喜上眉梢,把释迦涅槃后修养不同的众弟子的心情表现得淋漓尽致。

涅槃图像是佛教艺术中常见的题材,其在公元 2 世纪的"犍陀罗艺术"中就已出现。我国现存的"涅槃图像"东在江苏连云港孔望山的摩崖,西在新疆克孜尔石窟中也可见到。在我国敦煌、龙门、麦积山、炳灵寺等石窟中,都可看到不同时代的"涅槃图像"(或塑或画)。

佛教说的"涅槃",是指释迦牟尼经过数十年苦修,摆脱了生老病死的轮回之苦,达到一种"常乐我净"的永恒境界,即一种"不死之死"的精神世界。从另一种意义上来讲,"涅槃"就是"死",只不过是称"涅槃"好听一点罢了。

"涅槃图像"之类的题材,一般据《大般涅槃经》而来。其经有释迦在娑罗树下入般涅槃、迦叶奔丧、诸天叫苦、外道幸灾乐祸、金棺自举、四大力士抬棺行进、诸众前往荼毗(火化)、诸王要求分舍利(骨灰)等等故事情节[1]。这类较详的情节,只能在壁画中表现,塑像由于受空

---

〔1〕参阅贺世哲先生《敦煌莫高窟的〈涅槃经变〉》,载于《敦煌研究》1986 年第 1 期,第 4—11 页。

间限置,表现此类情节较为困难。在敦煌莫高窟中,亦有以塑像与壁画结合的表现方式。张掖大佛寺只用泥塑一种方式特写了《涅槃经》的主要情节,此种处理方法,较为多见。

但张掖大佛寺正殿的主尊为什么塑造了"涅槃佛像"这个题材呢?下稍作推测。

前文已提到,嵬眣在此地发现了"古涅槃佛像",故造一大佛寺,又提到僧法净于张掖县西南甘浚山下,得古佛三,皆卧佛像,西夏主令建大佛寺,赐额"卧佛"寺。这就是说,大佛寺的造像题材因袭了发现的"古涅槃佛像"。但问题恐怕不是那么简单,因为《西夏书事》中李乾顺给母祈福供佛的史实是更应注意的。我们知道,中国的封建帝王,往往把自己比做佛。北魏云冈石窟县曜五窟的造像,就"令如帝身"。武则天造奉先寺大佛,实即自己形象的再现。总之,"皇帝是当今如来"之类的思想,深染中原文化的西夏统治者一定非常熟悉。李乾顺之母虽不是皇帝,但作为"国母之尊",西夏主为她造"涅槃"像,不是完全没有可能的。换句话说,张掖大佛寺的"卧佛",可能是西夏主李乾顺为纪念其死去的母亲的塑像。

10.6　十八罗汉

大佛寺大殿后部两侧塑"十八罗汉像",南侧从西向东(从外及里)题名为阿难陀、憍·梵波提、罗喉罗、阇利槃陀、弥勒、颇罗堕、玄奘、庆友、伽难陀;北侧(亦内外及里)题名为舍利佛、迦留陀夷、磨诃劫、宾那、俱浠罗、菩提达摩、目犍连、离波多、宾头卢薄罗。此外,在大殿后两边罗汉附近,还有"降龙""伏虎"的塑像。

佛教先有"十六罗汉",后有"十八罗汉"。佛教说"十六罗汉"尊佛嘱咐,不入涅槃,"常住世间,受世人的供养并为众生广作福田"。十六国时北凉道泰译《入大乘论》谓:"尊者宾头卢,尊者罗睺罗,如是等十六人诸大声闻,散在诸渚……守护佛法。"[1]但这里只列出了两个罗汉的名字。还有一些佛籍,虽然多次提到"十六罗汉",但均未列出十六罗汉的名字。现通行的"十六罗汉"名所依据的经典是唐玄奘译的《大阿罗汉难提密多罗所说法住记》(下简称《法住记》)。难提密多罗,汉译庆友。佛典言其为佛灭后 800 年时狮子国(即今斯里兰卡)人。其经所记"十六罗汉"名字如下:

第一尊者　宾度罗跋罗惰阇

第二尊者　迦诺迦伐蹉

第三尊者　迦诺迦跋厘惰阇

第四尊者　苏频陀

第五尊者　诺距罗

第六尊者　跋陀罗

第七尊者　迦理迦

第八尊者　伐阇罗弗多罗

第九尊者　戌博迦

第十尊者　半托迦

第十一尊者　罗怙罗

第十二尊者　那迦犀那

第十三尊者　因揭陀

第十四尊者　伐那婆斯

第十五尊者　阿氏多

第十六尊者　注荼半托迦[2]

《法住记》中还说此"十六罗汉",各有住所,并"眷属"众多罗汉。

自《法住记》译出后,"十六罗汉"受到佛教徒的礼敬赞颂,现存敦煌唐人写经中还有《第八尊者伐阇罗弗多罗》《第十尊者罗护罗颂》二首,每首七言八句即为佐证。唐宋以来画"十六罗汉"的画家也很多。诗

---

〔1〕《大正藏》第 32 册,第 39 页。

〔2〕《大正藏》第 49 册,第 13 页。

人、画家王维就曾画《十六罗汉图》48 幅,元代赵孟頫亦曾画此类题材。

"十六罗汉"的雕刻方面,从现在遗迹来看,最早的有杭州烟霞洞吴越国吴延爽造"十六罗汉像"。

"十六罗汉"演变成"十八罗汉"可能是从绘画方面造成的。现知最早的"十八罗汉像"是前蜀简州金水张玄画的十八罗汉。宋苏轼得之于儋耳,题赞十八首(见《东坡全集·后集》卷 12),但并未标出罗汉名称。其次是贯休画的十八罗汉,苏轼自海南归,过清远峡宝林寺见之,又为此画作赞 18 首,每首提出罗汉名称,于十六罗汉之外增加第十七尊者庆友,即《法住记》的作者,第十八尊者宾头卢,实即十六罗汉中宾度罗跋惰阇的重复(《东坡全集·续集》卷 10)。

宋咸淳五年(1269)志磐撰《佛祖统纪》卷 33 对前说提出不同看法,认为庆友是造《法住记》的人,不应在十六罗汉之列,宾头卢为重复,应是迦叶尊者和军屠钵叹尊者,即《弥勒下生经》中所说四大声闻中不在十六罗汉之内的二尊者。

藏传佛教十八罗汉,是于十六罗汉之外加上布袋和尚(即五代异僧契此)与法增居士(贺兰山人)。

《秘殿珠林续编》第四册有清庄豫摹贯休补卢楞伽十八应真册。后有清高宗题颂。颂中说第十七是降龙罗汉迦叶(嘎沙鸦),第十八是伏虎罗汉弥勒(纳答密答)。但降龙、伏虎是后世传说。苏轼《应梦罗汉记》说元丰四年岐亭庙中有一阿罗汉,左龙右虎。可见北宋时,降龙伏虎像不一定分成两个罗汉。

综上所述,十八罗汉的传说,并没有什么经典根据,只是画家们在十六罗汉之外加绘了两人而成为习惯,于是引起了后人的种种推测和考定。最初传说十七尊者是《法住记》的作者庆友,第十八尊即应是《法住记》的译者玄奘。但如是玄奘,其附会之技使人一看便明,所以又推定宾头卢,以致重复,结果造成众说不一。虽传说不一,但越传越广,自元以后,佛教寺院大殿中多塑十八罗汉像,十六罗汉则不甚流行了。[1]

历代画家画十八罗汉者很多,塑像出现得更多。张掖大佛寺大殿中的十八罗汉可能也是西夏以后之物,至于塑像下边的题名,更是混乱不堪,有玄奘、庆友、弥勒,甚至有菩提达摩等,更与前不附。

张掖大佛寺是现存河西地区最重要的佛教寺院之一,其内建筑、塑像、壁画等都是研究我国古代艺术不可多得的材料,也是研究河西佛教特别是西夏佛教的重要实物,但对其的调查研究工作至今还未进行。至于对这处重要古迹的保护和维修工作,就显得更为落后了。我们迫切希望有关单位,能采取有力措施,保护和维修这一古迹,并逐步地对其进行各方面的调查研究工作。

附记:本文的完成还要特别感谢张掖市博物馆馆长师万林先生(本文与尹清亮合作,原载于《敦煌学辑刊》1991年第2期)

---

〔1〕参阅周叔迦《〈法音〉文库·法苑谈丛》,中国佛教协会 1990 年再版。

11　敦煌本《历代法宝记》与蜀地禅宗

　　在 20 世纪初发现的敦煌写经中,发现有不少已经失传的佛教禅宗典籍,《历代法宝记》即其中之一种。此籍在敦煌发现有六七个写本,且有首尾完整者。《大正藏》卷 51 所过录的即当时所能见到的 S.0516 号和 P.2125 号。关于此籍,较早注意者除金九经外,多为日本学者,但当时还谈不上深入研究。近些年来,日本学者柳田圣山、田中良昭、平井俊荣、冲本克已及中国学者黄燕生等都对此籍做过介绍和研究,并提出了一些值得重视的问题。[1] 本文所要涉及的主要是《历代法宝记》(下简称《法宝记》)与蜀地禅宗的问题,即通过对《法宝记》有关内容的考述,就蜀地这支禅宗的传承及其有关问题提出一些看法,供大家批评指正。

　　《法宝记》1 卷,题下有小注曰:"亦名师资众脉传;亦名定是非摧邪显正破坏一切心传;亦名最上乘顿悟法门。"全文后部《序》前有"大历保唐寺和上传顿悟大乘禅门门人写真赞文并序"数字,其"大历"(766—779)二字,对此籍撰写的时间提供了明确的上限年代。又从文中所反映的历史事件及有关人物活动的年代来看,此籍撰于唐代宗大历年间似无多大问题。撰者虽未题名,但从上题数字可以看出,其出于无住门人之手。

　　为了说明问题,现对《法宝记》以先后顺序分段,简述其主要内容如下:

---

　　[1]参见日本大东出版社出版"讲座敦煌"《敦煌佛典与禅》一书有关章节,日本昭和五十五年出版;黄燕生:《唐代净众——保唐禅派概述》,载于《世界宗教研究》1989 年第 4 期,第 66 - 80 页;日本学者柳田圣山对《历代法宝记》的研究,承蒙南开大学中文系孙昌武教授 1992 年 10 月于峨眉山转告。

一，一开始讲了汉明帝夜梦金人，并命蔡愔、秦景等往西域取经及佛道斗法、汉明帝崇佛护法等事。

二，引《付法藏经》，历述西国二十八祖，批评神秀弟子净觉造《楞伽师资血脉》，接引求那跋陀为东土第一祖的说法。

三，历述东土一祖菩提达摩多罗、二祖惠可、三祖僧璨、四祖道信、五祖弘忍、六祖惠能事迹。

四，批评印度传来之"禅法"，即批评"坐禅""禅观"之类的传统修禅方法。

五，讲述弘忍传法与惠能的经过。

六，叙述武则天请各地禅师于内道场，其中有蜀地资州德纯寺智诜及武则天把从惠能处得到的袈裟授予智诜事。

七，历述智诜、处寂、无相、无住四位禅师的传承及其事迹。

八，讲述杜鸿渐等请无住出白崖山及二人问答等。

九，历述无住答体无等僧俗问难故事多条。

十，最后为门人所写《序》。

以上这些内容，从第一段到第五段，多是对其他佛籍的传抄或改写，新的内容不多。从第六段开始，讲述了当时流行于蜀地一支禅宗的情况。关于这支禅宗的历史及其有关问题，文献记载很少，几乎被湮不闻，正是由于敦煌本《法宝记》的发现，才使人们耳目一新，其籍之精华，也正在于此。

众所周知，佛教发展到隋唐时代，形成了不少宗派，而以禅宗最具中国特色。禅宗从"南能北秀"开始，又因各种复杂的原因，形成了更多的支派，蜀地的这支，也是其中之一。

在禅宗看来，谁得到了"信袈裟"（又称"信衣"），谁才算得到了先师的"真传"，于是此"得衣"者就成为正统之所在。正因如此，《法宝记》的作者对此用尽了心机，其用很"巧妙"的手法，使袈裟"传"到了自己这一支禅宗的手中。其文说：

> 大周立，则天即位，敬重佛法，至长寿元年，敕天下诸州，各置大云寺。二月二十日，敕使天冠郎中张昌期，往韶州漕溪，请能禅

师,能禅师托病不去。则天后至万岁通天元年,使往再请能禅师,能禅师既不来,请上代达摩祖始传信袈裟,朕于内道场供养。

这就是说,原在惠能那里的"信袈裟",被武则天派人请到首都的"内道场"了。更有甚者,其还说武则天又把此袈裟赐给了蜀地的一位禅师智诜,其文曰:

万岁通天二年七月,则天敕天冠郎中张昌期,往资州德纯寺请[智]诜禅师,诜禅师授请赴京,内道场供养……则天倍加敬重,诜禅师因便奏请归乡,敕赐新翻《华严经》一部、弥勒绣像及幡花等及将达摩祖师信袈裟。则天云:[惠]能禅师不来,此上代袈裟亦奉上和上,将归故乡,永为供养。

这里进一步说,武则天把从惠能那里得到的信袈裟赐给了将要回到蜀地的智诜。为了使人相信,其又进一步说:

则天至景龙元年十一月,又使内侍将军薛简至曹溪能禅师所,宣口敕云:将上代信袈裟奉上诜禅师,将受持供养,今别将摩纳袈裟一领及绢五百匹,充乳药供养。

这样一来,不但智诜带回蜀地者成了真正的"信袈裟",而且使惠能那里的袈裟成了武则天赐予的"磨纳袈裟"。《法宝记》的作者似乎料到以后仍有人要说真正的"信衣"还在惠能那里,而来了这一手。总之,经过作者巧妙的改造,此袈裟传到蜀地了。

现在,我们再看看《法宝记》所述关于"信衣"在蜀地传承的谱系及其有关问题。

(1)智诜

据《法宝记》载:智诜禅师,俗姓周,汝南人,祖上因官至蜀,十岁好释教,十三入道场,初事玄奘法师学经论,后闻双峰山弘忍大师名,便辞玄奘往凭茂山投忍大师,忍大师说其"兼有文字性"。后又归资州德纯寺,化导众生,造《虚融观》3卷、《缘起》1卷、《般若心经》1卷。万岁通天二年七月,被请至京城,后因疾请归故乡德纯寺。归时,武则天赐给其新翻《华严经》及从惠能那里得到的"信袈裟"等。据说,其首尾化导众生30余年,长安二年七月六日,付袈裟给弟子处寂后,奄然坐化,时年94岁。其付袈裟给处寂时说:"此衣是达摩祖师所传袈裟,则天赐吾,吾今付汝,善自保爱!"再次强调了此袈裟的"正统性"。

关于这里所说的智诜禅师,后世有不少著作提到,似乎此智诜为蜀地这支禅宗的"初祖"已成定论[1],但笔者对此是怀疑的。如据《法宝记》中所说,智诜13入道场,初事玄奘学经论,于长安二年(702)94岁时卒。其生年当在隋大业五年(609),可知其13岁时,当为公元622年(唐武德五年),此时的玄奘(602—664)仅20岁左右,还未西行印度,何能谈及其"初事玄奘法师学经论"乎?又如其记智诜从弘忍之事,也不见他籍印证,实际上弘忍年仅长《法宝记》中所说的智诜5岁,且先于此智诜20年就去世了。[2] 总之,《法宝记》中所记蜀地这支禅宗的"初祖"的事迹是令人怀疑的。

《续高僧传》卷22是载有智诜者,但与《法宝记》中所记的智诜相去太远,其文说此智诜字慧成,姓徐,本徐州人,炫法师之弟。其曾在蜀地游学,深通律学,周武灭法时,隐居终南太白山。隋代北周之后,兴复佛教,其被招至长安,弘扬律藏,后又被益州(治成都)总管蜀王杨秀(隋文帝第四子)请还蜀地,住法众寺继续弘法,卒于武德元年十月一日,年80岁。

由此可见,此智诜与《法宝记》中所记的智诜,除了活动于蜀地这一点相同外,无论哪一方面都是风马牛不相及的。《续高僧传》中的智诜卒于武德元年,也就是说,其一入唐朝,就与世长辞,更谈不上得到武则天的接见和接受其赐袈裟了。此外,《续高僧传》列其于"明律篇",可知其与"禅宗"并无多大关系。但这个智诜在当时的影响是很大的,他曾去过长安,并被列为"律学"之首,后又被蜀王杨秀请回蜀地,为僧众领袖,使天下人物争归蜀王。其在蜀地之声望,可见一斑。也正是因

〔1〕如《景德传灯录》卷4曾载资州智诜(又作智侁)为弘忍弟子之一,又胡适之在《中国的禅:它的历史和方法·第八世纪的禅宗七派》一文中也曾说道"与惠能同学的智诜所创立,包括其后由其弟子在成都净众寺形成的一派"为当时禅宗七派的一派。

〔2〕弘忍生卒年《法宝记》和《宋僧传》记载相同,为公元602—675年,年74。又柳宗元《南岳弥陀和尚碑并序》也载"[智]诜公学于东山[弘]忍公",然柳文亦为追述,有道听途说之嫌,恐也不足为证。柳文见《全唐文》卷587。

此,笔者怀疑《法宝记》中智诜的"原型"可能来源于此。换言之,《法宝记》中所说的智诜传法等事,虚构的成分很大。佛教各宗,为了提高自己的地位,往往借助历史上高僧的声望,追述谱系,以扩大影响,上述现象也大概如此。

此外,还有这样一条资料,亦可以作为旁证,以支持笔者上述看法。李商隐《唐梓州慧义精舍南禅院四证堂碑铭并序》(详见《樊南文集续编》)中说,唐宣宗大中七年时,节度川东的柳仲郢(柳宗元子)造四证堂于梓州(治在今四川三台县)慧义精舍的南禅院,院中的墙壁上图绘了益州无相大师、保唐无住大师、洪州道一大师及西堂知藏四人真形,以其"化身作范""式扬道风"。这里说的洪州道一,即马祖道一,为南禅高僧;西堂知藏,疑为西堂智藏,为马祖弟子,亦为著名禅师,事见《景德传灯录》卷7。至于位于此两僧前的无相、无住大师,均为成都"净众一系"的禅师。令人遗憾的是,所谓净众禅门的初祖智诜,却在这里没有任何位置,这个事实也是耐人寻味的。

(2)处寂

据《法宝记》载,处寂禅师,绵州(治在今四川绵阳东)浮城县人,俗姓唐[1],家代好儒,常习诗礼,有仁义孝行。年十岁,父亡。便投智诜禅师,智诜奉诏赴京之日,处寂担智诜至京,一肩不移。据说其身长八尺,立于众中,独见其首。后还归资州德纯寺,化导众生二十余年,至开元二十年(732)四月,秘密派遣家人王锽唤来东海无相禅师,付佛法及信袈裟。并叮嘱其曰:"衣是达摩祖师衣,则天赐诜和上,和上赐吾,吾转付汝,善自保爱,觅好山住去!"后于其年五月二十七日夜半子时,奄然坐化,时年68岁。

此处寂禅师,《宋僧传》《景德传灯录》等皆未立传。《景德传灯录》卷4目中虽曾先后出现"资州处寂禅师""资州处寂禅师复出四人"

〔1〕柳宗元《南岳弥陀和尚碑并序》载:唐代宗时,有法照国师,"始学成都唐公,次资州诜公"。笔者怀疑这里的"唐公",指俗姓唐的处寂;"诜公",即《法宝记》中所说的"智诜",但柳文说法照先学于处寂,后学于智诜,如据《法宝记》此二人皆卒于唐代宗之前,法照向谁学习呢?又法照此人,《宋僧传》卷21、《净土往生传》卷下均载,其为唐代宗时人,后入五台山,代宗大历十二年九月之后,去向不明。看来,柳宗元也是人云亦云了。

·欧·亚·历·史·文·化·文·库·

目录两条,但均无"机缘语句"。同书卷 6 又载:"江西道一禅师,汉州什邡人也,姓马氏,容貌奇异……幼岁依资州唐和上落发,受具于渝州圆律师。"[1]此处所说的"资州唐和上"应指俗姓唐的处寂禅师。看来,当时蜀中资州(治在今四川资中北)活动有这么一位禅师是可以肯定的。《宋僧传》卷 19《唐成都净众寺无相传》亦涉及处寂的一些内容,其文曰:

> [无相]开元十六年泛东溟至于中国,到京。玄宗召见,隶于禅定寺。后入蜀资中,谒智诜禅师[2]。有处寂者,异人也,则天曾召入宫赐磨纳九条衣,事必悬知,且无差跌。相未至之前,寂曰:外来之宾,明当见矣。汝曹宜洒扫以待。间一日果至,寂公与号曰无相,中夜授与磨纳衣。[3]

从这里,我们发现了更重要的信息,处寂确是一个历史人物,与无相之间有师承关系,确实把袈裟传给了无相,这领袈裟是武则天直接赐给处寂的"磨纳九条衣",并没有再经过智诜这一环节。所传袈裟的说法也与《法宝记》记载不同,即《宋僧传》中说武则天给处寂的是"磨纳九条衣",而《法宝记》说武则天给智诜、再由其传给处寂者是从惠能那里得到的"信袈裟"。正因如此,《法宝记》虽然成书较早,但因其有前述致命矛盾,故笔者认为:如果说蜀地这支禅宗真有传袈裟之事,也是从处寂开始的,且传承的是武则天所赐"磨纳袈裟"[4],而不可能是惠能的"信袈裟"。

据《法宝记》载,处寂开元二十年(732)坐化,时年 68 岁。如距其年上推,其当生于唐麟德元年(664)。其在蜀地"化导二十余年",正是从武则天到唐玄宗的盛唐时期,所以,如仅从时间上来看,武则天给其

〔1〕《大正藏》第 51 册,第 245 页。
〔2〕这里说的"谒智诜禅师",恐有误。因为这时,无论是《法宝记》中所说的智诜,还是隋代的智诜,都与世长辞了。
〔3〕〔宋〕赞宁撰,范祥雍点校:《宋高僧传》,中华书局 1987 年版,第 486 - 487 页。
〔4〕唐代皇帝常有给高僧"赐袈裟"事,如《曹溪大师别传》即载有"高宗大帝赐磨衲袈裟一领及绢五百匹"给惠能。武则天及其以后,也常有此举。磨衲袈裟:珍贵袈裟的名称,一说其产于高丽国。

"赐袈裟"是可能的。

（3）无相

据《法宝记》载,无相禅师,俗姓金,新罗王族,家世海东,因感季妹不肯嫁人并用刀割面而出家[1],后渡海至唐朝,寻师访道,来至资州德纯寺,礼见处寂,处寂知其为非常人,留在左右三年。后居天谷山,又至德纯寺,处寂遣家人王锽秘密付嘱袈裟与无相,无相得袈裟后,又隐居天谷山。后有章仇大夫[2],请开禅法,居成都净众寺,化导众生,经20余年,宝应元年五月十五日秘使工人董璿将袈裟送白崖山无住禅师,于其年五月十九日坐化,时年79岁。

前已提及,此无相禅师,《宋僧传》有传,但其所记事与《法宝记》多有不同。如《宋僧传》说其是新罗王第三子,开元十六年泛海至中国并到京城,得到唐玄宗召见,住于京师禅定寺,后又至蜀中等情节,均为《法宝记》不载。《宋僧传》还载"明皇（唐玄宗）违难入蜀,迎［无］相入内殿供礼之",又载其劝成都令杨翌造净众、大慈、菩提、宁国寺等。可知无相在"安史之乱"唐玄宗入蜀之后,颇得统治者重视,并在蜀中有很大的影响。关于无相的卒年,《法宝记》与《宋僧传》的记载,也有差异,前者为宝应元年（762）五月十九日,后者为至德元年（756）。必须指出的是,《法宝记》中所记无相卒年与后文将要提到的无住卒年完全一样,甚至月日亦同,这无疑是有问题的,两个同时而死的人,何能谈及相互传承袈裟？所以无相的卒年,本文暂从《宋僧传》所载。前文提到的李商隐《四证堂碑》也较详细地记载了无相的事迹。

作为记述禅宗谱系的《景德传灯录》在是书第4卷中两处提到"益州无相禅师",其虽无"机缘语句"[3],仅有存目,但亦可从中窥知,当时的蜀地确有这样一位禅师。

---

〔1〕《全唐文》载李商隐碑文（见前文）误"季妹"为"季昧",下小注"疑"字,可见清人在编著《全唐文》时还没有解决此问题,此为不谙佛籍所致。

〔2〕《法宝记》中所说的章仇大夫,应指当时节度剑南西川的章仇兼琼,详见新旧《唐书》本传。

〔3〕此"机缘语句"4字为《景德传灯录》原话,即指记述禅师语录的那些内容。此《录》记述禅师事迹,往往有"存目"而无内容的情况。

（4）无住

据《法宝记》载，无住禅师，俗姓李，15 岁时，代父从军于朔方，因其臂力过人，而被用为军官，后舍官访道，先遇居士陈楚璋，听其说顿教法，后白衣修行三五年。天宝年间，闻范阳到次山有明和尚、东京有神会和尚、太原府有自在和尚，并是六祖弟子，说顿教法，遂往太原礼拜自在和尚，后又上五台山清凉寺等。天宝九载（750）出五台山至西京（长安）安国寺、崇圣寺往来。天宝十载，从西京还至灵州，居贺兰山二年。后从商人曹环处知道剑南有金和尚无相说"无忆、无念、莫妄"之法，即经种种艰难，取太白山路，出南梁州，于乾元二年（759）正月至成都府净众寺，又经董璿等人之手得到无相所传"信袈裟"。后被出抚蜀地的唐朝宰相杜鸿渐接见，并与其谈论禅理等。《法宝记》载无住坐化于宝应元年五月十五日（同前记无相坐化年代相同），春秋 61 岁。

不知何故，《宋僧传》未给无住立传。《景德传灯录》卷 4 虽对其事迹有较详的记载，但所记内容比《法宝记》简略了许多。在此《录》中，无住也是作为"益州无相禅师法嗣"出现的。其书虽然后出，但所载之内容，使人感到比《法宝记》更为接近事实，其载杜鸿渐召请无住的情节时说：

> 益州保唐寺无住禅师，初得法于无相大师，乃居南阳白崖山，专务宴寂经累岁，学者渐至，勤请不已。自此垂诲，虽广演言教而唯以无念为宗。唐相国杜鸿渐出抚坤维，闻师名，思一瞻礼。大历元年九月，遣使到山延请。时节度使崔宁，亦命诸寺僧徒远出迎引，十月一日至空慧寺。时杜公与戎帅，召三学硕德俱会寺中致礼讫，公问曰："顷闻师尝驻锡于此，而后何往耶？"曰："无住性好疏野，多泊山间，自贺兰、五台周游胜境，闻先师居贵封大慈寺，说最上乘，遂远来抠衣，忝预函丈。后栖迟白崖，已逾多载。今幸相公见召，敢不从命。"公曰："弟子闻金和上说无忆、无念、莫妄三句法门是否？"曰："然。"公曰："此三句是一是三？"曰："无忆名戒，无念名定，莫妄名慧。一心不生，具戒定慧，非一非三也。"公曰："后

句妄字,莫是从心之忘乎?"曰:"从女者是也。"[1]

以上这些内容,在《法宝记》中也有相近的意思,但其除了大肆敷衍出许多文字之外,还出现了完全不同的意思。如在《景德传灯录》中,记无住见杜鸿渐时,表现得极为谦恭,说"今幸相公见召,敢不从命"等等,而在《法宝记》中,却成了杜鸿渐入院见无住,无住反而"容仪不动,俨然安祥","不起,不迎",杜鸿渐则"顿身下阶,礼拜合掌,问信起居"等。一望便知是作者为了抬高其宗的地位而杜撰的情节。

然而,虽有如此种种嫌疑和《宋僧传》失载的事实,但要否定当时蜀地曾有无住这样一位禅师是困难的,这是因为其不仅见于《法宝记》《四证堂碑》《景德传灯录》,还见于《佛祖统记》卷41、《佛祖历代通载》卷14等籍。总之,无住是一个历史人物,这一点是可以肯定的。

无住虽是一个真实的历史人物,但他是否得到了无相所传袈裟,或者说,他是否为无相的亲事弟子,仍是有疑问的。《法宝记》除了记无相、无住坐化的年代相同,使人疑虑丛生之外,还给无相与无住之间的关系,蒙上了非常浓厚的神秘色彩,使人难以接受。首先,无住是在北灵州贺兰山时从商人曹环那里才知道剑南有无相这样一位禅师的。曹环甚至说无住与无相长得都很像,甚至鼻梁上皆有靥,并说无住可能是无相的"化身"等等,无住被说动心,便向曹环打听无相所说何法,曹环以"无忆、无念、莫妄"答之。无住听了之后,心中豁然,即不辞苦劳,前往蜀地见无相禅师。其于乾元二年(759)正月至成都府净众寺见到无相禅师,见面不几天以后,便入白崖山中,此后二人再未见面。后来,远在白崖山中的无住遥知住在成都净众寺的无相想念自己,便派遣董璿给无相捎去半斤茶芽以示问候,无相对无住不亲自来看他,表示不满,问董璿:"无住禅师既有信来,何得不身自来?"虽然这样,他还是把"信袈裟"付嘱与董璿,让其转给无住,并叮嘱说:

　　此是则天皇后与[智]诜和上,诜和上与唐和上(处寂),唐和

〔1〕《大正藏》第51册,第234页。

上与吾（无相），吾传与无住禅师。此衣久远，已来保爱，莫使人知。[1]

说完之后，又脱自己身上穿的袈裟、覆膊等 17 件付董璿，让董璿赶紧离去。当他的亲事弟子闻风入堂时，董璿已离去了。然而，无相交给董璿的袈裟"被［董璿］隐二年不送，卖与僧人"，僧人得此袈裟后，有神人对其说："若不送［本主］，必损汝命！"在此情况下，袈裟才转辗回到了无住手中。

如对此段故事去伪存真，是否可以得出这样的结论：无住根本就没有从无相那里得到过什么袈裟。禅宗虽以传法不传人为己任，但无相不把"信袈裟"传给亲事弟子，而通过一个他根本就不认识的董璿再转给一个与他遥距两地、只见过一面的无住，似乎于理不通。讲到这里，我们宁愿相信，如果真有无相传袈裟这一说，此袈裟"被隐二年不送，卖于僧人"，后来便不知去向，可能才是真实的历史。

《法宝记》的作者，为了使其宗取得"正统"地位，在处理无住实际上没有得到袈裟这一问题时，费尽了心机，如其曾说：

[杜鸿渐]初到成都府日，闻金和上不可思议，和上既化，合有承后弟子，遂就净众寺、衡山宁国寺观望，见金和上在日踪迹，相公借问小师等："合有承后弟子僧人得衣钵者？"小师答："亦无人承后，和上在日，有两领袈裟，一领衡山宁国寺，一领留净众寺供养。"相公不信，又问诸律师："鸿渐远闻，金和上是善知识，承上已来，师师相传授，付嘱衣钵，金和上既化，承后弟子何在？"律师答相公云："金和上是外国蕃人，亦无佛法，在日亦不多说法，语不能正，在日虽足供养布施，只空有福德，弟子亦不闲佛法。"相公高鉴，即知尽是嫉言，即回归宅，问亲事孔目官马良、康然等："知剑南有高行僧大德否？"马良答："院内常见节度军将说，蚕崖关西白崖山中，有无住禅师，得金和上衣钵，是承后弟子。此禅师得业深厚，亦不曾出山。"相公闻说，向马良等："鸿渐远闻，金和上是大善

---

[1]《大正藏》第 51 册，第 187 页。

知识,昨自到衡山宁国寺、净众寺,问金和上亲事弟子,皆云无承后弟子及得衣钵,又问律师,咸言诽谤。据此踪由,白崖山无住禅师必是[得]道者。"[1]

在这段文字里,作为大唐宰相的杜鸿渐可以说太不"明察"了,其打听无相所承袈裟的下落,无相亲事弟子的话听不进去,而宁愿相信与无相毫无关系之人的话,且此人的话还是从一位节度将军那里听说的。如此等等,《法宝记》用了这么多的文字来"证明"所谓"信袈裟"传到无住手中的经过,但越证明漏出的破绽越多,越使人怀疑无住得到无相所承"信袈裟"的情节,可能是杜撰的。

禅宗要籍《北山录》卷6载有这样一条资料,其文曰:

余昔观净众禅门,崇而不僭,博而不佞……蜀净众寺金和上,号无相禅师,本新罗王第三子,于本国月生郡南寺出家,开元十六年至京,后入蜀至资中,谒诜公学禅定,入蜀止净众[寺],付法门人神会。[2]

这条资料,有两点值得注意:一是其提出的谱系是智诜—无相—神会,说无相人蜀直接谒智诜,并没有经过处寂再传,与《法宝记》等籍所载的谱系不同。二是明确讲到,无相付法于神会,而不是无住。这里讲的神会,与惠能的弟子荷泽神会不是一人,《宋僧传》卷9《成都府净众寺神会传》载:

释神会,俗姓石,本西域人也。祖父徙居,因家于岐,遂为凤翔人矣。会至性悬解,明智内发……年三十,方入蜀,谒无相大师,利根顿悟,冥契心印。无相叹曰:"吾道今在汝矣!"尔后德充慧广,郁为禅宗。其大略寂照灭境,超证离心,即心是佛,不见有身……以贞元十年十一月十二日示疾,俨然跏趺坐灭,春秋七十五岁,法腊三十六。沙门那提得师之道,传授将来。以十二年二月二十二日,门人弟子缁俗迁座于本院之北隅……初[神]会传法在坤维,

---

〔1〕《大正藏》第51册,第187页。
〔2〕《大正藏》第52册,第611页。

四远禅徒臻萃于寺。时南康王韦公皋最归心于会,及卒,哀咽追仰,盖粗入会之门,得其禅要。为立碑,自撰文并书,禅宗荣之[1]。

这条资料,又使上述谱系延长,成为智诜—无相—神会—那提4人,同时更明确地讲了此神会是无相的"亲事"弟子,而神会之后的得法者是沙门那提。《宋僧传》卷11《成都府元和圣寿寺释南印传》又载:"南印曾得曹溪深旨,无以为证,见净众寺[神]会师。"同书卷19《释天竺亡名传》亦说:"[韦]皋归心南宗禅道,学心法于净众寺神会禅师。"可见神会在当时的僧界是有很大影响的。神会传法于蜀地,四远皆集于其门下,连南康王韦皋都归心于禅,甚至入神会门下,得其禅要,为其立碑撰文,禅宗荣之等等[2],可见蜀中新的一代禅师,又找到了新的"檀越",即新的政治势力的支持。

查韦皋此人,《旧唐书》卷140、《新唐书》卷158皆有传。其于唐德宗贞元元年(785)至顺宗永贞元年(805)节度剑南西川共20多年,在蜀地颇得民意。《宋僧传》与"正史"所记韦皋节度剑南西川年代契合,说明其有关神会的史料,具有很高的价值。换言之,关于神会是无相付法弟子的记载是比较可信的。至于《法宝记》中所记无住得无相"信袈裟"的说法,反而因其带有浓厚的神秘色彩而使人难以接受。

综上所述,《法宝记》所记蜀地禅宗人物的很多情况均有据可查,故为研究蜀地禅宗的珍贵资料,但其记蜀地禅宗的谱系,即智诜—处寂—无相—无住的谱系,却是有不少疑问的,换言之,这个谱系可能是无住的门人杜撰的。

唐宗密《禅源诸诠集都序》卷上有问曰:

> 六代禅宗师资传授禅法,皆云内授密语外值信衣,衣法相资以为符印。曹溪已后,不闻此事,未审今时化人说密语否?不说则所传者非达摩之法,说则闻者尽合得衣[3]。

可见唐人已对六祖(惠能)以后所传"信衣"产生了怀疑,也可能正

---

[1][宋]赞宁撰,范祥雍点校:《宋高僧传》,第209—210页。

[2]著名的乐山大佛就完成于韦皋节度剑南时期,其有《嘉州凌云寺大像记》今存。

[3]《大正藏》第48册,第401页。

是六祖以后,"信袈裟"下落不明,致使很多人都敢于宣称自己得到了真正的袈裟。这种情况,实际上反映的是禅宗兴旺,异军突起,各派欣欣向荣而又争先恐后和其进一步流入各地的形势。蜀地这支禅宗,以撰述历史的方法,宣称自己得到"信衣",并杜撰其源,试图以"正统"而自居,实际上反映的也是这种趋势。

谈到这里,还有必要把请无住出山并与之探讨禅理的杜鸿渐这个人物作一简单交代。

杜鸿渐,《旧唐书》卷108、《新唐书》卷126皆有传。据《旧唐书》本传载,杜鸿渐为已故宰相杜暹之族子,其人敏悟好学,以进士及第。安史之乱,肃宗北避平凉,杜鸿渐与六城水运使魏少游、节度判官崔漪等劝肃宗北上灵武(今宁夏灵武县西)即皇帝位。因功而位显。其后又出抚蜀中,立功而还。他在蜀地的活动,《旧唐书》记载较详,其文曰:

> 永泰元年十月,剑南西川兵马使崔旰杀节度使郭英乂,据成都,自称留后。邛州衙将柏贞节……等兴兵讨旰,西蜀大乱。明年二月,命鸿渐以宰相兼充山、剑副元帅、剑南西川节度使,以平蜀乱。鸿渐心无远图,志气怯懦,又酷好浮图道,不喜军戎。既至成都,惧旰雄武,不复问罪,乃以剑南节制表让于旰。时西戎寇边,关中多事,鸿渐孤军陷险,兵威不振,代宗不获已,从之。仍以旰为剑南西川行军司马,柏贞节为邛州刺史……各罢兵。寻请入觐……大历二年,诏以旰为成都尹、剑南西川节度使,召鸿渐还京。鸿渐仍率旰同入觐,代宗嘉之。[1]

这就是说,蜀地当时发生了一场很大的动乱,唐王朝对杜鸿渐委以重任,派他去处理这个棘手的问题。其到蜀地后,用安抚的手法,平息了这场动乱。引起动乱的主要人物西川兵马使崔旰,不但没有被问罪,反而被他上表朝廷,升为成都尹、剑南节度使。

杜鸿渐出抚剑南的时间,《旧唐书》本传及同书《代宗纪》均记载得很清楚,即大历元年(766)二月。大历二年(767)六月,其就回到长安

---

〔1〕〔后晋〕刘昫等:《旧唐书》卷108《杜鸿渐传》,中华书局1975年版,第3283-3284页。

了。换言之,杜鸿渐出抚剑南。只有一年多一点时间,其在一年多的时间内,除了完成朝廷交给他的重任,平息动乱,处理蜀中军政大事外,还不惜人力财力之费,请无住出山,并与其探讨佛理,可见其对佛教之重视程度。

"安史之乱"后的杜鸿渐,虽官居高位,往往被唐王朝委以重任,但却极为崇佛。《旧唐书》本传言其"志气怯懦,又酷好浮图道,不喜军戎","晚年乐于退静",曾悠然作诗曰"常愿追禅理,安能抱化源"。及病后,"令僧剃顶发,及卒,遗命其子依胡法塔葬,不为封树,冀类缁流,物议哂之"。《新唐书》本传言其"晚节溺浮图之道,畏杀戮"。从蜀地还京之后,"食千僧,以为有报,缙绅效之"。

由此可见,杜鸿渐崇佛教,"追禅理"确是事实。这样,他在出抚蜀地时,接见当地高僧——无住禅师就不难理解了。据《景德传灯录》卷4载,杜鸿渐请无住出白崖山的年代是"大历元年九月"[1],而《法宝记》记其为"永泰二年九月二十三日",查唐代宗永泰二年改元"大历",故永泰二年也为大历元年。《旧唐书》记杜鸿渐在蜀的时间亦为大历元年至大历二年,故"正史"、佛籍所载契合,此也从另一方面说明,杜鸿渐在蜀地迎请无住,从时间上来讲是没有矛盾的。

总之,《法宝记》所记杜鸿渐在蜀地接见无住的前后经过及与其问答佛理的情节,虽带有不少夸张不实成分,但却反映了一段真实的历史。

与此同时,《法宝记》中还提到"崔仆射"这样一位显赫的人物,其在请无住禅师出山时,也起了很大的作用,其原文曰:

> 永泰二年九月二十三日,慕容鼎专使县官僧道等,就白崖山请和上,传相公、仆射、监军请顶礼,愿和上不舍慈悲,为三蜀苍生作大桥梁,殷勤苦请。和上知相公深闲佛法,爱慕大乘;知仆射仁慈宽厚,知监军敬佛、法、僧,审知是同缘同会,不逆所请。[2]

这就是说,请迎无住出山,除了"相公"杜鸿渐之外,还有一位官居

---

〔1〕《景德传灯录》卷4记无住事时说:无住"居南阳白崖山",同《法宝记》所说"蚕崖关西白崖山"说法有所不同。从文中内容来看,此白崖山应在蜀地,而不应在南阳,或蜀地另有一南阳。

〔2〕《大正藏》第51册,第188页。

"仆射"的人。这里所说的"仆射"指何人,很有必要弄清。

《法宝记》中讲到,当时活动在成都的律师王英耀等僧人,听说要请无住出山,恐对自己不利,想阻止此事。于是,他们请来崔仆射、任夫人,拿出以前裴仆射施给他们的袈裟[1],呈示与崔仆射及夫人,说"此是承上信袈裟"。也就是说,他们企图以此冒充"信袈裟"而取得这位崔仆射的支持,以巩固自己原来在成都僧众中的地位。但这位崔仆射却说,"旰由来不知此事,请无住禅师,相公意重,不关旰事"。也就是说,这位官居显位的崔仆射还不敢得罪作为宰相的杜鸿渐。

这里,我们必须指出,上引文中的"旰"字,在《大正藏》的录文中,皆被写为"肝"字,此一字之差,可使《法宝记》涉及的很多历史事件隐没,甚至涉及《法宝记》成书年代的考订。至少也可使人迷惑不解其意,实是一个不小的谬误。其实,这里的"旰",是指崔旰,在《法宝记》中,崔旰自称其名,除上引两处外,还有以下几处:

> 旰先在西山兵马使,具知意况。

> 旰是地主,自合远迎。为公事不获,愿和上勿责。旰先是西上(山)兵马使,和上在白崖山兰若,无是当家,若有所须,专差衙前虞侯称承和上。

崔旰后被唐王朝赐名崔宁,两唐书亦皆有载。《旧唐书》卷117《崔宁传》一开始便载:

> 崔宁,卫州人,本名旰。

《新唐书》本传讲得很具体,其文曰:

> 大历三年[崔宁]来朝。宁本名旰,至是赐名。

这就是说,崔旰被赐名"宁",是大历三年的事情。[2]

据两唐书记载,崔宁虽家世儒子,但其独喜纵横之术,后客游蜀地,从军步卒,历事崔圆、裴冕等,后因功渐显,至永泰元年时,已"为西山

---

[1]《法宝记》在此处提到的"裴仆射"应指裴冕。《旧唐书·肃宗纪》载:乾元二年"六月乙未朔,以右仆射裴冕为御史大夫、成都尹,持节充剑南节度副大使、本道观察使"。同书本传又谓"加御史大夫、成都尹,充剑南西川节度使,又入为右仆射"。《新唐书》本传略同。

[2]由此点,是否可以考虑《法宝记》完成的时间为大历三年之前。

都知兵马使"。后杀节度使郭英义入主成都,引起了蜀中大乱。也就是这时(永泰二年二月),杜鸿渐受命出使剑南,平息变乱。此时,有人劝杜鸿渐对崔宁实行先抚后剿之术,但杜鸿渐未听其言,反而在纳受崔宁厚礼之后进入成都,且把军国大事悉委于宁,并连表朝廷,推荐崔宁,朝廷"因鸿渐之请,加[崔宁]成都尹、兼西山防御使、西川节度行军司马"等。大历二年,杜鸿渐归朝,又授崔宁为西川节度使。《旧唐书》本传说:"宁在蜀十余年,地险兵强,肆侈穷欲,将吏妻妾,多为所淫污,朝廷患之而不能诘。累加尚书左仆射。"大历十四年,崔宁入朝,迁司空、平章事等,后因涉嫌朱泚之乱被杀,中外称怨,时年61岁。

以上崔宁在蜀活动的情况及其官职中的"西川兵马使""尚书左仆射"等均与《法宝记》中所载契合。故《法宝记》中自称"盱"的"崔仆射"为崔宁无疑。甚至连《法宝记》中提到崔宁有"任夫人"者,也与两唐书的记载相同。《旧唐书》本传谓,崔宁入朝居长安后,留其弟崔宽守成都。泸州杨子琳乘机以精骑数千人袭取成都,崔宽屡战,不能取胜,这时,宁妾任氏,出其家财十万募勇士,手自麾兵,以逼子琳,使其逃出成都。两唐书皆谓此"任氏"为崔宁妾。而《法宝记》称其为"任夫人",从《唐书》记载的情况来看。崔宁入朝,并没有带她去长安,可知其很可能处于"妾"的地位。所有这些,都说明《法宝记》记事虽有不少夸大之词和不实的成分,但有证可稽者也不在少数。

无住接受了杜鸿渐、崔宁的礼请,来至成都净众寺,使蜀地禅宗的历史揭开了新的一页,《法宝记》在谈到无住出山前后的情况时说:

当和上(无住)未出山日,寇盗竞起,诸州不熟,谷米涌贵,百姓惶惶。相公、仆射迎和上出山,所至州县,谷米倍贱,人民安乐,率土丰熟,寇盗尽除,晏然无事[1]。

这段带有明显夸大的文字,表面上说的是无住出山前后的情况,实际上可能反映的是杜鸿渐出抚剑南,平息蜀中动乱,使蜀地由乱到治的政治形势。

---

[1]《大正藏》第51册,第188页。

杜鸿渐作为一个极为崇佛而又好"禅理"的唐朝宰相,当然深知佛教对于"化导"众生、安抚人心的重要作用。因此,他请无住出山,除了趋唐代士大夫喜与高僧谈禅理之时尚外,更重要的是为了稳定蜀地之政治需要,作为蜀中"地主"的崔宁,因有擅杀前任节度使郭英乂之罪,更是诚惶诚恐,他对佛教的态度"正史"虽无明载,但肯定以杜鸿渐之命是从,故在此蜀中大乱被平息的情况下,由他们两人出面,请无住出山,"为三蜀苍生,作大桥梁"是完全可以理解的。因为无住所传"无念、无忆、莫妄"之禅理[1],是制止动乱、稳定人心的最有效方剂。

　　前已提及,《法宝记》中曾说,当杜鸿渐准备请隐居白崖山中的无住禅师出山时,当时活动于成都净众、宁国两寺的小金师、张大师及王英耀律师等僧,皆感到恐慌,想尽一切办法阻止,这种情况是乎表明在杜鸿渐入蜀之前,无相的一些弟子及律宗等在成都占有主导地位,而且他们的"檀越"有可能是这次蜀中大乱之前的统治者。"一朝天子一朝臣",在变乱平息之后,喜好禅理的杜鸿渐与新上任的崔宁当然不能再容忍这些在他们的前任时走红的僧人了。于是他们另请"高明",找到了隐居白崖山中的无住。

　　讲到这里,我们有理由认为,蜀地这支禅宗以后之所以有一定影响,无疑与杜鸿渐、崔宁这些有政治实力之人的支持分不开。也就是说,正是因为无住禅师有了如此地位的"檀越"作为后盾,这支禅宗才有了相应的地位,无住也因而声名远扬。同样,也正是因为杜鸿渐等人的政治势力仅达剑南蜀地一隅,以无住为代表的这支禅宗也只能在当时盛于以成都为中心的蜀地。然而,这支禅宗的影响却远远超出了蜀地,成为中国禅宗中别具特色的一支。[2]

　　以上从敦煌本《历代法宝记》入手,考述论证了蜀地禅宗的有关问

---

〔1〕唐宗密《禅源诸诠集都序》卷上将禅宗分为息妄修心宗、泯绝无寄宗和直显心性宗,无住等属于"息妄修心宗"。

〔2〕唐宗密《禅源诸诠集都序》卷上将禅宗分为息妄修心宗、泯绝无寄宗和直显心性宗,无住等属于"息妄修心宗"。

·欧·亚·历·史·文·化·文·库·

题,其目的只是抛砖引玉,以期引起学界特别是地方同行对此问题的注意。由于各方面条件限制,特别是本人学力所限,很多问题还来不及深入探讨,如蜀地这支禅宗的佛教思想,就需要作进一步研究。笔者虽正对此方面的问题进行探索,但一时还拿不出较成熟的果实供大家品尝,故热切地希望大家批评帮助[1]!

附记:

本文为作者 1992 年 10 月在"首届峨眉山与巴蜀佛教文化学术讨论会"上提交的论文,据有关负责同志函告,此文已选入将要正式出版的论文集,但文章的后部分被删掉了许多,这次稍作修订,全文刊出并以此为准。同时,我还要感谢曾在会上指出过此文缺点的白化文、孙昌武教授及陈士强、黄夏年诸位先生。

(本文原载于《敦煌学辑刊》1993 年第 1 期)

---

[1]本文所引佛籍,多据《大正藏》本。

12 隋文帝分舍利建塔的意义及其有关问题

佛教自传入中国内地以来,帝王崇信者虽以前秦苻坚、后秦姚兴、后赵石虎、北凉沮渠氏、北魏文成及宣武、南朝宋文、梁武诸帝为最甚,但其分送舍利、建塔立寺、写经造像、延僧讲习,皆无过于隋文帝者。特别是其分舍利建塔之举,更为特殊。换句话说,隋文帝之奉佛,与其他帝王有很大的区别,这就是:隋文帝直接选择了印度的护法之王——佛教极力歌颂的转轮王——阿育王为其榜样,是以阿育王的气魄来"弘法护教"的。

众所周知,阿育王是不是一个历史人物,在以前是有争论的,但近代学者通过对考古资料的破译和研究,证明佛籍中所讲的阿育王确有其人。根据佛典及有关考古资料,大概可以得出其是公元前268—前232年左右人,为古印度孔雀王朝第三代国王,他继承了父(宾头沙罗王)业,使孔雀王朝成为印度历史上第一个大一统的帝国。据《阿育王传》等佛典的说法,阿育王生得很丑,性格顽劣,不得父王的欢心,父王令他率兵平叛,所领兵士连武器也不发给,实际上是让他送死,但他却战胜了敌人。后受到朝臣的拥护,掌握了政权。据说,他是在杀了很多兄弟之后才上台的,甚至他的父亲也是受其胁迫而死的。其在掌权之后,又置地狱之刑处置人民,在征讨过程甚至宫廷生活中也常滥杀无辜等,所以它有"罪恶的阿育王"的臭名。然而他后来却皈依了佛教,修持佛法,并以"转轮王"的政治理想自许,宣布以"正法"来统治天下。据被破译为英文的《大摩崖法敕》一至四章及阿育王石柱铭文的记载,其信佛后,禁杀生、植树、修道路、凿井,并修寺建塔,遍及全国等。在佛教经典中,有关他崇佛奉佛的事迹记载很多。据西晋安息僧人安法钦所译《阿育王传》记载,阿育王得到王位后,置地狱之刑来处置人民,有

一比丘,经过种种神变,至阿育王前,谏其曰:

> 大王当知,佛亦授记汝,将来佛灭百年后,王华氏城,号阿恕伽
> (阿育王)。转轮圣王,王四分之一,为正法王,广分舍利,而起八
> 万四千宝塔。王今乃反造大狱城,如似地狱,残害百千众生之命。
> 大王汝今应当施于一切众生无畏,亦复应当满足佛意。人中帝释,
> 必施无畏,起悲愍心,分布舍利,广作真济。

阿育王听了这些话之后,心生悔悟,合掌恭敬,作如是言:

> 我先所作,极有罪过,听我忏悔,今皈依如来所说胜法,当开福
> 业,庄严大地。[1]

于是,阿育王便诣王舍城取阿阇世王(也是一个迫害父母的"恶
王",但后来皈依佛教)所埋四千舍利,即于此处,建立大塔。又于第
二、第三乃至第七所埋舍利悉皆取之,并去龙王宫取得舍利等,以诸舍
利造八万四千宝箧,"一一舍利付一夜叉,使遍阎浮提,其有一亿人处,
造立一塔,于是鬼神各持舍利,四出作塔",塔一时满阎浮提内,造塔的
结果是阿育王"善得滋长,恶名消灭,天下皆称为正法王"。

与此同时,阿育王还于佛降生处、成道破魔处、转法轮处、涅槃处等
等地方起塔,但是,这些塔与前面所起的"舍利塔"有所不同,具有"纪
念塔"的性质。

下面我们再来看看隋文帝的分舍利起塔。

众所周知,隋文帝在位时,先后3次下诏分舍利起塔,在全国113
州,总共修建了相同数目的舍利塔。

第一次为仁寿元年(601)六月十三日,即隋文帝生日的这天,其先
在30州建30座舍利塔,限在十月十五日午时,30州"同下(舍利入石
函)"。[2]

第二次为仁寿二年(602)正月,又分舍利于秦、陕、恒、杭等53州,
建舍利塔,限四月八日(佛诞日)午时,同下石函。[3]

---

〔1〕《大正藏》卷50,第101－102页。

〔2〕《广弘明集》卷17《国立舍利塔诏》、隋著作郎王劭《舍利感应记》。

〔3〕《广弘明集》卷17《庆舍利感应表》,见《大正藏》卷52,第217页。

第三次为仁寿四年(604)四月八日,又在30州建舍利塔。

值得注意的是,隋文帝分舍利起塔的某些具体做法,也是从阿育王那里学来的。据《阿育王传》《阿育王经》等佛籍记载,阿育王所建八万四千塔是在一日同时修起的。唐道世《法苑珠林》卷38对此讲得更清楚,其曰:

> 阿育王作铁轮王,王阎浮提,一切鬼神并皆臣属。且使空中地下四十里内所有鬼神,于一日一夜一亿家施一塔,广计有八万四千塔。[1]

而隋文帝仁寿元年起塔,也是"限十月十五日午时,同下入石函"[2]。又仁寿二年正月二十三日的一次,也如前次,"四月八日午时,合国化内,同下舍利,封入石函"。[3]

全国几十个州,不管什么情况,下令同时入舍利,无疑是有来历的。换句话说,隋文帝和阿育王如此相同的做法,绝不是偶然的巧合。

在分舍利建塔的同时,隋文帝又"广树仁祠,有僧行处,皆为立寺"[4]。开皇之初(581),终于仁寿末(604),海内诸寺,竟达3792所[5]。有些文献还说,开皇、仁寿年间,"崇绪寺宇,向有五千"[6],可见其在分舍立塔的同时,寺院也纷纷修复和建立了。

佛教又称"象教",所以大乘佛教极为重视佛的形象的雕造及代表佛教形象的舍利塔等的修建。然而,同时重视佛经的"结集"与流布,其在中国主要表现为译经、写经、讲经等。所谓"籍象表真""赖经闻佛"[7]者是也。所以隋文帝除了分舍利建塔立寺外,也非常关心佛经的刊定、治写等。自开皇之初,终于仁寿之末,"凡写经论四十六藏,一十三万二千八十六卷",还"修治故经三千八百五十三部"[8],这样的

---

〔1〕《大正藏》卷53,第585页。

〔2〕《法苑珠林》卷40《舍利篇》"隋文帝立佛舍利塔"条,见《大正藏》卷53,第602页。

〔3〕《法苑珠林》卷40《舍利篇》"庆舍利感应表(并答)"条,见《大正藏》卷53,第604页。

〔4〕《续高僧传》卷15后论,见《大正藏》卷50,第549页。

〔5〕〔隋〕彦琮撰:《辩正论》卷3,见《大正藏》卷52,第509页。

〔6〕〔唐〕道宣撰:《大唐内典录》卷5,见《大正藏》卷55,第274页。

〔7〕《续高僧传》卷8《慧远传》,见《大正藏》卷50,第490页。

〔8〕《辩正论》卷3,见《大正藏》卷52,第509页。

·欧·亚·历·史·文·化·文·库·

结果是"民间佛经,多于六经数十百倍"[1],佛教典籍,远远超过了儒家经典!与此同时,隋文帝对僧人的延请也是很有特色的,其在长安立"五众",又立"二十五众",每众立一"众主",选硕学行高者任之,研习讲论佛经,天下高僧,负笈而奔。《续高僧传》卷15谈到此事时曰:"召诸学徒,普会京辇,其中高等,自为等级。故二十五众,峙列帝城,随慕学方,任其披化,每日登殿,坐列七僧,转读众经,及开理义,帝目览万机,而耳餐正法……沙门慧远……首达帝城,即陈讲议,服勤请益,七百余人,道化天下,三分其二。"[2]其种种事,皆大有当年阿育王"结集"之势。所以,当时的长安高僧云集,人才济济,如灵裕、昙迁(其为隋文帝授菩萨戒)、灵藏、敦煌慧远等,多与隋文帝有交。

这就是说,除分舍利建塔之外,隋文帝的其他佛教活动,也有与前代帝王不同的地方。换言之,隋文帝不是一个简单的佛教徒,也不是帝王中简单利用佛教者,他奉佛崇佛是另有所思的。

先是,周宣帝死后,静帝年幼,隋文帝以皇亲国丈的身份辅佐北周幼主,渐有窃位之心,史载:

> 两河蹇乱,三魏称兵,半天之下,汹汹鼎沸……安陆作衅,南通
> 吴、越,蜂飞蚁聚,江、汉骚然。巴、蜀鸱张,翻将问鼎,秦涂更阻,汉
> 门重闭。[3]

可见,由于隋文帝逐步窃权,引起了北周宗室和臣下的强烈不满,天下干戈,一时纷纷,然而,隋文帝一一镇压了这些反抗,最后用"禅让"的手法取周而代。其代周后,又用武力灭掉了盘踞江南一隅的陈朝,统一了中国,结束了中国自魏晋以来400年的分裂局面。在此种形势下,隋文帝应该说是踌躇满志了,应该像秦始皇、汉武帝等帝王那样,当统一天下的大功告成之后,所干的第一件大事就是去泰山进行"封禅"大典,然而隋文帝却没有这样,而采取了完全不同的态度。《隋书·高祖纪下》载:

---

[1]《隋书》卷35《经籍志》,第1099页。
[2]见《大正藏》卷50,第549页。
[3]《隋书》卷1《帝纪第一·高祖纪上》,第5-6页。

138

时朝野物议,咸愿登封。秋七月丙午,诏曰:"岂可命一将军,除一小国,遐迩注意,便谓太平。以薄德而封名山,用虚言而干上帝,非朕攸闻。而今以后,言及封禅,宜即禁绝。"[1]

这是开皇九年(589)七月隋文帝禁封禅的诏令。至十一月定州刺史豆卢通等一伙人又上表"请封禅",也被隋文帝拒绝。这就是说,隋文帝并没有被胜利冲昏头脑,沉湎于一片歌舞升平之中。同常人一样,如果得的太多太容易[2],反而感到恐慌,特别是取之不义,更为如此。正因为这样,隋文帝在很多地方舍弃了中国帝王的传统做法,而选择了刚刚被周武帝废弃的佛法作为精神支柱,并以佛教中的转轮王——护法王——阿育王为其榜样。

以上,并不是笔者的简单推论,而有文献为证,如隋安德王杨雄《庆舍利感应表》中就有:

至圣(佛)……虽形分聚芥,尚贮金罂,体散吹尘,犹兴宝刹。自释提请灰之后,育王建塔已来,未有分布舍利,绍隆胜业。伏惟皇帝积因旷劫,宿证菩提,降迹人王,护持世界。往者道消在运,仁祠废毁,慈灯灭影,智海绝流,皇祚既兴,法鼓方振,区宇之内,咸为净土;生灵之类,皆覆梵云。[3]

这就是说,自阿育王之后,再未有分舍利者,隋文帝分舍利建塔,是继阿育王之后的又一壮举。这里所说的"降迹人王,护持世界"也是佛籍中常见的对转轮王的用语。

又仁寿二年正月分舍利建塔之后,"瀛洲表云:掘地欲安舍利石函时……土里忽有真紫色光现,须臾遂灭,其土即有黑文杂间,成篆书字云:'转轮圣王佛塔'"。[4]

隋文帝分舍利建塔之后,各州纷纷表瑞,然逢迎附会者极多,瀛洲所表,也应属此类。由此可见,当时的地方官对隋文帝想做转轮王的理

---

[1]《隋书》卷2《高祖纪下》,第33页。

[2]赵翼《廿二史札记》卷15说:"古来得天下之易,未有如隋文帝者,以妇翁之亲,值周宣帝早殂,结郑译等矫诏入辅政,遂安坐而攘帝位。"

[3]此文在《广弘明集》卷17、《法苑珠林》卷53等佛籍中都可以看到。

[4]此文在《广弘明集》卷17、《法苑珠林》卷53等佛籍中都可以看到。

想是很熟悉的。不仅如此,隋文帝也自称自己为转轮王。《广弘明集》卷28《隋文帝为太祖武元皇帝行幸四处立寺建碑诏》中有:

> 朕……事冥真寂,降生下土,权变不常,用轮王之兵,伸至人之意,百战百胜,为行十善,故以干戈之器,已类香花;玄黄之野,久同净国。思欲崇树宝刹,经始伽蓝,增长福因,微副幽旨。[1]

这里,隋文帝完全把自己比作佛教的护法之王——转轮王。

人所周知,转轮王是古代印度传说中的圣王,据说其可兵不血刃而统一天下,其国王土,一切平安,五谷丰登,人寿极长等。转轮王还有金轮、主藏臣、白象、白马、宝珠、玉女、兵臣七宝。其轮宝可飞行天上,所到之处,皆望风而降,其他各宝也各有妙用,如用宝珠,可各取所需等。印度古代的这个传说故事,无疑是当时人们对天下太平、生活美满的理想。佛教兴起之后,吸收并发展了这个传说故事,又说转轮王授记护持佛法,甚至最后成佛等等。佛经中转轮王故事出现很多,以释迦牟尼本人为例,即有"在家为转轮王,出家为佛"之说。《长阿含经》卷6《转轮圣王记》中的佉儦王也是一个转轮王,弥勒就降生于此王的国土上等等。至于阿育王、迦腻色迦等历史上确有的"护法"国王,统统被佛教誉为转轮王。"转轮王思想"随着佛教的传播进入中国,十六国时期中国的一些帝王就把做转轮王当作自己的理想,而佛教也希望现实的统治者成为护法之王——转轮王,隋文帝就是在此种背景下,来效法印度的转轮王——阿育王的。

《法苑珠林》卷40《舍利篇》引隋王劭撰《舍利感应记》又载:

> 皇帝(隋文帝)昔在龙潜……神尼智仙言曰:佛法将灭,一切神明今已西去,儿当为普天慈父,重兴佛法,一切神明还来。其后周氏(周武帝)果灭佛法。隋室受命,乃兴复之。皇帝每以神尼为言,云"我兴由佛",故天下舍利塔内,各作神尼之像焉。[2]

这里的神尼智仙,无疑是在冯翊般若寺中抚养隋文帝的尼姑。这

---

[1]《大正藏》卷52,第328页。

[2]《大正藏》卷53,第602页。

段出于隋人之手的文字,虽有不少不实的成分,但却反映了一个事实,这就是:当时社会上确实流行"佛法将灭"的"末法思想",而佛教极希望在其教危难时,有一个现实的统治者出来"护法"。"末法思想"虽然产生于印度佛教,但在中国深入人心恐怕是北魏太武帝和北周武帝这两次大规模的灭佛之后,而后一次的灭佛正是隋文帝亲身经历的。前文已提,《阿育王传》等佛籍说,佛曾授记阿育王:佛灭之后,阿育王为转轮王,起八万四千塔,分布舍利,布施众生,广作真济。这就是说,佛把以后兴复佛教的重大任务交给了现实的最高统治者;在上引文中,智仙亦作为佛的代表,把"重兴佛法"的任务,交给了隋文帝。

"不依国主,则法事难立",这句话虽出自中国佛教徒之口,但其思想在印度佛教中早已有了,佛教典籍中众多的"转轮王"形象,就是这种思想的反映。佛教所理想的现实统治者就是兵不血刃而能统一天下,又在境内实行"正法"的转轮王。对于信奉佛教的现实统治者来说,也希望自己能够成为转轮王。隋文帝还有敕云"佛以正法,付嘱国王,朕是人尊,受佛付嘱,自今以后,讫朕一世,每月常请二七僧〔讲经〕"等等[1],说的更是露骨。

作为一个中国皇帝,隋文帝为什么不以儒教所推崇的圣王——唐尧、虞舜、夏禹、成汤、周武等为榜样,而要做印度佛教中的转轮王呢?回答这个问题虽然比较困难,但并非无蛛丝马迹可寻。原来,隋文帝虽受人重托,但他并没有像殷之伊尹、周之周公那样忠心辅佐北周幼主,而是用"禅让"的手段取代了以恢复周礼为己任的北周政权。这种极不合儒教大义的非礼行为,当时就遭到了周室大臣的反对,就连嫁给周室的女儿也对他不满,所以他常"甚愧之",压力是相当大的。在此情况下,他当然在不能用儒教"君臣父子"那一套来自打嘴巴,而必须借助另外一种思想。这里,我们先分析一段史料:

〔仁寿元年六月乙丑〕诏曰:"儒学之道,训教生人,识父子君臣之义,知尊卑长幼之序,升之于朝,任之以职,故能赞理时务,弘

──────────────
〔1〕《辩正论》卷3,见《大正藏》卷52,第509页。

益风范。朕抚临天下,思弘德教,延集学徒,崇建庠序,开进仕之路,伫贤隽之人。而国学胄子,垂将千数,州县诸生,咸亦不少。徒有名录,空度岁时,未有德为代范,才任国用。良由设学之理,多而未精,今宜简省,明加奖励。"于是国子学唯留学生七十人,太学、四门及州县学并废。其日,颁舍利于诸州。[1]

从上述引文可以看出,隋文帝表面上也讲"父子君臣之义",但这正是他所违背的。其次的内容是:他嫌当时的儒学之类,徒有虚名,下令裁去。莫大的隋王朝只有"国子学唯留学生七十人",其他并废。也就是在当日,他又下诏"颁舍利于诸州"。这就是说,隋文帝对儒学的摇篮"国子学"及州、县学之类,采取了极为消极的态度。如果其是真心支持儒学、培育人才,应下令从人力、财力上给予支持,以求其发展才是。或曰:隋文帝提倡节俭,恐浪费财物之类。如真是这样,又为什么在废儒学的当日就下令倾全国财力而分舍利建塔呢?总之,隋文帝对儒教和佛教截然不同的态度在这里看得非常清楚。抑或有问:《隋书》中不是还有很多隋文帝利用"儒教"的记载吗?笔者并不否认这一点,但是,我们必须看到:隋文帝利用佛教和其进行的几乎所有佛教活动,在《隋书·文帝本纪》中只提到一两句这一事实,这难道是史臣的疏漏吗?回答是否定的。原来,唐初以李耳(老聃)为先祖,崇奉道教,尚黄老之学,虽有时也利用佛教,但对其并不那么热心。故唐初修《隋史》的史臣无疑深知此点,其在修史的过程中,可能把隋文帝与佛教的有关资料统统删去了。如把这些资料写进《隋书·高祖本纪》,有关隋文帝利用儒教的资料就显得小巫见大巫了。关于这一点,稍涉佛籍者,都应是清楚的。换言之,隋文帝虽有时也利用儒教的一些东西,但根本上还是以佛教为主。

由于隋文帝违背了儒教"君臣父子"的古训,用极其奸诈的手法夺取了北周政权,又滥杀了起来反对他窃位的北周臣民,所以继续借用儒教中的那一套东西来蒙蔽天下已很不合适了,这样,外来的佛教便被他

---

[1]《隋书》卷2《帝纪第二·高祖纪下》,第46—47页。

充分利用了。在佛教中,连佛教的创始人释迦牟尼都可以舍弃父母出家,至于佛教所拥戴的"护法之王"阿育王、阿阇世王等等,虽皆有杀害父母兄弟、篡夺王位之嫌疑,但后来皆"放下屠刀",皈依佛教,改恶从善,甚至登上了现实世界的"最高果位",成为统治天下的转轮王。在此种情况下,隋文帝当然愿意选择后者。这样,我们对隋文帝时"民间佛经,多于六经数十百倍"等情况就不难理解了。但隋文帝这样选择的结果是:自己后来被儿子杨广杀害,杨广为了登上皇帝宝座,又杀害兄长等人。惊人的相似之处还有:阿育王也是被太子迫胁而死的。《阿育王传》卷3《半菴罗果因缘》中说:阿育王遇病,知其必亡,涕泣不乐,大施库中财物于鸡头摩寺。时王已立那罗式摩提为太子,有人告太子言:阿育王临死,散诸库中宝藏,汝为王后,库中空虚,何以立国!于是太子与诸臣等"因王疾患,一切所有,断绝不与",唯用一金盘一银盘送食,王得此盘,也施鸡头摩寺,又换瓦器给王送食,直到最后只送半菴罗果给阿育王吃。王在此时,发出了无可奈何的叹息:

> 我昔作诏令,无能遏绝者。
>
> 今日如暴水,触山则留滞。
>
> 我今之教令,不行亦如是。
>
> 我昔于大地,为一切盖主。
>
> 诸王有憍慢,我皆能制伏。
>
> ……　　　　今日势力尽。
>
> 譬如败坏车,乃至无所直。
>
> 犹如恕伽树,根枯而枝杌。
>
> 花茎及枝叶,一切皆无有。[1]

这就是说,连隋文帝的死,都走了同阿育王一样的道路,其子杨广也极佞佛,他对佛教中的这一套东西肯定是熟悉的。紧接其后的李世民父子,也扮演了相似的悲剧,论说此事者极多,但却忘记了在这方面找一点原因。换言之,隋唐之际,中国统治者的伦理观念发生了很大变

---

〔1〕《大正藏》卷50,第110页。

化,这种变化应与佛教的伦理观念得到充分发展有关。至于隋文帝本人,在这种变化中无疑起了催化剂的作用。

（本文原载于《人文杂志》1993 年增刊,又见《1992 年法门寺国际学术讨论会论文集》）

13　关于河西早期石窟的年代问题

在今甘肃河西走廊地区,分布着为数不少的早期石窟,关于这些石窟的创建年代及其有关问题,现已成为学术界的热门话题,笔者虽在以前就曾涉及过此方面的内容,但只是一些皮毛,故此再作探讨,以求教于方家。

以前,我们曾经提到,河西地区早期的一些石窟是为北凉窟,这个观点至今仍无变化,现略述这些石窟的基本情况。

13.1　张掖地区马蹄寺石窟群中的金塔寺、千佛洞、马蹄寺南北二窟、观音洞等

13.1.1　金塔寺

位于祁连山境内临松山西面的崇山峻岭之中,石窟开凿于大都麻河西岸的红石崖上,距地面约 60 余米。现山崖留有两个较大的洞窟,一般称东、西二窟。

东窟:窟宽 9.70 米,残深 7.65 米,高 6.05 米,窟平面为纵长方形,覆斗式顶;窟内中部凿中心方柱,窟内四壁不开龛,但中心柱四面各分三层开龛造像。

下层每面正中各开一圆拱形大龛,龛楣两侧各塑作反顾状龙头。每龛内各塑一佛,龛外两侧除背面各塑一弟子外,其余南、东、西三面各塑一胁侍菩萨。佛均结跏趺坐于莲台上,二菩萨或二弟子侍立。四面窟顶楣拱两侧各悬塑飞天三至四身,相对作凌空飞舞之势。

中层每面并排凿三圆拱形浅龛,每龛内塑一佛,南、东、西三面龛外各塑一胁侍菩萨,中心柱背面三龛外塑千佛。

上层除中心柱西面为元代补塑的五佛外,其余每面均塑十佛,十菩

·欧·亚·历·史·文·化·文·库·

萨。另外,中心柱四面龛外各层空白壁面上,又满塑玲珑多姿的小佛和菩萨。

窟内现存于四壁的绘画有两层,底层壁画内容,以现存痕迹来看,原来南、东、西三壁正中均绘简单的一佛二菩萨说法图,周围绘布局整齐、排列有序的千佛。其组合方式和风格,与敦煌莫高窟、武威天梯山和永靖炳灵寺等早期石窟相类似。上层壁画为元代所绘千佛像。

西窟:形制与东窟基本相同,宽 7.90 米,残深 3.90 米,高 4.30 米,窟内中心柱也分三层造像,自下而上为:

下层每面正中凿一圆拱形大龛,每龛内塑一佛,均结跏趺坐。龛外两侧各塑一菩萨。

中层南面龛内塑一佛,结跏趺坐。龛外两侧各塑一胁侍菩萨。北面龛内塑一交脚佛装像,龛外两侧上下各塑二菩萨及二弟子,菩萨和弟子均为坐式。东面龛内塑一佛,善跏趺坐,龛外两侧各塑结跏趺坐四菩萨。西面龛内塑左舒相坐思惟菩萨,龛外两侧亦各塑结跏趺坐四菩萨。

上层每面塑千佛或菩萨。

窟内四壁现存三层壁画,由残痕可知,下层正中绘简单的一佛二菩萨说法图,周围绘千佛,与东窟底层壁画内容相同。中层、上层绘千佛,由其特点分析,似为西夏时的作品。窟顶绘飞天,并在围绕中心方柱的四面顶上满绘排列整齐、作半跪式的供养菩萨数十身,皆为开窟的原作。

13.1.2　千佛洞石窟

位于马蹄山北面 3 公里的陡峭崖壁上,在马蹄河西岸。现存窟龛依山崖形势自然分为南、中、北三段。南、中二段以佛窟为主,北段则为浮雕的塔林。在南、中二段的佛窟中,各有中心柱两个,其中以第 2、8、6 窟时代较早,保存亦好。

第 2 窟:位于南段窟群南面,是一个平面作纵长方形的平顶大窟,窟内正中有中心方柱,窟高 5 米,宽 5.70 米,深 4.40 米。中心柱每面分四层造像,从下至上为:

下层每面各开一个圆拱形大龛,每龛内塑一佛,均结跏趺坐,龛外两侧各塑一胁侍菩萨,龛楣两侧悬塑飞天二身或四身。

二、三、四层,每层各塑三佛,结跏趺坐。

窟内在中心柱南面接近窟顶处绘十方佛像,佛皆通肩大衣,结跏趺坐。旁有墨书题名,似为开窟时的原作。南、北、西三壁现存有明代重绘的佛、菩萨及十六罗汉等。

第8窟:亦为平面长方形的平顶大窟,窟内正中凿通顶的中心方柱。窟前部崩塌,中心柱暴露于崖面前沿。窟高6米、宽5.90米、深5.65米。窟内四壁未开龛。中心柱四面,原各分四层开龛造像,后经北魏、明、清重修。现中心柱东、西与北面下层龛内各塑一佛二菩萨,其余龛内塑像多毁。

窟内北壁下层隐约可见有菩萨及供养弟子画像等,形体雄健,造型古朴,衣饰特点接近金塔寺东、西二窟内的下层壁画,似为开窟之初作品。

13.1.3 马蹄寺的南、北二寺石窟

位于今马蹄区政府背面的马蹄山中部崖壁上。二寺南、北遥遥相对。其中北寺有大小窟龛30多个(现编号9个)。南寺窟龛虽少,但以浮雕石塔居多。南、北二寺窟前崖壁下原均有寺院建筑,惜今皆毁。北寺较重要的窟龛有今编号为第3、7、8等窟。

第3窟:又名"三十三天",窟距地面42米,就崖面凿洞,从下至上共分5层,第1、2、3层各开平列5个洞窟,第4层一列3窟,最上一层为1窟,共19窟,从其外观看,犹如一坐宝塔。原来每层窟外崖壁上,均有木构建筑和栏杆,各窟之间以石级相连。其窟形可分为两类:一种是为平面方形的人字坡顶窟;另一种为平面方形的覆斗式四面坡顶窟。每窟内正壁均开一个大龛,每龛内塑一结跏趺坐佛像。四壁为元代影塑千佛或壁画,有的壁画为明代重绘。

第7窟:位于第3窟两侧,俗称"站佛殿"。该窟为一平面纵长方形的平顶大窟,窟深33.50米,宽26.30米,高约15米,是马蹄寺北寺中规模仅次于"三十三天"窟的一个大窟。窟前凿有3个窟门,窟门后为一宽敞的前堂,前堂后面是一个方形有中心柱的拜殿,拜殿正面凿3

个圆拱龛,正壁有坛基,两侧有甬道,甬道两面及后壁凿有 46 个佛龛,每龛内塑一结跏趺坐佛像,为元代所作。前堂南、北两侧壁绘大型礼佛图,中心柱及甬道入口的崖壁上绘四大金刚,似为明代重绘。

第 8 窟:又称马蹄窟,窟平面近方形,窟内有中心方柱。有三窟门,均作券顶。窟高 3.90 米、宽 10.6 米、深 8.60 米。窟内南、北、西三壁凿圆拱形龛,龛内造像已毁,仅留门内中心柱两侧重绘的力士和供养人像残迹。

13.1.4　观音洞

在位于马蹄寺东南约 10 公里的石崖上分布着不少洞窟。现称上、中、下观音洞,三洞相距二三公里不等。下观音洞现存有比较完整的石窟 5 个,其中心第 1 窟保存完好。该窟平面长方形,窟内有中心方柱,窟高 5 米、宽 8.40 米、深 10 米。窟内四壁不开龛,窟顶前部作人字披,后部作四面披形。中心柱分两层,每层每面各开一圆拱形龛,现龛内造像全部被毁。四壁佛、菩萨、罗汉、护法诸像及曼荼罗等壁画,为明代重绘。

中、上观音洞虽有不少窟龛,但造像、壁画均已无存。

13.2　武威地区天梯山第 1、10 等窟

天梯山石窟位于今武威城南约 50 公里的祁连山余脉天梯山中。因为 1958 年在此修建水库,石窟造像被搬迁至兰州,现此石窟还保留有当时无力搬走的唐代大佛及二胁侍菩萨,这里主要涉及其早期的几个石窟。

第 1 窟:前室崩塌至中心柱,高约 4 米,宽约 4.78 米,覆斗顶,窟壁无龛。中心柱分三层凿龛造像。龛内可见石胎泥塑佛像,今仅存石胎。

第 10 窟:前部崩塌至中心柱前,高约 4 米,宽约 5 米,窟壁无龛。中心柱台基以上分三层开龛造像,每龛内造石胎泥塑像,与第 1 窟形制相类。

此外,在天梯山坍湾,也有与上述两窟相类似的一个中心柱窟,但

其规模比上述两窟更大。

甘肃省博物馆还保存有天梯山搬迁时从第4窟削下来的壁画,其中有一供养菩萨,深目高鼻,形象古朴,西域风格极浓,此应为很早的作品。

13.3　酒泉文殊山石窟群的
千佛洞、万佛洞等石窟

文殊山石窟群位于酒泉城南15公里祁连山的支脉文殊山中。此地原有窟龛百余个,分别开凿于前后两山的悬崖上。千百年来,因人为和自然的破坏,绝大部分窟龛造像壁画已毁,现仅留前山的千佛洞和万佛洞内幸存的一些壁画和造像,二窟均坐北向南。

13.3.1　千佛洞

千佛洞为平面近方形的穹隆顶大窟,窟宽3.94米、深3.80米、高3.60米。窟内四壁不开龛,正中凿方塔形中心柱,中心柱四面各分两层开龛造像。每龛内塑一佛,均结跏趺坐。龛外两侧各塑胁侍菩萨。造像大部分虽已断头残臂,但仍能看出其明显的早期特征。

窟内四壁和窟顶保存下来的壁画,作风古朴写实,色彩艳丽夺目,其中西壁、南壁和窟顶保存得最为完整。西壁上方彩绘排列整齐的千佛像,均着通肩大衣,结跏趺坐于莲座上。壁画中部绘一佛二菩萨说法图,佛着半披肩袈裟,结跏趺坐于装饰华丽的华盖下,二菩萨侍立于两侧,其中东侧菩萨,一手高举拂尘,另一手下垂提净瓶。这种形象的壁画,在炳灵寺第169窟内和武威天梯山的第4窟内均有所出现。在说法图两侧绘立佛一排,其下绘供养人。最下方绘倒锯齿纹,南壁绘千佛像,与西壁同。窟顶围绕中心柱四周彩绘众飞天,有的手捧供物,有的奏乐,翱翔于蓝天与鲜花之中。

13.3.2　万佛洞

万佛洞居千佛洞北侧约108米。窟形与千佛洞基本一致。窟宽3.55米、深3.80米、高3.70米。中心柱也分两层开龛,每龛内塑一佛

二菩萨,此窟造像虽多已毁,但中心柱上部仍存佛、菩萨像的残迹,观其风格,亦为早期特征。

此外,文殊山石窟群中千佛洞南侧残窟,后山千佛洞以及洞侧之残窟等,亦皆为中心柱窟,龛形及残留壁画也非常古朴,似同千佛洞、万佛洞同一时代的遗迹。

总之,文殊山石窟群的规模是很大的,其早期石窟原来肯定很多,上述千佛洞和万佛洞虽为具有一定规模的早期洞窟,但以其所占据的位置来说,并不处于文殊山石窟群的主要位置,也就是说,文殊山石窟群主体位置的石窟,多被历代重新改建,使人难辨本质,但从其遗迹等情况来看,这里原来肯定有很多早期石窟。

13.4 玉门昌马石窟群

昌马石窟群位于玉门镇东南 90 公里处的祁连山境内。窟群包括大坝和下窖等处,现大坝石窟仅留窟龛,造像与壁画已荡然无存。仅下窖石窟还保留着一些造像与壁画。

下窖石窟周围环山,中心盆地,石窟即开凿在下窖村西的崖壁上。窟距地面约 40～50 米,共有 11 个。其依山势分为南、北、中三段。其中南、北两段的 7 个窟龛多已残破,仅中段 4 个窟内,还留存着一些造像与壁画。在中段的 4 个窟中,又以第 2、4 窟较为完整。

第 2 窟:窟平面近方形,窟内凿有中心柱,窟前部为横圆拱形顶,后部平顶,中心柱两侧为券顶形通道(这种窟形接近新疆克孜尔等石窟的窟形)。窟深 4.25 米、宽 4.05 米、高 3.06 米。中心柱宽 2.05 米、深 2 米,每面分两层开龛造像。原每龛内均塑一佛二菩萨,现造像已大部分被毁,仅留一些痕迹和残破的造像。窟内原作壁画无存,现存者全为西夏重绘。

第 4 窟:窟形与第 2 窟基本相同,窟深 6.36 米、宽 4.79 米、高 3.82 米,中心柱宽 1.93 米、深 2.10 米,每面分两层开龛造像。每龛内塑一佛二菩萨,佛结跏趺坐,二菩萨侍立。窟内造像大部已毁,壁画为西夏时作品。

13.5　敦煌莫高窟的早期洞窟

笔者在这里所说的莫高窟的早期洞窟是指现在被敦煌研究院编号为第 268、272、275、259、254、251、257、263、260、487、265、437、435、431 和 248 等一批石窟。上述诸窟,除个别洞窟可能为西凉或更早时代的作品之外,其余皆应为北凉时代所开(理由见下)。这里简述上述诸窟的简单情况。

第 268 窟:单室,平面呈方形。平顶,顶上浮塑平棋。后壁(西壁)开一尖楣圆券形龛,内塑交脚佛像。南、北两侧壁各开两个方形大禅室。侧壁绘单身结跏趺坐佛和与壁面等高的药叉。上部有穿右袒袈裟、比丘形象的飞天。

第 272 窟:单室,平面方形,窟顶近似穹隆形,中心浮塑藻井,后壁(西壁)开一穹隆形龛,内塑倚坐佛像。侧壁壁画布局分为上、中、下三段:上绘天宫伎乐,中绘说法图、千佛、供养菩萨,下绘三角垂帐纹。窟门外两侧崖壁上各凿一小龛,内各塑一禅僧。

第 275 窟:单室,平面长方形。窟顶作起脊较宽的纵向人字披形,上浮塑脊柱和椽子。后壁(西壁)贴壁塑高 3.4 米的交脚菩萨装像一身,方座,座两侧各塑一狮。南北侧壁各分为上、中、下三段:上段各开阙形方龛二,对树圆券形龛一。龛内分别塑一交脚菩萨或思惟菩萨。中段画佛传和佛本生故事,故事画下绘供养人或供养菩萨一列。下段为三角垂帐纹。

第 259、254、251、257、263、260、487、265、437、435、431、248 诸窟,除个别洞窟形制较为特殊之外(如第 259、265、487),多为中心塔柱窟。

这类窟的重要特点是:窟平面呈长方形,窟室后部中央凿出了通连窟顶与地面的中心塔柱。柱身四面凿龛造像,正面为一大龛,余二面皆两层龛。除两侧面上层作阙形龛外,其他都是尖楣圆券形龛。柱身上部贴影塑。在窟室后部,中心塔柱与窟室侧壁、后壁之间形成绕塔右旋的通道。通道上方为平顶,影作平棋,窟室前部顶作人字披形,上浮塑脊枋、檐枋和椽子。人字披上檐枋两端,有的装有木质丁头拱,第254窟原物尚存。第254、251、257三窟的前壁门道上方,还凿有通光的方形明窗。

这类洞窟的塑像,一般在正中主尊像两侧塑胁侍菩萨,也有在主尊左右塑天王像的,如第257和435窟中即是。各窟主尊,除第254为交脚菩萨装像,第259为二佛对坐像之外,余皆为倚坐的佛像。侧壁龛内,基本上是结跏趺坐佛、交脚菩萨和思惟菩萨共存。中心塔柱南侧或后面的对树形龛内,多塑筋骨外露的结跏趺坐苦修像。第431窟中心塔柱南面上层龛外,绘有"乘象入胎"和"逾城出家"。中心柱四面龛内造像似乎与释迦"出家""苦修""成道""说法"四相有关。中心塔柱的四面,均贴单身跪状圆形头光的影塑供养菩萨,其服装为通肩或斜披络腋,头梳髻,戴冠披。

此类洞窟的壁画,四壁上段为天宫伎乐,下段为力士,中段是千佛、佛经故事画和说法图。故事画题材除佛传和本生外,还增加了外道皈依、守戒自杀等因缘故事。本生故事画除忍辱施舍的内容之外,还有讲因果报应的鹿王本生。佛传则突出降魔和说法。说法图中有"三佛说法""白衣佛说法"。有的还画出绿水莲池及西方三圣——阿弥陀、观世音、大势至。在构图上,既有菩萨众多的大型说法场面,也有仅画一佛二菩萨的幅面很小的说法图。

在此类洞窟的塑像和壁画中,佛、菩萨的面相均作长圆形。人物的服装,塑佛中的主尊倚坐像和半跏趺坐像皆右袒式,衣摆两层平齐而有小褶,衣纹为贴方泥条间阴线,并加装饰性涡纹。结跏坐佛多通肩和双领下垂式,右袒式极少,衣纹有单阴线、双阴线、三阴线。壁画中的佛像仅有右袒、通肩两式。菩萨服装以裙披式为主,兼有少量斜披络腋、通肩和右袒式。壁画中的弟子像(包括比丘、比丘尼),服装有通肩、右袒、裰服、对襟四式。在说法图和故事画中,人物服饰多数是西域装和菩萨装,中原汉式服装极少。壁画中的供养人形象多已漫漶。男供养人高毡帽,颔下结缨,交领大袖长袍,束带,笏头履;女供养人大袖裙襦,即上为交领大袖襦服,下为长裙,腰束蔽膝。

以上河西这些石窟,是学术界公认的早期石窟,但具体早到什么时候,却有不同的看法。现主要有三种不同的意见:一、认为是十六国时代,特别是西凉、北凉时期的石窟;二、认为是北魏时期的石窟;三、认为是河西其他早期石窟可能为北凉窟,而莫高窟的早期应为北魏窟。笔者曾在前文中已经论及,河西地区上述这些石窟都应为北凉窟,其主要理由如下。

一、古代文献中较多地记载了北凉在河西开造石窟的情况。

唐道宣《集神州三宝感通录》卷中载:

> 凉州石崖塑瑞像者,昔沮渠蒙逊以晋安帝隆安元年,据有凉土三十余载,陇西五凉,斯最久盛,专崇福业,以国城寺塔,终非久固,古来帝宫,终逢煨烬,若依立之,效尤斯及,又用金宝,终被毁盗。乃顾眄山宇,可以终天,于州南百里,连崖绵亘,东西不测,就而斫窟,安设尊仪,或石或塑,千变万化。有礼敬者,惊眩心目。

同书卷中又载:

> 北凉河西王蒙逊,为母造丈六石像在于山寺,素所敬重。[1]

这是唐代文献中关于北凉王沮渠蒙逊开窟造像的两处记载。对以上资料中所涉及的"凉州石窟瑞像",也有人认为其是专指今武威(古凉州城)城南约90华里的天梯山石窟,也有人认为是泛指古代凉州南部祁连山中的所有石窟,因为这里有"连崖绵亘,东西不测"等语。[2]不管这两种意见孰是孰非,但上述资料均说明,北凉沮渠蒙逊时,曾在河西地区大规模地开窟造像。反之,有关北魏在河西开窟造像的文献记载,一个字也找不到。或谓上述记载出于唐人道宣之手,还不能作为信史和直接证据,然而,问题在于,唐代道宣之前,从"五凉"政权一直到北魏、西魏、北周、隋代,河西历经了许多不同政权的统治,道宣为什

---

[1]《法苑珠林》卷21《敬塔篇·观佛部·感应缘》,中国书店出版社1991年版,第321－322页。也有意思相同的记载,但《感通录》资料稍早。

[2]见董玉祥、杜斗城:《北凉佛教与河西石窟的关系》,载于《敦煌研究》1986年第1期,第93－94页。

么偏偏两次记载了北凉沮渠蒙逊在河西开凿石窟呢？这一情况反过来证明,道宣的记载肯定是有根据的。

二、北凉开窟造像情况与译经规模是一致的。

笔者曾用大量篇幅论述过北凉译经的问题,曾经提到,北凉王沮渠蒙逊和沮渠牧犍两代共译佛经 35 部[1],其中不乏《大般涅槃经》和《大毗婆沙论》那样的辉煌巨制。其译经的盛况,在十六国政权中,除建都长安的后秦能与之相提并论之外,余皆难以望其项背,甚至以后统一中国北方的北魏政权,也望尘莫及。众所周知:大乘佛教主要用两种手段弘扬自己的宗旨,一是佛经,一是佛像。不管是印度的阿育王,还是迦腻色迦,都是一边"结集"佛经,一边立塔造寺。佛教传入中国之后,表现为一边翻译佛经,一边造寺凿窟,因为佛教需要所谓"赖经闻佛""藉像表真"。[2] 北凉昙无谶译《大方等大集经》中还说:"所作供养,皆作生身、法身。生身供养者即是塔像;法身供养者,书写、读诵十二部经。"[3]这就是说,对佛教的护持和供养,包括造像与写经、读经两个方面。如果不是这样,实际上就是"一条腿走路",还算不上真正的"法王"。北凉既然有如此规模的佛经翻译,就不可能不开窟建寺造像。所以,河西地区存在大规模的北凉石窟是毫不奇怪的。很有可能,在北凉之前,当时中国还很少有大规模在山中开窟造像之举,佛像多立于木构的寺院之中,故北凉统治者"以国城寺塔,终非久固,古来帝宫,终逢煨烬,若依立之,效尤斯及,又用金室,终被毁盗"之原因,在祁连山中大规模开凿石窟,以表示佛的存在和"象教"之不灭。

三、考古"比较学"的结果也说明上述石窟是北凉窟。

众所周知,在炳灵寺 169 窟西秦"建弘元年"(420)题记未发现之前,中国考古学界对河西地区是否存在十六国时代的石窟是持怀疑态度的。在炳灵寺 169 窟的年代题记发现之后,人们才似乎恍然大悟,开始考虑在河西地区可能还存在着十六国时代的石窟。可以设想:炳灵

---

〔1〕其中包括少量沮渠京声在南朝的译经。
〔2〕《续高僧传》卷 8《慧远传》,见《大正藏》卷 50,第 490 页。
〔3〕见《大正藏》卷 13,第 214 页。

寺"建弘元年"题记如果现在还未发现,这种疑虑还会一直继续下去的。然而,如果我们以炳灵寺西秦造像、壁画和发现的有明确纪年的北凉石塔(详见后)等为标准,比较河西地区其他的早期石窟造像和壁画,就不难发现,其无论是造像的题材或是佛与菩萨等形象的造型及服饰,都有强烈的共性。例如在造像题材中,较为流行一佛二菩萨和交脚菩萨的造像龛等;佛与菩萨肩宽腰细,面相圆润,深目高鼻,鼻梁直通眉际;佛着通肩大衣或半披肩袈裟,菩萨上裸,下着裙披,尖头飘带绕臂微扬下垂;飞天造型呈"U"字形,整个身体显得很僵硬等等风格,各地都比较一致。换言之,河西早期石窟中的这类风格,与有明确纪年的炳灵寺西秦风格是一致的,既然后者为"建弘元年",河西的其他这类石窟,也当去此年代不远。还有如北凉石塔中那种作供养状的"天人"形象,无论从人物形象和服饰披巾着法等方面,都与天梯山石窟第4窟壁画中的供养菩萨相类似(见图13-1)。[1] 莫高窟268窟(北凉窟)表层

图13-1 北凉石塔供养天人　　　　图13-2 天梯山石窟北凉菩萨

〔1〕此壁画局部现在甘肃省博物馆展出,见图版。

北凉供养人画,无论其人物形象、服饰的表现和表现手法的笨拙程度都颇类似炳灵寺第 169 窟建弘元年壁画下层的供养人像。[1] 第 275 窟的男供养人的裤褶服饰,和新疆吐鲁番阿斯塔那北凉承平十三年(455)沮渠封戴墓出土的陶俑服装十分接近[2],如此等等,都说明河西早期石窟的这类造型,非北凉莫属。

四、河西早期石窟"北魏说"不符合北魏统治河西的历史形势。

众所周知,公元 439 年秋,北魏主拓跋焘率大军攻下姑臧(今武威),北凉王沮渠牧犍率其文武 5000 人面缚请降,北凉在河西的统治遂告结束。与此同时,拓跋焘还分将略地,派大将奚眷等分别击溃了在张掖、酒泉、乐都的沮渠无讳、沮渠宜得等部,迫使他们席卷其遗民,西奔敦煌太守沮渠唐儿处。同年冬十月,魏主东还,留乐平王丕及征西将军贺多罗镇凉州,徙沮渠牧犍宗族及吏民三万户(一说十万户)于平城。[3] 凉州一带定居的农业民族人口本来就很有限[4],经过北魏的掠夺性强徙和北凉余部的席卷,可能所剩无几了,或者说成为游牧之地了。也就是说,北魏灭北凉的结果,是五凉以来一度繁荣昌盛的河西遭到了一次空前规模的浩劫。其于佛教方面,更是如此。故《魏书·释老志》中说此后"沙门佛事皆俱东"了。关于这一点,我们从有关僧传中也可看出一些眉目,如梁慧皎《高僧传》等文献中所记录的许多河西僧人,多是在北凉灭亡之前活动于河西地区的,在北凉灭亡之后的北魏统治河西时期,几乎找不到一位在此地活动的高僧,与此同时,我们在史书上找不到一位北魏早中期在河西弘扬佛教的北魏贵族与地方官员。相反,我们在《魏书》及其他有关文献中可以找到大量的河西名流

---

〔1〕参见贺世哲《以供养人题记看莫高窟部分洞窟的营建年代》,载于《敦煌莫高窟供养人题记》,文物出版社 1986 年版,第 196 页。

〔2〕见樊锦诗、马世长、关友惠《敦煌莫高窟北朝洞窟的分期》,载于《敦煌研究文集》,甘肃人民出版社 1982 年版,第 186 – 187 页。

〔3〕详见《魏书》《通鉴》有关部分。

〔4〕《通鉴》文帝元嘉十六年(439)载:魏主问[源]贺取凉州方略,对曰:"姑臧城旁有四部鲜卑,皆臣祖父旧民,臣愿处军前,宣国威信,示以祸福,必相帅归命。外援既服,然后取其孤城,如反掌耳"。源贺引兵招慰诸部下 3 万余落,故魏主得专攻姑臧,无复外患。源贺所招降的"四部鲜卑",皆应为在河西的游牧部落。由此可见,在北魏统治的人口中,游牧民族的成分是很大的。

和僧人在内地活动的记载。与此同时,河西地区还不断遭到北凉余部沮渠无讳的骚扰等。这种情况和紧接其后的太武帝毁佛事件告诉我们,在公元439年北凉灭亡后一直到公元452年十二月文成帝"弛佛教之禁"这段时间里,河西是不可能开凿石窟的。那么,在文成帝复法之后,河西是否立即就开凿石窟了呢?回答也是否定的。众所周知,在远离政治中心地的地方兴造较大的石窟,完全看此地方具有政治势力的官员对佛教的态度如何,也就是说,这个地方官员支持佛教,对此有兴趣,才有可能兴造较大的石窟,例如北魏时的奚康生与南、北石窟寺,以及北周尉迟迥与武山拉梢寺大佛和李允信与麦积山七佛阁等等。很遗憾,在文成帝复法之后的河西地方官员中却找不到这样一个人物。而从河西地区的石窟规模(详见上文)来看,根本不是一般的百姓和小官吏就可修建的。实际上,当时的河西还常处于柔然、吐谷浑的南北夹击之中,西域诸国也常有不附之心(详见下)。

《通鉴·齐纪》明帝建武元年又载:太武帝拓跋焘平统万、秦、凉之后,"以河西水草丰美,用为牧地,畜甚蕃息,马至二百余万匹,橐驼半之,牛羊无数。及高祖(孝文帝)置牧场于河阳,常畜戎马十万匹,每岁自河西徙牧并州,稍复南徙,欲其渐习水土,不至死伤,而河西之牧愈更蕃滋。及正光以后,皆为寇盗所掠,无孑遗矣"。[1]

这段文献似乎说明,河西之地,在北凉灭亡之后,乃至北魏正光年间,一直是属于北魏的"牧地",游牧经济的成分占有主导地位。而大规模的石窟修造,必须以定居的农业民族为基础,特别是其中的工匠,更应如此。还有,文成帝复法之后,首先在政治中心——平城的云冈开窟造佛,这就是所谓的昙曜五窟。稍后,又有孝文帝开凿的第7、8(此两窟也应划入第一期窟)等窟。除此之外,在其他地区,即使在其畿辅之地,也未发现有同时期开凿的石窟。这种情况说明,文成帝复法之后的一段时间里,大规模的石窟修造,只限于北魏的政治中心平城,其他

---

〔1〕〔宋〕司马光著,〔元〕胡三省注:《资治通鉴》卷139《齐纪五》"明帝建武元年(494)",中华书局1956年版,第4369页。

地区,甚至近在咫尺的华北地区,也并非闻风而动,至于远离平城的河西地区,就更谈不到了。

这就是说,在文成帝复法之后的很长一段时间里,河西地区乃至中国北方其他地区还没有大规模地修造石窟。

从现在中国北方石窟分布的整个情况来看,北魏时期"全国性"的石窟兴造,应在孝文帝太和年间,特别在太和年间后期。这种情况与孝文帝变法时把都城南迁到洛阳是分不开的。洛阳地处中原腹地,交通便利,其对全国各地的影响自然就增大了。所以在这个时期,北方各地较多地出现了具有明确年代题记的石窟和造像,其最东的题记可以到达辽宁。[1] 然而,随着孝文帝的变法,特别是所谓"壬寅革衣服之制",使得北方石窟造像开始走向了"中国化"的道路,这就是佛像中以前那种肩宽腰细、深目高鼻、方额圆脸和半披肩袈裟或通肩大衣的"西域风格"变成了"秀骨清相""褒衣博带"的"中原风格"。所以从云冈石窟第二期开始,北方各地的石窟无一例外地都"中国化"了。正因为这样,在整个中国北方,我们所能够看到的未发生变化之前的石窟造像,就只限于云冈第一期石窟,麦积山、炳灵寺的十六国时代的造像,河西及吐鲁番吐峪沟诸石窟中的北凉作品了。除此之外,我们再也找不到还未"变化"的较大规模的北魏石窟造像了。

也就是说,较大规模的未经"变化"的石窟,除了云冈的昙曜五窟和第7、8窟之外,皆分布在当时后秦、西秦、北凉等十六国的疆域之内,而在北魏统治区内,却很难找到此类石窟,如果像有些学者认为的那样,把以上这些(昙曜五窟和云冈第7、8窟除外)未经"变化"的石窟定为北魏石窟,我们就不能不提出这样一个问题:北魏为什么不在腹地华北兴造这样的石窟,而舍近求远在河陇大兴土木,开窟造像呢?

笔者认为,典型的北魏石窟造像,实际上就是那种以"褒衣博带""秀骨清相"为代表的"中国化"了的造像。云冈石窟第一期造像(即昙曜五窟和第7、8两窟)虽说是北魏皇帝开凿的石窟,实即河西"北凉风

〔1〕辽宁义县万佛堂石窟壁画有孝文帝"太和二十三年"题记。

158

格"的继续,还算不上真正的北魏石窟。总之,河西石窟中这种还没有发生"变化"的石窟造像绝对不是北魏的作品,如果是北魏的,就应有"变化",要不,除非河西地区在当时仍是一个"独立王国",在整个中国北方石窟都发生了"变化"的情况下,仍在保持"晚节"。

还有,新疆东部吐峪沟石窟第 44 窟,无论绘画的艺术手法,还是壁画人物的动态、题材,都与莫高窟早期洞窟即北凉窟如出一辙。如果把新疆吐峪沟第 44 窟定为北魏石窟,就会出现这样一个问题,即北魏怎么能在别人的疆域里修造石窟呢?众所周知,北凉及其裔部统治此地区积年,以前,这里曾出土过《沮渠安周造寺碑》,近些年这里又出土了不少当时遗物,故把此窟(吐峪沟 44 窟)定为北凉窟的理由是充分的。

总之,如果我们熟悉了北魏统治河西的历史背景,了解了文献中有关北凉在河西兴造石窟的记载,通盘考虑了中国石窟的整个变化规律以及北凉佛教兴盛的特殊情况,并对同时代石窟造像进行比较研究,避免就石窟而谈石窟,接近真理的结论,就会自然地到来。

五、教煌莫高窟早期石窟也应是北凉窟。

前文笔者已经提到敦煌莫高窟早期的第 268、272、275、259、254、251、257、263、260、487、265、437、435、431、248 诸窟应为北凉窟,其理由在上述四点中已经谈得很清楚了。樊锦诗、马世长、关友惠等先生《敦煌莫高窟北朝洞窟的分期》一文,第一次明确提出了敦煌有十六国石窟,并具体地指出第 268、272、275 三窟为北凉窟,其对敦煌石窟的分期无疑是有很大贡献的。但他们的分期,过分地考虑了石窟的形制问题[1],把非中心柱窟的三个窟划分为北凉窟,把其他早期洞窟划为北魏窟。实际上,他们所确定的一、二期窟无论从造像题材和风格,还是雕塑和壁画的艺术手法,都没有多大区别,这是熟悉莫高窟情况的人所共知的。还有,既然在文中承认有北凉石窟,论文的题目就不能叫"敦煌莫高窟北朝洞窟的分期"。总之,笔者赞同莫高窟早期洞窟有十六国时期的东西,但绝不赞同只有 272 等三窟。至于莫高窟早期洞窟"北

---

〔1〕樊锦诗等先生如此分期,可能过多地考虑了宿白先生云冈石窟分期的方法。

魏说"的观点,笔者是更不能接受的。其理由除上文四点之外,因为敦煌的特殊性,再做一些说明。

北魏在 439 年灭北凉之后,沮渠无讳等率部西奔敦煌。440 年,沮渠无讳又反攻北魏,甚至于其年三月攻下酒泉;四月,又入寇张掖;五月围张掖,北魏派大将永昌王健督诸将讨伐,沮渠无讳才退保临松。441年,北魏以沮渠无讳为征西大将军、凉州牧、酒泉王等,试图对其采取怀柔政策。同年夏四月,守据敦煌的沮渠唐儿叛沮渠无讳,无讳留从弟天周守酒泉,与弟宜得引兵击唐儿,唐儿败死。此时,北魏以沮渠无讳"终为边患",派大将军奚眷击酒泉,奚眷可能采用了长期围困的方法,使得此年冬十一月时,"酒泉城中食尽,万余口皆饿死,沮渠天周杀妻以食战士",奚眷乘机拔酒泉,"沮渠无讳乏食,且畏魏兵之盛,乃谋西度流沙,遣其弟安周西击鄯善"。442 年夏四月,沮渠无讳率众万余家,弃敦煌西就沮渠安周,遂据鄯善。其率众渡流沙时,渴死者大半。[1]

这里,我们需要注意两个数字,一个是"万余口皆饿死",一个是"万余家"渡流沙去鄯善,特别是后者,多为敦煌一带人,如果以一家 5 口人计,也有 5 万人之多了。很有可能,沮渠无讳把当时敦煌一带能驱走的居民全驱往高昌,敦煌变成一座空城了。正因为这样,在伊吾的西凉裔部李宝(李嵩孙)于 442 年只用了 2000 人就能"入据敦煌,缮修城府,安集故民"。同年十一月,李宝遣弟怀达、子承奉表北魏,北魏封其为都督西垂诸军事、镇西大将军、敦煌公等,以其作为北魏统治敦煌一带的代理人。李宝虽有此虚衔,但能控制的敦煌居民是很少的,不久,其又被召入平城。这就是说,在河西的北凉政权灭亡之后很长一段时间里,敦煌还是用武之地,数次受到骚扰。特别是鄯善人知道了北凉灭亡的消息之后,怕北魏知其虚实,祸及己身,"乃闭断魏道,使者往来,辄抄劫之。由是西域不通者数年"。在此情况下,北魏派散骑常侍万度归发凉州以西兵击鄯善。七、八月间,"万度归至敦煌,留辎重,以轻

---

[1] [宋]司马光著,[元]胡三省注:《资治通鉴》卷 123《宋纪五》"文帝元嘉十八年(441)",第 3892 页;卷 124《宋纪六》"文帝元嘉十九年(442)",第 3896 页。

骑五千度流沙,袭鄯善,壬辰,鄯善王真达面缚出降"。几乎是同时,北魏又击吐谷浑,其大将杜丰追吐谷浑"度三危,至雪山",敦煌一带又遭到了一次严重的骚扰。[1]

敦煌,作为北魏边地的一个军镇,其当时的军事意义高于一切。所以一直受到来自各方面的威胁,它的北边有强大的柔然,南边又有吐谷浑,西边是沮渠氏的余部,特别是前两者的威胁,存在了许多时间。如472年至474年,柔然攻敦煌2次。特别是474年七、八月,"柔然寇魏敦煌"之后,当时尚书竟奏说:"'敦煌僻远,介居西、北强寇之间,恐不能自固,请内徙就凉州。'群臣集议,皆以为然。"由于给事中韩秀的反对,放弃敦煌的议论才被搁置起来。这种情况从另外一个方面证明,敦煌当时所处的危险境地。正因为这样,敦煌通常被作为流放犯人的地方。如497年(太和二十一年),元隆、元超等与太子恂谋逆作乱,事发被斩,"余子徙敦煌"。[2]

总之,北魏早、中期的敦煌所处的这种历史背景,是不允许在敦煌大兴石窟的。因为石窟的兴造,必须以定居的农业民族为主,必须有比较稳定的社会条件,必须有一定的人力、物力、财力和一定的技术力量。而当时的敦煌,这些条件一条也不具备。

此外,我们还注意到有人从莫高窟275窟壁画题材与《贤愚经》的关系及《贤愚经》撰集成书的时间问题上进而论证莫高窟早期洞窟的创建年代。此种方法的基本轮廓为:275窟的壁画故事,如《毗楞竭梨王本生》《虔阇尼婆梨王本生》《月光王施头本生》等是根据《贤愚经记》绘制的。既然如此,《贤愚经》成书的年代就成了判断此类洞窟的重要依据。笔者认为,这种方法无疑是正确的。问题在于其对《贤愚经》成书的年代依据了错误的说法[3],说《贤愚经》集成于445年。在此错误的基础上又得出了275窟等早期洞窟开凿于445年以后的结

---

〔1〕以上所引敦煌历史的有关资料见《通鉴》本年条目及《魏书》有关部分。

〔2〕上述的有关资料见《通鉴》本年条目及《魏书》太武帝、孝文帝本纪等。

〔3〕国外学者对《贤愚经》成书的年代做过许多论述,但大多数是错误的。笔者赞同隆莲法师与方广锠博士的意见(参见下注)。

论。《出三藏记集》卷9《贤愚经记》是有"元嘉二十二年岁在己酉,始集此经(《贤愚经》)"这么一句话,如据此,《贤愚经》的成书年代就应在445年(北魏太平真君元年)。但《贤愚经记》下文又谓:"京师天安寺沙门释弘宗者,戒力坚净,志业纯白。此经初止,随师河西,时为沙弥,年十四,亲预斯集,恭赌其事。洎梁天监四年,春秋八十有四,凡六十四腊,京师第一上座也。唯经至中国则七十年矣"[1] 所以有人据"天监四年"上推,认为《贤愚经》集成的时间,为435年。也有人认为僧祐所说"元嘉二十二年"很可能是"元嘉十二年"的讹误。[2] 这两种看法,实际上是一样的,即主张《贤愚经》集成于435年,而不是445年,为北凉沮渠牧犍统治时期,当时的沮渠牧犍,还继承父志,正醉心于他们的佛教事业之中。而445年,为北魏太平真君七年,此时,北凉灭亡不久,河西地区特别是西边的敦煌一带,直到442年时还处于战乱状态。也就是此时,鄯善绝西域交通之道。445年,北魏又大兵西向,伐吐谷浑。吐谷浑逼迫入于阗,杀其王,据其地,河西、西域又经过一次大规模的战乱。更有甚者,北魏于444年(446年正式下诏灭佛)即下令王公以下至庶人不许私养沙门,太武帝灭佛之心已显。试想,在这种情况下,昙学、威德等人怎能西去于阗听法,再回高昌,在凉州集成《贤愚经》呢?换言之,445年左右,河西已失去了进行佛教活动的所有条件,至于那位为《贤愚经》提名的慧朗,可能早已不知去向了。总之,昙学、威德等人,是绝不会在别人南逃西奔,避魏灭佛教之国——北凉之难的时候,自投罗网,回到河西从容编译《贤愚经》的。所以《贤愚经》成书年代,无论如何也不能定于445年,而应定于435年。如果是这样,凭《贤愚经》的故事在莫高窟的壁画中出现这一事实,把275窟等早期洞窟,定在445年之后的"北魏说"就毫无基础了。

总之,笔者认为,河西早期石窟(只限于上文叙述),应为北凉石窟,其中也可能有个别西凉窟,无论如何,这些早期石窟都不可能是北

---

〔1〕《大正藏》卷55,第67页。

〔2〕见隆莲《贤愚经》,载中国佛教协会编《中国佛教》三,知识出版社1989年版和方光锠《中国佛教典籍百问》,今日中国出版社1989年版。

魏石窟。至于北魏晚期到西魏之交,在河西的一些地方特别是敦煌,随着极为崇佛的北魏宗主东阳王元荣的西来,出现了一些同时期的洞窟,这是可以理解的。换句话说,从现在河西各地的石窟情况来看,几乎可以用"一片空白"4 个字来形容河西地区的"北魏石窟",特别是北魏早、中期的石窟了。因此,人为地"弥补"这种"缺环"的做法是不可取的。[1]

（本文原载于《敦煌学辑刊》1994 年第 2 期）

---

〔1〕本文前段所列河西早期石窟的资料多参考了董玉祥先生《河西石窟》(文物出版社 1987 年版)及樊锦诗、马世长、关友惠先生《敦煌莫高窟北朝洞窟分期》(见《敦煌研究文集》甘肃人民出版社 1982 年版)一文。此外,这些石窟中的绝大多数,笔者都亲自调查过。又及,笔者非常感谢贺世哲先生对此文提出的批评意见。

14 试论北凉佛教的影响

十六国时期,卢水胡建立的北凉存在的时间虽次于前凉,然其境内佛教之盛,又为五凉之冠。北凉的佛教之盛主要表现在佛经的翻译和石窟的开凿等方面。北凉沮渠蒙逊时,昙无谶在其境内译经十多部,其中有在中国佛教史上具有划时代意义的经典《大般涅槃经》;沮渠牧犍时,又有佛陀跋摩、道泰等人合译的巨著《大毗婆沙论》等;沮渠蒙逊的从弟沮渠京声,作为北凉贵族,不但亲游西域,还自译佛经十多部。现北凉译经保存下来的竟达 34 部之多,其规模在十六国政权中仅次于建都长安的后秦。今河西走廊的敦煌莫高窟、酒泉文殊山、玉门昌马、张掖马蹄寺、武威天梯山等地,还保存着许多早期石窟,从其历史背景、造像特征、规模和造像题材等方面来看,应为北凉石窟无疑。此外,20 世纪末直至近些年来,先后在甘肃河西的武威、酒泉、敦煌,新疆的吐鲁番地区(古代高昌)发现的十几座北凉石塔和《沮渠安周功德碑》,以实物说明了当时北凉境内的佛教盛况。

然而,北凉佛教不只盛于河西,而且影响了河西以外的其他地区。

14.1 北凉佛教对北魏的影响

北凉永和元年在位已达 33 年的北凉王沮渠蒙逊病卒,世子菩提年幼,沮渠牧犍(或作茂虔)在国人的拥立下继位。此时,北凉因连年不断的战争等原因,已经走向衰落。加之沮渠牧犍荒于政事,境内谣言四起,民怨载道。而这时的北魏已逐步灭掉其他劲敌,转锋于早已觊觎的北凉政权了。北凉永和七年(439)六月,北魏大军西向;八月,兵临姑臧(今甘肃武威);九月,沮渠牧犍率文武官员 5000 人请降,北魏掠得城中人口 20 余万,财宝无数;十二月,沮渠牧犍及其臣民 3 万家被魏军掠至魏都平城。[1] 在数万被掠往平城的北凉人口中,包括了不少僧人。《续高僧传》卷25载:"释僧朗,凉州人。魏虏攻凉,城民素少,乃逼斥道人,用充军旅,队别兼之。及輶轋所拟,举城同陷,收登城僧三千人至军将魏主所。谓曰:'道人当坐禅行道,乃复作贼,深当显戮,明日斩之。'至期食时,赤气数丈,贯日直度。天师寇谦之,为帝所信,奏曰:'上天降异,正为道人,实非本心,愿不须杀。'帝弟赤坚王,亦同谦请,乃下敕止之。犹虏掠散配役徒,唯朗等数僧,别付帐下,及魏军东还,朗与同学,中路共叛……七日达于仇池,又至梁汉,出于荆州,不测其终。"[2] 此段文字,有两点值得注意:一是北魏攻北凉都城姑臧时,被迫助凉守城的和尚即有3000多人,可见当时姑臧城中僧人之多;二是北凉的僧人,确有被北魏俘往平城者。故《魏书·释老志》中说:"太延中,凉州平,徙其国人于京邑,沙门佛事皆俱东,象教弥增矣。"这就是说魏灭北凉,凉州沙门的东行是后来北魏佛教兴盛的重要原因之一。

魏灭北凉之后,很多原来活动在北凉境内的僧人,又出现在魏都平城,北方禅师玄高即是一例。玄高原在陇右名山麦积,后入西秦,住锡堂术(今永靖炳灵寺),不久又游凉土,受北凉沮渠蒙逊供养,时海西樊僧印,亦从高学。魏太武帝灭北凉,其舅阳平王杜超,请玄高同还平城,大流法化,太子晃事高为师,晃一时被谗,[3] 为父所疑,玄高令作"金光明斋"七日,太武帝梦其祖及父责问何故信谗,又下诏令太子共参国政。[4] 时崔浩、寇谦之得宠于太武帝拓跋焘,恐太子晃立承之日,夺其威柄,又潜云"太子前事,实有谋心。但结高公道术,故令先帝降梦。如此物论,事迹稍形,若不诛除,以为巨害"。太武帝遂纳其言,玄高被杀。[5]

---

〔1〕《魏书》卷99《沮渠蒙逊传附沮渠牧犍传》、《十六国春秋辑补》、《通鉴考异》作10万户。此处从《魏书》卷4《世祖纪》,中华书局1974年版。

〔2〕见《大正藏》第50册,第646－647页。

〔3〕《南齐书》卷57《魏虏传》谓为大臣崔氏、寇氏所潜,中华书局1972年版。

〔4〕事在元嘉二十年。《宋书》卷95《索虏传》有此诏书,但未言其信谗及感梦事,与《南齐书》及《高僧传》记载不同。

〔5〕〔梁〕释慧皎撰,汤用彤校注:《高僧传》卷11《玄高传》,中华书局1992年版,第413页。

又有凉州沙门释慧崇,为北魏尚书韩万德门师,与玄高同时被害于平城东隅,一都道俗,无不嗟骇。[1]

释玄畅,河西金城(今甘肃兰州市)人,其往凉州出家,本名慧智,后遇玄高为弟子,高每奇之,事必共议,因改名玄畅,时亦活动于平城,后魏太武帝灭佛,玄畅南逃。

上为凉州僧人卷入北魏统治集团上层政治斗争的重要事件,此事实际上反映的是北魏早期佛道激烈斗争的情景,然其却从另一方面说明了凉州僧人百折不挠的弘法护法精神。

沙门师贤,本罽宾国人,少信道,东游凉州姑臧,北魏灭凉,师贤东赴平城,会魏太武帝灭佛,"师贤假为医术还俗,而守道不改"。文成帝复法,亲为下发,并任其为"道人统"。

接任师贤"道人统"(后改为"沙门统")的昙曜,也为凉州去的高僧。[2] 魏和平初,文成帝复法,昙曜"自中山被命赴京,值帝出,见于路,御马前衔曜衣,时以为马识善人。帝后奉以师礼"。昙又受命于城西武州塞,凿山石壁五所,镌建佛像各一。这就是今天还保存的云冈石窟中的第一期造像——昙曜五窟。昙曜又奏:"平齐户及诸民,有能岁输谷六十斛入僧曹者,即为'僧祇户',粟为'僧祇粟',至于俭岁,赈给饥民。又请民犯重罪及官奴以为'佛图户',以供诸寺扫洒,岁兼营田输粟。高宗并许之。于是僧祇户、粟及寺户,遍于州镇矣。"[3]《续高僧传》卷1《昙曜传》又谓:"文成[帝]立,即起塔寺,搜访经典,毁法七载,三宝还兴。曜慨前凌废,欣今重复,故于北台石窟,集诸德僧,对天竺沙门译《付法藏传》并《净土经》,流通后贤,意存无绝。"[4] 由此可见,昙曜在北魏境内,仍继承北凉"护法"之传统,一边译经,一边修凿石窟。

---

〔1〕〔梁〕释慧皎撰,汤用彤校注:《高僧传》卷11《玄高传》,中华书局1992年版,第413页。另参见《魏书》卷114《释老志》,中华书局1974年版。

〔2〕《高僧传》卷11《玄高传》载:"时河西沮渠茂虔。时有沙门昙曜,亦以禅业见称,伪太傅张潭伏膺师礼。"可见昙曜亦是活动在北凉境内的僧人。《续高僧传》卷1《昙曜传》、《魏书》卷114《释老志》均不载昙曜为何许人。

〔3〕详见《魏书》卷114《释老志》,中华书局1974年版,第3037页。

〔4〕见《大正藏》第50册,第428页。

其所译《付法藏传》，意更明显。昙曜于北魏佛教之作用，也由此可知。

总之，魏灭北凉之后，凉州佛教对北魏的影响是不可低估的，这不仅从众多的凉州高僧活动于北魏上层得到证明，而且也可以从现在保留的佛教石窟艺术中得到印证。从凉州去的高僧不但结交贵族，且为"太子师"出入宫廷。更引人注目的是，师贤和昙曜曾先后担任"沙门统"之职，参与了北魏全国佛教的直接管理和某些有关制度的制定。昙曜所奏准的"僧祇户""僧图户"等即为此例。魏灭北凉之后，掠北凉臣民3万户东归。这些人中，虽有不少北凉贵族、僧人等，但大量的是一般平民和工匠艺人，无疑会影响北魏社会制度的各个方面。就佛教石窟艺术方面讲，显得更为直接。如河西石窟中，设置大像的佛殿窟、方形或长方形平面的塔庙窟；造像中的释迦、交脚菩萨装的弥勒；窟壁主要装饰千佛；边饰多忍冬纹；面相浑圆、眼多细长、深目高鼻、高大雄健的佛与菩萨的造像在云冈第一、二期石窟中都出现了。前文已经提到，主持开创云冈石窟的昙曜是来自凉州的高僧。

14.2　北凉佛教对高昌等地的影响

先是，沮渠牧犍在位时，分别以其弟沮渠无讳、沮渠仪德、沮渠安周，为酒泉、张掖、乐都太守，从弟沮渠唐儿为敦煌太守。姑臧城破，沮渠牧犍出降，魏分兵进击乐都、酒泉、张掖等郡，安周南奔吐谷浑，无讳和仪德西奔敦煌。魏陷姑臧的第二年（440），沮渠无讳即以沮渠唐儿守敦煌，自己和仪德东攻魏军，夺回酒泉，继而又攻张掖，未果，退守临松。同年八月，无讳因粮缺饥窘，求降于魏，魏以其为征西大将军、凉州牧、酒泉王。但时隔不久，沮渠唐儿率万人叛，无讳虽发兵平息此乱，然魏太武帝却以其终为边患，发兵攻酒泉，欲除无讳。太平真君二年（441）十一月，酒泉被围，城中食尽，无讳西退。在酒泉被围时，无讳即令其弟安周率兵五千西攻鄯善（今新疆若羌县）以作为栖身之地。安周兵进鄯善后，其国王比龙逃奔且末（今新疆且末县）。太平真君三年（442）四月，退至敦煌的沮渠无讳率宗族及百姓万余家西去鄯善，途经流沙时,竟有一半人死于道路,但终达鄯善,与安周会合。其年九月,无讳率部攻陷高昌,遂领有今新疆东部之地。沮渠无讳攻下高昌的第一件事,便是派人奉表建康,借以取得南朝刘宋政权的承认和支持。元嘉十九年九月,刘宋册封无讳都督凉河沙三州诸军事、征西大将军、凉州刺史、河西王等。次年,无讳改元承平。沮渠无讳称王一年即病卒,沮渠安周夺无讳子乾寿兵权自立,南朝刘宋仍封安周如故。安周王高昌近 20 年,统治时间是比较长的。

高昌地区汉代为车师前国,或称车师前部、车师前王庭,实即以交河城(古址在今吐鲁番)为政治中心的我国古代少数民族居住的地区。汉魏以来,一直与内地保持着密切关系,前凉在此设高昌郡,历经后凉、西凉、北凉,皆为立于河西的政权统治。

交河形势险要,周围为沙漠绿洲,气候温暖,谷麦一岁两熟,盛产棉花,且宜养蚕,加之其又位于西域入河西之重要门户,故农业经济、商业贸易、宗教文化均很发达。

佛教何时传入该地,虽无从考稽,但至迟在 4 世纪下半叶已大盛于此。《出三藏记集》卷 8 道安《摩诃钵罗若波罗蜜经抄序》曰:“会建元十八年,正车师前部王名弥第来朝,其国师字鸠摩罗跋提,献胡《大品》一部,四百二牒,言二十千首卢。”[1]这是最早记载车师与内地之间佛教交往的一段文献,即 382 年车师前部王弥弟及其国师朝苻秦时献胡本《大般若经》之事。从有“国师”之制可知当时车师佛教已盛,从其献《大般若经》来看,此地已流行大乘空宗。

高昌地处西域东部门户,来往僧侣常有经于此者。见于文献记载的即有僧人释法勇,于刘宋永初元年(420)与 25 人至河南国,出海西郡,进入流沙至高昌,经龟兹等地往印度。[2] 这是较早经过高昌的一批内地西行僧人。

又有智猛一行 15 人,于后秦弘始时,也往西域,返回时,智猛曾往

〔1〕〔梁〕释僧祐撰,苏晋仁、萧鍊子点校:《出三藏记集》卷8,中华书局 1995 年版,第 289 页。
〔2〕〔梁〕释慧皎撰,汤用彤校注:《高僧传》卷3《昙无竭传》,中华书局 1992 年版,第 93 - 94 页。

高昌。[1]

北凉统治高昌以后,高昌佛教无疑比以前更盛。据《出三藏记集》卷2载《方等檀特陀罗尼经》4卷,或云《大方等陀罗尼》,为高昌郡沙门法众所译。《历代三宝记》卷9谓此经为法众"于张掖为河西王沮渠氏译";《开元释教录》卷4说"沙门释法众,高昌郡人,亦以永安年中,于张掖为河西王蒙逊译《大方等陀罗尼经》一部"。其又谓《宝昌录》云:"在高昌郡译,未详孰是。"然,无论法众是否为高昌人或是法众在高昌译经,均反映了高昌此时已有译经人才出现。

又北凉王沮渠蒙逊的从弟安阳侯沮渠京声亦曾于高昌译过《观弥勒菩萨生兜率天经》《观世音经》各1卷。

《出三藏记集》卷8《大般涅槃经记序》载昙无谶在北凉译此经时的初分10卷五品胡本,为智猛从天竺携来,因其住锡高昌,沮渠蒙逊曾遣使求之等等。[2]

又《出三藏记集》卷9《贤愚经记》载:河西沙门昙学、威德等8僧还曾于刘宋元嘉十二年(435)左右在高昌集成《贤愚经》。

上述事实均说明高昌当时确已成了经籍多藏、译人向往之地。

吐鲁番出土文书中的《北凉真兴某年道人德受辞》是一件寺院僧人向官府控告维那的辞状,辞状两次提到属于寺院"三纲"之一的"维那"(寺院管理者之一)二字,可见早在北凉高昌郡时,高昌的佛教寺院制度就已很正规了。此又为北凉佛教兴盛及其影响高昌的实证之一。[3]

这里,我们还要提到现存的另外一处佛教遗存,即距高昌古城15华里的吐峪沟石窟中的第44号洞窟。据有关专家的研究,44号窟虽有一些地方特点,但与敦煌北凉时期的第268、272、275窟,尤其是后两

---

〔1〕〔梁〕释僧祐撰,苏晋仁、萧鍊子点校:《出三藏记集》卷8《大涅槃经记序》,中华书局1995年版,第315页。

〔2〕《高僧传》卷2谓此《大般涅槃》前部原本,昙无谶从本国中印度赍来。对此僧祐谓:"祐录此序,与朗法师序及谶法传小小不同,未详孰正,故复两出。"笔者以为道朗序在前,应更为可靠。

〔3〕详见《吐鲁番出土文书》第1册,文物出版社1981年版,第71-72页。

窟,无论洞窟的形制、壁画布局、人物造型、绘画技艺及其所反映的佛教信仰等方面,都有很多共同之处。特别引人注意的是:我国传统的线描,用粗犷有力的线条勾勒轮廓、纤细的铁线描绘眼嘴和衣纹等细部,再用烘染法表现物体内部,人物或服色及所采用的"凹凸晕染法",尤其是人物面部的晕染,两地十分近似。[1] 总之,吐峪沟第 44 号窟与敦煌莫高窟的北凉洞窟有很多共同之处是不可否认的。这种情况,应该说是北凉佛教向西影响的结果。

北凉灭亡之后,沮渠无讳等率部西奔,北凉臣民及僧侣随往高昌者很多,加之其地当时俨然成为一国,佛教受到进一步重视,故其地位和作用更为特殊。

《高僧传》卷 12《释法进传》曰:"释法进,或曰道进,或曰法迎,姓唐,凉州张掖人……为沮渠蒙逊所重。逊卒,子景环(无讳)为胡寇所破,问进曰:'今欲转略高昌,为可克不?'进曰:'必捷,但忧灾饿耳。'回军即定。"[2]这是沮渠无讳崇佛和政治上利用高僧的又一实证。紧接其后的沮渠安周则更甚之。关于此点,最能说明问题的是吐鲁番发现的北凉裔部写经及《沮渠安周功德碑》。其写经《持世经》第一题有:"岁在己丑(449),凉王大且渠安周供养经。吴客丹阳张杰写,用纸十六张。"《佛说菩萨藏经》卷 1 题有:"大凉王且渠安周所供养经。承平十五年(454)岁在丁酉,书吏臣樊海写,法师第一校,法师第二校,祠主首。"《十住毗婆沙》卷 7 题有:"凉王大且渠安周所写,愿一切众生,深解实相,悟无生忍,用纸二十三张。"《佛华严经》卷 28 题有:"凉王大且渠安周所供养经二十纸。"以上 4 种佛经,皆为凉王沮渠安周所供养经。丹阳郡人张杰和书吏臣樊海写经并题"愿一切众生,深解实相,悟无生忍",不但说明了沮渠安周对佛教信仰的态度,也反映了此小政权的统治者内心的空虚与矛盾。日本学者小田义久还注意到上述几部佛经都是 5 世纪初期翻译的。前 3 种为鸠摩罗什译;后 1 种为佛驮跋陀

---

〔1〕详见贾应逸:《吐峪沟第 44 号窟与莫高窟北凉洞窟比较研究》,载于《敦煌石窟研究国际学术讨论会论文集》,辽宁美术出版社 1987 年版。

〔2〕〔梁〕释慧皎撰,汤用彤校注:《高僧传》卷 12《释法进传》,中华书局 1992 年版,第 447 页。

罗在建康译。从沮渠安周统治高昌时期南北新译经卷迅速被传写，也可知其政权佛教文化的先进与兴盛。

《沮渠安周功德碑》是反映北凉裔部统治高昌时该地佛教情况最可靠的物证。[1] 此碑文主要内容反映的是北凉裔部在高昌造寺造碑等事。这次造寺造碑完全是按北凉裔部最高统治者"国王"的意图进行的，写碑文的是这个小政权的"史臣"夏侯粲，法师法铠监造，"典作御史"索宁总负其责。碑第9行的"凉王大且渠安周"，显然是北凉灭亡之后，越沙漠，趋鄯善，转高昌的北凉王沮渠牧犍的弟弟沮渠安周。安周为王5年后，高昌遭到严重的饥荒，前引《高僧传》卷12《释法进传》即反映了这个事实。其文曰："[沮渠无讳占据高昌后三年卒]弟安周续立。是岁饥荒，死者无限。周既事[法]进，进屡从求乞，以赈贫饿，国蓄稍竭，进不复求。乃净洗浴，取刀盐，至深穷窟饿人所聚之处，次第授以三归。便挂衣钵著树，投身饿者前云：'施汝共食。'众虽饥困，犹义不忍受。进即自割肉，和盐以啖之。两股肉尽，心闷不能自割，因语饿人云：'汝取我皮肉，犹足数日，若王使来，必当将去，但取藏之。'饿者悲悼，无能取者。须臾弟子来至，王入复看，举国奔赴，号叫相属，因舆之还宫。[安]周敕以三百斛麦以施饿者，别发仓廪，以赈贫民。"[2] 从此段文献可知，沮渠安周统治高昌的前期，不但面临着四周强敌的威胁，还受到饥荒的侵害。在这种内外交困的背景下，更加乞怜于佛教是很自然的。故在《沮渠安周功德碑》的第4行有"拯弱丧于炎虚"，第5行有"朝饥思膳，雨甘露以潜贷"的词语。更有意思的是，此碑的第6行"弥勒菩萨，控一乘以戋驷，超二渐而玄诣"，第17行有"于铄弥勒，妙识渊镜。业以行隆，士□□□"等语，此两次提到"弥勒"而未见其他佛与菩萨名，反映了这次造寺是以弥勒题材为主尊的。如果这样的话，其与敦煌早期北凉石窟中以弥勒为主题的画塑，北凉石塔中以7佛和弥勒为内容的雕刻及吐峪沟44号窟壁画说法图中"可能是

　〔1〕参见〔日〕池田温著，谢重光译：《高昌三碑考略》，载于《敦煌学辑刊》1988年第1、2期合刊，第146－149页。

　〔2〕〔梁〕释慧皎撰，汤用彤校注：《高僧传》卷12《释法进传》，中华书局1992年版，第447页。

弥勒"的情况是一致的。毫无疑问,这是大盛于北凉时代的弥勒信仰的表现。弥勒信仰早在二三世纪在印度西北部已经形成,由西北陆路传入中国,以弥勒为题的汉译佛典不下二三十种。在这些佛典中,弥勒以三种形式出现:一是弥勒是婆罗门弟子,与波婆离有师徒关系。《贤愚经》载波婆离曾与弥勒等 16 弟子到释迦处问难的故事。后世在新疆一带曾多次发现回鹘文本及吐火罗文本的《弥勒会见记》写本,即是讲的这个故事。二是弥勒是菩萨,正在兜率天宫修行说法,待将来下生成佛,见《弥勒上生经》。三是弥勒是未来佛,降生于龙华树下说法,转妙法轮,见《弥勒大成佛经》及《弥勒下生经》等。中国内地流行的弥勒信仰包含有上生、下生两方面的内容。下生指信仰者随未来佛下生于转轮王的理想国土,在龙华树下闻法而得度。4 至 5 世纪初,弥勒三经(《成佛经》《下生经》《上生经》)先后在中国北方被译成汉文,成为弥勒信仰的主要依据。[1] 这里,还需指出的是,《上生经》是由北凉王沮渠蒙逊的从弟安阳侯沮渠京声翻译的。

北凉是中国内地弥勒信仰流行的最早地区,其境弥勒信仰同样为"上生""下生"两个方面。"上生"思想从沮渠京声所译《上生经》及敦煌石窟阙形龛(应代表兜率宫)中交脚弥勒菩萨等内容可知,其主要目的是向人们展示一种天宫乐土。"下生"思想主要表现的是一种地上人间乐土,其在很大程度上又反映了北凉统治者的"转轮王思想"。[2] 北凉石窟大量流行弥勒题材,大概与佛经中所讲的弥勒降生于转轮王的国土有关。从另一个角度讲,希望未来佛——弥勒出现,反映了当时"末世"思想的流行,而转轮王的一个重要任务,就是在现世来护法的。在《沮渠安周功德碑》中不但两次提到了弥勒的名字,还有"不迟之轮,不二而转"(第 15 行),"虽曰法王,亦赖辅仁"(第 17 行)等语,这也是"转轮王理想"的道白。由此可见,占据高昌之地的沮渠安周,在内外交困的情况下,还想以佛法为护国之宝,使自己的统治长久,甚至统一

---

[1]参见王静芬:《弥勒信仰与敦煌弥勒变的起源》,载于《敦煌石窟研究国际学术讨论会论文集》,辽宁美术出版社 1987 年版。

[2]参见拙作:《北凉译经论》,甘肃文化出版社 1995 年版,第 248 – 249 页。

天下。然而,这种思想并非他自己的独创,而是来源于其国的开创者沮渠蒙逊。

在北凉与其裔部统治高昌的一段时间及其前后,高昌名僧辈出,云游四方,影响很大。《高僧传》卷8《释智林传》载:"释智林,高昌人,初出家为亮公弟子。幼而崇理好学,负袠长安。振锡江豫,博采群典,特善《杂心》。及亮公被摈,弟子十二人皆随之岭外。林乃憩踌番禺,化清海曲。至宋明之初,敕在所资给,发遣下京,止灵基寺。讲说相续,禀服成群,申明二谛义,有三宗不同。时汝南周颙又作《三宗论》,既与林意相符,深所欣迟,乃致书于颙曰……"[1]

《高僧传》及《南齐书》卷31、《南史》卷34均载智林与周颙书文,其中提到智林请周颙书写《三宗论》惠赠,"贫道赍以还西使,处处弘通"等语,可见智林时虽居南朝,但还关心着故土。智林"后辞还高昌",以齐永明五年(487)卒,终年七十有九,著有《二谛论》及《毗昙杂心记》,并注《十二门论》《中论》等。[2]

《高僧传》卷10又载:"释法朗,高昌人。幼而执行精苦,多诸征瑞,韬光蕴德,人莫测其所阶。朗师释法进,亦高行沙门……至魏虏毁灭佛法,朗西适龟兹。龟兹王与彼国大禅师结约:'若有得道者至,当为我说,我当供养。'及朗至,乃以白王,王待以圣礼。后终于龟兹。"[3]此法朗为张掖高僧法进的弟子,《高僧传》列其传于《神异篇》,并说其终后焚尸之日,两肩涌泉,直上于天,众叹稀有,收骨起塔,后西域人至南朝俱传此事等。

《高僧传》卷2《昙无谶传》载:"慧观法师,志欲重寻《涅槃》后分,乃启宋太祖资给,遣沙门道普,将书吏十人,西行寻经。至长广郡,舶破伤足,因疾而卒。普临终叹曰:'涅槃后分与宋地无缘矣。'普本高昌人,经游西域,遍历诸国,供养尊影,顶载佛钵,四塔道树,足迹形像,无

---

〔1〕〔梁〕释慧皎撰,汤用彤校注:《高僧传》卷8《释智林传》,中华书局1992年版,第309-310页。

〔2〕《南齐书》说智林为凉州人,此从《高僧传》,中华书局1992年版,第309-311页。

〔3〕〔梁〕释慧皎撰,汤用彤校注:《高僧传》卷10《释法朗传》,中华书局1992年版,第387-388页。

不观瞻。善能梵书,备诸国语,游履异域,别有大传。时高昌复有沙门法盛,亦经往外国,立传凡传有四卷。"[1]这里提到道普、法盛这两个高昌佛教人物,皆通西域,其中道普受刘宋之命,率数十人西往寻经,更引人注目。此两人当时均有别传流传,可惜今佚。

《高僧传》卷11又载:"释法绪,姓混,高昌人。德行清谨,蔬食修禅。后入蜀,于刘师冢间,头陀山谷,虎兕不伤。诵《法华》《维摩》《金光明》,常处石室中,且禅且诵。"[2]这又是一入蜀的高昌僧人,其行头陀禅修,又兼习经。

总之,无论从哪一方面讲,北凉及其裔部对高昌地区的统治,使得该地的佛教得到了一个迅猛发展的机会,其后的高昌国,特别是麹氏高昌时期,该地佛教又一度大盛,这无疑与此前沮渠氏在这里大兴佛教有关。

14.3　北凉佛教对南朝的影响

北凉政权虽地处河西一隅,但与南朝一直保持着密切关系,其间不但经常互通信使,礼尚往来,还互相交换儒家经典及地方典籍等等。其在佛教方面更是如此,只不过正史中对此阙载而已。

《高僧传》卷7《僧弼传》即有鸠摩罗什的弟子僧弼居南朝楚郢之地,"训诱经戒,大化江表。河西王沮渠蒙逊,远挹风名,遣使通敬,贶遗相续"的记载。

北凉灭亡之后,河西佛教人物有不少南下者。一种是魏灭北凉之后直接南下者,另一种是先入北魏,不久即遇魏太武帝灭佛而南奔者。这些人对南方佛教的影响是不可忽视的。

据《高僧传》卷2《昙无谶传附沮渠京声传》载:沮渠蒙逊的从弟安阳侯沮渠京声即是在其国被北魏灭亡后南奔者,其在刘宋时期,"居绝

---

〔1〕〔梁〕释慧皎撰,汤用彤校注:《高僧传》卷2《昙元谶传》,中华书局1992年版,第80-81页。

〔2〕〔梁〕释慧皎撰,汤用彤校注:《高僧传》卷11《释法绪传》,中华书局1992年版,第408页。

妻孥,无欲荣利",行则游于塔寺,止则翻译佛经,把亡国之痛寄托于佛教之中,加之其身份地位特殊,使得南方僧俗,皆敬而嘉,至于其在南方所译的几部佛经,当更有意义,此点笔者已多次论及了。前文提到的僧朗,也是在北凉灭亡后逃奔南朝者。又有河西金城人释玄畅,为玄高弟子,北凉灭亡之后,师徒皆入平城,值魏太武帝灭法,于元嘉二十年(443)南奔江左。其人洞晓经律,深入禅要,通《华严》大部,善《三论》之学,宋文帝刘义隆深加叹重,请为太子师,固辞,迁憩荆州止长沙寺。

谈及北凉佛教对南方的重大影响,最值得提到的还是《大般涅槃经》在南方的流传和其在当时佛教界引起的巨大影响。也就是说,其经传到南方之后,不但解决了当时正在南方激烈辩论的"佛性"等问题,而且使当时南方"涅槃学"超过了"般若学"而盛于一时,从此"涅槃师"辈出,其影响直至以后的隋代。

先是,《大般涅槃经》从凉土传来,宋文帝即令竺道生、慧观及谢灵运等改治,使其更适合当时南方僧俗的口味。其后,属于竺道生系统的"涅槃师"即不断涌现。如宋代的宝林在建康龙光寺祖述(竺道)生公诸义,时人号曰"游玄生",著《涅槃记》;宝林的弟子法宝,亦学兼内外,著《金刚后心论》,亦祖述(竺道)生义;[1] 又有道猷,为[竺道]生公弟子,被宋文帝迎请入宫,"申述顿悟";沙门道慈,又能"祖述猷义";更有觉世"善于《大品》及《涅槃经》"。[2]

陇西法瑗,避乱南逃,先南下成都,又东适建康,依道场寺慧观为师,后入庐山守静味禅,澄思五门,游心三观,刺史庾登之请出山讲说。文帝访觅能讲述竺道生顿悟义的人才,瑗被敕下都,"使顿悟之旨,重申宋代"。何尚之闻而叹曰:"常谓生(竺道生)殁后,微言永绝,今日复闻象外之谈,可谓天未丧斯文也。"这又是一位竺道生系统的"涅槃学"

---

〔1〕〔梁〕释慧皎撰,汤用彤校注:《高僧传》卷7《竺道生传附宝林、法宝传》,中华书局1992年版,第255－259页。

〔2〕〔梁〕释慧皎撰,汤用彤校注:《高僧传》卷7《释道猷传附道慈、觉世传》,中华书局1992年版,第299－300页。

高僧。[1] 值得注意的是,法瑗出于陇西大族,其是从早已流行涅槃思想的西北地区南下的。又有僧宗,为法瑗弟子,善《大涅槃》,每至讲说,听者将近千余,远在北方的北魏孝文帝也闻其高名,屡致书请其开讲,但齐太祖不许外出,后卒于建康太昌寺。时有北方法师昙准,听说僧宗特善《涅槃》,乃南游观听,[2] 其影响之大,由此可见。

　　除此之外,南方当时还有许多学系不明的"涅槃师"。如宋灵味寺释僧含,长通佛义,数论兼明,尤善《大涅槃》。[3] 多宝寺静林,亦善《大涅槃注》,为宋孝武所重。[4] 灵嘉寺超进以《大涅槃》是穷理之教,累加讲说,老年失明,使弟子唱《涅槃经》,旬中一遍。[5] 道场寺法庄,亦以诵《大涅槃》出名。[6] 陇西僧镜,迁居吴地,化洽三吴,声驰上国,宋世祖藉其风素,敕上出京师,止定林下寺,频建法聚,德众云集,著《涅槃义疏》等。[7] 灵根寺慧豫,精勤标节,亦诵《大涅槃》。[8] 天柱山慧静"解兼内外,偏善涅槃"。[9] 又有道慧、法安精通《涅槃》之学,南朝贵族张永令"通慧核涅槃,法安述佛性",其"神色自若,序泻无遗",永问两人年岁,慧答十九,安答十八;安后至番禺,正值攸公讲《涅槃》,安问论数番,攸心愧让席;齐永明中还建康,乃讲《涅槃》《维摩》等经,南方士族文人,纷纷往交,共为法友。[10] 又有法朗,吴兴武康人,家遭

---

〔1〕〔梁〕释慧皎撰,汤用彤校注:《高僧传》卷8《法瑗传》,中华书局1992年版,第312－313页。

〔2〕〔梁〕释慧皎撰,汤用彤校注:《高僧传》卷8《僧宗传》,中华书局1992年版,第327页。

〔3〕〔梁〕释慧皎撰,汤用彤校注:《高僧传》卷7《僧含传》,中华书局1992年版,第276－277页。

〔4〕〔梁〕释慧皎撰,汤用彤校注:《高僧传》卷7《释道亮传附静林传》,中华书局1992年版,第286－287页。

〔5〕〔梁〕释慧皎撰,汤用彤校注:《高僧传》7《超进传》,中华书局1992年版,第297－298页。

〔6〕〔梁〕释慧皎撰,汤用彤校注:《高僧传》卷12《法庄传》,中华书局1992年版,第465页。

〔7〕〔梁〕释慧皎撰,汤用彤校注:《高僧传》卷7《僧镜传》,中华书局1992年版,第293页。

〔8〕〔梁〕释慧皎撰,汤用彤校注:《高僧传》卷12《慧豫传》,中华书局1992年版,第469－470页。

〔9〕〔梁〕释慧皎撰,汤用彤校注:《高僧传》卷7《慧静传》,中华书局1992年版,第285页。

〔10〕〔梁〕释慧皎撰,汤用彤校注:《高僧传》卷8《法安传》,中华书局1992年版,第328－329页。

世祸,因往建康,后集注《涅槃》,勒成部帙等。[1] 释宝亮,其先东莞胄族,年21岁时南下居建康中兴寺,齐竟陵王躬自到居,请为法匠;后移憩灵味寺,续讲众经,盛于京邑,讲《大涅槃》凡84遍,黑白弟子3000余人,谘禀门徒,常盈数百;梁代,亮仍被尊崇,梁武帝天监八年敕撰《涅槃义疏》10余万言,武帝览后,又为作序,对其大加赞扬。[2]

总之,北凉昙无谶所译《大般涅槃经》的南传,使得当时南方文人与高级僧侣中"谈空说无"的学风为之一变,而又以"常、乐、我、净"的涅槃境界为努力的方向。此不仅影响了当时人们的思想,其在中国哲学史上也具有划时代的意义。

(本文原载于《民族研究》1997年第4期)

---

〔1〕《续高僧传》卷5《僧韶传附法朗传》,见《大正藏》第50册,第460页。
〔2〕〔梁〕释慧皎撰,汤用彤校注:《高僧传》卷8《宝亮传》,中华书局1992年版,第336-339页。

15 关于武则天与佛教的几个问题

关于武则天与佛教,论说者很多,特别是如陈寅恪先生那样的泰斗,也有高论,因此,由笔者对此问题再发一些议论,显然是不妥的,但既有人"画蛇","添足"者总会有之,所以本文还是要涉及三个方面的问题。

15.1 "曌"意另解

《新唐书》卷76《武则天传》记:载初中,武则天作"曌"等十二字,"太后自名曌"。关于"曌"字的意思,历代字书皆释其与"照"同,异议不多。《易·恒》中有"日月得天而能久照"之语,其意近曌。《诗·邶风·日月》中有"日居月诸,照临下土";《诗·小雅·小明》中有"明明上天,照临下土",郑玄笺曰"照临下土,喻王者当察理天下之事也",[1]此处的"照",实际上譬喻国王,换句话说,中国文献中早有"照"喻国王之意者。

但武则天自改其名为曌,应有更深一层的意思。以笔者看来,此"曌"与武则天的佛教信仰有密切关系,特别是与《大云经》《宝雨经》等有关。《大云经》中说:

> 有一天女,名曰净光……佛言天女:……[汝]以是因缘,今得天身……舍是天形,即以女身,当王国土,得转轮王……得大自在,……汝于尔时,实是菩萨。[2]

又说:

> 是净光天女……为众生故,现受女身……尔时诸臣即奉此女

---

〔1〕〔清〕阮元校刻:《十三经注疏·毛诗正义》,中华书局1980年版,第464页。

〔2〕见〔北凉〕昙无谶译:《大方等无想经》卷4,见《大正藏》卷12,第1097－1098页。

以继王嗣。女既承正,威伏天下,阎浮提中所有国土,悉来承奉,无拒违者。女王自在,摧伏邪见……善男子,如是女王,未来之世……当得作佛,号净实(一作宝)增长。[1]

以上两条经文,都说了"净光天女"做皇帝的事情。在"敦煌写经"《大云经神皇授记义疏》里,则进一步说:"经(指《大云经》)曰:即以女身,当王国土……者,今神皇王(武则天垂拱四年五月加尊号"圣母神皇")南阎浮提一天下也。"撰造得更露骨了。《宝雨经》中说:

> 尔时东方有一天子,名曰日月光,乘五色云,来诣佛所……佛告天子曰:"……天子,以是缘故,我涅槃后,最后时分,第四五百年中,法欲灭时,汝于此赡部洲东北方摩诃支那国,实是菩萨,故现女身,为自在主,经于多岁,正法教化,养育众生,犹如赤子,令修十善,能于我法广大住持,建立塔寺,又以衣服、饮食、卧具、汤药,供养沙门。"[2]

这里,说得更具体,甚至连"摩诃支那国(古印度对中国的称呼)"都说出了。不仅如此,佛教还对此女国王,给予厚望,希望她在"法欲灭时","正法教化,养育众生,犹如赤子,令修十善",建塔立寺,四事供养沙门等。

关于《大云经》《宝雨经》与其在政治上的重大作用,武则天有更明确的道白,如其在《新译大方广佛华严经序》中说:

> 朕曩劫植因,叨承佛记,金山降旨,《大云》之偈先彰;玉宸披祥,《宝雨》之文后及。加以积善余庆,俯集微躬,遂得地平天成,河清海晏,殊祥绝瑞,既日至而月出。[3]

在这里,先是《大云》之偈先彰,又有《宝雨》之文后及,这不是"既日至而月出"吗?换句话说,这里的"日",寓《大云经》之意;"月"寓《宝雨经》之意。云雨日月,在古代文献中往往连用。《后汉书·邓骘传》有"托日月之末光,被云雨之渥泽",这里的"云雨",比喻恩泽,武则

---

〔1〕〔北凉〕昙无谶译:《大方等无想经》卷6,见《大正藏》卷12,第1106-1107页。

〔2〕〔唐〕达摩流支译《宝雨经》卷1,见《大正藏》卷16,第284页。

〔3〕〔清〕董诰等编:《全唐文》卷97,中华书局1983年版,第1002页。

天既受惠于《大云》《宝雨》之中,何以不是受其恩泽呢?

还有,《大云经》中说的以后要成为国王的"净光天女"和《宝雨经》中"故现女身","名曰日月光"的天子,也有"日,月,空"之意。因为日月有光,空意近净。笔者认为,武则天给自己起的名字,与《大云经》和《宝雨经》有密切关系。如是这样,"曌"字就另有别意了,或者说,"曌"就是那位能当国王的"天女"。

这里,我们再对《大云经》和《宝雨经》出现的时代背景,作一简单交代。

《旧唐书》说《大云经》是载初元年(689)由沙门 10 人伪撰的。[1]《新唐书》说是载初中,武则天令薛怀义"与群浮屠作《大云经》,言神皇受命事"。[2] 查载初只有一年,故《大云经》事出现于 689 年无疑,也就是此年,武则天又自称名为"曌"的。其实,两《唐书》中所说当时和尚撰造的《大云经》,只是利用了早先北凉昙无谶的译本,或是对北凉译本作了一些注疏。[3] 先是,武则天自"垂拱而治"之后,天下纷纷,她虽先后镇压了徐敬业的起兵反抗等,但李唐宗室旧臣,多有不服。因此,制造利于自己的舆论是极为重要的。于是,便有其侄武承嗣"伪款洛水石,导使为帝,遣雍人唐同泰献之,后(武则天)号为'宝图'"之事。接着"汜人又上瑞石,太后(武则天)乃郊上帝谢况,自号'圣母神皇',作'神皇玺',改宝图曰'天授圣图',号洛水曰永昌水,图所曰'圣图泉',勒石洛坛左曰'天授圣图之表',改汜水曰广武"。[4] 过了不久,武则天便"拜洛受图",于永昌元年(689)"改服衮冕,搢大圭,执镇圭"[5],堂而皇之地准备称帝了。但武则天玩弄的这一套,仍是不少中国帝王都玩弄过的"君权神授"的把戏,不管是"宝图"也好,"瑞符"也

〔1〕〔后晋〕刘昫等撰:《旧唐书》卷 6《则天皇后本纪》,中华书局 1975 年版,第 121 页。

〔2〕〔宋〕欧阳修、宋祁撰:《新唐书》卷 76《后妃传·武则天传》,中华书局 1975 年版,第 3481 页。

〔3〕参见郭朋:《隋唐佛教》第三章,齐鲁书社 1981 年版。

〔4〕〔宋〕欧阳修、宋祁撰:《新唐书》卷 76《后妃传·武则天传》,中华书局 1975 年版,第 3480 页。

〔5〕〔宋〕欧阳修、宋祁撰:《新唐书》卷 76《后妃传·武则天传》,中华书局 1975 年版,第 3480 页。

好,都没有解决女人能否成为皇帝的问题,而反对女人做皇帝的传统思想,却根深蒂固,所谓"牝鸡无晨",即是对此等思想的形象概括。甚至有人当着武则天的面也这样说。《新唐书·后妃传·武则天传》载:

> 新丰有山因震突出,太后以为美祥,赦其县,更名为庆山。荆人俞文俊上言:"人不和,疣赘生;地不和,堆阜出。今陛下以女主处阳位,山变为灾,非庆也。"太后怒,投岭外。[1]

以武则天当时的权势,竟有人作如是上言,可见"牝鸡司晨"之难了。而武则天却偏偏是第一个敢于向历来被男人独占的皇位挑战的女人。作为一个具有眼光的政治家,武则天深知舆论的重要作用,但在传统的中国思想中,却找不到女人做皇帝的根据。所以,她必须寻找新的武器,于是聪明的和尚们心领神会,就给她献上了《大云经》,因为《大云经》中有女人当皇帝的经文。同时,武则天又于天授元年"敕两京诸州各置大云寺一区,藏《大云经》,使僧升高座讲解,其撰《疏》僧云宣等九人,皆赐爵县公"[2]。这实际上是武则天向全国宣讲她以"女身当王国土"的合法性所采取的进一步措施。

《宝雨经》出现的情况同《大云经》是一样的。只不过是唐译《宝雨经》比《大云经》晚出了4年。此时,武则天虽已登上了皇帝宝座,但仍需进一步巩固,故同样需要这类有利于自己的舆论。

《宝雨经》10卷,是长寿二年(693)由印度僧人菩提流支翻译的。在此之前,此经已有两次翻译:一是梁天监时扶南僧曼陀罗仙所译的7卷《宝雨经》;一是陈朝扶南僧须菩提译的8卷《大乘宝雨经》(此本已佚)。关于唐译者菩提流支,《宋高僧传》卷3有载,说其人来中国之后,"[唐]高宗大帝闻其远誉,挹彼高风,永淳二年,遣使迎接。天后(武则天)复加郑重,令住东洛福先寺译《佛境界》《宝雨》《华严》等经,凡十一部"[3]。此处"天后复加郑重"一语,很清楚地说明了此僧当时

---

〔1〕〔宋〕欧阳修、宋祁撰:《新唐书》卷76《后妃传·武则天传》,中华书局1975年版,第3479页。

〔2〕〔宋〕司马光著,〔元〕胡三省注:《资治通鉴》卷240《唐纪二十》"则天后天授元年(690)",中华书局1956年版,第6469页。

〔3〕〔宋〕赞宁撰,范祥雍点校:《宋高僧传》,中华书局1987年版,第43页。

的地位。又武则天把译者的名字由"法希"（达摩流支）改为"觉爱"更能说明问题。武则天之所以如此敬重《宝雨经》的译者，同样是因为《宝雨经》更能为自己的政治服务。

谈到这里，也许有人要问，既然"瞾"字出现在前，唐译《宝雨经》出现在后，何能言及"瞾"与其经有关呢？笔者的回答是：既《宝雨经》早有译本流于世，时人对其的内容肯定是熟悉的。武则天既授意菩提流支译此经，说明她对此经的内容早已了解，故此并无矛盾。

15.2 卢舍那佛

龙门卢舍那佛像为奉先寺主尊，此像造型精美，气势浑伟，实际上是龙门石窟的象征。卢舍那，作卢遮那，又作毗卢舍那等。关于此佛，天台宗、法相宗与华严宗的解释有所不同。旧译《华严经》卷3有《卢舍那品》，其说：

> 卢舍那如来，转清净法轮，一切法方便，如来云普覆。十方国土中，一切世界海，佛愿力自在，普现转法轮。

接着，又称颂说：

> 卢舍那佛神力故，一切刹中转法轮。
>
> 普贤菩萨愿音声，遍满一切世界海。
>
> 法身充满一切刹，普雨一切诸法雨。[1]

这就是说卢舍那佛能"转法轮"于此世界的一切地方，能普雨诸法，满足众生的一切要求。正因如此，华严宗即尊此佛。

法藏《华严经探玄记》卷3《卢舍那佛品》对卢舍那佛之名作过如下考证，他说：

> 卢舍那者，古来译或云三业满，或云净满，或云广博严净，今更勘梵本，具言毗卢遮（舍）那。毗卢那者，此翻光明照。毗者，此云遍，是谓光明遍照也。[2]

---

〔1〕见《大正藏》第9册，第408页。

〔2〕见《大正藏》第35册，第146页。

慧苑《新译大方广佛华严经音义》卷上说：

> 按梵本"毗"字应音云无废反，此云种种也。"毗卢遮那"，云
> 光明照也。言佛于身智以种种光明照众生也。或曰"毗"，遍也；
> "卢遮那"，光明也，谓佛以身智无碍光明照遍理事无碍法界也。[1]

以上皆"华严"系佛籍对"卢舍那"的解释。

僧一行《大毗卢遮那成佛经疏》卷1中又说：

> 梵音毗卢遮那者，是日之别名，即除暗遍明之义也。[2]

可知密宗对"卢舍那"之解释，与华严宗基本相同。密宗又称卢舍
那为"大日如来""光明照遍王"等，其意也同上述。

总之，此卢舍那佛，能"光明照遍"世间，给众生带来无上光明。此
处之"光明"，并非通常意义的光明，包含有智慧开解、佛性圆满具足等
意。从此，不难看出"卢舍那"与"曌"字的意义之相近了，"曌"不就是
"光明照遍"吗？

既然"卢舍那"与"曌"意义近似，那么奉先寺卢舍那大佛是否为武
则天"模拟像"的问题就必须再提出来。

据笔者所见到的资料，奉先寺大佛为武则天的"模拟像"之说出于
宫大中先生的《龙门石窟艺术》第九章《奉先寺大卢舍那龛像的造像艺
术》一文[3]，原文为：

> 可以说大卢舍那佛的形象，在一定程度上就是武则天形象的
> 写照，或者说就是武则天的模拟像。

对此温玉成先生提出了不同意见，并有充分论据[4]，很值得重视。
但以笔者看来，既然自北魏以来即有造像"令如帝身"之举[5]，又有皇
帝是"当今如来"的说法，以武则天对建造此龛像的关心程度和"曌"与
"卢舍那"相近之意[6]，那些善于逢迎的建造者让此"卢舍那像""令

〔1〕见《大正藏》第54册，第434页。
〔2〕见《大正藏》第39册，第579页。
〔3〕宫大中：《龙门石窟艺术》，上海人民出版社1981年版，第142页。
〔4〕温玉成：《试论武则天与龙门石窟》，载于《敦煌学辑刊》1989年第1期，第110－127页。
〔5〕见《魏书·释老志》，中华书局1974年版，第3036页。
〔6〕龙门《大卢舍那龛像记》曾说："皇后武氏助脂粉钱二万贯"造此龛像。

如"武则天之身也是非常有可能的。或谓建造此龛像的咸亨（670—674）年间，武则天还未当皇帝，怎么能让此造像令如其身呢？实际情况是："帝［高宗］自显庆（656—661）已后，多苦风疾，百司表奏，皆委天后详决，自此内辅国政数十年，威势与帝无异，当时称为'二圣'。"[1]可知在造此龛像之前，武则天早已权柄在握，按自己的意志行事了。还有，佛教造像，自隋唐以来，迅速地完成了中国化，"菩萨如宫娃"即是对当时菩萨造像向世俗化发展的高度概括，而奉先寺之卢舍那佛像，也如"宫娃"了。换句话说，其佛面部形象，女性特征非常浓厚，这应该说不是偶然现象。陕西省麟游县距唐九成宫南 3 公里处，有慈善寺，共有唐代凿龛三处。其第一龛，高 7.2 米，深 5.4 米，内雕三佛，皆结跏趺坐。主尊（现在佛）为唐初佛像的一般特征；左边佛像（过去佛）也同前者，唯双目紧闭；右边造像（未来佛）头戴宝冠，面形酷似女性，面相与龙门奉先寺卢舍那大佛如出一模。关于慈善寺的造像年代，光绪《麟游县志》载其为唐高宗时，观其造像，也是唐代早期特征。[2] 史载唐高宗从永徽年到仪凤三年，偕武则天 8 次到九成宫避暑，所以，这里的造像也很可能打上了武则天的印记。换言之，奉先寺卢舍那像及慈善寺三佛中象征"未来佛"的这尊造像如此相似的"女性化"都应与武则天有关。作为"二圣"之一的武则天和她以后可能成为皇帝的现实，促使那些谙于政治，善于揣摩的大臣和高级僧侣，在佛教造像时，令工匠"模拟"武则天的形象是非常可能的。

　　称奉先寺大佛为"卢舍那佛像"者，虽是开元七年至天宝八年间的追记，但从其全文来看[3]，很可能出于一位极为熟悉此龛建造情况者之手，故其称此尊大像为"卢舍那"应是有充分根据的。此点，与武则天的译经活动也是吻合的。综观武则天对佛经的重视程度，除了上文中提出的《大云经》和《宝雨经》之外，另一部就是《华严经》，而"卢舍那"即是此经所尊之佛。《华严经》晋时即有译本，因其符合武则天的

---

〔1〕〔后晋〕刘昫等撰：《旧唐书》卷 6《则天皇后本纪》，中华书局 1975 年版，第 115 页。

〔2〕1989 年 5 月笔者曾考察过此石窟。

〔3〕此文现存于龛像侧，有各家录文流世。

口味,武则天令其别译,这就是所谓"新译",新译改旧译第一品《世界净眼品》为《世主严妙品》,其为现实服务的意义更为明确。澄观解释这一品名时说:"佛及诸王,并称世主"〔1〕,也就是说,佛就是诸王,诸王也就是佛。这不正是"皇帝是当今如来"的另一版本吗?还有《大像龛记》中的"图兹丽质""如日如月"之类的话,也隐寓着其像与武则天的密切关系。总之,以上所说的这些,似乎都能给奉先寺卢舍那像"在一定程度上就是武则天形象的写照,或者说就是武则天的模拟像"这个观点,增加一些证据。

15.3　金轮皇帝

武则天一生,自加尊号极多,如垂拱四年得洛水"宝图"之后,又加尊号为"圣母神皇",载初元年九月改唐为周之后,又加尊号为"圣神皇帝"等等,但唯有"金轮皇帝",更值得人们注意。此类尊号,武则天先后几次加称,并不断翻新。《旧唐书》卷6《武则天本纪》中载:

[天授二年]秋九月,上(武则天)加金轮圣神皇帝号,大赦天下,大酺七日。〔2〕

[天授三年]五月,上加尊号为越古金轮圣神皇帝,大赦天下,改元延载,大酺七日。〔3〕

证圣元年春一月,上加尊号曰慈氏越古金轮圣神皇帝,大赦天下,改元,大酺七日……春二月,上去慈氏越古尊号。〔4〕

[证圣元年]秋九月,亲祀南郊,加尊号天册金轮圣神皇帝,大赦天下,改元为天册万岁,大辟罪已下及犯十恶常赦所不原者,咸赦除之,大酺九日。

〔1〕《华严经疏》卷1,见《大正藏》第35册,第503页。

〔2〕《通鉴》记其事为长寿二年,其文曰:"魏王承嗣等五千人表请加尊号曰'金轮圣神皇帝'。乙未,太后御万象神宫,受尊号,赦天下,作金轮等七宝。"

〔3〕《通鉴》载此事为延载元年。其文曰:"五月,魏王承嗣等二万六千余人上尊号曰'越古金轮圣神皇帝'。甲午,御则天门楼受尊号。"

〔4〕《通鉴》与上文意同。

[圣历三年]五月癸丑，上以所疾康复，大赦天下，改元为久视，停金轮等尊号，大酺五日。

《新唐书》也记其事，然内容极简。但其记如下事又为《旧唐书》所阙，其文曰：

太后又自加号金轮圣神皇帝，置七宝于廷：曰金轮宝、曰白象宝、曰女宝、曰马宝、曰珠宝、曰主兵臣宝、曰主藏臣宝，率大朝会则陈之。[1]

从上列资料皆可看出，武则天为自己所加的尊号中，皆有"金轮皇帝"几字。武则天为自己加此类尊号，当时普天下皆知。直到晚唐时，还有人记着此事。如李商隐题为《利州江潭作》的那首诗，就有自注"感孕金轮所"几字。利州即今天四川省的广元，此地在唐代是一个颇有名气的地方，因为武则天就是在其父担任利州都督时出生在这里的。利州城南有一个黑龙潭，传说武则天之父曾泊舟于此，其母在此感于龙交而怀武则天。后来，这里建立了纪念武则天的皇泽寺，寺中保存有武则天画像的真容殿。大中五年（851），李商隐入蜀，便作了那首诗，作完之后，又怕别人不明其意，便添了"感孕金轮所"几个字。[2]

那么，以上所说的"金轮"又作何解释呢？

原来，此也是来源于佛教的。佛籍中有关内容的资料很多，如《俱舍论》卷12载：

从此洲人寿无量岁，乃至八万岁，有转轮王生……此王由轮旋转应导，威伏一切，名转轮王。施设是中有四种，金、银、铜、铁轮应别故。如其次第，胜上中下，逆次能王，领一二三四洲。[3]

这就是说，转轮王出世，由"轮"应导，降伏一切，但这里"轮"，还有金、银、铜、铁四种分别，当然以"金轮"最高。武则天的"金轮皇帝"无疑来源于此。转轮王共有七宝，除"轮宝"之外，还有六宝，《长阿含经》

〔1〕《通鉴》也提到七宝事，但只有"作金轮等七宝"几字。

〔2〕详见〔唐〕李商隐著，〔清〕冯浩笺注：《玉谿生诗集笺注》卷2《利州江潭作》，上海古籍出版社1979年版，第367页。

〔3〕见《大正藏》第29册，第64页。

卷6《转轮圣王修行经》载此七宝的名称是：

> 一金轮宝、二白象宝、三绀马宝、四神珠宝、五玉女宝、六居士宝、七主兵宝。[1]

此七宝名称，与《新唐书》所记武则天所制造的"七宝"基本相同。

转轮王有七宝，各有妙用，如轮宝可以引导转轮王兵不血刃而威伏天下；白象宝能在一天之内周遍八方，游尽大海；绀马宝更能如此；珠宝能照耀冥暗，降及时雨及各种财物；玉女宝能知王冷暖病患等；居士（一作藏臣）宝能给王财物珍宝；主兵臣宝善知兵法，使众健勇兵众，从地涌出等。关于七宝的功用，很多佛籍中都描写，如《大般涅槃经》卷12《圣行品》中就很详尽地描述了转轮王（顶生王）使唤七宝的情况。既然要做转轮王，就必须有七宝，所以武则天在第一次（天授二年，691年）加尊号为"金轮圣神皇帝"之后，便把七宝做成模型，陈列于宫廷之中。实际上武则天想成为转轮王的思想，可能起源更早，因为前面提到的《大云经》中便有"即是女身，当王国土，得转轮王"之语，天授二年加此尊号，只不过是正式公开罢了。

转轮王是古代印度民间传说的圣王，其说此王出世之后，七宝相随，轮宝导引，凡敌国见之，望风而降，故转轮王可兵不血刃，统一天下。转轮王治世，天下太平，人们可以各取所需，无有困乏等等。佛教兴起之后，大量吸收了古印度的这些民间传说，塑造了更多的转轮王形象，如佛典中所说的阿育王、迦腻色王、波斯匿王、儴佉王、月光王、顶生王等等都被称为转轮王。《弥勒下生经》中甚至说未来佛弥勒降于转轮王——儴佉王的国土，教化众生，儴佉王率众听法，皈依佛教等。众多转轮王故事的出现，实际上是故事产生地区人民希望天下太平，社会安定，生活美好，有贤明国王当政的一种理想。与此同时，作为世俗的统治者，也希望自己能兵不血刃而统一天下，使自己的领土成为人间乐土。因此，成为转轮王，甚至成为"金轮王"，是世俗的国王所梦寐以求的，换言之，"金轮王"实际是世俗社会的最高"果位"。

---

〔1〕见《大正藏》第1册，第42页。

武则天既然崇佛,她对佛教中的这些内容是肯定很熟悉的,所以便称自己为"金轮皇帝"。佛教自传入中国以来,受其思想影响,想当转轮王的中国帝王虽不乏其人,如北凉沮渠蒙逊、隋文帝父子等人[1],但像武则天这样明目张胆地称自己为"金轮皇帝"和把转轮王的七宝制成实物,陈列于大庭广众之中,无疑她是第一人。

中国的帝王,自古以来都以儒家宣扬的"圣王"作为效法的榜样,崇尚的是所谓文武、成汤、周孔之道,但自佛教传入中国之后,情况便有了变化。特别是十六国时代,天下纷崩,在北方地区出现了很多"胡人"建立的政权,此类政权的统治者,虽然不同程度地受到中国传统文化的熏染,但毕竟旧习难易,所以,对这些尚武好杀,以掳掠攻战为能者的统治者来说,要做循规蹈矩的儒教"圣王"是很不容易的,而佛教的转轮王却很符合他们的口味,这是因为佛教中所说的转轮王虽可兵不血刃而统一天下,但实际上的转轮王——阿育王、迦腻色王等,哪位不双手沾满别人的鲜血呢? 他们有些人甚至还有杀害父母兄弟之嫌,但当他们一旦"放下屠刀",就"立地成佛"了。正因如此,十六国时期的一些"胡族"帝王,往往在佛教中寻找精神武器。稍后夺权篡位而统一中国的隋文帝及后来杀害父亲兄弟的隋炀帝也都以佛教中的"转轮王"来做护身符。这是因为他们都深知自己不配做儒教的"圣王"。至于武则天,走得就更远了,儒教最基本的原则,君臣、父子、夫妻之"三纲",她一条也站不住脚,更不说仁、义、礼、智、信之类了。所以,硬要挤进儒教"圣王"的行列,也如同掩耳盗铃一般。因此,她便数次给自己加号"金轮皇帝",以此作为自己的精神武器,同时用其手法来蒙蔽天下。

谈到这里,我们还有必要对武则天加尊号"转轮皇帝"的前后变化做一分析。为了一目了然,就其尊号前后变化情况,列表如表 15 - 1。

---

〔1〕见拙作《隋文帝分舍利建塔的意义及其有关问题》,1992 年法门寺国际学术讨论会论文,第 282 - 291 页。

表 15 - 1　武则天加尊号"金轮皇帝"的前后变化

	时间	封号变化
1	天授二年九月	金轮圣神皇帝
2	天授三年五月	越古金轮圣神皇帝
3	证圣元年一月	慈氏越古金轮圣神皇帝
4	证圣元年九月	天册金轮圣神皇帝
5	圣历三年五月	停金轮王等尊号

从上表可以看出,第二次比第一次多出"越古"两字,说明武则天企图超过所有古人,越过在她以前所有想做金轮王者。第三次在第二次的基础上又加上了"慈氏"二字,成为"慈氏越古金轮圣神皇帝"。慈氏,即"弥勒"的意译,弥勒是佛教中所说的"未来佛",《弥勒下生经》即说,释迦牟尼之后,弥勒从兜率宫下降至转轮王——儴佉王的国土,救度世人,儴佉王率众皈依佛教等。从此尊号可知,武则天不但想成为世俗的转轮王,甚至想做未来佛——弥勒。第四次去"慈氏越古"4字,加上"天册"2字,原因待考。不过,加上"天册"2字,说明武则天总算没有走到数典忘祖的地步。如果再结合其年号中的"天授"及尊号中的"圣神"(如金轮圣神皇帝)等意来看,武则天虽然沉湎于佛教之中,但仍然不能逃脱"君权神授"的传统观念。在这类字里行间,加进"金轮"2字,就显得不伦不类了,因为佛教中的"金轮王"并不是"神授"的,而是前生做好事,今生得到的果报。圣历三年五月,武则天改元久视,"停金轮王等尊号",似乎"改邪归正"了。实际上,武则天何尝不知此类尊号的矛盾之处,只是,中国的封建帝王,都是实用主义者,只要能解燃眉之急,采取"拿来主义"就行了,或者说,出于政治需要,就是有矛盾,也要硬拉在一起。综观武则天的一生,实际上是在极为痛苦的矛盾中度过的,先是男女之论,她得设法证明女人也能做皇帝;后来又有传位的问题,也就是说把皇位传给武姓的侄子呢,还是传给李姓的儿子呢?在中国历史上,这种选择也是很少有的。与此相关,到底以皇帝的名义死去好呢,还是以皇后的名义死去好呢?她往往在痛苦中选择。

·欧·亚·历·史·文·化·文·库·

所以在她的政治生涯和思想理念中,表现出来的矛盾很多,她极为崇佛,以转轮王甚至弥勒自居,但又有"天册""登封""通天"之举,还让人编纂《三教珠英》,儒教、甚至道教中的一些东西,也被她充分利用了。到后来,她还是放弃了"金轮皇帝"之类的尊号,还天下给李氏,以皇后的身份葬于乾陵了。看来,要跳出中国传统思想和传统伦理观念的圈子是相当困难的。

(本文原载于《宗教学研究》1994 年 Z1 期)

16 大乘佛教的理想王

　　因为佛典中有不少叙说一切皆苦、生老病死、厌世灭欲、出家解脱等内容,故有人以为佛教是一种主张"出世"的宗教。例如,西方著名宗教学家马克思·韦伯(Max Weber)就曾认为:印度教是一种出世的礼仪宗教,它由一个世袭的有教养的知识种姓所创建;佛教则是一种出世的禁欲主义宗教,它由那些厌世的、好沉思冥想的、化缘行乞的托钵僧所信奉。

　　韦伯先生对印度教的看法也许是正确的,但其对佛教的如此认识末免失之肤浅了,实际上,佛教有着积极的"入世"思想,其对社会世俗问题是非常关心的。然而,佛教并未陷入一般的社会世俗问题之中。其对社会世俗问题的关心,一开始就高屋建瓴,抓住了事物的要害,这就是:佛教非常注意对世俗社会的最高统治者——国王教化,竭力使世俗社会的国王变为佛教的理想王——转轮王,或曰法王(护法之王,详见下文)。与此同时,佛教非常注意利用这类"法王"的权力来推行自己的主张,宣传自己的思想。

　　佛教虽以成佛为最后的归宿,有"人人皆可成佛"之说,但现实却不是这样,因为人们的根器和因缘是各不相同的,所以不是所有的人在一个上午就可成佛的,佛教面对的仍然是世俗世界。在此种情况下,佛教只有在国王的护持下,才能更好地推行自己的主张,因此,佛教就必须在世俗世界中去寻找"法王",但国王的"护法"并不是无条件的,也就是说,只有在佛教思想符合国王的统治利益的情况下,国王才肯"护法"。

　　佛教中有不少赞扬和歌颂国王弘法护法的内容,如对阿育王、迦腻色迦王等的赞扬。因为前者在其执政的后期以"正法"治国,弘扬佛教,并支持了佛教历史上的第三次结集;后者亦曾弘扬佛教,支持了佛

·欧·亚·历·史·文·化·文·库·

教历史上的第四次结集等等。

此类弘法护法的国王,即是佛教的理想王。

不仅如此,佛教对自己的理想王还提出了许多具体要求。例如,佛典中有许多国王施舍的故事,实际上就是要国王做到不贪不啬,舍得一切,以济度他人为己任。如人们熟知的月光王施头、快目王施眼、慈力王施血、尸毗王割肉喂鹰等。换言之,佛教非常看重和鼓励国王的施舍,因为国王的施舍,才能更好地教育其他世俗社会人物,起到带头作用。

北凉释道泰译《大丈夫论》对"菩萨行"提出了种种要求,"施"即其中的一个重要方面。其论《施主体品》中说:

> 日以照明为用,月以清凉为性,菩萨以悲为体……一切众生,依食而存,大悲[菩萨]亦尔。依施而存,菩萨法身,不依饮食,而得存济,大悲为食,菩萨身存。悲心如火,欲施如饥。[1]

这就是说,如果没有大悲心和大施行,"菩萨身"就不能成立。值得提出的是,此论进一步讲到,如果菩萨是一位国王的话,更应胸怀众生,"不为贪著王位,为欲利益一切众生,不应空居王位,应修施果满足……以大施惠救济众生,众生得乐,即是我(国王)解脱"。《舍一切品》中甚至还提出"舍财物者,不如舍身"的论点,这就是说菩萨的布施应包括自己的身体在内。

"施"还可分为"财施"和"法施"(即弘扬佛法)两个方面,故其论进一步说:财施除众生身苦,法施除众生心苦,财施者为愚人所爱,法施者为智者所爱;财施者能与现乐,法施者能与天道涅槃之乐;财施者即给众生无量钱财,法施者即给众生无量智慧。这就是说,包括国王在内的菩萨所行,不但应毫不吝啬地施舍给众生一切财物甚至自己的身体,还要给众生宣讲传播佛法。

正因为这样,佛典中不但有很多讲国王施舍的故事,又有许多国王为了求得和传布"正法"(佛法)而不惜牺牲的故事。

---

〔1〕《大正藏》第 30 册,第 257 – 258 页。

《贤愚经》一开始的《梵天请法六事品》中即连续讲了几个国王为求法而做出各种牺牲的动人故事。如讲修楼婆王，统一大国，有八万四千小国。王有二万夫人，一万大臣，他仁慈爱民，国家丰乐无比。但其并不满足这种物质上的极大享受，自思虑道：我今以财宝资给一切，无有德教安立，恐非长久之计。于是他广宣境内说：谁能给他说法，他将为其提供所需一切。毗沙门天见王如此恳切，即变成夜叉前去试验。夜叉来至宫门，声称自己能说大法。王即迎其入宫，敷施高座，率群僧欲闻夜叉说法。夜叉要国王以爱妻和儿子供养，他方可说法，国王即献出自己的爱妻与儿子让夜叉吃掉。虔阇尼婆梨王的故事是说此国王为了听法，又在身上剜肉燃千灯，以满足说法者的要求。梵天王太子的故事又说梵天王太子昙摩钳为求正法，满足婆罗门提出的苛刻条件，投入火坑等。

《法华经·提婆达多品》也叙述了一位为了追求正法，毅然舍弃王位，抛弃财产，断绝对妻的情爱，甚至不惜生命的国王的动人故事，此实为《法华经》中最主要的情节。

总之，佛教对世俗社会的最高统治者——国王提出了非常高的要求，这就是：作为一国之君，要不惜一切物质利益，甚至自己的生命，去为众生求得利益并在自己境内传布正法。

不仅如此，佛教对怎样做好国王还有许多很具体的要求，如沮渠京声译《谏王经》中说：有一国王，名不离先尼，因其国有灾，便前去问佛，佛为其说法曰：

> 王治当以正法，无失节度，常以慈心，养育人民。[1]

这里说的"正法"无疑是指佛法。佛教当然希望世俗国王皆以佛法治世，这是一个根本问题。佛为了打通此王思想，使其觉悟，又讲了许多具体问题。佛说：世俗国王之所以称霸为王，皆由生前行善所致，所以"统理民事，不可偏枉"。世间众人，无论公卿群僚，还是普通百姓，都可能有怨辞，作为国王如不能明察就可能"海内皆忿"。国王若

---

[1]《大正藏》第 14 册，第 785 页。

能以正法治国,臣民叹德,国王死后也可升天。作为国王,不能骄侈淫逸,恣意用事,要能"受忠臣刚直之谏"。同时,国王还应"以四意待于国民",所谓"四意",即对众生要随时禀与、和意与语、所有珍宝与民共之、瞧视老病及诸鳏。但国王不能以逍遥自在、人皆敬畏为快乐。此外,国王还应孝顺二亲、供养高行沙门、尊敬老人等。总之,国王要体恤百姓,问民疾苦,明察秋毫,从谏如流,特别是要接受忠臣劝谏,如不能这样,就要受地狱之苦,佛为国王说完法后,国王即解其意,愿为佛弟子,并受五戒等。

大乘佛教有不少以国王为说法对象的佛经,《谏王经》是其中很典型的一种。其虽为"佛经",但所及的内容实际上是围绕着国王如何治国这个中心而展开的。《谏王经》中要不离先尼王做到的这些,实际上也是佛教对世俗社会所有国王的具体要求。

佛经中还描述了不少国王率众听法,最后受五戒十善、归命三尊等等。如《摩达国王经》讲摩达国王闻听比丘所说因缘福罪之后,发皈依佛教之心,即随比丘率其国人民至佛所作礼,受五戒,作优婆塞。佛又为王及人民,说无常苦空,王即得道,国中人民皆受五戒十善,归命三尊,月月斋戒,以为常法。《旃陀越王经》中说有国王旃陀越,先奉事婆罗门教,后见佛法神威,也敕群臣及国中人民,至佛处所,头面着地,为佛作礼,归命三尊,乞受五戒,成为优婆塞,从此国中人民,皆随王奉五戒,行十善,归命三尊。《末罗王经》的国王末罗,也在听佛说法之后,乞受五戒,行十善,归命三尊。

佛经中有许多国王听佛说法之后,率统国中人民,乞受五戒,行十善的故事,实际上皆反映的是佛教对世俗国王的要求或理想。

与此同时,佛经中也有许多斥责昏君,鞭挞"恶王"的内容,如《文陀竭王经》中所说的文陀竭王成转轮圣王之后,统属天下,有七宝相随。千子端正,英勇无比,天下太平,人民富足。但此王并不满足,还让天为其降金银七日七夜,天满足了他的意愿;又想扩大地盘,也得满足;又想上至须弥宝山,至忉利天处,也得满足。总之,他需要什么,只要意念一生,所需之物就到眼前。但此王还不满足,其到忉利天之后,竟不满忉利天主帝释天让给他的一半之座,想让帝释天死去,由他来代替其位,以统治天上天下。当他此念一生,随即坠入天下,病困在床,故其自悔言道:"人至死无有厌足,知厌足者少耳……至得佛道,乃厌足耳!"

佛教认为,人的欲望是产生一切罪恶的根源,作为统治天下的"转轮王",已是世俗世界的最高"果位"了,但文陀竭王还不满足,结果事与愿违,适得其反。

《贤愚经·快目王眼施品》中也讲到有一国王,名婆罗陀跋弥,治国无有法度,且生性急躁,不善思考,整日沉湎于女色之中,不理朝政,处理事情,不合情理。国有忠贤,解而不用。对边远地区的人民,加倍役使。过境商人来到此国,他强行征税,超过正常数目许多。这时,有一大臣名劳陀达劝谏国王说:"王有五事,不能安国,必招祸患,恐是不久。倘不忌讳,听臣说之。"这"五事"就是:

> 受性仓卒,少于思虑,事大不当,必致后悔;王耽荒色欲,不理
> 国事,外有枉滞,理情无处;国有忠贤,不往谘禀,则不防虑未然之
> 事;边土之民,役调烦剧,则思违背,宾属他国;商贾税夺,违于常
> 度,恶惮行来,宝货猛贵。[1]

劳陀达指出其国王的如此"五事",实即指出此国王治国时存在的5个严重问题,如果一个国王犯有以上"五事",其国无疑是要灭亡的。但婆罗陀跋弥根本无纳谏之气度,反而忿怒异常,劳陀达只好逃往他国。接着,婆罗陀跋弥王派盲婆罗门去乞求快目王的眼睛,企图害死快目王,因为快目王治国有方,得到人民的拥护,他非常嫉恨。佛经中对此类"昏王",当然持批判态度。不仅如此,佛经中还有一些对那些"昏王""恶王"采取断然措施的内容。如《贤愚经·无恼指鬘品》中所记的驳足王竟令厨师日日偷取城中儿童,杀死来食。大臣探得凶手原是国王的厨师,便奏于国王,国王竟回答说厨师是奉他的命令行事的。于是诸位大臣便在王洗浴时,率兵包围了国王,准备捕杀,国王见此,惊问大臣,大臣答言:"夫为王者,养民为事,方令厨子,杀人为食,众民呼嗟,

---

[1]《大正藏》第4册,第391页。

告情无处,不任苦酷,故欲杀王!"同品还讲到婆罗摩达王小子继王位之后,"渐近女色,淫事已深,奔逸放荡,晨夜耽荒,不能自制,遂敕国中,一切诸女,欲出行(嫁)时,先要从我(王),果乃然后,听往从夫,及诸国中,端正妇女入其意者,皆悉凌辱"。国中臣民,也在国王洗浴之时,包围了国王,王惊问原因,臣下答曰:"王违正治,淫荒过度,坏乱常俗,污辱诸家,臣等睹见,不堪忍之,故欲除王,更求贤能。"

通过这两则故事可知,佛教实际上是鼓励臣民推翻那些"昏王"的统治的。

对于那些胆敢"毁灭佛法"的"恶王",佛教的态度更为鲜明。如《大唐西域记》卷4所记之后贵霜时的"大王族"即是一个"毁窣堵波,及僧伽蓝凡一千六百所"的恶王,不但如此,他还要杀被他臣服之国的9亿信仰佛教的人民,当辅臣劝谏问其原因的时候,他还回答说:

汝(百姓)信佛法,崇重冥福,拟成佛果,广说本生,欲传我恶于未来世乎!

这个"大王族"不但毁灭佛教,破坏佛塔,还因此国百姓信仰佛教,而把其国9亿人中3亿上族杀于印度河畔,3亿中族人沉入印度河中,3亿下族人赐了士兵。但恶有恶报,等待这类"恶王"的结果是:"堕无间地狱,流传未已。"

《大方等大集经》记载了频婆娑罗王与佛陀关于未来世"恶王坏法"问题的一段问答,时佛对王说:

"大王,若未来世诸恶王等,侵夺法师,如是等物,当知是王现世,获得二十种恶:一者天不卫护,二者恶名远闻,三者亲友远离,四者怨敌增长,五者财物损耗,六者心多散乱,七者身不具足,八者不得睡眠,九者常患饥馑,十者所服饮食,变成恶毒,十一者民不爱敬,十二者邻国数侵,十三者所有眷属,不受其教,十四者秘密之事谋臣显露,十五者所有财物水火侵夺,十六者常有重病,十七者汤药不行,十八者医药不疗,十九者浆水不下,二十者常念不净,是名二十。舍是身已,寻复当生阿鼻地狱,一劫受苦。"……[频婆娑罗]王言世尊:"我今宁受地狱之身,终不受是恶王身也。"佛言:

196

"大王，今以是法，法师财物付嘱汝等有信诸王，何以故？夫法师者，即是如来法身之藏。"[1]

上引佛与频婆娑罗王的一段对白的主要内容，实际上是佛教对那些胆敢破坏佛法，特别是对那些"侵夺法师"的"恶王"提出警言！

佛典中还有不少鞭挞"恶王"的故事，此不赘举。总之，"恶王"的下场比"昏王"更惨。

总之，佛教对世俗社会的最高统治者——国王的"人格"有着很高的要求，然而，佛教并不满足于那些只能"视民如子""从容纳谏"的谦谦君子式的"守成"之君，其所理想的国王不但能"治国"，而且要能够"平天下"。佛教的"平天下"思想，主要表现在佛典中对"转轮王"的叙述和赞颂方面。

转轮王，梵文音译曰斫迦罗伐辣底曷罗阇，又作遮迦越罗等，意译为转轮圣王、转轮皇帝、转轮王、轮王，因为转轮王皆为护持佛法之皇帝，故在有些佛典中，又常以"法王"（护法之王）称之。

佛典谓转轮王有三十二相，其即位时，由天感得轮宝，其只要将轮宝转动，便可兵不血刃而统一天下，转轮王共有"七宝千子"。"七宝"除前文提到的"轮宝"之外，还有白象宝、绀马宝、神珠宝、玉女宝、典兵宝、居士（一作藏臣）宝。"千子"个个英俊魁梧，力大无比，勇敢善战。佛典中还说，转轮王出世时，天下太平，人民丰乐，寿命增长等等。

这里，应该说明的是，"转轮王"的故事在佛教未创立之前，早已流行于古印度大陆地区，佛教只是按照自己的意图吸收和改造了这些故事，为其所用。"转轮王"故事的出现，实际上是古印度次大陆人民渴望天下统一太平、人民生活幸福美满、有贤明国王当政的一种理想。佛典中众多的转轮王故事的出现，实际上也反映的是同样的理想。换言之，佛教所理想的世俗国王，不但是视民如子、从容纳谏的仁君，还必须是雄才大略、以统一天下为己任的英主，故佛典和佛教艺术中的转轮王往往以武士的形象出现。

---

[1]《大正藏》第 13 册，第 215 页。

在佛教创立之前的古代印度,邦国林立,佛陀涅槃之后,即有八国争舍利之说,此种情况似乎说明当时的印度处于战乱相伐的割据状态。在此社会背景下,人民当然希望政治上的统一,因为有了国家的统一,才有安定的社会环境和幸福美满的生活。佛教思想作为当时最先进的思想,当然反映的是当时人民的思想,并把这种思想进一步理论化,故佛典中大量出现转轮王的故事。

佛典中歌颂的转轮王不但有历史人物,也有佛在因机施教时塑造的人物。前者如阿育王、迦腻色迦等;后者如《弥陀下生经》中的佉儴王、《悲华经·大施品》中的无净念王等等。

佛教不但希望或理想现实人王都能成为以正法治国、统一天下的转轮王,还把未来之世佛法能否继续弘扬的重大问题寄托在这类国王身上,或"付嘱"正法于此类国王。

《大般涅槃经·寿命品》中即说道:

> 如来今以无上正法,付嘱诸王、大臣宰相、比丘、比丘尼、优婆塞、优婆夷。是诸国王及四部众,应当劝励诸学人等,令得增上戒定智慧,若有不学是三品法,懈怠破戒毁正法者,国王大臣四部之众应当苦治。[1]

同经《金刚品》中甚至还说:

> 若诸国王大臣长者优婆塞等,为护法故,虽持刀杖,我说是等名为持戒。[2]

由此可见,佛教不但给国王等世俗世界中的势力人物寄托了很大的希望,而且给予他们以很大权力。这就是,为了保护正法即是使用点武力也是不过分的。

《大方等大集经·宝幢分·护法品》中曾说:过去世十方诸佛,为护法破魔故,怜悯众生,施大智炬,说正法故,悉来集会娑婆世界,关心"谁可付嘱释迦佛法"之事,时释迦如来言:

---

〔1〕《大正藏》第 12 册,第 381 页。
〔2〕《大正藏》第 12 册,第 624 页。

我之正法可以付嘱频婆娑罗等诸大国王、四王、帝释、梵天王等。如是等众,能护我法。[1]

在这里,佛陀又把未来之世"护持正法"的重任首先交给了世俗社会的国王。

与此同时,佛典中也记载了许多受佛付嘱、乐于护法或勇于护法的国王。

《悲华经·大施品》中说:过去世时,有转轮王名无净念,主四天下。王有一大臣,名曰宝海,宝海有子,号曰宝藏,宝藏长大之后,出家修行,得成佛果。其成佛之后,即转法轮,次第游行城邑聚落,正好到转轮王无净念的都城安周罗城附近的阎浮园,转轮王闻宝藏佛及百千弟子来到其国,便出城至园,倾尽财力,恭敬供养佛与弟子。此外,他还宣告国中人民,尽力前来,恭敬供养佛与弟子。即是这样,转轮圣王还唯恐不及,对宝藏佛说:

世尊,我国多事,有诸不及,今我悔过,唯愿如来,久住此国。[2]

就这样,从转轮王无净念开始,他的一千儿子也同其父亲那样,一一供养佛与弟子。

《大方等无想经·如来涅槃健度》又说:王舍城中有国王名曰大精进龙王,王有夫人名曰护法,有一大臣名曰法林聚,王曾发愿说:

[释迦若]以大方便示法灭时,我当于中出家修道,受持净戒,具大势力,见有破戒行恶比丘,我当驱摈至于边方无佛法处。为正法故,不惜身命!

其大臣也接着发愿说:

释迦如来以大方便现涅槃已,我当于中,作大国王,护持如来无上正法,见恶比丘,唱令驱出。有持法者,恭敬供养。[3]

其王夫人也接着发愿等等。

---

〔1〕《大正藏》第13册,第150页。
〔2〕《大正藏》第3册,第175页。
〔3〕《大正藏》第12册,第1097页。

199

众所周知,佛教不仅有"法难"之时,还有"末法"之说,在此时期,佛法能否继续流传,仍然要看世俗国王的态度。上引两例经文,实际上是佛教对"后事"的巧妙安排或愿望。

总之,佛教对现实"人王"寄予了很高的希望或要求,要求国王无论在现在世,还是在未来世,都能护持佛法。

综上所述,大乘佛教所理想的世俗国王必须首先是能全心全意护持佛教、弘扬佛法,同时又是能统一天下、治国安民的转轮王,或曰"法王"。与此同时,现实社会的国王想做转轮王的也有不少,如中国十六国南北朝时的一些帝王,特别像隋文帝、武则天等,都明确宣称自己是转轮王。

讲到这里,还有一点要说明,这就是:大乘佛教有自己的理想王,中国传统的儒教也有自己的理想王,儒教的理想王就是文武成汤周孔之类的能修齐治平的"圣王",也就是所谓能"治国平天下"的圣王。此一点与佛教对转轮王的要求有相似之处,但儒教与佛教的最大不同之处在于:儒教所要求的"圣王"的人格几乎是完美无缺的,而佛教对转轮王的要求却不是这样,如阿育王曾有迫害父亲兄弟之嫌,阿阇世王也属此类,这些国王后来皆"放下屠刀",成为转轮王了。而儒教所宣扬"圣王",几乎毫无例外地都是严守"三纲五常"的谦谦君子,即使他们身上确有污点,也要千方百计地予以抹去,以证明此"圣王"本来就不同凡人,相比而言,儒教在此一点上是虚伪的,而佛教却显得正直和公开了。由此一点,也可以看出两教的不同。

（本文应约为台湾佛光山"历史上的佛教"专集而作,原载于《佛光文选·1992 年佛学研究论文集(台湾)》）

17 从现存文物看南朝时期
会稽地区的佛教

今绍兴地区还保存有几处重要的南朝时期的佛教文物,这在南方地区是很少见的,这些文物是:

南齐维卫尊佛造像

佛像高 60 多厘米,石胎镏金,螺旋发髻,面较方圆,深目高鼻,鼻梁通于眉际,衣纹为阶梯式,下摆密褶。结跏趺坐,施禅定印。背面刻楷书铭文三行,其文曰:"齐永明六年太岁戊辰,于吴郡敬造维卫尊佛。"

新昌大佛

在新昌县西南南明山。大佛依山崖雕成,作跏趺坐,施禅定印,着双领下垂式袈裟。面部肃穆,鼻梁通于眉际。像通高 13.23 米,现有 5 层楼外护。据文献记载(详见后文),此像历经护、俶、祐三僧的努力,积年方成。像成之后,僧祐请刘勰作了《梁建安王造剡山石城寺石像碑》一文,以记此事。《碑》中有"弥勒建像,灵证显手镌刻""慈氏鼎来,拯斯忍刹"等语,说明此造像题材为弥勒佛。刘勰所撰《碑》文及有关新昌大佛的许多较早资料至今仍存,国内外学者注意者很多,故此不赘。

千佛岩造像

新昌千佛岩造像位于半山之上。石窟群为左右毗连的大小 2 洞,大洞靠西,内壁正中为释迦坐像,右侧列千佛 6 区,左列千佛 4 区,每区纵排 10 小龛(每龛约方 30 厘米),横列 11 小龛。正中 9 小龛并一大龛,中坐一佛,佛左右二胁侍菩萨,每区共计佛像 104 尊,10 区为 1040 尊,龛内坐佛多着通肩袈裟。10 区千佛外侧各有一大护法神像,左者右手举剑,右者右手持金刚杵。两护法像虽头部无存,但衣着、项饰、帔帛及下裙仍存。据此,可知为护法天王造像。

东侧毗连小洞,与大洞布置相似,但造像较大。正中为释迦坐像。龛上莲瓣状龛楣尚清晰可辨。龛左为千佛上下 2 层,每层列 9 躯,右侧亦同,但每层列 8 躯,服饰有通肩与双领下垂两式。

绍兴地区保存的这些南齐时代的佛教文物,虽然为数不多,但不论时代还是规模,在南方地区是不多见的。这只能用南朝时期这一地区的佛教极为兴盛来说明之。

绍兴,古称会稽。有史以来,便为名人辈出、文化荟萃之地,其又以山清水秀而闻名于世。东晋南朝时期,这里又成为高僧辈出之地,同时亦为佛教僧侣向往和游巡的重点地区之一。

《高僧传》卷 5《竺法旷传》载:高僧竺法旷在"晋兴宁中,东游禹穴,观瞩山水。始投若耶之孤潭,欲依岩傍岭,栖闲养志,郗超、谢庆绪并结交尘外。时东土多遇疫疾,旷既少习慈悲,兼善神咒。遂游行村里,拯救危急,乃出邑止昌原寺,百姓疾者,多祈之致效"。[1]

上文所言"禹穴",即今浙江绍兴宛委山,现绍兴大禹陵前有"禹穴亭"即指此。所言"若耶",亦为地名,在今浙江绍兴南 20 里。法旷在这里给当地人传教疗疾,连郗超、谢庆绪这样的人都与之交往,足见其影响之大。这是见于佛籍中最早活动于绍兴一带的高僧之一。

又有高僧竺道壹,吴(今苏州)人,东晋太和时在建康瓦官寺活动,其"思彻渊深,讲倾都邑",为晋简文帝深所知重。时若耶山(同上)有帛道猷者,本姓冯,山阴(今浙江绍兴)人,少以篇牍著称。性率素,好丘壑,一吟一咏,有濠上之风。曾与道壹有讲筵之遇,后给道壹写信说:"始得优游山林之下,纵心孔释之书,触兴为诗,陵峰采药,服饵蠲痾,乐有余也。但不与足下同日,以此为恨耳。"信中又附诗曰:"连峰数千里,修林带平津。云过远山翳,风至梗荒榛。茅茨隐不见,鸡鸣知有人。闲步践其迳,处处见遗薪。始知百代下,故有上皇民。"道壹接到道猷的信后,东行若耶溪(在浙江绍兴若耶山下,北流入镜湖),与道猷相会,定于林下之交。不久,郡守王荟于山阴城西起嘉祥寺,以道壹风德

---

〔1〕〔梁〕释慧皎撰,汤用彤校注:《高僧传》卷 5《竺法旷传》,中华书局 1992 年版,第 205 页。

高远,请居僧首。道壹于是在此寺造金牒佛像等。因道壹博通内外,又律行清严,故四远僧尼,咸依附谘禀,时人号曰"九州都维那"。[1]

以上道壹与道猷二位,也是早期活动于绍兴一带的高僧。道猷诗中反映的内容,应是对绍兴若耶山一带自然景观与人文历史的描写,道壹有感于信中描写的内容,毅然离开了繁华的京城,来到此地修行。"四远僧尼,咸依附谘禀",可知其在绍兴一带的活动是很成功的。

《高僧传》卷5《释慧虔传》载:释慧虔,姓皇甫,北地人。先在庐山活动十有余年,志业殊胜,道俗敬慕。后游吴越,以晋义熙之初,投山阴嘉祥寺修行。五年后患疾,自知必尽,祈观世音而逝。传说当时山阴北寺有净严尼姑,宿德有戒行,时曾夜梦观世音从西廊门入,说其"往嘉祥寺迎[慧]虔公"。[2] 又有高僧竺法纯,未详何许人。少出家,止山阴显义寺。苦行有德,善诵古《维摩经》。晋元兴中,为寺办事乘船还时,在湖中遇风,一心念观世音,俄见大船漂来,乘之获免。及登岸,船忽不见,道俗称奇。[3]

《高僧传》所载的此种内容,神化成分很浓,但其无疑反映的是早期"观音信仰"在绍兴一带流行的情况。慧虔在山阴嘉祥寺"克己导物,苦身率众,凡诸新经,皆书写讲说",说明其在此地弘扬佛教的活动是身体力行的。此外,从"山阴北寺有净严尼姑"等内容来看,绍兴地区当时已有不少出家的女尼。

值得注意的是,东晋时的著名高僧支遁、竺法潜等也在会稽、嵊县一带活动过。

支遁,字道林,本姓关氏,陈留(今河南陈留县)人,或云河东林虑(今河南林县)人。早先隐居余杭山,深思《道行般若经》,后还吴,立支山寺,不久,又入剡山。王羲之时在会稽,请其住本郡灵嘉寺。不久,又回剡山沃州小岭立寺行道,僧众百余,常随禀学。晚又移住剡之石城

〔1〕〔梁〕释慧皎撰,汤用彤校注:《高僧传》卷5《竺道壹传》,中华书局1992年版,第206-207页。

〔2〕〔梁〕释慧皎撰,汤用彤校注:《高僧传》卷5《释慧虔传》,中华书局1992年版,第209页。

〔3〕详见〔梁〕释慧皎撰,汤用彤校注:《高僧传》卷12《竺法纯传》,中华书局1992年版,第460页。

山,立栖光寺,宴坐山门,游心禅苑。注《安般》《四禅》,撰《即色游玄论》等。又止山阴,讲《维摩经》。晋哀帝时,频遣两使,征请进京,止东安寺讲《道行般若》,白黑钦崇,朝野悦服。3 年之后,又回剡山。东晋太和元年(366)卒。享年 53 岁。[1]

在鸠摩罗什入关之前,在中国佛教史上起了重要作用的高僧,北方是道安,江南是支遁。道安制戒经,撰经录,培养了以慧远为代表的一批弟子,为中国佛教的发展作出了很大贡献。而支遁精通老庄,擅长清谈,频交名士,在南方上层社会弘传佛教,建立了"即色派",使大乘般若空宗的理论更为人们熟知,同时,其也很注重禅观和戒律,对中国佛教的贡献,特别是佛教哲学方面的贡献,比前者有过之而无不及。

支遁的著作很多,有《即色游玄论》《圣不辨知论》《道行旨归》《学道诫》《释朦论》《切悟章》《文翰集》等。在陆澄撰《法论目录》中除上列各书外,还列举了《辨著论》《辨三乘论》等。现仅有《大小品对比要抄序》和《即色妙观章》《逍遥论》《与高丽道人论竺法琛书》等篇段存留。

总之,支循在早期中国佛教史上的地位是很突出的,然而,养育他的是当时佛教发达的会稽、剡地。

与支遁同时活动于剡山一带的高僧还有许多,这里最值得提到的是竺道潜和于法开等人。

竺道潜,字法深,姓王,琅邪人。东晋丞相王敦之弟。年 18 出家,事中州刘元真为师。年 24 时,讲《法华经》及《大品般若经》,听者常有数百人。"永嘉之乱"后,竺道潜南下建康,受到东晋元帝、明帝及丞相王导、太尉庾亮的敬重。后又至剡县仰山,逍遥林阜,以毕余年。支遁曾遣使求买仰山侧沃湖小岭,潜答云:"欲来辄给,岂闻巢、由买山而隐。"遁深敬之,与高丽道人写信说:"上坐竺法深,中州刘公之弟子。体德贞时,道俗论综,往在京邑,维持法纲,内外具瞻,弘道之匠也。"可

[1]详见〔梁〕释慧皎撰,汤用彤校注:《高僧传》卷 4《支遁传》,中华书局 1992 年版,第 159 - 165 页。

见活动于会稽、剡山的这两位高僧的交情是很深厚的。晋哀帝时,曾两次遣使,请竺道潜赴建康讲《放光般若经》。此外,其还接受过会稽王司马昱即后来简文帝的归依,并与清谈界名士刘惔结交。孝武帝就他放弃成为宰相的机会,宁愿出家隐居深山弘扬佛法的行动而很感叹,故在其去世后,捐钱10万,以治后事。孙绰在《道贤论》中,把竺道潜与竹林七贤的刘伶相比。弟子竺法济为他著《高逸沙门传》。与竺道潜同时活动在仰山的还有竺法友,其曾立剡县城南法台寺等[1]。

于法开,不知何许人。事于法兰为弟子。深思孤发,独见言表,善《放光》及《法华》,又祖述耆婆,妙通医法。住剡石城山,续修元华寺,后移白山灵鹫寺,每与支遁争即色空义。

开有弟子法威,清悟有枢辩。路经山阴(今浙江绍兴),正值支遁讲《小品般若》,威攻难数番,支遁遂屈。至晋哀帝时,累被征诏,乃出京讲《放光般若经》[2]。

以上几人,皆是与支遁有过来往的高僧,特别后两人,在佛教观点方面,可能与支遁不同。前者与支遁辩论过"色空"之义;后者路经绍兴,听支遁在此地讲《小品般若》,问难数番,使支循理屈。此种情况无疑反映了当时绍兴地区佛教讲经之盛和"义学"的发达。

此外,当时活动于剡地的高僧竺法崇、释道宝和于法兰也是几个值得注意的人物。

竺法崇,未详何人。少入道,以戒节见称。又敏而好学,笃志经咒,尤长《法华》一教。后止剡县葛岘山,茅庵涧饮,取欣禅慧。东瓯学者,竞往凑焉。后卒于山寺。

时剡东仰山有释道宝者,本姓王,琅邪人,晋丞相王导之弟。弱年信悟,避世辞荣,亲旧谏止,莫之能制。出家修行,学行皆显[3]。

〔1〕详见〔梁〕释慧皎撰,汤用彤校注:《高僧传》卷4《竺道潜传》,中华书局1992年版,第156－158页。

〔2〕详见〔梁〕释慧皎撰,汤用彤校注:《高僧传》卷4《于法开传》,中华书局1992年版,第167－168页。

〔3〕详见〔梁〕释慧皎撰,汤用彤校注:《高僧传》卷4《竺法崇传》,中华书局1992年版,第170－171页。

于法兰,高阳(今河北高阳县)人。道振三河,名流四远。性好山泉,多处岩壑。后闻江东山水,剡县(今浙江嵊县)称奇,乃东游至此,住石城山,居元华寺。居剡不久,感叹而曰:"大法虽兴,经道多阙,若一闻圆教,夕死可也。"遂想通过海道向西域取经,至交州(在今广东)遇疾,卒于象林(在今越南境内)。[1]

宋齐之代,活动在绍兴一带的僧人更多。如:释僧柔,姓陶,丹阳人。后出家为弘称弟子。弘称学通经论,声誉早彰,柔从其学后,精勤戒品,委曲禅慧,方等众经,大小诸部,皆徹鉴玄源,洞尽宗要。年过弱冠,便登讲席。后东游禹穴,值慧基法师招停城傍,一夏讲论。后入剡白山灵鹫寺(应在今浙江嵊县)。[2]

这又是一位在绍兴一带讲经的高僧。

释慧基,吴国钱塘人。初依建康祇洹慧义法师,至年十五,慧义嘉其神采,请求宋文帝准其出家。其出家时,帝亲临幸。慧基出家后,历行清苦,学兼昏晓,解洞群经,后有西域法师僧伽跋摩弘赞禅律,来游宋境,慧义令慧基入室供事。年满二十,在蔡州受戒。跋摩对基曰:"汝当道王江东,不须久留京邑。"于是四五年中,游历讲肆,备访众师。其师慧义亡后,资生杂物,近盈百万,按常规慧基应获其中一半,但其全部施舍,唯取衣钵东归,止钱塘显明寺。不久,其又进至会稽,止山阴法华寺。其在此地活动时,"尚学之徒,追踪问道"。于是遍历三吴,讲宣经教,学徒至者,千有余人。宋太宗遣使迎请,称疾不行。元徽中,复被征诏,始行过浙水,因病而还。又于会稽龟山立宝林精舍。手垒砖石,躬自指挥,架悬乘险,制极山状。初立三层,匠人小拙,后无震毁坏,更加修饰,遂穷其丽美。据说慧基常梦见普贤,因请为和上。及寺成之后,造普贤并六牙白象之形,即于宝林设三七斋忏。其设斋时,士庶鳞集,献奉相仍。后名士周颙莅剡(应在今嵊县),请慧基说法,颙素有学功,

〔1〕详见〔梁〕释慧皎撰,汤用彤校注:《高僧传》卷4《于法兰传》,中华书局1992年版,第166－167页。

〔2〕详见〔梁〕释慧皎撰,汤用彤校注:《高僧传》卷8《释僧柔传》,中华书局1992年版,第322－323页。

特深佛理,拜访基时,日有异新。又有名士刘瓛、张融等并申以师礼,崇其义训。司徒文宣王也钦其风德,致书殷勤,访以《法华》宗旨,乃著《法华义疏》,凡有 3 卷。又制《门训义序》33 种,并略申方便旨趣,会通空有二宗,又注《遗教》等经,并行于世。因慧基的德学和才能遍及三吴,声驰海内,后被朝廷"敕为僧主,掌任十城,盖东土僧正之始也"。其在任时,从容讲道,训厉禅慧,四远从风,五众归仪。慧基于南齐建武三年(496)冬十一月,85 岁时卒于会稽城傍寺,葬于法华山南。特进何胤,为造碑文于宝林寺,铭其遗德。[1]

从以上内容看,慧基曾以绍兴为基地,在此弘法并影响了三吴地区,其"学徒至者,千有余人",宋太宗甚至遣使迎请,可见其影响之大。这里特别应提出的是,慧基曾被当时朝廷敕为僧主,掌任十城,东土僧正之职,由此开始,可见绍兴当时实际上是三吴地区的佛教中心。此外,其在会稽龟山所立的宝林精舍(慧基逝世后,何胤所造碑也在此寺),造普贤并六牙白象等也是有关方面今后应时刻关注的。

除慧基等人之外,时活动于会稽、剡地的高僧还有很多,他们当时的地位和影响虽不及慧基,但也有很多引人注意的地方。如:

释僧翼,本吴兴余杭人。少而信悟,早有绝尘之操,初出家,止庐山寺,依慧远修学。晚适关中,复师鸠摩罗什,经律数论,并皆参涉,又诵《法华》一部。以晋义熙十三年(417)与同志昙学沙门,俱游会稽,履访山水,至秦望(指秦望山)西北,见五岫骈峰,有耆阇之状,乃结草成庵,称曰"法华精舍"。太守孟顗,富阳人陈载,并倾心挹德,赞助成功。翼蔬食涧饮三十余年,以宋元嘉二十七年(450)卒,春秋 70。时人立碑山寺,旌其遗德,会稽孔逭制文。翼同游昙学沙门,后移至秦望之北,居地号曰乐林精舍。

当时还有释道敬,为王羲之曾孙,避世出家,情爱丘壑,栖于若耶

〔1〕详见〔梁〕释慧皎撰,汤用彤校注:《高僧传》卷 8《释慧基传》,中华书局 1992 年版,第 323—325 页。

山,立悬溜精舍。[1]

释昙颖,会稽人。少出家,谨于戒行,诵经10余万言,止长干寺。性恭俭,唯以善诱为先。故嘱意宣唱,天然独绝。凡要请者,皆贵贱均赴,贫富一揆。张畅闻而叹曰:"辞吐流便,足腾远理。"颖尝患癣疮,积治不余,房内恒供养一观世音像,晨夕礼拜,求差此疾。宋太宰江夏王义恭最所知重。后卒于所住,年81。[2]

释昙光,会稽人。随师止江陵长沙寺。性喜事五经诗赋,及算数卜筮,无不贯解。年将30,喟然叹曰:"吾从来所习,皆是俗事。佛法深理,未染一毫,岂剪落所宜耶?"乃屏旧业,听诸经论,识悟过人,一闻便达。后还止建业灵味寺。宋明帝于湘宫设会,闻光唱导。帝颇称善,敕三衣瓶钵。后卒于寺中,年65。[3]

释法慧,本姓夏侯氏。少而秉志精苦,律行冰严。以宋大明之末,东游禹穴,隐于天柱山(浙江绍兴宛委山)寺,诵《法华》一部。蔬食布衣,志耽人外,居阁不下30余年。王侯税驾,止拜房而返。唯汝南周颙,以信解兼深,特与相接。以齐建武二年(495)卒于山寺,春秋八十有五。[4]

当时若耶悬溜山(在今浙江绍兴南)有释昙游者,亦蔬食诵经,苦行为业。

释超辩,姓张,敦煌人。幼而神悟孤发,履操深沉。诵《法华》《金刚般若》。闻京师(建业,今南京)盛于佛法,乃越自西河,路由巴楚,达于建业。顷之,东适吴越,观瞩山水,停山阴(今浙江绍兴)城傍寺少时。后还都,止定林上寺。诵《法华》日限一遍,心敏口从,恒有余力,礼千佛,凡150余万拜,足不出门20余载。以齐永明十年(492)终于山寺,春秋七十有三。葬于寺南,沙门僧祐为造碑墓所,东莞刘勰制文。[1]

释弘明,本姓嬴,会稽山阴人。少出家,贞苦有戒节,止山阴云门寺。诵《法华》,习禅定。于云门寺坐禅,虎来入室,伏于床前,见明端然不动,久之乃去。后于永兴(古址在今萧山县西)石姥岩入定。又住永兴昭玄寺和柏林寺等。明在此地训励禅戒,门人成列。至齐永明四年(486)以 84 岁的高龄去世。[2]

释道琳,本会稽山阴人。少出家,有戒行。善《涅槃》《法华》,诵《净名经》,吴国张绪礼事之。后居富阳县林泉寺。梁天监十八年(519)卒,春秋七十有三。[3]

释智顺,本姓徐,琅邪人(今山东临沂人),年 15 出家,事钟山延贤寺智度为师。后专治《涅槃》《成实》。"讲说众徒,常数百余人……齐竟陵文宣王特礼异,为修治城寺以居之。司空徐孝嗣亦崇其行解,奉以师敬……后东游禹穴,止云门[山]精舍。法轮之盛,复见江左。"[4]

释慧集,本姓钱,吴兴于潜人。年 18 于会稽乐林山出家,随慧基(详见前文)法师受业。其学以《大毗婆沙》及《杂心》为最。于《毗昙》一部,擅步当时,凡硕难坚疑,并为披释。海内学宾,无不必至,每一开讲,负帙千人。[5]

释昙斐,本姓王,会稽剡人。少出家,受业于慧基(详见前文)法师。方等深经,皆所综达,老庄儒墨,颇亦披览,后东西禀访,备穷经论。居于乡邑法华台寺,讲说相仍,学徒成列。神情爽发,志用清玄,故于

〔1〕详见〔梁〕释慧皎撰,汤用彤校注:《高僧传》卷 12《释超辩传》,中华书局 1992 年版,第 471 页。

〔2〕详见〔梁〕释慧皎撰,汤用彤校注:《高僧传》卷 12《释弘明传》,中华书局 1992 年版,第 468－469 页。

〔3〕详见〔梁〕释慧皎撰,汤用彤校注:《高僧传》卷 12《释道琳传》,中华书局 1992 年版,第 474－475 页。

〔4〕详见〔梁〕释慧皎撰,汤用彤校注:《高僧传》卷 8《释智顺传》,中华书局 1992 年版,第 335－336 页。

〔5〕详见〔梁〕释慧皎撰,汤用彤校注:《高僧传》卷 8《释慧集传》,中华书局 1992 年版,第 341 页。

·欧·亚·历·史·文·化·文·库·

《小品》《净名》,尤成独步。谈吐蕴藉,辞辩高华,席上之风,见重当代。名士远挹,并结知音。又曾被敕为十城僧主,未就而卒(于梁天监十七年)。

斐同南岩寺有沙门法藏,亦以戒素见称,喜放救生命,兴立图像等。[1]

以上高僧,有些是外地来会稽活动的,但多数为会稽人,他们或以讲经论道,以"义学"见长,或入定为先,以"禅学"为重,其许多人实际上代表了当时的最高佛学水准。他们交接王侯士人,化导俗民,造庵立寺,其活动的地点多为会稽、剡山之地。

还有,这些高僧中会稽郡人很多,说明当时会稽确是一个高僧辈出的地方。与此同时,也有不少外地高僧来会稽活动者,甚至有北方另外一个佛教圣地——敦煌来的高僧。这种情况充分说明了当时会稽佛教的盛况。

这里,还要提及南朝后期(主要活动于梁时)出现的几位会稽高僧。一个是与凿造新昌大佛有关的僧护;一个是佛教史学家,曾撰《高僧传》等重要佛教史籍的慧皎。

释僧护,本会稽人。少出家,后居石城山隐岳寺(今浙江新昌境)。寺北有青壁,直上数十余丈,中央有如佛焰光之形。上有丛树,曲干垂阴。护每经行至壁所,辄见光明焕炳,闻弦管歌赞之声。于是擎炉发誓,愿博山镌造十丈石佛,以敬拟弥勒千尺之容,使凡厥有缘,同睹三会。以齐建武中,招结道俗,初就雕剪。疏凿移年,仅成面朴。顷之,护构疾而亡。临终誓曰:"吾之所造,本不期一生成办。第二身中,其原克果。"后有沙门僧淑,承袭遗功,而资力莫由,未获成遂。至梁天监六年(507),有始丰令吴郡陆咸,罢邑还国,夜宿剡溪,感梦三道人来告,令建安王支持大佛的修造,咸即驰启,王即以奏上,敕僧祐律师,专任像事。王乃深信益加,喜踊充遍,抽舍金贝,誓取成毕。初,僧护所创此

---

[1]详见[梁]释慧皎撰,汤用彤校注:《高僧传》卷8《释昙斐传》,中华书局1992年版,第341—342页。

像,凿龛过浅,乃铲入五丈,更施顶髻,及身相克成,莹磨将毕。夜中忽当万字处,色赤而隆起。今像胸万字处,犹不施金镈,而赤色在焉。像以天监十二年(513)春就功,至十五年春竟。坐躯高5丈,立形10丈,龛前架3层台,又造门阁殿堂,并立众基业,以充供养。其四远士庶,并提挟香华,万里来集。供施往还,轨迹填委。[1]

这段文献,对于研究新昌大佛的开凿历史和造像题材等具体问题是不可多得的珍贵资料。

释慧皎,会稽上虞人。通学内外,博通经律,住嘉祥寺。春夏弘法,秋冬著述。特别是其所撰《高僧传》等著作,有誉后代,至今仍传。[2]

与慧皎同时代人释慧荣,姓顾氏,会稽山阴人。梁高祖大通年间,辞亲听法至彭城。30年后,讲经弘法,声称弥远。有"禹穴慧荣,江东独步"之说。50岁时,还至故乡,给本邑道俗讲法。[3]

总之,以上资料均说明,会稽地区当时确是一个高僧辈出、游僧成列,佛教极为兴盛的地区,实际上是三吴地区的佛教中心。这种情况当然是会推动该地的造像立寺之风。在以上所涉及的有关文献中,曾出现了不少佛教寺院名称,如:山阴城西嘉祥寺、山阴北寺、山阴显义寺、会稽灵嘉寺、剡之石城山栖光寺、石城山元华寺、剡之白山灵鹫寺、山阴法华寺、会稽龟山宝林精舍、会稽城傍寺、会稽若耶山精舍、山阴云门寺、永兴(今浙江萧山)昭玄寺和柏林寺、富阳林泉寺、石城山隐岳寺等等,这些寺院中的某些寺名虽有可能因时代变易而改动,但其无疑反映了当时的会稽、剡地有很多佛教寺院的情况。众所周知,立寺造像是做佛教功德的一个重要方面。正因如此,我们对会稽地区还保留如此重要的南朝造像就不难理解了。

(本文与彭云合作,原载于《敦煌学辑刊》1998年第1期)

---

〔1〕详见〔梁〕释慧皎撰,汤用彤校注:《高僧传》卷13《释僧护传》,中华书局1992年版,第490 – 492页。

〔2〕详见《续高僧传》卷6《释慧皎传》,见《大正藏》第50册,第471页。

〔3〕详见《续高僧传》卷8《释慧荣传》,见《大正藏》第50册,第487 – 488页。

18　六朝时期的江左禅学

　　研究魏晋南北朝佛教者,常有"南义北禅"之说,并以此作为当时中国南北方的佛教特点之一。又有研究中国佛教艺术者,以北方保存佛教石窟较多为由(因石窟的功用之一是修禅),而进一步论证北方禅学兴盛,南方则反之。但笔者近来发现,南方同样大盛禅学,有时甚至比北方更盛。

　　众所周知,三国时,康僧会即在建业(南京)注过《安般守意经》,并为之作序。此经为东汉安世高所译,是讲佛教禅观的重要著作,其主要内容为用"数息"(记住呼吸的次数)的方法,使分散浮躁的精神专注一境,即所谓进入"禅定意境"等。康僧会的《安般守意经序》用"四禅""六事"对此作了概括。[1] 所谓"四禅",是指"安般守意"过程中的四个阶段;所谓"六事",是指数息、相随、止、观、还、净,即对安般守意过程中提出的不同要求。此"六事"还必须同"四禅"配合方可运作。如能以此修行,还可达"神通"之境,也就是康僧会在《经序》中所说的:

　　　　得安般行者,厥心即明,举眼所观,无幽不睹。往无数劫,方来之事,人物所更,现在诸刹。其中所有世尊法化,弟之诵习,无退不见,无声不闻。悦惚仿佛,存亡自由,大弥八极,细贯毛厘,制天地,住寿命,猛神德,坏天兵,动三千,移诸刹,入不思议,非梵所测。

　　由此可见,康僧会不但把印度传来的禅法夸大到了无以复加的地步,同时亦把其神秘化了。这种"以禅成仙"的"神通之术",实际杂糅了中国传统的神仙思想,而当时吴国控制的南方地区,神仙思想是具有悠久历史的。

---

　　〔1〕〔梁〕释僧祐撰,苏晋仁、萧錬子点校:《出三藏记集》卷6,中华书局1995年版,第242页;参见任继愈主编:《中国佛教史》第一卷,中国社会科学出版社1985年版,第304-305页。

西晋末年的大乱,使得不少北方僧人南奔江左,其中也有一些禅学僧人。

竺僧显,本姓付氏,北地人,贞苦善戒节,蔬食诵经,业禅为务,常行头陀,数日入禅,亦无饥色。十六国时,刘曜攻西京,北方奔乱,僧显遂以晋太兴之末,南下江左,游历名山,修己恒业。后遇疾病,观想西方,〔于禅定中〕见无量寿佛。[1]

东晋时,又有支遁,先至建业,后隐居余姚,又至剡地,晚年移至石城山,立栖光寺,宴坐山门,游心禅苑,注《安般》《四禅》等。[2]

支遁注释的《四禅》,应为佛教中所说的"四禅定",此为中国早期佛教治惑(断除烦恼)、生诸功德的四种基本禅定。据说,修此四禅后可生于色界四禅天。"四禅"即从一禅至四禅,逐次发展,形成四种不同的精神境界。总的特点是离欲界感受,而与色界的感受相应,其目的是通过修习,达到"不苦不乐"的状态。

支遁在南方注《四禅》,并在浙江余姚、嵊县一带进行实践,这是很值得注意的一件事情。

稍后,又有"少以禅律驰名"的西域高僧佛驮跋陀罗从关中转辗至南方,受刘裕之请至建业道场寺传法。时有沙门宝林书曰:"斗场禅师,甚有大心,便是天竺王〔弼〕、何〔宴〕,风流人也!"其在南方还曾翻译过不少佛经,其中的《观佛三昧海经》即是修习"禅观"的重要典籍。此经讲释"观佛"种种相好和功德,谓三昧(定)成就,则佛来显等等。[3]

值得注意的是,佛驮跋陀罗还被当时的中国士人称之为"天竺王、何"。这里的王,应指王弼;何,应指何宴。王、何二人,皆魏晋时期的玄学清谈家,其共同的哲学观点是"以无为本",政治上主张"无为而

---

〔1〕见〔梁〕释慧皎撰,汤用彤校注:《高僧传》卷11《竺僧显传》,中华书局1992年版,第401页。

〔2〕见〔梁〕释慧皎撰,汤用彤校注:《高僧传》卷4《支遁传》,中华书局1992年版,第159 – 164页

〔3〕见〔梁〕释慧皎撰,汤用彤校注:《高僧传》卷2《佛驮跋陀罗传》,中华书局1992年版,第69 – 73页。

治"。早期禅修,栖身林泉,忘我离欲,追求一种"不苦不乐"的境界。这样,就很容易使人们把禅、玄两者联系在一起。此种比喻实际上反映了当时中国士人对从印度传来的禅学的认识程度。

公元439年,建立在我们西部河西走廊的佛教之国——北凉被北魏灭亡,因为北凉以前同南方保持着密切的关系和北魏太武帝灭佛之心渐显的形势,河西的不少佛教人物南奔江左,其中值得注意的是北凉王沮渠蒙逊的从弟沮渠京声南奔刘宋,在南方继续译注一事。先是,沮渠京声曾西渡流沙至于阗(今新疆和田),在瞿摩帝大寺遇到过天竺高僧佛陀斯那,并向其问道,佛陀斯那本学大乘,不但能"诵半亿偈",而且"明了禅法",故被西域诸国称为"人中师子"。沮渠京声从其受《禅秘要治禅病经》。回到河西之后,译出此经。其南奔刘宋之后,受到南朝竹园寺慧睿尼的请求,又重译此经。[1]

从印度传来的修禅方法,主要是用"数息""观想"等方法促使人们将分散浮躁的思想集中起来,以去掉杂念。但由于各人心境和身体条件不同,在修习过程中,往往会出现"偏差"。故常有一些"积年禅观而不能自了"的人[2],这种情况就是"禅病"。沮渠京声所译此经,就是专讲"治禅病"的。

当时的南朝如西域、河西一样,"禅病"是很流行的。这种情况实际上是当时南方禅学盛行的反映。

南方禅学兴盛之地,以天台、四明山左右的始丰(天台县)、剡县(嵊州市)、鄞县(鄞州)、会稽(绍兴)等地区最为突出。天台、四明地区山清水秀,人文荟萃,不但沉积有深厚的传统文化,同时也是外来的佛教所理想的修禅之地。上文所提到的支遁,就曾来此修禅。此后,又有不少禅僧接踵而来。如:

罽宾人昙摩密多,从西域到敦煌,建立精舍修行。不久,又至凉州,修葺堂宇,率众修禅,"学徒济济,禅业甚盛"。但其一直向往江左之

---

〔1〕〔梁〕释慧皎撰,汤用彤校注:《高僧传》卷2《昙无谶传》附《安阳侯沮渠京声传》,中华书局1992年版,第76-81页。

〔2〕〔梁〕释慧皎撰,汤用彤校注:《高僧传》卷3《智严传》,中华书局1992年版,第100页。

地,遂于宋元嘉元年(424)从凉州至蜀地,又至荆州长沙寺"造立禅阁",祈请舍利子。不久,顺流而下至建业传法,连宋文哀皇后及皇太子、公主等也闻而前往听法。其又于祇洹寺译出《禅经》《禅法要》等,"常以禅道教授,或千里谘受,四辈远近皆号大禅师焉"。会稽太守孟顗,深信正法,素好禅昧,请其行化浙右,于鄮县(今鄞州区)之山建立塔寺。此地事先盛行巫祝,经县摩密多化导,"比屋归正",后又回建业,立定林上寺。有弟子达禅师后来接着弘扬其教,声震道俗。[1]

帛僧光,或云昙光,未详何许人也。少亦习禅业。东晋永和初年,游于江东,投于剡地石城山,当地人谓此山中有猛兽恶神,僧光毫无惧色,在山南一石室中安详合掌。僧传谓其后来曾梦山神"自言移往章安县寒石山住",把自己的石室让给了僧光。这种记载,似乎反映了这位外来的禅僧,排挤了原来住在此石室修行的道教"山神"。僧光在此地修行之后,"道俗宗事,乐禅来学者,起茅茨于室侧,渐成寺舍,因名隐岳"。[2] 由此看来,僧光与嵊县石城山的禅学及寺院的兴起有密切关系。

竺昙猷,或云法猷,敦煌人。少苦行,习禅定,后游于江左,止剡之石城山,乞食坐禅。后移居始丰(天台县)赤城山石室坐禅。一日山神谓其曰:"法师威德即重,来至此山,弟子辄推室以相奉。"猷曰:"贫道寻山,愿得相值,何不共住?"神曰:"弟子无为不尔,但部属未洽法化,卒难制语。远人来住,或相侵触,人神道异,是以去耳。"猷曰:"本是何神,居之久近,欲移何处去耶?"神曰:"弟子夏帝之子,居此山二千余年。寒石山是家舅所治,当往彼住。"不久,此山神便回到了山阴庙。

这段故事,实际上又反映了一件外来的佛教禅僧占据修行"无为"之术的道教山神地盘的事实。"赤城岩与天台瀑布、灵溪四明,并相连属",皆为风景优美、林溪交映的修行胜地。中国传统的道教可能早就占据了此地,但随着佛教的兴盛,不得不让位于禅僧了。

---

〔1〕〔梁〕释慧皎撰,汤用彤校注:《高僧传》卷3《昙摩密多传》,中华书局1992年版,第120-122页。

〔2〕〔梁〕释慧皎撰,汤用彤校注:《高僧传》卷11《帛僧光传》,中华书局1992年版,第402页。

《竺昙猷传》又谓:猷于赤城山上"抟石做梯,升岩宴坐,接竹传水,以供常用,禅学造者,十有余人",连王羲之这样的人物,也"闻而故往,仰峰高挹,致敬而返"。[1]

竺昙猷后来还上天台山,欲渡石梁飞瀑。时又有慧开、慧真等,亦善禅业,入余姚灵密山,各造方丈禅龛修行。

支昙兰,青州人,蔬食乐禅,诵经30万言。晋太元中游剡,后往始丰赤城山,见一处林泉清旷之地而居之。其居山中数日之后,也"忽见一人,长大数[丈],呵兰[支昙]令离去,又见诸异形禽兽数以恐[支昙]兰",而支昙兰面对这些威胁,仍能泰然处之,毫无惧色,此人见支昙兰如此,只好往珠欺王处。此事过后3年,支昙兰"忽闻车骑隐隐,从者弥峰",有一人着帻,自称珠欺王,同来者妻子男女等23人,皆形貌端正,与常人不同。他们自言王乐安县韦乡山,久仰支昙兰,举家来投,乞受归戒。支昙兰即为他们传法,其受法之后,辞别而去。此时,"鸣箫吹动,响震山谷"。从兰修禅的十数人,都见到了此等异事。[2]

《高僧传》中对支昙兰的上段记载,带有不少神化色彩,但如去其不实成分,仍可看出,支昙兰到赤城山修禅之时,还遇到过当地"外道"的为难,但后来这些"外道"皆皈依了他,如果再结合随从兰修禅的"禅众十余"等情况来看,当时在天台南门的赤城山修禅的僧人是很多的。

释僧从,未详何人,其人"秉性虚静",也曾"隐居始丰(今浙江天台)瀑布山"修禅。《高僧传》本传谓其"学兼内外,精修五门,不服五谷,唯饵枣栗。年垂百岁,而气力休强,礼诵无辍"。其还与隐士褚伯玉成为林下之交,每与论说道义等。[3]

褚伯玉,《南齐书》有传,史言其为吴郡钱塘人,"少有隐操,寡嗜欲",18岁时,父为其娶妻,妻前门入,其从后门出。后往剡地,又居[天台]瀑布山,其性耐寒暑,在山30余年,隔绝人物,不与世交,驰名当时。

〔1〕〔梁〕释慧皎撰,汤用彤校注:《高僧传》卷11《竺昙猷传》,中华书局1992年版,第403-405页。

〔2〕〔梁〕释慧皎撰,汤用彤校注:《高僧传》卷11《支昙兰传》,中华书局1992年版,第407-408页。

〔3〕〔梁〕释慧皎撰,汤用彤校注:《高僧传》卷11《释僧从传》,中华书局1992年版,第417页。

朝中士族权贵,多慕名欲交。宋孝建二年,散骑常侍乐询行风俗,给朝廷上表,推荐伯玉,加征聘为本州义曹从事,伯玉不就。齐太祖即位后,手召吴、会二郡,以礼迎遣,又辞疾不肯,齐太祖不想违背伯玉的意志,令于剡白石山立太平馆,请伯玉居之。[1]

僧从为"秉性虚静"的禅学高僧,伯玉属"少有隐操,寡嗜欲"的道教隐士,两者虽各不同,但在修行方法上却有相通之处,故《高僧传·僧从传》中说其与褚伯玉"为林下之交"应是有根据的。从另一个方面讲,此也多少反映了早期禅学与中国传统的道教的修行方法方面的交融情况。

释慧明,康居人。南朝齐建元中,亦与沙门共登赤城山。其至赤城山后,见"猷公尸骸不朽,而禅室荒芜,高纵不继,乃雇人开剪,更立堂室,造卧佛并猷公像"。自己则"栖心禅诵,毕命枯槁"。齐竟陵文宣王闻风敬仰,3次遣使,殷勤敦请,乃暂至建业。至后,竟陵文宣王敬以师礼。不久,又苦辞欲还赤诚山。竟陵王苦留不住,只好资给发遣。齐建武末,卒于山中,春秋70岁。[2]

释弘明,本姓嬴,会稽山阴人。少出家,贞苦有戒节,止山阴云门寺,诵《法华》,习禅定,精勤礼忏,六时不辍。《高僧传》谓其常与云门寺坐禅,虎来室内,伏于床前,见明端然不动,久之乃去。后又于永兴(今萧山县西)石姥岩入定,又有山精前来烦恼,被弘明一一降伏。

宋元嘉中,郡守平昌孟顗重其真素,请其出山,住道树精舍;济阳汇总于永兴邑立昭玄寺,请明往住;大明末,陶里董氏又为明于村立柏林寺,要[弘]明还止。释弘明在这些地方,"训勖禅戒,门人成列",以齐永明四年(486)卒于柏林寺,春秋八十有四。[3]

由贵族官僚多次供请、其"门人成列"的情况来看,弘明在此地传播禅法的活动是很成功的。

---

〔1〕详见《南齐书》卷54,中华书局1992年版,第926-927页。

〔2〕〔梁〕释慧皎撰,汤用彤校注:《高僧传》卷11《释慧明传》,中华书局1992年版,第425-426页。又此处提到的"猷公"应为前文所述竺昙猷。

〔3〕〔梁〕释慧皎撰,汤用彤校注:《高僧传》卷12《释弘明传》,中华书局1992年版,第468-469页。

释慧实,俗姓许氏,颍川人,少出家,志敦幽尚,遍历名山,梁末游步天台,综习禅业,入房闭户,出即荡门。陈代梁后,绝迹人世50余年,修头陀行,以宴坐为业。[1]

这里,还需要提及智顗大师在天台山等地修禅的事迹。当然,智顗在隋代作为天台宗的创始人,其于"义学"方面的贡献可能更大一些,但其在南朝的修禅活动同样是值得重视的。

释智顗,字德安,颍川人。先祖东晋时举家寓居华容。《续僧传》本传谓其从小就"卧便合掌,坐必面西","见像便礼,逢僧必敬"。年18岁即投湘州果原寺沙门法绪而出家,又投大贤山旷律师。特别是其诣光州大苏山投慧思禅师门下之后,"受业心观","四安乐行",于此山修"法华三昧"等之后,使他在"定慧双修"的道路上猛跨了一步。后慧思游南岳,智顗即至建业。其至建业后,"于法喜等三十余人在瓦官寺,创弘禅法,仆射徐陵、尚书毛喜等明时贵望,学统释儒,并禀禅慧,俱传香法,欣重顶戴,时所荣仰",就连梁朝宿德大忍法师等"江表声望",亦舍弃原来的讲论,率其学徒随智顗学习修禅。当时南方吴郡会稽一带有慧荣法师,住庄严寺,讲经论道,世称"义窟",辩号悬流。慧荣恃此,问难于智顗,被顗轻易驳倒,并告其曰:"禅定之力,不可难也。"有沙门法岁讥笑慧荣曰:"从来义龙,今成伏鹿。"此"义龙"与"伏鹿"的故事,实际上隐喻了智顗用"禅定之力"调服了当地崇尚空谈的"义学"。

《续高僧传》本传又谓有圣贤托梦于智顗,要其上天台山,"因与慧辩等二十余人,挟道南征,隐沦斯岳(天台山)"。时天台山有青州僧定光"久居此山,积四十载。定慧兼习",顗来此山,定光为其"造酱编蒲","更起屋舍"以迎之,后智顗在天台山领众修佛坐禅,影响很大。陈王朝为"割始丰(天台)县调,以充众费",许多名士及权贵都往礼敬。

时"陈帝……顾问群臣:释门谁为名胜?陈暄奏曰:瓦官禅师,德迈风霜,禅镜渊海,昔在京邑,群贤所宗,今高步天台,法云东蔼,愿陛下

---

〔1〕《续高僧传》卷17《释慧实传》,见《大正藏》第50册,第569页。

召之还都"。智顗又被召往建业,其在建业,除讲经论道之外,又"立禅众于灵曜寺,学徒又结,望众森然",晚出住光曜[寺],禅慧双弘。这里值得注意的是,智顗于光曜寺"立众禅"一事,"禅众"即集中多人修禅学禅,其后的隋代,隋文帝立"五众","禅众"即是其一,后者无疑受到了前者的影响,由此也可知当时南方禅学之盛了。

总之,智顗当时"定慧双修",在南朝影响极大,《续高僧传》谓其讲经时,"[皇]帝于众中起拜殷勤,储后已下并崇戒范","东西垂范,化通万里……习禅学士,散流东江,莫限其数"。

智顗对南方禅学的贡献,并不只限于实践方面和教授了许多弟子,其还有《不定止观》、《童蒙止观》(又名《修习止观坐禅法要》)、《释禅波罗密次第法门》、《摩诃止观》等讲"禅观"的著作,这几种著作,前三部皆完成于隋朝,后一部虽在隋代开皇年间成书,但其主要内容无疑是很早就产生了,换言之,智顗在南朝的修禅实践活动,才是这两本书出现的基础。[1]

总之,四明、天台一带"禅业甚盛"的情况,贯穿于东晋南朝始终,一直占据了南朝禅学的重要地位。然而,这并不是说南朝其他地区禅学不盛,或只有义学而无禅学。从上文所述可知,很多僧人在来到剡、始等浙东南地区之前,都曾到过建业,有些即常居建业。这些人物如康僧会、支遁、沮渠京声、昙摩密多、释慧明、智顗等等。除此之外,还有一类只在建业等地修禅,而未去剡、始一带者。这类禅僧如天竺沙门僧伽达多、僧伽罗多等。达多、罗多"并禅学深明",二人一同"来游[刘]宋境"。达多尝在山中坐禅,受鸟衔果,元嘉十八年(441),受请到建业。罗多以刘宋景平之末,也上建康,乞食人间,宴坐林下,养素坐闲,不涉当世。[2]

稍后,又有康居人沙门宝意,以宋孝建中,来至建业瓦官寺禅房,"恒于寺中树下坐禅"。其人不但修禅,且晓经律,时人号称为"三藏"。

〔1〕详见《续高僧传》卷17《释智顗传》,见《大正藏》第50册,第564-568页。
〔2〕僧伽达多、僧伽罗多事见〔梁〕释慧皎撰,汤用彤校注:《高僧传》卷3《疆良耶舍传》,中华书局1992年版,第128-129页。

致使南朝齐文慧王、文宣王及梁太祖等皆"敬以师礼",可见其影响之大。[1]

释慧览,姓成,酒泉人,少与玄高俱以寂观(禅观)见称。览曾游西域,顶戴佛钵,曾于罽宾从达摩比丘谂受禅要。相传达摩曾入定往兜率天,从弥勒受菩萨戒,后以戒法授览。览还至于田,复以戒法授彼方诸僧,后乃归。慧览归时"路由河南",河南吐谷浑暮延世子琼等,敬览德问,遣使并资财,令于蜀立左军寺,览即居之。后移罗浮天宫寺,宋文帝请下都止钟山定林寺。孝武起中兴寺,复敕令移往。京邑僧皆随其受业。吴兴沈演,平昌孟顗并钦慕道德,为造禅室于寺,宋大明中卒,春秋60余岁。[2]

释道炯,姓马,扶风人,其先"进修禅业,节行弥新。频作数过普贤斋,并有瑞应。或见梵僧入坐,或见骑马人至,并未及喧凉,倏忽不见"。僧传中所记此等带有神话色彩的文字,可能是道炯坐禅时出现"特异"现象。其后,又与同学四人,南游建业,观瞩风化,往南涧寺,以《般舟》为业,其"尝中夜入禅",每显异迹。宋元嘉二十年(443)时,被临川康王义庆携往广陵,终于此地。[3]

释僧审,姓王,太原祁人。祖世寓谯郡,审少年出家,止寿春右涧寺,诵《法华》《首楞经》。其"常谓非禅不智,于是专志禅那",又闻昙摩密多传禅于建业,曾拂衣过江,止灵曜寺,从其禀受。

《僧审传》谓其在山修禅,群盗入山,而他仍能"端坐不动",贼受感动,反脱下衣服施给僧审。后有灵鹫寺慧高从之受禅业,又请僧审还寺,别立禅房。又有南方士族清河张振,请其居栖玄寺;齐文惠、文宣王"并加敬事";傅琰、萧赤斧"皆谘戒训";王敬则入房觅[僧]审,见其正

〔1〕详见〔梁〕释慧皎撰,汤用彤校注:《高僧传》卷3《求那跋陀罗传》附《阿那摩低传》,中华书局1992年版,第130-134页。

〔2〕见〔梁〕释慧皎撰,汤用彤校注:《高僧传》卷11《释慧览传》,中华书局1992年版,第418页。

〔3〕见〔梁〕释慧皎撰,汤用彤校注:《高僧传》卷12《释道炯传》,中华书局1992年版,第462-463页。

在禅中,因弹指而出,称赞其为"圣道人",即奉米千斛,请受三归。[1]

时又有僧谦、超志、法达、慧胜也并以禅业见称,各有异迹。

僧审先从凉州来的昙摩密多修禅,后自己领众修禅,先后得到当时官僚士族张振、傅琰,甚至皇族重要人物齐文慧王、齐宣王的敬重,可见其影响之大。当时南方的禅学,就此一点可知。

又有释智称,祖世避难,寓居京口。少时颇好弓马,后解甲出家,投南涧禅房宗公,请受五戒。宋武帝时,迎益州仰禅师下都供养,智称即皈依于仰禅师。又在江陵从隐、具二师学习禅律。不久,至建业,与颖公、法献等谈论佛法等,其还著《十诵义记》,盛行于世,后终于建业安乐寺。[2]

从智称事迹可知,智称是以为禅律并重的高僧。

释慧豫,黄龙人(今辽宁朝阳)。也来游建业,止灵根寺。少而务学,遍访众师。善谈论,美风则。每闻臧否人物,辄塞耳不听。又精勤标节,以救苦为先,诵《大涅槃》《法华》《十地》。又习禅业,精于五门。终于齐永明七年,春秋五十有七。[3]

释僧侯,姓龚,西凉州人。年18,便蔬食礼忏,及具戒之后,游方观化。宋孝建初,来至京师,诵《法华》《维摩》《金光明》,常二日一遍,如此60余年。萧慧开入蜀,请其同游,后止建业,"于后岗创立石室,以为安禅之所"。齐永明二年(484)索水漱口,合掌而卒,春秋八十有九。[4]

齐时,南朝禅学不仅兴盛一时,甚至还向外"输出"。《高僧传》卷11《释昙超传》载:释昙超,姓张,清河人。形长八尺,容止可观。平时"蔬菜布衣,一中而已"。初止上都龙华寺。宋元嘉末年,南游始兴(天台),遍观山水。独居树下,虎兕不伤。大明中还止建业。齐太祖即位

〔1〕见〔梁〕释慧皎撰,汤用彤校注:《高僧传》卷11《释僧审传》,中华书局1992年版,第423页。

〔2〕见〔梁〕释慧皎撰,汤用彤校注:《高僧传》卷11《释智称传》,中华书局1992年版,第438－439页。

〔3〕见〔梁〕释慧皎撰,汤用彤校注:《高僧传》卷12《释慧豫传》,中华书局1992年版,第469－470页。

〔4〕见〔梁〕释慧皎撰,汤用彤校注:《高僧传》卷12《释僧侯传》,中华书局1992年版,第472－473页。

后,被敕往辽东,弘赞禅道。其停辽东二年,使当地大行法华。建元末又还京师,不久又下东南,往钱塘灵隐山。其在山中,每一入禅,累日不起。以齐永明十年(492)卒,春秋七十四。[1]

东晋南朝时期,往往通过东南沿海的海路同辽东、朝鲜往来,齐太祖这次派昙超去的辽东,是专指辽东,还是指朝鲜,还待进一步考证,然齐派出高僧向外"输出"禅学,确是一件非常引人注意的事情。

释慧弥,姓杨氏,弘农华阳人,入长安终南山修行。食"时则持钵入村,食竟则还室禅诵,如此者八年"。后闻江左佛法兴盛,便游化建业,止钟山定林寺,"习业如先"。"凡黑白造山礼拜者,皆为说法提诱……足不出户三十余年,晓夜习定"。"梁天监十七年(518)闰八月十五日终于山舍,春秋七十有九"。[2]

梁朝仍然继承了前代禅学甚盛的传统。如慧初禅师,魏天水人。"才有所识,好习禅念"。志高清远,淡然物外,晚游梁国,住兴皇寺。黑白谘访,有声皇邑,梁武帝为其立禅房于净名寺以处之,四时资给。禅学道谷,云趋请法。梁普通五年卒,春秋 68。弟子智颙,树碑墓侧,御史中丞吴郡陆倕制文。[3]

释智远,姓王,本太原人。居荆州长沙寺禅坊,为法京沙门之弟子。后达建业,梁建安侯萧正立,务兼内外,兼弘孔释,造普明寺,请远居之,时有慧湛禅师,修习禅定,并有高誉,亦从智慧修学。其"守静自怡年老无舍",以陈太建三年十二月终于禅坊,年七十有七,五兵尚书萧济为之铭颂。[4]

总之,作为六朝都城的建业,无疑为南朝寺院中最集中,佛教特别是佛教"义学"最兴盛的地区。当然,禅学在此地也是不甘落后的,而且往往成为影响其他地区的发源地。然而,修禅需要避开闹市,宴坐林

---

〔1〕〔梁〕释慧皎撰,汤用彤校注:《高僧传》卷 11《释昙超传》,中华书局 1992 年版,第 424 - 425 页。

〔2〕见〔梁〕释慧皎撰,汤用彤校注:《高僧传》卷 12《释慧弥传》,中华书局 1992 年版,第 473 - 474 页。

〔3〕详见《续高僧传》卷 16《释慧胜传附释慧初传》,见《大正藏》第 50 册,第 550 页。

〔4〕详见《续高僧传》卷 16《释智远传》,见《大正藏》第 50 册,第 556 页。

泉之间,故繁荣的都城就不那么理想了。此外,作为高僧,如居都城,近接王侯贵族,周围士人庶民,往往会陷入意想不到的世俗政治漩涡,所以,上文所述的高僧中,既有一些只游建业而不在此地常居的僧侣,也有一些被朝廷屡召而不出山者,这大概也应是浙东剡、始一带禅学兴盛的原因之一。

当时南方地区,除天台、四明的剡、始等地及京城建业禅学兴盛之外,长江中上游的江陵、蜀地也很引人注意。如昙摩密多就先至蜀地,又止荆州,在长沙寺"造立禅阁";又有仰禅师在益州(成都)修禅;释智称在江陵从隐、具二师学禅律等;曾游西域学禅学的酒泉高僧慧览,也居蜀左军寺;被玄畅称为"特有禅分"的法期,先从智猛谘受禅业,又与法林共同习禅,后随玄畅下止江陵,在长沙寺习禅[1];又有秦州陇西人僧隐,先从凉州玄高习禅,"学尽禅门,深解律要",玄高化后,西游巴蜀,又东下江陵,谘业于慧彻,使"禅慧之风,被于荆楚"等等[2]。

此外,当时还有不少禅僧在南方其他地方修禅。如:

释法绪,姓混,高昌人。德行清谨,蔬食修禅,后入蜀,于刘师塚间,头陀山谷,虎兕不伤,诵《法华》《维摩》《金光明》,常处石室中,且禅且诵。[3]

释僧副,姓王氏,太原祁县人。初师达摩禅师,齐建武年间,南游扬辇,止钟山定林寺。梁高祖素仰清风,雅为嗟赏,命匠人于开善寺为其修造堂宇以侍之。西昌侯萧渊藻出镇蜀都,僧副随往,虽途径九折,无忘三念,遂使蜀地禅法,自此大行。久之,还返金陵,复往开善寺。[4]由此可见,僧副是一位对蜀地禅学有划时代影响的人物。

释法常,宋齐时人。领众讲肆,有声漳邺。后讲《涅槃》,并授禅数,被北方齐主崇为国师。后南走楚地,达于衡山等地传"寂定"之

〔1〕详见〔梁〕释慧皎撰,汤用彤校注:《高僧传》卷11《释法期传》,中华书局1992年版,第419页。

〔2〕见〔梁〕释慧皎撰,汤用彤校注:《高僧传》卷11《释僧隐传》,中华书局1992年版,第432－433页。

〔3〕见〔梁〕释慧皎撰,汤用彤校注:《高僧传》卷11《释法绪传》,中华书局1992年版,第408－409页。

〔4〕详见《续高僧传》卷16《释僧副传》,见《大正藏》第50册,第550页。

法。[1]

释慧思,俗姓李氏,五津人。先在北湖,后下南方,禅慧兼修,其在南岳修学,影响极大。《续僧传》谓其"昼谈理义,夜便思择,故所发言,无非致远,便验因定发慧,此旨不虚。南北禅宗,罕不乘绪,然而身相挺特,能自胜持,不倚不斜"。[2]

释道珍,未详何人,梁初住庐山中。恒作弥陀出现。同时有法归禅师,本住襄阳汉阴。出家之后,以"昧静为务",后终于庐山。又有慧景禅师,清卓出类,不偶道俗,孤行林皋,禅慧在宗,亦终于庐山。[3]

释慧胜,交阯人。曾从外国禅师达摩提婆学诸观行,一入禅定,周晨乃起,彭城刘缋(元明本一作绩)出守南海,闻风遣请,携与同归,因住幽栖寺,学禅者敬之。齐永明五年,移住钟山延贤精舍。梁天监中卒,春秋七十。[4]

由此可见,除天台、四明及京城建业之外,当时南方的其他地区禅学同样兴盛。

南方禅学当时如此兴盛,并不只限于佛教内部,其已交融于当时上流社会之中。甚至连帝王望族也屈驾禅室,交游禅僧,如孙权、孙皓与康僧会,谢安、王羲之等与支遁,桓温(太尉)与佛驮跋陀罗,宋文帝及沈演、孟顗与慧览,昙摩密多与宋文哀皇后及皇太子、公主,会稽太守孟顗、褚伯玉与僧众,齐竟陵王与慧明,齐文惠王、文宣王及傅琰、萧赤斧、王敬则与僧审,江总与弘明,萧慧开与僧侯等等,不胜枚举。崇尚空谈的贵族士人与修禅入定的禅学高僧频频交往,使得宴坐林间山泉的修行者和持麈论辩于浮华尘世中的玄谈者融为一体,绘制出了一幅幅"维摩"与"文殊"对法的画面,形成了具有特色的六朝佛教,同时也开启了后代"定慧双开"的先河。

(本文原载于《东南文化》1998 年增刊 1)

---

[1]详见《续高僧传》卷16《释法常传》,见《大正藏》第50册,第556页。
[2]详见《续高僧传》卷17《释慧思传》,见《大正藏》第50册,第562-564页。
[3]详见《续高僧传》卷16《释道珍传》,见《大正藏》第50册,第550-551页。
[4]详见《续高僧传》卷16《释慧胜传》,见《大正藏》第50册,第550页。

19 辽鎏金双龙银冠之佛学旨趣
——兼论辽与敦煌之历史文化关系

鎏金双龙银冠是辽代较有特色的随葬物品,现存一顶,发现于辽宁省建平县张家营子的辽墓中。银胎,模制,再经錾花、表面鎏金而成。冠呈直筒状,顶部高耸,如五峰起伏,正中为火焰状摩尼宝珠,坐落于弯曲而立的三株卷草之上。"摩尼"者,梵语"离垢"之意。佛经称此宝珠光净,不为垢秽所染,"意中所需财宝衣服饮食种种之物,此珠悉能出生,令人皆得如意"。[1] 两侧二龙相对,昂首翘尾,神态栩栩如生。双龙与宝珠间各绘云纹,对称分布,盘绕流转。冠面空处满錾枝叶繁茂的卷草纹与忍冬纹,虚实相间,主次分明,雕刻非常精细、考究(见图19 - 1)。这是我们目前所见时代最早且最为精美的"二龙戏珠"图之一。

以其形制及纹饰,有人认为"此冠为佛门之冠,而非王者之冠"。[2] 这里就出现了一个值得思考的问题。众所周知,佛头上是无冠的,只有螺髻(后演化出肉髻);菩萨所戴宝冠为"三花冠",观音菩萨之宝冠更有化佛、净瓶等明显标志,根本不可能出现"二龙戏珠"造型;至于和尚所戴的毗卢帽,一般来说都是很简单的,更无法与此辽冠之华美相提并论了,况且也不可能出现如此复杂的构图。那么,此"佛门之冠"又当何指呢?我们认为此冠可能就是一种贵族之冠,而且不是一般的贵族,极有可能为身份地位极高的皇族显贵人物。契丹贵族早在耶律阿保机于公元916年称帝建辽之前,即已从汉、回鹘诸族那里接受了佛教。与契丹皇帝"共任国事"的后族回鹘萧氏更是佛教的大力倡导者、支持者。上行下效,使佛教很快蔓延全境。人们对佛教的崇奉至圣、兴、道

---

〔1〕〔明〕一如法师:《三藏法数》,金陵刻经处1991年版,第322页。
〔2〕周英:《辽代鎏金双龙银冠》,载于《中国文物报》1995年4月9日第3版。

·欧·亚·历·史·文·化·文·库·

三朝更盛。史称圣宗之后萧氏"普全六行之余,洞达三乘之意,动必协于人心,静必从于佛意"[1],其行为规范都完全佛化了。辽兴宗"酷好沙门,纵情无检"[2]。在此文化背景下双龙护法宝冠的出现,看来应是辽朝统治者"护法思想"的表现,同时也有可能用以表示亡故者已修成正果。北凉昙无谶译《大般涅槃经》卷27称:"一切众生,悉有佛性。如来常住,无有变异。"[3]也就是说,凡发心上求菩提、下化众生之仁人皆可成佛。该契丹显贵既有"佛性",死后佩戴此冠或用此陪葬,自然是情理中事。

冠中心的"摩尼宝珠",既可能是七宝之一的"珠宝",同时亦可为佛法的代表。所谓七宝,《长阿含经》卷6《转轮圣王修行经》有载,经中称转轮王有七宝:"一者金轮宝,二者白象宝,三者绀马宝,四者神珠宝,五者玉女宝,六者居士宝,七者主兵宝。"[4]

图19-1 辽鎏金双龙银冠

这里的"神珠宝",即为"摩尼宝珠"。"金轮宝"可在空中飞行,其他五宝若非"动物"便是"人",均能独自行动。七宝之中,只有"珠宝"需要佩戴在身。佛经中有许多菩萨、转轮王藏珠宝于发髻或冠中的记载。辽宁发现的此冠之宝珠在冠前部居中,左右两侧二龙护卫,实是

---

〔1〕陈述辑校:《全辽文》卷2《圣宗钦爱皇后哀册》,中华书局1982年版,第36页。

〔2〕《契丹国志》卷13。

〔3〕《大正藏》第12册,第523页c栏。

〔4〕《大正藏》第12册,第39页b栏。

"护法思想"的具体表现。这里的"龙"应是"真龙天子"的化身。佩戴这种冠的人,很可能就是辽朝皇帝或太子之类显贵人物。

这里还必须对上文中提到的"转轮王"做一说明。转轮王是古代印度民间传说的圣王,传说此王出世七宝相随,轮宝导引。凡敌国见之,望风而降,故转轮王可兵不血刃而一统天下。转轮王治世,天下太平,人们可以各取所需,无有困乏等等。佛教兴起之后,大量吸收古印度的这类民间传说,塑造了众多的转轮王形象,如佛典中所说的阿育王、迦腻色迦、波斯匿王、儴佉王、月光王、顶生王等等都被称为转轮王。众多转轮王故事的出现,实际上是故事产生地区人民希望天下太平、社会安定、生活美好、有贤明国王当政的一种理想。与此同时,世俗的统治者也希望自己能像转轮王一样兵不血刃而统一天下,并能长治久安。因此,做转轮王是世俗的最高统治者所梦寐以求的。佛教传到中国之后,受其影响,想当转轮王的中国皇帝也不少,如北凉沮渠蒙逊、隋文帝、武则天等等。与此相关,就是在这类皇帝当权时,佛教最为兴盛。佛教所说的转轮王,差不多都是"护法弘法"的君王。

《法华经·安乐行品》曰:"文殊师利,譬如强力转轮圣王,欲以威势降伏诸国,而诸小王不顺其命,时转轮王起种种兵而往讨伐。王见兵众战有功者,即大欢喜,随功赏赐。或与田宅、聚落、城邑……奴婢人民,唯髻中明珠,不以与之。所以者何?独王顶上有此一珠。若以与之,王诸眷属,必大惊怪。"[1]《大般涅槃经》卷3也说:"譬如国王髻中明珠,付典藏臣,藏臣得已,顶戴恭敬,增加守护。"[2]《大方等陀罗尼集经》卷4中也说:"譬如国王髻中明珠,爱之甚重。若临终时,授与所爱之子。我今为诸法王,此经即如髻中明珠,汝如我子,今以此《大方等陀罗尼经》授与汝,譬如此王以髻中明珠授与其子。"[3]《大唐大慈恩寺三藏法师传序》中也说到释迦传法时有"解其髻宝,示以衣珠"[4]之

---

〔1〕《大正藏》第9册,第38页c栏。
〔2〕《大正藏》第12册,第380页b栏。
〔3〕《大正藏》第21册,第660页c栏。
〔4〕《大正藏》第50册,第220页c栏。

语。所有这些文献所载佛教传说中的转轮王,都是将自己的宝珠藏于发髻中的。《大方等大集经》卷 26《宝髻菩萨品》中所塑造的主人翁即王子宝髻菩萨,经中说:"宝髻菩萨闻是法已,即以髻上真宝之珠价值无量,从无量业之所出生奉献如来,作是誓愿:我今以是顶宝施佛,愿此功德为众生首。因是因缘,得无上智。"[1] 这个为"众生首"的宝髻菩萨,实际上也是一个转轮王。

有辽一代,"护法思想"与"转轮王"思想相当流行,这在当时的文献中有着相当多的记载。如重熙十三年(1044)辽人张轮翼所撰《罗汉院八十灵塔记》即称:"金枝联七叶之荣,宝位禅千龄之运,谨按内典云:初地修一无数劫,受华报果,为自在□(应为"王"),今我皇帝是也。恒怀宵旰,肯构灵祠,系玉毫尊,恢八万四千定慧之力,继金轮职威尘,数万类束手而降,威如海表既如彼,恢张佛刹又若此……九层俄就,揆□建事白众议曰:佛法付与国□(应为"王")大臣,今则特仗当仁,遽(据?)成胜㮣。"[2]

这里所说的"继金轮",实即把当时辽朝的皇帝与佛教的转轮王相提并论;"数万类束手而降",是佛典中描写的"转轮王"君临天下的情况;"佛法付与国王大臣",也是佛典中常见的佛对转轮王的"嘱累"。

辽清宁八年(1062)沙门法悟所撰的《释摩诃衍论赞玄疏序》说得更明白,其文中有:"我天佑皇帝,传刹利之华宗,嗣轮王之宝系……我圣文神武全功大略聪仁睿孝天佑皇帝,位纂四轮,道逾三右。"前句中的"刹利之华宗,嗣轮王之宝系"是比喻辽天佑皇帝同释迦一样出身为"刹帝利"种族,同释迦一样即使不出家,也可继承"转轮王"之位;后句中说的"位纂四轮",实指转轮王的四个等级,即金、银、铜、铁四等,以金轮王最高。[3]

辽大安九年(1036),沙门志延撰《景州陈公山观鸡寺碑铭并序》,在其铭中又有这样的表述:"懿彼能仁,迦维降神。挺生粹表,溥接迷

---

[1]《大正藏》第 13 册,第 183 页 b 栏。
[2]陈述辑校:《全辽文》,中华书局 1982 年版,第 59 页。
[3]陈述辑校:《全辽文》,中华书局 1982 年版,第 178 页。

伦。恩及动植,慈等恕亲。示归寂灭,遗付王臣。我朝建国,嗣纂金轮。三教助化,千龄在辰。"[1]

这里的"金轮",无疑指的也是"金轮王"。如果再仔细查找,此类例子肯定还有不少,然而以上几例,足以证明辽朝境内"转轮王""护法思想"之流行程度了。

"护法思想"的产生实际上基于"末法思想"。佛教认为在释迦牟尼涅槃之后,佛法会日益衰微,故将其流行期分为正、像、末三时。正,指正确无误之佛法;像,即相似正法的佛法;末,意为佛法将灭。有鉴于此,"护法思想"应运而生。能够最大限度地保护佛法的人物,无疑就应是现实世界的最高统治者——世俗的人间帝王了。

辽朝统治者既以转轮王自居,佩戴这类具有明显护法标志的皇冠就毫不足怪了。

此冠造型别致,有人以之与大同华严寺辽塑观音所戴宝冠相对照,认为此银冠的制作当模仿自观音菩萨之冠。笔者反复检视二者之异同,发现除冠之典雅、高贵之外,很难看出其源流关系何在。以冠之佛学意蕴结合其造型特点,我们很自然地联想到了敦煌石窟中与此类似的画面。

甘肃敦煌莫高窟北魏 285 窟南顶有一幅壁画,其中心为一典型的置于开覆莲花之上的摩尼宝珠,两侧有二飞天相对护持(见图 19 - 2)。其主题构图与辽冠如出一辙,甚至连辽冠宝珠下的三株卷草纹都和莫高窟中所见不无雷同,只是后者非卷草而为荷花瓣而已。285 窟东顶还有一图,中心也是摩尼宝珠,但两侧的护持已不再是飞天,改成了伏羲与女娲。通过比较不难看出,辽冠之二龙护宝珠造型与敦煌艺术中的二飞天或伏羲女娲护宝珠造型之间的密切关系。

敦煌与辽,一个在西北,一个在东北,遥隔万里。那么,敦煌艺术何以影响辽代之艺术呢?从二者相距之辽远看,间接的可能性甚大,但若就辽与敦煌的历史文化关系之密切而言,我们却无法排除契丹人直接

---

〔1〕陈述辑校:《全辽文》,中华书局 1982 年版,第 189 页。

图 19-2 敦煌莫高窟 285 窟飞天护宝珠图

模仿敦煌艺术的可能性。契丹原为内蒙古东部西拉木伦河与老哈河一带之游牧民族,在耶律阿保机统治时期,势力大张,其在统一东北地区,后又于公元 916、918、924 年三度西征,将疆域向西拓展至今阿尔泰山一带。为了巩固边疆并牵制西夏、甘州回鹘等敌对势力,辽十分注意加强与沙州归义军政权的关系。从辽太宗天显十二年(937)至辽圣宗开泰九年(1020)间,辽与沙州多次互派使节以通好,这在史乘中不乏记载。

(1)天显十二年(977)"冬十月庚辰朔,皇太后永宁节,晋及回鹘、敦煌诸国皆遣使来贺"。[1]

(2)会同二年(940)"十一月丁亥,铁骊、敦煌并遣使来贡"。[2]

(3)会同三年(941)"五月庚午,以端午宴群臣及诸国使。命回鹘、敦煌二使作本俗舞,俾诸使观之"。[3]

(4)统和二十四年(1006)八月,"沙州敦煌王曹寿遣使进大食国马及美玉,以对衣、银器等物赐之"。[4]

(5)景德四年(辽统和二十五年)五月"甲子,归义军节度使曹宗寿遣使来贡"。[5]

这里的曹寿、曹宗寿实为一人。《辽史》写作曹寿以避兴宗耶律宗真之讳。

---

〔1〕《辽史》卷 3,中华书局 1974 年 10 版,第 41 页。

〔2〕《辽史》卷 4,中华书局 1974 年 10 版,第 46 页。

〔3〕《辽史》卷 4,中华书局 1974 年 10 版,第 47 页。

〔4〕《辽史》卷 14,中华书局 1974 年 10 版,第 162 页。

〔5〕〔宋〕李焘撰:《续资治通鉴长编》卷 65,中华书局 1980 年版,第 1457 页。

（6）开泰三年（1014）四月"乙亥,沙州回鹘曹顺遣使来贡"。[1]

（7）开泰六年（1017）六月"乙酉,夷离堇阿鲁勃送沙州节度使曹恭顺还,授于越"。[2]

上面的曹顺、曹恭顺,指的都是曹贤顺,系《辽史》为避讳景宗耶律贤之讳而改。这条史料说明,沙州归义军节度使曹贤顺曾亲自觐辽。该事《辽史》原作"统和六年",而当时沙州归义军节度使是曹延禄,而非曹贤顺。曹贤顺之继任归义军的具体日期不详,但可以肯定是在1002年曹延禄被杀之后。可见,《辽史》将这次交聘活动系于统和六年（988）是不正确的,故而改为开泰六年（1017）。

（8）开泰八年（1019）正月壬戌,"封沙州节度使曹顺为敦煌郡王"。从《全辽文》卷6所收《韩橁墓志》看,这次封曹贤顺的使者应为韩橁。[3]

（9）开泰九年（1020）七月"甲寅,遣使赐沙州回鹘敦煌郡王曹顺衣物"。[4]

（10）开泰九年（1020）九月"乙亥,沙州回鹘敦煌郡王曹顺遣使来贡"。[5]

辽朝所封的这位敦煌郡王曹贤顺实为汉人,但《辽史》却称其为"沙州回鹘"。沙州有回鹘人,始于9世纪中叶漠北回、鹘的西迁。最初影响不大,仅偶见于史册。但发展到"归义军政权"的晚期,其势力日张,甚至左右了归义军政权。[6] 而辽朝权势甚大的后族萧氏又恰为回鹘人。有辽一代,回鹘人颇受优遇。据载,辽曾于上京（今内蒙古巴林左旗）南城设"回鹘营",以安置"回鹘商贩留居上京"。[7] 在敦煌出土的回鹘文社会经济文书中,可以看到沙州回鹘商人赴契丹经商的记

〔1〕《辽史》卷15,中华书局1974年10版,第174页。
〔2〕《辽史》卷12,中华书局1974年10版,第131页。
〔3〕汤开建:《韩橁出使敦煌年代考》,载于《社会科学》1983年第4期,第44－45页。
〔4〕《辽史》卷16,中华书局1974年10版,第185页。
〔5〕《辽史》卷16,中华书局1974年10版,第187页。
〔6〕杨富学、牛汝极:《沙州回鹘及其文献》,甘肃文化出版社1995年版,第1041页。
〔7〕《辽史》卷37《地理志》,中华书局1974年10版。

·欧·亚·历·史·文·化·文·库·

录,有的甚至到了辽朝的西鄙于都斤山(今蒙古国杭爱山)一带。[1]
"沙州回鹘"很可能是曹贤顺为取悦辽朝后族而采用的策略性自称。

(11)开泰九年(1020)"冬十月……郎君老使沙州还,诏释宿累。
国家旧使远国,多用犯徒罪而有才略者,使还,即除其罪"。[2]

(12)《契丹国志·外国贡进礼物》中将沙州与高昌国、龟兹国、于
阗国、大食国及甘州、凉州并提,称"已上诸国三年一次遣使,约四百余
人,至契丹贡献"。《辽史·兵卫志》甚至将"沙州敦煌"(当指曹贤顺
以前的归义军)、"沙州回鹘"(当指曹贤顺继任后的归义军)列入其
"属国军"中。

图 19-3   1.敦煌莫高窟 346 窟射手   2.库伦 2 号墓髡发驭者

随着辽与敦煌亲善关系的发展,辽朝的佛教典籍也得以传入敦煌,
如辽代名僧诠明的著作就可见于敦煌莫高窟藏经洞中。[3] 敦煌遗书
P.2159 为《金刚般若经依天亲菩萨赞略释秦本义记》,经背有"燕台悯
忠寺沙门诠明科定"之《妙法莲华经玄赞科文卷第二》。辽代的燕台即
今之北京,这里的悯忠寺初建于唐太宗时期,是专门为阵亡将士祈福而
建的,武后时扩建并赐名悯忠,清雍正时改为法源寺,系北京市内现存
最古老的名刹。唐—辽时代北京佛教兴盛,而敦煌自汉代以来就一直
是河西佛教的一大中心,都是名师学僧传道弘法之理想场所,也是学经
受法者向往之地。尤其敦煌,更是中印僧侣来往的必由之路。辽悯忠

〔1〕杨富学、牛汝极:《沙州回鹘及其文献》,甘肃文化出版社 1995 年版,第 8、9 号文献。

〔2〕《辽史》卷 16。

〔3〕毕素娟:《辽代名僧诠明著作在敦煌藏经洞出现及有关问题——敦煌遗书 P.2159 V_1 研
究》,载于《1990 年敦煌学国际研讨会文集·石窟考古编》,辽宁美术出版社 1995 年版。

寺高僧诠明著作之传入敦煌,恐怕就与辽代南京(今北京)与敦煌间的僧侣来往有关。

在敦煌莫高窟五代时期的壁画中,我们甚至可以见到契丹人的画像。莫高窟 346 窟内现残存有一射手图,为五代时期之遗画。射手髡发,头扎红布头巾,身着紧袖交领长衫,腰束菱花革带,带上斜插羽箭两支,足蹬长筒战靴,胡跪于地,仰面前视。箭在弦上,引弓待发(图 19 - 3:1。)其装束和发型与辽代内蒙古库伦 2 号壁画墓墓道南壁屈膝席地而坐的髡发青年驭者(图 19 - 3:2)极为接近,可明显看出契丹服饰与髡发之俗的影响。

敦煌艺术与辽朝艺术间的联系在回鹘统治瓜、沙时期(1036—1070)更趋密切。天津蓟县独乐寺观音阁是在辽景宗之后回鹘萧氏及其女观音奴的直接扶持下修建的。阁中有巨型观音造像一尊,造型独特,与沙州回鹘王室或贵族之洞窟——安西榆林窟第 39 窟的回鹘风格观音造像极为接近。河北易县八佛洼为辽代佛教艺术的一大中心,1912 年发现的辽代罗汉造像为八尊双双相对的罗汉。八佛洼一名的来源可能即与此有关。八罗汉的出现,标志着印度罗汉由以四为组向以十六为组的转换。关于十八罗汉,其出现的时代就更晚了,多出来的两个是由后世中国佛徒增添的。值得注意的是,大致又是在同时,敦煌艺术中也出现了八罗汉群像,同样可见于安西榆林窟第 39 窟。[1] 这些艺术品在风格上都属创新,且同时发生于中国的东北和西北。这种巧合并非全属偶然,而是互有联系的,它们之间的共同纽带应该说是回鹘佛教。

(本文与杨富学合作,原载于《北方文物》1999 年第 2 期)

〔1〕参见葛雾莲著、杨富学译《榆林窟回鹘画像及回鹘萧氏对辽朝佛教艺术的影响》,载于《昭乌达蒙族师专学报》1995 年第 1 期,第 3 - 8 页。

·欧·亚·历·史·文·化·文·库·

20 唐玄奘的理想

玄奘是中国历史上有名的旅行家和翻译家。[1] 更确切一点说,还应称之为具有非凡理想的宗教实践家和具有政治眼光的思想家。兹略述管见如下。

20.1

据说求取《瑜伽师地论》是玄奘西行的主要原因之一,故这里从此谈起。众所周知,瑜伽师地,指的是瑜伽师修行所历的境界(十七地),故是论亦称《十七地论》,相传为古印度弥勒口述,无著记录。为印度大乘佛教瑜伽行派和中国法相家的根本论书。玄奘译本 100 卷。全书分五部分,其中心内容是论眼、耳、鼻、舌、身、意六意的性质及其所依客观对象是人们根本心识——阿赖耶识所假现的现象、禅观渐次发展过程中的精神境界,以及修行瑜伽禅观的各种果位。从分析名相有无开始,以使人悟入中道结束。[2] 简言之,此书讲论修行成道,把人生所经历的历程,分成 17 个阶段,每个阶段,都包含着各式各样的思维。值得注意的是其卷 61《摄决择分》中关于"佛为出爱王所说经"一节借佛之口,对国王的"过失""功德"作了大段描述。在讲到国王"过失"时说:

王过失者,略有十种。王若成就,如是过失,虽有大府库,有大辅佐,有大军众,然不可归仰。何尔为十? 一种姓不高。二不得自在。三立性暴忍。四猛利愤发。五恩惠奢薄。六受邪佞信。七所作不思。不顺仪则。八不顾善法。九不知差别,忘所作恩。十一

---

〔1〕《中国大百科全书·宗教卷》,中国大百科全书出版社 1988 年版,第 439 页。
〔2〕还需指出的是,玄奘译此论之前,已有北凉昙无谶译《本地分菩萨地》面世(凉译本名《菩萨地持经》,相当于玄奘译本 35 – 50 卷),分量很大。

向纵任,专行放逸。

接着又对此十条进行了解释。如对第四条"猛利愤发"的解释是:

> 谓有国王,诸群臣等有小愆过,有其违越,便削封禄,夺去妻妾,或以重罚,而刑罚之,如是名王猛利愤发。

在解释第六条"受邪佞信"时曰:

> 若有国王,诸群臣等实非聪睿,有聪睿慢,贪浊偏党,不闲宪式,情怀谋叛,不修善政,听受信用,如是辈人,所进谏议。由此因缘,王务财宝,务称善政,并皆衰损,是名王受邪佞信。

而对第八条"不顾善法"的解释为:

> 国王不信他(来)世,亦不晓悟……不能时时布施修福,受斋学成,如是名王不顾善法。

与"十过失"相对,国王的"功德"也有十条:

> 王功德者,略有十种。王若成就如是功德,虽无大府库,无大军众,而可归仰。何尔为十?一种姓尊高。二得大自在。三性不暴恶。四发愤轻微。五恩惠猛利。六受正直言。七所作谛思。善顺仪则。八顾恋善法。九善知差别,知所作恩。十不自纵性任,不行放逸。

此国王之"十功德"与前述国王之"十过失"正好相反,其论对国王"十功德"的各条也进行了具体解释,如对其中第五条"恩惠猛利"的解释如下:

> 谓有国王,诸群臣等正直,现前供养侍卫,其心清净,其心调顺,于时时中,以正圆满,软言慰谕,具足颁锡,爵禄勋庸,而不令彼损耗,稽留劬劳怨恨,易可供奉,不难承事,如是名王恩惠猛利。

在解释第七条"所作谛思,善顺仪则"时曰:

> 谓有国王,性能究察,能审究察,性能思择,能审思择,诸群臣等于彼彼务机密事中,不堪委任而不委任,堪委任者而委任之,不堪役者而不驱役,堪驱役者乃驱役之。应赏赉者而正赏赉,应刑罚者而刑罚。凡有所为,审思审择,然后方作而不卒暴……是名王所作谛思,善顺义则。

又如对第九条的"善知差别，知所作恩"解释为：

> 谓有国王，于诸大臣辅相国及属官等，心无颠倒，能善了知忠信伎艺，智慧差别……于其轻者轻而远之，于其敬者敬而爱之，而正摄受，又诸臣等年耆衰迈，曾于长夜供奉侍卫，虽知无势无力无勇，然念昔恩，转怀敬爱，而不轻贱，爵禄勋庸分赏无替，如是名王善知别，知所作恩。

在讲完"十过失""十功德"后，接着又讲王的五"衰损门"和五"方便门"。前者的内容为：一不善观察而摄群臣；二虽善观察而摄群臣，无恩妙行，纵有非时；三专行放逸，不思机务；四专行放逸，不守府库；五专行放逸，不修法门。后者则恰恰与之相反。此后接讲五"可爱法"：一恩善世间；二英勇具足；三善权方便；四正受境界；五勤修法行。

文中对这些内容都有详释，兹不具引，只此取"可爱法"中的最后一条"勤修法行"，以窥其一斑：

> 何名王勤修法行？
>
> 谓有国王，具足净信，戒闻舍悲。
>
> 云何名王具足净信？
>
> 谓有国王，信解他世，信解当来净不净业及爱非爱果与异熟，如是名王具足净信。
>
> 云何名王具足净戒？
>
> 谓有国王，远离杀生及不与取淫欲邪行妄语饮酒诸放逸处，如是名王具足净戒。
>
> 云何名为王具足净闻？
>
> 谓有国王，于现法义，于后法义，及于现法后法等义，众妙法门，善听善受，习诵通利，专意研究，善见善达，如是名王具足净闻。
>
> 云何名为王具足净舍？
>
> 谓有国王，虽在悭垢，所缠众中，心恒清净，远离悭垢，惠舍圆满，于布施时，常乐平等，如是名王具足净舍。
>
> 云何名王具足净慧？
>
> 谓有国王，如实了知，善不善法，有罪无罪，修身不修，胜劣黑

白,于广分别,诸缘生法,亦如实知……如是名王足净慧,如是名王
勤修法行。

在具体地讲了"可爱法"五条之后又评论说:

由王受行此法(指五"可爱法")故,能引诸王现法后法所有利
益,谓初四种能引发王现法利益,最后一种能引发王后法利益。

说白了就是:国王如能遵守此五"可爱法",可带来一切利益,但前
四种只能带来眼前利益,而后一种可带来长远利益,而这后一种实际上
就是要国王信仰和护佑佛教。最后总的结语是:

复次大王当知,我已略说王之过失,王之功德,王衰损门,王方
便门,王可爱法,及能引发王可爱法,是故大王应当修学。王之过
失当远离,王之功德,宜当修习;王衰损门,宜当远离;王方便门,宜
当修学;王可爱法,宜当希慕。能引发王可爱之法,宜当受行。大
王若能如是修学,当获一切利益安乐。

其意甚为明了,旨在劝说国王修学其法,使之皈依并护持佛教。

大概是因为该经部头过大,翻阅不易,玄奘遂在唐太宗新逝,高宗
初立之际将有关国王治国理论的《摄决择分》前部另外译出,又另题了
醒目的经名——《王法正理论》。玄奘译此经的政治意图托盘而出了。

异译的《王法正理论》将《瑜伽师地论·摄决择分》中的"王之过
失"和"王之功德"的第一条删去,其余基本相同。何以如此,原来《瑜
伽师地论·摄决择分》的第一条称"种姓不高"是王的"过失",相反,
"种姓尊高"则成了王的"功德",问题就出在此。[1]

众所周知,古代印度有着极为森严的"种姓制度",中国无之,但魏
晋的"门阀士族"制度却与其有不少相同之处。这种制度虽然后来寿
终正寝,但其影响却一直延续到唐初。故唐朝皇室一直攀附"陇西李
氏"。唐初,高士廉奉李世民之命编纂《氏族志》,因受魏晋传统的影响
把世家大族定为九等,以山东崔氏为最上。唐太宗不悦,命其以"本

〔1〕以上所论参见冉云华先生《玄奘大师与唐太宗及其政治理想探微》一文,载《中国佛教文
化研究论集》1990年台北东初出版社。冉先生又提出疑问说:"不知玄奘是因为中国没有种族制
度,所以删节了此条?还是所据梵本不同?"此点笔者与冉先生看法不同,见后文。

朝"大姓为先。在修改后的《氏族志》中,皇族李氏成了上上,外戚成为上中,崔氏降为上下。实际上,从李世民的父系讲,为古拔氏的后裔,根本不是汉族。从母系讲,其独孤氏、长孙氏、窦氏也非汉族。[1] 故在时人心目中,李氏虽贵为皇帝,但仍属"种姓不高"之类。如果说"种姓不高"就是王之第一条过失,甚至不能为王治国,那就犯了大忌,玄奘大概意识到这一点了,故在《王法正理论》中把这一条删去了。

除此之外,其余各条皆为国王治国修身或权术之类。换言之,作为一国之主,如果不能明察一切,克己修身,纵然有大府库(经济)、大辅佐(人才)、大军众(武装),仍旧不能成就事业,这就是《瑜伽师地论》的主题思想。此《论》虽然达百卷之多,但在玄奘看来,其中的第 61 卷《摄决择分》最为重要,故需特别提出。玄奘是要用佛教的思想来"武装"李唐王朝最高统治者的头脑,要他们用佛教的理论和思想来治理国家。这一思想在《大唐西域记》中也有反映。

20.2

由玄奘口述,辩机执笔的《大唐西域记》历来受人称道,研究著作不胜枚举,但一般称其为"历史地理"著作。更有谓其是唐太宗在统一大业完成以后,以"天可汗"自居,急于了解西域情况而让玄奘作这本书的。然稍加翻阅,便不难看出,此书的主旨,实际上在于"佛教",玄奘借言地理而向太宗介绍佛教。这里不妨先看看是书最后的《记赞》部分带有总结性的文字:

> 记赞曰:大矣哉,法王之应世也!灵化潜运,神道虚通……岂实迦维降神,婆罗潜化而已。固知应物效灵,感缘垂迹,嗣种刹利,绍胤释迦,继域中之尊,擅方外之道……越自降生,洎乎潜化,圣迹千变,神瑞万珠。不尽之灵逾显,天为之教弥新,备存经诰,详著记传。然尚群言纷乱,异议舛驰,原始要终,罕能正说。此指事之实

---

[1]后人甚至考证李世民与胡人有关。见陈寅恪《唐代政治史述论稿》上篇《统治阶级之氏族升降》,上海古籍出版社 1997 年版,第 1 – 48 页。

录,尚众论自若斯。况正法幽玄,至理冲邈,研覆奥旨,六多阙焉
……我大唐临训天下,作孚海外,考圣人之遗则,正先王之旧典。
阐兹像教,郁为大训,道不虚行,弘在明德。遂使三乘奥义,郁于千
载之下;十力遗灵,阙于万里之外。神道无方,圣教有寄,待缘斯
显,言其信也。

看来,玄奘作此书的主旨在于"阐此像(佛)教",以使"圣教有寄"
的。《记赞》之末又谓:

> 印度风化,清浊群分,略书梗概,备如前序。宾仪、嘉礼、户口、
> 胜兵、染衣之士,非所详记。然佛以神通接物,灵化垂训,故日神道
> 洞玄,则理绝人区,灵化幽显,则事出天外。是以诸佛降祥之域,先
> 圣流美之墟,略举遗灵,粗申记注。

作者在这里明确地将佛教与非佛教区分开来,对佛教以外的事情,
采取"非所详记"的消极态度;而对佛教及有关内容的记述,却采取了
非常积极的态度。这是玄奘、辩机撰写《大唐西域记》动机的自我表
露。书之内容,也正与之相符。书中共载139"国",各国详略不一。除
少数外,其所述内容主要是佛教。书中所载佛教内容大致可分为如下
几类:(1)佛本生故事;(2)佛传故事;(3)佛经故事;(4)圣僧故事;(5)
寺院佛塔及其他佛教遗迹。上述五类内容,除最后一类是对寺院或佛
塔的单纯描写之外,前四类都是佛教故事,而这些故事一般都可在前期
所译的佛经中找到。如从此方面来讲,《大唐西域记》的这些内容,似
乎意义不大,但由于玄奘所述是"以物带事",先讲遗物、遗迹,再带出
有关故事,读起来就显得妙趣横生。如卷6"拘尸那揭罗国"条讲:从该
城北渡三百余步,有塔,系释迦焚身处,故此地土杂灰炭,颜色黑黄。塔
旁有释迦为弟子迦叶现示双足之处(陕西铜川玉华寺出土有据说为玄
奘时的双足印石刻,实物今存寺中)。现足处旁又一塔,为无忧王所
建,系八王分舍利的地方。其下又讲八王分舍利经过。八王分舍利传
说见于《长阿含经》卷4等,不同的是,玄奘讲到了具体位置所在,甚至
地形、地貌、地物等,这无疑对后人考证此地的位置,甚至地貌特征等提
供了方便。《大唐西域记》之所以被国内外学者看重,这是其中的重要

原因之一。但我们在这里所思考的问题并不在此,而是玄奘为什么借述印度见闻而不厌其烦地讲述这些简单的佛教故事呢?这里恐怕还要从唐太宗的宗教信仰问题谈起。

佛教自汉代传入中国以来,至唐已近 600 年,佛教思想已影响到了中国社会的各个方面。但李唐统治者尊老子李耳为先,用"黄老之学"。这种情况的出现实际上是隋末战乱之后"与民休息"的历史必然,并非某人的个人举动。唐太宗在位 20 余年,道、佛并举,但在名义上以道为先。文献中虽有李世民于"战地建寺",为亡者作法事等有关佛教内容的记载,但无非是一位杀人太多的战胜者的"眼泪",带有明显的"功利"行为。故不能就此断定李世民对佛经、佛教理论有多少了解。正如他自己所言:"至于内典(佛典),尤所未闲"。这应该不是他的自谦,而是反映了他不熟悉佛教典籍的真实情况,正因为这样,玄奘就需为其"补课",使其了解一些佛教的基本知识(如佛本生、佛传之类)。这大概就是《大唐西域记》不厌其烦地介绍当时世人已熟悉的那些佛教故事的主要原因。

此外,《大唐西域记》特别钟情于讲述国王与佛教的故事,其例甚多,此略举二三。

卷 3 "乌仗那国"条下有故事说:上军王母双目失明,听说佛法后得以复明。如来临涅槃时,告知其可分舍利以供养。因其来迟,遭到其他国王的鄙视,不愿分给,多亏天人大众重申佛意,上军王才分得佛之舍利供养。国王信佛,不仅自己可得利,而且惠及全家,怎能不敬不信!

同卷"旦叉始罗国"条有这样一段记载:国城北十二三里有一无忧王所建塔,至斋日时,常放光明,敬之即可治病。原来这里是如来前世为光明王时,欲求觉悟的地方。故事中的月光王是一位修大慈大悲菩萨行的国王,他发愿要给所需者施舍一切,最后连自己的头也施舍给他的敌人了。他能够成佛,多亏了前世的这些因缘。这则故事,虽早已在多种佛籍中出现,但玄奘还是要借机讲给李世民听。

卷 8 "摩揭陀国"条又讲述僧伽罗国国王淳信佛法,有族弟出家,想观佛圣迹,远游印度,别人都以他国小地偏而蔑视之。其返国后奏请国王在印度建立佛教寺庙。国王遂遣使印度,给大吉祥王献宝上贡,得许在印度建立"摩诃菩提僧伽蓝"。

玄奘是大唐帝国来的游方僧人,才能出众,故不至于受到僧伽罗国王出家族弟那样的遭遇,但华人初去印度,难免有很多不能适应的地方,在那里建立一座寺院以供初入印度的僧人留居应是否可行呢?故其大讲僧伽罗国王在印度建立寺院的好处,这既弘扬了佛法,又提高自己国家的地位。其意是否在于鼓励李世民效法之呢?颇具意味的是,继玄奘之后在唐高宗显庆五年(660)出使印度的王玄策也曾到过该地,并奉命在此立碑,碑铭中有文曰:

> 大唐抚运,膺国寿昌,化行六合,威棱八方。身毒稽顺,道俗来王。爰发明使,瞻仰道场。金刚之座,千佛代居,尊容相好,弘救规模,灵塔壮丽,道树扶疏,历动不折,神力焉如。

文中大肆宣扬唐朝的"国威"。然王玄策出使该地的目的何在呢?是否去那里考察此著名伽蓝并为以后建立寺院作一次调查呢?

卷9"摩揭陀国"条在记"鹫峰佛迹"时讲频毗娑罗王为闻佛法,兴发人力,自山麓至峰顶,跨谷凌岩,编石为阶,广十余步,长五六里,王至此徒行以进等。在讲到"王舍城"时,又说频毗娑罗王在上茅城时,城中火灾频繁,而且往往一家有难殃及四邻,百姓防火不及,产业常因此而废。群臣献计,如有火起,先究首恶,迁往寒林。寒林之地为弃尸之所。事也凑巧,律令发布不久,王宫先自起火。国王自请发配寒林,由太子摄政。敌国吠舍厘王闻频毗娑罗王野处寒林,便暗集军队,想搞突然袭击。守兵闻之,便于此建城。因老王先舍身于此,便称王舍城。也有人谓此城乃频毗娑罗王的儿子未生怨王所建。

这个故事,李世民也是愿意听的。因为他亦曾残杀兄弟,夺取王位。但这没有什么,因为"未生怨"的因果报应故事会掩盖一切;何况还可"放下屠刀""立地成佛"呢!既然未生怨王"改邪归正"后可成为护法之王,李世民何尝不可呢?

无独有偶,卷10"乔萨罗"条下又讲了这样一则故事:龙猛菩萨通医药之术,故寿达百年而貌不见衰。国王娑多婆诃分得妙药,寿年亦达百年。此事引起了小王子的怨愤，因为其父不死，他就没有登基的机会。其母献计：老王不死，全赖龙猛之药，若龙猛死，老王则无以存。龙猛慈悲为怀，施人一切，求施其头，自可实现当王之愿。小王子遂至龙猛处，求龙猛施头。龙猛自执利剑断项，身首异处。小王子见状，惊奔而去。父王听后，果然命终。

通过上文可知，在玄奘的笔下，护佛弘法的国王很多。如某王立寺、某王造像、某王供养僧人、某王请僧人与外道辩论辩胜外道等等，此不赘举。玄奘对此类故事的记载，一般都站在褒奖的立场上。另一方面，玄奘在其书中也记载了少数毁佛灭法、残害释种的国王。当然，这些国王历来是佛教所鞭挞的对象。若非当世受到恶报，就是来世下了地狱。

总之，玄奘在《大唐西域记》中如此热衷于佛教内容的记述，特别是佛教与国王的记述，无疑是有针对性的。

20.3

玄奘的佛教政治意图除了反映在对《王法正理论》的翻译及《大唐西域记》的编撰方面之外，同时也反映在他的佛教活动方面。这里所涉及的还是玄奘与"国王"的问题。但这些国王同前文提到的具有神话传说色彩的"国王"有所不同，其多是玄奘见到的历史人物。

玄奘西行，遇到的第一个"国王"是高昌王麹文泰。《大慈恩寺三藏法师传》卷1记载了玄奘在高昌受其礼遇的盛况：

> 法师入城，王与侍人前后列烛自出宫，迎法师入后院，坐一重阁宝帐中，拜问甚厚，云："弟子自闻师名，喜忘寝食。量准途路，知师今夜必至，与妻子皆未眠读经敬待。"须臾，王妃共数十侍女又来礼拜。是时渐欲将晚，言久疲劳欲眠，王始还宫，留数黄门侍宿。旦，法师未起，王已至门，率妃已下俱来礼问。

麹文泰虽贵为国王，却有意做玄奘的弟子，甚至要令全国百姓皆为玄奘弟子。他力劝玄奘终止西行，留在高昌。但玄奘西行之意已决，

"欲令方等甘露独洒于迩维,决释微言庶得尽沾于诸国",自喻为求佛道的波仑和求法友的善财童子。文泰见难以留住玄奘,又用种种手段相逼,玄奘竟以绝食相抗,最后,文泰还是让步,又当着其母的面与之结为兄弟,约其学成归来时在高昌留住三年,并表示愿效法波斯匿王、频婆娑罗王等,做大师外护檀越。

文泰可谓志向远大,甚至想以佛教所歌颂的"护法之王"波斯匿等为榜样。但玄奘明白,区区高昌,四面为强敌所围,要保全已属不易,何能成理想的"护法之国"? 尽管如此,他还是答应在此延长一月,讲《仁王经》。此《仁王经》应是鸠摩罗什所译《佛说仁王般若波罗蜜经》。其内容是佛为当时印度十六国王讲护国之法。说诵此经,可七难不起,灾害不生,万民丰乐。魏晋南北朝时期,中国的不少帝王,为护其国,动辄举行"仁王会",开讲《仁王经》。唐太宗贞观三年(629)正月,"诏京城沙门,每月二十七日行道,转《仁王经》,为国祈福,官给斋供"[1] 也就是在此年,玄奘请求西行。看来,玄奘对作"仁王会"之类,必不陌生,临行前在高昌作此法会,以护佑其国,可谓玄奘的第一次佛教政治实践。

玄奘到印度后最重要的事件是受到戒日王的接见,并参加了由其举行的佛教法会。《大唐西域记》《大唐故三藏法师行状》《大慈恩寺三藏法师传》对此都有记载,但内容各有侧重,可以互补。

戒日王信奉佛教,他还在其境内广建佛塔、庙宇、精舍,"令五印度不得啖肉。若断生命,有诛无赦"等等。戒日王与玄奘第一次会面时有过一段颇有意味的对白,其文曰:

王曰:"尝闻摩诃至那国有秦王天子,少而灵鉴,长而神武。若先代丧乱,率土分崩,兵戈竞起,群生荼毒,而秦王天子早怀远略,兴大慈悲,拯济含识,平定海内,风教遐被,德泽远洽,殊方异域,慕化称臣,氓庶荷其亨育,咸歌《秦王破阵乐》。闻其雅颂,于兹久矣。盛德之誉,诚有之乎? 大唐国者,岂此是耶?"

---

[1]《佛祖统记》卷39《法运通塞志》第17。

对曰:"然,至那者,前王之国号;大唐者,我君之国称。昔未袭位,谓之秦王,今已承统,称曰天子。前代运终,群生无主,兵戈乱起,残害生灵。秦王天纵含弘,心发慈愍,威风鼓扇,群凶殄灭,八方静谧,万国朝贡,爱育四生,敬崇三宝,薄赋敛,省刑罚,而国用有余,民俗无究,风猷大化,难以备举。"

戒日王曰:"盛矣哉,彼土群生,福感圣主!"[1]

玄奘与戒日王的会见,应是历史事实,但这段对白,却引人狐疑,如戒日王对李世民的赞语及对《秦王破阵乐》的描述就很可能是玄奘为取悦李世民而写进去的。玄奘称颂李世民"爱育四生,敬崇三宝"等语更有问题。众所周知,玄奘是贞观三年前往印度的,那时的李世民对佛教的态度还谈不到"敬崇"。但现在李世民看到这些内容,一定会高兴的。玄奘在这里一石两投,既赞扬戒日王,同时鼓励唐太宗,让他们互相学习,皆做"护法之王",特别对后者来说,更加迫切,更为重要。

下面我们再分析一些资料。从贞观二十年(646)至龙朔三年(663)的18年中,玄奘先后多次向唐太宗、唐高宗上表与启,今可见者尚有30余件,[2]真实地反映了玄奘与唐初统治者之间的关系。

玄奘自印度归来,刚到于阗,即令"高昌俗人马玄智与商侣奉表先闻",向唐太宗承认自己贞观三年四月"私往天竺"的错误,说自己游历印度17年,"见不见迹,闻未闻经",今满载而归。唐太宗立即"蒙恩敕降",让其速来相见,并敕于阗等道使护送法师。玄奘至沙州后,又上表驻跸洛阳的唐太宗,太宗令西京留守房玄龄,使有司迎待。初次见面,李世民问及玄奘何以能翻山越岭远达印度时,玄奘作了如是回答:

奘闻乘疾风者,造天地而非远;御龙舟者,涉江波而不难。自

---

〔1〕〔唐〕玄奘、辩机著,季羡林等校注:《大唐西域记校注》卷5,中华书局1985年版,第436—437页。

〔2〕这些文字许多见于《大慈恩寺三藏法师传》等籍中。与此同时,有日本有小泉第太郎氏藏唐代写本等。京都知恩院藏奈良时代写本,题名为《沙门玄奘上表记》(1卷)收入《大正藏》卷52。此《上表记》收玄奘上表、启文共35件,实际上玄奘上表还要多。其书为后人所编,但成书的年代颇古,观其内容,以时间先后为序,引用较为方便。下文引用"上表"多见于此,恕不赘注出处。

陛下握乾符,清四海,德笼九域,仁被八区,淳风扇炎景之南,盛威振葱山之外,所以戎夷君长,每见云翔之鸟自东来者,犹疑发于上国,敛躬而敬之。况玄奘圆首方足,亲承育化者也。既赖天威,故得往还无难。

如此巧妙的回答,唐太宗定很喜欢。太宗见其才能不凡,一面令其将赴印见闻记录成书,一面劝其"归俗"做官,后者被玄奘婉言拒绝。太宗不甘心,又让玄奘伴驾辽东(当时李世民要征高丽),玄奘不但不答应,反提出要去少林寺译经,但未得太宗应允。后来玄奘被安排在西京弘福寺禅院中。这一举措可能是唐太宗对玄奘不太了解而又想控制其活动所作出的反映。玄奘从西域返回,刚至长安近郊,便出现了"闻者自然奔凑,观礼者盈衢,更相登践,欲进不得"的情况。至长安,观者更是"列道两旁,瞻仰而立,人物填噎。所司恐相腾践,各令当处,烧香散花,无得移动,而烟云赞响,处处连合"。[1] 可见玄奘的回归在大唐首都引起的轰动之大,这种"群众性"的崇拜极易造成一些意想不到的后果,特别是如其被某种政治势力利用,更为麻烦。故李世民一直想把其留在身边,就近掌握。玄奘是明眼人,大概早已看透了这一点,故在进驻弘福寺之前,特意上奏请太宗:"百姓无知见,玄奘从西方来,妄想观看,遂成环柜,非直违触宪纲,亦为妨废法事,望得守门,以防诸过。"让唐太宗为自己住所派上卫士,一者可避嫌疑,二者便于安心译经。玄奘与唐太宗的第一次接触,结果不太令人满意,但其佛教活动已开始得到唐太宗的支持,获准在长安译经。以后凡遇大事,玄奘即随时向唐王汇报。向皇帝献经,有《进经论表》,写完《大唐西域记》,有《进西域记表》,译完一部佛经,有《请写经序并题经表》等等,以求得到唐朝最高统治者的了解与支持。但皇帝毕竟是皇帝,并不是"有求必应"的。《请太宗皇帝作经序并题经表》载:

去年二月,奉诏翻译,今见成五部,总五十八卷,缮写如别。窃见弘福寺尊像初成,圣上亲降銮舆,开青莲之目。今经、论新翻,敢

---

〔1〕〔唐〕慧立、彦悰著:《大慈恩寺三藏法师传》卷6,中华书局1983年版,第128页。

缘斯义。伏愿陛下曲垂神翰,表发经题,亲纡玄澡,序明总极。……谨奉表以闻。轻触天成,伏增怵汗。谨言。

玄奘请唐太宗为其翻译的佛经题名并作序,但被唐太宗婉言拒绝了。《太宗文皇帝报请作经序·敕书》曰:

> 省书具悉来意,法师凤标高行,早出尘表,泛宝舟而登彼岸,搜妙道而辟法门,弘阐大猷,荡涤众罪……朕学浅心拙,在物犹迷,况佛教幽微,岂孰能仰测,请书经题,非己所闻,又闻新撰《西域记》者,当自披览。

玄奘遭拒后,又上《谢太宗皇帝敕书表》曰:

> 所获经论,奉敕翻译,见成卷轴,未有经序。伏惟陛下睿思云敷,天华景烂……跨千古以飞声,排百王而腾实。窃以神力无方,非神思不足洽其理,圣教玄远,非圣藻何以序其源,故乃冒犯威严,敢希题目。震倦冲邈,不垂矜许,抚躬累思,相愿失图,玄奘闻:日月丽天,既分晖于户牖;江河泛地,亦流润于岩涯……伏乞云雨曲垂,天文府照……然则鹫岭微言,其神笔而弘远;鸡园奥典,托英词而宣畅……谨诣阙奉表以闻,轻触天威,伏深战栗。

第一次求题经序未成,第二次文字变得更加委婉,使太宗无法推辞,遂有《大唐三藏圣教序》问世,这无疑是对玄奘翻译的莫大支持。但玄奘的目标并不在此,他要通过译经及与译经有关活动,交往李唐统治集团上至帝王、太子,下至群臣甚至皇后等重要人物,凭借其政治力量,达到弘扬佛法之目的,实现自己的理想。

玄奘的理想,在下述几则史料中表露得最为清楚。

一、《谢太宗文皇帝制三藏圣教序表》,文曰:

> 皇帝陛下玉毫降质,金轮御天,廓先王之九州,掩百千之日月。斥列代之区域,纳恒沙之法界,遂使给园精舍并入堤封,贝叶灵文,感归册府。

不管唐太宗怎样想,玄奘在这里已把大唐皇帝比作护佛弘法的转轮王——金轮王了。

二、《谢〈述圣记〉启》,其有文曰:

皇太子殿下体资宸极,仁被春方,照佛日以重辉,绍法轮于将坠。津梁有属,传灯斯在……玄奘志穷佛道……得经论六五七部,寻蒙恩敕,令玄奘翻译,爰降慈旨,为制序文……殿下游刃三藏,仰弘十善,复制《述圣》之记,光阐大猷……忽得明珠,谨当顶受奉持,永为心镜。

这里玄奘又称赞皇太子(后来的唐高宗)"绍法轮于将坠"。把皇太子看作转轮王的后继者;把其写的《述圣记》比作转轮王的"明珠"(宝珠)。

三、《请经论流行表》,其文曰:

是知诠名教者法王之善权,阐言象者圣帝之能事。非夫三达遐鉴,四弘俯济,孰能抚金轮之运,弘玉毫之教者欤!伏惟皇帝陛下徇齐作否,钦明体道,革浇弊之俗,垂邕穆之化,风教被于三千,疆场掩于百亿,临八政而命驾,驭五乘而载驰。屈外分之迹,据域中之位。四海无虞,万机有暇。

此处又说唐太宗"能抚金轮之运",接下来的话,实际上全是转轮王出现时"治世"的情况。

四、《皇帝在春宫日所写〈六门经〉及题〈大菩萨藏经〉等六十六卷》,其文曰:

斯乃庆集皇灵,永驭金轮之运,福滋圣善,速绍玉毫之位。

玄奘在此又祈望唐朝统治者能"永驭金轮之运",即永作转轮王。

五、《谢得一切经表》,有文曰:

皇帝陛下金轮御寓,十善之化弥新;文恩统天,八正之风逾扇。虽复万方事广,檀那之行靡亏;庶务殷繁,游玄之心无舍。

这里玄奘又把皇帝比作行"十善",做"檀那"的转轮王了。

六、《谢大慈恩寺碑文及得宰相助译经表》亦曰:

像教东被五百年……而光赞之荣,独在慈日。天人载悦,明祇叶庆,金轮在运,玉历方永。

此"金轮在运",也同上意。

七、《谢大慈恩寺碑文表》,又文:

伏惟皇帝陛下金轮在运,玉历乘时,化溢四洲,仁覆九有,道包将圣,功茂乃神。

八、《谢许书大慈恩寺碑文表》,又文:

沙门玄奘言:伏奉敕旨,令许降宸笔自勒御大慈恩寺碑文……得轮王之髻珠,畴兹岂贵,庶当刊以贞石,用树福庭。

这里玄奘又将唐高宗比作转轮王,把其写的碑文比作转轮王发髻中的宝珠。

九、《谢大慈恩寺碑文并九部乐表》,又有文曰:

若金轮之王,神功不测;同宝冠之帝,杰祚方永。玄奘谬忝朝恩,幸登玄肆,属慈云重布,法鼓再扬。

此例仍同前条。

十、《谢僧尼等停依俗法条表》,又曰:

伏惟皇帝陛下宝圆御极,金轮乘正,倦兹释教,载怀宣阐。

其"金轮乘正",比同上类。

总之,玄奘念念不忘比称李世民父子为"转轮王"。他之所以如此,实际上是希望李世民父子做"转轮王"。

佛教自产生之日起,就不断遭到敌对势力的反对。佛教在印度和中国的流行过程中,多次受到挫折,在中国北朝时甚至遇到过两次灭佛之厄运。至唐初,反佛言论更甚嚣尘上,气势汹汹,佛教失去了应有的安全感。这种情况,使得佛教中的"末世""末法"思想更为流行。作为一个虔诚的佛教徒,谁也不愿看到其"末世"的到来,而是以种种方式护法弘法。隋代静菀在房山刻石经是为此,玄奘取经、译经实际上也是为此。但所不同的是,玄奘认识到,若无现实统治者的支持则难以达到护佛弘法之目的,所以,他殚思极虑地诱导当时的统治者做佛教的理想王——转轮王。

不仅如此,玄奘考虑得更为长远。他甚至想使唐高宗和武则天的儿子"佛光王"(即后来的中宗李显)出家,来做"法王"。《庆佛光王周王表》载:

伏惟皇帝皇后情镜三空,化孚九有,故能辟垂旒于二谛,劫麦马于一乘,兰殿初歆,爱发俱胝之愿,旋柯在孕,便结逾城之征。俾夫十号降灵,弘兹摄受……安和载诞,七花俨以承步,九龙低而濯质……且帝子之崇,出处斯在。法王之位,高昌弥隆……窃谓殚四海之资,不足比斯檀行;倾十地之业,无以誓此福基。当愿皇帝皇后百福凝华,齐辉比极。万春表奉,等固南山。

这里,玄奘说武则天怀孕,便有了释迦"夜半逾城"的征兆,以"佛光王"比释迦。其"七花俨以承步,九龙低而濯质",也是以"佛光王"的出生比释迦降生后的"七步生莲""九龙灌顶"之故事。其"帝子之崇,出处斯在。法王之位,高昌弥隆",讲得更明白。佛教谓释迦在出生之前,即有相师称说,其如在家,为转轮王;其如出家,即成佛果。但转轮王是世俗的国王,释迦不能锁此牢笼,决心出家,以做法王,不但自己解脱,还要救度世人。玄奘在这里,也鼓励唐高宗、武则天舍此儿子,让其出家做"法王"。说他们即使舍四海之资,也比不了舍子出家一举。

玄奘的这次上表,未见答复,故不知"二圣"的态度如何。至佛光王三日时,玄奘又上《庆佛光王三日并进衣钵物仗表》,有文曰:

皇子载诞,天枝广茂,琼萼增数,卒土怀生,莫不庆赖,在于玄奘,持佰恒情,岂直喜圣后之平安,实也欣之有嗣,伏愿不违前诏,即请出家,移人王之胤,为法王之子,披著法服,制立法名,授以三归,列于僧数,绍兴像化,阐播玄风,再秀禅林,重晕觉菀。……振法鼓而挫天魔,麾游幡而摧外道……唯愿先庙先灵,藉孙祚而升彼岸。皇帝皇后,因子福而享万寿,永握灵图,常临九域。子能如此,方名大孝,方是荣亲。所以释迦弃国而务菩提,善为是也。

由此可见,唐高宗、武则天似乎给玄奘答过佛光王生下之后,放其出家的问题,要不玄奘为什么会在此说"伏愿不违前诏,即请出家"的话呢?玄奘这次说得更为恳切,说让佛光王出家,是"移人王(世俗国王)之胤,为法王(佛)之子"。沙门出家,不敬父母,历来为儒家攻击佛教的口实,为了打消"二圣"的顾虑,玄奘还说"子能如此(佛光王如能出家),方名大孝,方是荣亲"。如果让皇帝的儿子出家了,佛教就不愁无人护佑了。玄奘想借用皇权的政治力量来"振法鼓而挫天魔,麾胜幡而摧外道",故力劝唐高宗、武则天舍子出家,其手段之高超,是前所未有的。

此后,玄奘还上有《谢为佛光国王满月剃发并庆度人表》及《庆佛光国王满月进法服及表》2次,但再没有像前表中那样直言不讳。佛光王虽有满月剃发、度僧等事,但最终还是没有出家当"法王",而是当了几天"人王"。这其中的玄妙也正是需要我们进一步探讨的。

总之,无论是从《王法正理论》,还是从《大唐西域记》的有关内容,抑或从玄奘的佛教实践活动看,他一开始就高屋建瓴,从影响现世的最高统治者入手,力图使此类人物成为护佛弘法者。因其深知,在中国这块土地上,若得不到统治者支持,佛教要想得到发展几乎是不可能的。玄奘的理想就是最大限度地争取得到人间帝王的支持,以护佛弘法,使佛教在中国得到尽可能大的发展。

(本文原载于《宗教学研究》1999年第4期)

21　西夏的转轮王塔

——宁夏拜寺口西塔之建造背景

在今宁夏回族自治区贺兰县金山乡境的拜寺口(古称"百寺口"),东西屹立着两座雄伟庄严的古塔。关于这两座塔的文章,见诸许多报刊。文物出版社(北京)出版的《西夏佛塔》一书,有多处提到了这两座塔,特别是参加过这两座塔具体维修工作的于存海及何继英同志,撰有《贺兰县拜寺口双塔》一文[1]。从塔所处的地理环境到塔的造型工艺、塔中绘塑的人物及各种装饰,总的高度到各层的尺度,甚至佛像的尺度等方面都作了具体翔实的介绍。这是迄今为止介绍拜寺口双塔质量最高的一篇文章。翻阅此文,拜寺口双塔的情况大致可以了解。但关于拜寺口双塔的内涵,特别是西塔所包含的佛教方面的深层次问题,即转轮王造像的问题,文章还未涉及,本文试图对此作以补充,望有关学者,特别是宁夏方面的文物工作者予以指正。

本文主要讨论西塔。西塔主要由塔身和塔刹两部分构成,不设基座,高 33.34 米,为 13 层八角形密檐式空心砖塔。除第一层平素无饰之外,第二至第十三层塔身上皆有彩绘、龛内塑像及其他装饰。每层 8 龛,共有 96 个龛。

本文要说明的,主要是龛内的装饰,现以列表的形式,将此塔每层龛内的情况表示如下:

---

〔1〕雷润泽、于存海、何继英:《西夏佛塔》,文物出版社 1995 年版,第 76 – 101 页。

表 21－1　西塔

内容／面向／塔层	东	东南	南	西南	西	西北	北	东北	备注
	天宫								
十三	宝鱼	宝花	宝轮	宝螺	宝盖	盘肠	宝罐	宝伞	
十二	转轮王	藏臣宝	象宝	兵宝	女宝	宝珠	马宝	轮宝	
十一	胸前持物供养天人	持盘珠供养天人	持珠供养天人	供养天人	供养天人	供养天人	持珠供养天人	供养天人	
十	供养天人	供养天人	供养天人	供养天人	供养天人	供养天人	残	供养天人	此类供养天人手托宝珠
九	持长柄状器金刚像	持杵金刚像	持长柄状器金刚像	持长柄状器金刚像	持 珠？金刚像	持法轮金刚像	持铲形物金刚像	持铲形物金刚像	金刚像均戴三珠宝冠，上裸，披巾着裙，近菩萨装饰，面相清秀
八	持物供养菩萨	持物供养菩萨	持物供养菩萨	持物供养菩萨	不存	持物供养菩萨	持物供养菩萨	不存	疑为转轮王千子
七	金刚像	金刚像	金刚像	金刚像	金刚像	金刚像	金刚像	金刚像	一般右手持短柄法器，头戴宝缯，顶部有火焰状发饰。上裸，披巾着短裙，面相均较狰狞
六	罗汉像	罗汉像	罗汉像	罗汉像	罗汉像	罗汉像	罗汉像	罗汉像	
五	罗汉像	罗汉像	罗汉像	罗汉像	罗汉像	罗汉像	罗汉像	罗汉像	
四	比丘像	比丘像	毁	毁	毁	毁	毁	比丘像	
三	立僧像	毁	毁	立僧像	毁	立僧像	毁	毁	
二	原应有比丘像	原应有比丘像	比丘	比丘	比丘	比丘	比丘	比丘	多处造像被毁
一									素面无装饰

通过上表,拜寺口西塔96龛中的内容基本可知,但这里还需特别分析此塔第十二层8龛的内容。此8龛的基本情况如下:

(1)东龛:转轮王(原报告称供养人),高33.5厘米,头部残损,双手合十,举于胸前,作礼拜状,上身似裸体,饰璎珞、臂钏、腕钏等,右结跏趺坐于一前有五瓣的莲台上。坐像上有三西夏文字,后两字残。原报告说第一字汉译为"任"字。此形象实际与一般的菩萨造像没有多大差别,我们断定为转轮王,主要依据是其与"七宝"排在一起,且占据正东的位置,与正西"玉女宝"相对。

(2)东北龛:金轮宝作车轮状,八辐,正中有轴孔,外有火焰纹,置于前有五瓣的莲台之上。佛经常言"金轮千辐"[1],此处只造八辐。

(3)正北龛:马宝,马立于前有五瓣的莲台之上,前右腿稍曲,作行走状,马背上有鞍具,鞍上置莲台,莲台上置摩尼宝珠。

(4)西北龛:珠宝置于前有五瓣的莲台之上,三珠呈"品"字形放置,外饰火焰纹。

(5)正西龛:女宝头戴冠,饰臂钏、璎珞、腕钏等,上裸,下着裙,双手合十,举于胸前作礼拜状,结跏趺坐于前有五瓣的莲台之上。此女宝处于正西位置,意义尤长(详见后文)。

(6)西南龛:兵宝,此兵宝似为三股的金刚杵,把上结帛,从器身两侧飘出,器身似矛,背显利刃,端立于前有五瓣的莲台之上。

(7)正南龛:象宝,象置于前有五瓣的莲台之上。象身有鞍具,鞍上置莲台,台上放摩尼宝珠,珠内光芒四射。值得注意的是,此象似有六牙(因浮雕为侧面,只露出三牙)。按佛教的说法,此种六牙白象,为象中之宝,唯转轮王有之。

(8)东南龛:藏臣宝,此藏臣宝用一喇叭口,圆腹,带圈足,颈系帛带大瓶置于莲台之上来表示之。

以上是拜寺口西塔第十二层转轮王与"七宝"的简单情况。这里需要说明的是"七宝"中的兵宝和藏臣宝实际上用了"拟人化"的表现

---

〔1〕见后详述。

方式。按照佛经的说法,转轮王典兵的兵宝,应是一战士形象;至于作为转轮王"财政大臣"的藏臣宝应是一大臣形象,而此处却用兵器和一宝瓶来代表,具有高度的"抽象性"。

本文叙述拜寺口西塔转轮王与"七宝"的顺序与原报告不同(原报告从南开始叙述),即从处于正东的转轮王逆时针向东北、北、西北、西、西南、南、东南叙述。之所以这样,是考虑到佛经中多处提到,金轮宝多在转轮王东面出现,是转轮王最重要的一宝。所以,金轮宝的造型,只要有"七宝"与转轮王形象,都应紧靠转轮王,在"七宝"中排列第一,而不能置后。

此外,我们还可发现此塔王东女西、马北象南的顺序排列。此种排列,最重要的是王东女西的布局。[1]

现在我们看看佛经中对"转轮王"与"七宝"的记载。

佛典中有关这方面的记载很多,这里只列举译出较早的两种和最晚的一种来说明问题。

西晋沙门法立同法炬译《大楼炭经》卷1《转轮王品》第三载:

> 佛语比丘:世间有转轮王时,自然生七宝、有四德。何等为七?一者金轮宝,二者白象宝,三者绀色马宝,四者明月珠宝,五者玉女宝,六者藏圣臣宝,七者导道圣臣宝。[2]

十六国后秦佛陀耶舍共竺佛念译《长阿含经》卷6《转轮圣王修行经》云:

> 乃往过去久远世时,有王名坚固念。刹利水浇头种,为转轮圣王,领四天下。时王自在,以法治化,人中殊特,七宝具足。一者金轮宝,二者白象宝,三者绀马宝,四者神珠宝,五者玉女宝,六者居士宝,七者主兵宝。千子具足,勇健雄猛,能伏怨敌,不用兵仗,自然太平。[3]

---

〔1〕此塔八面,"七宝"与转轮王方向的排列,可能与中国传统的"八卦"有关。作者正在研究之中,论文待刊。

〔2〕《大正藏》卷1,第218页上。

〔3〕《大正藏》第1册,第39页中。

上两经是中国较早译出的关于"转轮王"与"七宝"的佛典。此两经对"七宝"名称的译法虽有异处,但"七宝"出现的顺序相同。转轮王"七宝"各有用途与特点,上引《大楼炭经》谓:

> 王以十五日,月满时沐浴,便上高观上,与婇女共坐。见东方有自然天金轮来,有千辐,皆完具悉以天金所成,高一丈四尺。王见已,自念言:我从先圣闻,若王十五日月满沐浴,上高观与婇女俱坐,见东方有自然金轮者,即得作转轮王。王自念,欲试天金轮,尔时转轮王,便试天金轮。即便会四部兵,往至天金轮所,整衣服长跪叉手,持右手指金轮使东飞,金轮即东飞……尔时东方弗于逮诸王,以金钵盛满银粟,银钵盛满金粟,共往至转轮王所白言:天王来大善!东方诸城国界,富乐炽盛安稳,五谷丰熟,人民众多……大王至此,我等承受其教,转轮王便告诸王言:诸贤等各自治国以正法,莫行非法……莫杀生,莫盗窃,莫犯人妇女,莫妄语骂詈恶口两舌,莫念恶。当慈心为正见奉行。如是者,则为受我教。尔时诸小王,持国界奉上转轮王。转轮王即往察行东方诸国……得东海内,悉属己便还。南方阎浮利天下王降服亦如是……复至西方俱耶尼亦如是。复至北方郁单曰天下亦如是。[1]

总之,在金轮宝的指引下,转轮王兵不血刃,逐一降服了东、南、西、北四方及诸国。

与此同时,各有神通的象宝、马宝、明月珠宝、玉女宝、主藏臣宝、兵臣宝亦一一出现。不过相对金轮宝来说,此经对其他六宝所用的笔墨就显得非常简单。

相对其他经,北宋施护译《佛说轮王七宝经》是专讲转轮王"七宝"的,对"七宝"各自的用途与特点讲得比较详细。但"七宝"的顺序与前引两经稍有不同。其文曰:

> 一时佛在舍卫国,与大苾刍众俱。是佛告诸苾刍言:汝等当知,有刹帝利大灌顶王,已受灌顶,得轮王位。威德自在,人所尊

---

〔1〕《大正藏》第 1 册,第 281 页。

重,出现世间。其王出时,有七宝现。何等为七?所谓轮宝、象宝、马宝、主藏臣宝、主兵臣宝、摩尼宝、女宝。如是七宝,随王出现。

何名轮宝呢?经中接着作了说明,其谓:

所谓千辐金轮,最上殊妙,诸相圆满,有大威力……彼千辐轮导于王前,从王右手顺次而转。是时彼王服于四海,于少时间即还王宫,以其轮宝功能胜故。诸苾刍,此名刹帝利大灌顶轮王出时第一轮宝出现。

其次即象宝。经中说:

彼刹帝利大灌顶轮王出时,复有象宝出现。其相殊妙,纯白无杂,尤如大龙,七处具足,圆满而住。从于北方,乘空而来,住王宫门……其王于晨朝时乘彼象宝,服于四海,即时还官。

第三为马宝。经中又谓:

大灌顶轮王出时,复有马宝出现。其数有四,诸分圆满,而各有其上妙色相,所谓青黄赤白,项颈妙好,尤如谟啰,行步迅疾,而复调善,是四马宝出现官门……王见是四马宝已,心大欢喜……其王于晨朝时乘是马宝,服于四海,即复还官。

第四为主藏臣宝。经中又谓:

轮王出时,复有主藏臣宝出现。是时有大宝藏,坚牢具足,大财大富,彼臣所主……是时轮王见是主藏臣宝出已,心大欢喜。又闻其言,金等诸宝,一切具足,获大如意。时王即谓彼主藏臣宝言:汝今有如此色相神通威力,能主地中广大伏藏,金等诸宝,一切具足。观如是事,甚为稀有,最上贤善,汝善主持。我有所欲,汝当供给。

第五为主兵臣宝。经中又谓:

轮王出时,复有主兵臣宝出现。是时彼臣有大智略,勇猛威德,大力色相,一切具足。善御兵众,护王国界,不令侵扰。

第六为摩尼宝。经中又谓:

轮王出时,复又有大摩尼宝出现。彼摩尼宝,最上色相,妙好殊胜,有大光明,圆满具足,其光广大,普照一切,有大功能……尔时彼王……与夜分中出游园林,其宝光明,照一由旬。其王四兵,皆悉光明,互相映曜,如天光明等无有异。

第七为女宝。经谓:

轮王出时,复有女宝出现。最上色相,诸分圆满,妙好第一,诸世间人无有等者。轻妙柔软,如乾哪梨。身诸毛孔,出诸妙香,譬如盛香宝器,于一切时香气常在。又复女宝所有出入之息,一一皆如青莲花香,人所爱乐如王所行,女宝从后,诸有所作,适悦自在。性行贞正,不受邪染,常出爱语,人所乐闻,面有光明,人所喜见。[1]

所谓"转轮王",就是以佛教治国,或以佛教治国意识形态统治天下的帝王称号。[2]汉译佛典中有关"转轮王"的"七宝"的记载很多,我们在此只采用了具有代表性的早(西晋)晚(北宋)几种译本,特别是北宋时由北天竺人施护奉诏翻译的《佛说轮王七宝经》更应受到重视。此事说明,直至北宋时,"转轮王"以佛教治国的信仰还是非常流行的。[3]"转轮王"与"七宝"的佛典由国王(宋真宗)亲自护持译出,本身就说明宋真宗对转轮王治世的信仰或方法有特别的兴趣。

综上所述,可知西夏佛塔中的"转轮王"与"七宝"造像在佛经中是有很多记载的。也就是说,这类造像题材并非空穴来风,而是有文献依据的。那么,在什么历史背景下会出现这样的造像题材?此类造像题材出现的意义何在?这里需要简要地回顾一下西夏佛教发展的历史及其相关问题。

建立西夏政权的主要民族原是活动在我国青海东南部、四川西北部的党项羌。其先以狩猎、畜牧为业。至唐初,党项各部(其中以拓跋部最为强大)先后归服唐朝,并被赐予李姓。其后又因受吐蕃的威胁,请求内徙。唐王朝允许其迁往今甘肃陇东的庆阳一带。此后,一部分

〔1〕以上所引,参见《大正藏》第1册,第821-822页。
〔2〕古正美:《从天王传统到佛王传统——中国中世纪佛教治国意识形态研究》,台湾商周出版社2003年版。
〔3〕〔宋〕赞宁著,范祥雍点校:《宋高僧传》卷3,中华书局1987年版,第41-51页。

又被迁往今陕西北部。唐朝末,党项羌的首领拓跋思恭曾帮助唐王朝镇压黄巢起义,被封为定难军节度使(治所夏州今陕西靖边),拓跋思恭又被赐李姓,从此党项拓跋氏也跻身北方诸藩镇之中。五代乱世,拓跋氏又依附于中原的梁、唐、晋、汉、周等政权,逐渐发展壮大。宋代周后,拓跋氏又归服宋朝,被赐赵姓。宋太宗太平兴国七年(982),党项首领、定难军节度使李继捧(赵保忠)因本族一部分势力极想内属宋朝,便将其辖陕北五州之地献给宋朝,宋得地之后,又强迫拓跋氏亲族驻到汴京。这种类似扣押人质的行为,自然引起了反抗。李继捧的族弟李继迁(赵保吉,时任定难军知藩落使)率众逃入地斤泽(今内蒙古东乌审旗),打出抗宋自立的旗号,同时又依附辽朝政权,加强了其与宋抗争的筹码。北宋至道三年(997),宋又不得不封其为定难军节度使,仍领陕北五州之地。但李继迁并不满足于此,经常攻掠宋土,并于宋咸平五年(1002)攻占灵州(今宁夏灵武西南)。次年改灵州为西平府,使这里成了党项族新的政治中心。北宋咸平六年(1003),李继迁在与吐蕃作战时受伤死去,其子李德明继位。北宋景德三年(1006),李德明被封为西平王。其在位20多年,基本上能与宋和平相处,保境安民,发展生产。北宋天禧四年(1020),李德明又将政治中心移往贺兰山麓的怀远镇,改为兴州(今宁夏银川市),势力更加壮大。北宋天圣六年(1028),李德明派其子李元昊西攻甘(今甘肃张掖)、凉(今甘肃武威)、瓜(今甘肃瓜州)、沙(今甘肃敦煌)诸州,同时又接纳了四周来降的其他部落。这样,西夏政权的版图基础确定了。总之,在李元昊之前,西夏基本上完成了从畜牧、狩猎生产方式向农业生产方式的过渡,完成了从部落联盟向建立国家的过渡,完成了从原始社会向封建社会的过渡。与此同时,西夏统治者愈来愈重视意识形态在统治中发挥的作用了。

同许多民族一样,党项羌的宗教信仰也是由低级向高级发展的。"三年一聚会,杀牛羊以祭天"[1],说明其宗教信仰还处于原始自然崇

拜阶段;"所居正寝,常留中一间以奉鬼神,不敢居之,谓之'神明',主人乃坐其旁"[1],"杀鬼招魂"[2],"病者不用医药,招巫者送鬼"[3]等,说明其宗教信仰又发展到了"鬼神崇拜"的阶段。随着西夏社会形态的不断发展变化,这种比较落后的宗教信仰已越来越不适应统治者的需要了,于是西夏统治者把目光投向了佛教。

早在西夏王李德明时,他就向宋朝请求,要到宋朝境内的五台山修供一寺,并派使者护送供品。[4] 李德明晚期,又"遣使来献马七十匹,乞赐佛经一藏",宋朝答应了德明的请求。从此开创了西夏向宋求经的先河,也使西夏首次有了系统、全面的汉文佛经,这为西夏佛教的发展迈出了坚实的一步。

1032 年,德明卒,其子元昊继位。1038 年,元昊称帝建国,国号大夏,改天授礼法延祚。元昊"晓浮图法""通晓文字"[5],对佛教与汉文化有相当程度的了解。其继位后,请经译经、兴建佛塔等举措,为西夏佛教的发展打下了良好的基础。如 1035 年,"元昊献马五十匹,以求佛经一藏,诏特赐之"[6]。这是西夏向宋第二次"取经"。又如 1036 年,天竺僧人善放等一行 9 人向宋进贡梵经、佛骨及铜菩萨像回归,途经西夏,元昊深知印度佛经的价值,向善放求学未得,关善放等于驿舍,其于佛教之迫切心情,从此可知。与此同时,元昊时期汉文佛经开始翻译成西夏文。北京图书馆藏木刻本西夏文《过去庄严劫千佛名经》发现原文中有"夏国风帝新起兴礼式德。戊寅年中,国师白法信及后禀德岁臣智光等,先后三十二人为头,今以蕃译。民安元年,五十三岁,国中先后大小三乘半满教及传中不有者,作成三百六十二帙,八百十二部,三千五百七十九卷"[7]。其中,"风帝",史金波先生考证为李元

〔1〕〔宋〕沈括撰,胡道静校注:《新校正梦溪笔谈》卷 18,中华书局 1957 年版,第 186 页。

〔2〕〔清〕吴广成:《西夏书事》卷 27。

〔3〕《辽史》卷 115《西夏外记》,第 1523 页。

〔4〕〔元〕脱脱等撰:《宋史》卷 485《西夏国》,中华书局 1977 年版,第 13988 - 13992 页。

〔5〕〔宋〕曾巩:《隆平集》卷 20。

〔6〕〔宋〕李焘撰:《续资治通鉴长编》卷 115,中华书局 1980 年版,2708 页。

〔7〕史金波:《西夏佛教史略》,宁夏人民出版社 1988 年版,第 321 - 322 页。

昊[1]。如此,可知从元昊起,西夏已有大量本民族文字佛经了。元昊所倡导的使用本民族文字——西夏文翻译佛经,对佛教在党项民族中的迅速传播无疑具有划时代意义。此外,元昊除了向宋朝请经之外,也主动加强了与宋朝的佛事来往。如宋宝元元年(1038),元昊"表遣使诣五台山供佛,欲窥河东道路",并派僧人使者入宋。不仅如此,元昊还在西夏境内大兴土木、造塔立寺等,现存的《大夏国葬舍利碣铭》就是元昊让名臣右仆射兼中书郎平章事张浮撰写的。其文中提到"我皇主兮,敬其三宝",直接说明了元昊对佛教的态度。

此后谅祚、秉常、乾顺时期,为西夏佛教的成熟期。此时的西夏仍然继续向宋请经、译经、兴建塔寺,尽力完成先祖未竟的事业,佛教在其政治中心的作用进一步加强了。特别是谅祚时,凉藏氏(元昊后,谅祚母)执政,因宋朝所赐大藏经,派兵民数万,在大都城(今宁夏银川市)西起立大寺,起承天寺塔,此塔虽为后代重修,但基本上保持了原形。当时所作的《夏国皇太后新建承天寺瘗佛骨舍利碣铭》今天仍可看到。碑文中极力推崇佛教,说明佛教与西夏政治关系极为密切。

秉常(惠宗)梁氏时期(1067—1086),西夏的佛教更为兴盛,秉常即谅祚的儿子;梁氏,秉常的母亲、谅祚的皇后。此时,西夏向宋朝请经的活动继续进行,境内的译经、写经活动及塔寺的建立更多。如北京图书馆西夏文《金光明最胜王经》卷首的序中,就明确记录了秉常时的译经情况。其文中说道:

> 次始奉白高大夏国盛明皇帝,母梁氏太后敕,渡解三藏安全国师沙门白智光,译汉为番……自此起,此经广传,帝王后妃,顶承行敬;臣民僧俗,识写诵持。[2]

传世和考古发现的西夏文写经很多,种类齐全。其中有不少保留卷首题记,其题记中常有"天生全能,禄番佑圣,式法皇太后梁氏御译,就得主世,增福正明,大明皇帝(指秉常)嵬名,御译"等语,说明这些西

---

〔1〕史金波:《西夏佛教史略》,宁夏人民出版社1988年版,第67-68页。
〔2〕史金波:《西夏佛教史略》,宁夏人民出版社1988年版,第310-311页。

夏文佛经也是由皇帝下令翻译的。

北图保存的《现在贤劫千佛名经》木刻书中,即保留了西夏译经的情况。图中译主白智光形象高大,端坐正中,助译僧侣十六分列两旁,皇太后梁氏与皇帝秉常亲临译场,分坐两侧,形象较主译师小得多。这种情况充分说明了西夏统治者对译经的重视和对高僧的尊重。值得注意的是,上文中提到的《金光明最胜王经》为一部佛教护国经典,经中讲到国王以佛教治国时,四天王必来护持其国等。

秉常时期,西夏还对佛教圣地莫高窟、榆林窟等进行修葺重装,今在河西走廊除莫高窟、榆林窟之外,在酒泉、张掖、武威等地和永靖炳灵寺都有西夏时期的佛教遗存,其时代大概都应为此时。总之,此时随着西夏版图的扩大和国力的强盛,不但在腹地贺兰山地区及河套南北塔寺林立,同时也影响了其他地区。这里应特别提到的是如今还保存完好的西夏《重修护国寺感通塔碑》。碑阳为西夏文,阴为汉文。[1] 夏、汉碑文均追溯了阿育王立塔奉舍利一事,赞扬李乾顺即位之后,西夏对佛教之重视和修此塔的功德等。需要说明的是,李乾顺实际上是以印度的阿育王为榜样,用佛教治国的转轮王。

西夏大德五年(1139),李乾顺卒,其子仁孝继位(仁宗),仁宗在位长达53年,西夏逐步走向衰落,然其境内的佛教发展却进入了顶峰。这一点从当时的校注、译经、刻经、写经的活动中看得更为清楚。传世的西夏文佛经中,明确指出经过校勘的,多为仁宗时期。此前,西夏翻译的佛经,多译自汉文的《开宝藏》。而此时,从藏文中翻译的佛经却更多了,这说明了藏传佛教在西夏越来越流行。[2]

值得注意的是,西夏文《金光明最胜王经》序中有这样一段话:

> 十行泉流不尽,四法轮转不绝。最后仁尊圣德皇帝已受宝座,使佛事重新,令德法复盛。三宝威显,四本明增。令集如猛虎龙象

---

〔1〕此碑现存甘肃省武威市博物馆。

〔2〕〔日〕西田隆雄著,潘守民译:《关于西夏文佛经》,载于《西北史地》1983年第1期。

大师,重对细校此经,复译解疏。[1]

据《宋史·夏国传下》载,此"仁尊圣德皇帝",即仁宗仁孝。其中的"四法轮转不绝"的"四法轮",笔者认为应是指金、银、铜、铁四种转轮王。佛教把转轮王分为四种,而以金轮王最高。仁宗仁孝皇帝以转轮王的身份统治西夏的情形由此可证。西夏文佛经《过去庄严劫千佛名经》发愿文中又载:

> 后奉护城帝敕,与南北经重校,令国土盛,慧提照世,法雨普润天下,大夏为池,诸藏潮毁全无。[2]

据史金波先生考证,此护城帝,即西夏陵墓出土西夏文残碑中所提到的"护城圣德至懿皇帝",也就是仁宗仁孝皇帝。[3]

西夏佛教把佛法称为"法城",把护持佛法的帝王称为"护城帝"或"护法皇帝"。仁宗仁孝如果没有以佛教治国,做转轮王,以护法者自居,此发愿文不会称呼仁宗仁孝为"法城帝",这是仁宗仁孝以转轮王姿态统治西夏的又一有力证据。

总之,仁宗仁孝之后时期,西夏佛教不但极盛,而且更加尊崇普及了。西夏天盛十九年(1167)的汉文《佛说佛母般若波罗蜜多心经》和《圣观自在大悲心总持》《圣相顶尊持》及乾祐二十年(1189)的《观弥勒菩萨上升兜率天经》的发愿文中分别有仁宗仁孝在其母周年忌日时"开版印造番汉(佛经)共二万卷","遂命工镂(版)印番汉(佛经)一万五千卷","散施臣民"及乾裕二十年九月十五日在大度民寺作弥勒广大法会时散施番汉《弥勒上生经》10万卷与《金刚经》等5万卷的记载,均可说明仁宗仁孝皇帝对于佛教之信仰与弘扬是不遗余力的。

西夏从其创立者李元昊起,统治者均信仰护持佛教,以佛教治国或教化天下,特别是仁宗仁孝对佛法的护持,更是尽心尽力。这就是拜寺口西塔的雕像内容有转轮王像及转轮王七宝的原因。此塔因此也可称

---

〔1〕史金波:《西夏文〈金光明最胜王经〉序跋考》,载于《世界宗教研究》1983年第3期,第45－53页。

〔2〕史金波:《西夏佛教史略》,宁夏人民出版社1988年版,第322页。

〔3〕史金波:《西夏文〈过去庄严劫千佛名经〉发愿文译证》,载于《世界宗教研究》1981年第1期,第64－76页。

为"转轮王塔"。此塔的建筑结构,从上至下也有罗汉、金刚、菩萨等像,层层升高至第十二层为转轮王与七宝像。很显然,此塔是一座密教性质的塔,是一座完整的曼陀罗(坛城),不过,此塔有关密教的建筑结构及信仰还有待于进一步研究。

（原文为 2001 年"7—9 世纪唐代佛教艺术国际会议(新加坡大学)"交流宣读论文）

22 嵩山与律学高僧

嵩山自古号为中岳,实以地处中原故。据传,"五斗米教"创始人张道陵曾梦中闻老子言嵩山有《皇帝九鼎大丹经》,"可往受之,后果获得"。[1] 又有传说云老子曾降于嵩山,为道士寇谦之传授经戒。[2] 此外,东汉道士刘根、三国道士郗元节、西晋道士鲍靓等,亦皆得道于嵩山。说明嵩山早已被视作中国宗教的发祥地之一,且与经戒有着密切的关系。魏晋南北朝以来,随着佛教的传播与发展,嵩山与佛教(特别是律宗与禅宗)关系也变得越来越密切了。这里仅以嵩山律学高僧的活动为例,阐述嵩山与律学发展与律宗形成的关系问题。

释迦创立佛教并建立僧迦团体后,为约束徒众而制定了各种戒律。相传,佛教第一次结集时,由优婆离诵出全部律藏,其后因佛教各派对戒律的理解不一,而形成不同的派别。据有关佛教史传记载,中国汉地对律宗的翻译及实行受戒,始于三国曹魏嘉平(249—254)中,时有印度僧人昙摩迦罗(法时)来到洛阳,见中国僧人只落发而未受戒,即译出《僧祇戒心》,欲以此为持戒的准绳。又请印度僧立羯磨法(受戒规则),创行受戒。曹魏正元(254—256)中,安息国沙门昙谛来洛阳,译出法藏部羯磨。从此,中国僧众受戒即依法藏部的做法。自东晋始,先后把《十诵律》(弗若多罗与鸠摩罗什共译)、《四分律》(佛陀耶舍、竺佛念、道含共译)、《摩诃僧祇律》(佛陀跋陀罗与法显共译)、《五分律》(智胜译)等"广律"译出,用作行事依据。

北魏孝文帝时,法聪在平城讲《四分律》,并口授疏释,由弟子道覆笔录,以答问形式对《四分律》进行阐释,是最早研习律学的人,但只是

---

〔1〕《大正藏》第 49 册,第 337 页,台湾新文丰出版公司影行(下同)。
〔2〕《大正藏》第 49 册,第 354 页。

科判条文,并无详释。至慧光时,造《四分律疏》,并删定羯磨,为以后律宗的形成与发展奠定了基础。慧光有弟子道云,道云传道洪。道洪传智首,他们因感慨五部律相杂,而稽核古今之说,分别撰成《五部区分钞》和《四分律疏》,影响很大。智首的弟子道宣,久居终南山,创立南山宗,标志着中国律宗的正式形成。

律宗虽至道宣时始成宗派,但其形成过程可追溯到曹魏嘉平二年(250)《僧祇戒心》及《四分羯磨》的翻译[1],甚或更早。通观戒律在中国的初传、律藏的翻译与流播,乃至唐代道宣时律宗的正式形成,我们可以看到,在早期的律学大师中,有许多都与嵩山有着这样或那样的关系。

在活动于嵩山的早期众多律学高僧中,对律学发展贡献最著者当应首推慧光(468—536)。慧光,俗姓杨,定州(今河北省定县)人。13岁时随父入洛阳,从佛陀扇多受三皈依。佛陀赞之非为常人,"若受大戒,宜先听律。律是慧基,非智不奉。若初以经纶,必轻戒纲"。因此,他从小便在佛陀门下修习戒律。先是,在《四分律》未广弘之前,有道覆律师,创开此部,制《四分律疏》6卷,光从此入律学之门。年长在本乡受具足戒后,博听律部。又登讲《僧祇律》,虽词理精玄,然曲高和寡。慧光认为这是自己的功力不逮,于是进一步广寻群部,参学经论,再入洛阳求学,并贯通南北方言,从事著述。当菩提流支、勒那摩提、佛陀扇多三家翻译经典时,常因语言障碍而发生争执时,慧光以其谙熟各地方言的便利,沟通译师之间的语言障碍。他又撰《四分律疏》,注解《华严》《涅槃》《维摩》《十地》《地持》等经论。北朝末期,时人已视慧光如圣人一般,甚至连天旱不雨之类的事情,也要请其出马,在嵩岳池边烧香祈雨。

北魏武泰元年(528),孝庄帝即位,元颢攻洛阳,侍中领军将军朱世隆想挟孝庄帝"北巡",下令征税僧尼,用充军旅,事先立言,敢谏者斩。当时慧光身为僧官,冒死劝阻,此事乃息。慧光后来至邺城,任东

---

[1]见梁启超《佛学时代》,载于《梁启超集》,中国社会科学出版社1995年版,第58页;韦舫《中国戒律宏传概论》,载于《律宗概述及其成立与发展》,台北大乘文化出版社1978年版,第316页。

魏"昭玄统",主持全国佛教事务。后以年70终于邺城大觉寺。被尊为律宗五祖。

僧传称慧光"立志贞静,坚存戒业,动止安详,器仪无妄。七众深崇其操",可与十六国时代的道安相提并论,并对《胜鬘》《遗教》《温室》《仁王般若》等皆有注释。又造《四分律疏》,删定《羯磨戒本》,为法侣所传诵。又著《大乘义律章》《仁王七戒》,并订《僧制》18条等,均见重于世。其徒道云奉遗命而专弘律部,作疏9卷,为众所尊崇。

慧光有十大弟子,号称"十英"(包括昙隐、洪理等再传弟子)。其中,道云、道晖、昙隐、洪理、安廪都著有疏钞,而僧达、法上、道凭等也都堪称一时俊彦。其中以道云声望最隆。他"奉光遗令,专弘律部",著律疏9卷,被尊为律宗六祖。齐时法上(495—580)受命主领天下寺院,依律规定僧服式样,改变了过去道俗混同的做法,被齐宣帝高洋拜为"戒师"。道凭(488—599)定慧双修,初于少林寺摄心坐夏,从慧光修习戒本,又学各种大乘经论,道业颇高。此外,慧光的另一弟子道晖亦为《四分律》作疏7卷,受人推重。当时有谚语称:"云公头,晖公尾,洪理中间著。"[1]即反映了慧光师徒在当时律学界的地位。

慧光学识渊博,初依佛陀禅师,修习禅学;继从勒那摩提钻研《地论》,而成为《地论》名家;又从道覆攻《四分》,成为律学大师,可谓兼通禅、教、律的一代名家。[2] 本文所述仅反映了他在律学方面的贡献。六祖道云有弟子道洪(又作道照),是为七祖。道洪传弟子智首,是为八祖。

智首是当时新兴的律学大家,"钞疏山积,学徒云涌",弘扬律学30余年,影响甚大。有弟子3人,分别为道宣、道世和慧满。其中,道宣继其衣钵,被尊为律宗九祖。

道宣,姓钱氏,吴兴人(今浙江湖州市)。一云丹徒人。年10岁即

〔1〕详见《续高僧传》卷21《齐邺下大觉寺释慧光传》。参见温玉成:《少林访古》,百花文艺出版社1999年版,第34-39页。

〔2〕汤用彤:《汉魏两晋南北朝佛教史》,北京大学出版社1997年版,第615-616页;郭朋:《汉魏两晋南北朝佛教》,齐鲁书社1986年版,第881页。

舍家赴长安日严寺出家,第二年于日严道场落发。"隋大业中,从智首律师受具。武德中,依首习律。"[1]在中国佛教史上,道宣是一位很有影响的人物。他潜心律学,著有《四分律比丘含注戒本注》3卷、《四分律删繁补随机羯磨》2卷、《四分律删繁补阙行事钞》12卷、《四分律拾毗尼义钞》6卷、《四分律比丘尼钞》6卷等律学著作,合称五大部,阐发了其为律学开宗的见解,堪称律学的集大成之作。他把南北朝以来就存在的由专重《十诵律》而逐步向偏重《四分律》转变的趋势,发展为由《四分律》独统天下,而且还对《四分律》作出了"定于一"的阐释,并以该律为依据,制定出相应的传法、受戒仪轨等。[2]乾封二年(667)二月,他于终南山麓清宫精舍创立戒坛,依他所制的仪轨为诸州沙门20余人传授具戒,从此律宗得以与天台宗、三论宗、唯识宗、华严宗、禅宗、密宗、净土宗并驾齐驱,成为当时中国佛教八大宗派之一。

当然,谈到律宗的形成,我们还必须注意到道云另一弟子洪遵及洪遵弟子、再传弟子的律学成就。

洪遵(530—608),俗姓时,相州人。8岁出家,从师受业,受具足戒后专事律部。他认为出家的根基在于戒律,佛教之发扬光大,非重戒律不可。于是辞别故土师友,游访各地高僧大德,后往嵩山少林寺,依道云学习戒律并《华严经》等。又闻邺中道晖弘扬《四分律》,便往从之。道晖当时已以律学闻名,有徒众五百,但多以巧媚自通,并不解《四分律》之深义。洪遵解律,从不曲意。后来学人越来越多,洪遵受命讲律。其"以戒律旁义,有会他部",学通《大论》《毗昙》,故往往能得律学奥义。后来,又以心未静而求学禅法。10年之后,重归于律学。

洪遵主要活动于北朝晚期,当时中国北方存在着北周与北齐两个互相对立的政权,北齐境内的佛教在高氏父子的支持下,颇为兴盛。高氏命洪遵以"内律"治"五众有坠宪纲者",并任命其为"断事沙门"赴青、齐一带处理宗教纠纷。洪遵"以法和喻,以律科惩,曲感物情,繁诤

〔1〕〔宋〕赞宁撰,范祥雍点校:《宋高僧传》卷14《唐京兆西明寺道宣传》,中华书局1987年版,第327页。

〔2〕郭朋:《隋唐佛教》,齐鲁书社1981年版,第630-631页。

自弭",故为人所称道。洪遵非类不交,来往者多名僧大德。北齐高僧慧远等常与其讨论教义,[1]通宵达旦而不知倦怠。北周统一北方地区后,周武帝在原北齐故地毁佛,洪遵被迫遁入白鹿洞中,然不久便受引荐入嵩岳。隋初,文帝大兴佛教,于长安立涅槃、地论、大论、讲律、禅门"五众",每众各有"众主",选各地硕学大德任之,称"五大德"。开皇七年(587),洪遵奉敕往京师,成为"五大德"之一,住大兴善寺。有十弟子四时供养。

开皇十一年(591),洪遵受命与天竺僧共译佛经。十六年受封为"讲律众主",于长安掌观寺院讲律。先是,关中多奉《僧祇律》,故洪遵开讲《四分律》时,应者稀少。于是,洪遵晨讲《法华经》,晚宣《四分律》,名义上讲经,而主旨却在弘律,久而久之便吸引了听众。其结果是原来一直盛行的《僧祇律》渐渐被人淡忘,而原来无人问津的《四分律》却得广为传布,极大地促进了律学的发展。僧传谓洪遵仪表儒雅,讲法时神辩如泉,声如钟鼓,引人入胜,可与其匹敌者不多。

仁寿二年(602),隋文帝分舍利建塔,洪遵又被敕送舍利入卫州起塔。四年(604),又受命送舍利至博州起塔。每行,常有灵异出现,一时传为美谈。

僧传又谓:"遵于京邑,盛开律仪,名骇昔人,而传叙玄宗,其后盖阙。又著《大纯钞》五卷,用通律典。"可证洪遵在律学方面曾有著作问世,惜今已不传。大业四年(608)五月九日,卒于大兴善寺,春秋七十有九。[2]

综观洪遵一生,佛教活动虽多,但于律学用功最勤,贡献尤著,特别是他的佛教活动先后得到了北齐及隋朝统治者的支持。在此应说明的是,洪遵的律学实得自嵩山少林寺道云法师。《四分律》之所以后来能取代原来佛教界流行的《僧祇律》,应与洪遵之大力弘扬密不可分。

洪遵传洪渊,洪渊传法砺(569—635),法砺居相州日光寺,著《四

---

[1]慧远,俗姓李,敦煌人,主要活动于北齐隋初。详见《续高僧传》卷9《京师静影寺慧远传》。

[2]《续高僧传》卷21《隋西京大兴善寺释洪遵传》。

分律疏》10卷,其系统遂称"相部宗"。法砺再传道成,道成传满意与怀素。满意居西塔,弘扬法砺之"相部律";怀素居西太原寺东塔,并不满意老师所说,遂立新论,著《四分律疏开宗记》,号"东塔律"。法砺弟子定宾撰《四分律疏饰宗义记》,扶法砺而斥怀素。当时任宰相的元载笃敬怀素,奏请于成都宝园寺置戒坛,专弘东塔新疏。由于两派执见迥异,僧诤数兴。代宗大历十三年(778)因元载请,召两派大德汇集长安安国寺,以定长短,最后认定法砺的"旧说"与怀素的"新说"都有所长,兼而采之,集成《敕金定四分律钞》10卷。但会后各派仍坚持旧说,朝廷只好撒手不管,由僧众各取所好,自行取舍。不过,由于各种原因,两派不久即告衰落,至德宗时期即已失传,唯有道宣创立的南山律宗传弘不绝,一枝独秀,成为律宗的代表。这里,我们可将律宗形成过程中所谓的九祖系谱罗列图如图22-1。

从图中可以看出,九祖之中,初祖法正,即传说造《四分律》的昙无德。其实,在印度部派佛教中,昙无德到底是人名甚或部派名,尚存在疑问。[1] 二祖法时,即曹魏时首次将戒本译入中土的印度僧人昙摩迦罗,其译经地点就在洛阳,汉土依戒本而受比丘戒的第一位真正沙门朱士行就是在洛阳受戒的。三祖法聪率先弘扬《四分律》,四祖道覆是中国第一个对《四分律》进行解释的高僧。除此之外的其余五位祖师则都出自嵩岳。而对律学有特殊贡献的洪遵,以及创立"相部律"的法砺和创立"东塔律"的怀素,也都出自嵩岳,可见嵩岳在律宗形成过程中的重要地位。

此外,在律学方面富有成就的嵩岳高僧还有不少,慧萧、昙光就是这方面的代表。

释慧萧(568—640),本彭城人,后徙于许州长葛。18岁时以聪悟敏达,善说诗礼而被州郡举荐,但他不以为然,却隐入嵩山,求师出家,以戒行见称,被称为"今世之优婆离"。优婆离,为释迦十大弟子之一,号称"持律第一"。传说其先为宫廷理发师,后与诸王子一同出家,佛

---

[1] 劳政武:《佛教戒律学》,宗教文化出版社1999年版,第69页。

教第一次结集时,经由阿难陀诵出,律则出自优婆离之口。慧萧被时人称作优婆离,说明其持戒与律学已得到当时佛学界非同一般的认可。

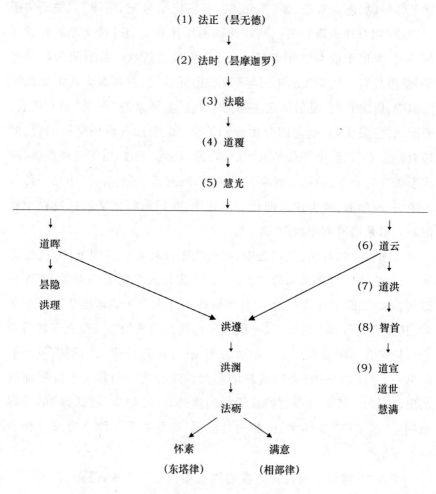

图 22 - 1　图示九祖谱系

开皇(581—600)初,慧萧又游学邺城,博览经律,贯通律学诸部,其中偏重《四分》。闻泰山灵岩寺有幽栖洁行之宅,又往从之。后年老,还嵩山。龙门沙门明朗,为河东持律之最,闻慧萧名而投之。朗虽年长于慧萧,但执弟子礼甚敬。后二人同行,至龙门定林寺。当时,马头山有僧善禅师,聚徒结业,从其习禅定者甚多。闻慧萧、明朗至,投其门下修毗尼(律)之学。隋仁寿(601—604)中,慧萧因藏匿亡人,触犯律条,不得不离山遁逃,至蒲坂(今山西永济县西蒲州)、晋州(今山西临汾)等地,与沙门道积、神素、道杰等有交。隋炀帝时,藏匿罪科更重,慧萧被迫走东奔西,从中条山奔王屋山,游于巨壑深林之间。河东郡丞丁荣,敬服慧萧德行,招其住仁寿寺,以弘扬律藏为务。从学者肩随踵接,成为蒲坂、晋州、绛州(今山西新绛)一带的五众之师,[1]嵩岳这位高僧与当时律学的关系由此可见一斑。

释昙光,俗姓张,汴州(今河南开封)人,自幼及长,洁志清范。曾受教于砺、烁两师,逮至而立之年,已盛明律藏,命宗章义,受人推崇。砺师叹曰:"使吾道流河右,诚此人乎!"又往玉法师所,听《法华经》《地论》,往嵩岳相禅师处修学止观。唐麟德年间(664—665),东都洛阳天宫寺需要住持,以昙光德望,敕召合住,"四方律学,莫不咨询","房宇门人,肩联踵接"。[2]

昙光本来就"盛明戒律",又在嵩岳相禅师处修学过止观,以博学被召入东都洛阳天宫寺任住持,随其就学者甚多,说明他在律学方面的造诣是相当深厚的。

这里不能不提及武则天时著名的律学高僧义净。义净是唐代继玄奘之后西去印度的又一高僧。自印度返回后,长期在洛阳、长安翻译佛经。他早于永徽六年(655)21 岁时即受具足戒,以后特别重视佛教戒律的学习,他在翻译佛经时也特别注重律部,译出有部律藏 18 部 206卷,汉译"广律"之最后一部《根本说一切有部毗奈耶》59 卷就是他于公元 695—711 年间译出的。长安四年(704),应嵩山少林寺僧人的邀请,义净赴嵩山少林寺重结戒坛。他为此还写了一篇《少林寺戒坛铭并序》。铭文镌刻于碑,惜今已不存,唯有录文传世。[3]

其后不久,著名密宗高僧金刚智、不空又于开元十二年(724)在洛阳广福寺建成戒坛。[4] 继之,僧乘如再于贞元十二年(796)建嵩山永

〔1〕《续高僧传》卷 22《唐蒲州仁寿寺释慧萧传》。
〔2〕《续高僧传》卷 22《洛州敬爱寺释昙光传》。
〔3〕文见《金石粹编》卷 70 及《全唐文》卷 914。
〔4〕《开元释教录》卷 14,《不空三藏表制集》卷 3。

泰寺戒坛。[1]

这里特别值得一提的是嵩山会善寺的戒坛。会善寺位于少林寺东侧不远处,孝明帝正光元年(520)有僧众千人,堂宇千间。唐开元元年(713),著名高僧一行于会善寺"口玉立殿,结琼构廊,旃檀为香林,琉璃为宝池。遂置五佛正思维戒坛"。[2] 这就是闻名于后世的"琉璃戒坛"。继一行之后,会善寺琉璃戒坛又先后于开元十四年(726)、贞元十年重兴过。[3] 日本高僧圆仁记载说:太和二年(当为元和二年,即公元828年),唐政府颁布禁止百姓随便剃度为僧的命令,仅有五台山戒坛与会善寺琉璃戒坛不在此限。[4] 据称,当时"每岁前来受戒的僧徒辄达一千多人,每日晋献洁供而礼佛的人士亦有数百"。[5] 可见琉璃戒坛地位之重要。戒坛遗址,在净藏禅师塔东侧,五代时寺院被毁,戒坛亦遭厄运,今仅存唐代武士石柱一根。宋太祖年间予以重建,并赐名大会善寺嵩岳琉璃戒坛。

唐代以来,嵩岳戒坛,驰名于世。由是之故,淄门人物,接踵而至,在这里学法受戒,修习律学者,不少成为一代高僧。这里仅略举数位。

释元珪,俗姓李,伊阙人。禀气英奇,宽裕闲雅。永淳二年(683),出家受具足戒,隶名嵩岳闲居寺,以习毗尼(律),孜孜不倦。后悟少林寺禅宗,大通心要,深入玄微,遂卜庐于岳中庞坞。去世前,嘱其弟子仁素将遗骸葬于寺东山岭上。[6]

释普愿(728—814),郑州新郑人。至德二年(757),跪请父母,发愿出家。先投密县大慧禅师受业。大历十二年(777)入嵩山会善寺,

---

〔1〕《僧史略》卷下。

〔2〕陆长源《嵩山会善寺戒坛记》,文载《全唐文》卷510及《金石萃编》卷103。

〔3〕《河南府登封县嵩岳会善寺戒坛牒》,文载《金石萃编》卷94;乘如《大历中河南府登封县安国寺沙门谢修戒坛表》,文载《全唐文》卷918;乘如《河南府登封县嵩岳会善寺戒坛碑记》,文载《金石萃编》卷95;陆长源《嵩山会善寺戒坛记》,文载《全唐文》卷510。

〔4〕〔日〕圆仁著,白化文等校注:《入唐求法巡礼行记校注》卷1,花山文艺出版社1992年版,第55页。

〔5〕转引自河南省登封县地方志编纂委员会《登封名胜文物志》,1985年铅印本,第26页。

〔6〕〔宋〕赞宁撰,范祥雍点校:《宋高僧传》卷19《唐嵩岳闲居寺元珪传》,中华书局1987年版,第474–476页。

从嵩律师受具足戒,习律宗相部旧章,究毗尼(律)篇聚之学。后游学讲肆,习《楞伽》《华严》诸经。贞元十一年(795),南至池阳南泉寺,护军彭城刘公迎请其下山传法,不出一年,前来投奔者达数百人。[1]

普愿30岁入会善寺受戒,所从嵩律师今已无考。《续高僧传》卷24《释智勤传》提到智勤曾于蜀听嵩律师讲经。唐初智勤返回邓州。同书《释法冲传》载:法冲祖先为陇西人,父祖历仕魏、齐。法冲生于兖州,出家后先习《大般涅槃经》,又至安州嵩律师门下修习《大品》《三论》《楞伽》等经典。

这里出现了3个嵩律师:其一居安州,应为唐初人;其二居蜀,应为盛唐人;其三即为嵩山会善寺的嵩律师,亦为唐初人。前二者当与嵩岳无关。

少林寺嵩律师,僧传阙载,但从普愿入少林寺从其受戒和学习相部律宗诸事来看,嵩律师亦应为当时有影响的高僧。

释寰中,姓卢氏,河东蒲坂人。先往北京(今山西太原)童子寺出家,博览诸经。后往嵩岳登戒,隶习律部。后来履践百丈山求学,深得玄旨,后隐南岳常乐寺,结茅于山椒,受到谏议大夫崔公的崇敬。不久,转赴浙江杭州大慈山,聚徒讲法,四方僧侣,参礼如云,使驻锡地成为当地有名的大寺。唐武宗灭佛时,寰中避居。至大中年间(847—860),应太守刘公之请,重返禅林,弘扬佛法。终年83岁,法腊五十有四。传说其逝世时,常乐寺山虎跪泉忽然干涸。乾符年间(874—879),朝廷敕谥大师号"性空",塔名"定慧"。缙云太守段成式为其写真作赞。[2]

释允文(805—882),字执经,姓朱氏,秀州嘉禾(今浙江嘉兴)人。16岁出家,23岁时投嵩山临坛大德远和尚获无作法。是夏又入中京(今陕西西安市)攻相部律并《中观论》。大和五年(831),返回故乡,先驻锡钱塘(今浙江杭州市)天竺寺,后至钱州嘉禅寺,会昌三年(853)再

〔1〕〔宋〕赞宁撰,范祥雍点校:《宋高僧传》卷11《唐池州南泉寺普愿传》,中华书局1987年版,第255—256页。
〔2〕〔宋〕赞宁撰,范祥雍点校:《宋高僧传》卷12《唐杭州大慈山寰中传》,中华书局1987年版,第273—274页。

转静林寺,专以涅槃为务。会昌法难兴时,他昼夜躲避,未亏僧行。大中年间(847—860),佛法复兴,入会稽开元寺讲律。[1]

释从念(778—897),青州临淄人。[2] 幼年辞二亲投本州龙兴寺出家,后往嵩岳琉璃坛纳戒,听习经律。又至池阳南泉禅师处。应众人所请,赴赵州观音院,大扬禅道,作十二时歌。他所作《语录》,多禅宗"公案",四方流传,为禅林著名人物,颇受僧俗敬重。[3]

释良价(810—872),诸暨(一曰会稽)人。幼年出家。21岁时诣嵩岳受具足戒。后游学四方,先投池阳南泉禅师,次随沩山,再谒云岩、罢成等名师。大中十三年(859)弘道于新丰山,后移高安洞山,权开五品,善接三根,大闸一音,广弘万品。有弟子曹山,深明的旨,由是洞山禅风,播于天下,世称洞山良价。[4] 咸通十三年(872)坐化,敕溢"悟本禅师",塔号"慧觉"。

释圆修(735—833),姓潘氏,福州闽人。早年寻事名师,剃发变衣,年满于嵩山会善寺纳戒。不久游历他方,遇百丈山海禅师,遂明心要。又振锡东南,至于杭州秦望山。因其声道高远,当时每有太守到任,必先瞻仰之。

释庆绪(747—838),俗姓陈,庐陵人。年13礼绍銮禅翁为师。23岁入嵩山受具足戒,便就东都洛阳学毗尼(律)。后还南岳,入大沩山、石霜山就学。[5]

释洪湮(? —901),俗姓吴,吴兴人。年19于开元寺礼无上大师。22岁时,往嵩岳会善寺受满足律仪,诵《大比丘戒》,习毗尼。后至沩山,再徙杭州径山,礼本师无上大师。大师圆寂,僧众请洪湮嗣位。此时有僧仅百人,而至洪湮时竟发展到千人之多。唐僖宗赐院额"乾符

---

〔1〕〔宋〕赞宁撰,范祥雍点校:《宋高僧传》卷16《唐会稽开元寺允文传》,中华书局1987年版,第396–397页。

〔2〕《释氏稽古录》卷3,载其为曹州郝乡人。

〔3〕《宋高僧传》卷11《唐赵州东院从念传》;《景德传灯录》卷10;《释氏稽古录》卷3。

〔4〕〔宋〕赞宁撰,范祥雍点校:《宋高僧传》卷12《唐洪州洞山良价传》,中华书局1987年版,第280页。

〔5〕〔宋〕赞宁撰,范祥雍点校:《宋高僧传》卷12《唐长沙石霜山庆绪传》,中华书局1987年版,282–284页。

镇国"。吴越钱氏时,仍以洪湮为上师,赐号"法济大师"。[1]

释贞峻(822—899),俗姓张,郑州新郑人。年 14 投相国寺归正律师出家,诵《净名》《仁王》诸经,计数万言。时人称之为"有脚行笥"。年满于嵩山会善寺戒坛院受戒,后住封禅寺,学新章律疏。大顺二年(891),相国寺遇火,殿阁 400 余间化为灰烬,寺众惶惶,相率前来嵩山请贞峻入相国寺为上座,借其高名,以修复寺院。贞峻在此复开律讲,有僧尼弟子 50 余人。[2] 僧传言"峻之律行,冰雪相高,暑无裸意,寒至裌衣,食惟知量,清约太过"。乾化元年(911),临坛秉法。后梁时,度僧尼 3000 余人。

此外,僧传所载在嵩山受戒或在这里"修习毗尼"的高僧尚有不少,如唐代"学识泉涌"的博学高僧藏奂[3]、对律学有深厚造诣的后梁名僧彦晖[4]以及后汉洛阳天宫寺的名僧从隐[5]等,此不尽举。众所周知,僧传所载者均为当时高僧,而史籍未载的入嵩山受戒的僧人更是难计其数。仅就以上各位高僧而论,已可见当时嵩岳在当时佛教界的地位。从僧传可知,普愿、圆修、洪湮、贞峻都是在嵩岳会善寺受具足戒的,说明会善寺戒坛在当时的地位非同一般。

综上所述,不难看出,无论从律藏传入中国,还是律学在中国的出现与发展,以至到唐代道宣时律宗的最终形成,嵩岳少林寺名家辈出,争奇斗艳,在全国律学律宗中具有举足轻重的地位。嵩岳戒坛,在当时有极高的声望和很大的影响。

(本文原载于释永信主编《少林寺与中国律宗》,少林书局 2003 年版)

〔1〕〔宋〕赞宁撰,范祥雍点校:《宋高僧传》卷 12《唐长沙石霜山庆绪传附传》,中华书局 1987 年版,第 282 – 284 页。

〔2〕〔宋〕赞宁撰,范祥雍点校:《宋高僧传》卷 16《后唐东京相国寺贞峻传》,中华书局 1987 年版,第 401 – 402 页。

〔3〕〔宋〕赞宁撰,范祥雍点校:《宋高僧传》卷 12《唐明州栖心寺藏奂传》,中华书局 1987 年版,第 276 – 277 页。

〔4〕〔宋〕赞宁撰,范祥雍点校:《宋高僧传》卷 7《梁滑州明福寺彦晖传》,中华书局 1987 年版,第 142 – 143 页。

〔5〕〔宋〕赞宁撰,范祥雍点校:《宋高僧传》卷 7《汉洛阳天宫寺从隐传》,中华书局 1987 年版,第 154 – 155 页。

23　五十年以来的炳灵寺石窟研究

　　位于甘肃省永靖县刘家峡库区最上游的炳灵寺石窟群,分为上寺、下寺和洞沟区三大部分,现保存有我国石窟中最早的造像题记(建弘元年,公元 420 年)和西秦时代的造像及壁画,是中国早期石窟断代的一个重要标尺,其所具有的历史价值和划时代意义更是众所周知。

　　石窟群现存 216 个窟龛,约 1000 平方米壁画和近 800 尊造像。众多先辈和学者均对此进行过诸多的探讨和研究,研究成果时有披露。

　　这里我们试图对 50 年来的炳灵寺研究作一总结和回顾,以便总结经验,缅怀前人,为今后的研究提供经验和接受同行的批评指导。

　　提到炳灵寺研究,首先要缅怀甘肃天水著名学者冯国瑞先生。冯先生少年聪颖,青年时曾就读于清华园,受教于王国维等名宿,是甘肃少有的才俊。20 世纪 50 年代后,因历史及其他"莫须有"的罪名而蒙受各种不公正的"待遇"。冯先生虽已离开我们多年,但其对炳灵寺石窟和甘肃石窟研究的重要贡献是不言而喻的。早在 1951 年,冯先生就有《炳灵寺石窟勘察记》一文相继发表于《甘肃日报》和《光明日报》。该文是冯先生当年参加临夏区土改后前往炳灵寺的考察成果。其文共分为:一、引言;二、永靖县境炳灵寺石窟的发现与勘察;三、炳灵寺石窟实地勘察;四、炳灵寺石窟尚存的精华部分;五、炳灵寺石窟文献记载的考证;六、胜迹杂述;七、炳灵寺石窟的历史发展;八、整理炳灵寺石窟的初步意见;九、永靖至兰州的交通。

　　引言部分考证"禹导河于积石"有关事迹。虽多传说和推测,但文中引用文献丰富,不时有卓识新见,可供后人参考之处颇多。

　　第三、第四部分是全文的精华。第三部分叙述石窟的发现情况及炳灵寺附近的历史地理,介绍明正德十二年《重修古刹灵岩寺碑记》,

为后人留下了珍贵的历史资料。

第四部分"石窟尚存的精华部分",首先提及卧佛洞以东的石塔与唐龙兴寺及宋灵岩寺题名等。特别是提到这次勘察中发现有"武德二年、龙兴寺,释玄□,□□御史大夫□□□□"等题记,说明炳灵寺与敦煌在唐代还有着非常密切的关系。如文中提到许国霖《敦煌石窟写经题记汇编》补遗中还有两条关于龙兴寺的资料:

（1）"大唐大中十三年己卯岁,正月二十六日,河州龙兴寺僧明照听写。"

（2）"大中十三年,龙兴寺僧明照,随听写,八月五日于开元寺三藏和尚法成说毕。"

"唐武宗李炎会昌五年（845）毁废佛寺以后,宣宗李忱十三年（859）又大兴佛教,河州龙兴寺僧明照,到京师开元寺赴法会,听法成讲《瑜伽师地论》,在自己听讲卷子上,写了题记,这样可贵的墨本材料,出于敦煌,确证了历史漏空。"在50年代初,能够注意敦煌与炳灵寺的关系是极有眼光的。

其次,冯先生又首先发现并注意到北宋何灌题名。按:何灌,字仲源。开封祥符人。《宋史》有传（列传第一百十六）。《一统志》列入河州名宦。何灌题记为"上受宝圭之元年,十二月二十三日,洮西守将何灌,率王安、陈永、刘德修、程之仪、高公亶、胡礼、彭实、詹至、李□仁、孙昌符、单觉民、裴硕、何天仁,晨发郡城,绝冰河尽灵岩胜槩乃还"。

冯先生对"上受宝圭"的年号问题进行了考证,谓其实际上是徽宗政和二年,此年号未用。按徽宗本纪:"政和二年,冬十月乙巳,得玉圭于民间,十一月戊寅,日南至,受元圭于大庆殿,赦天下。"可能当时有受宝圭消息,故在十二月二十三日何灌题名时揣测着写下了这一新年号。这些都是先生首先注意并发现的。

关于西秦乞伏氏与炳灵寺的关系,也是冯先生首先提出来的。先生文中所提到的"永康四年岁次乙卯三日□□□□,河南王□□□枹罕积石敬造弥勒一区……"的题记,今已不存,先生在文中考证"永康"为乞伏乾归年号（415）,并探讨了乞伏氏及玄高、昙弘、玄绍等高僧与炳

277

灵寺、麦积山的关系,这在当时来说也是难能可贵的。

此外,先生还在此节中提到了炳灵寺弥勒大佛与唐代洞龛,并系统地把这些唐龛和敦煌佛像比较而判断时代,甚至推测"天桥"左洞(169窟)为晋初的"时亮窟"等。

第五节主要整理了古代文献中有关炳灵寺的记载,并一一作了说明,从《法苑珠林》,直到《水经注》、《元和郡县志》、《游仙窟》(古佚丛书)、《太平御览》、《解学士文集》(明嘉靖本)、王菏泽《风雅堂稿》(王氏手抄墨迹)、《河州志》(康熙王全臣本)、《导河县志稿》(民国21年黄陶撰),一一指出有关炳灵寺部分,为后人提供了莫大方便,现研究炳灵寺者,除个别情况之外,所引文献出其右者无多。

冯先生在第六节"胜迹杂述"部分中,不仅注意到炳灵寺上寺与藏传佛教的关系,甚至对兰州至炳灵寺的交通路线都有自己的设想。一个热爱祖国文化的老知识分子的心情跃然纸上。可惜冯先生含冤去世,他的工作未能进行下去。

冯国瑞先生报道炳灵寺石窟的文章在《甘肃日报》《光明日报》发表之后即引起全国的注意。中央与西北的文物专管机构为了贯彻和实施政务院颁布的保护文物古迹的政策法令,研究和发扬伟大祖国的优秀文化遗产,经中央文化部社会文化事业管理局与西北文化部商议决定组织"炳灵寺石窟勘察团",对石窟进行进一步的了解。这个团由中央文化部、西北文化部、敦煌文物研究所联合组成,共13人。西北文化部社会文化事业管理处处长赵望云任团长,中央美术学院教务长吴作人和敦煌文物研究所所长常书鸿任副团长,团员有中央美院教授张仃、李可染、李瑞年、夏同光、萧淑芳与西北人民图书馆冯国瑞、西北历史文物陈列馆范文藻以及敦煌文物研究所研究人员段文杰、孙儒僩,技工窦占彪等人。

该团主要从事摄影、临摹、测绘、洞窟内容的调查等,照原先的计划是先把天桥栈道搭好,可以安全地进入高处洞窟,详尽勘察,但木料供应很困难,时间紧迫,只有临时创造条件,将仅有少量的木料制造成长约14米的高梯两架,有些同志不避危险,拿绳自缚在梯顶进行工作,有些同志用望远镜来摹绘摩崖造像的特写。甘肃省邓宝珊主席、省委孙作宾副书记,热心文物事业,在勘察团未到前即通知炳灵寺石窟所在地的各级政府大力协助。甘肃省文教厅和甘肃省省委统战部事前即派干部带领土木工人先到永靖县炳灵寺,从事各项准备工作。临夏专署和永靖县政府更派员和勘察员一同到现场,配合需要,供应一切所需物资。从而减轻了勘察团生活上的顾虑,使勘察人员更能集中精力进行工作。

这次勘察在冯先生考察的基础上,对炳灵寺石窟有了进一步认识,发现了"延昌二年"的北魏石刻题记,初步证实了造窟的确实年代,在洞窟的数字上,亦与冯国瑞先生的初步报道有些出入,统计有洞窟 36 个,佛龛 88 个,共有龛窟 124 个。并对所有洞窟佛龛进行了初步编号,这也是炳灵寺石窟首次进行编号。

报告指出,就现存的 124 个窟龛看来,内容主题是佛与菩萨、天王、比丘等所组成佛说法的石刻造像。残留的壁画大部分都是明代在魏唐壁画上重绘的。

与此同时,从时代方面说,该团尚未发现比北魏"延昌二年"(513)第八十号窟上摩崖刻石更早的题记,其次第九十三号窟北首摩崖"灵岩寺记",是唐代开元十九年(731)的石刻。这两个题记正是标明炳灵寺魏唐时代修建石窟的历史考证。同时也注意到在第四号唐窟东壁重绘的壁画上有一方用刀锋镌刻出来的明代题记。

根据上述三个时代题记的佐证,得到现存 124 个窟龛统计的数字:

魏——10 个窟、2 个龛,共 12 个;

唐——21 个窟、85 个龛,共 106 个;

明——5 个窟、1 个龛,共 6 个。

从艺术风格来说,炳灵寺石窟在全国佛教艺术遗迹中是具有特殊价值的一个。它的价值在于早期魏代造像的纯民族的形式与唐代造像那种刻画入微的高度的写实作风。它是证明中国佛教艺术从伟大的祖国艺术遗产中一脉相传地演变而来的最好范例。

唐代造像艺术表现在炳灵寺石窟中的,可以说是中国佛教艺术经

·欧·亚·历·史·文·化·文·库·

过六朝时代的演变而达到了创作高峰的代表。

此报告还对炳灵寺石窟的保护提出了具体意见和计划,这些无疑对以后炳灵寺的研究和保护起了极大的促进作用。

报告的后部还附有勘察团的工作日记,详尽记录了前辈学者在条件极为艰苦的情况下为炳灵寺石窟所做出的艰辛努力和巨大贡献。

1953 年,原中央人民政府文化部社会文化事业管理局编印了《炳灵寺石窟》一书,书前有郑振铎先生撰写的《炳灵寺石窟概述》一文。该文高屋建瓴,指出了炳灵寺的特点,并对冯国瑞先生和(第一次)勘察团的成绩予以肯定和表扬。这本书所依据的基本资料,特别是照片是勘察团所摄,其是第一本向一般读者介绍炳灵寺的普及性书籍,对当时一般人了解炳灵寺起了积极的宣传作用。

从 1953 年后,由于众所周知的原因,炳灵寺的研究几乎停顿了 10 年。1961 年 3 月,国务院公布炳灵寺石窟为全国重点文物保护单位。1963 年,甘肃省文化局文物工作队组织了"炳灵寺石窟调查团",又对炳灵寺石窟进行了第二次考察。这次考察的成果以《调查炳灵寺石窟的新收获》为题在 1963 年第 10 期《文物》杂志上发表。

这次调查分窟龛编号、摄影、墨拓、文字记录及重点洞窟的测绘等工作,参加工作的成员有岳邦湖、吴柏年、初仕宾、赵之祥、乔今同、董玉祥及炳灵寺文物保管所王有举、王万青等同志。

此次调查除大佛顶北侧的一个洞窟(现编号 172,俗称天桥北洞),因位置太险峻而未能登临外,其余窟、龛无论大小均全部到达,并依次编了号和作了详细的记录。窟、龛的编号与前次公布的材料有些出入。据调查的结果,炳灵寺石窟除一些实已残破不堪、内容全无的窟、龛未能编号外,"下寺"现存较完整的窟、龛有 183 个,其中窟 34 个、龛 149 个(原编号为 124 个,窟 36,龛 88),近年又续编了 12 个窟龛,再加"上寺"的 13 个窟龛以及洞沟的 8 个窟,共计现在实编窟、龛 216 个。另外,他们在现编号 169 窟(原编 115,即大佛顶南侧之大窟,俗称天桥南洞)及 64(原编 51)、52、53、54(原合编为 52)等窟、龛内分别发现了西秦乞伏炽磐建弘元年(420),北魏宣武帝延昌四年(515),及唐高宗仪凤三年（678）、永隆二年（681），唐玄宗天宝二年（743），元顺帝至正二十六年（1366）的汉文和西夏文等铭文与题记。这些有纪年的铭文和题记为研究炳灵寺石窟的发展历史和分期断代提供了可靠的证据。尤其是169窟内建弘元年的墨书题记，它比第一次勘察中所发现的北魏宣武帝延昌二年（513）曹子元造窟题记，在时间上提早了将近100年。据目前所知，在国内各大石窟中，如新疆诸石窟、敦煌、天梯山、麦积山、云冈、龙门等窟内所存的有纪年的题记还没有比它早的。

前次勘察时没有发现隋代窟、龛，据这次调查，认为：现编6、8（原编号与此同），82（原编65）及134（原编83）等窟、龛，从其造像与壁画的特点来判断应属隋代所作。数量虽少，但制作得相当精美和富有变化。尤其是绝大部分造像为泥塑，这在炳灵寺石窟其他各代的窟、龛中还不多见。隋代窟、龛的发现，一方面为我们研究隋代造像与壁画提供了新的资料；另一方面也为炳灵寺石窟的分期断代增加了新的内容和补充了空白。

这次调查又将炳灵寺石窟分为以下几期：

西秦：窟2；

北魏晚期：窟7、龛30；

隋：窟4、龛1；

初唐：窟2、龛1；

盛唐前段：窟6、龛58；

盛唐后段：窟8、龛46；

中晚唐：窟3、龛10；

明：窟2、龛2；

无法断代者：龛1。

总之，这次调查在冯国瑞先生和第一次勘察的基础上更进了一步，特别是其在调查中发现了西秦建弘元年题记，为中国早期石窟的断代提供了一个标尺，具有划时代意义。

在对炳灵寺石窟研究过程中，还有一位我们敬仰和怀念的人物，就是已故的北京大学教授阎文儒先生。阎先生几乎调查过全国所有的石窟,早在1963年8月,其与研究生王仁波等就对炳灵寺石窟做过长时间的调查,这次调查虽是在甘肃省文物工作队(第二次)调查之后进行的,但作为一个石窟专家,先生独具慧眼,仍然有创新和发现,如所谓"法显"的题记以及《佛说未曾有经》墨书,就是先生在这次调查中发现的,先生不但重视石窟本身,亦重视题跋文字,再加上深厚的学术功力,故有许多新的发现。先生对炳灵寺的研究成果主要体现在他与王万青先生合著的《中国石窟艺术·炳灵寺石窟》(甘肃人民出版社1993年第1版)一书中,其书中有《炳灵寺石窟总论》一章,对炳灵寺石窟造像进行分期,又有《灵岩寺记注释》《炳灵寺石窟名称、历史及其造像题材》《炳灵寺134窟附近藏文刻石》等,其中许多内容至今无人涉及。这里需要指出的是,先生的工作早在1963年就开始了,但其书是在1993年才出版的。

1980年,董玉祥先生在《中国考古学会第一次年会论文集》中发表了《炳灵寺石窟的分期》一文。其文是在第二次调查的基础上对炳灵寺石窟进行了较细致的分期,文中对各期石窟的窟龛形制、造像特点进行了排比分析,并附有线描图。此文在炳灵寺石窟的分期研究中至今仍具参考价值。

1985年,杜斗城先生在《敦煌学辑刊》上发表了《炳灵寺石窟与西秦佛教》一文。该文不但指出了西秦时期炳灵寺境内流行净土信仰及西秦胡族统治者也向往"维摩式"的清高之外,还依据西秦石窟的资料和大藏经中的资料详论了西秦的佛经翻译情况,第一次把西秦僧人圣坚的译经情况作了详尽的论述,文中还指出西秦佛教更多地受到关中地区的影响。

金维诺先生则从佛教艺术的相互交流和影响出发,立足建弘题记、第172窟的三世佛与佛帐和炳灵寺的晚期造像,通过将西秦造像与西部同一类型有关作品排列,系统阐述了佛教美术早期在我国传播并逐步形成各地特色的具体过程,指出北魏以后在炳灵寺河西地区以及广大西域地区佛教艺术都深受中原艺术的强烈影响。此文详见《中国石窟·永靖炳灵寺》(文物出版社1989年版)。

从 1963 年之后,又因"文革"等因素,炳灵寺研究又停止了 10 多年,直到 1989 年 12 月文物出版社与日本平凡社推出了《永靖炳灵寺》画册。此书前有吴作人、岳邦湖先生序文 2 篇,董玉祥《总述》1 篇,张宝玺《炳灵寺西秦石窟》1 篇,金维诺《炳灵寺与佛教交流》1 篇,并有王万青、王世儒、董玉祥、张宝玺、马世长、萧默、黄文昆诸先生所撰的图版说明及张宝玺、黄文昆所编的《大事年表》以及炳灵寺文管所所编的《内容图录》(未定)和赵之祥先生所绘的测绘图等。中日两国联合出版的这本书是《中国石窟》的一个分册,其不但文图并茂,并有专家撰文,特别在资料记录和保存方面至今仍是最有权威的。

张宝玺先生在炳灵寺石窟研究方面亦取得了很大成绩。

1989 年与 1993 年,张宝玺先生先后有《炳灵寺的西秦石窟》[1]、《建弘题记及其有关问题的考释》[2]及《炳灵寺石窟大佛的创建年代及甘肃十座大佛》[3]3 文发表,其对炳灵寺的西秦石窟和建弘题记作了详尽的分析,并提出炳灵寺大佛是盛唐时代所造的弥勒像。皆为有一定水平的研究论文。

这里,我们不能不提到炳灵寺文物保护研究所前任老所长王万青先生的许多工作。王万青先生从 20 世纪 50 年代初就开始在条件非常艰苦的炳灵寺工作,掌握了许多有关炳灵寺石窟的第一手资料,不但对炳灵寺的保护做出了很大贡献,而且对炳灵寺的研究也有一些独到之处,其代表性论文如《炳灵寺弥勒圣地图释析》[4]、《炳灵寺石窟摩崖碑刻题记考释》[5]、《炳灵寺西秦和北魏造像》[6]。《炳灵寺弥勒圣地图释析》一文将清代金山道人所绘《圣地图》与炳灵寺近代现状对照研究,试图说明炳灵寺原貌,这是一件非常有意义的工作,没有在炳灵寺

---

〔1〕张宝玺:《炳灵寺的西秦石窟》,载于《中国石窟·永靖炳灵寺》,文物出版社 1989 年版。

〔2〕张宝玺:《建弘题记及其有关问题考释》,载于《敦煌研究》1992 年第 1 期。

〔3〕张宝玺:《炳灵寺石窟大佛的创建年代及甘肃十座大佛》,载于《炳灵寺石窟》,甘肃人民出版社 1993 年版。

〔4〕载于《甘肃文史》1988 年第 3 期。

〔5〕载于《敦煌学辑刊》1989 年第 1 期。

〔6〕载于《敦煌学辑刊》1990 年第 1 期。

长期工作的经历是不能做此项工作的。

《炳灵寺石窟摩崖碑刻题记考释》一文对炳灵寺所出几处重要题记一一录文考释,资料性极强,考释也很精详。

此外,王万青先生还在《甘肃画报》上连续刊载了《炳灵寺石窟的西秦造像和壁画》《炳灵寺石窟的北魏造像和壁画》《炳灵寺石窟的隋唐造像和壁画》《元明时期的炳灵寺》《炳灵寺上寺》《今日炳灵寺》[1]等文,还与王亨通合作出版过《炳灵寺历代诗词选》一书,这些工作对炳灵寺的研究和人们了解炳灵寺做出了很大贡献。

1986 年,甘肃省博物馆与炳灵寺石窟文物保管所在《考古》杂志第6 期上发表了《炳灵寺石窟老君洞北魏壁画清理简报》。这次清理最重要的收获就是用科学的方法发现了叠压在老君洞下层的北魏壁画。从已经清理出来的这些壁画内容看,较多的是七佛(三铺)和释迦、多宝佛(两铺)。这反映了当时该地区佛教信仰上的特点,从绘画所表现的风格看,人物显清癯之容,面部修长,颈细,削肩,以菩萨形象最明显,头束宝缯,衣裙襟带飘扬,似炳灵寺石窟 126 窟北魏延昌年间的造像风格。从绘画风格看应属北魏晚期作品。为进一步探索历史上知名的唐述窟和时亮窟这两个早期洞窟提供了新的线索和实物资料。

自 20 世纪 80 年代以来,石窟保护工作者在炳灵寺石窟石雕修复及防风化研究方面做出了许多有益的探索。现任所长王亨通先生在这方面做了不少工作。他不仅曾在报刊上发表过诸如《炳灵寺上寺 1 号窟、2 号龛内容总录》《炳灵寺 172 窟中的梵文六字真言》《炳灵寺第169 窟发现一些新题材》等多篇论文,且负责修复复原过第 2、10、11、53、93、128、132、147、169 等窟龛,其中第 128、132 窟经其修复后被列为特窟对外开放,147 窟属唐代洞窟精品,在清末因社会原因而被炸毁,破坏程度十分严重,经王亨通先生修复后也基本恢复了历史原貌。《炳灵寺石窟的修复及其风化石雕的保护》(《丝绸之路》1998 年学术专辑)是他对这一时期石窟保护工作的总结。

---

〔1〕文章连续载于《甘肃画报》1986 年第 1—6 期。

近两年,他主持成功修复复原了第 16 窟涅槃佛,恢复了涅槃佛的历史面貌,修复效果很好,得到了专家学者的广泛好评。

在防风化材料的研究选用和实践方面,王亨通在多年实地观察的基础上指明,由于温差变化所造成的刷落状风化、洞穴状风化、碎块状风化以及劈柴状风化和皮块状风化是造成炳灵寺石窟造像自然损害的主要方式,而温差变化是石窟风化的外因,岩石内部蒙托石的胀缩和其他物理、化学条件的变化是内因,并提请有关学者在以后的研究中注意温差变化对石窟的破坏作用。[1] 通过长期进行对石雕防风化的保护工作,其与敦煌研究院专家合作完成《应用加固风化砂岩石雕的研究》于 1988 年和 1995 年分别获文化部和国家科委的奖励。1968 年由于在石窟下游修建了刘家峡水库,而导致窟区相对湿度增大和降雨量增多,再加上种种人为和自然因素,进入 90 年代以来炳灵寺石窟保护环境明显恶化,王亨通邀请兰州大学地质系张明泉、张虎云等共同完成了炳灵寺石窟水文地质工程地质专题研究报告,基本查清了石窟存在的主要病害并提出在工程中解决的主要方案。[2] 1997 年 5 月炳灵寺石窟岩体加固工程和渗水治理工程开工,到 1999 年 11 月整个工程如期完成。工程结束后,王亨通发表《炳灵寺石窟加固工程评价》[3],对该工程进行了系统的总结,特别对工程中使用的加固技术、优点、缺点、存在的问题进行了客观的评价,将加固工程圆满地画上了句号。

1996 年,王亨通又以炳灵寺石窟的环境保护问题为题发表文章,呼吁各界关注刘家峡水库给炳灵寺保护带来的以下问题:

(1)泥沙淤积问题,现炳灵寺石窟泥沙淤积高达 10 ~ 13 米,有效防护堤坝高度现不足 3 米。石窟将会受到泥沙淤积的威胁。

(2)石窟岩壁渗水明显增多。

(3)由于窟区湿度增大,石雕表面风化加速,壁画出现空膨、起甲、

〔1〕王亨通:《温差变化对炳灵寺石窟的影响》,载于《敦煌学辑刊》1990 年第 2 期。
〔2〕张明泉、张虎元、许敬龙、曾正中、王亨通:《炳灵寺石窟保护面临的主要环境地质问题》,载于《干旱区资源与环境》1996 年第 3 期。
〔3〕王亨通:《炳灵寺石窟加固工程评价》,载于《丝绸之路》2000 年第 5 期。

褪色、变色甚至剥落等危险。

1989 年 11 月,北大硕士研究生常青又以《炳灵寺 169 窟塑像与壁画的年代》为题完成了他的硕士论文。该文对 169 窟洞窟的塑像、壁画用考古法进行了类型式分析,将 169 窟分为 8 期,并列出了具体年代。此分期虽有将问题复杂化之嫌,但其探讨问题的精神是值得提倡的。

1989 年,长期在炳灵寺工作的王世儒同志发表了《甘肃炳灵寺新发现明代造像》一文。文中介绍了在炳灵寺与上寺新发现的 9 尊明代佛像(6 泥塑,3 铜像),涉及与其有关的其他问题。这些造像虽同石窟中的原造像不同,但均安放在上寺卓玛殿正壁,是研究明代造像和明代炳灵寺历史不可多得的珍贵资料。

1992 年,王世儒同志又发表了《炳灵寺明代壁画艺术初探》一文[1],对炳灵寺明代壁画艺术做了比较详尽的介绍,并提到了许多有关明代题记,提出明代藏传佛教在炳灵寺一度兴盛,并对明代炳灵寺的活佛转世问题进行了介绍。文中指出,从明嘉靖年间开始嘉扬隆珠活佛转世,到宣统三年炳灵寺活佛共转 8 世。这些问题都起到了开拓人们视野的重要作用。

其余对炳灵寺及其相关问题进行研究的还有王沂暖、张玉如、初仕宾、熊文彬、马瑞俊、暨远志、王惠民、魏文斌、吴荭、齐正奎、曹学文、刘庆林及台湾赖鹏举等学者。王沂暖先生《弥勒炳灵寺圣地图志》一文[2],把藏文《圣地图志》译为汉文,为炳灵寺藏传佛教的研究提供了莫大方便。张玉如先生《炳灵寺圣地图志及其藏文题记》进一步考证了藏文题记可能作于民国 17 年等。熊文彬先生的《炳灵寺及藏传佛教壁画艺术》一文[3]分析了藏传佛教在炳灵寺的发展和藏汉艺术在此地的交融情况。马瑞俊先生《神仙窟与张鷟》一文考证了积石山唐述窟与张鷟所游"仙窟"的关系问题。齐正奎先生《亦谈唐述时亮二

〔1〕王世儒:《炳灵寺明代壁画艺术初探》,载于《敦煌学辑刊》1992 年第 1 期。
〔2〕王沂暖:《弥勒炳灵寺圣地图志》,载于《甘肃文史》1988 年总第 3 期。
〔3〕熊文彬:《炳灵寺及藏传佛教壁画艺术》,载于《中国西藏》1993 年秋季号。

窟》[1],对历史上传说中的唐述、时亮二窟所处位置有与众不同的看法,具有参考价值。曹学文《藏传佛教在炳灵寺的传播、发展及衰落》[2]一文,初步考证了藏传佛教传入炳灵寺的时间以及发展、衰落过程,资料价值较强。赖鹏举《北传佛教(净土学)的形成、西秦炳灵寺169窟无量寿佛龛造像的义学与禅法》,[3]系统地考证了建弘题记的内容,而且明确提出第169窟6龛在整个佛教的净土史、净土义学、净土禅法及净土造像上具有无以比拟的重要性的观点,使炳灵寺西秦佛教的研究上升到更高的层次,极具学术价值。众所周知,炳灵寺以下寺为主,但还有上寺、洞沟等处。近些年来,曹学文与王亨通对此进行了详细的调查,陆续发表了一些资料性很强的文章,为炳灵寺的研究提供了极其宝贵的资料。

这里,我们还要特别提到张宝玺与黄文昆两位先生合编的《永靖炳灵寺大事年表》。[4]此年表收集资料丰富,内容全面,为炳灵寺石窟的研究提供了极大方便。

随着50年来炳灵寺研究的不断深入,有关论著不断发表和出版,相信不远的将来炳灵寺石窟的研究历史又将重新改写。

(本文与王亨通先生合作,原载于《炳灵寺石窟学术研讨会论文集》,甘肃人民出版社2003年版)

---

〔1〕齐正奎:《亦谈唐述时亮二窟》,载《敦煌学辑刊》1996年第2期。

〔2〕曹学文:《藏传佛教在炳灵寺的传播、发展及衰落》,载于《西藏研究》2000年第1期。

〔3〕赖鹏举:《北传佛教(净土宗)的形成、西秦炳灵寺169窟无量寿佛龛造像的义学与禅法》,载于《台湾圆光佛学学报》第五期(2000.12),第1-45页。

〔4〕张宝玺、黄文昆:《永靖炳灵寺大事年表》,载于《中国石窟·永靖炳灵寺》,文物出版社1981年版。

24　8 到 11 世纪的
五台山文殊信仰

五台山位于今山西省五台县东北部,风景清幽秀丽,魏晋以来成为佛教圣地,在整个佛教文化区内的影响不断扩大,远远在其他名山之上,并形成了五台山文殊菩萨信仰的兴盛。8 到 11 世纪,五台山文殊菩萨不仅兴隆于中原,而且兴盛于敦煌、西夏、辽朝等边地和新罗、日本等国。

24.1　五台山文殊信仰的形成与兴起

在佛教未传入中国之前,五台山就可能是当时人们心目中的名山。《古清凉传》卷上引《仙经》曰:"五台山,名为紫府,常有紫气,仙人居之。"《元和郡县志》卷 14 又曰:"五台山,在[五台]县东北四十里,《道经》以为紫府山,《内经》以为清凉山。"《古清凉传》卷上引《水经注》又谓:"晋永嘉三年,雁门郡县百余家,避乱入此山,见山人为之步驱而不返,遂宁居岩野,往还之士,时有望其居者,至诣寻访,莫知所在,故人以是山为仙者之都矣。"

但五台山后来闻名遐迩,无疑与佛教传入中国,特别是《华严经》传入中国有关。文殊菩萨为大毗卢遮那佛的左胁侍,在佛国世界里是主司智慧之神,在《文殊师利问菩萨署经》《阿阇世王经》《正法华经》《首楞严三昧经》《维摩诘经》等大乘佛经中,文殊皆位列众菩萨之首。而直接推动文殊信仰在中国广泛流行的,主要还是《华严经》和《文殊师利法宝藏陀罗尼经》等。西晋竺法护译《佛说文殊师利菩萨现宝藏陀罗尼经》中说:"于此瞻部州东北方,有国名大振那,其国中有山号曰五顶,文殊师利童子游行居住,为诸众生于中说法。"[1]古印度称中国为"大振那"。此处所说"五顶",与五台山相似,这大概是佛教附会五台山是文殊师利居住的最早经典。东晋天竺高僧佛陀跋陀罗译《华严经》卷27《菩萨住处品》云:"东北方有菩萨住处,名清凉山,过去诸菩萨常于中住。彼现有菩萨,名文殊师利,有一万菩萨眷属,常为说法。"[2]《华严经》中的这个说法,无疑又给佛教附会中国的五台山就是佛教传说中文殊居地(清凉山)提供了有力的证据。

正因佛教众"菩萨之首"的文殊居五台山,其山后来就愈来愈有名了。在这种情况下,五台山当然会引起统治阶级的重视。

据佛教传说,汉明帝时印度摄摩腾、竺法兰二位高僧,曾来五台山活动,但《高僧传》本传未载此二人来其山。因此,这个说法可能有误。从现有材料来看,至少在北魏时,五台山的佛事活动已很兴盛了。《古清凉传》卷上记,五台山中台上有魏棣州刺史崔震所造碑等。又记五台山大孚寺为孝文帝所立,还记此山有"孝文石窟故像""孝文帝所立清凉寺""孝文教鹰台""孝文打逑场""孝文射垛"等。北魏时期,佛教在中国北方地区有很大发展,孝文帝及其以后的文成、宣武和胡氏,都笃信佛教,此时,全国各地修了不少佛教寺院,今云冈、龙门等石窟,皆有孝文帝太和年间的雕刻。五台山在雁北以南,距北魏旧都平城不远,佛教无疑也很盛行,因此《古清凉传》所载孝文帝在五台山的诸多活动,应该是有依据的。

自北魏之后,我们在史籍中屡见在五台山活动的僧人或去五台山的巡礼者。[3] 此种情况说明,北魏以后,五台山已成为佛教徒向往的名山。"爰及北齐高氏,深弘像教,宇内塔寺,将四十千,此中伽蓝,数过二百,又割八州之税,以供山众衣食之资焉。据此而详,则仙居灵贶,故触地而繁矣。"[4]北齐高氏父子,皆信佛教,邺都(北齐都)的佛寺约

---

[1]《大藏经》第20册,第791页。

[2]《大藏经》第9册,第590页。

[3]参见杜斗城:《往五台山僧人录》,载于《敦煌五台山文献校录研究》,山西人民出版社1991年版。

[4]《古清凉传》卷上,《大正藏》第51册,第1094页。

· 欧 · 亚 · 历 · 史 · 文 · 化 · 文 · 库 ·

有4000,僧尼近8万人,全境的寺院有4万余所,僧尼200余万。[1] 五台山地区,又是北齐"腹地",佛教这时一定有更大的发展,故上文的记载应是可靠的。这些情况说明自北魏后,五台山文殊信仰已初步形成。但北周武帝灭北齐之后,又在北齐境内灭佛,五台山这时可能遭到严重破坏。《古清凉传》记到此事时说:"周武灭法,释典凌迟,芳徽盛执,湮沦殆尽,自非神明支持,罕有仆存者也。今之所录[五台山古迹]盖是其徒。"[2] 看来,五台山这次也未能免其"厄运"。

"大隋开运,正教重兴,凡是伽蓝,并任复修"。[3] 五台山寺院又得重新修复,僧人也纷纷来此活动。由于隋南北一统,南北佛教文化交相辉映,佛教人物荟萃一起,从此以后,五台山不但有北方人,也有了更多的南方僧人,甚至有了西域、印度人的足迹,五台山文殊信仰逐渐兴盛起来。

唐龙朔年中,频敕西京会昌寺沙门会赜共内侍掌扇张行弘等,往清凉山,检行圣迹。会赜一行人到五台山之后,还找了画师张公荣等人一起上五台山,他们不但参拜"圣迹",还修大孚寺东堂文殊故像等,就连"存亡名德"的事迹,也一一调查顶礼。《古清凉传》卷下在谈到会赜这次出使五台山的情况时说:

> 赜等既承国命,目睹佳祥,具已奏闻,深称圣旨。于是,清凉圣迹,益听京畿,文殊宝化,昭扬道路。使悠悠溺丧,识妙物之冥泓,蠢蠢迷津,悟大方之幽致者,国君之力也。非夫道契玄极,影响神交,何能降未常之巨唱,显难思之胜轨。千载之后,知圣后(应指武则天)之所志焉。赜又以此山图为小帐、述略传一卷,广行三辅。[4]

值得注意的是,唐龙朔年间向五台山的这次遣使,还绘有五台山"小帐"和作有五台山《述略》1卷。笔者认为,这次所画"小帐",可能

---

〔1〕《续高僧传》卷8《法上传》及卷10《靖嵩传》。
〔2〕《古清凉传》卷上,《大正藏》第51册,第1094页。
〔3〕《古清凉传》卷上,《大正藏》第51册,第1094页。
〔4〕《大正藏》第51册,第1098页。

是最早的五台山图,更引人注目的是,这次画"小帐"的同时,又写《述略》1 卷。这个《述略》,应是"小帐"的说明之类,他应该是为配合"小帐"而作的。这次画"小帐"与作《述略传》1 卷,"广行三辅",使"清凉佳祥,益听京畿",看来影响是不小的。

《旧唐书》卷 17《敬宗本纪》载:

> [长庆四年]九月甲子,吐蕃遣使求《五台山图》。

《册府元龟》同记此事,但文字较详,其文曰:

> 穆宗长庆四年(821)九月甲子,灵武节度使李进诚奏:吐蕃遣使求《五台山图》。山在代州,多浮图之迹,西戎尚此教,故来求之。

《宋高僧传》卷第十八又载:

> 释岸禅师,并州人也……微有疾作禅观不亏。见观音、势至二菩萨现于空中,持久不灭。岸召境内画人,无能画者。忽有二人云,从西京来,欲往五台。自乐输工,画菩萨形相续事毕,赠鞋二,忽隐无踪……[1]

这又是一次画五台山菩萨的文献记载。

从以上记载可知,《五台山图》这时已大为流行,要不,远在西陲的吐蕃会自动派人来求?《五台山图》的流行正是五台山文殊信仰兴盛的体现。

再后一点就是唐文宗开成五年,日本僧圆仁与汾州头陀僧义圆同游五台,下山至太原后,义圆请画博士绘《五台山图》一铺。关于此事,《入唐求法巡礼行记》卷 3 载之甚详,其文曰:

> 头陀僧义圆见雇博士,自出皮袄子一领,画《五台山化现图》,拟付传日本国……[开成五年七月]廿六日,画《化现图》毕。头陀云:"喜遇日本国三藏,同巡台,同见大圣化现。今画《化现图》一铺奉上,请将归日本供养,令观礼者发心,有缘者同结缘,同生文殊大会中也。"

---

[1]释岸禅师卒于垂拱元年。

在画此图的前几天(十八日),圆仁还见到"南天竺三藏法达,边写取五台山诸灵化传碑等"。从此可知,当时在太原写画"灵化""化现"之类的人不止一二。在敦煌本《往五台山行记》中也有在太原画《五台山图》的记载。[1] 值得注意的是,画博士与南天竺三藏法达及《往五台山行记》的作者是在太原画《五台山图》之类的,而且法达是根据"碑"来"写取"。画《五台山图》不在五台山而在太原,又根据"碑"来"写取",说明在当时的太原可能有画五台山的"职业画匠",或有碑刻的五台山诸灵迹化现故事之类,供人摹写。这种情况均说明《五台山图》在当时是非常流行的。十八日开始画到二十六日画毕,可见《五台山图》的内容并不简单。

以上这些文献记载,与敦煌莫高窟保存至今的《五台山图》一样,均反映了其图当时的流行情况。从文献所记可知,《五台山图》当时不但风行中原,还西传敦煌、西藏,甚至东传日本。

唐龙朔年间画五台山"小帐"是僧人会赜奉诏而行的,会赜奉皇帝之命"检行[五台]圣迹",命画师画此"小帐",并作《述略》1卷,这大概是便于向朝廷"报告"的应时作品,即使这样的东西,后来竟然也"广行三辅",看来这类作品在当时出现,也是一种社会需要,说明五台山文殊信仰在当时是非常兴盛的。

由于五台山文殊信仰的盛行,在唐代寺庙里,画《文殊变》等有关文殊的壁画很普及,而中晚唐以后直至宋初,"拟摹"五台山"文殊塑像",建立"文殊院""文殊堂"之类的风气是很盛的,例如《宋高僧传》卷27《唐京师光宅寺僧竭传》载:

> 释僧竭者,不知何许人也。生在佛家,化行神甸……每嗟靳固之夫,步自檀那之度,于建中中造曼殊(文殊)堂,拟摹五台之圣相。

尽管我们不知道僧竭于唐德宗建中年间,在长安"拟摹五台之圣

---

[1]参见杜斗城:《往五台山行纪》,载于《敦煌五台山文献校录研究》,山西人民出版社1991年5月(下同)。

相"建"文殊堂"的具体情况。李德裕镇浙西时,所创的甘露寺中也建有文殊堂,成都著名的大圣慈寺中也有文殊阁。这些"文殊堂"无疑受了五台山的直接影响。

《五灯会元》卷4又载:

> 广州文殊院圆明禅师,福州陈氏子……尝游五台山,睹文殊化现,乃随方建院,以"文殊"为额。

《景德传灯录》卷11谓广州文殊院即为圆明所建,又谓圆明卒于淳化元年(990)。据此可知,由于五台山文殊信仰的广泛流行,直到北宋淳化年间,有人还可能仿五台山文殊"圣像",建立"文殊院"之类。

24.2 敦煌的五台山文殊信仰

敦煌遗书中保存了不少有关五台山的文献,包括《五台山赞》29件、《五台山曲子》5件、《五台山圣境赞》3件、《五台山行记》3件以及《五台山志》《辞娘赞文》《礼五台山偈》等10多件文书;[1] 莫高窟壁画中也保留了为数不少的《五台山图》,均表现了敦煌地区五台山文殊信仰的兴盛。

敦煌遗书中的《五台山赞》《五台山曲子》,多似在"道场"讲演的"底本"和唱之辞文,说明当时在敦煌说唱《五台山赞》很流行。北图乃字74号《辞娘赞文》中的某些内容说明五台山在当时敦煌地区一般民众和僧侣中的地位很高:"好住娘,儿欲入山坐禅去。好住娘,回头顶礼五台山。好住娘,五台山上松柏树。好住娘,正见松柏共天连。"而《礼五台山偈》中的"将身岂惮千山路""生生得见五台山"等语及《游五台赞文》等也反映了当时民众对五台山的向往与崇拜。[2]

敦煌文书中有不少僧人巡礼五台山的资料,如P.3928《某僧人状一件》记载:"右厶乙忝居缁侣,谬在僧门,行艺全亏,又乖事业,欲报君臣之恩德,巡礼五台山,怀不……之寸心,随伴预渴,伏乞仆射台造,不

---

〔1〕见杜斗城:《敦煌五台山文献校录研究》上篇。
〔2〕见杜斗城:《敦煌五台山文献校录研究》之《附录》。

·欧·亚·历·史·文·化·文·库·

阻福门,特赐允容,与满心愿。"这篇范文表明经常有僧人要去巡礼,所以才有这样状文格式的范文出现。P.3718《往五台山行记》就记载了敦煌僧人巡礼五台山,在五台山停留多时的记载。所有这些足见晚唐五代敦煌地区五台山信仰的兴盛程度。《范海印和尚写真赞并序》记载范海印和尚曾巡礼五台山:"每虑坏躯虚假,翘情礼于五台。"S.4504《福员状》也记载了僧人福员请求巡礼五台山:"今欲报君臣之恩德,巡礼台山,怀不退卑心,随伴顶谒,伏乞仆射台造,不阻福门,特赐允容,与满心愿。伏听处分。牒件状如前谨牒。"S.8451《戒惠书状》中僧人戒惠请求巡礼五台山:"寝昧无差克安清重切缘戒惠台山参礼愿",台山即五台山。S.529《诸山圣迹志》记载某位僧人巡礼五代时期中国佛教圣迹时,第一个巡礼的是五台山:"第一五台山者,佛说《花[华]严经》云:南阎浮提东北方震旦国有金色世界清凉宝山,其山五峰迥耸,万仞岩若,府(俯)视人寰,傍观日月,去台顶六七里外,方有树木,阳面枝,阴北[无]叶。仲夏季月,花木方荣,常切寒风,每凝冰雪,是以众号为清凉山……"此卷中虽也记载了其他名山圣迹,但记载五台山的内容最为详细,这正说明敦煌地区五台山信仰之兴盛。

敦煌石窟中,保留不少的《五台山图》,如莫高窟第9窟中心柱东向龛内南壁、第61窟西壁、第144窟西壁帐门南侧、第159窟西壁帐门北侧、第222窟西壁帐门南北侧、第237窟西壁帐门北侧、第361窟西壁龛内北侧帐扉,榆林窟第3窟西壁、第19窟西壁、第32窟东壁,肃北五个庙1窟南壁帐门东侧面。这些《五台山图》,有些是局部绘出,有些是全图绘出,其时代从中晚唐跨至五代、西夏,皆为当时敦煌五台山文殊信仰的体现。其中尤以61窟《五台山图》规模最为宏大、内容最为丰富。

敦煌五台山文殊信仰在曹氏归义军时期达到了高峰,曹氏统治者刻印了大量的文殊菩萨画像,在敦煌一带流传[1] 更为重要的是61

---

〔1〕见斯坦因劫经木刻003、004、005、016等号,伯希和劫经P.4045、P.4049、P.4077等号以及北大180号等。

窟的开凿。61窟,是五代时期归义军节度使曹元忠及其夫人浔阳翟氏所开,因其主要供奉文殊菩萨而称为文殊堂。此窟覆斗形顶,中央设马蹄形佛坛,坛上塑像,后有背屏连于窟顶。坛上塑像已失,但据佛坛上遗存的狮爪、背屏上残存的狮尾,参照其他洞窟绘制的文殊菩萨以及敦煌遗书的记载,不难推断其主尊为文殊菩萨。该窟西壁即正壁绘出作为文殊菩萨道场的五台山图。全图可分上、中、下三段,上部主要画各种各样的"灵异""化现"之类;中部主要表现南、西、中、北、东五台及各台之间的几十座寺院、佛塔等圣迹;下部则左画太原城、右画镇州城,以此二城为基点,分别绘出了从太原至五台和镇州至五台的山间道路及路上参礼五台山的人物等。"灵异""化现"在图中占了很重要的位置,有各种各样的类型。例如表示文殊菩萨化人的场面及五台山的祥云瑞光、奇味异香、悦耳钟声、金殿楼阁、堂塔伽蓝突然出现,灵鸟和白鹤在空中飞翔之类。人们之所以千里迢迢往五台山巡礼,想亲眼看到这些神秘莫测的"灵异",也是一个重要目的。

《五台山图》是莫高窟61窟壁画中最突出的、最重要的题材,其图所包含的内容是极其丰富而复杂的。修造其窟的主人把《五台山图》与文殊塑像结合在一个窟中的目的,无非是想把五台山较好地表现在敦煌地区。这种用画塑结合的方式,把佛教圣地——五台山,从华北再现到西陲的另一个佛教圣地——敦煌莫高窟,一方面是为了满足曹氏小政权的"祈福",另一方面也满足了地处西陲的善男信女就近"巡礼"五台山的需要。对于一般民众,希望"才念文殊三两口,大圣慈悲方便来相救";而统治者则希望"福祚当今,万古千秋岁"[1] 敦煌莫高窟的"文殊堂",只不过是中晚唐以来所建"文殊堂""文殊院"等保留下来的一个而已。这种情况的出现,实际反映了当时人们对文殊菩萨及其居住地五台山的崇拜。

---

〔1〕见杜斗城:《敦煌五台山文献校录研究》上篇。

24.3　西夏的五台山文殊信仰

西夏佛教兴盛,历代统治者均信仰护持佛教,早在西夏政权建立以前,送马求经,给五台山寺庙送礼,到五台山朝圣的已有多次记载。例如西夏王李德明时(宋景德四年,公元 1007 年),就请求到宋朝境内的五台山修供十寺,并派使者护送贡品到五台山。1038 年,德明子李元昊称帝建国,国号大夏,改元天授礼法延祚。元昊"晓浮屠法","通汉文字",对佛教与汉文化有相当程度的了解。其继位之后,请经译经、兴建塔寺等,为西夏佛教的发展打下了良好的基础。宋宝元元年(1038)元昊"表遣使诣五台山供佛宝,欲窥河东道路",并派僧人使者入宋。这些文献记载表明,西夏很早就已盛行五台山文殊信仰。随着西夏版图的扩大和国力的强盛,不但在腹地贺兰山地区、在河套南北地区也塔寺林立,同时也影响到了其他地区。

据《西夏纪事本末》卷首所附《西夏地形图》,在贺兰山内记有"五台山寺",[1]俄罗斯列宁国家图书馆收藏的西夏《地图集》之《古地图》中亦有此记载。又西夏僧人所编《密咒圆因往生集》前的题款记,有"北五台山清凉寺出家提点沙门慧真编集"[2] 这个清凉寺所在地北五台山,应为西夏建立在贺兰山中的五台山寺。西夏历来崇敬五台山,其在境内效法山西五台山,在贺兰山中又建了五台山寺,清凉寺即为其中之一。又有莫高窟 444 窟窟檐门南北柱上有西夏时期的墨文汉文题记,其一即有"北五台山大清凉寺僧沙□(门)□光寺□主……",[3]或可作为西夏建有五台山寺的佐证。西夏早在德明时期就曾派使者到五台山朝佛,后来既不能去五台山,西夏就在自己的名山贺兰山中建立起西夏的五台山寺,以供西夏僧俗就近顶礼。在西夏文类书《圣立义海》第二章第四品"山之名义"中有"五台净宫",其释文为:"菩萨圣众现生

---

〔1〕〔清〕张鉴《西夏纪事本末》,清光绪十一年刻本。

〔2〕《大正藏》卷 46,第 107 页。

〔3〕敦煌研究所:《敦煌莫高窟供养人题记》,文物出版社 1986 年版。

显灵、禅僧修契、民庶归依处是善宫,野兽见人不惧。"据此可知这里的五台净宫,应系西夏的五台山寺。其地点可能即今拜寺口寺庙遗址。明初安塞王朱樗斋咏拜寺口诗中有"文殊有殿存遗址,拜寺无僧话旧游",[1]正与传说中五台山为文殊师利菩萨显灵说法的道场相合。西夏建有自己的五台山,这本身反映了西夏五台山文殊信仰的兴盛。[2]

24.4 辽朝的五台山文殊信仰

《辽史》卷 13《圣宗纪》载:"统和十年九月癸卯,[圣宗]幸五台山金河寺饭僧。"同书卷 68《游幸表》又载:道宗于清宁九年七月"幸金河寺"。此处所说圣宗、道宗所到的五台山金河寺,无疑在辽朝版图之内,否则,辽朝的两个皇帝怎么能先后跑到宋朝的五台山去? 辽朝五台山的金河寺,是辽朝统治区的一座著名佛教寺院。《龙龛手鉴》的编撰者——高僧行均,就曾驻锡该寺。

辽朝的五台山寺,在当时的石刻文字中亦有记载,如宝历十五年王正所撰《重修范量(应该为阳)白带山云居寺碑》曾载:

> 故太行之山,兹寺为中。答以东西五台为眉目,孤亭、六聘为手足,弘业盘山为股肱,则佛法大体念慈在慈矣。

从此段文字来看,华北地区的太行山系,确有东西两座五台山,其中东五台便在辽朝境内。

《辽史拾遗》卷 15 引《山西通志》载:

> 金河十寺在蔚州东南八十里五台山下,河中碎石为金,故名金河寺,俱辽统和间所建。

清顺治《蔚州志》卷 4 又载:

> 五台山在城东一百里,其山五峰突起,俗称大五台,又曰东五台,以别于晋之清凉山。

《古今图书集成》之《方舆汇编·职方典》卷 343 载:

〔1〕胡汝砺编:《嘉靖宁夏新志》卷 1,宁夏人民出版社 1982 年版。

〔2〕参见史金波:《西夏的寺庙》,载于《西夏佛教史略》,宁夏人民出版社 1988 年版。

五台山在[蔚]州东八十余里,一名小五台,经夏积雪,峰峦秀出。

前引《辽史·圣宗纪》载统和十年九月圣宗幸五台山金河寺,同时《辽史·游幸表》则有统和十年九月"射鹿于蔚州南山"的记载,所有这些文件,都透露出辽朝境内的五台山距蔚州不远的信息。蔚州,即今河北蔚县,其县东至今仍有山称"小五台山"者。辽代其地为西京道所属。[1] 辽朝别有一五台山及辽圣宗、道宗幸五台山的记载,反映了辽朝五台山文殊信仰的兴盛。

24.5　新罗的五台山文殊信仰

8到11世纪的五台山文殊信仰不但兴盛于中国各地,而且东传新罗、日本。

朝鲜高丽王朝僧一然撰《三国遗事》卷3载:

新罗大王太子宝川、孝明二昆弟,到河西府世献角干之家留一宿。翌日过大岭……游览累日。忽一夕,昆弟二人密约方外之志。不令人知,逃隐入五台山。

新罗的五台山与中国的五台山,有许多相似之处。这从下文对"五台"的描写便知。其文曰:

二太子到[五台]山中,青莲忽开地上。兄太子结庵而止住,是曰宝川庵。向东北行六百余步。北台南麓亦有青莲开处。弟太子孝明又结庵而止。各勤修业。一日同上五峰瞻礼。次东台满月山,有一万观音真身现。在南台麒麟山,八大菩萨为首,一万地藏;西台长岭山无量寿如来为首,一万大势至;北台象王山释迦如来为首,五百大罗汉;中台风庐山,亦名地庐山。毗卢遮那为乎,一万文殊。如是五万真身,一一瞻礼。每日寅朝文殊大圣到真如院。今上院变现三十六种形,或时现佛面形,或作宝珠形,或作佛眼形。

---

〔1〕参见萧村:《辽朝别有一五台山》,载于《文物》1984年第9期。

或作佛手形……二公(指新罗二王子)汲洞中水煎茶献供。至夜各庵修道……时有五色云七日垂覆。国人寻云而毕至……将邀两太子而归。宝川哭泣以辞,乃奉孝明归即位。理国有年……以神龙元年……改创真如院。大王亲率百僚到山,营构殿堂,并塑泥像文殊大圣安于堂中。以知识灵卞等五员长转《华严经》,仍结为"华严社",长年供费……每年设华严会一百日……以河西府道内八州之税充为四事之资。代代君王不忘遵行幸矣。

从以上引文可知,新罗的五台山,与中国的五台山是何其相似。中国的五台山有"真容院""金刚窟",新罗的五台山有"真如院""神圣窟",并同有"五色祥云""仙化灵异""一万菩萨"等等。甚至连中国的五台山曾是传播"华严"的基地这一点,也被新罗五台山效法,其山也有人长转《华严经》,结"华严社",设"华严会"等等。至于对其山东、南、西、北、中五台的描述,也与中国的五台上有很多类似的地方。

新罗的五台山,无疑是中国五台山的"翻版",这不仅从上面描述的内容可以看出,而且还有其他材料为之做证。如《三国遗事》中多次提到了新罗高僧慈藏,慈藏曾去过中国,并到过中国的五台山,其到"太和池边石文殊处"时,遇到一个"僧人",这个"僧人"很神秘地告诉慈藏说:"汝本国艮方溟州界有五台山。一万文殊常住在彼。""僧人"说完话之后,便隐去不见。慈藏后来回到新罗,对新罗佛教的发展有很大贡献,故《三国遗事》卷4本传云:"一代护法于斯(慈藏)盛矣。"慈藏后入山修行,其常住之山,后来也被附会成了五台山。[1]

关于慈藏其人,中国佛籍也有记载。《续高僧传》卷24《释慈藏传》载:

> 释慈藏,姓金氏,新罗国人。其先三韩之后也……藏父名武林。官至苏判异(原夹行小注:以本王族比唐一品),既向高位。……以贞观十二年将领门人僧实等十有余人,东辞至京,蒙敕慰抚,启敕入山,于终南云际寺东悬崿之上,架室居焉……常在此山

---

〔1〕上所引皆见《三国遗事》卷3、卷4,见《大正藏》第49册。

……贞观十七年,本国请还……赍还本国,既达乡壤,倾国来迎,一代佛法于斯兴显。王以藏景仰大国,弘持正教,非夫纲理,无以肃清,乃敕藏为大国统,住王芬寺。

从《续高僧传·慈藏传》所记载内容来看,慈藏只去过终南山,未去过五台山(不过,终南山也有五台山,今称南五台,不知起于何时),但朝鲜史书《三国遗事》却说其到过中国的五台山。《三国遗事》成书于中国的元朝。其中附会穿凿之处极多,所以其史料价值远远低于成书于唐朝的《续高僧传》,故慈藏去五台山事可能不实。但无论怎样,新罗当时也有一个五台山是不可否定的。朝鲜史书把其国的五台山与慈藏扯在一起,并说慈藏去过中国的五台山,无非是想利用慈藏的"身价",把其国五台山说得"有根有据"罢了。

慈藏是唐贞观十七年回到新罗的。这个时期新罗的五台山可能还没有附会出来。新罗五台山的出现,时间应该稍后一些,这些我们从新罗二王子入其国五台山的故事可以看出一些眉目。从上面引文中我们知道,新罗二王子入五台山后不久,其中孝明便被请回即王位,理国有年。"神龙元年",新罗王便于其国五台山创真如院等。据日本明治校注《三国遗事》云:"神龙乃圣德王即位四年己巳也。"新罗圣德王即位四年,为唐中宗神龙元年,即705年。如确是这样,可知新罗的五台山早在盛唐前期就在朝鲜半岛"诞生"了。因为《三国遗事》一书,"论者荒诞不经,不足取信,但风流遗俗,往往散见于其中"。所以其所记新罗王子入其国五台山事,在时间上可能还有差异,但其书所记新罗曾有个五台山确是令人信服的。因为其书中不但多次提到了其国五台山"异迹"和有关的人物故事,还明确记载其国五台山在新罗右河西府等[1]。

新罗可能还有高僧或王子远赴中国五台山巡礼。如《入唐求法巡礼行记》中就记载了新罗僧上五台山的事迹。莫高窟61窟《五台山图》中有新罗王塔、高丽王使、新罗送供使等,但新罗国、高丽国的供使

---

[1]《三国遗事》卷3。

来到五台山的事迹则不见典籍载录。据敦煌遗书《印度普化大师游五台山巡礼记》记载:"廿二日游王子寺,上罗汉堂,礼降龙大师真像,看新罗王子塔。"《五台山赞》中也记载了新罗王子到五台山的事:"佛子滔滔海水无边畔,新罗王子泛舟来,不辞白骨离乡远,万里将身礼五台。"但史籍中无载新罗王子到五台之事。从敦煌遗书中的记载和《五台山图》中的新罗王子塔来看,可能有一位不见于记载的新罗王子到中国的五台山,并有可能卒于五台山。这也说明了新罗五台山文殊信仰的流行。

24.6　日本的五台山文殊信仰

　　日本文化,特别是佛教文化,受中国佛教文化影响最深。唐代以来,很多虔诚的日本僧人历经千险万难,不远万里来到中国,他们同中国去日本的中国僧人一起,使得中国的佛教文化更深刻地渗透到日本社会的每个角落。就连唐代以来朝拜佛教名山的风气,也被日本僧俗效法。因此,日本僧人来中国巡礼五台山、天台山者很多。如日本桓武朝的高僧灵仙及稍后一点的圆仁、惠萼和宋朝来中国的奝然、成寻等都曾朝拜过五台山。

　　日本的五台山文殊信仰在奈良时代就开始了。众所周知,唐慧祥所撰《古清凉传》是记述五台山历史的最早的一本书,此书早在天平时代就传入日本,并经过反复抄写。但不清楚此书是谁带入日本的。日本学者镰田茂雄曾推测,把此书带入日本的,也许是天平七年(735)四月回国的玄昉,或是翌年来日本的菩提迁那,或是越南僧佛哲、唐道璇等。

　　菩提迁那为印度僧人,日本佛教传说他与越南僧佛哲渡流沙、越阴险到过中国的五台山,他在五台山专心祈祷,想见文殊菩萨,后在梦中看到神人,神人对他说:"现在文殊菩萨在日本。"后来他便回到日本。据说他回日本的主要目的就是想朝拜文殊菩萨的化身——行基(实际上是日本的一个高僧)。这种情况说明五台山文殊菩萨信仰这时已在日本很流行了。

奈良时代日本佛教寺院勃兴,特别是日本著名寺院东大寺完工后,圣武天皇把大华严寺的匾额挂在南大门上。武则天时,五台山大孚灵鹫寺改称大华严寺。圣武天皇可能是仿照中国五台山的大华严寺而这样做的。这很能说明五台山文殊信仰在日本上层社会的流行情况。

在《日本灵异记》一书中,也有关于五台山的传说。此书是日本嵯峨天皇弘仁年间(810—824)药师寺僧景戒撰写的。这本书上卷《信敬三宝得现报之缘第五》记载着关于五台山的传说。根据这个传说,推古天皇三十三年(625)十月二十八日,屋野古连在难波(大阪)去世,但是三天后又活过来,对他的妻子说:"我登上五色的云彩时,发现云彩的尽头覆照着黄金山。再看西方时,看到已经逝世的圣德太子站在那儿。于是我同他一起登上山顶,山顶上有一个比丘,圣德太子礼拜了他,他就让圣德太子吃了仙药。"这个比丘就是文殊菩萨,这个文殊菩萨转生为行基,再生到日本,而圣德太子又转生为圣武天皇,在日本建立寺庙、塑造佛像等。

这个故事里的黄金山,据说指的就是中国五台山的菩萨顶。因为菩萨顶形状像印度的灵鹫山,所以也叫鹫峰。五台山灵鹫峰上即有菩萨顶真容院。由于传说圣德太子往生到释迦牟尼佛的灵山净土,所以五台山的灵鹫峰就被视作具体的灵山,于是产生了太子出现在五台山的传说。日本的皇太子也要由中国的五台山产生,可见五台山在当时日本人心目中的地位。

在日本嵯峨野有一座很有名的释迦堂。山门上挂着"五台山清凉寺"的匾额。这座日本京都五台山清凉寺,无疑是仿效中国五台山而建立的。

在《入唐求法巡礼行记》的作者圆仁回到京都130多年的时候,南都(奈良)东大寺的奝然朝拜五台山回到日本。奝然想把中国五台山移到日本,宋太宗太平兴国九年(984)三月,他到达宋都汴梁(开封),当时开封有从印度传来的释迦牟尼像,奝然迫切希望宋朝能允许他把这尊佛像请回日本,但宋朝只允许他仿照原像另造一尊。奝然为了在日本安置这尊佛像,决定把中国的第一佛教圣地——五台山移到日本。奝然是南都东大寺的僧侣,很想培养一股能对抗京都比睿山延历寺的南都佛教势力。因此,他计划在比睿山对面的爱宕山上,仿造中国的五台山安放这尊原从印度传来的佛像。可惜奝然还没遂愿就圆寂了。他的弟子盛算继师遗志向朝廷请求,把原来的栖霞寺内的释迦堂改称为清凉寺,朝廷批准了他的要求,于是日本的爱宕山便诞生了五台山清凉寺。

日本五台山清凉寺,由于安置着从中国宋朝传来的白旃檀释迦瑞像而盛名远扬,成为日本集天下信仰的名刹。[1]

日本的五台山文殊信仰还表现在其国僧人与使者频繁地往五台山巡礼这一点。当时的日本朝廷或贵族,或委托入唐高僧,或专门派遣使节,带袈裟、宝幡、黄金等物去中国五台山。例如日本橘皇后就曾于日本承和十一年(844年,唐武宗会昌四年)特派惠萼入唐,把宝幡及镜奁等具施给五台山,并把亲手制作的绣文袈裟施给中国的僧众。

从上文所述《五台山图》的流行及西夏、辽朝、新罗、日本有五台山的情况可知,对五台山的崇拜,是当时整个东亚"佛教文化圈"的一个共同现象。这种对五台山的崇拜,归根到底还是对文殊菩萨的崇拜。佛教中的菩萨很多,多到使人们无法统计其名字的程度,但人们熟知的菩萨,无非是观世音、文殊、普贤、地藏等菩萨。正好,"四大菩萨"占据了中国的"四大名山"。[2] 但无论从哪一方面来讲,五台山在当时人们心目中的地位,都远远高于其他名山之山。

佛教宣扬,文殊菩萨是专司智慧的,在佛教诸菩萨中,文殊"智慧第一"。更为重要的是,文殊前身还曾是佛的老师,加之文殊又常化作"老人",给人指点迷津,使人们更易接近。唐代各个宗派也推动了五台山文殊信仰的发展兴盛。华严宗第四祖澄观在《大华严经疏》卷13

---

〔1〕上段关于日本五台山信仰等问题的叙述主要参考了《法音》1987年学术版日本学者镰田茂雄文。

〔2〕"四大名山"即山西五台、四川峨眉、浙江普陀、安徽九华。相传分别为文殊、普贤、观音、地藏菩萨的道场。

中说文殊"体合万德,降魔制外,通辨难思,化满尘方,有周之际,道成先动,已称龙种尊王,现证菩提,复曰摩尼宝积,实为三世佛母"。卷47又说"清凉山即代州雁门郡五台山也,于中现有清凉寺,以岁积坚冰,夏仍飞雪,曾无炎暑,故曰清凉"。并且以五台山表文殊之"五智已圆,五眼已净,总五部之真秘,洞五阴之真源,故首戴五佛之冠,顶分五方之髻,运五乘之要,清五浊之灾矣。"禅宗认为文殊是七佛(过去七佛)祖师,天台宗则认为文殊是释迦以上的九祖佛师,这些都推动了文殊信仰的发展。还应注意的是:文殊又是佛教密宗最崇拜的菩萨,盛唐以来密宗的传播,无疑也是文殊信仰大盛的重要原因。如被称为"开元三大士"的密宗大师不空,就于大历四年(769)"奏天下食堂中置文殊菩萨为上座,制许之"。第二年,又"诏请[不]空往五台山修功德",后来不空又"进表请造文殊阁,敕允奏"。密教中,文殊可以说是一个"万能"的菩萨。

也正因为这样,当时很多人都梦想到五台山去,见"文殊真容",或顶礼五台山也可,因为文殊居住的五台山,一草一木,一山一石,都可能是文殊的"化现"。[1]"浮生踏着清凉地,寸土能消万劫灾",这是敦煌本《五台山赞》中的一句话,从此语中可清楚地看出人们当时巡游五台山的愿望和目的。但由于路途遥远,要到华北的五台山来可不是一件容易的事情。这样一来,《五台山图》便流行了,文殊堂、文殊院纷纷建立起来,甚至在一些敢与中原王朝分庭抗礼的其他政权以及与中国一衣带水的新罗、日本,连其山也改名为五台山了(中国南方有很多山都名"清凉山",亦应与上有关)。所有这些情况,无不反映了五台山文殊信仰在整个"东亚佛教文化区"内的广泛流行。

(本文与党燕妮合作,原载于崔正森主编《文殊智慧之光——五台山佛教文化国际学术会议文集》2004年版)

---

[1]见[日]圆仁《入唐求法巡礼行记》卷2。

25 "七七斋"之源流及
敦煌文献中有关资料的分析

　　"七七斋"是至今还流行于中国广大农村(特别是西北地区)的一种旧俗。其俗的主要内容是指人死之后,其亲属每隔 7 日进行的一些祭奠活动,这种祭奠活动从"一七""二七""三七"直至"七七"(或称"收七"),共 49 日。"七七"过后,又有"百日""一周年"及"三周年"等 3 次重要的祭奠活动。"七七"再加上后面这 3 次,共 10 次,10 次过"十王"。敦煌本《佛说十王经》的发现,为探讨这种习俗的源流,提供了不可多得的资料。

　　在敦煌本《佛说十王经》中,"七七斋"与"十王"是这样配置的:

　　　第一七日过秦广王　　第二七日过初江王
　　　第三七日过宋帝王　　第四七日过五官王
　　　第五七日过阎罗王　　第六七日过卞成王
　　　第七七日过太山王　　第八百日过平正王
　　　第九一年过都市王　　第十三年过五道转轮王

　　按照《佛说十王经》的说法,人死之后,要经过冥间十王的层层"审查",经过"七七",再过百日、一周年、三周年,才能到第十王——五道转轮王之前,根据前生的善恶因果转生。所以《十王经》插图中的"五道转轮王"前画有佛、人、畜生、饿鬼、地狱等五道(加上阿修罗道为六道)轮回图。

　　亡人在冥间最初每隔 7 日要过一王,过一王犹过一关,所以其家属和亲人要按照"七七斋"的顺序,努力做斋,这样亡人才有可能免遭冥间业报之苦,"不住中阴四十九日"。"七七"过后,亡人的"福业"仍然不能决定,还需过百日、一周年、三周年这 3 斋,所以《十王经》中说,"不善尚忧千日内"。《十王经》还说,亡人的亲属每做一斋,都有"使者"下来"检查","若阙一斋,乖在一王",亡人就不能转生。

《十王经》虽然反复强调了做"七七斋"及供"十王"的重要性,但是并未告诉人们做"七七斋"的仪式之类,换句话说,当时的"七七斋"到底如何做法,很不清楚。然而我们可以从至今仍流行在中国广大农村的"七七斋"之俗中找到一些线索。

笔者曾调查过陕西关中和甘肃陇东地区的"七七斋"风俗。在关中和陇东,人死后(专指"老丧",不包括"凶死"及未成年者),无论家庭经济状况如何,"七七斋"是非做不可的。其做斋的具体过程是:人死后的第一个7日的早上,由孝子上坟"请灵"(即经过一定的仪式,把预先用纸做好的亡人"灵牌"抱回家中供奉),"请灵"回家后,"灵牌"(灵位)被安置于案桌上供奉,亡人的亲属按一定的时间在案前烧纸上供、抱头痛哭、饭前祭奠等,下午再"送灵"归坟。此一七日,当地人叫"头七"。"头七"过后,还有"二七""三七"等,直至"七七",但陇东地区对二、四、六、七已看得不那么重要了,一般家庭都不做这几斋。"七七"过后,百日和一周年、三周年都很重要,做斋的规模较大。特别是三周年(陇东地区叫"三周年一毕"),其斋日的规模超过以前任何一个斋日,有些家庭经济情况好的,还请和尚、道士念经,做道场,以超度亡灵。同时亲朋好友都来"行情",向亡人(以安置在案上的"灵位"来代表)烧纸上供等等。三周年斋做完之后,孝子"送灵"归坟,纸做的"灵牌"(灵位)被烧于墓前。从此除每年清明节"上坟"一次,春节"请灵"一次(腊月三十日"请灵",正月初七——当地人叫"人七"送灵)外,再也没有与亡人有关的祭奠活动了。斋日时,亡人的亲属一般都要穿白戴孝,不得进行娱乐活动。在甘肃陇东地区,"七七斋"之俗虽然风行,但是如问当地老乡为什么要做此斋、为什么"七日"一次时,很少有人回答上来,然而他们都说这样做是为死者"尽孝心",不这样做,死者要在地狱受苦等。至于每七日应过"十殿阎王"中的哪位阎王,就更无人知晓了。

今天还保留在关中、陇东地区的"七七斋"之俗,虽然有助于人们更好地了解古代敦煌地区的"七七斋",但是此种习俗在流传过程中肯定是有变化的。例如，令人感兴趣的"生人（活人）"为自己做"生七斋"的习俗，在当时的敦煌就曾流行过，而现在的关中、陇东地区如果出现这种情况，无疑是会遭到非议的。关于"生人"为自己做"生七斋"的情况，在《十王经》中记载得很清楚。其经说，人若在世，就预先为自己做七七斋，名为"预修生七斋"，七分功德全为做斋者自己得去，若人死之后，家属为其做斋，七分功德，"亡人惟得一分，六分生人将去"，可见当时的敦煌地区，把活人为自己"预修七斋"看得更为重要。活人为自己做七七斋的方法，在《十王经》的内容中也有反映，这就是：每月二时（十五日、三十日），供养三宝，设十王修名，请佛延僧荐福等。如无财物及有其他事情，不能正常做斋，在其斋日内，"下食两盘，纸钱喂饲"也可。这样做斋的好处是："身到［冥间］之日，便得配生快乐之处，不住中阴四十九日。"

值得注意的是：当时抄写《佛说十王经》及其他佛教典籍也是"修七斋"的重要内容之一。例如，曹氏统治敦煌时，当地最著名的学者翟奉达为马氏修"七七斋"时的写经就很说明问题。

翟奉达抄写的佛经分别为北京图书馆和天津艺术博物馆收藏。天津的编号为4532，北图的编号为北8259（冈44），两地所藏应是一个被割裂了的长卷，原是一卷无疑。在这一长卷上，分别抄写了7种佛经。为了说明问题和保存资料的完整性，将几段写经题记全部录出如下：

天津收藏的为前半部分，前有题签曰：

《佛说无常经》等七卷，为亡母追福，每斋一卷。

下抄《佛说无常经》经文，经尾部题记曰：

显德五年（958）岁次戊午三月一日夜，家母阿婆马氏身故，至七日是开七斋。夫检校尚书、工部员外郎翟奉达，忆念敬写《无常经》一卷，敬画宝髻如来佛一铺。每七至三周年，每斋写经一卷追福，愿阿娘托影神游，往生好处，勿落三途之灾。永充供养。

接下来抄写的是《佛说水月光观音菩萨经》，经文后题记曰：

十四日二七斋追福供养，愿神生净土，莫落三途之难，马氏承受福田。

又下写《佛说咒魅经》,后题记曰:

> 廿一日是三七斋,以家母马氏追福,写经功德,一一领受福田,永充供养。

再下写《佛说天请问经》,后题记为:

> 廿八日是四七斋,愿以家母马氏作福,一一见到目前,灾障消灭,领受福田,一心供养。

北京图书馆收藏的属翟奉达写经的后部分,是"五七斋"以后的写经。"五七斋"写的是《佛说阎罗王授记经》(实即《佛说十王经》乙类),其经后题记曰:

> 四月五日五七斋写此经,以阿娘马氏追福,阎罗王子以作证明,领受写经功德,生于快乐处也。

再下面写的是《佛说护诸童子经》,后题记曰:

> 四月二十日是六七斋,追福写此经,马氏一一领受写经功德,愿生于善处,一心供养。

又下写的是《般若多心经》,后题记曰:

> 四月十九日是收七斋,写此经一卷,以马氏追福,生于好处,遇善知识,常逢善和眷属,永充供养。

翟奉达为马氏写经卷至此终。

天津和北京收藏的翟奉达写经能够璧合确是一件值得庆幸的事。[1] 从此卷写经题记的内容中,我们不但看到了当时上流社会的一些代表人物对"七七斋"的虔诚态度,而且也知道了每七日斋时,用写经的方法做功德,以超度亡人,也是做"七七斋"的一个重要内容。还有,翟奉达"五七日"抄写的是《佛说阎罗王受记经》,而亡人在冥间所过的第五殿王正是"阎罗王",从此种情况看,当时的敦煌地区,每七斋应抄写何种佛经是有一定规定的。抑或《佛说阎罗王受记经》皆抄于"五七斋"时。

---

[1] 笔者在甘肃教育出版社 1989 年出版的《敦煌本〈佛说十王经〉校录研究》一书中已拼接了此卷,可参考。

敦煌文献中关于做"七七斋"的资料并不限于《佛说十王经》之类，还见于其他文献，分析这些文献，可复原当时做"七七斋"的详细情况。敦煌出土的有关做"七七斋"的文献可分为下列几种。

25.1　子女为父母做"七七斋"

如 S.0343《愿文范本·亡文》中即是一例，其文为：

……阙（厥）今此会茹毒咸（衔）悲意者，奉为亡考妣追福之嘉会也。伏惟考君英誉早闻，芳猷素远；间阎鼎盖，郡邑推贤。岂期风烛难留，掩（奄）归大夜；日月不驻，厶七斯临。至孝等怀恩望（罔）极，痛贯五情；泣血幽扃，悲伤六府。无处控告，惟福是资。爰于此时，竟（敬）设清斋，奉荐魂路。于是列释座，建尊容，炉焚海岸香，供设天厨馔。总斯殊胜，无限良缘，并用资勋（熏）亡考神道……[1]

上引文中前有"奉为亡考妣追福"语，后又有"并用资勋（熏）亡考神道"之辞，未提到"妣"。实际上，此篇范文，褒扬之辞中"考妣"的特点不很明显，故此文既可用于为考做"七七斋"，也可用于妣。在现实生活中，父母同时双亡的现象并不多见，故子女为"考妣"做"七七斋"，亦不可能同时，但作为范文，到时视当时情况只改"考""妣"中的任何一字，便可使用。同时，给"厶七"加上具体的日子，如"一七"（又称"头七"）、"二七"、"五七"、"七七"（又称"终七"）即可。

S.1441、P.3825《亡父母文》（标题原有）其文辞虽和上篇范文区别较大，但属同类，文中有：

……然今座前斋主启愿所申意者，奉为亡考某七追福诸（之）嘉会也……故于是日，以建斋延（筵），屈请圣凡，用资神识……

此文中虽有"奉为亡考某七追福"之辞，但标题明确题为"亡父母文"，可见此文可通用于"考妣"，也是子女做"七七斋"时，只改"考"与

---

〔1〕本文所引录文很多地方参考了黄征、吴伟的《敦煌愿文集》，岳麓书社 1995 年版。

"妣"中任何一字即可,具体"七斋"日子也未标明,只写为"某七"。

P.2226 也属上类情况。P.2058、P.3566 为同样内容的两个写本。其文如下:

> ……时则有坐前施主奉为亡父某七追福之加(嘉)会也。惟亡父乃天生素质,行乃宽弘;文武越于前贤,忠孝过于鼎代。若是亡母,乃贞容美德,闺训自天;轨范不失于晨昏,知礼靡亏于奉事……以斯设供功德、舍施回向福因,总用庄严亡者所生魂路:惟愿神游净刹,足蹈千花;遨游智惠(慧)之门,出离淤泥之境。又持胜福,伏用庄严坐前斋主即礼:惟愿三宝覆护,长降贞祥;贤圣加威,荡除灾孽。然后行香眷属,同获福因;助供营斋,普沾少方;先亡远代,悉得上生。六道有情,愿登佛国。摩诃般若。

此文虽有"施主奉为亡父某七追福"等语,还有亡父"文武越于前贤,忠孝过于鼎代"之语,但文中又有"若是亡母,乃贞容美德,闺训自天"等语。此中"若是亡母"显系提示之语,与正文无关,换言之,此文若用于"考",即在做斋时念与"考"有关的内容;若用于"妣",即念与"妣"有关的内容。此范文因对"考妣"各自的特点描写褒扬较多,用时改动较大,不像前文只改"考妣"中的任何一字即可使用。S.6417 亦属此类,不过"若是父母"处写作"若是妣"。

S.5639、S.5640(两卷编号应为同卷被裂),有几段与做"七七斋"有关的内容,其文为:

> ……是以日月正速,厶七俄临……哀子游香惹袖,思奉旨以无由;竹马喧庭,叹早歌而莫及……故于厶七之辰,用荐神道。于是邀僧请佛,彩像退舒;供办纯陀,香梵云霭。

此范文是专用于为"亡妣"做"七七斋"的。P.2588 也属同类范文,其文曰:

> 然今此会设斋意者,则有至孝奉为亡[考]妣某七追念之福会也。唯亡灵乃母仪有则,慈训满章(彰)……至孝等无处控告,唯丈(仗)福门;延屈圣凡,设斋追福……

此种范文,也只能为"妣"做"七七斋"之用。P.2854、P.2341,

S.5957、S.5573 等卷皆属此类。

S.5957 是此类范文中较好的一件,不但首尾完整,而且有标题,题为《亡妣文》:

> 时即有持炉至孝奉为亡妣厶七追念之福会也……但以金乌西转,玉兔东轮;惊电驱驰,于临厶七……惟愿以兹设斋功德、梵香念诵胜因,总用资薰亡妣所生神路:惟愿入总持之惠(慧)苑,游无漏之法林……又持是福,次用庄严斋主合门居眷、内外亲姻等:惟愿龙天拥护,常宁万善之欢;八部增威,恒有千祥之庆。门荣五品,荫不异于王亲;室富积金,贮越铜雀之宝。

有关专用于亡父做"七七斋"的范文也很多。S.5639 是很长的一个卷子,其中不但有为亡母做"七七斋"的范文,也有为亡父做斋的。为亡父做斋文的内容为:

> ……即有跪香孤子奉为亡考厶七修斋有是崇设……于是宿(肃)静庭宇,严结道场;佛请三身,僧邀四果。以此多善,并用资严亡考生界者也。伏愿神生净土,识往西方;莲花化生,坐登上品。志(至)孝等亦愿百灵赞卫,千佛护持;灾障不侵,功德圆满。然后愿合家长幼,并各吉祥;土地龙神,同沾此福。

北图 8363 也为同类卷子,其中有"奉为亡考某七功德之所建也"等语,S.5957 有"奉为亡考厶七追念之福也"及"厶七俄届"等语,P.2237有"奉为某七功德之嘉会也。惟亡考君,清信居怀"等语,以此观之,皆为子女为亡父做"七七斋"之范文。

为父做"七七斋"的范文与为母做"七七斋"的范文在敦煌文献中出现的频率同样高,是当时这类范文中最多的一种。可见,当时的敦煌地区非常流行给父母做"七七斋"。

25.2　父母为子女做"七七斋"

子女为父母做"七七斋"的风俗至今仍存在于中国广大农村地区,但父母为子女做"七七斋"的风俗,今天是很少见的。然而在敦煌文献中却存在此情况,说明此俗至少在当时的敦煌地区流行。

如 S.0343《武言亡男女文》就是一例,其文曰:

> 厥今坐前施主所申意者,奉为亡男某七追福之加(嘉)会也。惟亡男乃天生俊骨,秀异超伦……无踪再会,惟福是凭;故于此晨(辰),设斋追念。是日也云云。

从内容来看,这无疑是父母为子女做"七七斋"的一篇范文。

同卷《亡女文》后残,但从标题和保留的文字内容来看,也属此类,其文曰:

> 厥今所申意者,奉为亡女追七设供诸(之)福会也。惟亡女乃芳年艳质,绮岁妖妍……故于某七良晨(辰),设斋追念……

S.1441 卷中也有一则父母为女做"七七斋"的"亡女文",其内容与上文略同。S.5640 卷甚长,为"亡文范本"等,其中"即有斋主敬写为亡过小娘子某七修斋"等文。其形式内容也略同前述。以上是父母为女孩做"七七斋"的范文。

父母为男孩做"七七斋"的范文也有几件。如 S.5639"亡文范本等"中有几件,其开头一件的录文如下:

> 则有斋主敬为亡孩子厶七斋有是设也。惟孩子化生玉殿,游戏金台;不历三途,无为八难。舍阎浮之短寿,睹净土已(以)长生;舍有漏之形躯,证菩提之妙果。

此外,S.1441"亡男"、P.2341 也是此类范文。后者用典、比喻之辞与上引文差别较大,但形式仍同。父母因"膝下亡珠,掌中碎宝"而痛不欲生,为儿做"七七斋","惟愿识西方,魂游净国,永辞生灭,长去无竭",又愿自己"同出苦源,斋登觉道"等。敦煌文献中有关父母为子女做斋远不如子女为父母做斋流行。父母为子女做斋的家庭,大概都是社会地位高、经济情况好的家庭。

25.3　兄弟之间做"七七斋"

S.0343 是一个很长的卷子,存文达 30 多篇,计有"亡文"、"患文"、

《三藏圣教序》、残佛经等。其第18篇《亡兄弟文》,即为兄弟之间做"七七斋"所用,其文曰:

> 厥今坐(作)前斋主所申意者,奉为兄弟某七追念之加(嘉)会也……故于此晨(辰),设斋追福。是日也,请三世诸佛,敷备清官;邀二部静(净)人,洪(弘)宣妙偈。厨馔香积,炉列名香;幡花匝匝而盈场,领(铃)梵鸿(洪)鸣而满室……

此外,S.5639、S.5640,P.2058、P.2237,台湾0130等卷中皆有此类范文。

P.1104正面为藏文卷子,背面抄"亡文"一篇,形式虽同于一般范文,但写得较长。这篇"亡文"前有"伏惟故兄太保",后有"我河西节度使太傅"等语,应为曹氏时期的卷子。黄征、吴伟对此存疑,认为:"此文当为曹元深时期所写。"如是,即应是曹元深为其兄曹元德做"七七斋"时所写的(当然不一定是斋主亲自抄写)。这样一来,此文就应是"实用文",而非一般的范文了,其文曰:

> 厥今宏开月面,广竖幢幡;梵响盈场,笙歌雾合;请如来于鹫岭,命迦叶于鸡峰;转十二部经,邀千僧之座;香梵(焚)百味,供馔七珍;舍施设斋,陈其愿者,为谁施作? 时则有河西节度使太傅,奉为故兄太保远忌追福之嘉会也。伏惟故兄太保,天资正气……谨奉福[庄]严故尊兄太保所生神路:惟愿五雪(云)缭绕,飏净识于兜率之宫;八得(德)洪漕,泛神仪于阿辱(耨)之岸。又持胜福,伏用庄严我河西节度使太傅贵位,伏愿福深禄厚(下残)

文中虽未指为某七,但从其"忌辰俄届"等语和与其他范文的格式来看,此文无疑是弟为兄做"七七斋"的。因为曹氏家族的身份地位不同,所以此文不但较长,而且对亡人斋主以及做斋的情况描写得比较具体。(详见下叙)

25.4 夫为妻做"七七斋"

夫为妻做"七七斋"的范文较少,即S.2832《时文规范》的"亡妻"

"女人""夫人"3 则。其中"亡妻"一则较完整,现录如下:

> 性和气温,淑质恭穆;秉怀诚以修缉,理妇仪以成家。岂期风烛忽临,奄□(归)垌野;丧我良偶,哀叫酸声。想容颜以生悲,念□□而增哭。闺闱阒淑(寂),罗晃无光。妆台长闭于□泉,绮服沉埋于深圹。忽思痛切,心骨俱摧。目泪将收,焚香启福。日于遄移,□(俄)经初七。严庭院,申□花,贤圣降临,缁索务(素雾)集。

同卷紧接上文后的"女人""夫人"2 则也应是夫为妻做"七七斋"的范本片段,此不赘录。

这几则范文皆省去了"号头"和后面的发愿文。只有描述亡人特点和抒发丈夫感情的部分,如"女人"一则中有"凤钗在台,无由重挂之期;鸾镜尘埃,何有再营之日"等语。

在此类文献中,只有描述"亡人"特点和抒发做斋者感情的文字最为重要,因为范文中父、母、妻子、丈夫等身份不能搞错,至于前面的"号头"和后面的发愿文大都千篇一律,可以套用别文。故上述"亡妻"几则范文,只抄了重要的部分。

25.5 为僧尼做"七七斋"

为僧尼做"七七斋"的文献保存较多,从出现的频率来看,仅次于子女为父母做"七七斋"者。这类文献,如 S.0343《应回文范》中的"亡僧号"、S.1441《亡文第五》(与 P.3825 同)、S.6417"亡僧"等等,皆为僧做"七七斋"的范文。

为尼做"七七斋"的范文,如 P.2341、P.2058 等。以窥此类范文的内容和形式,现录 S.6417"亡僧"文如下:

> 窃闻诸行无常,四流因如(而)奔浪;是(示)生灭法,六□(趣)所以沉沦。嗟有命之难停,痛无常之易□(往)。厥今敷彰彩错,邀请圣凡、炉烧六铢、餐资百味者,为谁施焉? 时则有坐前至孝哀子奉为亡阇梨□(终)七追念之福会也。惟阇梨乃幼负殊能,长通幽秘;精闲(娴)《四分》,洞晓五篇。开遮玄合于法门,净礼雅

扶于实想(相)。清而能政(正),远近□□(钦风);威而更严,大小咸敬。理应流光万倾(顷),作□(破)暗之灯;沉影三河,断迷津之径。岂谓佛(拂)尘世表,永升功德之场;脱履烦笼,长居大乘之城。智灯分于泉径,惠(慧)日暗于山门;四序遄流,终祥俄届。至孝门人等自云:门人荼毒,泪双垂之悲;俗眷攀号,伤鹤林之痛。故于惠日,就此家庭,延屈圣凡,荐资神识。于是庭罗百味,远[皎]影于天厨;炉焚六铢,近分(芬)芳于锦席。惟愿已资(以兹)设斋转经功德、焚香福因,总用资薰亡灵所生魂路。惟愿坐莲台而居上品,丞(承)般若而往西方;餐法喜巳(以)会无生,超大乘而登彼岸。目睹诸佛,心悟梵生;神游净土之宫,遨游六天之境,又持圣寿(受),次用庄严执卢(炉)□□(至孝)及营供合门亲眷等。惟愿从福至福,永超生死之源;从明入明,当(常)启菩提之路。然后上通有顶,傍括十方;赖斯福因,齐沾觉路。摩诃般若。

上文实用性很强。可能与一般此类范文有别。因为其文中有"终七""终祥俄届"之辞。"终七"即"七七",也就是人死之后的第 49 天;"终祥",也应为"七七"的别称。(详见后文)

为尼做"七七斋"的范文如 P.2058,其文曰:

> 时则有坐端斋主奉为亡尼阇梨某七追福诸(之)嘉会也……故于是日,以建斋筵;屈请圣凡,荐资神识。于是清丈室,扫花庭;庄道场,严法会。虚空请佛,沙界焚香;厨营百味之餐,舍施七珍之会。以兹设斋功德、回向福因,先用奉资亡阇梨所生魂路:惟愿袈裟幢之世界,证悟无生……

上文是为亡尼做"七七斋"的范文中最好的一例。为僧尼做斋的斋主分两种情况:一种是弟子为师(僧尼)而做;一种是僧尼的亲人。上录 P.6417 中的斋主即是"至孝哀子奉为亡阇梨终七追念之福会也"。由此观之,当时敦煌的一些僧人有可能出家之前娶妻生子,或是当时的佛教界还有许多今人不了解的特殊情况。

斋主明确为弟子的如 S.0343 中的"亡僧号"及 S.2341 中第 4 条的为民做斋范文。前者文中有"奉为亡师某七功德之所崇也",后者有

·欧·亚·历·史·文·化·文·库·

"民师戒行清洁""为亡师设斋追福"等语,均说明了此2则范文是弟子用来为师做斋的。

此外,还有些斋主不甚明确的,前引P.2058即是。从此范文中,我们看不出斋主是亡者的弟子,还是亡者的"孝子"。这种斋主不明确的情况,在所有做"七七斋"的范文中是不多见的。

"七七斋"是在49天之内,每隔7日进行一次的斋祭活动,这种活动一共连续举行7次。敦煌文献中的"七七斋文"范文常有"早临厶七""将临厶七"或"又临厶七"(见S.5693、S.0211、S.0212)等语。说明在一般情况下,斋主连续做斋而不能随意落掉任何一斋。此"七七斋文"也就是在斋时用来念诵的。

做完"七七斋"之后,并没有走到给亡人做斋的尽头,还有百日斋、一周年和三周年斋,加起来共有十斋。这样,亡人在"地狱"中经过的"十殿阎王"才算走完了。

有关做百日、一周年及三周年斋的文献在敦煌文献中也出现不少。S.2717即是一则子为父做"百日斋"的文书,其文曰:

> 时则有坐前持香斋主,哀子押衙奉为故尊父军使百晨(辰)追念之福会也。伏惟故尊父军使乃间生灵德,夙负英雄;怀百艺以资身,效千端而输国。故得辕门务节,虔心敬仰于中华;纲纪敦煌,抱直遂累陈于逆耳……何今天侵人愿,丧奇才;衙左则齐叹悲助哀,府主乃偏情分恋惜。但以金乌西转,玉兔(兔)东移,两耀(曜)相催,俄经百日。至孝哀子自云:攀号罔极,痛尊影而一去无回;擗踊摧心,恨抛子而千秋永隔……

这是一篇儿子为亡父做"百日斋"时的"实用文"。从其有关描述亡父内容来看,死者的身份地位是较高的,他的死甚至使"府主乃偏情恋惜",众所周知,府主应是对归义军时最高长官的称呼。

S.6417长卷中有一卷母亲为儿子做"百日斋"的"实用文",文中有"厥今悲含千僧,抱泣三尊;焚一瓣之旃檀,邀四衣之真侣,保良舍施启嘉愿者,为谁施作?时则有我国母天公主奉为故男尚书郎君百日追念之福会也。伏惟故尚书天资直气,岳降英灵;怀济物之深仁,蕴调元之盛业……何图一日千秋,杳然冥寞……致使国母悲深丧目,庭亏问礼之踪;痛切肝肠,堂绝献甘之迹"等语。这里的"天公主"应指回鹘公主(或于阗公主),归义军曹氏时期,甘州回鹘和于阗都有公主嫁给曹氏的情况,以此推之,此文书中所提到的"故男尚书郎君"应为曹氏后代。正因如此,此百日斋的规模就大多了,这从请"千僧"的盛况便知。

与此同时,为僧尼做"百日斋"的文献也有发现。如 S.6417 卷中即有一则:

> 厥今敷彰彩错,邀请圣凡云云。惟阇梨乃素闻清节……但以金乌西转,玉兔东移;时运不停,俄经百日……无处控告,唯福是凭,荐拔亡零(灵),无过白业。于是幡花匝地,梵泽(铎)陵天;诸佛遍满虚空,延僧尽于凡圣,炉焚海岸,供献天厨;施设精诚,聊资少善云云。

这是一件为尼做"百日斋"的范文。

"百日斋"是人死后的第八个斋日,接下来就是第九斋,即"一周年斋"(也叫小祥)。有关"一周年斋"的文献发现很少,然而有关"三周年斋"(也叫大祥)的文献却发现很多。如 S.2832(第 25)、S.5637(两件)、S.5957,P.6765、P.3237、P.3163、P.2044 等皆是。

人死之后的三周年,要在地狱十殿阎王中过最后一王——五道转轮王,此王决定人来生当牛做马还是做人升天等,故此斋极为隆重。又儒教很早就有父母去世"守孝三年""服孝三年"之说,故"三周年斋文"有些明确题为"脱服文",说明从此之后孝子便要"脱凶服却吉衣"了(S.5637 第三《亡考妣三周》)。

关于做"三周年斋"的文献虽然发现很多,但是多是子女为"考妣"或弟子为老师(僧尼)做此斋的;只有一件是弟为兄者;没有发现父母为子女做此斋的文献。父母丧子女,这是人间最痛苦、最悲伤的事情,故表达他们的哀思追念之情。同时,通过做斋,祈愿子女之魂早有归宿。经过三年,父母的心灵伤痕已被时日消磨得差不多了,故其为子女做"三周年斋"的事情就不多见了。此只为笔者的一点推测。但子女为"考妣"做"三周年斋"的情况却万万容不得马虎。因为此还是子女为父母尽"孝道"的极好机会。

现录 S.5637《亡考妣三周》一文如下,以明此类文书的形式和内容:

夫色空不可而(以)定质起,灭理而自相迁移。铁围之山,毕(必)致于煨烬;金刚之际,不免于烟(埋)芜。惟我大觉世尊,运津梁于不死之地;真乘至教,开解脱于无漏之林。至矣难名,在于兹矣!厥今坐前斋主捧炉启愿所申意者,奉为考妣大祥追福诸(之)嘉会也。惟亡考乃美誉早闻,芳猷素远;人伦领袖,乡闾具瞻。亡妣德(德字疑衍文)乃雍雍妇德,将月镜如(而)同明;穆穆女仪,共春兰如(而)并馥。理应久居人代,育子谋孙。何图业运难移,掩(奄)归大夜。至孝等攀号靡及,虽叩地而无追;欲抱何阶,纵昊天而罔极。但以四时迁易,俄届大祥;律度星还,三周斯毕。泣除丧而洒血,哽咽何依;抚终制以崩心,哀伤五内。意以尽身终毕,永慕朐(劬)劳;礼制有期,时不可越。今者空床顿遣,以止哭泣之声;堂宇寂寥(寥),永绝号咷之响。营斋宅内,脱凶服却挂吉衣;建福家庭,昊天之恩无忘。是日也,开日殿,辟星宫;龙象云臻,鸳鸾务集。建斋逾于善德,设供越于纯陀;炉焚净土之香,馔列天厨之味。以兹设斋功德、无限胜因,先用庄严亡考妣所生魂路:惟愿随弥陀而生净土,逐弥勒而下阎浮;闻正法顿悟无生,遇诸佛同登妙果。又持胜福,次用庄严斋主合门居眷、表里姻亲等,惟愿菩提日长,功德时增;法水洗而罪垢除,福力资而寿命远。然后先亡远代,悉得上生,人异(与)非人,咸蒙吉庆。摩诃。

同卷上引文前又有《僧尼三周》一文,其文曰:

厥今坐前斋主厶人焚香启愿所申意者,奉为和尚追福诸(之)嘉会也。伏惟和尚神资特达,气量宏深;五百庭(挺)生,千贤间出……以兹设斋功德、无限胜因,先用庄严亡和尚去识:惟愿从涅而再去,佛日重兴;所惠(使慧)海而长波,法船恒驾。又持胜福,次用庄严斋主即体。惟愿福同春草,不种自生;罪若秋林,霜瀼(凋)落。然后森括有无之际,该罗动值(植)之间;并证胜因,齐登佛果。摩诃（厶尼文头尾并同）。

此为一篇为僧尼做"三周年斋"的范文。从形式上看,为僧尼做"三周年斋"的范文基本与俗人的没有什么区别,只是内容中有关僧尼的范文,多描述僧尼生前的各自特点和业绩,佛教用语很多。

这里还有必要对"大祥"一词作一诠释。《辞源》解释"大祥"时引了《礼记·间传》中"父母之丧……期而小祥……又期而大祥"一条,又进一步解释说"大祥"是"古时父母死去两周年的祭礼"。又谓:"旧时亲丧以两周年除灵,本此。"但从敦煌文献的内容来看,"大祥"无疑是父母死后的三周年而不是两周年。如前 S.5637 中即明确写到"奉为考妣大祥追福之嘉会也……三周（年）斯毕";S.2832 也有"奉为考妣大祥之所设也……大祥俄临……终服三年";S.5957 又有"奉为亡考大祥追福之嘉会也……俄临大祥,律度星环,三周（年）斯毕"等等。这些资料均证明当时敦煌的"大祥"是指人死之后的三周年,而不是两周年。此外,在道藏中"大祥"也无疑指人死之后的三周年。因笔者将要专文涉及,此不多赘。

以上所述内容,均为生人为亡人做斋的论证。下面要涉及的是生人为生人做斋的问题。

生人为生人做斋在敦煌文献中称作"预修"或"逆修",就现在所看到的资料而言,此情况多是自己为自己做斋。为说明问题,现录 S.4624 如下:

加以躧履释门,启有□（漏）之脆;窥阐真教,知物色之无常。即有过去而有此生,既因现在而感当果（来）。三世论清,四生讵逃?若不预备资粮,何以乐乎冥道?所以策(发)勤佛,深凭政困(正因),身修自祈。自得竭精诚之志,割贪惜之财。营逆修十[王]供清斋,今则某七为道。生不作福,没后难知未尽。少无男女,老复孤遗,莫保百年。逆修某七道场。于是饰华弟(第),严绮庭;屏帷四合而烟凝,花敷五色而云萃。长播(幡)掣拽(曳),艳起空中;矩(短)旆连悬,晕飞檐下。请真容而稽颡,紫磨金姿;延彩像以虔恭,白豪玉色。旋迎法宝,开妙袟以先浮;启召圣僧,宾头卢

而降趾。僧尼肃穆，如从舍卫大城；道众并阗，若赴崆峒方所。长者居士，威契良因；清信夫娘，同缘善会。梵呗寥亮，香气氛氲；百味珍馐，一时供养。

这是一件生人为自己做斋的范文。文中说"生不作福，没后难知未尽"，于是"割贪惜之财，营逆修十[王]供清斋"，"乐乎冥道（即取悦入冥中神鬼）"。

S.5639《先修十王会》也属同类范文，文中有"每见年光不驻，与逝水如东流。意欲洗涤尘劳，先布觉花之路，是以精修妙供"云云，说明此也是生人为自己做斋的范文。

S.5639 中有段某尼为自己"逆修"百日斋文字，其文曰：

……时则有尼弟子阇梨晓之（知），凡夫患体，如蟾映之难亭；抛只（质）非常，似石光之不久。割舍衣具，广发胜心，敬设逆修，金（今）至百日。先奉为龙天八部，护佐边方；宋（守）界善神，加威圣力；亡过父母，不历三涂；已躬保宜，灾殃解散诸（之）福会也……今者年当之（知）命，日落西倾；大报至时，无人救拔，强怒（努）强力，建次（此）微筵；邀屈圣凡，心生惭愧。以斯设供功德、舍施回向福因，尽用庄严尼阇梨即体：惟愿菩提日长，功德时增；法水洗如（而）罪垢除，福力滋如（而）寿命远。又持胜福，此（次）用庄严婆父：承兹福力，永离三涂；见佛闻经，悟真常乐，荣康眷属，同获福因；随喜见闻，俱沾少分。然后上通三界，傍尽十方，并沐胜因，俱沾佛果。

此尼已"年当知命"，担心自己"大报至时，无人救拔"，乃为自己建逆修斋。"七七"已过至百日斋。从斋文内容看，此尼的父母早已去世了，但"婆父"似乎还活着。如果这里的"婆父"指此尼未出家前的"公公"，则说明此尼曾结过婚。从"大报至时，无人救拔"等语来看，此尼当无后代，这可能就是她为自己做斋的原因。

（本文原载于《敦煌研究》2004 年第 4 期）

26　从考古文物的发现
看陇山左右的金代佛教

从 12 世纪初开始,起源于我国东北的女真族逐渐强大起来,在灭辽、攻宋之后,统治了我国北方大部分地区,是为金代。

金在开国之前,就已经从它的近邻高丽、渤海等国接触到佛教[1]。金朝立国后,继承了辽代盛行佛教的风气,在攻略宋都汴京之后,又深受宋代佛教的影响,故金代佛教仍继续发展。但金代佛教的研究至今仍是中国佛教研究的一个薄弱环节,特别是中国西部的金代佛教情况,很少有人涉及。本文试图从考古文物的发现情况,探讨陇山左右的金代佛教[2]。

本文所涉及的金代佛教文物主要是保存于陇东地区的金代铸钟和石窟石刻之类。这里先谈金代铸钟情况:

26.1　金代铸钟情况

(1)宁县铜钟(1156)

此钟原悬挂在甘肃宁县城辑宁街普照寺钟楼内,现收藏于宁县博物馆。钟高 2.2 米,口径 1.5 米,钟壁厚 0.15 米。钟钮为双龙连体弓身成穿,龙嘴与爪固定于钟顶,爪踏环形波涛纹。钟肩饰卷枝莲瓣十二朵,上腹饰云雷纹一周,饰回纹一周,腹中铸有铭文。文中有:"因睹宁州普照寺旧钟自唐贞元年辛未岁奉天王子乔铸成,岁久似有所损,兼器

---

〔1〕《金史》卷 1《世纪》记载,完颜氏的始祖函普当初从高丽来,"兄阿古乃好佛,留高丽不肯从",说明金国之前贵族中就有人信佛。

〔2〕2004 年春节前后,笔者利用寒假时间同研究生翁鸿涛、姜涛去陇东进行佛教文物调查。在子午岭深山密林中穿行 20 余天,虽遇到天寒地冻、每天仅吃一顿饭的艰辛,但考察的收获却让我们忘记了一切困苦。这里主要利用的是这次考察中所了解到的一些金代佛教文物资料。

小而声□□,不足以震幽冥,遂启诚愿,诱化荒铜万三千斤煮炼。点铸作铜钟近七千余斤,并将旧钟七百余斤,命工鼓铸,为大金贞元四年岁次丙子正月癸卯朔二十五日丁卯显武将军(前?)同知河东北路转运使事上骑都尉弘农县开国子食邑五百户杨使山(武?)铸……"等文。此钟现保存完好,从铭文来看,似乎为金贞元(金海陵王完颜亮年号)改铸了唐贞元(唐德宗年号)时候的旧钟。

(2)明昌铁钟(1196)

此钟现存于甘肃灵台县博物馆内钟亭。原为城北寺咀子山上咀子庙佛寺遗物,寺已废毁,1983年迁钟至今址保存。钟通高3.3米,周长5米,下沿口径1.78米,重约5500公斤。钟铸于金明昌七年(1196)七月。钟顶有人面兽身拱形挂环,钟身布满叶形纹饰,有三层方框,内铸有捐资者姓名及铭文,为汉字与女真文对照并铸。

(3)泰和铁钟(1202)

此钟现悬挂于甘肃兰州市五泉山钟亭内,为金章宗泰和二年(1202)侍鉴郭镐监造。钟高3米,直径2米,重5000公斤,造型雄伟,钟声洪亮。铭文刻有"仙闻生喜,鬼闻停凶,击破地狱,救苦无穷"等语。原为兰州普照寺(今兰州市兰园体育场)钟楼之物,"古刹晨钟"为古金城十景之一。1939年2月23日,日本侵略者空袭兰州,炸毁具有上千年历史的普照寺,经书焚荡,建筑多毁,瓦砾中此钟幸存,1949年后迁至今址。

(4)大安铁钟(1211)

此钟现悬挂于甘肃泾川县城西半公里的王母宫山顶钟亭,原为王母宫山佛寺用物。为金代完颜永济大安三年(1211)所铸。钟高1.9米,下口直径1.5米,口沿厚0.13米,重约5000公斤。顶部有直径0.2米的音孔4个。上部铸有"皇帝万岁,臣佐千秋,国泰民安,法轮常转"16个楷书大字;下部铸有八大菩萨、供养人题记等。

(5)庆阳慈云寺铁钟(1201)

此钟现悬挂于甘肃庆阳县钟楼巷慈云寺(为庆阳县博物馆所在地)钟楼内。钟高2.55米,口径1.57米,厚0.14米,重约4000公斤。

钟钮以双龙口衔宝珠紧贴钟顶,双龙一体,弓腰为穿作悬挂之用。钟顶有 5 孔,从上至下分 5 层:第一层,即钟肩,装饰莲瓣纹;第二层为一圈梵文;第三层为"皇帝万岁,臣佐千秋"8 个楷体大字,大字两字之间竖写"观世音菩萨、虚空藏菩萨、金刚手菩萨、普贤菩萨、文殊菩萨、除尽障菩萨、地藏菩萨";第四层"时大金泰和元年岁次十月(铸钟)工毕"等铭文。铭文中记载了铸钟的时间、主持沙门、布施信众等内容。主持者是庆阳府彭阳县广济院沙门广满等,布施者僧俗皆有,如"柳池福严寺祖渊、讲经律论修塔沙门祖显"等,显然均为铸钟布施的僧界头面人物。而"宣武将军行彭原县(治在今庆阳市西峰区彭原乡)令骑都尉傅时、忠翊校尉行彭原县主簿刘靖、昭信校尉行彭原尉云骑尉张戬"等,均应是当地世俗界具有一定身份的官僚。此外,布施行列中也有一些无任何官职的世俗人物,如"东桥社郭翊、郭端、郭保"、"四望社"众人等,甚至还出现了"王氏""韩氏"这类女性布施者的记录。令人感兴趣的是,金代陇东地区也和敦煌地区一样,在农村保留着"社"的组织。此钟虽铸在金代西疆的陇东,且参与者多为县社人士,但他们未忘记在钟的最显著位置铸造"皇帝万岁,臣佐千秋"之类当时铸钟上流行的带有强烈政治色彩的吉语。

庆阳慈云寺铁钟应是陇东此类金代铸钟的一个代表。至于上述其他金代铸钟,亦各具特色,此不赘述。上述铸钟,现皆为甘肃省文物保护单位。甘肃所存古钟列为国家文物保护单位的以金代最多,且多保存于陇东地区,也算是一个有趣的现象。

26.2　金代佛教石窟石刻

除以上金代铸钟外,陇东的子午岭山区还保存了具有明确年代题记的几处金代佛教石窟石刻。

在距合水县 100 华里的太白镇莲花寺村,位于平定川下游,距莲花寺约 5 华里左右的李家庄石窟北侧 50 米左右的崖面上凿一小龛,龛内雕结跏趺坐佛,佛高约 70 厘米,小龛南有石刻题记一方,文曰:"施主王立男超/僧捨净财打释/迦佛一尊/石匠胡秀/大定十六年四月廿九日。"由此可知,此为金大定十六年(1176)打造的释迦牟尼像,佛像虽有风化现象,但题记清楚,此龛造像与题记之前未见著录,这是我们2004年寒假期间调查的新收获。

溯平定川上行先至莲花寺石窟,再至马勺厂石窟(此石窟河对岸有2龛),再至李家庄石窟,再至张家沟门石窟(即陇东有明确太和题记的石窟),再至保全寺,再上行至子午岭的深山密林中,有一叫做龙王庙的地方(此地距合水县200华里,至太白镇100华里左右),由此东行不远,翻山即可达陕北。从平定川的佛教遗迹保存如此之多等元素可以断定,这里是古代穿越子午岭达陕北的一处重要通道。近些年来新发现的安平寺就坐落于此。石窟原凿于一小溪(平定河的上游)西崖,坐西向东,原被黄土压埋。1991年6月,因倾盆大雨山体滑坡,压埋于地下近千年的石窟被当地林场工人发现,并挖了通道,供养保护。据我们调查时借宿的林场工人薛师傅说,他曾自发地参加了挖通道、清理石窟的工作;他的儿子就是他供养、敬信此石窟中的佛而求来的,话语中充满了对佛的崇敬和虔诚。不久,合水县博物馆闻知此事,派寇正勤先生前往调查上报。同年11月,省文化厅文物处处长钟圣祖与庆阳地区博物馆馆长许俊臣等前往调查,但一直未见正式调查报告发表。[1] 此后,合水县博物馆又将此石窟后室中的几尊造像搬迁于合水县博物馆。当时这样做完全是为了防止石佛被盗和遭到破坏,实属无奈。但石窟后室佛坛上的造像全被搬走,只留下台座与一些半身残像(有些无头的残像,还被当地人用红布盖着头部)和不能搬动的浮雕,给人以惨不忍睹的感觉。

此石窟为前后室。前室横长方形,现前室保存有两柱和南北两壁。柱各高2.8米,前室宽6米,石柱后南北两壁分层雕刻菩萨、罗汉像,罗汉神态各异,数量居多。前后室壁墙中间凿甬道,甬道高2.15米,宽

---

〔1〕仅在钟圣祖先生的《秦驰道研究》(兰州大学出版社)一书中,看到了钟先生等人调查时的有关资料,但其测量数据及对石窟的描述与我们的调查多有不同。

0.82 米。后室平面基本方形,深 4.6 米,宽 3.9 米。石室中部起方形佛坛,佛坛南长 2.6 米,东西长 3.2 米,四周回廊。坛上造像虽被迁走,但佛、菩萨台座等仍存。根据许俊臣先生的介绍和现存残迹可以断定,石室佛坛的造像题材应为 3 佛 2 菩萨 2 力士的组合。因现在佛坛后部北侧还保留着 1 尊无头倚坐佛像,可知此 3 佛应为过去、现在、未来三世佛,三世佛两侧各有 1 菩萨,1 力士。

后室正壁(西壁)南部雕 4 尊罗汉,北侧 2 尊保存较好。罗汉北侧为云中飞天和一供养菩萨,供养菩萨下似一涅槃像,但因风化严重,极难辨认。南部下层风化严重,但可看 4 尊罗汉造像,北部从上至下分 6 层,每层各雕 6 尊罗汉。

北壁中部上层雕 5 尊结跏趺坐佛像,各高 60 厘米左右。下层亦雕坐于高台上 5 尊佛像(或菩萨,因风化极难辨认),各高 1.2 厘米,北壁内侧分层雕罗汉,外侧大同小异。

南壁上部雕像 7 身,各通高 62 厘米,其中内侧雕结跏趺坐佛 4 身,外侧 3 尊不清。龛内 4 坐菩萨,内侧也有 2 尊造像,但面部不清。

在此石窟甬道南壁有石刻题记一方,其内容为:

华池寨主管汉蕃本的人马巡 检 李大夫先于阜冒 二年 日 / 自发心请到延长县青

石匠王志并女夫冯渊杨琪 / 打造石室佛像一堂内有菩萨南壁罗汉未了有

李 / 大夫男李世雄等 / 请到僧德忍良朋住持本院僧 □ 请 / 到王志女孙冯祐等打造

菩萨罗汉等并愿各人生身父母速生佛界见存者增添福寿 / 大金大定戊戌

十八年八月初三日 /

住持僧 德 忍良朋子 渭 /

敦武校尉主管华池寨本门汉蕃人马巡检李世雄 / 弟敦武校尉李世能敦武

校尉李世 傑 李世 昇 李世 皋 /

次弟敦武校尉李世成李世用李世乾李世渊／

延祐

青石匠冯祐李琮

童行德德留住冯僧韩僧

四官人彦氏管菩萨愿合（众）

这方弥足珍贵的题记的发现，为此石窟的断代起了决定性的作用。否则，我们又会认为其是宋代的石窟了。题记明确地说明此石窟是大金大定戊戌十八年八月初三完成的。

从题记的内容来看，此石窟的开凿早就已开始了。先是，李世雄的父亲"华池寨主管汉蕃本门人马巡检李大夫"曾请陕北延长县的石匠王志并女夫冯渊等开凿此窟，不知是何变故，工程"未了"。其儿子李世雄又请到僧德忍住持此寺，继续请王志女孙冯祐继续凿窟造像。发心开窟者，是当时华池寨具有一定政治、经济势力的李大夫及其儿子李世雄家族，凿窟的工匠先是李大夫从陕北延长县请来的石匠王志和其女婿；后是李世雄令僧人住持，并请到原来石匠王志的女孙冯祐等。李氏家族父子两代请人完成此窟，石匠王志女孙冯祐也两代被请凿窟。这在中国石窟修造历史上也是值得称道的一段佳话。

特别值得注意的是，坐落在陇东子午岭中的石窟是出自陕北延长县的石匠之手。这一点对于探讨陕西与甘肃宋金时代石窟的关系是非常重要的。无独有偶，我们在华池县双塔寺内（双塔均为石造，原在华池县豹子川，因2000年其中一塔被盗卖于台湾省，破案后，双塔被迁于华池县城，建双塔寺保存）的《石塔院记》（原名）中又见到了李世雄的名字。此碑残高95厘米，宽63厘米，碑文残甚，现保留的文字只有100字左右，且缺行断句，很难识读。但我们仍可在第二行中看到"普善寺塔院□一所"，在第八行中看到"西至""南至"，在第十一行中看到"大定□六年祖业"，第十八、十九行找到"本县巡检□像（李）世雄"等文字。此《石塔院记》是搬迁双塔时从原址（豹子川）搬至今华池县双塔寺内的。《石塔院记》应记载的是修双塔时的布施者、外护内护者以及塔院的范围等。《石塔院记》中有金大定六年和"世雄"的人名，此"世雄"虽"李"字不清,但与前文提到的李世雄为一人的可能性最大。看来早在金大定六年,李世雄就参与过豹子川华池双塔的修建,12年后又完成了父亲未竟的事业,修建了安平寺石窟。

谈到这里,需涉及华池双塔的建造年代问题。因此双塔为省级文物保护单位,以造型和塔上造像精美而闻名于世,影响很大,但历来把其定为宋代文物。但考虑安平寺的题记,结合《石塔院记》的记载,把华池双塔断为金代文物,证据似乎更为充分。

上文已经提到,金代佛教至今仍是中国佛教研究中的一个薄弱环节,之所以如此,主要原因是文献资料比较缺乏。因此,考古文物的发现对研究金代佛教来说就显得更为珍贵。相对而言,金代的考古文物资料发现得较多,而且比较重要。如1934年山西赵城广先寺《赵城藏》的发现,北京房山云居寺的金代刻经,山西大同普恩寺的大雄宝殿、普贤阁、三圣殿和天王殿(金天会六年),山西大同的上华严寺(天眷三年重修),山西朔县崇福寺的阿弥陀殿(皇统三年),山西曲沃大悲院过殿,河北正定隆兴寺山门,等等。至于金代佛塔、经幢之类,保存更多。由此可见,金代佛教文物以华北和河北地区保存较多,特别是山西境内,金代佛教文物比较集中,学术界亦最为关注。但是作为金代边地的陇山左右的金代文物,应该更加引起研究者重视。特别是子午岭发现的具有明确年代题记的几处金代佛教雕刻,可能为今后金代佛教造像的断代提供一个标尺。另外,其对于探讨陇东和陕北两地宋金时期佛教艺术的交流也具有重要的借鉴意义。

总之,上文提及的金代佛教文物,无疑是填补了金代佛教及佛教艺术研究中的一些重要的史料。笔者把这些情况介绍给大家,希望关心者进一步探讨研究。

(本文原为2005年8月甘肃兰州举办的"丝绸之路民族古文字与文化学术讨论会"大会交流宣读论文)

27　山东龙兴寺等佛教造像
"窖藏"皆为"葬舍利"说

　　2003年12月,应山东大学刘凤君教授的邀请,曾参加"山东首届佛像艺术研讨会暨四门塔阿閦佛头像回归一周年纪念大会",在会上有一个即席发言,发言有两个议题:一个是济南历城千佛崖的"双佛窟"(通常解释为释迦多宝佛),可能是"二圣"(指唐高宗与武则天);一个是"葬舍利"的问题。发言曾引起与会学者的关注并得到当时会议主持人温玉成先生的评论与指正。回来之后,让研究生崔峰帮助收集有关资料,把后一个问题整理成现在这个文稿,但一直觉得问题很大,不愿公开发表。近见诸贤皆论此事(包括网上讯息),也拿出来凑个热闹,希望方家批评指正。

　　1976年3月,山东博兴县张官村村民在修建房屋时发现了一批北朝造像。造像有青石、白石、白瓷素烧;形态有单躯、三躯,大多为圆雕、高浮雕。造像出土时整齐地排列在土坑内。文物管理人员赶到时,现场已被破坏,大部分造像散失,后收回72件。计有造像碑1件,石造像24件,模印白瓷素烧造像4件,佛头9件等。这批造像不少刻有发愿文,其中9件有纪年铭文。除1件为武定五年造像碑,1件为武定八年石造像之外,其余7件为北齐作品。计有天保元年、乾明元年、太宁二年、天统二年、天统四年、武平元年。北齐从建国到灭亡,共用了10个年号,这批造像中就出现了6个。造像有大有小,最高可达185公分,低者几十公分。

　　1990年春,博兴县张官村村民在挖鱼塘时又发现了一批佛教造像及相关遗物。后这些文物被征集到县文管所。计有造像53件,其中有题记的15件,有明确纪年的6件;建筑构件25件;陶、瓷器28件。1997年,博兴文管所简报认为:"此次乡义寺的发现,为博兴一带的佛教考古提供了一些新的材料。1976 年(见上述)出土佛像的地点,其寺院范围不足 600 平方米,却集中埋藏了众多佛像。结合此次新发现的资料我们推断,1976 年出土的那批造像极有可能是集中了几个寺院的佛像一块埋入地下的。而新发现的乡义寺遗址出土的佛像少,多见造像残石及造像座的现象,可能是佛像被集中掩埋的结果。"

　　1982 年,山东临朐县在文物普查时,在县城南 45 公里处大关镇上寺院村发现了明道寺遗址,面积约 5000 平方米。1984 年,村民在建房时于该遗址原明道寺舍利塔基下的地宫中发现大量石造像,县文化馆及时派人进行抢救性清理。据临朐县的《简报》说,其地宫中全是佛教造像碎块。放置形式为最上层是中小型佛像的躯干、下肢、胸部、头像等,中层和底层是较大的造像躯干、佛头、背屏式碎块等,佛头一般面向下,绕墙根平摆。此宫内共清理出大小佛像碎块 1200 余块。其中圆雕造像占总数的 49%,以佛像居多;背屏式浮雕造像约占总数的 50%,主要是 1 佛 2 菩萨。单尊背屏式佛或菩萨造像较少。另外还有少量造像碑。造像用料主要为青石(石灰石),次为滑石,还有少量砂石、汉白玉石及白陶烧造像。造像中大的高 2 米以上,小的不足 0.2 米。少数背屏式造像的背面和底座还有带纪年的铭文题记,共 18 件;纪年多刻于背屏背部,计 16 件;2 件刻于长方形台座上。另有"沂山明道寺新创舍利塔壁记"石碑 1 件。出土的造像从北魏末至隋。纪年铭文有北魏正光、孝昌、永安、建明、普泰、永熙;东魏武定元年、三年,北齐天保三年、河清二年;隋代开皇十六年、大业三年等。埋葬的时代据《明道寺新创舍利塔壁记》记载为北宋初景德元年(1004),其地宫出土的造像最晚者亦是北宋之物。

　　1988 春,山东诸城市在修建体育馆时,出土了一批造像。1990 年,同在此地,又出土了一批造像,迄今共发现造像残体 300 多件,建筑遗物 50 余件。其中保存较好的躯体、头像 100 余件。据调查现场者称,这批造像集中出土的现象较多。诸城市博物馆曾清理一堆积坑,坑口长方形,东西 2.2 米,南北 4 米,坑口距地表深 0.5 米,坑深约 1 米。坑内掩埋的造像头、足部皆残损,躯体一般都较大。造像残躯分上下两层,记 26 件。东西向排列,正面向上;有佛躯 21 件,菩萨躯 5 件。坑内填土为当地灰黄色黏质土,内含汉瓦,土质松软,坑边无明显加工痕迹。从事文物研究多年的杜在忠、韩岗先生归纳其现象并注意到:

(1)这些造像皆遭人工破损,无一完整;

(2)各类造像皆出于人为挖掘的土坑中,躯体、头、足各部分多分坑掩埋;

(3)形体大小不一,大者和小者也分坑掩埋;同一坑内出土的残体,无一可对接复原者;

(4)多数头像的鼻子已残损;

(5)石莲座发现较少;

(6)坑内除出土不同部位的残体外,并未发现因人为敲砸而脱落的石残片,填土较纯净,也未发现与造像石质相同的细碎石屑。

在发现的 300 多件遗物中,计有石莲座 2 件,佛躯体 70 件,菩萨躯体 30 余件,各类较完整的头像 10 余件。另有瓦当 20 件,滴水 10 余件。还有部分残背光、碑额等等。造像中有文字铭刻的 24 件,其中 4 件有纪年。造像最高者可达 1 米多,小者几十公分,分浮雕和圆雕 2 类,浮雕造像又可分单尊、三尊和多尊 3 种形式。身姿分坐、立 2 种形式,立像数量多于坐像。造像所用石料,以石灰岩、砂岩为主,属本地常见石料。另有不见于当地的汉白玉等,但为数较少,其中还有 1 件形体较小的造像,以滑石为原料。

据杜、韩二位先生的研究,诸城出土的这批佛像的年代,从北魏晚期开始迄于北齐、北周初年。至于这批佛像的掩埋时间,其文中未有讨论。

1996 年秋,在山东青州市古龙兴寺遗址中出土的造像,更加引人注意。龙兴寺遗址占地近 3 万平方米,在该地区以前就曾多次发现过北朝造像。1996 年秋,在寺址中轴线北部大殿后 5 米处发现了一处面积近 67 平方米的窖藏坑,从坑中清理出佛教造像约 200 余尊,个体残肢不能拼接者更多。佛像多为石造,有大有小。如最高一件背屏式一佛二菩萨造像通高竟达 310 厘米,小者也有几十厘米的。其造像的年代从北魏历经东魏、北齐、隋唐迄于宋。龙兴寺"窖藏"发现之后,颇引学界、宗教界注意,后多次外出展览,有很多介绍资料,故此不赘。

2003年8月,济南市考古所在县西巷道路拓宽工程中又发掘出一座埋葬有大批佛教造像的"地宫"。"地宫"东西宽3.7米,北长4.3米,深0.8米,发现有佛、菩萨等石刻造像50余尊。造像被有规律地排列在"地宫"的四周,"地宫"中央有用三合土夯筑的"坛",造像的时代多为北齐和唐代。"地宫"中还发现一长方形石碑,碑文记载此地宫建于北宋熙宁年间。

以上所述,是山东境内几次出现"窖藏佛像"的具体事例。从全国佛教考古发现情况来看,此类例子不算太少,但山东出现的较为集中。

对于这些"窖藏"的性质,有不少学者作过讨论,有人往往把其与"毁佛灭法"联系在一起。以笔者来看,此类"窖藏"不但与"毁佛灭法"无关,而且为"护佛弘法"之举。其性质实是"埋葬舍利",是当时人们在进行了隆重仪式之后,对已废弃的佛像进行的"安葬",而不是草率从事的"乱葬坑"。博兴的发现,发掘者认为"可能是佛像被集中掩埋的结果";诸城的发现,"造像残躯分上下两层,头、足分坑掩埋","大小分坑掩埋";青州的发现,更有规律可循,根据夏名采先生描述:"背屏式造像的背屏残件下面压着许多大大小小却码放整齐的各类残块……所压的造像,基本上是分三层码放的。最下层是圆雕像,体积较大,也重。中层放一些小的残块,一般都放置齐平,上层则排放背屏式造像。两层共高70至100厘米……石雕坐像,高达1米左右,难以码进层内,便单独放置窖边。""有些佛像身下甚至铺有芦席。"夏先生描述得非常详尽,唯"石雕坐像,高达1米左右,难以码进层内,便单独放置窖边。"这句话可能有误,把跌坐像用"涅槃"方式躺着安葬,很不合佛教大义,故让其坐着,并不是"难以码进层内"的无奈之举。总之,青州的发现为同类"窖藏"的安葬方式提供了更可靠的证据。

前文已经提到,山东此类"窖藏"不但与"毁佛灭法"无关,而且为"护佛弘法"之举,其性质是"埋葬舍利",并不是笔者无根据的臆测。临朐明道寺的发现实际上已直接证明了这个问题。明道寺塔在20世纪30年代尚存一层，六角形，底层为佛堂，周围有佛龛，每面各3龛。堂中有石供桌，东西壁间各嵌有石刻一方，东为《众善题名》，西为《沂山明道寺新创舍利塔壁记》。清光绪《临朐县志》曾提到此方《壁记》，《壁记》今存，保存基本完好。现据《简报》照片及录文重新录文并标点如下：

镇海军节度行军司马郑归昌

惠门高辟，迷情凝□，□登法海，深澄妄见，沉而莫济。昔释伽氏□□托化。

鹤林示终，所以表众生而有死生也。欲令厌其幻身，炼全真性，乃焚存舍利，用益含灵，修证圆明，例无生灭。今有讲《法花经》僧觉融，本霸州人也，听学僧守宗，本莫州人也，早悟浮生，偶游斯地，睹石镌坏像三百余尊，收得感应舍利可及千镍。舍衣建塔，为过去之遗形，化诏□缘，冀当来之佛会此。乃地穿及泉，碧若玉坚，垒成金藏，镕宝作棺，固至地平，方命良工砌垒，塔形虽小，胜事甚多。汶水东流，有若尼连之浪；空翠西峙，全同灵鹫之峰。闲云锁而不散，青烟霭以长笼，岂唯近侧，归依，乃遍他方而竞凑，瓶携法水，香爇牛头，两手合掌已睇瞻，五体投地而泣礼，形依有为之相，心求无漏之因。永福人伦，常光梵刹。余一梦休，量两游灵阜，既坚命，为短词，故难秘于拙思，所愧者才非风藻，无谢兔毛，聊罄鄙蕉，用以记录。时大宋景德元年岁次甲午闰九月五日记。

塔主僧守宗同修讲法华经僧觉融

众僧德超、常坐僧可凝、礼千拜僧智海、栽松僧法诚

典座僧惠元青州龙兴寺志公院主僧义永

青州皇化寺讲唯识论僧咸肇、惟仪寺比丘尼法明、檀特山院僧怀达

寺主道者僧重坚、小师僧惠初

穆陵关施主等苗习、张峻，施主徐遂，施主崔元，施主袁清

前充转运衙都勾押官苗嵩

右教练使监盐酒税三务专知官李宽、副知官周绪

穆陵关镇主谢潘

三班借职监盐酒税梁简

将仕郎守沂水县尉侯待聘

将仕郎守沂水县主簿乔得臣、主印司刘珂、前行张均

将仕郎守沂水县令陈利用

　　此《壁记》作者是否为文前所提到的"镇海军节度行军司马郑归昌"本人,不能明确断定,从其行文和用典来看,作者对于佛教非常熟悉并十分崇敬,其说释伽"托化鹤林",实指释伽涅槃,佛教谓释伽涅槃于拘尸那揭罗城外。涅槃时,卧床四边各有同根婆罗树一棵,其树每边一棵之中,因佛灭而悲伤变白,枝叶、花果、皮干皆爆裂堕落,逐渐变枯。一树尚存,故此双树亦称四枯四荣树,或非枯非荣树。又有东方双树为"常与无常",西方双树为"我与无我",南方为"乐与无乐",北方为"净与无净"之喻。以此喻意为"涅槃四德"——常、乐、我、净。又因枯萎之树呈白色,如鹤林貌,故亦称"鹤林",后成为释伽涅槃之地的一种专用名词。释伽为什么要"托化鹤林"呢?回答是:"所以表众生而有死生也。"(见上引《壁记》)大乘佛教认为,佛是不灭的,佛无有"涅槃",之所以要涅槃,是为了教化众生所作的一种"示相",也就是告诉众生,有"死生"这么一回事情。如众生知道"死生"之事,就会"厌其幻身,炼全真性",即厌恶自己虚幻的肉身而去修行,以明佛性。

　　佛为了"示相"而灭,其身被火焚为舍利,但弟子很思念佛,想礼敬佛,只能敬礼舍利和佛的遗骸遗物,后来又造佛像而礼敬之,所以大规模的造像随着佛教的发展而出现了。但佛像会因各种原因而损坏的,除了人为的破坏,还有自然的破坏。然而对这些损坏了的佛像(可以说各地发现的"窖藏造像"无一完整或没有缺陷者)是不能随便处理的,因其为"圣相",所以必须"安葬"。故霸州讲《法华经》僧觉融、莫州听学僧守宗"睹石镌坏像300余尊,收到感应舍利可及千镙"之后,便"舍衣建塔",在举行了隆重的法会之后,安葬了这300"坏像"及破碎造像残肢——"感应舍利可及千镙"。临朐博物馆《简报》说是1200余块,不排除埋葬和发掘时再损碎,故多出了200余块。总之,其"千镙

舍利"与1200余块差去不远。由此可见,当时人们是把这种佛像的碎块视为"舍利"的,并说其千锞舍利是"感应"而得的。

舍利通常指佛之遗骸,又称佛骨、佛舍利等,后亦指高僧圆寂之后焚烧的遗骸。《长阿含经》卷4《游行品》、《菩萨处胎经》卷3《无常品》、《法华经·提婆达多品》等经还有"全身舍利"与"碎身舍利"之说。"全身舍利"者应是指将遗骸全部入一塔安葬,"碎身舍利"者应是指将遗骸分置多处建塔安葬。与此同时,佛教又有"生身舍利"与"法身舍利"之说。"生身舍利"者,指佛焚化之后的遗骸;"法身舍利"者,指佛所遗之教法、戒律等。这样一来,"舍利"几乎成了佛法的代名词。因此把这些废弃的佛像、菩萨像和与此有关的遗物当作"舍利"安葬,就不难理解了。

中国和印度自古以来就有圣物崇拜的传统,中国人以前甚至有连"字纸"(写有文字的纸)都不随便处理的习惯,说字为孔子所造,如对其污染和随便乱扔,即被视为大不敬。至于被视为"神像"的佛教造像,更不能随便处置,故以安葬"舍利"的方式安葬。在考古调查中,常见农村有人把新石器时代的陶罐用来盛物,甚至把汉画像石用来垒墙的情况,但很少见到有把佛像改为他用的情况。废弃的佛像的处理,当时可能都用"安葬"的形式,不过规模有大有小。上述山东几批大规模的"窖藏"皆为大规模的"安葬"。因为是大规模的"安葬","入葬"的造像就不可能仅限一地一时。换言之,"窖藏"中的佛像就有早有晚,并来自各地。故青州出土的造像就不一定是青州当地所造,临朐、博兴、诸城等地也同。

上述青州等地,属我国"海岱地区",东临大海,陆有运河,交通便利,南北风格的造像都有可能于此交汇,故所谓"青州风格"一词本身就有问题。笔者在台湾考察时,曾发现有日本来的石雕造像,介绍者说是"日据时期"从日本作为"压船"之物运来的。此"压船",可能有"镇船"的意思,把石雕造像安置于船上,从南方运到北方,既可保佑一路平安,还可被目的地的施主或寺院"请走",这是一举两得的事情。故青州出土的佛像那种"南方风格"就很好理解了。

总之,山东出土的上述几批造像,包括 1979 年山东高青、1996 年山东昌邑的发现,皆为对废弃的佛教造像的"舍利安葬"。其不但与"毁佛灭法"无关,而且是"护佛弘法"之举。从临朐《壁记》中还可看到,参与这次"葬舍利"的除僧界之外,很多是当地具有一定政治势力的人物。实际上,"安葬"是在官方的支持甚至主持下进行的。不但是山东,其他地区如有此类"窖藏",除特殊情况外,都应作为如此考虑。就连最近甘肃宁县出土的造像也应作如此考虑。甚至敦煌莫高窟发现的"藏经洞"也有可能如此。

（本文与崔峰合作,原载于《四门塔阿閦佛与山东佛像艺术研究》,中国文史出版社 2005 年版）

28 《泾州大云寺舍利石函铭并序》跋

20 世纪 60 年代,在甘肃省泾川县发现了国宝级文物——唐代舍利金棺,但因种种原因,当时的媒介并未宣传此事。其发表的公开报道也本末倒置,重金棺而轻舍利,至于出土的其他文物就更谈不到了。其同时出土的《泾州大云寺舍利石函铭并序》(下文简称《石函铭》)虽是记录这批文物的唯一文字资料,但也未引起足够重视。甘肃省文物工作队当时的录文,有不少错讹,特别是对文中的武周新字,未能识读,故留下了许多遗憾。今人所编《全唐文补遗》,照录前文,至于《石函铭》的作者孟诜其人,更无涉及。

近日,笔者对此《石函铭》作了进一步考察,发现其文的作者孟诜竟然见于两唐书,而且是敦煌本《食疗本草》的作者。其中意义,不可谓之不大。

关于孟诜的籍贯,两唐书皆载为汝州梁人。其地在今河南省汝州市,唐代以梁县为治所,明代省县入州。《石函铭》载"平昌孟诜撰"。汉、三国均设有平昌郡,故地在今山东安丘。北魏设平昌县,地在今河南滑县。总之,古代平昌与汝州为两地无疑。这样一来,两唐书中所记的孟诜与《石函铭》的作者孟诜是否为一人似乎成了问题。然而,两唐书中孟诜之孙《孟简传》却明载孟简为平昌人。此种情况绝非偶然巧合,故两唐书和《石函铭》中所载孟诜为一人无疑。古人记其籍贯,常以郡望,或可能有其他原因。

孟诜,曾举进士。武则天垂拱(685—688)初年,迁官为凤阁舍人。[1] 诜年轻时便好方术之学。有一天,他至凤阁侍郎刘祎之家拜

---

〔1〕《新唐书·百官志二》"中书省"条下注:"光宅元年(684),改中书省曰凤阁,中书令曰内史。"是隋时撰拟诏诰之专官。详见《新唐书》,中华书局 1997 年版,第 1121 页。

访,见到了武则天赐给刘祎之的黄金,对刘说:"这是药用之金,如用火烧,便有五色气出现。"刘祎之一试,果然如此。武则天得知此事之后,很不高兴,因此外放孟诜为台州(今浙江台州)司马,[1] 后又累迁为春官侍郎等。唐睿宗为太子时,召充侍读。长安(701—704)年中,为同州(今陕西省大荔县)刺史,加银青光禄大夫。[2] 神龙(705—707)初致仕,回到伊阳山(位于今河南嵩县)中宅第,潜心研究药物食疗之方。孟诜虽年事已高,但志力如同壮年,经常对其亲友说:"如要修身养性,保身体健康,必须善言莫离口,良药莫离手。"睿宗即位以后,又召其至京城,欲重新起用,但孟诜托辞年老,固辞不肯。景云二年(711),诏赐锦帛100缎,又令每年春秋二时给羊酒糜粥等。开元(713—741)初,河南尹毕构以诜有古人之风,改其以前的居所为子平里。考毕构其人,河南偃师(今河南偃师)人。神龙(705—707)初,累迁中书舍人。景云(710—711)初,召拜左御史大夫,转陕州(今河南陕县)刺史,加银青光禄大夫。后授益州(今四川德阳)大都督府长史,兼充剑南道按察使。唐玄宗即位后,拜河南尹,迁户部尚书,开元四年(716)卒。[3] 毕构以孟诜有古人之风,改其前居为子平里,可见毕构对孟诜之敬重,孟、毕为同时代人,或许他们以前就是好友。后不久诜卒,终年93岁。史载孟诜居官,"好勾剥为政,虽繁而理",还撰有《家》《祭祀》各1卷,《丧服要》2卷,《补养方》《必效方》各3卷等。

上为《旧唐书》卷191《方伎传》对孟诜的一段记载。《新唐书》卷196《隐逸传》也为孟诜立传,内容与《旧唐书》大同,但未载孟诜所撰著作等事。

《旧唐书》卷47《经籍志下》载《补养方》3卷、《孟氏必效方》10卷,下皆明记为孟诜撰。《新唐书》卷58《艺文志二》录《孟诜丧服正要》2卷、《孟诜食疗本草》3卷。可见,孟诜的这些著作,当时就得到了史学

---

〔1〕隋唐州府佐吏有司马一人,位在别驾、长史之下。

〔2〕唐宋官名,光禄大夫加银印青绶称银青光禄大夫,唐为三品文阶官,只用于封赠,而非实官。

〔3〕事见《旧唐书》卷100、《新唐书》卷128本传。

家的重视。

孟诜交游甚广,且多为当时社会名流。《旧唐书》卷191《方伎传·孙思邈传》载:

> 上元元年(674),[邈]辞疾请归,特赐良马,及鄱阳公主邑司以居焉。当时知名之士宋令文、孟诜、卢照邻等,执师资之礼以事焉。

《新唐书》卷196《隐逸传·孙思邈传》亦载:

> 思邈于阳阴、推步、医药无不善,孟诜、卢照邻等师事之。

由此可知,孟诜曾尊被后世称为"药王"的孙思邈为师。其还与宋令文、卢照邻等被称为"当时知名之士"。

宋令文其人,同样有迹可寻。《旧唐书》卷196《吐蕃传》上载:

> 仪凤四年(679),[吐蕃]赞普卒。其子器弩悉弄嗣位,复号赞普,时年八岁……遣其大臣论塞调傍来告丧,且请和。高宗遣郎将宋令文入蕃会葬。

同书卷5《高宗纪下》载:

> [调露元年(679)冬十月癸亥],吐蕃文成公主遣其大臣论塞调傍来告丧,请和亲,不许。遣郎将宋令文使吐蕃,会赞普之葬。

《旧唐书》卷190《文苑传》中载:"宋之问,虢州弘农(今河南灵宝)人。父令文,有勇力,而工书,善属文。高宗时,为左骁卫郎将、东台详正学士。"《新唐书》卷202《文艺传》中载:"宋之问,字延清,一名少连,汾州人。父令文,高宗时为东台详正学士……初,之问父令文,富文辞,且工书,有力绝人,世称'三绝'。都下有牛善触,人莫敢婴,令文直往拔取角,折其颈杀之。既之问以文章起,其弟之悌以骄勇闻,之逊精草隶,世谓皆得父一绝。"由此可见,宋令文是一个文武双全的人物,难怪当时朝廷委其以出使吐蕃的重任。

《旧唐书》卷47《经籍志下》、《新唐书》卷60《艺文志四》均载有《宋令文集》10卷。可见,其当时还有著作流传于世。

至于上引文中提到的卢照邻,更以诗作而闻名于世。

卢照邻,字昇之,幽州范阳(今北京大兴)人。年少即爱《苍》

《雅》，博学而善属文。曾任新都尉等官。后因染风疾去官，处太白山中，以服饵为事。《新唐书》本传谓其"得方士玄明膏饵之，会父丧，号呕，丹辄出，由是疾益甚"。后又徙居茨山，著《释疾文》《五悲文》等。颇有骚人之风，甚为文士所重。后因不忍病痛，投颍水而死，时年40岁。《新唐书》还说其"疏颍水周舍，复豫为墓，偃卧其中"。以其为高宗时臣，而尊儒教，武则天崇尚法家，他又独尊黄老之学。由此看来，其还不是一个单纯的诗人，他在政治上不满武则天的统治，便采取较为消极的对抗态度。卢照邻也师事孙思邈，但长期服饵丹药，四十而不忍病痛，投水而死。而孟诜重视食疗养生，享年93岁。同在一师门下，差别竟然如此！

《旧唐书》卷190《文苑传上》、《新唐书》卷201《文艺传上》皆为卢照邻立传，并载其有文集20卷留世。《卢照邻文集》（又称《幽忧子集》《卢昇之集》）今传，《四库全书·集部别集类》《唐十二名家诗》《四部备要·集部》《四部丛刊·集部》等书均有收录。

以上所涉及的是与孟诜一起被称作"当时知名之士"的宋令文、卢照邻的情况。

《新唐书》卷107《赵元传》又载：元少负志略，又好辩论。来游洛阳，士争慕响，来造访者皆缙绅之流。武则天将要称制，元恐其不容，调宜禄县（今陕西省长武县）尉。到职之后，非公事不言，弹琴配药，有隐士之风。自负才学，位不相配。年49即卒。其友人魏元忠、孟诜、宋之问、崔璩共谥赵元为"昭夷先生"。

这里，孟诜又同魏元忠、宋之问、崔璩等人一同出现，而上述人物，皆为武则天时期的重臣。

魏元忠，《旧唐书》卷92、《新唐书》卷122有传，宋州宋城（今河南商丘）人，先后为武后、中宗两朝重臣。武后平徐敬业之乱，魏元忠监军。圣历二年（699），擢拜凤阁侍郎、同凤阁鸾台平章事、检校并州长史，未几，加银青光禄大夫，迁左肃政御史大夫、兼检校洛州长史，政号清严。长安中（701—704），相王为并州元帅，元忠为副。其在武后时，多次遭周兴、来俊臣等陷害，临刑神色如常。中宗即位后，授卫尉卿、同中书同下三品。不久,又迁兵部尚书,知政事如故。晚年遭贬谪,至涪陵(今重庆涪陵)而卒,年70余。

宋之问,见《旧唐书》卷190、《新唐书》卷202本传,虢州弘农人。即上文提到的宋令文的儿子,史载其有勇力,而工书,善属文。弱冠知名,尤善五言诗,当时无能出其右者。又从武则天游洛阳龙门,以诗文而得赏锦袍。还曾参与了《三教珠英》的编纂。中宗时增置修文学馆学士,择朝中文学之士,宋之问当选,时以为荣。睿宗即位后,因其曾附张易之、武三思等罪,配徙钦州。先天中(712—713),赐死于徙所。之问被流放期间,途经江、岭,有感而发,成诗为篇,传布远近。其友武平一为之纂集,成10卷,流传于世。《宋之问集》至今仍存,其中主要集其诗作,宋之问是初唐最有实力的诗人之一。从以上可知,孟诜与宋令文、宋之问父子两代均有交往。

崔琚,博陵安平(今河北安平)人。其父崔玄暐,武则天时官至中书令,封博陵郡公。撰《行己要范》《友义传》各10卷,《义士传》15卷,训注《文馆辞林策》20卷等。崔琚本人以文学知名当时,官历中书舍人、礼部侍郎等。事附《旧唐书》卷91《崔玄暐传》。《新唐书》卷120《崔玄暐传》又谓"琚,亦有文。开元二年(714)诏:'〔崔〕玄暐、〔张〕柬之,神龙(705—707)之初,保乂王室,奸臣忌焉,谪殁荒海,流落变迁,感激忠义。宜以玄暐子琚、柬之孙愻,并为朝散大夫。'琚终礼部侍郎。"崔琚的儿子崔涣,亦博综经术,长于议论。肃宗时迁吏部侍郎、集贤院侍制等。代宗时因不与宰相元载同流,被贬为道州刺史。其子崔纵曾为汴西水陆两税盐铁使。《新唐书》卷120有传。

博陵崔氏,世为巨姓,唐初仍根深荫广。

以上3人同孟诜一起均为赵元的朋友。赵元卒后,共议谥赵元为"昭夷先生"。

最后,我们还必须提及本文一开始就提到的刘祎之,孟诜至刘祎之家,看到了武则天赐给刘的黄金,以其经验,说了那句令武则天反感的话。此刘祎之,亦见于史传。

两唐书皆说其为常州晋陵(今江苏武进)人。与孟利贞、高智周、郭正一俱以文藻知名,时人号为"刘、孟、高、郭"。唐高宗上元中(674—676),召入禁中,与著作郎元万顷、左史范履冰等共撰《列女传》《臣轨》《百僚新诫》《乐书》凡千余卷。又密令参与政要,以分宰相之权,时人谓之"北门学士"。仪凤二年(677),转朝议大夫、中书侍郎等。后因不满武则天临朝称制,又被人诬陷,而被赐死于家,年57岁。睿宗即位后,追赠中书令。有文集70卷传于世。其事详见《旧唐书》卷87、《新唐书》卷117本传。

从孟诜与上述人物交往的事迹可知,孟诜当时不但社会地位很高,而且影响也很大,所以被称作"当时知名之士"。这样,他受请作《泾州大云寺舍利石函铭并序》就很好理解了。泾州当时是畿辅之地,是"丝绸之路"自长安北上的第一大站。北朝以来这里佛教即很兴盛,至今还保留有国家文物保护单位北魏时开凿的南石窟寺和王母宫石窟等等。隋文帝分舍利建塔,泾州即被选中。孟诜所作《石函铭》即在此处(详见附录)。两唐书虽未载孟诜在泾州之事,但察其事迹,其可能在泾州做过官,或因其他事情到过泾州。因《石函铭》第11行所记有"维那舌法言于司马孟诜"等文可以佐证。"维那"之"维",即纲维,为统摄僧众之意;"那",即梵文"羯摩陀那"之略译,意译为"授事",汉梵并举曰"维那",亦称"都维那",也译作"悦众""寺护"等。十六国北朝以后,成了僧官的名称。北魏立沙门统为最高僧官,维那副之,隋朝因之。后"维那"亦为寺院"三纲"之一,主管僧众庶务,位于上座、寺主之下。《百丈清规》卷4载:"维那(意为统摄)众僧,曲尽调摄,堂僧挂搭,辨度牒真伪,众有争竞遗失,为辨和会,戒腊资次,床历图帐,凡僧学内外,无不掌之。"可见维那在寺院中主管的事物是相当庞杂的。"舌法"应是这位担任维那僧人的法名。由此可知,当时担任泾州大云寺维那的舌法,把大云寺"古塔余基"及藏有舍利的情况告知给了孟诜。孟诜经过一番思考之后,写了此铭。

两唐书虽载孟诜撰有《家》1卷、《祭祀》1卷、《丧服要》2卷(《新唐书》作《丧服正要》)、《补养方》3卷、《必效方》3卷、《食疗本草》3卷著作6种,但未载其作《石函铭》,其著作6种也多不存,唯《食疗本草》部分清末在敦煌藏经洞发现。

《食疗本草》是一部食治本草专著,是对唐以前食疗药物及食治验方的系统总结,惜原书早佚。《旧唐书·孟诜传》及《新唐书·艺文志》,均载此书为孟诜所著。宋《嘉祐本草》所引书中提到此书,其文曰:"《食疗本草》,唐同州刺史孟诜撰,张鼎又补其不足者八十九种,并为二百二十七条,凡三卷。"张鼎为唐开元间(713—741)道士,兼通医术。《宋史·艺文志》载有"《吾玄子安神养生方》1 卷,张鼎撰"。"吾玄子"应为张鼎道号。《食疗本草》成书之后,流传了 400 多年,最早引其书的是陈藏在开元二十七年(739)所著的《本草拾遗》,其后还见于日本的《医心方》(984)、北宋的《嘉祐本草》(1061)、南宋的《重修政和经史证类备用本草》(简称《证类本草》)(1249)。《宋史·艺文志》、郑樵《通志·艺文略》均录此书,但两者所记卷数不同,前者 6 卷,后者 5 卷。至《补元史·艺文志》及《明史·艺文志》时,此书已不见著录。可知,此书的佚失大约在宋末元初之际。明李时珍作《本草纲目》用古代医书甚多,但未列《食疗本草》,然其从《证类本草》转引《食疗本草》多条。

由于《本草拾遗》和《嘉祐本草》早佚,后人只能从《医心方》及《证类本草》中窥知《食疗本草》的一些佚文。使人惊喜的是清朝末年在敦煌莫高窟藏经洞中又发现了唐人抄写的《食疗本草》残卷。然而,此珍贵的写本为斯坦因窃去,现藏大英博物馆,编号为 S.0076 号。1924年,罗振玉根据日本人的照片,将此件编入《敦煌石室碎金》一书。1931 年,范凤源又将日本人中尾万三整理的《食疗本草》辑本,以《敦煌石室古本草》为名,由大东书局铅印发行。1984 年,人民卫生出版社出版了谢海洲、马继兴等根据敦煌残卷及《医心方》《证类本草》编写的全书辑校本。

敦煌发现的《食疗本草》残卷,前残后缺,后书题名。王国维、唐兰等将其与《证类本草》对校,确认为孟诜所撰《食疗本草》。这样一来,孟诜的这部珍贵的著作才又展现在了世人的面前。

敦煌所出孟诜《食疗本草》残卷计 137 行,每行 20 余字,共 2774

字,收药 26 味,朱墨分书。药名朱书于首,右下以小字注明药性(温、平、寒、冷 4 种),不注药味。下述该药的主治、功效、服食宜忌、单方验方,部分药物还记述了采集、修治、地域差别及生活用途等。如"木瓜"条介绍木瓜性温,主治霍乱,涩痹风气,又谓"脐下绞痛,可以用木瓜一片,桑叶七枚,大枣三个中破,以水二大升,煮取半大升,顿腹之即差"等等。总之,敦煌所出《食疗本草》,不但是我国古代研究医药学的重要资料,同时也是研究孟诜这个人物不可多得的史料。

两唐书虽列孟诜为方伎或隐逸传,但并未提及孟诜与佛教有关之事,考其一生事迹似乎与道家关系更为密切,其撰《石函铭》似未摆脱六朝以来骈体文之风,故用典艰涩,力求对仗,但于佛教掌故,却能引用自如。武则天时,大兴佛教,作为大臣的孟诜,不可能与佛教没有关系,只是史无记载而已,然孟诜之孙孟简却与佛教关系甚密。《旧唐书》卷 163《孟简传》载:"孟简字几道,平昌(今山东安丘)人。天后时同州(今陕西大荔)刺史[孟]诜之孙⋯⋯元和四年(809),超拜谏议大夫,知匦事。简明于内典,六年,诏与给事中刘伯刍、工部侍郎归登、右补萧俛等,同就礼泉佛寺翻译《大乘本生心地观经》,简最善其理⋯⋯简性俊拔尚义,早岁交友先殁者,视其孤,每厚于周恤,议者以为有前辈风。然溺于浮图之教(佛教),为儒曹所消。"《新唐书》卷 160 本传也谓孟简"晚路殊躁急,佞佛过甚,为时所消"。孟简如此佞佛,可能是受了先祖影响,由此可知,孟诜作《泾州大云寺舍利石函铭并序》并非偶然所为。

附录:

大周泾州大云寺舍利之函总一十四粒

[1]泾州大云寺舍利石函铭并序。

[2]朝散大夫行司马平昌孟诜撰。

[3]若夫能仁幽赞,[1]沿圣敬以开祥。

---

〔1〕能仁:释迦牟尼的意译。《修行本起经》上曰:"汝却后百劫,当得作佛,名释迦文(释迦牟尼的别译),汉言能仁","能仁菩萨(指释迦未成佛之前),承事锭光(过去佛名),至于泥洹(涅槃的别译),奉戒清净"。

［4］妙善冥扶,徇贞明而效彩。故难

［5］思钜相形于广济之辰,希有殊

［6］姿,显自总持之运,〔1〕恭惟瑞景,允

［7］应慈猷者焉。爰有古塔遗基,〔2〕

［8］在兹寺之右,高惟及仞,袤劣无

［9］常,壤甓既零,榛芜遂积。建葺之

［10］始,访耆颜而靡详,光影之奇,在

［11］休辰而屡警。维那奚法言于司〔3〕

［12］马孟诜,以为伊昔拘夷,〔4〕爰分舍

［13］利,甫覃八国,俄遍十方,〔5〕斯阯腾

［14］辉,必是遗好,〔6〕每将穿究,苦乏资

［15］力。诜谓之曰:自香薪既燎,珍塔

［16］具修,理契则通,道符乃应。当今

［17］圆常摄运,方等装期,阐持线之

［18］微言,赞结绳之景化,融之以慧

［19］昬,润之以慈云,行使家励四勤,

［20］人弘五力,诸佛现喜,幽瑞腾光,

［21］彩发散身,复何疑也。勉加开显,

［22］当申资助,于是庀徒具锤,揆势

［23］施功,言未倍寻,便臻藏所,遂开

---

〔1〕总持:陀罗尼的意译。陀罗尼,又译作"咒",意即能总摄意持无量佛法而不忘失之念慧力,实即是一种记忆术。

〔2〕古塔遗基:指大云寺古塔。

〔3〕维那舌法:维那,寺院"三纲"之一,主管僧众庶务,位在上座、寺主之下。舌法,应为此维那的法名,详见上文。

〔4〕拘夷:又作拘尸那等。意译上茅城,中印度都城或国名。佛教传说释迦牟尼涅槃于此地。

〔5〕甫覃八国,俄遍十方:甫,开始之意;覃,长延之意。佛教相传,释迦牟尼涅槃火焚之后,当时有8个国家的国王率军前来争夺舍利,各自在其国建塔供养。此句话是说,自八王分舍利开始,舍利便流布十方了。

〔6〕遗好:此指舍利。

［24］砖室,爰得石函,[1]中有瑠璃瓶[2]舍

［25］利十四粒。诙与长史济北史藏

［26］诸安定县令颍川陈燕客,并当

［27］寺徒众,俱时瞻奉。法公严[3]持香

［28］水,诚祈就浴,倒瓶伫降,虚器匪

［29］延,合众惊嗟,咸沮情望。既而言

［30］曰:接神在敬,奉觉以诚,兹理或

［31］暌,冥应自阻。愿众等少潴意垢,

［32］暂校情尘,注仰内专,虔恭外肃。

［33］同申忏露,共取感通。于是言既

［34］逗机,人皆励歘,进力坚猛,谛受

［35］精严,复写兹瓶,方下神粒。于函

［36］之侧,仍勒铭云:

［37］神皇圣帝,[4]地同天合,日拱辰居,

［38］川潮海纳,伟哉!

［39］睿后显号,著于铭刊镂矣! 康

［40］期景度,载于冥纪,乘变之机不

［41］测,先物之轫难寻,彰妙本之宿

［42］圆,证善权之今发。舍天形而演

［43］庆,彩叶大云;怀地品以宣慈,化

［44］敷甘露。岂与夫风君缢瑟,火辟

［45］轸琴。黄祁出名丹,灵则□大诰,

［46］其冲兴校哉,神通者哉。昔八

---

〔1〕遂开砖室,爰得石函:是说打开了大云寺塔下砖砌的地宫,得到了藏舍利的石函。

〔2〕瑠璃瓶:即玻璃瓶,佛经中多有玻璃称瑠璃者。此瓶今存。

〔3〕法公严:"公"为敬称。"法严"为僧人名。

〔4〕神皇圣帝:此应指武则天。

[47]万四千,育王起光明之塔;[1]三十

[48]六亿护量载平等之宪,乃睹规

[49]模,敢忘修措。爰从大周延载元

[50]年[2]岁次甲午七月癸未朔十五

[51]日己亥,迁于佛殿之下,崇

[52]圣福焉。广厦清冷,曾轩肃穆,基

[53]俸象戴,隧拟龙缄,采涅槃之旧

[54]仪,[3]道宴坐之遗则,[4]空说法而为

[55]盖,花韫觉以成台。若诸天之赴

[56]临,疑列仙之降卫。夫以炎祁递

[57]运,流峙或移,不茂委于琱镌,讵

[58]永宣乎殊妙,式诠斯祐,用刊于

[59]侧。庶乎宸微亹亹,与僧伽[5]而

[60]永存,灵彩昭昭,历退劫而常现。

[61]重宣睿感,乃作铭云:

[62]满月为容,攒曦表相,一音攸述,

[63]万法斯亮,鹤林迁暎,龙步韬威,

[64]芳薪罢炳,构璨凝晖,五分余函,

[65]千龄翔陛圣,骈陞慧彩,允□

---

〔1〕佛教谓阿育王(古印度孔雀王朝时期国王)皈依佛教之后,大兴佛寺,到处建立塔寺,奉安舍利,供养僧众。据《善见律毗婆娑》卷1载:由于阿育王所统领之国,有八万四千,王诏诸国,各建佛寺,共八万四千佛寺与八万四千塔。又据《阿育王传》卷1等载:阿育王取阿阇世王所埋舍利,造八万四千宝箧,一箧盛一舍利,复造八万四千宝盖,八万四千匹綵,建八万四千宝塔。中国高僧法显及玄奘在其著作《法显传》及《大唐西域记》中亦提到此事,并声称他们在西游印度时曾亲眼目睹了当时还存在的阿育王塔(窣堵波)。"八万四千",实际上是古印度形容数字较多的量词,如无量寿佛有八万四千相好,凡夫有八万四千病,众生有八万四千尘劳,地狱有八万四千苦处,佛有八万四千教法等等,实际上阿育王不可能建如此多的塔。此处谓泾州大云寺塔也为"阿育王塔"。

〔2〕大周延载元年:武则天改唐为周,称大周。延载元年,即公元694年。

〔3〕涅槃:佛灭。

〔4〕宴坐:也作燕坐,即结跏趺禅定坐。

〔5〕僧伽:即僧团。

[66]慈政,雪龛曩饰,月殿新封,昔悲

[67]双树,[1]今栖四松,念□难留,□□

[68]不测,愿言景□,长挥太极。

[69]中散大夫使持节泾州诸军事守泾州

[70]刺史上骑都尉源修业[2]

[71]朝散大夫前沙州长史博陵崔璩

[72]奉义郎行录事参军卢元纲　参军韦晋

[73]通直郎行司功参军事冠基亮

[74]宣义郎行司户参军李恬　博士郑元礼

[75]奉义郎行司仓参军独孤思礼

[76]通直郎行司法参军张景略　郝师式

[77]参军张守范　参军皇甫诜　王僧言

[78]幽州宜禄县尉检校营使汲人赵贞固书

[79]定远将军守左卫泾阳府折冲都尉

[80]宣义郎行许州长社县尉窦少绛

[81]征事郎行安定县尉窦少微

[82]参议郎行同州参军姜昕

[83]泾阳府右果毅游骑将军薛智静

[84]通直郎泾阳府长史赵思一

[85]登仕郎行泾州录事董玄挺

[86]僧大量　僧行恭　僧悟寂　惠觉

[87]上座复礼　除疑　崇道　无着

[88]寺主志筠　处寂　僧嘉　庆小　罗汉

[89]僧广法　譓严　师叡　道寂

(附记:本文完成于 2003 年 10 月,本次刊布前曾作为泾川县政协

---

〔1〕双树:佛教谓释迦涅槃于拘尸那揭罗城外娑罗双树间。其中一树因悲伤而惨然变白、枯萎,另一树尚存。故双树亦称非枯非荣树,又因枯树呈白色,为鹤林貌,亦称鹤林。
〔2〕《新唐书》卷 75 上《宰相世系表五》载:"源修业,泾州刺史。"

"重建大云寺博物馆"工程参考资料;主要观点还曾被中央电视台《国宝档案》之《泾川舍利石函》所引用。原载于《敦煌学辑刊》2005 年第 4 期）

29 《四库全书总目》释家类典籍著录探析

《四库全书》系统保存了大量古文献典籍,是中国文化史上一笔宝贵的财富。《总目》则是伴随《四库全书》编纂而产生的重要成果之一,它分类体系完善,条理清晰,以简明而全面的部序、小序、提要的著录方式,详细介绍、评判了《四库全书》著录及存目的各类书籍,其"辨章学术,考镜源流",不仅是部重要的学术著作,而且也是中国古代目录学的鸿篇巨著,一直以来受到学界的广泛关注和研究利用。"释家类"典籍是佛教历史、思想文化赖以保存、流传的载体,同时也是我们研究佛教历史与文化所依据的基本史料,对于中国佛教史、佛教文化的研究,具有重要的价值。从更广泛的意义上来说,对这些史籍的钩稽与研究,也是文献学研究的一个重要领域。本文就《四库全书总目》释家类典籍的著录作一初步分析。

29.1 《四库全书总目》释家类典籍概要

《四库全书总目》子部释家类所收典籍共 13 部,312 卷。存目典籍 12 部,117 卷。存目,即"止存书名",在《总目》各类著录书后给这些不予收录的书撰写了提要。

29.1.1 《四库全书总目》所收释家类典籍

(1)《宏(弘)明集》14 卷,梁释僧祐编,《大正藏》52 册收录。"六朝遗编,流传最古。梁以前名流著作,今无专集行世者,颇赖以存。"[1]为佛教史料集,对中国佛教史研究有重要史料价值。

---

〔1〕永瑢等:《四库全书总目》卷 145,中华书局 1965 年版,第 1236 页。

·欧·亚·历·史·文·化·文·库·

（2）《广宏（弘）明集》30卷，唐释道宣撰，《大正藏》52册收录。此书是续梁僧祐《弘明集》而编，其书采撷浩博，史料丰富，保存了一些在其他典籍中久已佚失的文献资料，弥足珍贵。如梁阮孝绪《七录》序文及其门目部分，就赖此书得以保存，对中国目录学史的研究颇有价值。

（3）《法苑珠林》120卷，唐释道世撰，《大正藏》53册收录。此书将佛家故事分类编排，四库馆臣认为："此书作于唐初，去古未远，在彼法之中犹为引经据典……存之可考释氏之掌故。较后来侈谈心性、弥近理、大乱真者，固尚有间矣。"[1]由于此书言必有据，又征引大量典籍，故自四库著录以后，遂为汉学家所注意，各家藏书志亦渐有其书[2]。

（4）《开元释教录》20卷，唐释智升撰，《大正藏》55册收录。为佛经目录集大成之作。

（5）《宋高僧传》30卷，宋释赞宁撰，《大正藏》50册收录。是书广采碑铭等原始资料，著录自刘宋到宋初10个朝代的高僧，为这一时期有关佛教历史人物的一部重要著作。《总目》认为《宋高僧传》"传后附以论断，于传授源流，最为赅备"。"其于谍、铭、记、志，撷采不遗，实称详博。文格亦颇雅赡，考释门之典故者，固于兹有取焉"。"盖史志于外教之书粗存梗概，不必求全，于例当然，亦于理当然也"[3]。《宋高僧传》为赞宁续慧皎《高僧传》、道宣《续高僧传》之作，《四库全书》收后者而不收前者，颇为阙漏。

（6）《法藏碎金录》10卷，宋晁迥撰。是书杂录儒、释、道三家之言，以为修身养性之助。

（7）《道院集要》3卷，宋王古撰。是书杂录对释、道二教思想的感悟之言。

（8）《禅林僧宝传》32卷，宋释惠洪撰，《续藏经》137册收录。是书对禅者传记，亦记录了一些机缘语句，为其后僧传、灯录常引用。

（9）《林间录》2卷后集1卷，宋释慧洪撰，《续藏经》148册收录。

---

〔1〕永瑢等：《四库全书总目》卷145，中华书局1965年版，第1237页。

〔2〕陈垣：《中国佛教史籍概论》，中华书局1962年版，第63页。

〔3〕永瑢等：《四库全书总目》卷145，中华书局1965年版，第769页。

是书所记,皆高僧嘉言善行及禅林掌故。"于禅宗微义,能得悟门,又素善赐华,工于润色;所述释门典故,皆斐然可观。亦殊胜粗鄙之语录。在佛氏书中,固犹为有益文章者矣。"〔1〕

(10)《罗湖野录》4卷,宋释晓莹撰,《续藏经》142册收录。是书多载禅门公案及机锋语言,记述颇详。南宋以来,修僧史者鲜不利用其书也。〔2〕

(11)《五灯会元》20卷,宋释普济撰,《续藏经》138册收录。是书删掇精英,去其冗杂,叙录较为简要。其考论宗系,分篇胪列。于释氏之源流本末,亦指掌了然。固可与僧宝诸传,同资释门之典故,非诸方语录、掉弄口舌者比也。〔3〕《五灯会元》各卷宗派分明,源流更为明晰,故内学外学,均喜其方便,元明以来,士大夫之好谈禅悦者,遂无不家有其书矣。〔4〕

(12)《释氏稽古略》4卷,元释觉岸撰,《大正藏》49册收录。"其书皆叙述释氏事实,用编年之体以历代统系为纲,而以有佛以来释家世次行业为纬……所录自内典以外,旁及杂家传记、文集、志乘、碑碣之类,多能搜探源流派别,详瞻可观……其援据既富,亦颇有出自僻书,足资考证者。其于业林古德纪别流传,亦多考核详明,备征典故。录存其说,未始非缁林道古之一助也。"〔5〕

(13)《佛祖通载》22卷,元释念常撰。是书全名《佛祖历代通载》,《大正藏》49册收录。所叙释氏故事,上起七佛,下迄元顺帝元统元年,皆编年记载。据陈垣先生考证,是书前数卷28祖悉抄《景德传灯录》,自汉明帝至五代10余卷,悉抄祖琇《隆兴佛教编年通论》,其所自纂者,仅宋元二代。〔6〕

---

〔1〕永瑢等:《四库全书总目》卷145,中华书局1965年版,第1238页。
〔2〕陈垣:《中国佛教史籍概论》,中华书局1962年版,第143页。
〔3〕永瑢等:《四库全书总目》卷145,中华书局1965年版,第1239页。
〔4〕陈垣:《中国佛教史籍概论》,中华书局1962年版,第101页。
〔5〕永瑢等:《四库全书总目》卷145,中华书局1965年版,第1239页。
〔6〕陈垣:《中国佛教史籍概论》,中华书局1962年版,第147页。

29.1.2 《四库全书总目》释家类存目典籍

(1)《迦谈》4 卷,宋晁迥撰。是编即晁迥《法藏碎金录》。明代久无传本,嘉靖乙巳,晁迥裔孙晁王粟以翰林院检讨兼管诰敕,得此编于内府而刊之,改题此名。

(2)《佛祖统纪》54 卷,宋释志磐撰,《大正藏》49 册收录。是书详载天台一宗源流。

(3)《武林西湖高僧事略》1 卷,宋释元敬、释元复同撰,《续藏经》134 册收录。采自晋至宋高僧卓锡钱塘者 30 人。

(4)《神僧传》9 卷,不著撰人名氏,《大正藏》50 册收录。所载始于汉明帝时摩腾法兰,终于元胆巴,凡 208 人。是书专采僧传中之有神迹者,辑以为传,不注出典,所采皆习见之书。[1]

(5)《大藏一览》10 卷,明陈实撰,[2]《昭和法宝总目录》3 册收录。是编以藏经浩繁难以寻览,因录其大要,括为一书,学术价值不高。

(6)《觉迷蠡测三卷剩言》1 卷附录 1 卷,明管志道撰。是编皆阐发佛理。其剩言 1 卷,皆阐发此书余义。附录 1 卷,则与诸人往返论禅书。[3]

(7)《法喜志》3 卷,明夏树芳撰,《续藏经》153 册收录。是编取历代知名之人,取其言行有合于禅学者录之,不注出典。

(8)《长松茹退》2 卷,明释可真撰,收于《笔记小说大观》第四编(台北)。据陈垣先生考证,撰者应为释真可。[4] 是书乃其别撰语录,间及物理,不尽为释氏之言。

(9)《吴都法乘》12 卷,明周永年撰,有 1936 年上海石印抄本。是书辑录吴中释氏典故,所引多注出典,类似地方志。

(10)《正宏集》1 卷,清释本果撰。是编皆述唐僧大颠事迹。

---

〔1〕陈垣:《中国佛教史籍概论》,中华书局 1962 年版,第 151 页。
〔2〕《总目》著录误为"陈实原",实为"陈实"。引书同永瑢等:《四库全书总目》卷 145,中华书局 1965 年版,第 154 页。
〔3〕永瑢等:《四库全书总目》卷 145,中华书局 1965 年版,第 1240 页。
〔4〕陈垣:《中国佛教史籍概论》,中华书局 1962 年版,第 155 页。

（11）《南宋元明僧宝传》15 卷,清释自融撰,其门人释性磊补辑,《续藏经》137 册收录。为续惠洪《僧宝传》之作。记南宋建炎元年（1127）至清顺治四年（1647）间禅僧共 97 人。

（12）《现果随录》1 卷,清释戒显撰,《续藏经》149 册收录。是编所录皆明末清初因果报应之事。

29.2 《四库全书总目》释家类典籍
著录甚少之原因

《总目》著录的书籍数量巨大,种类丰富,具有极高的文献价值,为文献的保存与整理提供了重要线索。其子部典籍分为 14 类:

儒家类:120 部,存目 307 部

兵家类:20 部,存目 47 部

法家类:8 部,存目 19 部

农家类:10 部,存目 9 部

医家类:97 部,存目 94 部

天文算法类:56 部,存目 27 部

术数类:50 部,存目 136 部

艺术类:81 部,存目 80 部

谱录类:55 部,存目 89 部

杂家类:190 部,存目 665 部

类书类:65 部,存目 217 部

小说家类:91 部,存目 136 部

释家类:13 部,存目 8 部

道家类:44 部,存目 100 部

其中释家类典籍仅收录 13 部,存目仅 8 部,与儒家类典籍不能相比,与同被归于"外学"的道家类典籍亦相差甚远,这与佛教典籍数量众多、资料丰富的现状极不相称,究其原因,不外有以下几点:

29.2.1 尊崇儒家,排斥释家等其他学派

《四库全书》著录原则为乾隆制定:"择其中罕见之书,有益于世道

人心者,寿之梨枣,以广流传。余则选派誊录,汇缮成编,陈之册府。其中有俚浅讹谬者,止存书名,汇为总目,以彰右文之盛。此采择《四库全书》本指也。"[1]又以儒家学说为"有益于世道人心者",起到教化民众的作用。"盖圣朝编录遗文,以阐明圣学明王道者为主,不以百氏杂学为重也。"[2]在《总目》编纂者看来,佛、道之类皆属"外学""外教",其论有悖儒学正统,理当在摒弃之列。因此,对释道著述,仅"择其可资考证者;其经忏章咒,并凛遵谕旨,一字不收"。[3]

这一"罢黜百家,独尊儒术"的思想在《总目》中处处体现出来:"夫学者研理于经,可以正天下之是非。征事与史,可以明古今之成败。余皆杂学也。"[4]"周衰而后百氏兴。名家称出于礼官,然坚石白马之辨,无所谓礼;纵横家称出于行人,然倾危变诈,古行人无是词命;墨家称出于清庙之守,并不解其为何语(以上某家出某,皆班固之说),实皆儒之失其本原者各以私智变为杂学而已。其传者寥寥无几,不足自名一家,今均以杂学目之。"[5]否定名家、纵横家、墨家等为一家之学,认为都是学儒没有学好而"各以私智变为杂学而已"。[6]

在此种思想指导下,《总目》对所收著述中佛、道、纵横、墨家等家思想"抨击必严";对佛、道、天主教等类著述,采取了极为轻蔑的排斥态度。[7] 如著录《弘明集》时云:"此书所辑皆东汉以下至于梁代阐明佛法之文,其学主于戒律,其说主于因果,其大旨则主于抑周、孔,排黄老,而独申释氏之法。夫天不言而自尊,圣人之道不言而自信,不待夸,不待辨也。恐人不尊不信,而嚣张其外以弥缝之,是亦不足于中之明证

〔1〕《乾隆三十八年五月十七日奉圣谕》,载永瑢等编:《四库全书总目·卷首》,中华书局1965年版,第2页。

〔2〕永瑢等:《四库全书总目·凡例》,中华书局1965年版,第19页。

〔3〕永瑢等:《四库全书总目·凡例》,中华书局1965年版,第18页。

〔4〕永瑢等:《四库全书总目·子部总序》,中华书局1965年版,第769页。

〔5〕永瑢等:《四库全书总目·杂家类·杂学后序》,中华书局1965年版,第1012 - 1013页。

〔6〕郑颖:《〈四库全书总目〉子部存目浅谈》,载于《丽水师范专科学校学报》2004年第1期。

〔7〕黄爱平:《〈四库全书总目〉的经学观与清中叶的学术思想走向》,载于《中国文化研究》1999年春之卷。

矣。"〔1〕对僧祐弘佛而抑儒、道大加贬斥。子部儒家类存目《崇正辨》提要云:"是书专为辟佛而作。每条先引释氏之说于前,而辨证于后。持论最正,其剖析亦最明。然佛之为患,在于以心性微妙之词汩乱圣贤之学问,故不可辨。至其经典荒诞之说,支离矛盾,妄缪灼然,皆可谓不足与辨者。必一一较其有无,是亦求胜之过,适以自袭矣。"〔2〕对佛教的贬斥程度由此可见一斑。对佛教持如此排斥的态度,认为佛家学说汩乱儒家的圣贤学问,所以只收录了一小部分"可资考证"的佛教典籍。即使勉强收录的"可资考证"的著述,也挂一漏万,阙略颇多。如著录《宋高僧传》,而不著录《高僧传》《续高僧传》;著录《开元释教录》,而不著录《出三藏记集》和《历代三宝记》,等等。

《高僧传》(常称《梁传》《皎传》),梁释慧皎传。全书录自东汉明帝永平十年(67)佛教传入我国至梁天监十八年(519),凡453年间257位高僧之传记,加上旁出附见者,实收500多人。全书分译经、义解、神异、习禅、明律、亡身、诵经、兴福、经师、唱导10科,书末附有王曼颖《与皎法师书》和作者答书。慧皎所创僧传体例,为后世所依。《续高僧传》(又谓《唐高僧传》《续传》),唐释道宣撰,30卷。全书亦分10科,计本传414人,附传201人,然其自序谓正传331人,附传160人,盖本书脱稿之后,屡加增补,所载止于麟德二年(665),故诸本所录人数有异。高丽本中本传414人,附传201人,宋、元、明诸本则本传485人,附传219人。

慧皎《高僧传》偏重记录南方,道宣之《续高僧传》纂于南北朝统一之后,多补北朝人物事迹,故此二书皆为治佛学之必需,历来为学人重视。但《四库全书》却未收二书,而将赞宁的《宋高僧传》收入。

赞宁,浙江德清人,俗姓高,出家于杭州祥符寺,受具足戒后博涉三藏,犹精南山律,谈论之间辞辩宏放,挫他论锋,时人以"律虎"誉之。其又旁通儒道二家,备受当时王侯名士仰敬。吴越钱俶钦慕其德,任之

---

〔1〕永瑢等:《四库全书总目·子部总序》,中华书局1965年版,第769页。

〔2〕永瑢等:《四库全书总目·子部总序》,中华书局1965年版,第769页。

为两浙僧统,复赐以"明义宗文大师"之号。入宋后宋太祖对其礼遇有加,太平兴国三年(978),赐其"通慧大师"之号,并先后任其以翰林史馆编修,左街讲经首座、右街僧录等职。咸平四年(1001)入寂,世寿83岁。赞宁著作很多,除《宋高僧传》外,还有《大宋僧史略》及《外学集》等。《宋高僧传》30卷,亦依《高僧传》体例,分为10科,继《续高僧传》之后辑录从唐太宗贞观至宋太宗端拱元年(988)凡343年间之高僧传记。因于当时汴京左街天寿寺完成,故又有"天寿史"之称。其书序谓正传533人,附见130人,实则正传531人,附见125人。对《四库全书》收《宋高僧传》而不收比其更早甚至是其范本的梁唐二传,陈垣先生早已提出批评,说这种做法"犹之载《后汉书》而不载《史记》《汉书》","载《唐书·经籍志》而不载《汉志》及《隋志》",[1]颇中其要害。但这并非四库馆臣的疏漏,其目的仍然是清楚的。梁传的作者慧皎、唐传的作者道宣都是纯粹的僧人,而赞宁从吴越钱氏到宋朝一直担任僧职,替国家管理佛教事物,甚至还任翰林史馆编修,可见其思想倾向与当时的正统思想早已合流。在赞宁的另一部著作《大宋僧史略》中,其想把佛教理论趋附于儒家理论学说,以融合儒佛思想的倾向更为明显,故四库馆臣当然要选择他。至于著录《开元录》而不著录《出三藏记集》和《历代三宝记》亦有同样的情况。我们知道《开元录》基本是"官办的",而前两者皆为僧人的"私撰",尽管他们的时代较早,而且是《开元录》的"范本"。

29.2.2 经世致用的价值取向

《总目》编撰者尊崇儒学,在选录、著录典籍时表现出经世致用的价值取向。沿袭历代目录学著作的做法,把儒学经典列于卷首,显示其尊崇地位,[2]且从经世致用的角度排列子部14类典籍:"儒家尚矣。有文事者必武备,故次之以兵家。兵,刑类也。唐虞无皋陶,则贼寇奸

---

〔1〕陈垣:《中国佛教史籍概论缘起》,载于《中国佛教史籍概论》,中华书局1962年版,第1页。

〔2〕黄爱平:《〈四库全书总目〉的经学观与清中叶的学术思想走向》,载于《中国文化研究》1999年春之卷。

尻无所禁,必不能风动时,故次以法家。民,国之本也,谷,民之天也,故次以农家。本草经方,技术之事也,而生死系焉,神农、黄帝以圣人为天子,尚亲治之,故次以医家。重民事者先授时,授时本测候,测候本积数,故次以天文算法。以上六家,皆治世者所有事也。"[1]将与国计民生密切相关、经世实用的六家,按其重要程度排列于前,而将"皆小道之可观也"的术数、艺术类和"皆旁资参考者也"的谱录、杂家、类书、小说家依次排列在前述六家之后。被归为"外学"的释家、道家只能列于末位了。释家之所以排在道家之前,仅因《魏书·释老志》及《七录》中以释先于道。"凡能自名一家者,必有一节之足以自立,即其不合于圣人者,存之亦可为鉴戒。"[2]《总目》之所以著录其他诸家典籍,仅为博收而慎取、留存后世作为鉴戒。这种强调经世致用的价值取向,与尊崇儒家、排斥释家等学派的编撰思想直接导致了释家类典籍少量收录的结果。

29.2.3 佛教经典整理水平的高度发达

佛教自东汉传入中国以后,随着西域僧众东来传教,中国僧众西行求法,佛经不断译出,佛教经典汗牛充栋。中华佛教撰述也不断涌现,本土僧人、居士编纂的各种注疏与论著数目更加惊人。而佛教典籍的整理、佛经目录的著述也在不断发展,至唐代达到极盛,出现了像《大唐内典录》《开元释教录》这样空前绝后的集大成著作,确立了严谨完备的分类体系,远远超出了同时代其他类目录学的发展水平。宋代时雕版印刷用来刻印大部头书籍,刻成了有名的《开宝大藏经》,从此佛教经典便进入到整理与汇刻时期,把入藏录中所著录的现存佛经汇刻成《大藏经》。佛经目录则转为为入藏的佛经编写提要,成为完全依照佛经思想体系的有提要的分类目录,宋王古《大藏圣教法宝标目》、明智旭《阅藏知津》即是。

《大藏经》自成体系,除收录佛经外,还收录中国撰述即本土高僧

---

〔1〕永瑢等:《四库全书总目·子部总序》,中华书局 1965 年版,第 769 页。
〔2〕永瑢等:《四库全书总目·子部总序》,中华书局 1965 年版,第 769 页。

对佛经的注疏及其他著作,如目录书、僧史、僧传书。由于各版《大藏经》的印刷,佛教典籍保存得比较完好,整理水平高度发达,而数量又特别巨大,这可能也是《四库全书》收录释家类典籍较少且较之同为"外学"的道家类典籍更少的原因之一。

29.3 《四库全书总目》释家类典籍收录著录原则及特点

历来官修目录不甚重视释家类典籍,王俭《七志》以道佛附见、阮孝绪《七录》始设"佛录"一类后,各志承之,但并不全收内典,只就编者所接触到的或认为重要的,酌量采择一部分收入。这种做法一直延续到《四库全书》及《总目》对释家类典籍的收录。《总目》编撰者自言:"梁阮孝绪作《七录》,以二氏之文别录于末。《隋书》尊用其例,亦附于志末。有部数、卷数,而无书名。《旧唐书》以故无释家,遂并佛书于道家,颇乖名实。然惟录诸家之书为二氏作者,而不录二氏之经典,则其义可从。今录二氏于子部末,用阮孝绪例;不录经典,用刘昫例也。诸志皆道先于释。然《魏书》已称《释老志》,《七录旧目》,载于释道宣《广弘明集》者,亦以释先于道。故今所叙录,以释家居前焉。"[1]

四库馆臣在思想意识中排斥佛家,而佛家经典自成体系,整理水平高,传世又多,故《全书》全部收录释家典籍既无可能,亦无必要。因此,对释家著述,仅"择其可资考证者","择体裁犹近儒书者,略存数家,已备参考"。此即《全书》释家类典籍的收录著录原则,选择"可资考证"之释家类典籍的代表作,即佛经外的本土著述每类选一二代表作著录,此为《全书》及《总目》释家类典籍的著录特点。

(1)目录类:《开元释教录》。

此书集前代之大成,确立了佛经目录的分类体系,为一部空前绝后的佛经目录著作,代表了佛教文献学和佛经目录学的最高水平,历代

---

〔1〕永瑢等:《四库全书总目》卷145,中华书局1965年版,第1236页。

《大藏经》皆沿其结构体系,可谓功莫大焉。书中对每一译经者先列所译诸经名目,再为其人立传,如同史传,保留了丰富的资料。《总目》提要说明了选录是书的原因:"佛氏旧文,兹为大备,亦兹为最古。所列诸传,尤足以考证之资。""考《隋书》载:王俭《七志》,以道佛附见,合为七门;阮孝绪《七录》,则以《佛录》第六、《道录》第七,共为七门。《隋志》则于四部之末,附载道经、佛经之总数,而不列其目。《唐志》以下,颇载经目,而挂漏实多。今于二氏之书,皆择体裁犹近儒书者,略存数家,以备参考。至经典叙目,则惟录此书及白云霁《道藏目录》,以存梗概,亦犹《隋书》但列总数之意云尔。"[1]但目录类仅收《开元释教录》一书,而保留了大量有关佛教史及各朝帝王士庶原始材料又为现存最早、次早佛经目录的《出三藏记集》《历代三宝记》,未收录,此为《四库全书》一大憾事。

(2)传记类:《宋高僧传》《禅林僧宝传》《五灯会元》(存目《法喜志》《武林西湖高僧事略》《神僧传》《南宋元明僧宝传》)。

《五灯会元》为禅门僧俗的传记,所记主要是禅者的开示与回答的机锋,宋代以降禅宗人物的资料主要在众多的传灯录之中,《景德传灯录》始创此记言体裁的传灯录,宋代有《景德传灯录》《天圣广灯录》《建中靖国续灯录》《联灯会要》《嘉泰普灯录》等五灯录。陈垣先生认为"一部《景德传灯录》,不啻一部唐末五代高逸传,惜乎欧、宋二公皆不喜佛,故《新唐书》及《五代史》皆阙失此等绝好资料焉。"[2]《全书》则仅收录合五灯录为一、方便检读的《五灯会元》,作为记录禅宗史的记言体传记之代表作。

(3)总集类:《弘明集》《广弘明集》。

(4)类书类:《法苑珠林》(存目《大藏一览》)。

(5)笔记类:《林间录》《罗湖野录》(存目《长松茹退》《现果随录》《正宏集》)。

---

〔1〕永瑢等:《四库全书总目》卷145,中华书局1965年版,第1237页。
〔2〕陈垣:《中国佛教史籍概论》,中华书局1962年版,第92页。

（6）佛教源流史事类：《释氏稽古略》《佛祖通载》（存目《佛祖统纪》）。

（7）语录类：《法藏碎金录》《道院集要》（存目《迦谈》）。

《迦谈》即《法藏碎金录》，《存目》著录此书殊无必要。

（8）志乘类：存目《吴都法乘》。

（9）阐发佛理类：存目《觉迷蠡测三卷剩言》。

从著述的朝代来看，收录者梁 1 部，唐 3 部，宋 7 部，元 2 部；存目者宋 3 部，明 5 部，清 3 部，不知撰述者 1 部。其中宋代著作最多，以唐宋时期佛教著作为主，这与唐宋时期佛教信仰兴盛，中国本土佛教著述大量涌现是相一致的。

《总目》对释迦类典籍的著录虽有缺憾之处，但其所选典籍代表性比较强，自有其学术价值和史料价值。著名历史学家、文献学家陈垣先生著有《中国佛教史籍概论》一书，将六朝以来研究历史所常见的佛教史籍，略按成书年代，分类详细介绍。自成书以来，即为研究佛教史者必备之书，对研究其他方面的历史文献问题，也有重要的参考价值。是书所论释家著作共 35 部，其中《四库全书总目》著录者 13 部，附存目者 8 部，《四库全书》以外者 14 部。可见《四库全书总目》著录的释家类典籍在佛学、历史学、文献学研究中的学术价值。由于这些典籍在佛家著作中很有代表性，同心出版社将其编辑成《四库释家集成》，于1990 年出版，大大方便了相关学者查阅利用。除释家类典籍之外，《四库全书》经史子集部相当数量的其他文献，亦应作为研究佛教史及古代佛教文化的资料，加以充分利用。

（本文与党燕妮合作，原载于《四库全书研究文集》，敦煌文艺出版社 2006 年版）

30　麦积山早期三佛窟与姚兴的《通三世论》

　　麦积山石窟,地处西秦岭小陇山林海之中,自古就被誉为"秦地林泉"之冠,兼有南秀北雄之景。石窟凿于状如麦垛的山崖之上,仰视高壮险峻,俯首深幽目眩,被视为继敦煌、云冈、龙门之后的中国第四大石窟。又因其保存有十六国至明清 12 个朝代的精美佛教雕塑,而被称为"东方雕塑博物馆"。

　　据长期在麦积山工作的李西民先生的调查,麦积山在东晋十六国时称为"太石崖""石岩寺""无忧寺",南北朝时为"麦积崖"。[1] 笔者认为,在佛教未传入中国之前,麦积山可能很早就成为宗教圣地了。而其最早应与"且"的崇拜有关。"且"甲骨文作"∆",实为男性生殖器,而麦积山之形状,实为此形。故此时的麦积山被视为"且山",或被称作"太石"。这种情况实是"原始自然崇拜"与"男性祖先崇拜"思想的共同反映。[2] 联系到西晋时即有高僧帛法祖及弟法祚在天水一带活动,后被天水刺史张辅鞭挞致死,陇上羌胡闻之悲忿,欲为其复仇,张辅遣军陇上迎战的历史记载,[3] 可知当时的天水周围,活动着许多"羌胡"民族,而在"羌胡"诸民族中,流行此类崇拜是很自然的事情。

　　如此,我们对"太石崖"以后成为宗教圣地的渊源就很好理解了。

---

　　〔1〕李西民:《麦积山石窟艺术史上的六个高潮》,载于麦积山石窟艺术研究所编:《石窟艺术》,陕西人民出版社 1990 年版。

　　〔2〕在中国新石器时代晚期,许多地方发现了陶祖(陶作的男性生殖器),甚至近代中国的少数民族中,仍然有此种崇拜的遗风。如四川木里县俄亚卡瓦村的摩梭人,把该地一岩洞中的钟乳石作为石祖而祭祀;云南西双版纳曼贺山上的一个石柱,被当地傣族人视为石祖;西藏门巴人供奉木祖(参见宋兆麟:《原始社会的"石祖崇拜"》,载于《世界宗教研究》1983 年第 1 期)。还有河北承德的"棒槌山"也可能如此。这种例子,不仅在中国很多,在国外也很多,如印度的"林伽崇拜"等等。

　　〔3〕〔梁〕释慧皎:《高僧传》卷1《帛远传》,中华书局 1992 年版,第 26 - 27 页。

欧·亚·历·史·文·化·文·库·

佛教传入中国之后,随着其势力的扩张和帝王的扶植,在许多地方赶走了以前的"山神",占据了许多名山(这在中国几乎是一个通例),麦积山应是其中之一。至十六国时,麦积山已全属佛教的领地了,以前的名称"太石崖"也就变为"麦积崖"了。

正因为如此,我认为佛教进入麦积山的时间是很早的。

多年以来,学界公认的麦积山最早的一批石窟,是现编号为第 51、74、78、90、165 等窟。现以保存较为完整的第 74、78 窟造像为例说明之。

第 74 窟平面近方形,平顶敞口,窟内沿正、左、右三壁建"冂"字形高坛基,坛上正、左、右三面各塑一佛,共三佛,三佛同大,高 2.95 米,水波纹高肉髻,面相方圆,深鼻高目。两唇紧闭,内着僧祇支,外着半披肩袈裟,均结跏趺坐,身体高大雄健。佛两侧各有胁侍菩萨,面部长圆,头戴花冠,颈部戴项圈,发辫垂至两肩,上身袒露,披络腋,赤足站立。第 78 窟形制及造像题材与第 74 窟基本相同,也在正、左、右三壁坛基上作三佛和二胁侍菩萨。两窟造像风格与炳灵寺 169 窟西秦造像接近。所不同的是炳灵寺西秦的三佛造像一般为三佛并列,甚至有中间一佛较为高大的现象。而麦积山的三佛造像呈现一窟三壁凿三佛,佛像同样高大的新布局。

第 74、78 窟正壁主尊两侧上部还各开一小龛,右侧龛内塑交脚菩萨,左侧龛内塑思惟菩萨。据有关专家的研究,这里的交脚菩萨不是弥勒,而是释迦成佛之前以菩萨的身份在兜率天宫为天人说法。思惟菩萨则是表现释迦成佛之前在菩提树下冥思解脱之道[1]。

如果这几个论点成立,麦积山这类早期洞窟的三佛中肯定有释迦牟尼佛了,其左右两边应为过去佛和未来佛[2]。

佛教从时间观念的角度出发有所谓三劫之说,即过去庄严劫、现在

---

〔1〕张学荣、何静珍:《论莫高窟和麦积山早期洞窟中的交脚菩萨》,载于《1987 年敦煌石窟研究国际讨论会文集·石窟考古篇》,辽宁美术出版社 1990 年版。

〔2〕贺世哲:《关于十六国北朝时期的三世佛与三佛造像诸问题(一)》,载于《敦煌研究》1992年 4 期。

贤劫、未来星宿劫。每劫时间很长,但不等同。有的佛经中,"劫"与"世"同义,故有"三世"与"三劫"并提,或称"三世三劫"的情况。[1] 与此同时,佛教又从空间方面,讲东、西、南、北、东南、西南、东北、西北、上、下十方,亦称"十界"。前者为"世",后者为"界",即我们常说的"世界"。大乘佛教认为"三世十方(界)"均有无数佛存在,简称"三世诸佛"。

《魏书·释老志》又云:

> 所谓佛者,本号释迦文者,译言能仁,谓德充道备,堪济万物也。释迦前有六佛,释迦继六佛而成道,处今贤劫。文言将来有弥勒佛,方继释迦而降世。[2]

释迦以前的六佛,是指毗婆尸佛、尸弃佛、毗舍浮佛、拘留孙佛、拘那含牟尼佛、迦叶佛。此六佛在许多佛经中都有记载。北凉石塔上即以过去六佛加上现在佛释迦牟尼共"七佛"。现存敦煌市博物馆的北凉石塔——《□吉德塔》上即雕有七佛名称(有残缺)。此七佛又常与未来佛——弥勒佛组合,是十六国北朝造像中常见的题材。但"七佛"同"三佛"一样,也是反映"三世有佛"思想的。

佛教中的"三世有佛"思想,实际上是在宣传"佛不灭论",是对"灭法思想"的一种反击形式,而且这种反击源远流长。在犍陀罗艺术中即有过去六佛、现在释迦牟尼佛、未来弥勒佛的"三世佛"造像。[3] 此种题材随后也传到我国。因此,在十六国北朝的佛教造像中,此类题材大量出现。但在麦积山早期洞窟中,"三世佛"的思想主要表现为"三佛"造像而不是"七佛(加一弥勒)"造像。其表现方式简练、直接。

现在的问题是,这一批早期三佛窟具体早到什么时代?是西秦,还是北魏?学界各有不同的看法。以作者愚见,这批"三佛窟"为后秦无疑。

---

〔1〕《过去庄严劫千佛名经》,见《大正藏》第 14 册。
〔2〕〔北齐〕魏收撰:《魏书》卷 114《释老志》,中华书局 1974 年版,第 3027 页。
〔3〕犍陀罗艺术中的有关资料参看宫治昭:《关于犍陀罗三尊形式中之二胁侍菩萨》,奈良国立博物馆特别展《菩萨》第 4 图,1987 年。

十六国时期的后秦,是淝水之战以后由羌族首领姚苌以长安为政治中心建立的一个政权。其统治区域包括了今陕西省的大部分和甘肃、宁夏、山西等省的一部分。而关中及陇山一带,为其腹地。姚兴时,在天水大族尚书仆射尹纬的辅佐下,留心政治,提倡儒学而又弘扬佛教,因而使得其境内一时政治安定,人物荟萃。

早在鸠摩罗什来长安之前,天水姜龛、东平淳于岐、冯翊郭高等"耆儒硕德",已在长安教授儒学,各有门徒数百,诸生自远而至者一万数千。姚兴"每于听政之暇,引〔姜〕龛等于东堂,讲论道艺,错综名理"。凉州儒者胡辩,在前秦末东徙洛阳,教授弟子千余,关中慕名往奔者众多,姚兴特敕关尉,不得禁止。因此可见其有关政策的开明和对儒学的重视程度[1]。与此同时,姚兴"少崇三宝,锐志讲集",又大力提倡和扶植佛教,迎鸠摩罗什入长安之后,"待以国师之礼,甚见优宠。晤言相对,则淹留终日,研微造尽,则穷年忘倦"[2]。又入"逍遥园,引诸沙门于澄玄堂听鸠摩罗什演说佛经。罗什通辩夏言,寻览旧经,多有乖谬,不与胡本相应。兴与罗什及沙门僧䂮(或作僧)、僧迁、道标、僧叡、道恒、僧肇、昙顺等八百余人,更出《大品》,罗什持胡本,兴执旧经,以相考校,其新文异旧者皆会于理义。续出诸经并诸论三百余卷。今之新经皆罗什所译。兴既托意于佛道,公卿已下莫不钦附,沙门自远而至者五千余人。起浮图于永贵里,立波若台于中宫,沙门坐禅者恒有千数。州郡化之,事佛者十室而九矣"[3]。西秦佛教之盛,由此可见一斑。

僧叡《大品经序》谓:"渭滨流祇洹之化,西明启如来之心,逍遥集德义之僧,京城溢道咏之音。"又谓:"于京城之北逍遥园中出此经(即《大品般若经》)。"[4] 其《大智释论序》又有"集于渭滨逍遥园堂"[5],

---

〔1〕〔唐〕房玄龄等撰:《晋书》卷117《姚兴载记上》,中华书局1974年版,第2979页。

〔2〕〔梁〕释慧皎:《高僧传》卷2《鸠摩罗什传》,中华书局1992年版,第52页。

〔3〕〔唐〕房玄龄等撰:《晋书》卷117《姚兴载记上》,中华书局1974年版,第2984-2985页。

〔4〕〔梁〕僧祐撰:《出三藏记集》卷8,中华书局1995年版,第292页。

〔5〕〔梁〕僧祐撰:《出三藏记集序》卷10,中华书局1995年版,第386-387页。

《大智论记》有"于逍遥园中西门阁上"[1]的记载,可见逍遥园是长安极为重要的寺院和译场。

宋敏求《长安志》卷5述及逍遥园时说,姚兴常于逍遥园引诸沙门听番僧鸠摩罗什演讲佛经。"起逍遥宫,殿庭左右有楼阁高百尺,相去四十丈,以麻绳大一围,两头各拴经上,会日令二人各楼内出,从绳上行过,以佛神相遇。"[2]

同书又在"永贵里有波若台"条下介绍说:"姚兴集沙门五千人,有大道者五十人,起造浮图于永贵里,立波若台。居中作须弥山,四面有崇岩峻壁,珍禽异兽,林草精奇,仙人佛像,俱人所未闻,皆以为希奇。"[3]

姚兴所建的另一重要寺院是长安大寺。据《历代三宝记》卷8(《大唐内典录》卷3亦载,内容基本相同)介绍,大寺原非本名,因于其中建堂,盖以草苫,名草堂寺。北周初年,此处改建街衢,大寺一分为四:一为原来的草堂寺;二为堂住寺(在草堂寺东);三为京北王寺,后改为安定国寺(在堂住寺东);四为大乘寺(在安定国寺西)。[4]由此可见,此寺规模之大。

总之,姚兴不但热衷于佛经的翻译,在创建寺院方面也不遗余力。

更为注意的是,姚兴对佛教"义理"的探讨,也超乎寻常,在同时代的帝王中是独一无二的。

姚兴认为:"佛道冲邃,其行为善,信为出苦之良津,御世之洪则。"[5]一开始就把佛教思想作为其统治思想的基础。他不但在鸠摩罗什的指导下读经修禅,而且著《通三世论》论证过去世(前生)、现在世(今生)和未来世(来生)三世的真实存在,教人明确佛教因果报应、三世轮回理论的正确,并以此送鸠摩罗什请教。其在《通三世论》中

〔1〕〔梁〕僧祐撰:《出三藏记集序》卷10,中华书局1995年版,第388页。
〔2〕〔梁〕宋敏求撰:《长安志》卷5,《四库全书》(文渊阁本)第587册,上海古籍出版社。
〔3〕〔梁〕宋敏求撰:《长安志》卷5,《四库全书》(文渊阁本)第587册,上海古籍出版社。
〔4〕今陕西户县东南圭主峰山下草堂寺,内藏石雕鸠摩罗什舍利塔,应为唐代之物。其他恐与后秦草堂寺、逍遥园无涉。
〔5〕〔梁〕释慧皎:《高僧传》卷2《鸠摩罗什传》,中华书局1992年版,第52页。

说：

> 曾问诸法师（指鸠摩罗什），明三世或有或无，莫适所定。此亦是大法中一段处所，而有无不判，情每慨之，是以疏忽。野怀聊试孟浪言之，诚知孟浪之言不足以会理。然胸襟之中，欲有少许意了，不能默已，辄疏条相呈。

> 匠者可为折衷。余以为三世一统，循环为用，过去虽灭，其理常在，所以在者，非如《阿毗昙》注言，五阴块然，喻若足之履地，真足虽往，厥迹犹存。当来如火之在木，木中欲言有火耶，视之不可见，欲言无耶？缘合火出。经又云：圣人见三世。若其无也，圣无所见；若言有耶，则为常嫌，明过去、未来。虽无眼对，理恒相因。苟因理不绝圣，见三世无所疑矣。[1]

其又另著《通三世》强调说：

> 众生历涉三世，其犹循环，过去、未来，虽无眼对，其理常在。[2]

姚兴为什么这样极力强调三世恒有、反复论证三世的存在呢？因为这里涉及佛教的一个基本理论问题。如果此问题不解决，佛教存在的理论依据就从根本上动摇了。原来，小乘一切有部主张"三世实有、法体恒有"，认为三世（时）一切事物和现象（法）皆有实体，真实存在。但大乘佛教经典《般若经》却主张"诸法性空"，认为一切事物和现象皆虚幻不实，三世也是如此。鸠摩罗什翻译的《摩诃般若经·空品》即说"过去世过去世空；未来世未来世空；现在世现在世空。"[3]有人据此认为三世是不存在的。这种"一切皆空"的"空观"，甚至成为当时极为流行的思想。但如果否认三世，就等于否认了三世轮回和因果报应。直接威胁到佛教存在的理论基础。正因为这样，姚兴才试图解决这个问题。其论证的结果是：三世是真实存在的，虽然其中的过去、未来两世，今世人的眼睛不能看到，但一旦因缘合会，就可看到。其犹如木头之中

[1]〔唐〕道宣撰：《广弘明集》卷18，见《大正藏》第52册，第228页。
[2]〔唐〕道宣撰：《广弘明集》卷18，见《大正藏》第52册，第228页。
[3]鸠摩罗什译：《摩诃般若波罗蜜经》卷6，见《大正藏》第8册，第265页。

看不到火,而一旦条件具备,就会出火一样。这种比喻虽然存在着明显的缺陷,但在当时的历史背景之下,会使很多人信服。

《通三世论》是姚兴"问诸法师"之后,"诸法师"不能解疑,给鸠摩罗什写的一封信。罗什接到之后,立即作了回答。他说:

> 雅论大通甚佳。[过]去[世]、[未]来[世]定无,此作不通。佛说色阴,三世和合,总明为色,五阴皆尔。又云:从心生心,如从谷生谷,以是故知,必有过去,无无因之谷。又云:六识之意识,依已灭之意为本,而生意识。又正见名过去业未来中果法也。又十力中第二力知三世诸业。又云:若无过去业,则无三涂报。又云:学人若在有漏心中,则不应名为圣人。以此诸比,固知不应无过去。若无过去、未来,则非通经理,法所不许。又十二因缘是佛法之深者,若定有过去、未来,则与此法相违,所以者何?如有谷子,地水时节,芽根得生;若先已定有,则无所待有,若先有,则不名从缘而生。又若先有,则是常倒,是故不得定有,不得定无,有无之说,唯时所宜耳。[1]

鸠摩罗什是站在大乘中观学派的立场上来答复姚兴的。他认为观察此问题可用两种不同的尺度,即第一义谛(或真谛、胜义谛)和世俗谛,若用前者,一切皆空无所有,若按后者,一切皆有。但正确的观点是不应把二者绝对地对立起来,而应当把二者结合起来(中道观或中观)。总之,鸠摩罗什的意思非常明确。这就是信中开头的那句话:"[过]去[世]、[未]来[世]定无,此作不通。"国师鸠摩罗什的回信从理论上支持了姚兴的观点,其权威性更高。[2]

与此同时,姚兴还把《通三世论》等大作送给他的弟弟安成侯姚嵩等。姚嵩读后上表言:"上《通三世》甚有深致,既已远契圣心,兼复抑正众说,宗塗亹亹,超绝常境,欣悟之至。"[3]这里还需注意的是,姚嵩

---

〔1〕〔唐〕道宣撰:《广弘明集》卷18,见《大正藏》第52册,第228页。

〔2〕以上有关论述,参见任继愈主编:《中国佛教史》第2卷《后秦王姚兴与鸠摩罗什》一节,第267－273页。

〔3〕〔唐〕道宣撰:《广弘明集》卷18,见《大正藏》第52册,第229页。

回信给姚兴说:"奉珠(应为"殊")像,承是皇后遗嘱所建。礼觐之日,永慕罔极。伏惟感往增怀。臣言,先承陛下亲营像事。每注心延望,迟冀暂一,礼敬不悟(应作"语")。圣恩垂及,乃复与臣供养此像,既功宝并重,且于制作之理,拟若神造中来。所见珠(应为"殊")像,诚当奇妙。然方之于此,信复有问,瞻奉踊跃。"[1]姚嵩为秦州刺史,史有明记。《晋书》卷118《姚兴载记》中说:"仇池公杨盛叛,侵扰祁山……秦州刺史姚嵩入羊头峡,右卫胡翼度从阴密出自汧城,讨盛。"[2](《通鉴》卷116《晋纪》同)他给姚兴的信中提到的"皇后遗嘱所建""陛下亲营像事"的"殊像"是否为秦州的麦积山,很值得研究。

姚兴如此关心"三世"问题,并非一时心血来潮,也非卖弄自己的学问之深。首先,因为"三世实有"思想,从根本上符合统治阶级的政治利益。前世作恶,今世果报,来世未定。换言之,现世的社会秩序,统治者和被统治者、皇帝和老百姓之间的差别,在前生就决定了,反抗是没有任何用处的。一般老百姓只能做"逆来顺受"的顺民。魏晋南北朝以来,这种思想实际上一直是维护中国封建社会的稳定器。在十六国战乱的历史背景下,更能如此。

另外,"三世实有""三世有佛"还具有宣传佛教历史悠久的重要作用。佛教开始传入中国之后,由于受到儒家思想和中国道教的排斥,其生存空间一直受到挤压。"胡本无佛",佛是"西方无赖子弟"等反佛言论甚嚣尘上。西晋道士王浮的《老子化胡经》实为此时反佛言论的记集和理论上的系统化。加之佛教本身固有的"末世"、"末法"思想使许多人对佛教产生了怀疑,甚至采取了排斥态度。而论证[现有佛]释迦之前还有[过去]佛,其后更有[弥勒]佛的真实存在,可以回答这些当时迫在眉睫的问题。

基于以上两点,作为"护法之君"的姚兴,当然要不遗余力地对其进行论证、宣传。

---

〔1〕〔唐〕道宣撰:《广弘明集》卷18,见《大正藏》第52册,第228-229页。
〔2〕〔唐〕房玄龄等撰:《晋书》卷118《姚兴载记下》,中华书局1974年版,第2996页。

正是在这种思想强烈的影响下,麦积山早期石窟的题材都选择了三佛。与此相映成趣的是,麦积山早期的三佛窟,一般都规模宏大,造型雄伟,颇有帝王气象。像这样的巨制,根本不可能是一般官府和民众可以开凿的,其应是当时后秦王朝的"国家工程"。后秦姚氏,根源于羌,而陇南天水一带,正是他们的发源地之一,建都长安之后,天水作为故地,地位非常突出,故姚兴派其弟姚嵩出镇天水。因此,在天水麦积山出现后秦时期大规模的三佛题材的造像是不难理解的。

　　(附记:本文的观点在给学生讲课中多次提出,现经学生姜涛整理,全文发表于此,原载于《敦煌学辑刊》2007 年第 1 期)

31　尉迟迥与拉梢寺大佛

　　尉迟迥，《周书》卷21、《北史》卷62皆有传。《周书》谓其先祖为"魏之别种，号尉迟部，因而姓焉"，又谓："迥少聪敏，美仪容。及长，有大志，好施爱士。稍迁大丞相帐内都督。尚[西]魏文帝女金明公主，拜驸马都尉。从太祖（宇文泰）复弘农，破沙苑，皆有功。累迁尚书左仆射，兼领军将军。[1] 迥通敏有干能，虽任兼文武，颇允时望。太祖以此深委仗焉。后拜大将军。"彰显尉迟迥才能的另一重要事件是其力排众议，支持宇文泰伐蜀之议，并受命亲率大军出散关，临剑阁，取蜀地。因"诏迥为大都督、益潼等十八州诸军事、益州刺史"，又因"平蜀之功，同霍去病冠军之义，封宁蜀公。进蜀公，爵邑万户"，至北周宣帝崩后，杨坚（隋文帝）辅政，以迥望位太高，甚猜疑之。时迥为相州总管，杨坚仍不放心，便派迥子惇赍诏书召迥入京。迥见杨坚当权，有篡位之心，遂起兵反抗，但很快被杨坚击败，迥在邺城自杀。至唐朝武德年间，迥从孙耆福上表，请求为其祖昭雪，朝议以迥忠于[北]周室，遂为其改葬。

　　《周书》本传未载尉迟迥曾任"陇右大都督""秦州刺史"等事，但同书《明帝纪》却载："[528年]冬十月辛酉，[帝]还宫。乙丑，遣柱国尉迟迥镇陇右。"[2] 又载："[559年]冬十月甲午，以柱国、蜀国公尉迟迥为秦州总管。"[3]《北史》本传说得更为明确，谓其曾"镇陇右。武成元年，进封蜀国公，邑万户，除秦州总管、秦渭等十四州诸军事、陇右大都督"。[4] 由此可见，尉迟迥出镇秦陇确为史实。

---

〔1〕〔唐〕令狐德棻等：《周书》卷21《尉迟迥传》，中华书局1971年版，第349页。

〔2〕《周书》卷4《明帝纪》，第56页。

〔3〕《周书》卷4《明帝纪》，第58页。

〔4〕〔唐〕李延寿：《北史》卷62《尉迟迥传》，中华书局1974年版，第2211页。

唯一使人迷惘的是,史书中除载尉迟迥"好施爱士"之外,对其佛教信仰记载很少。然而,此缺憾却被拉梢寺大佛旁题记的发现而弥补了。

在陇山以南地区,拉梢寺石窟是仅次于麦积山石窟的一个石窟群。其位于武山县城东北25公里处榆盘乡钟楼湾村的鲁班峡中。这一带原有佛教建筑十多处,惜今多已毁没,只有拉梢寺、水帘洞、千佛洞、显圣池还保留有佛教造像和壁画等。

拉梢寺造像俗称大佛崖,因其在崖面造像故。其崖上造大型浮雕式一佛二菩萨,为石胎泥塑。佛通高竟达40米,低平肉髻,髻施石绿色。面形长圆,施白色,宽眉大眼,鼻大唇厚,颈短肩宽,躯体硕壮。着紧身通肩大衣,衣纹在胸前呈弧形,结跏趺坐于一方形仰莲座上,双手施禅定印。佛身施朱红色,上彩绘石绿方格纹。

大佛两边侍立二菩萨。北侧菩萨戴宝冠,面半圆,双耳垂肩,宝缯垂于肩头,上身着僧祇支,饰项圈、臂钏。下着裙,帔巾自双肩搭下穿肘下垂式袈裟,双手捧盛开的莲花。南侧菩萨只有头部,身部残。

佛座自上至下有三层浮雕:第一层仰莲上卧狮,狮左右各三,头均向外;第二层仰莲上卧鹿,左右各四,头均向外;第三层仰莲上立象,正中一头,左右两侧各四头。以狮、鹿、象这种佛经和佛教造像题材中常用来代表佛和佛法的动物作佛座,在国内其他石窟中尚不多见。佛座正中凿长方形尖拱顶浅龛,内又塑一佛二菩萨。

千佛洞石窟又称七佛沟,距拉梢寺约0.5公里。其地为群山环抱,石窟开凿在一处不规则的天然石洞的西窟上,现存窟龛共29个(方)。其依山势,自上而下分三层布局。虽有20多龛,但龛内造像完整者少见。观其遗迹,造像题材多是一佛二菩萨。只有第16龛(位于崖壁正中)原塑七佛,今只存一大佛头,高1.2米左右,低平肉髻,面方圆,长眉细眼,鼻高唇小。千佛洞石窟又称"七佛沟",即源于此。以其七佛像的规模与所处位置来看,16龛七佛造像应是此处占主导地位的造像。

千佛洞石窟还保留一些壁画遗迹,如崖上方多有结跏趺坐佛,下部有供养人像等。

　　水帘洞石窟隔响河沟与拉梢寺相对,两窟相距不足 0.5 公里。此地山高沟深,林密叶茂,曲径通幽。石窟为一高 30 米、宽 50 米、深 20余米的天然石洞,因洞顶常有水向下倾泻,故称水帘洞。

　　水帘洞石窟中现保存的主要是两壁长 17 米、高 8 米的壁画一方。壁画按其内容,可分六组:

　　第一组为佛说法图,占整个绘画面积的 1/2。其画中部绘一佛二弟子二菩萨。佛低平肉髻,面圆耳大,细眉大眼,高鼻方唇,唇上画八字胡。着红色通肩大衣,上画石绿色方格纹,双手置于胸前。二菩萨戴宝冠,长发披肩,宝缯下垂飘扬,足着圆口鞋。佛两侧二弟子高度仅及菩萨一半,均着袈裟,立于覆莲台上。南侧弟子手持香炉。佛足两侧又各绘侍立弟子及二供养人,弟子着红色袈裟,供养人着圆领窄袖红色胡服。佛与菩萨均有头光,作桃形,内为缠枝花蔓,外周为火焰纹。佛头光顶部正中彩绘一结跏趺坐佛像,两侧各绘四飞天。飞天均高髻,袒上身,下着大裙,跣足。二菩萨头光顶部彩绘弟子及供养人,南侧三身,北侧四身,着袈裟或圆领窄袖胡服。

　　第二组位于第一组北侧,共 3 幅。自上而下第一幅绘一着双领下垂式袈裟,结跏趺坐佛;第二幅绘一佛二菩萨;第三幅绘菩萨。

　　第三组位于第二组下方,绘七佛。

　　第四组位于第一组北侧,自上而下第一幅绘二佛并坐;第二幅绘三菩萨,中间菩萨交脚,两侧侍立;第三幅绘菩萨数十身及弟子、供养人等,供养人着圆领窄袖胡服,均作立姿。

　　第五组位于第四组北侧,自上而下第一幅绘一佛二弟子立像;第二幅在浮雕龛楣上绘结跏趺坐五佛,龛中彩绘一佛二弟子二菩萨立于莲台之上。弟子着袈裟,持莲花。下方绘供养人、牛车及宝瓶等。男供养人均着圆领窄袖胡服,女供养人着圆领窄袖上衣,下着长裙,形态飘逸。龛北浮雕一印度式覆钵塔,形状与拉梢寺大佛顶部崖壁上彩绘佛塔同。

　　第六组位于第五组北侧,自上而下第一幅原绘立姿一佛二菩萨及供养人,现严重残缺;第二幅亦绘一佛二菩萨,佛着通肩大衣,结跏趺坐于覆莲座上,菩萨侍立。佛座下彩绘供养人,南侧较完整。最前一人为比丘尼,其后五身供养人,均着窄领小袖上衣,下着裙。

显圣池石窟位于拉梢寺东南约 1 公里处,系一平面近似半圆形的天然石洞。洞宽 54 米、深 17 米、高 20 米,窟内崖壁上原满绘壁画,现仅存南壁上的彩绘说法图及千佛等。南壁正中绘一佛二弟子四菩萨。佛结跏趺坐,二弟子及四菩萨侍立。佛像上方再绘四佛像,均着红色袈裟,结跏趺坐。胁侍菩萨旁绘三方说法图。北壁崖上残留一佛二菩萨悬塑残迹。壁画多已脱落。

上为拉梢寺石窟群现存基本情况。从现在此窟群周围保存的遗迹来看,这里原本应是一处规模庞大的佛教圣地。只是千百年来自然和人为的破坏,保留下来的原作已不多了。但就现存情况来看,此石窟群也是陇东南地区仅次于麦积山石窟的一处窟群。

在拉梢寺石窟群中,只有大佛崖保留有明确的造像铭记。其铭记阴刻在大佛北面菩萨身旁距地面 25 米的崖壁上,楷书竖写,共 12 行,全文为:

> 维大周明皇帝三年(559),岁次己卯,二月十四日,使持节柱国大将军陇右大都督秦州□凉(甘)□□武岷洮□文康十四州诸军事、秦州刺史、开国公尉迟迥与比丘□□□校□州仙崖,敬造释迦牟尼佛一区,愿天下和平,四海安乐,□共与天地长久,同祚上日月俱永。

此方铭刻,可以说是拉梢寺石窟群中最有价值的发现。其价值在于:第一,指明了此大佛像造于北周明帝宇文毓三年(559,同年改元武成),其不仅使此铺造像的年代有了确凿证据,而且为陇山左右及河西一带北周造像的断代提供了可以借鉴的实物资料。第二,提到的造像主是尉迟迥,再次证明北周时期较大规模的造像均与政治势力有密切关系。

铭刻中对尉迟迥造像之目的讲得很清楚,谓其造像是为了"天下和平,四海安乐,□共与天地久长,同祚上日月俱永"等。其不但祈愿佛能使天下和平安乐,皇上与日月一样永远不落,同时也在祈佛保佑自己。从其铭刻的语气观之,也完全是一副出镇一方的封疆大吏的派头。

　　前文已提及,在拉梢寺石窟中只有大佛崖造像有明确铭记,周围其他造像或壁画是否与尉迟迥有关,还无直接证据。[1] 但以其佛教艺术风格和大佛崖造像比较来看,多为北周之物。至少,可以如此认为:尉迟迥在拉梢寺的修造,可能带动了这一带的石窟开创。这里还需要提出的是,七佛沟之七佛造像,以其所处位置和规模来看,应与强大的政治背景和经济势力有关。其是否也为尉迟迥所创,值得进一步研究。

　　众所周知,北朝时期的石窟中,七佛题材极为流行,至北周时期,更进一步。麦积山现存北周石窟共有 42 个,其中有 12 个洞窟专供七佛,可见其流行之程度。七佛造像题材之流行,有着深刻的历史原因。佛教所谓释迦牟尼之前,已有六佛相继出现,释迦牟尼是继六佛之后的现在佛。前六佛是过去佛,以后还有未来佛——弥勒出现。佛教以此来宣传其历史悠久的三世存在、报应不虚等。北周时期甚嚣尘上的反佛言论的流行,很可能促进了佛教造像题材中七佛造像的较多出现。

　　以拉梢寺石窟群北周时期的造像、壁画来看,佛与菩萨的造型,基本上改变了北魏晚期至西魏时秀骨清相、褒衣博带的特点,逐渐趋于丰满,以前清俊、飘逸的格调,逐渐过渡为庄重健美的风格。造像题材主要组合为一佛二菩萨或一佛二弟子二菩萨、七佛、一交脚菩萨二胁侍菩萨等,故其反映的佛教思想亦较为简单。其壁画中规模较大和内容较多的为水帘洞第一组佛说法图,此组壁画中心为一佛二弟子二菩萨,上下皆有飞天、弟子及供养人等。壁画下部有供养比丘及供养人,男供养人多圆领窄袖胡服,女供养人圆领窄袖长裙,有些还配有牛车等物,此皆应为北周宇文氏贵族崇佛的真实写照。

　　拉梢寺石窟群所处之武山县,因其境内有武城山故名。三国时姜维从董亭越南安,邓艾拒之于武城山即为此地。北魏曾于山下置武城县。其地据渭水上游,自古以来便是东达中原、西通西域、南出洮岷的兵家必争之地。再加上这一带高山耸立,林木茂盛,环境清静,成为佛

────────────

　　〔1〕应说明的是:天水麦积山的大型摩崖龛,即今编号为第 13、98 的大龛,造龛规模、造像题材及艺术风格均与此拉梢寺大佛窟造像接近,可能亦与尉迟迥有关。

教徒理想的修身之地是很自然的事。值得注意的是,作为秦州总管的尉迟迥也不甘落后,加入了来此朝拜的善男信女行列之中,或许因为他的到来和修造,这里又成为北周时代陇右地区的又一个佛教圣地了。

（本文原载于《丝绸之路》2009 年第 10 期）

32　简论十六国北朝时期的
敦煌大族与佛教

　　敦煌处于河西走廊最西端,是连通中原和西域的咽喉之地。随着汉武帝对河西的开发,中原大族由于各种原因迁徙敦煌,并立足于此地,成为敦煌大族。两汉之际,佛教传入敦煌,崇尚儒家文化的敦煌大族,逐渐对佛教有所接触,其佛教信仰不断发展,并成为敦煌大族思想信仰的重要组成部分。

32.1

　　西汉中后期,汉武帝设敦煌郡,并对其进行大规模的开发,一些中原大族也随之迁入敦煌,至东汉后期发展成为敦煌的儒学世家。[1] 如曹氏祖先随汉武帝拓边迁入敦煌,遂为敦煌大族,以曹全一家为例,其世代有孝廉之举,颇具儒学素养;[2]索氏在武帝时为避难西来,其以儒学传家,举孝廉,对策高第,且善黄老之学,书法家索靖就出自这一家族。其以儒业显于太学,被誉为"敦煌五龙"之一;[3]张氏也是敦煌著名大族,文业武功显于一时。以张奂一家为例,奂曾"立功边境",擅长著述,子芝、昶"并善草书";[4]氾氏于西汉末年迁徙敦煌后,不断地向令狐、索、张氏等大族学习儒业,"代代相生,遂为敦煌望族,孝廉纪世,

---

　　〔1〕冯培红:《汉晋敦煌大族略论》,载于《敦煌学辑刊》2005年第2期,第100–116页。

　　〔2〕王昶:《金石萃编》卷18《郃阳令曹全碑》,光绪癸巳(1893)上海醉六堂印,第一函。

　　〔3〕P.2625《敦煌名族志》,载于《法藏敦煌西域文献》(16),上海古籍出版社2001年版,第329页。

　　〔4〕《后汉书》卷65《张奂传》,中华书局1965年版,第2138–2145页。

声誉有闻"；[1]令狐氏在王莽篡权时迁至敦煌,因立功西域,遂为敦煌大族,其亦以儒业见长,官居要职。[2] 阴氏、宋氏后来也迁入敦煌,但崛起稍晚。魏晋时期敦煌大姓势力基本以索、张、氾、令狐、阴、宋等姓为代表。[3] 当然,敦煌还有一些颇具影响力的世家,如赵氏、王氏等。初入敦煌的中原汉姓家族以儒学为业,举孝廉,进仕宦,奠定了其敦煌大族的地位。

敦煌悬泉汉简中有一枚记有"少酒薄乐,弟子谭堂再拜请,会月廿三日,小浮屠里七门西入"的一段文字,有学者指出,此简中的"弟子""浮屠"等字为佛教用语,并进一步指出早在公元 1 世纪下半叶佛教就传入敦煌,并一直在民间流行。[4] 如此不误的话,说明佛教早在东汉前期就传入了敦煌。这与敦煌大族的形成几乎是同步的。外来胡僧沿着"丝绸之路"来华传法,必须经过敦煌,使得敦煌佛教的发展有了得天独厚的条件。如后来被誉为"敦煌菩萨"的月氏人竺法护就居住于敦煌,其曾师从西域沙门竺高座学习佛法,后游历西域诸国,求访佛经,"自敦煌至长安,沿路传译",翻译不少佛典,弟子竺法乘也在敦煌"立寺延学"[5],促进了敦煌佛教的传播与发展。前秦沙门乐僔、禅师法良先后在莫高窟造龛[6],揭开了莫高窟的营建历史。但是,当时佛教并未被敦煌大族广泛接受。汉晋时期,敦煌大族仍以儒家文化为正统,他们多举孝廉,为官仕宦,对这一新传入的宗教还很陌生。佛教在敦煌还处于萌芽阶段。

〔1〕S.1889《敦煌氾氏家传》,载于《英藏敦煌文献》(3),四川人民出版社 1990 年版,第 168 – 169 页。

〔2〕《新唐书》卷 75 下《宰相世系五下》,中华书局 1975 年版,第 3397 页。

〔3〕杨际平、郭锋、张和平:《五一十世纪敦煌的家庭与家族关系》,岳麓书社 1997 年版,第 118 页。

〔4〕郝树声、张德芳:《悬泉汉简研究》,甘肃文艺出版社 2009 年版,第 185 – 194 页。

〔5〕释慧皎《高僧传》卷 1《竺法护传》、卷 4《竺法乘传》,中华书局 1992 年版,第 23 – 25、155 页。

〔6〕莫高窟 156 窟前室北壁《莫高窟记》,载于《敦煌莫高窟供养人题记》,文物出版社 1986 年版,第 72 页。

32.2

　　十六国时期,北方许多少数民族内徙,胡族政权林立。这时的敦煌在大多数情况下,为五凉政权统辖时期。[1] 这些政权的统治者多信奉佛教,"凉州自张轨后,世信佛教,敦煌地接西域,道俗交得其旧式,村坞相属,多有塔寺"。[2] 特别是北凉沮渠氏时期,大量翻译佛经,造塔建窟,使得北凉一时成为一个"弘化护法"之国。[3] 敦煌大族是五凉政权的政治支柱,但面对频繁的战乱和政权更迭,其命运也常发生变化,有的大族由于政治灾祸等原因急剧衰落,有的由于受宠于统治者反而更加荣耀。为了保持家族状态,找到更好的生存环境,敦煌大族的思想意识也开始发生变化,逐渐接受或信仰了外来的佛教,思想上由儒学独尊转变到了儒释兼行。

　　令狐氏是敦煌大族中思想文化发生变化的典型代表。令狐氏本以儒学传家,担任儒师角色,在前凉、西凉政权中官居要职,但北凉时期则不被统治者重用,这时基本不见令狐氏在北凉政权中任职,家族发展进入低潮,这应与其家族文化取向有密切的关系。[4] 令狐氏外徙吐鲁番、酒泉等地之后,为了求得生存和慰藉失落的心灵,开始为佛教信徒抄写佛经。如北凉承阳二年(429),令狐飒在酒泉为供养人马德惠所造石塔抄写《增一阿含经·结禁品》。[5] 又如出土于吐鲁番的《妙法莲华经·方便品》题记载"岁在己巳(429)六月十二日,令狐崴为贤者董毕狗写讫校定"。[6] 还有《佛说首楞严三昧经》题记载"维太缘二年

〔1〕五凉是指前凉、后凉、南凉、西凉、北凉。具体说,敦煌先后被前凉、前秦、后凉、西凉、北凉政权所统治,我们总体称之为五凉时期。

〔2〕《魏书》卷114《释老志》,中华书局1974年版,第3032页。

〔3〕杜斗城:《北凉佛教研究》,台北新文丰出版公司1998年版。

〔4〕孙晓林:《汉—十六国敦煌令狐氏述略》,载于《北京图书馆馆刊》1996年第4期,第92 - 96、24页。

〔5〕张宝玺:《甘肃佛教石刻造像》,甘肃人民美术出版社2001年版,第42页,图版9。

〔6〕礒部彰编集《台东区立书道博物馆所藏中村不折旧藏禹域墨书集成》卷下,文部科学省科学研究费特定领域研究〈東アジア出版文化の研究〉総括班,2005年,第3页图版152①。

岁在丙子(436)四月中旬,令狐广嗣于酒泉劝助为优婆塞史良奴写此经"。[1] 两个月后,令狐广嗣又为供养人程段儿所造石塔抄写《增一阿含经·结禁品》。[2] 这些都是敦煌令狐氏接触佛教的较早记录。自东汉中期以来,令狐氏就以儒学传家,具有很高的儒家文化素养,这为其从事佛经抄写工作提供了优势条件。应该说北凉时期的命运变故促使令狐氏开始寻找新的出路,故为广大信众抄写佛经便成了他们的选择。令狐氏家族成员作为抄经手,为供养人抄写佛经,这无疑就与佛教建立了密切的关系,其原先的儒学传家自觉不自觉地转变为儒释兼通了。

五凉时期,敦煌张氏亦以儒学传家,且经世致用,很多人在诸政权中为官仕宦。[3] 同时,他们的信仰也发生了变化。据敦煌文献记载,西晋咸宁四年(278),信士张自言、张赵氏夫妇就曾供养《陀罗尼神咒经》。[4] 可见敦煌张氏很早就接受了佛教。五凉时期以来,张氏信仰佛教者更多,如后凉主吕绍妾敦煌张氏就是一位虔诚的佛教信徒,在吕绍死后,她出家为尼,面对吕隆的侵扰,张氏义正词严,保持贞洁,至死诵经;[5] 藏于德国柏林印度艺术博物馆的《正法华经·光世音品》题记载北凉"神玺三年(399)七月十七日,张施于宽(冥)安县中写讫","手拙具字而已,见者莫笑也,若脱漏,望垂删定"。[6] 其抄经谦虚谨慎,信仰态度非常虔诚;日本藏出于库车的《妙法莲华经》卷1题记"比丘弘僧疆写第一,建初七年岁辛亥(411年)七月廿一日,比丘弘施、惠度、兴达共劝助校一遍,时劝助磨墨贤者张佛生"。[7] 张佛生协助比丘们抄写佛经,可见其与僧界有着密切的联系。更为有趣的是,其名字取作

〔1〕黄文弼:《吐鲁番考古记》,中国科学院1954年版,第26－27页。

〔2〕殷光明:《北凉石塔研究》,台湾新竹觉风佛教艺术文化基金会,2000年,第36－38、356页。

〔3〕张澍辑,李鼎文点校:《续敦煌实录》,甘肃人民出版社1985年版,第16－26页。

〔4〕羽田亨著,耿世民译:《西域文化史》,新疆人民出版社1981年版,附图15。

〔5〕李昉等:《太平御览》卷439《人事部·贞女上》,中华书局1960年版,第2021页。

〔6〕池田温:《中國古代寫本識語集錄》,東京大学東洋文化研究所,1990年,第78页及附图4。

〔7〕池田温:《中國古代寫本識語集錄》,第81页及附图7。文书中"建初七年岁辛亥"是西凉纪年,西凉的统治范围广及西域地区,故张佛生和比丘们抄经的地点或在西域,或在敦煌。其中,张佛生应该属于敦煌张氏,因为即使张氏活动于西域,其族源也是由敦煌迁徙而来。

"佛生",可见张佛生是一位崇信佛教的信士。五凉时期敦煌张氏从上层人士到普通民众皆怀着对佛教的崇敬之心,诵读抄写了大量佛经,佛教成为敦煌张氏的普遍信仰。

敦煌索氏、宋氏等大族在这时也不同程度地信仰了佛教。索氏素以阴阳术数而闻名,故其对佛教应不陌生,且索氏在五凉政权中也比较活跃;宋氏在五凉政权中势力时起时伏,显于前凉、西凉、北凉,隐于前秦、后凉。[1] 这些大族作为五凉政权的依靠力量,在统治者尤其是北凉特崇佛教的背景下,也信仰了佛教。如[北凉]沮渠缘禾四年(435),信士索阿俊与休息、昙智、法定等众人共立石塔。与立此塔的时间相差不远,休息、昙智、法定又与信士王坚、宋文惠等人共同造塔[2],所有这些均反映了北凉时期敦煌索氏、宋氏的佛教信仰情况。还有如王氏等在敦煌具有一定影响的家族,在这时也信仰了佛教。如上博1(2405)《佛说维摩诘经》卷上载后凉"麟嘉五年(393)六月九日王相高写竟,疏拙见者莫笑也";又本文已经提及的北凉石塔中王坚作为信士参与造塔等。

因此可以说,十六国时期是敦煌大族思想文化和信仰发生变化的重要时期。当时胡族政权林立,社会动荡不安,统治者多奉佛教,为佛教的发展提供了良好时机。作为这些政权支柱的汉姓敦煌大族,最初虽以儒家思想安身立命,但在十六国这个特殊的历史环境下,都自觉不自觉地接受或信仰了佛教,其儒学独尊的状态发生巨大变化,儒释兼通的敦煌世家大族在这时出现了。

32.3

北魏"太延中,凉州平,徙其国人于京邑,沙门佛事皆俱东,象教弥

〔1〕李聚宝:《十六国时期敦煌的政治状况》,载于《兰州学刊》1987年第3期,第80-86页。关于敦煌宋氏又见施光明《西州大姓敦煌宋氏研究》,载于《魏晋南北朝史论文集》,齐鲁书社1991年版,第166-176页。
〔2〕石塔收藏情况参见殷光明《北凉石塔研究》,第47-51、44-47页。

增矣"。[1] 很多敦煌大族、僧侣都被迁往内地,敦煌大族的势力大大减弱,儒家文化也失去了昔日的繁盛景象。在北魏鲜卑人统治之下,敦煌佛教迅速发展,留住敦煌的各大家族成员与佛教的关系更加密切。

北魏永平、延昌年间(511—514),敦煌地方政府组织了具有一定规模的佛经抄写活动,不少敦煌大族参与其中。在敦煌文献中就发现了大量的此类官方佛教写经,日本学者池田温对此类写经做了集中收录。在敦煌官方佛教写经事业中,工作人员主要由管理者典经师、抄经手(官)经生和校经道人组成。其中,来自令狐氏家族的令狐崇哲主要担任典经师职务,领导和管理抄经工作,且在经生构成中,令狐氏成员占了将近一半的比例,令狐氏在敦煌官方佛教写经中占据着主导地位。其他敦煌大族多担任经生一职。如张氏从事经生职业者,跟令狐氏经生人数相当,也占了很大的比例,曹氏、刘氏等经生也有不少,他们是敦煌官方佛教写经事业的重要组成部分。这些来自敦煌大族的抄经工作人员在政府的组织下有计划地抄写大量佛经,为敦煌官方佛教写经事业做出了重要贡献。[2]

北朝时期,敦煌大族更加信仰佛教。令狐、张、李、曹、氾氏等大族佛教信徒皆抄写供养佛经。如太平真君七年(446)令狐箓在唐儿祠写《大集经》卷23,为诸佛弟子祈愿;[3]北魏天安二年(467)令狐儿与王三典、张演虎等三人习书《维摩经》;[4]法藏敦煌文献 P.2078 大约 5 世纪信士张双周为亡妻令狐胤姬抄写供养《佛说观佛三昧海经》卷 4;P.2097 永平五年(512)五月佛弟子李季翼为出适王家病故的姊姐敬写《涅槃经》一部;北魏时期信士曹天护造石塔一座。[5] 传统的儒学大族氾氏跟佛教也建立了关系,如北朝时期作为经生的氾亥仁抄写《十诵

〔1〕《魏书》卷 114《释老志》,第 3032 页。
〔2〕池田温:《中國古代寫本識語集錄》,第 101—107 页。
〔3〕京都國立博物館编集《守屋孝藏氏蒐集古經圖錄》,京都國立博物館,1964 年,图版 77。
〔4〕敦研 113 号,《甘肃藏敦煌文献》(1),甘肃人民出版社 1999 年版,第 151 页。
〔5〕陈炳应:《北魏曹天护造方石塔》,载于《文物》1988 年第 3 期,第 83—85、93 页。

律》卷7等等。[1] 由上述材料可见,敦煌大族佛教信徒抄写供养佛经的主要目的是为佛教信众、亲人家眷等祈福,同时,他们也不断研习佛经,提高佛教修养。

北朝时期,敦煌大族不仅广泛抄经信佛,且有不少人出家为僧,研修佛教精义,并被载入僧传资料,海内知名。释超辩出自敦煌张氏家族,他从小"诵《法华经》《金刚般若》",后来南渡京师学习佛法,"诵《法华》日限一遍","礼千佛一百五十余拜"。释道法,俗姓曹,敦煌人,"起家入道,专精禅业","后游成都,至王休之、费铿之请为兴乐、香积二寺主,训众有法"。释法颖,俗姓索,敦煌人,"十三出家,为法香弟子,住凉州公寺","以律藏知名",后至江南,开律席,备受统治者和众人重视。[2] 敦煌李氏释慧远,13岁师从僧思禅师,后从法上、慧顺、大隐律师等学习,学识渊博,解义深刻,周武帝灭佛之际,他竭力维护佛教,得到"护法菩萨"的称号。[3] 敦煌宋氏家族也有一位著名高僧宋云,神龟元年(518)他受遣与惠生等人西行求法,"凡得百七十部,皆是大乘妙典"[4]。可见敦煌各大家族名僧辈出,他们南下或西行,修学弘法,为佛教的发展做出了重要贡献。

莫高窟的开凿更是敦煌佛教迅速发展的显著标志。虽然北朝时期所开凿的莫高窟石窟数量不多,但是敦煌大族一直是石窟修建的主角。莫高窟第285窟经专家研究认为是大统年间瓜州刺史东阳王元荣主持营造的石窟,具体由敦煌阴氏与诸众所造。窟壁所见阴氏供养人有阴安归、阴苟生、阴无忌、阴胡仁等,[5] 可见西魏时期敦煌阴氏与瓜州刺史元荣一样笃信佛教,故而受到元荣的重用,助元荣建造石窟。莫高窟

---

〔1〕磯部彰编集《台東区立書道博物館所藏中村不折旧藏禹域墨書集成》卷上,第152－157页图版27。

〔2〕《高僧传》卷12《释超辩传》、卷11《释道法传》、卷11《释法颖传》,第471、420、436页。

〔3〕释道宣《续高僧传》卷8《释慧远传》,《大正藏》第50卷,第489－492页。

〔4〕杨衒之著,范祥雍校注:《洛阳伽蓝记校注》卷5《宋云家纪》,上海古籍出版社1978年新1版,第251－349页。

〔5〕贺世哲:《从供养人题记看莫高窟部分洞窟的营建年代》,参见《敦煌莫高窟供养人题记》,第197－198页。

第442窟被专家认为是北周窟。[1] 窟内现存供养人题记主要有：

　　□□□县开国子张□供养；弟□□□主簿鸣沙县丞张缌供养佛时；弟□□将军□（帅）都督前敦煌郡主簿张□□□□□；息□□□州□□张诣供养佛时。[2]

　　题记中供养人皆姓张，他们之间都是兄弟、父子关系，且他们分别担任了州郡县各级职位，故把此窟可称作张家窟。北朝时期敦煌张氏能够在莫高窟修造洞窟，表现了其很高的佛教信仰程度和强大的家族实力。还有，莫高窟第290窟，被普遍称为李贤窟。因为李贤曾任瓜州刺史，子孙随之迁居于此，[3]故把李贤窟也视为敦煌李氏窟，算是敦煌李氏在早期莫高窟修建中所做的贡献。据樊锦诗等专家研究，第285窟、290窟、442窟的石窟内容和风格，既体现了西域佛教艺术风格，又受到了中原文化艺术的影响，[4]这跟北朝时期敦煌佛教的发展情况和石窟的供养人敦煌大族有密切的关系。

　　总之，从抄写供养佛经、出家为僧到修建石窟，北朝时期敦煌大族与佛教的关系主导了敦煌佛教的发展，他们对佛教的信仰和支持成为佛教在敦煌发展兴盛和汉化的重要因素，为唐宋时期敦煌佛教的繁荣打下了基础。

结语

　　自西汉中后期中土大族徙入敦煌，他们以儒家文化安身立命，成为敦煌大族。不久，佛教传入了敦煌。初传敦煌的佛教由胡僧译经传法，敦煌大族并未立刻接受佛教，但在社会发生巨大变动的五凉时期，敦煌大族开始接受和信仰了佛教，实现了思想信仰上的变化，即由儒学独尊

　　〔1〕贺世哲：《从供养人题记看莫高窟部分洞窟的营建年代》，载于《敦煌莫高窟供养人题记》，第199页。

　　〔2〕敦煌研究院编：《敦煌莫高窟供养人题记》，第166－167页。

　　〔3〕孙修身：《敦煌李姓世系考》，载于《西北史地》1983年第3期，第36－47页。

　　〔4〕樊锦诗、马世长、关友惠：《敦煌莫高窟北朝洞窟的分期》，载于《敦煌研究文集》，甘肃人民出版社1982年版，第365－383页。

变化为儒释兼通。北魏统治敦煌以来,敦煌大族势力虽然衰落,但大族的佛教信仰却得到进一步发展,且有压倒儒学之势。从敦煌大族与佛教的关系看,敦煌大族极大地推动了敦煌佛教的发展,并直接影响了莫高窟大型石窟的开凿和石窟的艺术风格。

（本文与孔令梅合作,原载于《敦煌学辑刊》2010 年第 4 期）

33 统一北方前夕的北魏外交

——以李顺出使北凉为中心的考察

33.1

李顺,出身于当时北方的名门大族赵郡李氏。《魏书》本传称其"博涉经史,有才策,知名于世".[1] 神瑞(414—416)中,始为中书博士,后转中书侍郎。始光(424—428)初,从征蠕蠕(柔然),因筹略有功,太武帝拜其为后军将军,赐爵平棘子,并加奋威将军。由于李顺善于谋略,屡次立功,在北魏政权中开始得到太武帝的重用。在两次征统万的战争中,李顺因权臣崔浩的反对未能出任军事前锋,但依然表现出色,"至京论功,以顺为给事黄门侍郎,赐奴婢十五户,帛千匹。又从击赫连定于平凉。三秦平,迁散骑常侍,进爵为侯,加征虏将军,迁四部尚书,甚见宠待".[2]

《魏书》记载李顺"凡使凉州十有二返"。通过研究北魏和北凉的关系及当时政局,我们不难看出李顺前后多次出使北凉,是太武帝为吞灭北凉实现统一北方、经营西域而精心布置的战略。李顺出使的主要任务是安抚沮渠蒙逊父子和刺探北凉的军事、地理情报,为后来吞灭北凉做好外交准备。公元 439 年,北魏太武帝拓跋焘灭北凉统一了北方,从此正式形成了长达 150 年之久的南北朝对峙局面。李顺出使北凉,正是北魏太武帝经营河西完成北方统一战略的重要一环。从太武帝始

---

〔1〕《魏书·列传第二十四·李顺》,中华书局 1974 年版。

〔2〕《魏书·列传第二十四·李顺》,中华书局 1974 年版。

·欧·亚·历·史·文·化·文·库·

光三年(427)到太延五年,北魏和沮渠氏北凉凡 16 次交通[1],北魏方面大致均以李顺为使者,李顺和他的使团也基本上完成了太武帝交派的任务。

沤水之战后,北方大乱,河西地区先后出现了几个地方政权。其中建立北凉(397—439)的卢水胡沮渠蒙逊势力发展最为迅速,经过 20 多年的东征西讨,终于于公元 421 年统一了河西走廊。虽然沮渠蒙逊占有面积广大的河西和高昌(今吐鲁番地区),但由于偏居西部一隅再加上连年征战,所以国力并不强大,只好采取远交近攻的策略,对东部近邻西秦进攻,而对地处北方的北魏和南方的刘宋等大国交好,以求庇护。北凉和北魏见于史籍的第一次交通是在道武帝天兴四年(401),"是岁……卢水胡沮渠蒙逊私署凉州牧、张掖公。蒙逊及李暠并遣使朝贡"。[2] 第二次交通是在明元帝永兴(409—413)中,《魏书》卷 99《卢水胡沮渠蒙逊传》载"蒙逊克姑臧,迁居之。改号玄始元年(412),自称河西王,置百官丞郎以下,频遣使朝贡"。这只是沮渠氏为了自保而采取的策略,实际并未臣服于北魏。真正意义上的称藩开始于太武帝始光三年十二月,史载此年"武都氏王杨玄及沮渠蒙逊等皆遣使内附",[3]但北魏如何对待及是否遣使北凉,史籍缺载。北魏神䴥三年(430),蒙逊派遣尚书郎宗舒等人贡于魏,再次要求内附,为表示诚意及取得北魏的信任,并于次年八月七日至十一月,派上他的儿子安周入侍。沮渠安周是作为质子入魏的,蒙逊想以此取得北魏统治者的信任。北魏为了安抚蒙逊,确保自己在河西以及更加遥远的西域的利益,便欲派人出使河西。这时,崔浩不失时机地向皇帝推荐他的"亲戚"李顺,从而迫使李顺离开权力中枢。太武帝和崔浩的对话很有意思,崔浩说蒙逊称藩,如果以清德重臣作为使者褒奖的话,肯定能使边鄙之地归化于朝廷,并认为李顺可以担此重任。太武帝显然有所犹豫,他告诉崔浩

---

〔1〕据王素先生统计北魏和沮渠氏北凉一共有 16 次交通,参见《高昌史稿·交通编》,文物出版社 2000 年版。

〔2〕《魏书·帝纪第二·太祖》,中华书局 1974 年版。

〔3〕《魏书·帝纪第四上·世祖太武帝》,中华书局 1974 年版。

李顺是朝中重臣,不宜先为使者。熟识典籍的崔浩对此问题显然有备,他告诉太武帝历史上已有此先例。最终,太武帝采纳崔浩建议,以李顺为太常,策拜蒙逊为太傅、凉王。

<h2 style="text-align:center">33.2</h2>

太武帝的河西及西域战略的要求加上崔浩的推荐,李顺被拣选为册封沮渠蒙逊的使者,于神麚四年(431)持节册拜蒙逊为凉王。《魏书·沮渠蒙逊传》载:

> 后蒙逊遣子安周内侍,世祖遣兼太常李顺持节拜蒙逊为假节,加侍中,都督凉州、西域羌戎诸军事,太傅,行征西大将军,凉州牧,凉王。[1]

这次册封看起来规格很高,其实北魏给予蒙逊的只不过是虚衔。早在道武帝天兴四年(401)时蒙逊就私署凉州牧、张掖公,到了明元帝永兴四年(412)更是自称河西王,至公元421年灭西凉后,统有武威、张掖、敦煌、酒泉、西海、金城、西平7郡,甚至"西域三十六国皆称臣贡献"。[2] 由此可见,北魏对蒙逊的册封只不过是对既成事实的承认罢了。北魏的正式册封对蒙逊来说是得到了承认和取得了一定的安全保证,而在北魏方面则是稳住了蒙逊,有利于北魏谋求对河西乃至西域的战略利益。

延和元年(432)[3],李顺又代表北魏政府出使沮渠氏北凉,"延和初,复使凉州"。这次出使的经过以及李顺与蒙逊的对话很有意思,《魏书》对此有着详尽的描述。大意就是蒙逊一开始对北魏使者李顺并不恭敬,以年衰多病为由不拜。李顺呵斥之,并以若震怒朝廷必有大

---

〔1〕参见《资治通鉴》卷122《宋纪四》元嘉九年(432)"魏李顺复使沮渠蒙逊",第8册,中华书局1956年版。

〔2〕〔南朝梁〕沈约《宋书·列传第五十八·氏胡传·胡大且渠蒙逊》,中华书局1974年版,第2414页。

〔3〕此诏书《魏书》有2次记载,可见是比较重要的,此次出使是李顺第一次出使,册封沮渠蒙逊。分别见于《魏书》卷9《卢水胡沮渠蒙逊》,第2205页;卷4《世祖太武帝》,第79页。

祸相威胁,终于迫使蒙逊俯首称臣,进一步承认北魏的正统地位。李顺返回后,太武帝向他询问了北凉的虚实。《魏书》是这样记载的:

> 顺既使还,世祖问与蒙逊往复之辞,及蒙逊政教得失。顺曰:"蒙逊专威河右三十许年……虽不能贻厥孙谋,犹足以终其一世。前岁表许十月送昙无谶,及臣往迎,便乖本意……以臣观之,不复周矣。"世祖曰:"若如卿言,则效在无远,其子必复袭世,袭世之后,早晚当灭?"顺对曰:"臣略见其子,并非才俊,能保一隅。如闻敦煌太守牧犍,器性粗立,若继蒙逊者必此人也。然比之于父,金云不逮。殆天所用资圣明也。"世祖曰:"朕今方事于东,未暇营西,如卿所言,三五年间不足为晚。且停前计,以为后图。"[1]

这次出使从李顺的谈话中可以推知时当延和元年(432)十月以后,其中兼有替太武帝索要高僧昙无谶的任务,这也可能是沮渠蒙逊一开始不愿意接见李顺的原因之一。到了北凉义和三年(433),蒙逊为了阻止昙无谶入魏,派人暗杀了准备到西域求取《大般涅槃经》后分的昙无谶,他自己不久也死,子牧犍袭位。这完全应征了李顺对蒙逊寿命"不复周(一年)"和"若继蒙逊者必此人也"的预言。

北魏延和二年(433),李顺又两次出使沮渠氏北凉。第一次是奉太武帝之命迎蒙逊女为夫人,李顺到姑臧时恰巧沮渠蒙逊死(四月),并由其次子沮渠牧犍即位;牧犍遵循其父"遗意"亲自送他的妹妹到平城嫁于太武帝。第二次乃同年九月太武帝派遣李顺"拜牧犍使持节,侍中,都督凉沙河三州、西域羌戎诸军事,车骑将军,开府仪同三司,领护西戎校尉,凉州刺史,河西王"。而"牧犍以无功授赏,乃留顺,上表乞安平一号,优诏不许"。[2] 牧犍希望通过结好使者和结亲来求得苟安。后来,太武帝还把妹妹武威公主嫁给了牧犍。从表面上看,双方关系似极为密切,实际上北魏实行的是"欲取之,必先与之"的麻痹敌人的策略。后来双方交恶乃至北凉被灭,正是北魏策略的体现,从而证明

---

〔1〕《魏书·列传第二十四·李顺》,中华书局 1974 年版。
〔2〕《魏书·列传第八十七·卢水胡沮渠蒙逊》,中华书局 1974 年版,第 2206 页。

了这种友好仅仅是表面上的。

再一次有证可查的交通是在北魏太延二年闰十二月十八（乙丑）日后，"河西王沮渠牧犍，遣使朝贡"。由于已近年底，北凉使团要贺正，这样北魏的使团肯定要到次年即太延三年（437）才能出使。这本来是两件不同的事情，《资治通鉴》卷123却记此事于宋文帝元嘉十四年同一年，并说"牧犍遣将军沮渠旁周入贡于魏，魏主遣侍中古弼、尚书李顺赐其侍臣衣服，并征世子封坛入侍"。[1] 与《魏书》记载有异，把牧犍遣使朝魏推迟到了次年。唐长孺先生认为，此次"封坛入魏在次年。此年闰十一月来朝之凉使当即沮渠旁周，次年贺正后返凉，古弼、李顺使凉同行或稍后"，[2]《魏书》卷36《李顺传》记载"太延三年（437），顺复使凉州……"，并且"是岁，河西王沮渠牧犍世子封坛来朝"，从而证明唐先生的看法是有一定道理的。

北魏太延二年（436），太武帝经过几年征战终于征服了东边的北燕，而且对柔然也处于战略主动地位，可以抽出兵力讨伐北凉。就在李顺、古弼使团返回后，太武帝召见李顺和古弼并且讨论北凉是否可征，他问道："昔与卿密图，期之无远。但以顷年东伐，未遑西顾，荏苒之间，遂及于此。今黄龙既平，三方无事，比缮甲治兵，指营河右，扫荡万里，今其时也。卿往复积岁，洞鉴废兴，若朕此年行师，当克以不？"[3] 但这次李顺并没有和太武帝的思想一致，他以劳民伤财，不可频繁开战为由回避了问题，其理由太武帝无法反驳，加上军事上还需要进一步准备，而且恭顺的牧犍此时也未给北魏讨伐的借口，这些因素使得太武帝把对北凉的战争拖延了下来。但是，发生在太延五年春的河西王牧犍勾结其嫂李氏并以毒药加害太武帝之妹武威公主的事件，显然为北魏找到了灭北凉的借口。消息传出之后，太武帝一面派解毒医生来到姑

〔1〕〔宋〕司马光撰，胡三省注《资治通鉴·宋纪五》"文帝元嘉十四年（437）"，中华书局1956年版，第3866页；古弼和李顺共使北凉还可参见《魏书》卷28《古弼传》："寻复为侍中，与尚书李顺使于凉州。"中华书局1974年版，第690页。

〔2〕唐长孺：《高昌郡纪年》，载于《魏晋南北朝隋唐史资料》（武汉）第3辑，1981年，第31页。

〔3〕《魏书·列传第二十四·李顺》，中华书局1974年版。

臧,使公主得以解救;一面通牒牧犍交出李氏。但沮渠牧犍这一次没有像以前一样非常恭顺地对待北魏的命令,他把李氏转移到了更西的酒泉,并厚资供养。这就使得太武帝大为恼怒。与此同时,又有北魏赴西域使者回到平城后向太武帝报告,魏使往还经河西,常见北凉国人在言谈中有轻慢北魏之意,并在西域散布"魏已削弱,今天下唯我为强"的言论,致使"西域诸国颇有贰心"。北凉这些言行在太武帝看来是不可容忍的背叛行为。为此,太武帝派尚书贺多罗前往调查虚实。贺多罗返回后称沮渠牧犍虽"外修臣礼,内实乖悖"[1],使得太武帝更加确信牧犍已经背叛了北魏,于是决定发动对北凉的征伐。

北魏一向是拉拢西域来对付柔然的,但是牧犍为了自保,暗中勾结柔然主吴提可汗。其实早在沮渠蒙逊时期,双方就有某种交往。北魏太武帝于元嘉二十七年(450)与宋文帝书中,特别指责:"[刘宋]往日北通芮芮,西结赫连、蒙逊、吐谷浑。"[2]对此,王素先生说:"有一段时间,刘宋与西北的柔然、大夏、蒙逊统治的沮渠氏北凉、吐谷浑,组成一个反对北魏的联盟。这个联盟所有的五个政权,彼此之间,都应保持交通。即在稍后,蒙逊统治的沮渠氏北凉也已和柔然进行交通……到了沮渠牧犍统治时期,柔然由吴提(敕连)可汗当政,二者关系更为密切。"[3]其实北魏太武帝也看出北凉和柔然勾结起来对北魏经营西域很不利,甚至危害自身的安全,所以他决定先发制人,消灭北凉,进而直接控制西域。太武帝对柔然可能的军事干预也做了准备,他对大将穆寿说:"蠕蠕吴提与牧犍连和,今闻朕征凉州,必来犯塞。"[4]在责备牧犍十二大罪中有一条就有"北讬叛虏"。后来,牧犍果然"用其左丞姚定国计,不肯出迎,求救于蠕蠕"[5]柔然果然出兵犯魏,但损兵折将,

〔1〕(宋)司马光撰,胡三省注:《资治通鉴·宋纪五》"文帝元嘉十四年(437)",中华书局1956年版,第3871页。
〔2〕(南朝梁)沈约:《宋书·列传第五十五·索虏传》,中华书局1974年版,第2346页。
〔3〕王素:《高昌史稿·交通编》"沮渠氏北凉和北魏的交通"一节对此有详细的记载,文物出版社2000年版,第361页。
〔4〕《魏书·列传第十五·穆崇》,中华书局1974年版,第665页。
〔5〕《魏书·列传第八十七·卢水胡沮渠蒙逊》,中华书局1974年版,第2206页。

收获不大。

33.3

在北魏太武帝讨伐北凉的前夕,北魏的朝廷中上演了一幕关于是否应该讨伐北凉的激烈争辩的好戏。以李顺、古弼以及大部鲜卑守旧大臣为一方,以太武帝和崔浩为一方。太武帝主持了这场会议。《魏书·崔浩传》详细地记载了这场精彩的廷争,其文曰:

> 弘农王奚斤等三十余人皆曰:"牧犍西垂下国,虽心不纯臣,然继父职贡,朝廷接以蕃礼。又王姬厘降,罪未甚彰,谓宜羁縻而已。今士马劳止,宜可小息。又其地卤斥,略无水草,大军既到,不得久停。彼闻军来,必完聚城守,攻则难拔,野无所掠。"于是尚书古弼、李顺之徒皆曰:"自温圉河以西,至于姑臧城南,天梯山上冬有积雪,深一丈余,至春夏消液,下流成川,引以溉灌。彼闻军至,决此渠口,水不通流,则致渴乏。去城百里之内,赤地无草,又不任久停军马,斤等议是也。"世祖乃命浩以其前言与斤共相难抑。诸人不复余言,唯曰:"彼无水草。"浩曰:"《汉书·地理志》称'凉州之畜,为天下饶'。若无水草,何以畜牧?又汉人为居,终不于无水草之地筑城郭、立郡县也。又雪之消液,才不敛尘,何得通渠引漕,溉灌数百万顷乎?此言大诋诬于人矣。"李顺等复曰:"耳闻不如目见,吾曹目见,何可共辨!"浩曰:"汝曹受人金钱,欲为之辞,谓我目不见便可欺也!"[1]

这场辩论实际上早就注定了结果。早先崔浩向太武帝分析了沮渠牧犍可征的形势,此番话正契合太武帝的心意,"世祖曰:'善,吾意亦以为然。'命公卿议之"[2]这才导出了这场辩论。对于任何反对讨伐

---

[1]《魏书·列传第二十三·崔浩》,中华书局1974年版,第822-823页;〔宋〕司马光撰,胡三省注:《资治通鉴·宋纪五》"文帝元嘉十六年(439)"记载略同,中华书局1956年版,第3871-3872页。

[2]《魏书·列传第二十三·崔浩》,中华书局1974年版。

北凉的意见太武帝显然是不满的,他由台后走向台前,"世祖隐听,闻之乃出,亲见斤等,辞旨严厉,形于神色。群臣乃不敢复言,唯唯而已"![1] 其结果当然不言而喻。太武帝准备亲自率大军西征,为制造舆论,他列举了沮渠牧犍的十二大罪状,宣示天下,并派兵2万屯守漠南,以防备柔然军队从背后偷袭从而导致西征的失败。

李顺和弘农王奚斤等未能阻止太武帝的西征,太武帝做好了准备后,带着他的大军,浩浩荡荡地向当时北凉的都城姑臧进军。太武帝在姑臧城外看到的景象令他吃惊,他在写给监国皇太子晃的诏书中说道:

> 姑臧城东西门外涌泉合于城北,其大如河。自余沟渠流入泽中,其间乃无燥地。泽草茂盛,可供大军数年。人之多言,亦可恶也。故有此敕,以释汝疑。[2]

太武帝在关于征河西的辩论中完全支持崔浩,是因为其迫切希望开疆拓土,并不能说明其对河西有多少了解。在看到事实后,他显然把怒气迁向李顺,由是"颇衔顺",后来发生的几件事使李顺终于招致杀身之祸。受沮渠蒙逊收买贿赂而包庇听任其杀害阚无讥的事情败露,"世祖克凉州后,闻而嫌顺","凉土既平,诏顺差次群臣,赐以爵位。顺颇受纳,品第不平。凉州人徐桀发其事。浩又毁之,云'顺昔受牧犍父子重赂,每言凉州无水草,不可行师。及陛下至姑臧,水草丰足。其诈如此,几误国事。不忠若是,反言臣谗之于陛下。'"所有这些,太武终于忍不住了,史言"世祖大怒,真君三年(442)遂刑顺于城西"。[3] 最终以李顺被杀为结局。

李顺出使北凉所走的道路即从平城如何抵达姑臧也是我们感兴趣的地方。由于史籍并没有明确和详细的记载,我们无法清晰地描述出来,但是结合前人的研究和史籍记载的一鳞半爪,我们基本上也可以勾画出李顺的出使线路。据马国荣先生揭出"北魏和西域进行联系的主

---

〔1〕《魏书·列传第二十三·崔浩》,中华书局1974年版。

〔2〕〔清〕严可均:《全后魏文》西征凉州与太子晃诏(太延五年〔439〕八月),见《全上古三代秦汉三国六朝文》,中华书局影印本1958年版,第3515页;〔北齐〕魏收:《魏书·帝纪第四下·恭宗景穆帝》,中华书局1974年版,第108页。

〔3〕《魏书·列传第二十四·李顺》,中华书局1974年版。

要三条道路都经过这里(指北凉)。这三条道路是:一是从姑臧沿白亭河东北行,渡沙漠,过贺兰山,经灵州,从白于山北麓东北行,渡黄河到平城;二是沿额济纳河到居延海,向东到阴山山脉后,东行到平城;三是从姑臧东南,经兰州附近,由秦州路到无定河上游地区,沿鄂尔多斯沙漠东南边缘向东北行,至平城"[1] 这三条道路其中两条可以连接平城和姑臧,一条沿北行,一条沿南行。我们认为这也是当时商旅和使节所走的主要道路,以使节身份到北凉的李顺应该走的是这两道中的一道。我们从史籍记载中也可以明确这一点,前引《魏书·崔浩传》尚书古弼、李顺之徒皆曰"自温围河以西,至于姑臧城南……去城百里之内,赤地无草……"并以"耳闻不如目见,吾曹目见"为词和崔浩辩论,可见李顺出使的路线一定经过"温围河",胡三省在注释《资治通鉴》同一段话时谓"据《北史》'温围水'当作'温围'",而杨守敬《水经注疏》对此进行了考证:"后此拓跋伐沮渠,李顺谓自温围水至姑臧,则又讹围为圉矣。是即道元所谓泉源径县南入河者。董佑诚曰:泉当在今皋兰县西北。"[2] 至此,我们可以初步判断出李顺出使所走的线路基本上是前文马国荣先生指出的第三条。

33.4

本文主要探讨了李顺出使沮渠氏北凉的原因、过程、结果和出使线路,以及北魏对沮渠氏北凉的政策。其实李顺的出使透射出北魏初年的政治形势和其统治者的政治野心,可以说李顺出使北凉一开始就以刺探北凉情报和迷惑北凉为目的的。应该说李顺开始做的还是称职的,"顺凡使凉州十有二返,世祖称其能",但是后来种种关于他受贿的传闻在太武帝看来得到了证实,由此招致灭顶之灾,可以说是很可悲的。在这里我们不得不提到在李顺出使及致死的过程中始终有崔浩的

〔1〕马国荣:《北魏与西域关系述略》,载于《喀什师范学院学报》1995年第4期,第37页。

〔2〕〔北魏〕郦道元注,〔清〕杨守敬、段熙仲点校,陈桥驿复校:《水经注疏·河水二》,江苏古籍出版社1989年版,第184页。

影子,正是由于他在背后的推波助澜才造成李顺悲惨的命运。《魏书·崔浩传》载:

> 初浩构害李顺,基萌已成,夜梦秉火蓺顺寝室,火作而顺死,浩与室家群立而观之。俄而顺弟息号哭而出,曰:"此辈,吾贼也!"以戈击之,悉投于河。寤而恶之,以告馆客冯景仁。景仁曰:"此真不善也,非复虚事。夫以火蓺人,暴之极也。阶乱兆祸,复已招也。"[1]

虽然这段记载有明显的迷信成分,但从中可以折射出李顺之死崔浩是难辞其咎的。后来在崔浩"国史之狱"后,太武帝对李顺的堂弟李孝伯说:"卿从兄往虽误国,朕意亦未便至此。由浩谮毁,朕忿遂盛。杀卿从兄者,浩也。"[2]尽管太武帝这句话有推脱责任的意思,但也可以看出崔浩在促成太武帝杀李顺的抉择上起了重要作用。《魏书·天象志》也载"明年(442),安西李顺备五刑之诛,而由浩锻成之"[3]至于崔浩为什么要构陷李顺,《魏书》只说"虽二门婚媾,而浩颇轻顺,顺又弗之伏也。由是潜相猜忌,故浩毁之"。似乎并没有道出原委。其实造成崔、李交恶真正的原因有二:一方面北朝清河崔氏和赵郡李氏同为山东世家大族,但清河崔氏却看不起赵郡李氏,西魏北齐之际的清河崔㥄对卢元明说"天下盛门唯我与尔,博崔、赵李何事者哉"[4]由于各自的利益不同,清河崔氏趋于激进改革,而赵郡李氏偏向保守,以至于水火不容。另一方面也与崔浩的性格不无关系,在与李顺争权的斗争中,"伐夏之役,浩、顺有隙。顺以使凉为魏主所宠待,浩愈恶之"[5]崔浩构陷李顺正是他这种"不容人"性格的体现,而这也是促成后来"国史之狱"的其中一个原因。以崔浩为代表的改革派和以鲜卑守旧贵族及李顺为代表的守旧派当时反复交锋,崔浩构陷李顺也就打击了

〔1〕《魏书·列传第二十三·崔浩》,中华书局1974年版,第826页。

〔2〕《魏书·列传第二十四·李顺》,中华书局1974年版,第833页。

〔3〕《魏书·志第三·天象志三》,中华书局1974年版,第2405页。

〔4〕《北史·列传第十二·崔逞》,中华书局1974年版,第873页。

〔5〕(宋)司马光撰,胡三省注:《资治通鉴·宋纪五》"文帝元嘉十四年(437)",中华书局1956年版,第3871页。

守旧派,但最终崔浩却惨遭灭族,改革派遭到暂时失败,直到孝文帝太和年间改制,改革派才最终战胜守旧派。

（本文与聂葛明合作,原载于 2010 年 8 月《庆贺饶宗颐先生 95 华诞敦煌学国际学术研讨会论文集》）

34　十六国北朝时期敦煌令狐氏 与佛教关系探究

十六国北朝时期是敦煌大族思想文化发展的关键时期。佛教自汉代传入敦煌后,不断发展壮大,十六国时期以来逐渐被敦煌大族接受和信奉,敦煌大族的思想文化从独尊儒术发展到儒释兼行。其中,令狐氏是敦煌大族思想文化发生变化的典型代表。本文主要探讨十六国北朝时期敦煌令狐氏与佛教的关系,分析令狐氏在此时期不同阶段内的佛教文化特色。

34.1　北凉敦煌佛教 与令狐氏文化角色的转变

西汉末年因避王莽之祸令狐氏家族由中原徙入敦煌,东汉时期其以儒家文化为特征的敦煌大姓地位得以确立。[1] 确切地说,自东汉中期以后敦煌令狐氏完成了从武力军功到文化世家的转变。[2] 汉至十六国前半期,敦煌令狐氏在政治、文化上都很显达,尤其是令狐氏的儒术世家特征使其成为名副其实的敦煌大族。[3] 公元 421 年北凉灭西凉,敦煌处于北凉统治之下。关于北凉时期敦煌令狐氏的仕宦情况史籍中很少记载,可以推测令狐氏家族已经不受北凉统治者所重用,处于消沉时期。为了生存,令狐氏开始谋求新的发展道路,接受佛教正是他

---

〔1〕孙晓林:《汉—十六国敦煌令狐氏述略》,载于《北京图书馆馆刊》1996 年第 4 期。

〔2〕冯培红:《汉晋敦煌大族略论》,载于《敦煌学辑刊》2005 年第 2 期。

〔3〕敦煌文献 S.1889《敦煌氾氏家传并序》记述了东汉以令狐溥、令狐富为代表的令狐氏儒学修养情况。《晋书》卷 86《张轨传》载,令狐亚、令狐浏是前凉富有才干的重臣;卷 87《李玄盛传》记载了西凉令狐溢、令狐迁、令狐赫分别被委任重要官职。这些材料很好地表现了令狐氏儒宦高门的形象。

们解决现实不顺的良药。

作为佛教中转站的敦煌，佛教气氛非常浓厚。敦煌"悬泉浮屠简"的发现，说明 1 世纪下半叶佛教就已传入敦煌[1]。"敦煌菩萨"竺法护翻译了不少佛典，其弟子竺法乘又在敦煌立寺延学,[2]进一步促进了敦煌佛教的传播与发展。晋司空索靖题壁"仙岩寺"，秦建元年中始有乐僔、法良造窟,[3]这是关于莫高窟的早期记载。五凉时期，敦煌佛教又迅速发展，"凉州自张轨后，世信佛教"[4]，尤其是北凉沮渠氏时期，大量翻译佛经，造塔建窟，使得北凉一时成为一个"弘化护法"之国。[5]在这样的佛教背景下，一向以儒学经术传家的令狐氏开始接触佛教。

从敦煌吐鲁番考古文献资料中可以看到令狐氏接触佛教的早期情况。

（1）北凉马德惠石塔题记：

> 令狐飒书。承阳二年岁在丙寅（426）次于鹑火十月五日，马德惠于酒泉西城立，为父母报恩。[6]

马德惠石塔出土于酒泉城内西南，藏于甘肃省博物馆。石塔腹身刻有经文和题记，共 33 行，每行 6 至 8 字不等。所刻经文为《增一阿含经·结禁品》，29 行，与经文同行接着是"令狐飒书"，最后是 4 行塔主人马德惠的发愿文。塔上刻有"承阳二年"，据朱雷先生研究，北凉奉夏正朔，"承阳"就是夏之"承光"，"承阳二年"即是 426 年。[7] 北凉时期令狐氏担任刻经人的角色，为佛教的传播作出了贡献。

---

〔1〕郝树声、张德芳：《悬泉汉简研究》，甘肃文化出版社 2009 年版。

〔2〕〔梁〕释慧皎撰，汤用彤点校，汤一玄整理：《高僧传》。魏收：《魏书·释老志》，中华书局 1974 年版。

〔3〕此据莫高窟第 156 窟前室北壁《莫高窟记》，参见《莫高窟供养人题记》，文物出版社 1986 年版，第 72 页。敦煌文献 P.3720v《莫高窟记》也有类似记载。据池田温：《中國古代寫本識語集錄》（東京大學東洋文化研究所，1990 年）第 83－84 页 73 号录文标注该文书出土于吐鲁番。

〔4〕魏收：《魏书·释老志》，中华书局 1974 年版。

〔5〕杜斗城：《北凉佛教研究》，台北新文丰出版公司 1998 年版。

〔6〕史岩：《酒泉文殊山的石窟寺院遗址》，载于《文物参考资料》1956 年第 7 期。张宝玺：《甘肃佛教石刻造像》，甘肃人民美术出版社 2001 年版。

〔7〕朱雷：《出土石刻及文书中北凉沮渠氏不见于史籍的年号》，参见文化部文物事业管理局古文献研究室：《出土文献研究》，文物出版社 1985 年版。

(2)《妙法莲华经·方便品》写经题记：

> 岁在己巳(429)六月十二日令狐歧为贤者董毕狗写讫校定。[1]

此经藏于日本东京书道博物馆。题记后面有庚戌三月十一日仲父跋语："案:己巳为宋元嘉六年、北魏神䴥二年、北凉沮渠蒙逊之承玄二年也。当时写经卷子多出中国人手,草致奇谲,大半相类。上接隶体,下开北魏一派,一见而知为北凉书法也。"此经系北凉承玄二年(429)令狐歧所抄,同样展现了北凉令狐氏为人抄经的情况。

(3)《佛说首楞严三昧经》下写经题记：

> 清信士良奴所供养经。维太缘二年岁在丙子(436)四月中旬,令狐广嗣于酒泉,劝助为优婆塞史良奴写此经。[2]

据黄文弼先生介绍此经系1930年袁复礼在迪化(乌鲁木齐)时鲍尔汉所赠,出土于吐鲁番,属于六朝写本。据殷光明专门对年号的研究,"太缘二年",就是北魏"太延二年"[3]。此经由令狐广嗣在酒泉所写,然后传入吐鲁番。表现了北凉中期令狐氏作为写经人的身份为人抄写佛经的情形。

(4)北凉程段儿石塔题记：

> 劝书令狐广[4]嗣。凉太缘二年岁在丙子(436)六月中旬,程段儿自惟薄福,生值末世,不观佛典,自竭为父母合家立此石塔形象,愿以此福成无道,并及命过秋,官女妻陵男亦同上愿。[5]

程段儿石塔出土于酒泉城内,藏于酒泉博物馆。石塔腹身刻有经文和题记共28行,每行7至12字不等。所刻经文是《增一阿含经·结禁品》,22行,与经文同行接着刻写"劝书令狐广嗣",最后是6行塔主

〔1〕磯部彰:《台東区立書道博物館所蔵中村不折旧蔵禹域墨書集成·卷下》,文部科学省科学研究費特定領域研究《東アジア出版文化の研究》総括班,2005年。据池田温:《中國古代寫本識語集録》(東京大学東洋文化研究所,1990年)第83-84页73号录文标注该文书出土于吐鲁番。

〔2〕黄文弼:《吐鲁番考古记》,中国科学院1954年版。

〔3〕殷光明:《北凉缘禾、太缘年及相关问题之辨析》,载于《敦煌研究》1995年第4期。

〔4〕"广"的繁体字"廣"和"廉"形似,殷光明《北凉石塔研究》第37页误录作"廉"。

〔5〕殷光明:《北凉石塔研究》,新竹觉风佛教艺术文化基金会,2000年。

人程段儿发愿文。此塔是程段儿为"父母合家"愿"成无道"而造,刻写人是令狐广嗣。造塔时间是"凉太缘二年岁在丙子六月",与本文(3)中四月中旬,令狐广嗣于酒泉劝助为优婆塞史良奴写《佛说首楞严三昧经》的时间相差两个月。可见令狐广嗣作为职业抄经手经常为人抄刻佛经。

　　上述2座石塔题记和2件佛经抄本是令狐氏接触佛教的早期记录。令狐飒、令狐炭、令狐广嗣都是经文抄刻人,他们为供养人马德惠、董毕狗、史良奴、程段儿抄刻佛经。古代信众发愿供养,请人抄经现象非常普遍。敦煌令狐氏正是信众们合适的抄经人选。这是因为敦煌令狐氏自东汉中期以来就形成了儒术传家的传统,儒风雅士辈出,具有很高的文化素养,为其从事佛经抄写工作提供了优势条件。令狐氏离开北凉政权舞台后,为了生存,开始为广大信众抄写佛经,跟佛教建立了密切的关系,从而由以儒术传家的传统大族转变为儒释兼通的新型大族。魏晋南北朝时期北方佛教重禅修,令狐氏所抄写的佛经《佛说首楞严三昧经》《妙法莲华经》等具有显著的时代特色。《佛说首楞严三昧经》是大乘禅法最重要之经典,其讲佛德坚定、参禅入定之类等。《妙法莲华经》有宣扬造塔筑寺、抄写佛经的内容,在此经的宣传下,信众抄经信仰之风盛行。令狐氏为人所抄写的这些佛经正是当时佛教信仰的具体反映。石塔是寺院内供奉之物,由世俗施主造好后施舍给寺院,供僧侣观像或信徒礼拜之用。[1] 2座石塔上所刻佛经都是《增一阿含经·结禁品》,其"'十二因缘'是成佛的重要阶梯,在禅定中观十二因缘,认识三世因果相续的道理,以对治愚痴,佛教还主张定慧双修,由定生慧,以慧观达真理,决断疑念,斩除妄想,从而获得解脱"。[2] 其虽为小乘经典,但却适应了当时禅观双修的信仰风气。需要注意的是,上述由敦煌令狐氏所刻写的两座石塔都出土于酒泉,由他们所抄写的佛经皆出土于吐鲁番。这是因为敦煌令狐氏的祖先在汉代王莽之乱时

---

〔1〕杜斗城:《北凉佛教研究》,台北新文丰出版公司1998年版。

〔2〕安忠义:《简论北凉石塔》,载于《丝绸之路》2001年第1期。

西迁,徙入之地就是敦煌,然后令狐氏在河西及西域各地为官仕宦。[1]从姓氏书及吐鲁番出土墓志看,令狐氏都以敦煌为郡望。故而在河西、西域等地发现了北凉时期敦煌令狐氏与佛教有关的材料。

可以说,在前凉、西凉等政权中,令狐氏主要是以儒宦世家彰显其尊严与威望的。北凉统治时期,敦煌令狐氏官场失势,他们寻求新的发展道路,为人抄写佛经,传播佛教,敦煌令狐氏的文化角色发生变化,实现了由儒学独尊到儒释兼通的转变。

34.2 北魏敦煌镇官写经事业
与敦煌令狐氏家族

北魏时期,《魏书·释老志》有这样的描述:"敦煌地接西域,道俗交得,其旧式村坞相属,多有塔寺。"虽有太武帝灭佛,但是北魏大多数统治者还是推崇佛教的,当时社会从上至下形成了崇佛的风气,佛教在敦煌进入快速发展的时期。

439 年,北魏进攻凉州,灭北凉,442 年开始统治敦煌,此时令狐氏家族的命运也发生了重大变化,令狐氏重新得到统治者的重用。据《周书·令狐整传》载,该家族"世为西土冠冕",整曾祖嗣、祖诏安皆仕于北魏,"官至太守"。其父虬,约在北魏末至西魏"仕历瓜州司马、敦煌郡守、郢州刺史,封长城县子。大统末,卒于家"。卒后"赠龙骧将军、瓜州刺史"。[2] 北魏时期,令狐氏家族在敦煌扮演着重要角色,其家族势力重新振兴。

佛经抄写的繁荣是佛教迅速发展的标志。北魏写经可追至"魏太祖道武皇帝于房地造十五级塔,又立开泰定国二寺,写一切藏经,造千金像,三百名僧每月法集"。[3] 这是北魏最早的佛教写经记载,具有官方写经的性质。在北魏崇佛的风气下,敦煌地方官方写经出现。敦煌

〔1〕欧阳修、宋祁等:《新唐书·宰相世系表》,中华书局 1975 年版。

〔2〕令狐德棻等:《周书·令狐整传》,中华书局 1971 年版。

〔3〕释道世撰,周叔迦、苏晋仁校注:《法苑珠林》卷 100,中华书局 2003 年版。

令狐氏在官方佛教写经事业中发挥着重要作用。在敦煌文献中,官方佛教写经文书主要集中在 511—521 年间,大约有 21 件(见表 34-1)。其题记有着基本一致的书写形式,如 S.2067《华严经》卷 16 题记:

(1)华严经卷第十六

(2)延昌二年岁次辛巳(513)七月十九日、敦煌镇经

(3)生令狐永太写此经成讫

(4)用纸廿四张

(5)校经道人

(6)典经帅令狐崇哲[1]

表 34-1　北魏官方佛教写经文书题记

	时间	(官)经生	典经帅	校经道人	出处
1	永平四年(511)	曹法寿	令狐崇哲	惠显	S.1427《成实论》卷 14
2	延昌元年(512)	刘广周	令狐崇哲	洪俊	S.1547《成实论》卷 14
3	延昌二年(513)	曹法寿	令狐崇哲	佚名	《华严经》卷 41[2]
4	延昌二年(513)	令狐礼太	令狐崇哲	佚名	新 0672《大方广华严经》卷 8
5	延昌二年(513)	马天安	令狐崇哲	佚名	《摩诃衍经》卷 32[3]
6	延昌二年(513)	令狐崇哲(经生帅)	—	佚名	P.2110《大方广佛华严经·离世间品之二》卷 35
7	延昌二年(513)	张显昌	令狐崇哲	佚名	S.341《大楼炭经》卷第七
8	延昌二年(513)	令狐崇哲(经生帅)	—	佚名	S.9141《华严经》卷第三十九

[1]黄永武:《敦煌宝藏》第 15 册,台北新文丰出版公司 1986 年版。

[2]藏于故宫博物院,《文物》1963 年第 4 期,第 34 页图 12。

[3]磯部彰:《台东区立书道博物馆所藏中村不折旧藏禹域墨书集成》(卷上),东京:文部科学省科学研究费特定领域研究《東アジア出版文化の研究》総括班,2005 年。

401

· 欧 · 亚 · 历 · 史 · 文 · 化 · 文 · 库 ·

	时间	（官）经生	典经帅	校经道人	出处
9	延昌二年（513）	张显昌	令狐崇哲	佚名	散 0705《华严经》卷第四十七[1]
10	延昌二年（513）	令狐永太	令狐崇哲	佚名	S.2067《华严经》卷第十六
11	延昌二年（513）	张乾护	令狐崇哲	佚名	《大智度经》卷第十二[2]
12	延昌二年（513）	令狐崇哲（经生[3]）	—	佚名	散 0193《华严经》卷 24
13	延昌三年（514）	张阿胜	令狐崇哲	佚名	S.6727《大方等陁罗尼经》卷第一
14	延昌三年（514）	令狐崇哲（经生帅）	—	佚名	P.2179《成实论》卷第八
15	延昌三年（514）	曹法寿	令狐崇哲	佚名	新 1442《大品经》卷第八
16	延昌三年（514）	曹法寿	令狐崇哲	佚名	《大品经》卷第八[4]
17	神龟元年（518）	张凤鸾	—	—	上图 035《维摩诘经》卷上
18	神龟二年（519）	令狐世康	—	惠敞	《摩诃衍经》卷 31[5]
19	—	令狐世康			散 0718《杂宝藏经》卷第十
20	—	令狐世康			BD.06846《金刚般若波罗蜜经》
21	正光二年（521）	李道胤			S.4823《十地论·初欢喜地》卷第一

〔1〕王三庆：《日本所见敦煌写卷目录提要》，参见《敦煌学》（第 15 辑）1989 年。

〔2〕池田温：《中國古代寫本識語集錄》，東京大学東洋文化研究所，1990 年。

〔3〕表格中第 12 号写经题记的写作形式跟第 6、8、14 号形式同，其"经生"之后似漏"帅"字。

〔4〕京都国立博物館：《京都国立博物館藏品図版目録·書跡編》，1996 年。

〔5〕礒部彰：《台東区立書道博物館所藏中村不折旧藏禹域墨書集成》（卷上），東京：文部科学省科学研究費特定領域研究《東アジア出版文化の研究》総括班，2005 年。

可以发现敦煌官方佛教写经有着基本固定的工作分工，[官]经生、典经帅、校经道人各负其责，参与其中。其中，令狐氏家族人员在官方佛教写经中占据了绝对的优势地位。

首先是经生或称为官经生，负责抄写佛教经文。经生人员比较复杂，他们来自于敦煌各个家族。在511—514年的16件写经题记中，经生有令狐崇哲、令狐礼太、令狐永太、曹法寿、张显昌、张阿胜、张乾护、马天安、刘广周等等。他们代表的这些家族在当时大多属于敦煌大族之列。在这些经生中，令狐氏和张氏皆占33.3%，曹氏、马氏、刘氏各占11.1%，可见令狐氏经生所占的比例最高。514年以后，所见的5件写经文书中经生有张凤鸾、令狐世康、李道胤等，可以说北魏后期令狐氏家族人员在写经工作中依然占据重要地位。

其次是典经帅，此称谓不见史载，但"典经"一词常见于佛典。《中阿含经》卷40："彼四十八年行童子梵行，欲得经书，诵习典经。"[1]典经应是指佛经。《说文解字·巾部》："帅，佩巾也。"帅，乃主帅之义。可以推断典经帅就是管理佛经抄写工作的负责人，是官方佛教写经事业的管理者和领导者。从现存的官方佛教写经题记看，511—514年间，典经帅职务全由令狐崇哲来担任，他负责管理此时期的官方佛教写经事业。作为典经帅的令狐崇哲同时也是经生帅，他亲自抄写佛经，为经生提供示范。在敦煌文献中有4件令狐崇哲的写经，如表中第6、8、12、14号写本。可以说典经帅职位主要由令狐氏家族人员担任，敦煌令狐氏在北魏官方佛教写经事业中扮演着领导者的角色。

最后是校经道人，其身份为僧人，对官方佛教写经进行检查校对，保证经文的正确性和质量。上述21件文书中有校经道人署名者只有3件，且未见俗姓，故此处不作过多讨论。

从以上的分析来看，敦煌令狐氏在北魏敦煌官方佛教写经中发挥着主导作用，从典经帅到经生都有令狐氏人员担任，他们或领导敦煌官方佛教写经工作，或在经生中占据着很高的比例，为敦煌官方佛教写经

---

[1]《大正藏》第1册，台北新文丰出版公司1983年版。

·欧·亚·历·史·文·化·文·库·

事业的发展做出了突出贡献,促进了北魏敦煌佛教的迅速发展。

除了官方佛教写经,敦煌令狐氏信众私人抄写佛经也非常普遍。如:

(1)太平真君七年(446),令狐箅在唐儿祠写《大集经》卷23,为诸佛弟子祈愿。[1]

(2)敦研113号北魏天安二年(467),令狐儿等三人习书《维摩经》。[2]

(3)正始二年(505),清信女令狐陀咒供养《妙法莲华经》卷4。[3]

(4)P.2078信士张双周为亡妻令狐姬供养《佛说观佛三昧经》卷4。[4]

《大集经》《法华经》《维摩经》《佛说观佛三昧经》等大小经典流行于北朝信众之中。令狐氏或研习这些佛典,或抄经供养,均反映了北朝时期敦煌的佛教信仰状况,同时也反映了敦煌令狐氏与佛教的密切关系。

34.3　东阳王元荣时代敦煌令狐氏的 佛教信仰

北魏孝昌元年(525),宗室元荣被封任瓜州刺史,从此元荣治理敦煌长达17年。[5] 此时,令狐氏家族给予元荣大力支持,也深受元荣器重,被其称为"西州令望"。令狐整被元荣"辟为主簿,加荡寇将军"。534年,"魏孝武帝西迁,河右扰乱",令狐整帮助元荣稳定了瓜州的局势。整的弟弟令狐休"起家太学生",546年,与兄整起兵逐张保之乱,维持了敦煌当地的秩序和中央的统治权威。[6]

---

〔1〕京都国立博物館:《京都国立博物館藏品図版目録·書跡編》,1996年。

〔2〕段文杰:《甘肃藏敦煌文献》(第1册),甘肃人民出版社1999年版。

〔3〕京都国立博物館:《京都国立博物館藏品図版目録·書跡編》,1996年。

〔4〕上海古籍出版社、法国国家图书馆:《法国国家图书馆藏敦煌西域文献》第4册,上海古籍出版社1998年版。池田温:《中國古代寫本識語集錄》第96页把文书时间定位在5世纪。

〔5〕文梦霞:《再论东阳王元荣领瓜州刺史的时间》,载于《敦煌研究》2006年第2期。

〔6〕令狐德棻等:《周书·令狐整传》,中华书局1971年版。

元荣治理敦煌功绩卓著,同时他也非常崇信佛教,建造莫高窟,供养大量佛经,表达着他保境安蕃、早还京国愿望。受元荣影响,令狐氏佛教信仰进一步发展。令狐休早年就读于太学,在其间也有机会跟佛教接触。西魏大统三年(537),他把中京洛阳智严法师供养的《东都发愿文》传抄至敦煌。敦煌文献 P.2189《东都发愿文》题记:

> 大统三年(537)五月一日,中京广平王大觉寺涅槃法师智严供养《东都发愿文》一卷。仰奉明王殿下在州施化,齐于受称之世,流润与姬文同等,十方众生同含生,同于上愿。令狐休宝书之。[1]

饶宗颐先生最先对发愿文题记做了分析,认为令狐休宝即是令狐休,为敦煌令狐整家族的同族,明王殿下就是东阳王元荣。[2] 孙晓林先生对其做了进一步研究,认为此文书"系令狐休在弱冠前后的大统三年所书,抄写地点在敦煌",题记颂文盛赞了东阳王元荣在敦煌的施政。[3] 令狐休抄《东都发愿文》来赞颂元荣的统治,可见令狐氏、元荣与佛教的关系都是非常密切的。大统五年令狐休又为"流通末代也"抄《大般涅槃经义记》卷4。[4]《涅槃经》系北凉昙无谶所译,"一切众生,悉有佛性"的思想被后世的禅宗大力弘扬。此经译出后在社会上产生了广泛影响,广被信众所接受。[5] 令狐休抄写《大般涅槃经义记》正好适应了当时佛教信仰的潮流和需要,有助于提高令狐氏的佛教信仰水平。可见,令狐休儒释兼通,且佛教信仰非常虔诚,是敦煌令狐氏佛教信仰的突出代表。

(本文与孔令梅合作,原载于《敦煌研究》2010 年第 5 期)

---

〔1〕上海古籍出版社、法国国家图书馆:《法国国家图书馆藏敦煌西域文献》第 8 册,上海古籍出版社 1998 年版。

〔2〕饶宗颐:《敦煌书法丛刊》(卷 21),东京:株式會社二玄社,1983 年。

〔3〕孙晓林:《跋 P.2189〈东都发愿文〉残卷》,载于季羡林等编《敦煌吐鲁番研究》第 2 卷,北京大学出版社 1997 年版。

〔4〕池田温:《中國古代寫本識語集錄》,东京:東京大学東洋文化研究所,1990 年。

〔5〕横超慧日:《北魏仏教の研究》,京都:平楽寺書店,1978 年。

35 唐代佛教与祈雨

唐时,佛教祈雨开始盛行于世,并逐渐介入国家祭祀礼仪当中,这主要是由唐代佛教自身的强盛、唐代国家对佛教的政治需求等诸多因素所决定。但是,我国传统史籍受儒家正统观念的支配,对佛教史事严重缺载。流传下来的佛教史籍,却忠实地再现了中古社会的真实面貌。笔者拟结合相关佛教文献,以考察佛教在唐代朝廷、地方祈雨中发挥的宗教职能及其相关问题。

35.1

从传世的佛教史籍中发掘史料可以归纳出唐代佛教祈雨仪式的主要类型。

为禳除旱灾而举行的佛教祈雨一般由高僧主持,在祈雨前他们要斋戒沐浴,或是结坛念咒,或是诵读经典,以祈求龙神带来降水。龙作为佛教中天龙八部的护法神,有大神通,生活在江河湖海中,能兴云布雨,降福消灾。在佛教的宣传下,龙逐渐演变为雨神,成为古人崇拜的主要对象。同儒家祈雨仪式一样,唐代佛教的祈雨仪式也包括了常祀与旱祷。据唐僧法琳的《辩正论》卷4载:贞观二年(628),太宗因"今百谷滋茂,万宝将成,犹恐风雨失时,字养无寄",颁令京城及天下诸州寺观的僧尼道士于每年正月、七月转经行道。可视为唐代佛教祈雨仪式的常祀。[1]

无论常祀还是旱祷,唐代佛教的祈雨仪式大致可分为:诵经、转经祈雨,结坛持咒祈雨,有灵迹处祈雨等3种形式,以下将详述之。

---

[1]法琳:《辨证论》,载于《大正藏》第52册,台湾新文丰出版公司1990年重印,第512页。

35.1.1　诵经、转经祈雨是最常见的佛教祈雨方式

佛教祈雨,主要祈求龙的威力,由于佛经的译介,龙作为雨师的形象日渐深入人心,龙王行雨之说,遍见于佛教诸经。如《大孔雀咒王经》《大方等大云经》《六度集经》《金光明最胜王经》《妙法莲华经》《大方广佛华严经》《佛说海龙王经》等。其中《华严经》说:"佛子,譬如大龙随心降雨,雨不从内,亦不从外,如来境界亦复如是。"[1]《大方等无想经》亦说:"若有国土欲祈雨者,六斋之日,其王应当净自洗浴,供养三宝,尊重赞叹,称龙王名,善男子,四大之性可令变易,诵持此咒,天不降雨,无有是处。"[2]干旱发生时,僧人自然会诵读记载龙王事迹的经典。如东晋时,浔阳大旱,高僧慧远读《海龙王经》祈雨。[3]

唐代僧人、信徒诵经祈雨,所诵经文并不固定,除了转读专门的祈雨经典以求带来降水外,还有些僧人、信徒会诵读素日修持的经典,以祈祷龙神感应。例如释功迥:"晚以《法华》特为时要,每至《药草品》,天必降雨,故其幽诚征感为若此也。"[4]

又有"唐吕文展,开元三年(715)任阆中县丞,雅好佛经,尤专心持颂《金刚经》,至三万余遍,灵应奇异。年既衰暮,三牙并落,念经恳请,牙生如旧。在阆中时,属亢旱,刺史刘浚令祈雨,仅得一遍,遍获沛然。又苦霖潦,别驾使祈晴,应时便霁"[5]。

还有转经祈晴的例子:大历十二年(777)八月末,因霖雨久滞,代宗令京城释门转《大般若》《孔雀王经》等以祈晴。[6]

35.1.2　结坛持咒祈雨是唐代密宗使用的祈雨法术

唐代的祈雨,密宗的影响格外突出,当时已经传译了很多用于祈雨

---

〔1〕佛驮跋陀罗:《大方广佛华严经》,载于《大正藏》第9册,台湾新文丰出版公司1990年重印,第625页。

〔2〕昙无谶:《大方等无想经》卷4,载于《大正藏》第12册,台湾新文丰出版公司1990年重印,第1094页。

〔3〕慧皎:《高僧传》,中华书局1992年版,第212页。

〔4〕道宣:《续高僧传》,载于《大正藏》第50册,台湾新文丰出版公司1990年重印,第528页。

〔5〕李昉:《太平广记》卷104,中华书局1961年版,第702页。

〔6〕圆照:《代宗朝赐司空大辨正广智三藏和上表制集》,载于《大正藏》第52册,台湾新文丰出版公司1990年重印,第854页。

·欧·亚·历·史·文·化·文·库·

的密教经典。如：隋代那连提耶舍翻译的《大云轮请雨经》，唐不空在此译本上进行重译，并翻译了与祈雨有关的仪轨和坛法，如《大云经祈雨坛法》云："亢旱之时，如是依法读此大云经，或经一日、二日乃至七日，定降注甘雨，若灾重不雨，更作必降甘雨。"[1]

唐菩提流志翻译的《不空羂索神变真言经》亦云："若天旱时，持真言者清洁沐浴着净衣服，当静寂默于诸有情发大悲心，或莲池边或龙湫边，或王宫殿中或天祠中，或神庙中简择胜地，作四肘坛。"[2]

还有唐善无畏翻译的《尊胜佛顶真言修瑜伽轨仪》，其卷下《尊胜真言修瑜伽祈雨法品第十一》主要讲述了密教对绘制祈雨坛场的规定和要求，其曰："我今次说祈雨之法，为利群品，略说祈雨之法，天气亢旱，甘泽不调，赤旱千里，苗稼不生，万类惶惶，国土不宁，火天灾竞起，水陆众生命在朝夕，修瑜祇者，见如是众生受苦起大悲心。即略作祈雨曼荼罗，其祈雨曼荼罗大小，准上临时任意，坛基高一尺，净泥及和牛粪涂地，更加坛外四五尺净地泥饰，以种种杂香末和为水，细细涂之，下及外三尺净处，其曼荼罗高一尺，四门安蹈道，更基一二肘，缘以为画诸八大龙王并妃眷属。东方三首身长三肘，南方五首身长五肘，西方七首身长七肘，北方八首身长八肘，中央九首身长九肘，妃等亦准王，各领侍从，一首二首三四五六七八等，种种身形相类。"[3]

密宗高僧不仅翻译了用于祈雨的密教典籍，而且擅长持咒设坛祈雨，入唐传播密教的 3 位梵僧——善无畏、金刚智、不空均是所谓的祈雨能手，关于他们祈雨的事迹散见于《宋高僧传》和唐宋时期的笔记小说。

《宋高僧传》如是记载密教大师金刚智的祈雨故事，谓："其年自正月不雨迫于五月，岳渎灵祠，祷之无应。乃诏智结坛祈请，于是用不空

---

〔1〕不空：《大云经祈雨坛法》，载于《大正藏》第 19 册，台湾新文丰出版公司 1990 年重印，第493 页。

〔2〕菩提流志：《不空羂索神变真言经》，载于《大正藏》第 20 册，台湾新文丰出版公司 1990年重印，第 388 页。

〔3〕善无畏：《尊胜佛顶真言修瑜伽轨仪》，载于《大正藏》第 19 册，台湾新文丰出版公司 1990年重印，第 381 页。

钩,依菩萨法,在所住处起坛,深四肘,躬绘七俱胝菩萨像,立期以开光,明日定随雨焉。帝使一行禅师谨密候之。至第七日,炎气烛烛,天无浮翳。午后,方开眉眼,即时西北风生,飞瓦拔树,崩云泄雨,远近惊骇。"[1]

玄宗时期的另一位密宗三藏善无畏也曾多次祈雨,尤为感验。善无畏祈雨,主要是口诵陀罗尼真言,"乃盛一钵水,以小刀搅之,梵言数百咒之,须臾有物如龙,其大如指,赤色矫首,瞰水面,复潜于钵底。畏且搅且咒,顷之,有白气自钵而兴,迳上数尺,稍稍引去"[2]

不空三藏是将佛教与镇护国家、禳除灾害等政治因素联系起来,并使密宗势力大张的释门领袖,他的祈雨事迹在民间更是广为流传。大历七年(772),京师春夏不雨,中使李宪诚奉诏,请不空祈雨,不空依法祈请,大雨丰足。[3]

人们对密宗高僧祈雨灵验的信仰持久而深入,中晚唐直至五代宋初,善无畏塔所在地洛阳龙门广化寺成为帝王、官员、民众祈雨祭拜的重要场所。"累朝旱涝,皆就祈请,征验随生,且多檀施。"[4]另据唐段成式的《寺塔记》记载,西京大兴善寺不空塔前的松树也成为役龙降雨的神物,"不空三藏塔前多老松,岁旱则官刈其枝,为龙骨以祈雨,盖三藏役龙意,其树必有灵也"[5]

35.1.3 有灵迹处祈雨也是佛教祈雨的重要方式

有灵迹处皆可祈雨,唐人对有灵迹处的解释相当模糊,这些地点一般包括佛塔寺、名山大川,还有一些被认为会有龙神潜藏的深水渊潭等,皆可作为佛教祈雨的场所,古人认为在有神灵的地点祈祷,其作用会更为显著。

---

〔1〕赞宁:《宋高僧传》,中华书局1987年版,第5页。

〔2〕赞宁:《宋高僧传》,中华书局1987年版,第21页。

〔3〕赵迁:《大唐故大德赠司空大辨正广智不空三藏行状》,载于《大正藏》第50册,台湾新文丰出版公司1990年重印,第293页。

〔4〕赞宁:《宋高僧传》,中华书局1987年版,第22页。

〔5〕段成式:《寺塔记》,载于《大正藏》第51册,台湾新文丰出版公司1990年重印,第1022页。

敦煌文书 S.4474 为释门的《回向发愿范本》,其第二条《贺雨》:
"为久愆阳,长川销烁。自春及夏,惟增趁弈之辉;祥云忽飞,但起嚣尘
之色。鹿野无稼,苍生罢农。于是士庶恭心,缁侣虔敬,遂启天龙于峰
顶,祷诸佛于伽蓝;及以数朝,时时不绝。是以佛兴广愿,龙起慈悲;命
雷公,呼电伯。于是密云朝凝,阔布长空;风伯前驱,雨师后洒。须臾之
际,滂野田畴。"[1]此件文书证明,晚唐时期敦煌当地人因为干旱经常
去佛寺祈雨。

《续高僧传》卷25记载了释道仙祈雨的事迹:"时遭酷旱,百姓请
祈,仙即往龙穴,以杖扣门数曰:'众生忧苦,何为嗜睡如此。'语已登即
玄云四合,大雨滂注,民赖斯泽,咸来祷赛,钦若天神。"[2]

又《集神州三宝感通录》"益州郭下福感寺塔"条下又载:"旱涝年
官人祈雨必于此塔,祈而有应,特有感征,故又名福感。"[3]

佛教在有灵迹处祈雨,其祈雨仪式除了综合采用祭祀祈祷、诵读经
典、设坛持咒等仪式外,还使用其他一些法术,其中有些类似道教祈雨
的"投龙"仪式,表明佛道在中晚唐时期的融合,至于道教"投龙"与佛
教祈雨仪式之间的关系,还有待我们继续深入研究。

《宋高僧传》卷26记载了释代病的祈雨事迹,说其"为民救旱,按
经缋八龙王,立道场。启祝毕,投诸河。举众咸睹画像沈跃不定,斯须
云起肤寸,云雨大作,千里告足。自此归心者众"[4]睿宗景龙二年
(708),时雨罕润,冬又不雪,睿宗诏[法]藏禁中,询问救农之术。法藏
回答:"有经名《随求则得大自在陀罗尼》,若结坛净写是总持语,投于
龙湫,应时必获。"于是,法藏遂往蓝田山悟真寺龙池作法,未旬大
雪。[5] 大历九年(774)二月,慧超奉敕往周至县玉女潭祈雨,"初建坛

---

〔1〕黄征、吴伟:《敦煌愿文集》,岳麓书社1995年版,第178页。

〔2〕道宣:《续高僧传》,载于《大正藏》第50册,台湾新文丰出版公司1990年重印,第651页。

〔3〕道宣:《集神州三宝感通录》,载于《大正藏》第52册,台湾新文丰出版公司1990年重印,
第408页。

〔4〕赞宁:《宋高僧传》,中华书局1987年版,第669页。

〔5〕崔致远:《唐大荐福寺故寺主翻经大德法藏和尚传》,载于《大正藏》第50册,台湾新文丰
出版公司1990年重印,第284页。

场豰声乍吼,及投舍利雨足如丝"。[1]

<h2 style="text-align:center">35.2</h2>

从传世的佛教史籍中发掘史料有助于我们了解唐朝官方启用佛教仪式祈雨的具体程序。

35.2.1 朝廷祈雨

唐都长安发生旱灾时,如果朝廷决定采用佛教祈雨仪式,皇帝一般会发布敕令,由宫内官员奉宣圣旨或由掌管天下僧尼的两街功德使转帖诸寺院祈雨。例如唐僧圆照编集的《代宗朝赠司空大辨正广智三藏和上表制集》(以下简称《不空表制集》)里收录有代宗一朝,密宗三藏不空及其弟子为朝廷祈雨而上奏的表文,并附有代宗的答批。其中收录的《大历九年(774)二月三日周屋县仙游寺僧昙贞上表》云:"沙门昙贞等言,伏奉前月二十九日中使李宪诚至奉宣圣旨,命昙贞等于寺前玉女潭下转念助修祈雨……"。[2]又据《入唐求法巡礼行记》记载:"今年(会昌四年)已来,每雨少时,功德使奉敕帖诸寺观,令转经祈雨,感得雨时,道士偏蒙恩赏,僧尼寂寥无事。"[3]由此可知,当干旱发生时,唐代皇帝会派遣宫内官员奉宣圣旨或由功德使转帖诸寺院令其转经祈雨。此外,一些重要的佛教祈雨仪式还在唐都长安的皇宫内举行。自太宗迄于武宗,唐代诸帝在长安或洛阳宫廷,相继设置了各种功能的佛教内道场,"中古皇室的'内道场'是设置在宫禁之内的经、教行事场所"。[4]皇室在'内道场'主要举行译经、受戒、斋会、祈雨等活动。内道场祈雨的程序也是皇帝发布敕令后,由官员诏请高僧入内祈雨。

唐代高僧清虚诵念《金刚般若经》颇为灵验,神龙二年(706),"准

---

〔1〕圆照:《代宗朝赠司空大辨正广智三藏和上表制集》,载于《大正藏》第52册,台湾新文丰出版公司1990年重印,第855页。

〔2〕圆照:《代宗朝赠司空大辨正广智三藏和上表制集》,载于《大正藏》第52册,台湾新文丰出版公司1990年重印,第855页。

〔3〕圆仁:《入唐求法巡礼行记》,广西师范大学出版社2007年版,第140页。

〔4〕张弓:《唐代的内道场与内道场僧团》,载于《世界宗教研究》1993年第3期,第81页。

诏入内祈雨。绝二七日雪降,中宗以为未济时望,令就寺更祈请,即于佛殿内精祷,并炼一指。才及一宵,雨周千里,指复如旧"[1] 不空三藏也留下多次在内道场设坛祈雨的记录。"是岁也(天宝五年),终夏愆阳,帝请大师入内祈雨,制曰:'时不得赊,雨不得暴。'大师奏大孔雀明王经坛法,未尽三日,膏泽弥恰。"[2]不空的弟子惠果和尚,和其师一样,也数入禁中祈雨。贞元十四年(798)五月大旱,五月上旬,惠果奉敕祈雨七日,在内道场专精持念,祈雨日足。[3] 此外,唐代高僧一行[4]、僧伽[5]等都有在内道场作法为京师百姓祈雨的经历。

35.2.2　地方政府祈雨

地方政府如果决定采用佛教祈雨仪式,一般是由地方长官恭请高僧祈雨,或采用官民共请的方式。

代宗大历年间,恒阳节度使张君因炎旱,亲自入太行山躬请高僧自觉祈雨,于是,"觉乃虔恪启告龙神,未移晷刻,天辄大雨,二辰告足"。[6]《续高僧传》也记载了唐僧志宽为官民所请置坛祈雨的事迹,他的祈雨方法却是"以身自誓,不降雨者不处室房,曝形两日,密云垂布,三日已后,合境滂流"。[7]

35.3

从传世的佛教史籍中发掘史料可证祈雨是高僧获得皇家崇信,得以弘扬佛法的重要手段。

---

〔1〕赞宁:《宋高僧传》,中华书局 1987 年版,第 630 页。

〔2〕赵迁:《大唐故大德赠司空大辨正广智不空三藏行状》,载于《大正藏》第 50 册,台湾新文丰出版公司 1990 年重印,第 293 页。

〔3〕佚名:《大唐青龙寺三朝供奉大德行状》,载于《大正藏》第 50 册,台湾新文丰出版公司 1990 年重印,第 295 页。

〔4〕赞宁:《宋高僧传》,中华书局 1987 年版,第 93 页。

〔5〕李昉:《太平广记》卷 96,中华书局 1961 年版,第 638 页。

〔6〕赞宁:《宋高僧传》,中华书局 1987 年版,第 657 页。

〔7〕道宣:《续高僧传》,载于《大正藏》第 50 册,台湾新文丰出版公司 1990 年重印,第 543 -
544 页。

远离政治、超脱凡尘本是印度佛教的一大特色,但佛教传入中土后,与政治的关系却变得日益密切。由于中土世俗王权的好恶直接关系到佛教的兴衰,佛教高僧必须借助各种法术寻求封建朝廷的支持,而在天灾人祸来临之际,彰显诵经持咒的灵应和神通则更会得到封建朝廷的倚重,祈雨即是佛教高僧致力于弘扬佛法的重要手段之一。首先,佛教祈雨仪式举行后,一旦天降甘霖,作为回报,祈雨僧人一般会得到朝廷赏赐的钱物。例如大历十二年(777)青龙寺沙门昙贞因成功祈雨,获得代宗赏赐的绢帛 70 匹。由《沙门昙贞贺南山祈雨赐物表》可知:"沙门昙贞言:比顷以膏雨未敷,圣心忧轸,特奉进止,令往南山祈雨,肝胆斯竭,望赴天心,于法无功,龙神不应,空劳睿想,虚费供须,既无喜期,诚当罪责,圣慈宽宥,锡赉殊深,蒙锦彩七十匹,戴天履地,莫知高厚,岂谓忧愤之门忽逢,圣咸需然之泽,无任欢抃愧惧之至。谨附中使李宪诚奉表陈谢以闻,沙门昙贞诚惶诚喜谨言。"[1] 又德宗贞元五年(789),敕令青龙寺惠果等 7 僧在其大佛殿祈雨,第 7 日雨足后,各赐绢一束,茶十串表谢。[2] 其次,祈雨成功后,随着高僧在皇室心目中威望的提升,佛教的发展则会得到王权的直接支持。贞观三年(629),京师从冬至夏,迥然无雨,唐太宗下诏普令雩祀,但是,诸祈不遂。后敕召高僧明净入京祈雨。明净告以"所须一无损费,惟愿静念三宝,慈济四生,七日之后必降甘泽,若欲酬德,可国内空寺并私度僧并施其名,得弘圣道"。明净先后 2 次祈雨成功,唐太宗敕令总度 3000 僧以酬净德。[3] 景龙二年(708),中夏悯雨,中宗命法藏集百法师于荐福寺以法祷之,"近七朝遽致滂沱,过十夜皆言浃洽"[4] 由是中宗、睿宗皆请为菩萨戒师。法藏因请于两都、吴、越、清凉山五处起寺,均傍"华严"之

---

〔1〕圆照:《代宗朝赠司空大辨正广智三藏和上表制集》,载于《大正藏》第 52 册,台湾新文丰出版公司 1990 年重印,第 854 页。

〔2〕佚名:《大唐青龙寺三朝供奉大德行状》,载于《大正藏》第 50 册,台湾新文丰出版公司 1990 年重印,第 295 页。

〔3〕道宣:《续高僧传》,载于《大正藏》第 50 册,台湾新文丰出版公司 1990 年重印,第 594 页。

〔4〕崔致远:《唐大荐福寺故寺主翻经大德法藏和尚传》,载于《大正藏》第 50 册,台湾新文丰出版公司 1990 年重印,第 284 页。

号。由此可见,帝王的支持对佛教宗派的兴起至关重要,除华严宗外,密宗高僧也是凭借传译各种护国经典,多次举办规模盛大的法事活动,或祈雨,或止雨,从而赢得了皇室和上层士大夫的倾力支持,对密宗在中唐的崛起起到极大的推动作用。

综上所述,唐代佛教仪式逐渐进入国家官方的祈雨活动中,并开始扮演愈来愈重要的角色,这主要是由于唐代朝廷对佛教法术的依赖,希望通过这类仪式的举行侥幸获得降雨,同时,也与中古社会信仰多元化、民众性格当中的实用主义和祈报心理有关。另一方面,佛教通过法术介入国家政治生活之中,则表明佛教僧团意在寻求世俗王权的支持和庇护。

（本文与李艳合作,原载于《社会科学战线》2010 年第 11 期）

36　隋文帝分舍利建塔
有关问题的再探讨

早在 1993 年,笔者在《人文杂志》(增刊)上发表了《隋文帝分舍利建塔的意义及其有关问题》一文,文中认为隋文帝之奉佛,与其他帝王有很大的不同,这就是:隋文帝直接选择了印度的护法之王——佛教极力歌颂的转轮王——阿育王为其榜样,是以阿育王的气魄来"弘法护教"的。隋文帝为何要以阿育王为榜样,而不像秦皇、汉武时那样,在统一全国,大功告成之后,前去泰山"封禅",以告天上天下,反而力排众议,反对封禅,在全国大规模地分舍利建塔,这是有深刻的政治背景的。隋文帝用不光彩的手段夺取了北周政权,违反了儒家鼓吹的"三纲五常"原则,如果再用儒家思想作为统治思想等于自打嘴巴,所以他必须寻找更能适合自己统治的其他思想武器。因为佛教中鼓吹的阿育王原来实际上是一个弑父害母、屠杀兄弟的暴君,但后来却"放下屠刀"成为了一个"弘法护佛"的转轮王。但隋文帝学习阿育王做的结果,致使自己后来被儿子杨广杀死。紧接其后的李世民父子,几乎也上演了相似的悲剧。论说隋唐之际此事者极多,但似乎都忘了在这里找一些原因。换言之,隋唐之际中国统治者的伦理观念发生了很大变化,这应与佛教的伦理观念得到充分发展有关。至于隋文帝本人,在这种变化中无疑起到了一种催化剂的作用,所有这些,从隋文帝分舍利建塔的行动及其有关的佛教活动中都可以看出。

36.1　缘起

据《广弘明集》卷 17《佛德篇》第三隋著作郎王劭《舍利感应记》一文载:

皇帝(指隋文帝)昔在潜龙,有婆罗门沙门来诣宅,出舍利一裹曰:"檀越好心,故留与供养。"沙门既去,求之不知所在。其后皇帝与沙门昙迁,各置舍利于掌而数之,或少或多,并不能定。昙迁曰:"曾闻婆罗门说,法身过于数量,非世间所测。"于是始做七宝箱以置之。神尼智仙言曰:"佛法将灭,一切神明,今已西去,儿当为普天慈父,重兴佛法,一切神明还来。"其后,周氏果灭佛法。隋室受命,乃兴复之。皇帝每以神尼为言云:"我兴由佛。"故于天下舍利塔内,各作神尼之像焉。[1]

从上引文可知,隋文帝从一个印度来的婆罗门那里得到了"舍利一裹"。得到这些舍利之后,首先和他供养的一个叫做昙迁的沙门置于掌内而数来数去,数的结果,"或多或少,并不能定"。最后还是昙迁用"法身过于数量,非世间所测"而下了结论。这就是说,佛的法身,是不能用数量计算的,所以这一包舍利的数目,后人就不必揣度其到底有多少了。这里提到的昙迁,《续高僧传》卷18有传,并将其列在"习禅",其文曰:

释昙迁,俗姓王氏,博陵饶阳人。近祖太原,历宦而后居焉。少而俊朗,爽异常伦。年十三,父嘉其远悟,令舅氏传授,即齐中散大夫国子祭酒博士权会也。会备练六经,偏究易道,剖卦析爻,妙穷象系。[2]

由此可见,昙迁出身于北朝晚期一个很有来头的士宦家族中,他的舅父是一个深通儒家经典和易经卦象的士人。《续高僧传》本传说,其在十四五时,舅父已不能教他,叹曰:"老舅实顾多惭,方验宣尼之言:后生可畏也!"昙迁21岁时,在定州贾和寺出家,师从昙静律师,后又游历五台山等地。周武帝平齐灭法,其又南避金陵(南京),后到扬都(今扬州)等地。其所历之地,"弘化此土,屡动暄凉,黑白变俗,大有成业"。以至上柱国宋公贺若弼也"携其家属,从受归戒"。开皇七年,隋

---

〔1〕《大正藏》第52册,河北省佛教协会2005年印,第213页。
〔2〕《大正藏》第50册,河北省佛教协会2005年印,第571页。

文帝下诏,迎其北还,来至长安。时洛阳慧远、魏郡慧藏、清河僧休、济阴宝镇、汲郡洪遵各奉明诏,同集帝辇,昙迁乃与此五大德一起在长安大兴殿得到了隋文帝的接见,并被安置于长安大兴善寺。居其寺后,前来礼敬的"王公宰辅,冠盖相望",昙迁当时的影响由此可见! 正因为这样,和隋文帝一起数舍利的人也就非他莫属了。[1]

《续高僧传·昙迁传》中也记载了同隋文帝一起数舍利的情景,但文字与《广弘明集》稍有不同,其文曰:

> 文帝昔在龙潜,有天竺沙门,以一裹舍利受之云:"此大觉遗身也,檀越当盛兴显,则来福无疆。"言讫,莫知所之。后龙飞之后,迫以万机,未遑兴盛。仁寿元年,追惟昔言,将欲建立,乃出本所舍利,与[昙]迁交手数之,虽各专意,而前后不能定数。帝问所由,迁曰:"如来法身,过于数量,今此舍利,即法身遗质,以事量之,诚恐徒设耳。"帝意悟,即请大德三十人安置宝塔为三十道。[2]

隋文帝和昙迁数完舍利之后,实际上并没有立即分舍利建塔,而是先把其安置于长安的法界尼寺中。《广弘明集》卷 17 王劭《舍利感应记》中又说:

> 皇帝皇后于京师法界尼寺,造连基浮图(佛塔)以报旧愿,其下安置舍利,开皇十五年季秋之夜,有神光自基而上,右绕露盘,赫若冶炉之炎,一旬内四如之。皇帝以仁寿元年六月十三日,御仁寿宫之仁寿殿。本降生之日也,岁岁于此日,深心永念,修营福善,追报父母之恩,故迎诸大德沙门与论至道,将于海内诸州选高爽清静三十处,各起舍利塔。[3]

这里的法界尼寺,可能是隋文帝为将他养大的神尼或为纪念其神尼修建的一座寺院。正因为这样,其寺的功用就非同寻常了。隋文帝把舍利藏于此寺的连基佛塔之后,在开皇十五年秋时,常有神光自基而上,右绕承露盘,赫然如冶炉之炎,一旬 4 次。如此祥瑞之事,加快了隋

〔1〕《大正藏》第 50 册,河北省佛教协会 2005 年印,第 571 页。
〔2〕《大正藏》第 50 册,河北省佛教协会 2005 年印,第 573 页。
〔3〕《大正藏》第 52 册,河北省佛教协会 2005 年印,第 213 页。

文帝分舍利建塔的行动。于是在仁寿元年六月十三日，于仁寿宫的仁寿殿，接见了一些高僧大德，弘论佛道，经过商议之后，决定于全国30州分舍利建塔，这就是隋文帝的第一次分舍利建塔。由此可知，隋文帝做出分舍利建塔决定的时间是仁寿元年六月十三日，即他生日的这一天；地点在仁寿宫的仁寿殿。[1]

这里提到的"神尼"，与隋文帝分舍利建塔一事有着很深的因缘，佛教文献中不时提到，但以《续高僧传》卷26《释道密传》讲得比较详细，其说释道密在仁寿建塔时，曾奉敕送舍利往同州大兴国寺。此寺即隋文帝所生之地，其处本基般若尼寺。

[隋文]帝以后魏大统七年六月十三日生于此寺中。于时赤光照室，流溢外户，紫气满庭，状如楼阙，色染人衣，内外惊禁。妳母以时炎热，就而扇之，寒甚几绝，困不能啼。有神尼者，名曰智仙，河东蒲坂刘氏女也，少出家，有戒行。和上失之，恐其堕井，见在佛屋，俨然坐定，时年七岁。遂以禅观为业。及帝诞日，无因而至，语太祖曰："儿天佛所祐，勿忧也。"尼遂名帝为"那罗延"，言如金刚，不可坏也。又曰："此儿来处异伦，俗家秽杂，自为养之。"太祖乃割宅为寺，内通小门，以儿委尼，不敢名问。后皇妣来抱，忽见化而为龙，惊惶堕地。尼曰："何因妄触我儿，遂令晚得天下。"及年七岁，[尼]告帝曰，"儿当大贵，从东国来，佛法当灭，由儿兴之"。而尼沉静寡言，时道成败吉凶，莫不符验。初在寺养帝，年十三，方始还家。积三十余岁，略不出门，及周灭二教，尼隐皇家，内著法衣，戒行不改。帝后果自山东入为天子，重兴佛法。皆如尼言。及登祚后，每顾群臣，追念阿阇梨，以为口实。又云："我兴由佛法，而好食麻豆，前身似从道人里来，由小时在寺，至今乐闻钟声。"乃命史官王劭，为尼作传。其龙潜所经四十五州，皆悉同时为大兴国寺，因改般若为其一焉。仁寿元年，帝及后宫，同感舍利，

---

〔1〕隋时在距长安西北200多里的麟游建有仁寿宫，唐改为九成宫，武则天时又改称为万年宫，为隋唐帝王避暑胜地。遗址今存。此处仁寿宫，是否为此地，或长安也有仁寿宫。

并放光明,砧磓试之,宛然无损,遂散于州部,前后建塔,百有余所,随有塔下,皆图神尼,多有灵相。故其铭云:"维年月,菩萨戒佛弟子大隋皇帝坚,敬白十方三世一切三宝弟子,蒙三宝福祐,为苍生君父,思与民庶共建菩提,今故分布舍利诸州供养,欲使普修善业,同登妙果,仍为弟子。法界幽显,三塗八难,忏悔行道。奉请十方常住三宝,愿起慈悲,受弟子等请,降赴道场,证明弟子,为诸众生,发露忏悔。"文多不载。[释道]密以洽闻之誉,送[舍利于]此寺中,初下塔时,一院之内,光明充塞,黄白相间,兼赤斑气,旋绕朗彻,久而乃灭。道俗内外,咸同一见。寺有四门,门立一碑,殿塔廊庑及以生[帝]地,庄严绮丽,晃发城邑。[1]

这就是说,隋文帝因其出生于般若尼寺,并由长住此寺的神尼智仙养大,所以在他称帝之后,便把此寺改名为大兴国寺,并为此寺分舍利建塔。同时在其称帝之前所经过的45州中,皆分舍利建塔,并把有关寺院改名为大兴国寺[2],又在所有舍利塔下图绘了(也可能雕刻)神尼智仙之像。由此可见,神尼智仙在隋文帝心目中的地位和其分舍利建塔的因缘了。

36.2 经过

前文已经提到,在隋文帝作出分舍利建塔决定的当日,即仁寿元年六月十三日,就由内史令豫章王杨暕代宣诏书,布告天下。其诏文也见于《广弘明集》卷17,其文曰:

朕归依三宝,重兴圣教,思与四海之内,一切人民,俱发菩提,共修福业,使当今现在爱及来世,永作善因,同登妙果。宜请沙门三十人诸解法相兼堪宣导者,各将侍者二人并散官各一人,薰陆香一百二十斤,马五匹,分道送舍利,往前件诸州起塔。其未注寺者,

[1]《大正藏》第50册,河北省佛教协会2005年印,第667-668页。
[2]北周时,杨坚被封为"大兴公",其称帝之后,曰都城为"大兴城"。"大兴国寺"之名,也应与此相关。

·欧·亚·历·史·文·化·文·库·

就有山水寺所,起塔依前山(州),旧无寺者,于当州内清净寺处,建立其塔,所司造样,送往当州。僧多者三百六十人,其次二百四十人,其次一百二十人,若僧少者尽现僧。为朕、皇后、太子广诸王子孙等及内外官人、一切民庶、幽显生灵,各七日行道并忏悔。起行道日,打刹莫问同州异州,任人布施,钱限止十文已下,不得过十文。所施之钱,以供营塔。若少不充,役正丁及用库物。率土诸州僧尼,普为舍利设斋,限十月十五日午时,同下入石函。总管刺史已下,县尉已上,息军机停常务七日,专检校行道及打刹等事,务尽诚敬,副朕意焉。主者施行。仁寿元年六月十三日内史令豫章王臣暕宣。[1]

诏文的前边还列出了这次分舍利建塔的 30 州名和其中一些州的寺院名称。《广弘明集》的作者道宣说,此 30 州中有 16 州是隋文帝自注的,故其州后有寺名者应是。诏文前的州名和寺名的具体情况如下:

岐州凤泉寺　雍州仙游寺　嵩州嵩岳寺　泰州岱岳寺　华州思觉寺　衡州衡岳寺　定州恒岳寺　廓州连云岳寺　牟州巨神山寺　吴州会稽山寺　同州大兴国寺　蒲州栖岩寺　苏州虎丘山寺　泾州大兴国寺　并州无量寿寺　隋州　益州　泰州　扬州　郑州　青州　亳州　汝州　瓜州　番州　桂州　交州　相州大慈寺　襄州大兴国寺　蒋州

诏文中还说,注出寺名者,即与此寺起塔;未注出寺名者,选该州"就有山水寺所"起塔;旧无寺者,选择"当州内清净寺(此"寺"字疑为衍文)处"起塔,安置舍利。

以上 30 州有 17 州还注出了具体建塔的寺名,有 13 州未注寺名,此为《大正藏》本《广弘明集》的记载。但《大正藏》用元本校刊时,又据元本《大藏经》把 30 州的寺名均注出了:

雍州仙游寺　岐州凤泉寺　泾州大兴国寺　泰州静念寺　华州思觉寺　同州大兴国寺　蒲州栖岩寺　并州无量寿寺　定州恒

觉寺　相州大慈寺　郑州定觉寺　嵩州嵩岳寺（居闲寺）　亳州开寂寺　汝州兴世寺　泰州岱岳寺　青州胜福寺　牟州巨神山寺隋州智门寺　襄州大兴国寺　扬州西寺　蒋州栖霞寺　吴州会稽山寺　苏州虎丘山寺　衡州衡岳寺　桂州缘化寺　番州灵鹫山寺交州禅众寺　益州法聚寺　廓州连云岳寺（法讲寺）　瓜州崇教寺[1]

《大正藏》校刊时所据元本《大藏经》不但注出了 30 州的所有寺名,且所列州名的顺序和前者有很大不同。

众所周知,日本《大正藏》的经律论及我国撰述部分,主要依东京增上寺所藏《高丽藏》为底本,又用同寺所藏宋、元、明等本对校。故《大正藏》所收《广弘明集》应来源于高丽本。元本虽后,但也可能另有所据,因此,其增加的这些寺名,很值得研究者重视。

诏文在公布了分舍利建塔的 30 州名单之后,又进行了隆重的法会,对此《广弘明集》中也有详细记载:

> 皇帝（隋文帝）于是亲以七宝箱,奉三十舍利,自内而出,置于御座之案,与诸沙门烧香礼拜,[并发愿曰:]"愿弟子常以正法,护持三宝,救度一切众生。"[随后]乃取金瓶琉璃各三十,以琉璃盛金瓶,置舍利于其内,[又以]薰陆香为泥,涂其盖而印之。三十州同刻十月十五日正午入于铜函石函,一时起塔。[2]

在法会举行完毕之后,舍利被分为 30 份,各装入金瓶中,再套以琉璃（玻璃）瓶,又用名贵的薰陆香作泥,封住瓶口再盖上印记（泥封）,分送全国 30 州,并为上数 30 州"总管刺史已下,县尉已上"放假 7 日,让其"息军机,停常务",专心负责建塔安葬舍利事宜,并要求各地官员"务尽诚敬,副朕意焉"。

其后,隋文帝又选择"谙解法相兼堪宣导"30 人[3],让其分别护送舍利往各州,这 30 位僧人都是当时的高僧大德,他们不但要深通佛法,

---

〔1〕《大正藏》第 52 册,河北省佛教协会 2005 年印,第 213 页。
〔2〕《大正藏》第 52 册,河北省佛教协会 2005 年印,第 213 页。
〔3〕《大正藏》第 52 册,河北省佛教协会 2005 年印,第 213 页。

还要善于宣讲,能被选中者,被视为荣幸之至。这些高僧,在侍者2人和散官等的陪同下,用马5匹,乘着朝廷为他们准备好的车子分道上路了。

众高僧风尘仆仆,一路精心勤苦,奉舍利而行,一到所在州地,立即"先令家家洒扫,覆诸秽恶"。州内道俗士女,倾城远迎。总管刺史以及诸官人,夹路步引。四部大众(比丘、比丘尼、优婆塞、优婆夷),容仪齐肃,共以宝盖幡幢,华台像辇,佛帐佛舆,香山香钵,种种音乐,尽来供养。各执香华,或烧或散,围绕赞吹,梵音和雅,依《阿含经》舍利入拘尸那城法。此时,远近翕然,云蒸雾会,虽盲躄老病,莫不匍匐而至。护送舍利的高僧对四部大众先作如是唱言:"至尊以菩萨大慈,无边无际,哀愍众生,切于骨髓,是以分布舍利,共天下同作善因。"又引经文种种方便,苟责教导,深至肯恻,涕零如雨。四部大众,皆一心合掌,右膝着地,高僧于此时又宣读忏悔文曰:"菩萨戒佛弟子皇帝某(杨坚),敬白十方三世,一切诸佛,一切诸法,一切贤圣僧:弟子蒙三宝福祐,为苍生君父,思与一切民庶,共逮菩提,今欲分布舍利诸州起塔,欲使普修善业,同登妙果。为弟子及皇后、皇太子广诸王子孙等内外官人,一切法界,幽显生灵,三涂八难,忏悔行道。奉请十方常住诸佛,十二部经,甚深法藏,诸尊菩萨,一切贤圣,愿起慈悲,受弟子等请,降赴道场,证明弟子为一切众生,发露忏悔。于是如法礼拜,悉受三归。"高僧又称:"菩萨戒佛弟子皇帝某(杨坚),普为一切众生,发露无始以来,所作十种恶业,自作教他,见作随喜,是非因缘,堕于地狱、牲畜、饿鬼,若生人间,短寿多病,卑贱贫穷,邪见谄曲,烦恼妄想,未能自悟。今蒙如来慈光照及,于彼众罪,方始觉知,深心惭愧,怖畏无已。于三宝前,发露忏悔,承佛慧日,愿悉消除,自从今身,乃至成佛。愿不更作此等诸罪。"大众闻此言之后,甚悲甚喜,甚愧甚惧,铭刻心骨。于是投财施物及截发者不可胜计。但诏书中有规定,布施的"钱限十文已下,不得超过十文"。这些钱专款专用,只用来建塔和安置舍利,如不够用,可役使正丁和用国库物资。与此同时,在7日之内,设大斋礼忏受戒。凡参加斋会者,皆起誓发愿曰:"从今以往,修善断恶,生生世世,常作大隋臣子。"在场者无问长幼华夷,咸发此誓。就是屠夫猎户、残贼之人,也改恶从善了。[1]

在舍利将入函的时候,大众围绕填噎,高僧捧宝瓶巡示四部,人人拭目谛视,共睹光明,哀恋嚎泣,声响如雷,天地为之感动。据说,当时凡安置舍利的各州都是如此。

隋文帝在起塔安置舍利的这一天也没有闲着,其"在大兴宫之大兴殿庭,西面执圭而立,迎请佛像及沙门三百六十七人,幡盖香华,赞呗音乐,自大兴善寺来居殿堂,皇帝烧香礼拜,降御东廊,亲率文武百僚,素食斋戒。是时内宫东宫逮于京邑,茫茫万寓,舟车所通,一切眷属人民,莫不奉行圣法。"[2]

以上是隋文帝第一次分舍利的情况。

仁寿二年,隋文帝又在全国范围内,进行了一次更大规模的分舍利建塔。先是,在第一次分舍利建塔之后,各州表瑞,臣民庆贺,使得全国沸腾,那些未分舍利之州,人人翘望,大家都希望本地亦能分得一份舍利,同沾佛光。这样一来,隋文帝就不得不考虑全国的"平衡"问题了。于是他又进行了第二次分舍利建塔。但这一次的舍利从哪里来呢?隋文帝当然也有办法。《广弘明集》卷 17 中在记录了第一次分舍利建塔,各州纷纷表瑞之后,又接着说,隋文帝在第一次分舍利之后的"十月之内,[皇帝]每因食于齿下得舍利,皇后亦然,以银碗水浮其一,出示百官,须臾忽见有两[舍利]右旋相著,二贵人及晋王昭、豫章王暕蒙赐蚬,敕令审视之,各于蚬内得舍利一。未过二旬,宫内凡得十九,多放光明,自是远近道俗,所有舍利,率奉献焉。皇帝曰:'何必皆是真'。诸沙门相椎试之,果有十三玉粟,其真舍利铁窠而无损"[3] 也就是说,第二次所分舍利的来源发端于隋文帝和皇后吃饭时的"齿下",紧接着是宫内和远近道俗所献。在解决了舍利来源之后,隋文帝又在全国 50 州分舍利建塔。这次分舍利是由隋文帝族子,即与高颖、虞庆则、

---

[1]《大正藏》第 52 册,河北省佛教协会 2005 年印,第 213 – 214 页。

[2]《大正藏》第 52 册,河北省佛教协会 2005 年印,第 214 页。

[3]《大正藏》第 52 册,河北省佛教协会 2005 年印,第 216 页。

苏威一起被当时称为"四贵"的安德王杨雄上表发起的。[1]《广弘明集》卷17《庆舍利感应表并答》载,在隋文帝第一次分舍利之后,安德王杨雄及百官等又上表隋文帝,其文曰:

> 臣[杨]雄等言:臣闻大觉圆备,理照空有,至圣虚凝,义无生灭。故虽形分聚芥,尚贮金罂;体散吹尘,犹兴宝刹。自释提请灰之后,育王建塔已来,未有分布舍利,绍隆胜业[者]。伏惟皇帝积因旷劫,宿证菩提,降迹人王,护持世界。往者道消在运,仁祠废毁,慈灯灭影,智海绝流。皇祚既兴,法鼓方振,区宇之内,咸为净土,生灵之类,皆覆梵云。去夏六月,爰发诏旨,迎请沙门,奉送舍利于三十州,以十月十五日同时起塔,而蒲州栖岩寺规模置塔之所,于此山上乃有钟鼓之声……其栖岩寺者即是太祖武元皇帝之所建造……[现]皇帝皇后又得舍利,流辉散彩,或出或沉。自非至德精诚,道合灵圣,岂能神功妙相,致此奇特。臣等命偶昌年,即睹太平之世,生逢善业,方出尘劳之境,不胜抃跃,谨拜表陈贺以闻。[2]

隋文帝看到杨雄等人的贺表之后,立即给予答复,其文曰:

> 门下仰惟正觉,覆护群品,济生灵于苦海,救愚迷于火宅。朕所以至心回向,结念归依,思于率土臣民,爰及幽显,同崇胜业,共为善因,故分布舍利,营建神塔。而大圣慈愍,频示光相,宫殿之内,舍利降灵,莫测来由,自然变现,欢喜顶戴,得未曾有。斯实群生多幸,延此嘉福,岂联微诚所能致感。览王公等表,悚敬弥深。朕与王公等及一切民庶,宜更加克励,兴隆三宝。今舍利真形,犹有五十,所司可依前式,分送海内,庶三途六道,俱免盖缠,裹识含灵,同登妙果,主者施行。[3]

正在这时,高丽、百济、新罗三国使者要还本国,也请求分得一份舍利在本国起塔供养,隋文帝"诏并许之"。这次舍利在未分之前,先在

---

[1]《隋书》卷43《观德·王雄弟达传》,中华书局1973年版,第1215页。

[2]《大正藏》第52册,河北省佛教协会2005年印,第216－217页。

[3]《大正藏》第52册,河北省佛教协会2005年印,第217页。

长安大兴善寺起塔,藏于尚书都堂。仁寿元年十二月二日,进行了任何人都可参加的"无遮大会",这次法会同样是宝舆幡幢,香花音乐,种种供养,弥遍街衢。京城道俗士女,"不知千万"前来礼忏。上柱国司空安德王杨雄等,独步至寺,其规模比前次更大。[1]仁寿二年正月二十三日,分舍利于 51 州,同时令总管刺史以下,县尉以上,停日常事务 7 日,请僧行道。教化打刹,施钱 10 文,如同前次。并令在当年四月八日午时,51 州同时安葬舍利,封入石函。这 51 州为:

恒州	泉州	循州	营州	洪州	杭州	凉州	德州	沧州
观州	瀛州	冀州	幽州	徐州	莒州	齐州	莱州	楚州	江州
潭州	毛州	贝州	宋州	赵州	济州	兖州	寿州	信州
荆州	梁州	兰州	利州	潞州	黎州	慈州	魏州	汴州	杞州
许州	豫州	显州	曹州	安州	晋州	怀州	陕州	洛州
邓州	秦州(重得舍利)	卫州	洺州	郑州(重得舍利)[2]

案:史籍中记载隋文帝第二次分舍利于 51 州,但是实际所罗列的州数有 52 个州,并且秦州和郑州皆在第一次分舍利时已经分到了舍利,此次是重得舍利。

但《大正藏》用元本《大藏经》校刊时,以上州名和排行顺序又作如下调整:

恒州	瀛州	黎州	观州	魏州	秦州	兖州	曹州	晋州
杞州	徐州	邓州	安州	赵州	豫州	利州	明州	卫州	洛州
毛州	冀州	宋州	怀州	汴州	洛州	幽州	许州	荆州
济州	楚州	莒州	营州	杭州	潭州	潞州	洪州	德州	郑州
江州	兰州	慈州	廉州	雍州	泉州	莱州	寿州	显州
梁州	贝州	循州	沧州	齐州	信州	陕州

从上可知,《大正藏》校刊时所据元本为 54 州,其中 51 州同上,无凉州,多出了明州、廉州、雍州。元本较晚,或因传抄之故,产生了如此

---

〔1〕《大正藏》第 52 册,河北省佛教协会 2005 年印,第 217 页。
〔2〕《大正藏》第 50 册,河北省佛教协会 2005 年印,第 217 页。

差异。

同上次一样,隋文帝在第二次分舍利建塔之后,各州同样纷纷上表贺瑞,有关此事详见下文。

仁寿四年,隋文帝又下诏在全国第三次分舍利建塔。关于这一次的诏书原文,《广弘明集》并没有记载。但笔者从《续高僧传·洪遵传》中发现了这道诏书。这次的诏书,可能被《续高僧传》的作者道宣删节,文字很短。其文曰:

> 仁寿四年,下诏曰:朕祗受肇命,抚育生民,遵奉圣教,重兴象法,而如来大慈,覆护群品,感见舍利,开导含生,朕已分布远近,皆起灵塔,其间诸州犹有未遍,今更请大德,奉送舍利,各往诸州,依前造塔。所请之僧,必须德行可尊,善解法相,使能宣扬佛教,感悟愚迷。宜集诸寺三纲,详共推择,录以奏闻。当与一切苍生,同斯福业。[1]

从上诏书中来看,仁寿四年进行的第三次分舍利的原因是"诸州犹有未遍"。可能因为一、二次分舍利建塔之后,未分到舍利的各州,强烈请求也希望其州能分得一份舍利,同沾佛光,于是隋文帝又不得不进行第三次建塔分舍利了。

第三次分舍利的制度、经过应同前一、二次,似不像第一、二次在诏书中很明确地记载了分舍利建塔的州名。僧传中有很多在仁寿四年往各州护送舍利僧人的记载,从中可以看出这次分舍利建塔仍有一定规模,很多前两次未分到舍利的州,这次亦得到了舍利。

36.3 献瑞

隋文帝3次分舍利建塔,各州都纷纷上表献瑞,就连那些当时没有分到舍利的州,亦争着上表,谓在安置舍利的这一天,他们所在的州也发生了一些不可思议的祥瑞之事。所有这些祥瑞之事,后来被编成了

---

〔1〕《大正藏》第 50 册,河北省佛教协会 2005 年印,第 611 页。

2 本书,分别叫《舍利瑞应图》和《国家祥瑞录》。隋文帝还敕令高僧彦琮把这 2 部书"翻隋为梵,合成十卷,赐诸西域"。[1] 可见这 2 部书当时不但流传于中国,甚至还被译成梵文流传于西域诸国,可惜今人已看不到这 2 部书了。但我们从《广弘明集》及《续高僧传》等佛籍资料中还可以看到不少当时发生的"祥瑞之事"。笔者甚至怀疑《广弘明集》有关资料,特别是《续高僧传》的某些僧人传记,就是道宣根据当时还存在的《舍利瑞应图》和《国家祥瑞录》而编写的。

此类"祥瑞",有自然天成者,有偶然巧合者,有任意扩大者,有凭空捏造者,皆属神奇怪异之类,以荒诞无稽者居多,但其中某些资料却反映了当时建塔安置舍利的经过甚至有关佛教造像题材等。如彦琮奉命护送舍利至并州建塔,"初至塔所,累日云雾晦合",至下舍利的正当午时,"云开日跃,天地晴朗","瑞云夹日,五色相间",这应是当时自然现象的巧合。仁寿末岁,彦琮又奉命护送舍利于复州方乐寺(唐初改名龙盖寺),建塔的地点为南齐时所立寺院,北周时废毁,当时只有遗址。但因处所显敞,彦琮便利用了这个遗址而起塔。此时彦琮头觉痒闷,因检发中,获舍利 1 枚。建塔挖掘地基至 7 尺时,又获砖、铜、银盒之类,香泥宛然,只见清水满盒,其底踪迹,似有舍利,寻觅不见,方知发中所获,乃是银盒中所盛舍利。这是否说明彦琮在复州这次活动是对前代废毁之佛塔的一次重修和对以前就藏于此塔下舍利的又一次安葬呢?

此外,通过这些"献瑞"资料,我们还可以发现其他值得注意的问题。

如释慧最先送舍利于荆州大兴国寺,后又送舍利于吉州发蒙寺。建塔掘地 8 尺时,获豫章板 1 条,古砖 6 枚,银瓶 2 口,得舍利 1 枚。[2] 又如法侃于仁寿二年,送舍利至宣州,州城内有官仓,原是永安旧寺,在置塔处掘地时,又得石函,此石函"恰同官样,不须缮造,因藏舍利"。

---

〔1〕《大正藏》第 50 册,河北省佛教协会 2005 年印,第 437 页。
〔2〕《大正藏》第 50 册,河北省佛教协会 2005 年印,第 507 页。

这就是说隋时安置舍利的"石函"直接利用了原来的石函。在此处建塔时,掘地4尺时,还"获一古瓦"。上有铭文:"千秋万岁乐未央"[1]。众所周知,西汉瓦当上常有"千秋万岁,常乐未央"等吉语。这个发现又说明隋代的建塔遗址,原来可能为西汉的官署建筑,后来改为永安寺,隋代仍在此遗址上修塔,安置舍利。

又有释明诞,姓史,卫州人。其送舍利于襄州上凤林寺,因隋文帝在未称帝之前,曾经此州,故此寺被改名为大兴国寺。在建塔安舍利时,凿寺之东院地基,"获琉璃瓶,内有舍利八枚,聚散呈祥,形质不定,或现全碎,显发神奇,即与今送同处起塔"[2]。也就是说,隋分舍利建塔之时同在此寺又发现了以前的舍利,时人于是把两处舍利一同安置于隋代新起的舍利塔中。

又有雍州释慧诞送舍利于杭州天竺寺起塔,初构塔基,多逢伏石,掘得一古石函,傍推其际,妙不可测,"因用今造[石函]置古函中,大小和可,宛如昔契"[3]。也就是说,这里干脆把隋时造的舍利石函套在了古代的石函中,一起安置了。同样,这里也可能利用了古代的塔寺。

释道嵩送舍利于苏州造塔掘地基时,也"掘地得古砖函,内有银盒,获舍利一粒,置水瓶内,旋绕呈祥,同藏大塔"[4]。这里又发现了前代的舍利与舍利函,甚至发现了函内藏舍利的银盒。其也被与隋文帝所分的舍利一起藏于新修的舍利塔之中了。

总之,有关僧传中的这类资料(出处详见下文"僧人"一节)均能说明隋文帝分舍利建塔时在很多地方利用了原来的寺塔,甚至塔下的地宫、舍利石函等原来的旧物。凡此种种,还告诉我们,隋文帝分舍利建塔,在很大程度上还带有恢复曾被毁坏特别是曾因北周武帝灭佛而一度废毁了的寺院与佛塔的目的。

我们甚至可通过这些"祥瑞"看到当时"石函"上的佛教造像题材

---

〔1〕《大正藏》第50册,河北省佛教协会2005年印,第513页。
〔2〕《大正藏》第50册,河北省佛教协会2005年印,第668页。
〔3〕《大正藏》第50册,河北省佛教协会2005年印,第671页。
〔4〕《大正藏》第50册,河北省佛教协会2005年印,第676页。

之类。

释法总,仁寿元年,先护送舍利于隋州智门寺,当掘地 3 尺时,获神龟 1 枚,色黄且绿,状如彩绣,头有 8 字云:"上大王八万七千年"。腹下有"王兴"2 字。仁寿四年,又奉敕送舍利于辽州下生寺。舍利放光,分粒极多。安置舍利的"石函变为锦文及童子之像,函之北面现于双树,下有卧佛;又于函南现金刚捉杵拟山之相;又于函东现二佛俱立并一骐驎;又十函西现一菩萨并一神尼,曲身合掌向于菩萨。更有诸相,略不述之"。[1]

法总于仁寿元年、四年曾分别 2 次奉敕护送舍利至隋州智门寺和辽州下生寺,均遇到了"祥瑞"之事。特别是仁寿四年在辽州遇"石函变"最有意思。这里首先提到安置舍利的石函上有"童子像",此像待考。但"函之北面现于双树,下有卧佛",应为"涅槃变相";函南"金刚捉杵拟山之相",可能为金刚护法像之类;函东二佛俱立并骐驎,佛教题材中有"释迦多宝二佛对坐像",北朝时期最为流行,但这里"二佛俱立"并有骐驎,是否为此题材待考;函西一菩萨并一神尼,此菩萨像可能为隋文帝之像,"神尼"无疑是养隋文帝长大的智仙之像。石函上还有其他一些题材,可惜被作者省略了。由此可见,安置舍利的石函为方形,四面皆雕刻有关佛教题材。把"涅槃"之类的画面雕刻在安置舍利的石函及石棺上是很合理的,后世这类现象经常发现。

现在的问题是,隋文帝 3 次在全国安置舍利的石函上是否都雕刻了同样的佛教题材,抑或有的地方的石函上刻了,有的未刻。因为第一次分舍利建塔的诏书中有"所司造样,送往当州"等语。这里的"造样"除了塔的"造样"之外,是否还包括了"石函"呢? 这是今后佛教考古时要注意的一个问题。

《续高僧传·宝袭传》中又谓宝袭于仁寿元年、仁寿末岁分别护送舍利至嵩州嵩岳寺、邢州泛爱寺。其于邢州见到安置舍利的石函上"见(现)诸佛菩萨等像及以光明,周满四面不可弹言,通于二日,光始

---

〔1〕《大正藏》第 50 册,河北省佛教协会 2005 年印,第 505 – 506 页。

潜没,而诸相犹存,及当下[舍利]时,又见卧像一躯,赤光涌起"。宝袭把自己所感"祥瑞","图而奉敬",报上朝廷。[1] 这又是一处隋代石函上四面雕刻"诸佛菩萨等像"及"卧佛像"(涅槃像)的一条证据。

《释觉朗传》中又说觉朗于"仁寿四年,下敕令送舍利于绛州觉成寺……穿基二丈,得粟半升,又感黄雀一头,飞迫于人,全无怖惧,驯绕佛堂,久便自失。又石函盖上,见二菩萨踞坐,宝座前有一尼,敛手曲敬,或见飞仙及三黄雀并及双树麟凤等象。将下三日,常放光明"。[2] 此"二菩萨"可能为隋文帝及皇后;"前有一尼"应为神尼智仙,"双树"应是佛教常说的释迦在双树间涅槃之事;至于飞仙黄雀、麟凤等,可能为当时佛教题材中常见的"飞天"之类。

又有法朗,仁寿二年,送舍利于陕州大兴国寺,此寺为隋文帝父亲所生之地,故隋文帝在此建塔。这里出现的"祥瑞"更多,先是,掘塔基下深 5 尺,获一异鸟,状如鹦鹉,色甚青黄,巡行基址,人捉无畏,唯食黄花,三日而死。在安置舍利的青石函上"忽生光影,表里洞彻,现诸灵异,东西两面俱现双树,树下悉有水文生焉。函内西面现二菩萨,南边金色,北边银色,相对而立。又二菩萨坐花台上,各长一尺,并放红紫光明,函内南面现神尼像,合掌向西,函唇西面,又见卧佛,右胁而偃,首北面西。函外东面双树间,现前死鸟倾卧,须臾起立,鸟上有三金花,鸟西南而行,至卧佛下,住立不动"。法朗亦"令人图写"这些"祥瑞"于"纸表"之上,并上奏朝廷。[3] 这里石函上又有"二菩萨像""神尼像""卧佛右胁而卧""双树"等和前文中类似的佛教造像题材。

释法楷,仁寿置塔,奉敕送舍利于曹州。舍利初达曹州,即有种种"祥瑞"出现,三月十四日中时,现佛半身,面如白玉。四月五日,舍利帐上有白云气,中生树,状如青桐,下有青色狮子。六日卯时,复有光影,云气之内,有三莲花,两厢双树下有佛像,上有立菩萨像;已时见重阁,旁立圣僧;午时,复现双树之形,下列七佛;申时,双树又现一佛二菩

〔1〕《大正藏》第 50 册,河北省佛教协会 2005 年印,第 520 页。

〔2〕《大正藏》第 50 册,河北省佛教协会 2005 年印,第 612 页。

〔3〕《大正藏》第 50 册,河北省佛教协会 2005 年印,第 672 页。

萨,三花承足,又见天人擎花在空;亥时,帐后见千佛形。四月七日,又见双树、黄雀、狮子等像;辰时又见金翅鸟身、飞龙、树林、宝盖等像,傍现二菩萨及黄狮子;巳时又见宝幢树林,下有菩萨黄衣居士,白色狮子蹲踞石上;申时又现双树繁茂,须臾变为宫殿楼阁,佛坐花台,其色黄白。四月八日将欲下塔,平旦之时天雨白花;卯时又见诸天宝盖,树侧菩萨及黄狮子;辰时又见大盖两重,众宝庄严,下坐菩萨及白狮子踞在石上。又雨天花,大者在空,小者堕地。帐后见三诸天三狮子及莲花水池,又见双树并立菩萨。四月九日安置舍利,填基之后,帐后板上,光影之内,叠石文生,又见大树,青衣沙门,执炉而立,又感奇香,郁烈入鼻。法楷将这些祥瑞上奏,隋文帝大悦,令其图形,以便流传于海内。《高僧传·法楷传》说:"自仁寿创塔,前后百余,感征最优,勿高于楷。"[1]可见法楷当时所献"祥瑞"是最为突出的。但这里我们要重视的还是以上"祥瑞"中涉及的佛教造像题材问题。这些题材中有"双树下佛像"、立坐菩萨像、七佛像、一佛二菩萨像、千佛像、金翅鸟像、执香炉青衣沙门像、各色狮子像等。除了"七佛像"是北朝时期流行的佛教造像题材之外,其余均是隋代常见的佛教绘画或雕刻题材。但这条资料中的这些题材不是刻画在石函上,而可能是绘制于当时安放舍利的"宝帐"上。然其在反映隋代佛教造像题材的内容方面,性质与上述是同样的。这也是非常珍贵的有关隋代佛教造像题材的文献记载。

从各州"献瑞"中还可看出一些重要问题。如释慧迁,瀛洲人,仁寿二年,奉令送舍利建塔于本乡弘博寺,"既至掘基入地六尺,感发紫光,散冲塔上,其相如焰,似今像所佩者,又土上成字,黑文分明,云:'转轮王佛塔也'"。[2]

笔者早已论及,隋文帝是以印度的护法王转轮王为榜样来弘法护教的。他直接选择的榜样就是曾在印度建立了"八万四千塔"的阿育王。这里的"转轮王佛塔",实际上就是那些很会揣度隋文帝内心世界

---

〔1〕《大正藏》第50册,河北省佛教协会2005年印,第675-676页。
〔2〕《大正藏》第50册,河北省佛教协会2005年印,第520页。

的地方官和高僧搞的名堂。这条资料,又给隋文帝想做佛教的护法王——转轮王增加了一条证据。

36.4 僧人

这里所说的僧人,专指隋文帝分舍利时,奉命前往各州护送舍利的高僧。

在京城长安举行了隆重的法会之后,分好的舍利要由高僧护送前往各州。这些高僧在2位侍者和散官等的陪同下前往各州,他们既充当护送舍利者,又充当监督者,肩负着光荣而重大的任务。下面,我们将对这些派往各州的僧人进行一些考证,以便进一步说明隋文帝分舍利建塔的有关问题。

释彦琮,赵郡柏人。家世衣冠,门称甲族。少而聪敏,才藻清新。10岁出家,改名道江。北齐时便被迎入后宫,讲《仁王经》,其讲经时"文武咸待,皇太后及以六宫,同升法会,敕侍中高元海扶琮升坐,接侍上下"。周武帝平齐之后,又蒙召请,与其"共谈玄籍,深会帝心"。隋时,更为显耀。在长安弘法,"沫道者万计",还曾随文帝东巡并州。其一生译经、讲经不停,并作《众经目录》等。为隋初佛教领袖,堪称一代高僧。[1]

仁寿元年,彦琮奉命护送舍利至荆州[2],时汉王谅,于所治城内造寺置塔,彦琮初至塔所,累日云雾晦合,及至下舍利时,正当午时,云开日耀,天地晴朗,舍利得以顺利安葬。这里提到的荆州,《大正藏》校刊时作"并州",应是。《隋书》卷45《文帝四子·庶人谅传》载,开皇十七年,隋文帝第五子杨谅出任"并州总管",与前文"时汉王谅"等语相合,故彦琮这次护送舍利所去的地方是并州而非荆州。并州原属北齐旧地,北拒突厥,南屏关中,地理位置极为重要,故隋文帝派其宠爱的小儿子杨谅坐镇。而彦琮在此之前就随文帝东巡并州,北齐时彦琮还曾在

---

〔1〕《大正藏》第50册,河北省佛教协会2005年印,第436页。
〔2〕《大正藏》第50册,河北省佛教协会2005年印,第437页。

晋阳(太原)讲经,在这一带很有影响。看来,熟悉当地情况和在该地的影响也是隋文帝令其护送舍利的选项之一。

仁寿末年,彦琮又奉敕"护送舍利于复州方乐寺",这应是隋文帝的第三次分舍利建塔。关于隋文帝第三次分舍利建塔,文献记载很模糊,未见第一、二次那样的诏书和群臣上表之类,故只能从某些僧人的传记中看到隋文帝还曾有过第三次分舍利(参见前文引《续高僧传·洪遵传》),《续高僧传·彦琮传》即是一例。其传谓,彦琮所到的复州方乐寺,唐初时已改名龙盖寺,该寺本来是南齐初期所立的寺院,后来废毁,只有遗址存在。但地形宽敞,舍利塔就准备修在此寺中。在修建塔时,彦琮忽觉"头上痒闷,因检发中,获舍利一粒,形如黍米,色光鲜发,两斧试之,上下俱陷,而舍利不损"。由此看来,经前两次分舍利,舍利资源已经枯竭了,这次的舍利既不是梵僧所给(第一次),也不是宫内所出(第二次),竟由分舍利的僧人随意"制造"了。可能当时已有人不信,还用"两斧试之"。试的结果是两斧陷了,舍利不损,不但不损,反而发出光芒,这样的舍利当然是真的了。当此枚舍利在安葬之时,掘地7尺,又获砖藏铜银诸合(盒)、香泥等。看来,这次安葬舍利可能利用了以前的佛塔地宫之类。

释净愿,未详氏族,代州人。30出家,博闻强记,推核经论,凤有成规,为诸学人崇仰。又专精律部,习《十地》《华严》《摄论》,并撰经律章疏等著。因净愿深通律论,又明戒律,故"京邑擅名",据说其讲经时"坐者不觉离席膝前,皆美其意"。隋文帝分舍利建塔,净愿又被选中,"敕遣送舍利于潭州之麓山寺"[1]。

释法彦,姓张,寓居洛州。早岁出家,志隆大法。虽三藏并通,但以《大论》驰美,常游涉法会,无有敢于论辩者,故有声于周齐之代。隋宰相高颖访贤寻道,知彦声望,迎至长安。开皇十六年,敕以法彦为《大论》众主,住长安真寂寺。"仁寿造塔,复召送舍利于汝州。四年,又敕

---

[1]《大正藏》第50册,河北省佛教协会2005年印,第504页。

送[舍利]于沂州善应寺"。[1]

释法总，姓段氏，并州太原人，少以诵《涅槃》为业，既通全部，志在文言。开皇年中，敕召为涅槃众主，居海觉寺，"仁寿岁初，敕送舍利于隋州之智门寺"，"及[仁寿]四年，又敕送舍利于辽州下生寺"。[2]

释僧昙，姓张，住洛州。少小出家，通诸经论。北齐时曾交友西行，到达葱岭，因道路不通，返还京师。梵言音字、诂训之类，无所不通。开皇十年，敕召翻译佛经，住长安大兴善寺。"后敕送舍利于蒲州之栖岩寺"，"至仁寿末年，又敕送[舍利]于殷州智度寺置塔"。[3]

慧重沙门，姓郭，雍州人，少年练道，综寻内外，通《摄论》《十地》，"敕请造塔于泰州岱岳寺"。[4]

释灵灿，怀州人，[敦煌]慧远门人。曾游学相邺，钻研佛理，后随慧远入关，住大兴善寺。开皇十七年，慧远去世，"下敕补为众主，于净影寺传扬故业，积经年稔。仁寿兴塔，降敕令送舍利于怀州之长寿寺"。"仁寿末年，又敕送[舍利]于泽州古贤谷景净寺起塔，即远公之生地也"。[5]

释法瓒，齐州人。安心寂定，乐居岩穴。常行头陀，兼达义理。隐居泰山之中，开蒙训众。隋文帝招访名德沙门，瓒被召请，"与帝同归，达于京邑，住胜光寺"，"仁寿置塔，敕令送舍利于齐州泰山神通寺"。此寺为十六国南燕主慕容德为僧朗所立，慕容德曾以三县民调，资用僧朗。寺有上下诸院 10 余所，长廊延袤，千有余间，周武废佛，无人敢撤。据说，其时欲有侵犯该寺者，朗辄现形，以锡杖击之，皆病困垂死。寺有井深 5 尺，女人临之，水即枯竭。立寺 400 余载，佛像新莹，色如新造。众禽不践，于今俨然，故号"朗公寺"，以其感灵故。开皇三年文帝改其名为"神通寺"，为当时山东境内著名佛寺。[6]

---

〔1〕《大正藏》第 50 册，河北省佛教协会 2005 年印，第 505 页。
〔2〕《大正藏》第 50 册，河北省佛教协会 2005 年印，第 505 页。
〔3〕《大正藏》第 50 册，河北省佛教协会 2005 年印，第 506 页。
〔4〕《大正藏》第 50 册，河北省佛教协会 2005 年印，第 506 页。
〔5〕《大正藏》第 50 册，河北省佛教协会 2005 年印，第 506 - 507 页。
〔6〕《大正藏》第 50 册，河北省佛教协会 2005 年印，第 506 页。

释慧最，瀛州人。初听《涅槃》，游学邺下。周灭齐时，南奔江表，复习慧门，颇通余论。时北僧在陈[朝]，多入俗随流，唯慧最不坠。隋定天下，中原安泰，北返至京。"仁寿年中，敕遣送舍利于荆州大兴国寺龙潜道场"。隋文帝在未代周之前，曾路过此寺，结交过一位沙门，沙门为文帝作过预言，但文帝当时"不测其言"，及当皇帝之后，幡然醒悟，立即下诏征之，但该沙门已经去世。因此由缘，隋文帝重修此寺，故其有"兴国寺龙潜之美号"。释慧最"后又送舍利于吉州发蒙寺"。[1]

释僧朗，恒州人，少儿出俗，希崇正化，通《大论》《杂心》等经，后入关住空观寺。"仁寿置塔，下敕送舍利于番州，今所谓广州灵鹫山果实寺宝塔是也"。事了还京，住禅定寺，讲习为务。大业末年，终于住所。[2]

释慧畅，姓许氏，莱州人。初不信大乘，后闻远公（敦煌慧远）播迹洛阳，学声遐迩，便往造访，见其神威高论，一时服之，随其听经3年，达解《涅槃》，深感自己觉悟太晚。后至京邑，住净影寺。"仁寿置塔，敕送舍利于牟州拒神山寺"。隋文帝因其山出黄银，别敕以塔镇之。相传秦始皇取石为桥，此山拒而不去，因有其名。北齐时，有沙门僧温在此山创立寺宇，因山为号，故有"拒神山寺"之名。[3]

释慧海，姓张氏，河东虞乡人。年少老成，涉猎儒门。14岁时，落发染衣，成为沙门大昭玄统昙延法师弟子。周武灭佛，南奔入陈。隋定海内，北上京邑。隋文帝姊城安长公主为立伽蓝（唐初称静法寺）居住，其在此寺，课业四部，三学兼弘，故学人成列，门徒济济。文帝频颁诏书，分布舍利，每感异祥，被敕往定州恒岳寺造塔，后又送舍利于熊州十善寺。[4]

释辩义，姓马氏，贝州清河人。少年出家，志怀恢厚，善与人交。初从猷论师学《杂心》，贯通文义。年始登冠，便就讲说。周武灭佛，南达

〔1〕《大正藏》第50册，河北省佛教协会2005年印，第507页。
〔2〕《大正藏》第50册，河北省佛教协会2005年印，第507页。
〔3〕《大正藏》第50册，河北省佛教协会2005年印，第508页。
〔4〕《大正藏》第50册，河北省佛教协会2005年印，第509－510页。

建业,弘传《小论》,后又北上。"仁寿二年,奉敕送舍利于本州宝融寺"。"[仁寿]四年春末,又奉敕于庐州独山梁静寺起塔"[1]。

释明舜,姓张,青州人。少在佛宗,学遍经籍,以通《大智度论》著名。周武灭佛,南投建业,栖止无定,周流讲习。后过江北,住安乐寺。隋时被晋王杨广召入京师。夜梦冥官征责福业,舜答:讲《智度论》并诵本文60余卷。冥官云:讲解浮虚,诵经是实。余龄未尽,且放令还。因此惊寤,停止讲经论道。"仁寿四年,下敕造塔,令送舍利于蕲州福田寺"[2]。

释智梵,姓封氏,渤海条人。后居涿郡良乡。年12时,遇灵简禅师,剃发出家,游学邺都,师承《大论》《十地》等经。后杖锡崤函,通化京壤,结众法筵,广弘大法。开皇十六年,天水扶风信众,闻梵声望,竞相邀请,经朝廷允许,前往天水,大行道化。"仁寿末年,重还魏阙,法轮重转,学侣云随,开帙剖文,皆传义旨。其年季春,奉敕置塔于郢州宝香寺"[3]。

释法侃,姓郑氏,荥阳人。弱年从道,志力坚明。闻泰山灵岩行徒清肃,瑞迹屡现,年未登冠,便往从焉。后周流讲习,博览群籍,又投妙通《十地》,尤明《地持》的渊法师修学。周武灭佛,南度江阴、建业等地。隋灭陈后,北至江都,住安乐寺。"仁寿二年,文帝感瑞,广召名僧,用增像化,敕侃往宣州安置舍利"。至宣州安葬舍利之后,广弘佛教,其地革化归法者甚众,祥瑞屡现[4]。

释净业,俗姓史氏,汉东随人。出家受戒之后,游学河内,精研律部。师从[敦煌]慧远,学《涅槃经》等。"仁寿二年,被举送舍利于安州之景藏寺"[5]。

释童真,姓李氏,远祖陇西,后寓居河东蒲坂。少厌生死,投昙延法师门下,从其受学。受具足戒后,归宗律句。晚涉经论,通明大小,尤善

〔1〕《大正藏》第50册,河北省佛教协会2005年印,第510页。

〔2〕《大正藏》第50册,河北省佛教协会2005年印,第510-511页。

〔3〕《大正藏》第50册,河北省佛教协会2005年印,第511页。

〔4〕《大正藏》第50册,河北省佛教协会2005年印,第513页。

〔5〕《大正藏》第50册,河北省佛教协会2005年印,第517页。

《涅槃》。开皇十二年，敕召于京师大兴善寺对翻梵本。十六年别诏以为涅槃众主。"仁寿元年，下敕率土之内，普建灵塔，前后诸州一百一十一所，皆送舍利，打刹劝课，缮构精妙。[童]真以德王当时，下敕令往雍州创置灵塔。遂送舍利于终南山仙游寺，即古传云：秦穆公女名弄玉习仙升云之所也"。[1]

释灵干，姓李氏，金城狄道人。祖相封于上党，随封而迁。年始10岁，乐闻佛法。常游心寺观，情欣背俗。年14时，投邺都大庄严寺衍法师受学。18岁时，便能讲《华严》《十地》。周武灭法，废毁仁祠，居家受戒，仪礼无失。隋时又奉敕加入僧团，官给衣钵，安置于少林寺中。仁寿三年，举当寺任。后又奉敕送舍利于洛州，置塔于汉王寺。时汉王谅坐镇晋阳，承干起塔[于]王之本寺，远遣中使，亲赐什物。尝为献后述忏，帝心增感，歔欷连洒，赐帛二百段，用旌隆敬。[2]

释善胄，俗姓淮氏，瀛州人。少年出家，通敏易悟。学《大论》《涅槃》。周灭北齐，奔投南陈。隋初北渡，依[敦煌]慧远法师，住京邑净影寺。开皇末年，蜀王杨秀坐镇梁益，携与同行。岷蟠望德，归依者众。仁寿末岁，还返关中。"会文帝置塔，敕送舍利于梓州牛头山华林寺"。[3]

释辩相，姓史，瀛州人。性爱虚静，业综经术，有声于齐赵之地。后至洛邑，又往少林，依[敦煌]慧远法师，学习三藏，于《涅槃》最为精通。又博涉《毗昙》《摄论》等籍。"仁寿置塔，敕令送舍利于越州大禹寺"。[4]

释宝袭，贝州人。雍州三藏僧休法师弟子。开皇七年，应召入京，住大兴善寺，诵经为业。后听经论，以《大智度论》为宗。开皇十六年，敕补大论众主。"逮仁寿造塔，又敕送舍利于嵩州嵩岳寺"。[5]

释慧迁，瀛州人。好学专问，爱习地论。虽研精一部，而横洞百家。

〔1〕《大正藏》第50册，河北省佛教协会2005年印，第517－518页。
〔2〕《大正藏》第50册，河北省佛教协会2005年印，第518页。
〔3〕《大正藏》第50册，河北省佛教协会2005年印，第519页。
〔4〕《大正藏》第50册，河北省佛教协会2005年印，第519－520页。
〔5〕《大正藏》第50册，河北省佛教协会2005年印，第520页。

齐亡法毁,南奔陈国,大隋革运,又归乡壤。行经洛下,投[敦煌]慧远,住大兴善寺。开皇十七年,敕立五众,请迁为十地众主。仁寿二年,敕令送舍利于本乡弘博寺。既至,掘基入地6尺,感发紫光,散冲塔土,共相如焰,似今像所佩者。又土上成字,黑文分明,云"转轮王佛塔"也。见此灵相,咸庆希逢。仁寿四年,又于海州安和寺起塔,掘深5尺,便获白土,复深8尺,于内土内得白玉1枚,方余径尺,光润难比。及将下旦,放大光明,通照城郭,色如红火。舍利出瓶,分为6粒,现希有事,众皆叹讶。迁后频开《十地》,京邑能与比肩者少有。唐武德末年卒于大禅定寺,春秋七十有九。《十地》一部,自迁没后,绝闻关壤。[1]

释昙迁(参见前文),隋文帝请大德30人,安置宝塔为30州,建轨制度,一准[阿]育王,帝以[昙]迁为蜀王门师,王镇梁益,意欲令往蜀[建]塔、宰辅咸以剑[南]道危,途径盘折,[迁]高年宿齿,难冒艰阻,更改奏之,乃令诣岐州凤泉寺起塔,晨夕祥瑞,以沃帝心。将造石函,于寺东北20里忽现文石4段,光润如玉,大小平正,取为重函,其内自变作双树之形,高3尺余,异色相宜,或有鸟兽龙象之状,花叶旋转之形,以事上闻,文帝大悦。仁寿二年春,又下敕于50余州分布舍利起塔,具感祥瑞。仁寿四年,又下敕于30州造塔,遂使宇内大州100余所皆起灵塔,劝物崇善,迁实有功。[2]

释静端,一名慧端,本武威人,后住雍州。年14岁时投僧实禅师,受治心法。周武灭佛,端乃竭力藏诸经像等百有余所,终始护持。隋兴佛法,端尽献所藏,故道宣说:隋时"经籍广被,端之力也"。仁寿年中,有敕送舍利于豫州。其时屡放内光,变为五彩,旋转瓶侧,见者发心,凿石为铭。文至皇帝,镌石将讫,乃变为金字,分明外澈。时以为嘉瑞。[3]

释洪遵,姓时氏,相州人。8岁出家,从名师修学。受戒之后,专学律部。后往嵩山少林寺习戒律与《华严》《大论》。北齐时被授为"断事

---

〔1〕《大正藏》第50册,河北省佛教协会2005年印,第520页。
〔2〕《大正藏》第50册,河北省佛教协会2005年印,第573页。
〔3〕《大正藏》第50册,河北省佛教协会2005年印,第576页。

沙门"。周灭齐时,隐于白鹿岩中。隋开皇七年,招贤四海,下敕追诣京阙,住兴善寺。"仁寿二年,敕送舍利于卫州之福聚寺"。"[洪]遵[后]又蒙使,于博州起塔"。[1]

释觉朗,俗姓未详。河东人,住大兴善寺。明《四分律》,通《大涅槃经》。仁寿四年,下敕令送舍利于绛州觉成寺。初达州治,出示道俗,涌出金瓶,分为七分,光照彻外。[2]

释道密,姓周氏,相州人。初投舍耶三藏,师习方艺,又从邺下,博听大乘。神思既开,理致通衍,至于西梵文言,继迹前列。异述胜能,闻诸齐世。隋运兴法,翻译为初。敕召入京,住大兴善。师资道成,复弘梵语。因循法本,留忘传持。会仁寿塔兴,铨衡德望,下敕召请,送舍利于同州大兴国寺,寺即[隋]文帝所生之地(详见前文)。仁寿之末,又敕送[舍利]于郑州黄鹄山晋安寺。[3]

释智隐,姓李氏,贝州人,华严藏公之弟子。开皇七年,敕召大德,兴藏入京,住大兴善寺。仁寿创福,敕送舍利于益州法聚寺。寺即蜀王[杨]秀之造也。[4]

释明诞,姓史。卫州汲人。律仪行务,履顾前贤,通《十地》《地持》。讲解《摄论》,弥见弘演,后入京师住胜光寺。有敕召送舍利于襄州上凤林寺。此寺基址梁代,雕饰隋初。显敞高抹,跨谷连院,松竹交映,泉石相喧,室屋相望,索然闲举。有游览者,皆忘返焉。[隋]文帝龙潜之日,因往礼拜,乞愿弘护,及践宝位,追惟往福。岁常就寺,广设供养,仍又改为大兴国寺。[5]

释明灿,姓韦,莒州沂水人。10 岁出家,20 受戒。通《成实论》及《涅槃经》。隋时敕召入京,住大兴善寺。仁寿初岁,召送舍利于蒋州之柄霞寺(唐时的摄山寺)。[6]

〔1〕《大正藏》第 50 册,河北省佛教协会 2005 年印,第 611 页。
〔2〕《大正藏》第 50 册,河北省佛教协会 2005 年印,第 611 – 612 页。
〔3〕《大正藏》第 50 册,河北省佛教协会 2005 年印,第 667 – 668 页。
〔4〕《大正藏》第 50 册,河北省佛教协会 2005 年印,第 668 页。
〔5〕《大正藏》第 50 册,河北省佛教协会 2005 年印,第 668 页。
〔6〕《大正藏》第 50 册,河北省佛教协会 2005 年印,第 669 页。

释慧重,姓郭,雍州人。净持戒地,明解《摄论》。隋时住大兴善寺。仁寿置塔,敕召送舍利于泰山之岱岳寺。仁寿四年又送舍利于隆州禅寂寺,在其州获舍利5枚。州内有修梵寺,为隋文帝时先造塔,有一分舍利欲与今塔同日下基,其夜两塔双放光明。[1]

释宝积,姓朱,冀州条人。开皇十四年,隋文帝东巡,宝积候驾请谒,一见便悦。下敕入京,住胜光寺。讲《大智度论》及《摄大乘论》。仁寿初年,敕送舍利于华岳思觉寺,寺为左仆射杨素之所立。[2]

释道端,潞州人。出家受具,听览律藏。晚入京都,住仁法寺,讲解毗尼。仁寿中年,敕送舍利于本州梵境寺。[3]

释道灿,恒州人。慧学如神,钻求《摄论》《华严》《十地》。后入关辇,住胜光寺。仁寿起塔,敕送舍利于许州辩行寺。[4]

释明芬,相州人。齐三藏耶舍之高徒。通解方俗,妙识梵言。开皇译经,下敕追延,令与梵僧,对传法本。仁寿下敕,令置塔于慈州之石窟寺,寺为北齐文宣帝所立。[5]

释僧盖,恒州人。曾游太原,专听《涅槃》,晚至洛下,还综前业。后入京师,周访禅侣,住大兴善寺。仁寿二年,敕送舍利于沧州;四年,又敕送舍利于浙州法相寺。[6]

释昙瑎,江都人。少学成实,兼诸经论。《涅槃》《大品》,包蕴心目。虽讲道时缺,而以慧解驰名。仁寿之末,敕送舍利于熙州环谷山山谷寺,寺为萧齐高帝所立。[7]

释道贵,并州人。《华严》为业,词义性度,宽雅为能。晚在京师,住随法寺。"建塔之初,下敕流问,令送舍利于德州会通寺"。[8]

释僧顺,贝州人。习学《涅槃》,文疏精核。开皇隆法,杖步入关,

〔1〕《大正藏》第50册,河北省佛教协会2005年印,第669页。
〔2〕《大正藏》第50册,河北省佛教协会2005年印,第669页。
〔3〕《大正藏》第50册,河北省佛教协会2005年印,第669页。
〔4〕《大正藏》第50册,河北省佛教协会2005年印,第669页。
〔5〕《大正藏》第50册,河北省佛教协会2005年印,第669页。
〔6〕《大正藏》第50册,河北省佛教协会2005年印,第670页。
〔7〕《大正藏》第50册,河北省佛教协会2005年印,第670页。
〔8〕《大正藏》第50册,河北省佛教协会2005年印,第670页。

探访经术,住玄法寺。及后造塔,敕送舍利于宋州。[1]

释法显,雍州扶风人。其姓宁氏。生平志尚,禅寂为宗。仁寿末岁,置塔陇州,下敕令送舍利至此州药王寺。然此寺距州 10 余里,地形偏狭,显乃于近州北三王山下,背崖临水,构建大塔,安置舍利。[2]

释僧世,青州人。精通《地论》,名闻齐鲁,开皇时入京,住兴善寺。仁寿下敕,送舍利于莱州弘藏寺。四年,又敕送舍利于密州茂胜寺。[3]

释法周,不知何许人。通《涅槃》《摄论》。初住曲池静觉寺。仁寿建塔,下敕送舍利于韩州修寂寺。[4]

释慧诞,雍州人。学究《涅槃》,又通《摄论》,有名京邑。仁寿下敕,送舍利起塔于杭州天竺寺。寺在灵隐山,其山林石岑竦,实来仙圣。初构塔基,多逢伏石,掘得一所,是古石函,傍推其际,妙不可测,因用今造,置古函中,大小可合,宛如其契。[5]

释智光,江州人。少听《摄论》,大成其器。开皇十年,入京住大兴善寺。仁寿创塔,召送舍利至循州。途经许部,行出城南,人众同送舍利,载舆忽放光明,高出丈余,倾众荣庆。北至番州,寄停寺内,其夜铜钟,洪洪自鸣,连霄至旦,惊骇人畜。既达循州道场寺,下舍利时,天降甘露塔傍树上。[6]

释智教,雍州人。习诵众经,意存禅观。昼则寻读,夜便坐默。萧散无为,不存世累,住弘善寺,闲居综业。仁寿年中,起塔秦州永宁寺,下敕令送[舍利]至此寺。

释圆超,观州阜城人。通《十地》《涅槃》,仁寿末岁,下敕造塔,令其送舍利于广州化城寺。[7]

释慧藏,冀州人。初学《涅槃》,后专讲解。入京访道,住光明寺。

〔1〕《大正藏》第 50 册,河北省佛教协会 2005 年印,第 670 页。
〔2〕《大正藏》第 50 册,河北省佛教协会 2005 年印,第 670 页。
〔3〕《大正藏》第 50 册,河北省佛教协会 2005 年印,第 671 页。
〔4〕《大正藏》第 50 册,河北省佛教协会 2005 年印,第 671 页。
〔5〕《大正藏》第 50 册,河北省佛教协会 2005 年印,第 671 页。
〔6〕《大正藏》第 50 册,河北省佛教协会 2005 年印,第 671 页。
〔7〕《大正藏》第 50 册,河北省佛教协会 2005 年印,第 671 页。

仁寿年中,敕召送舍利置塔于欢州。时有僧法顺,住延兴寺。听习《涅槃》,善守根禁。敕住江州庐山东林寺,置舍利塔。初至其地,耕者见光,寻而掘之,获金铜弥勒像一躯。

释宝宪,郑州人。开皇之始,住大兴善寺。仁寿年中,奉敕送舍利置塔于洪州。初向此州,路由江阻,泥泞不通,宪乃凭心舍利,请垂通涉,忽降白鸟,船前缓飞,如有引导,即随共行,安然到达。[1]

释法朗,蒲州人。学涉三藏,偏镜毗尼。仁寿二年,敕召送舍利于陕州大兴国寺,寺即皇考武元(隋文帝父)本生处也,故置寺建塔,仰谢昔缘。[2]

释昙遂,雍州人。初学《大论》,后味《唯识》,研精《摄论》。仁寿年中,下敕送舍利于晋州法吼寺。[3]

释昙观,莒州人。偏宗《成实》。开皇之始,下敕征召,延入京室,住大兴善寺。仁寿中岁,奉敕送舍利于本州定林寺。[4]

释灵达,恒州人。先在儒门,备参经史。后释发道流,希崇正轨,从[慧]远公学义,住京师大兴善寺。仁寿中,敕召送舍利于本州龙藏寺。[5]

释僧昕,潞州上党人。惊感佛法高深,周听大小乘经,习禅学律,无席不赴。后入关住大兴善寺。仁寿中岁,置塔毛州护法寺,下敕令送舍利至州。[6]

释玄镜,赵州人。立志清贞,不干流俗,《四分》一律,文义精通。仁寿二年,奉敕送舍利置塔于本州无际寺。[7]

释智揆,冀州人。爱慕《涅槃》,净持戒行。住弘济寺,闭门习业,僧众服其智德,敬而宗之。仁寿之岁,弘塔四方,敕召护送舍利于魏州

---

[1]《大正藏》第50册,河北省佛教协会2005年印,第672页。
[2]《大正藏》第50册,河北省佛教协会2005年印,第672页。
[3]《大正藏》第50册,河北省佛教协会2005年印,第672页。
[4]《大正藏》第50册,河北省佛教协会2005年印,第672页。
[5]《大正藏》第50册,河北省佛教协会2005年印,第672-673页。
[6]《大正藏》第50册,河北省佛教协会2005年印,第673页。
[7]《大正藏》第50册,河北省佛教协会2005年印,第673页。

开觉寺。[1]

释僧范,冀州人。学大小乘,静务心业。住胜光寺,以慧解见长,仁寿建塔,下敕征召,送舍利于本州觉观寺。[2]

释宝安,兖州人。安贫习学,见者敬之。初依慧远,听涉《涅槃》。周灭齐后,南投陈国。大隋统一,还归乡壤。仁寿二年,奉敕送舍利置塔于营州梵幢寺,即黄龙城也。旧有七级浮图(屠),拥在其内,安置舍利当夜[浮图]半上并放白光,状如云雾。[3]

释宝岩,幽州人。标意《十地》,次综《毗昙》,又崇《成实》。住京师仁觉寺。仁寿建塔,下敕令送舍利于本州弘业寺。寺原为魏孝文所造,旧号"光林"。[4]

释明驭,瀛州人。初学《涅槃》,后习《摄论》。晚游邺下,咨访未闻。开皇八年,来至长安,就昙迁法师,询求《摄论》。仁寿年中,敕请送舍利于济州崇梵寺。[5]

释道生,蒲州人。昙延法师弟子。通《四分律》,住长安兴善寺。仁寿二年,敕召令送舍利于楚州。[6]

释法性,兖州人。少习禅学,精厉行道,少欲头陀,孤游海曲,时复入俗,形骸所资,终潜林阜,沉隐为任。开皇十四年,文帝东巡,搜访岩穴,因召入京,住胜光寺。仁寿之年,敕召送舍利于本州普乐寺。初营外函,得一青石,错磨始了,将欲莹饰,变为玛瑙,五色相杂,文彩分明。函内斑剥,杂生白玉,凝润光净,函之内外,光如水镜,洞照天障。当入函时,正当基上,白鸟一双,翱翔缓飞,绕塔而转。塔西奈树,枝叶并变,为真金色。及文帝崩,置大禅定,延住供养,遂卒于寺,80 余岁。[7]

释辩寂,徐州人。少以慧学播名。泛浪人世,游讲为业。仁寿置塔,

---

〔1〕《大正藏》第50 册,河北省佛教协会2005 年印,第673 页。
〔2〕《大正藏》第50 册,河北省佛教协会2005 年印,第674 页。
〔3〕《大正藏》第50 册,河北省佛教协会2005 年印,第674 页。
〔4〕《大正藏》第50 册,河北省佛教协会2005 年印,第674 页。
〔5〕《大正藏》第50 册,河北省佛教协会2005 年印,第674 页。
〔6〕《大正藏》第50 册,河北省佛教协会2005 年印,第674 页。
〔7〕《大正藏》第50 册,河北省佛教协会2005 年印,第675 页。

443

敕召送舍利于本州流沟寺。初达塔所,忽见异光,照寺北岭及以南山。[1]

释静凝,汴州人。昙迁法门弟子,早听经律,后师《摄论》,开皇元年,随昙迁入京,住大兴善寺。仁寿二年,下敕送舍利于杞州。[2]

释法楷,曹州人。15岁出家,依相京贤统为弟子。师习《涅槃》,通解文义。及受具后,专攻《四分》。后入京师,住扬化寺。仁寿置塔,奉敕送舍利于曹州。[3]

释智能,姓李氏,怀州河内人。开皇之时,观道渭阴,住转轮寺。仁寿置塔,奉敕送舍利于青州胜福寺。寺为元魏末开创。[4]

释昙良,姓粟,潞州人。16岁出家,专寻经典。后游京师,住真寂寺。隋文帝下敕,令送舍利于亳州开寂寺。[5]

释道嵩,姓刘,瀛州河间人。13岁出家,游听洛下,后入京师。仁寿置塔,敕召送舍利于苏州。舍利将至,井吼出声,二日乃止。造基掘地,得古砖函,内有银盒,获舍利1粒。置水瓶内,旋绕呈祥,同藏大塔。嵩还京室,住总化寺。[6]

释智嶷,姓康,本康居国王族后代,魏时因国难东来,被封于襄阳,至智嶷时,已10余世。嶷7岁学佛,无师自悟,夜诵《法华》,经文纯熟,父母竟然不知。13岁拜辞二亲,剃发出家,24岁,受具足戒。不久游学洛滨,依慧远为师,传业《十地》《涅槃》等经。后入关中,住静法寺。仁寿置塔,敕召送舍利于瓜州崇教寺。嶷住寺多年,常思定慧,非要事不出户庭。唐初卒,年70余。[7]

释道颜,姓李氏,定州人。初随慧远学《涅槃》《十地》,后入京师,住净影寺。仁寿年中,置塔赤县,下敕征召,令送舍利于桂州。[8]

释净辩,姓韦,齐州人。少习儒门,涉猎孔墨庄老,忽厌所学浮假,

〔1〕《大正藏》第50册,河北省佛教协会2005年印,第675页。
〔2〕《大正藏》第50册,河北省佛教协会2005年印,第675页。
〔3〕《大正藏》第50册,河北省佛教协会2005年印,第675页。
〔4〕《大正藏》第50册,河北省佛教协会2005年印,第676页。
〔5〕《大正藏》第50册,河北省佛教协会2005年印,第676页。
〔6〕《大正藏》第50册,河北省佛教协会2005年印,第676页。
〔7〕《大正藏》第50册,河北省佛教协会2005年印,第676页。
〔8〕《大正藏》第50册,河北省佛教协会2005年印,第676页。

屏迹出家,避世山林,以禅门静虑为务。隋开皇时,入住京师,依慧远修学,住净影寺。又从昙迁法师,受摄大乘。后敕召送舍利于衡州[南]岳寺。寺本号"大明",陈宣帝为思禅师之所立。辩送舍利,行达江陵,风浪重阻,三日停浦,波犹未静,时日紧迫,忧惶无计,乃一心念佛,即蒙风止,安流沿下。既入湘水,沂流极难。又依前念,举帆利涉。不盈半月,便达衡州。及至岳寺,附水不堪,巡行山亭,平正可构,正当寺南,而有伏石,辩乃执炉发愿,必堪起塔,愿降祥感,便见岳顶,白云从上而下,广可1匹,长40里,至所塔基,三转旋回,久久自歇,又感异香,形如削沉,收获数斤,气烟倍世,道俗称庆,因即构成。初此山僧颙禅师者,通鉴僧也,曾有一粒舍利,欲建大塔,在寺10年,都无异相,及今[舍利]送至,乃扬瑞迹,黄白大小,聚散不定。当下之日,衡山县显明寺塔,放大光明,遍照城邑,道俗同见。古老相传云:此寺立来300余年,但有善事,必放光明。[1]

隋文帝3次在全国110多州分舍利建塔,《续高僧传》中记载了70多位护送舍利到各州的僧人。如再加上彦琮、净静、法彦、法总、僧昙、灵灿、慧海、辩义、释迦、昙迁、道密、慧重、僧盖、僧世等曾分别2次护送舍利,共计也有80多人次了。换言之,当时安置舍利的110州,只有二十几州在《续高僧传》中未见护送高僧的记载。

从以上高僧的事迹中可以看出,送舍利的僧人,多为"谙解法相兼堪宣导"者。[2] 如释彦琮北齐时就曾被迎入后宫,讲《仁王护国经》,并撰《众经目录》;释净愿博闻强记,专精律部,习《五地》《华严》《摄论》,讲经时"坐者不觉离席膝前";释法彦三藏并通,以《大论》最精,常游涉法会,无有敢于论辩者;释法总少时即通《涅槃》,志在文言,为《涅槃》众主;释僧昙精诸经论,梵言音乐、诂训之类,无所不通;释僧朗通《大论》《杂心》;释慧海课业四部,三学兼弘;释明舜学遍经籍,通《大智度论》,周流讲习;释智梵师承《大论》《十地》,结众法筵,广弘大法,学

〔1〕《大正藏》第50册,河北省佛教协会2005年印,第676–677页。
〔2〕《大正藏》第50册,河北省佛教协会2005年印,第213页。

侣云从;释法侃周流讲习,博览群籍,通《十地》《地持》;释童真通明大小,尤善《涅槃》,善于译经;释灵干,18岁时,便能讲《华严》《十地》;释辩相学通三藏,于《涅槃》最为精通,又博涉《毗昙》《摄论》等籍。总之,隋文帝所选前往各州护送舍利的僧人,皆为深通法经、善于讲法者。因为这些僧人所承担的任务不仅仅是把舍利安全送到目的地之后建塔安置好就算完事,其还担负着在当地举行法会、教化民众的重任。而那些苦行修禅、忘身为道之类的高僧,虽在当时有很大影响,并有很多人被道宣收进《续高僧传》中,但他们却无缘参加这次活动。以上这些人物中有14人曾2次护送舍利建塔。可见隋文帝在选择前往各州护送舍利建塔的高僧时,尽可能选择那些熟悉情况,已有经历者。如彦琮早在护送舍利之前就曾随文帝"东巡并州",其第一次送舍利时,也被派往并州。又如法性,本为兖州人,少在本州习禅修学,后被隋文帝东巡时发现,召入京城。仁寿建塔时,奉敕送舍利于本州普乐寺。可能因法性本在兖州就有很大影响,其分舍利时,因熟悉家乡情况,又奉命回本州建塔安置舍利和弘扬佛教了。

中国佛教发展到魏晋南北朝时,南方和北方佛教,甚至北方的东魏、北齐与西魏、北周佛教,因为政治上的分裂呈现出了具有各地特色的学派和风格。隋文帝统一中国之后,既然把佛教思想作为其统治思想,就面临怎样才能使佛教更好地为自己的统治服务的重要问题。换言之,隋代政治上的统一同时要求意识形态的统一,因此,他在长安建立了"五众"[1],这很可能是想把当时异彩纷呈的佛教各派统统笼络于长安,以便比较各派之优劣而进一步统一佛教思想的举措。与此同时,再借分舍利建塔一事拉拢东南地区高僧,使其更好地为新建立的隋王朝服务。

[本文原载于《兰州大学学报》(社会科学版)2011年第3期]

---

〔1〕隋文帝统一中国之后,敕选各地高僧,征入长安,建立"五众",即涅槃众、地论众、大论众、讲律众、禅门众。涅槃众依《大般涅槃经》;地论众依《华严经》;大论众依《大智度论》《大品般若》;讲律众,主要宣讲研习戒律;禅门众即习禅修定。各众皆有"众主",每众下有很多高僧从之。从形式上看,这是隋初建立的佛教教化机构,但同时又是一个网罗、集中、管理全国高僧的机构。

37　试论唐代高僧的史学修养

　　唐代是我国传统史学蓬勃发展的时代,有唐一代在史学领域取得了令人瞩目的成就。唐代史学的繁荣与唐代帝王历史意识的增强密不可分。这是因为,经历过隋末风云遽变的唐初帝王,亲眼目睹了甲兵强盛的隋帝国顷刻间灭亡的历史惨剧,因而对李唐王朝的命运与前途充满了担忧。为避免重蹈覆辙,他们非常重视探讨历代皇朝灭亡的原因。为此,早在唐朝立国之初,就诏命史家展开前代史的撰写,《晋书》《梁书》《陈书》《北齐书》《周书》《隋书》《南史》《北史》8 部纪传体史书的编撰成为盛唐史学的重大成就。其次,为及时总结当代治国理政的经验以贻鉴将来,唐政府还设置了专门的修史机构——史馆,负责本朝史的撰写。起居注、实录等的撰写逐渐成为定制,并为以后的王朝所遵循,唐代史官共编撰了 26 部 803 卷本朝《实录》。

　　唐代不止官方史学发达,私家撰史成就也粲然可观,例如中唐史家刘知几撰写的《史通》和杜佑的《通典》都成为中国史学史上的名著。

　　在传统史学发达的人文环境下,作为传统史学分支的唐代佛教史学也呈现出卷帙浩繁、体裁多样的特点。众多佛教史籍的编撰为佛教在中土的传播留下了翔实而清晰的脉络,真实再现了唐代佛教发展的概况。通过佛教史家的记述,我们既可以看到唐代僧徒独步流沙、孤帆远征赴印求法的事迹(玄奘、辩机的《大唐西域记》,义净的《大唐西域求法高僧传》等),也可以看到日本、朝鲜半岛三国的学僧远渡重洋前来中国取经的遭遇(日僧圆仁的《入唐求法巡礼行记》),表明当时的中国已经成为继印度之后的世界佛教文化交流中心。而道宣的《广弘明集》、神清的《北山录》则忠实地反映了唐朝国内儒、释、道三教竞争与融合的加剧。通过唐代佛教史家的著述,我们得以了解:当时的高僧大多儒释兼通,游猎内外,他们不仅是专精佛典的释门信徒,更是儒释皆通的饱学之士,深厚的儒学修养,特别是史学修养使他们善于著述,行文典雅,能够将唐代佛教发展的状况呈现给后人。

为了传播佛法,弘扬佛教教义,将佛典翻译为优雅的中华文字,或与饱读诗书的士大夫吟诗属文,互相唱和,六朝以降,释门浸润了儒释融通的风潮,不少高僧"出入儒释","兼学六经",注重自身传统文化知识的积累,他们或是在出家前就已接受了传统文化的熏陶,或是在出家以后得以博览内外典籍。

37.1 唐代高僧以接受官学、私学经史教育的方式获得史学修养

众所周知,我国古代史学深受经学的影响,经学对史学起着支配作用,不仅如此,经学在语言、体例方面都对史学影响巨大。同时《易》《诗》《书》《礼》《乐》《春秋》六经所包含的行事原则、道德前提也成为史家评判史书价值的主要标准。在我国学术史上,一向有"经史一体,六经皆史"之说。隋代大儒王通就认为《诗》《书》《春秋》为孔子所述的三史。

唐朝立国后,重新确立了儒家思想的政治统治地位,儒学成为国家推行教化、选拔官吏、制定政策的理论依据。在唐代科举的众多科目中,儒家经史之学成为考试的重要内容。除进士、明经两大基本科目外,制举诸科如"通儒""博于经史""博通坟典""通涉经史"等均与经史有关。在科举制下,博通经史成为士子举业的必备条件,唐代士子习读经史蔚然成风。因此,唐代官、私各级学校均以经史为其教育核心,国子监中的国子学、太学、四门学,贵族学校的弘文馆、崇文馆、广文馆以及地方府、州、县的经学,都是修习儒家经典的官办学校,开设的课程有《孝经》《论语》《礼记》《尚书》《国语》《史记》《汉书》《后汉书》《三国志》等。唐代的私学教育也以经史为主要教学内容,例如:秦景通兄弟等私学大师,以传授《汉书》等史书著称于世。据《旧唐书·儒学》记载:"秦景通,常州晋陵人也。与弟暐尤精《汉书》,当时习《汉书》者皆

宗师之,常称景通为大秦君,暐为小秦君。若不经其兄弟指授,则谓之'不经师匠,无足采也'。"[1] 唐代的蒙学教育同样体现了对经史教育的关注,各种蒙学教材如《兔园策府》《千字文》《咏史诗》《蒙求》《古贤集》等编纂了很多历史掌故和人物事迹,采用诗歌的表现形式,通过儿童的诵读和记忆,使他们得以学习历史知识以及忠孝仁爱等道德规范。

在以经史为核心的国家教育体制下,一些出身于官僚士大夫家庭的唐代高僧,自幼就通过官学、私学等方式接受传统的经史教育,他们在皈依释门前属于典型的儒士阶层。释赞宁的《宋高僧传》记载了很多这样的高僧。例如:唐僧法钦,俗姓朱氏,吴郡崑山人,祖考皆通达玄儒,门第儒雅。因此,"钦立性温柔,雅好高尚,服勤经史……"[2] 又有北宗渐禅的奠基人神秀,"俗姓李氏,今东京尉氏人也,少览经史,博综多闻"。[3] 张说的《唐玉泉寺大通禅师碑铭并序》同样记载:神秀"少为诸生,游问江表"。[4] 而南宗顿禅一门的高僧神会,"因览《后汉书》,知浮屠之说,由是于释教留神,乃无仕进之意,辞亲投本府国昌寺颢元法师下出家"。[5] 密宗高僧释一行,[为]唐郯国公张公谨之孙,"一行少聪敏,博览经史,尤精历象、阴阳、五行之学"。[6]

37.2 唐代高僧在寺院教育体系下获得史学修养

然而,许多博通古今的唐代高僧出身卑微,他们只有出家皈依释门后,才有机会系统学习内外典知识,而唐代发达的寺院经济,无疑为僧人通晓儒家经史提供了良好的习业条件。首先,唐代寺院大多环境幽雅,藏书丰富。除佛教典籍外,寺院收藏有大量的儒家经典。释道宣在

〔1〕刘昫:《旧唐书》卷189,中华书局1975年版,第139页。
〔2〕赞宁:《宋高僧传》,中华书局1987年版,第210页。
〔3〕赞宁:《宋高僧传》,中华书局1987年版,第177页。
〔4〕董诰:《全唐文》卷240,中华书局1983年版,第2325页。
〔5〕赞宁:《宋高僧传》,中华书局1987年版,第179页。
〔6〕刘昫:《旧唐书》卷191,中华书局1975年版,第5112页。

《量处轻重仪》中分类记述了寺院拥有的"轻重物",其中设"内外典籍"一项,包括"内法经部"和"外俗书记"两类。"内法经部"为内典,属于佛教典籍;"外俗书记"为外典,属于教外典籍。"外俗书记谓凡有纪传,皆存外有。上则顺天奉地,匡国化民;中则孝事父母,立身行道;下则营卫六府,五行备附。据事以求,莫非身计。纵闲放林泽,无非养生,故名外书。"[1]外书包括九流史籍和三古字书等,所谓九流史籍即六经、纬候、诸子、史传、杂说文纪等。道宣的记述表明:隋唐之际佛寺的外学典籍,已经涵盖了儒家的经史子集。以敦煌出土文书为例,唐末敦煌地区寺院收藏的儒家典籍有《易》《诗》《书》《礼》《春秋》《论语》《史记》《左传》《汉书》《三国志》《晋书》等,丰富的典藏为僧侣研习儒家经史提供了便利条件。其次,佛教容许僧人在余暇时间研习儒家经典。据北宋释道诚的《释氏要览》卷中"开外学"条记:"毗奈耶云,因舍利子降服拨无后世外道,佛听比丘学外论,仍须是明慧强记者,方可于一日分三时,初、中二分读诵佛经,至晚,读外书。"[2]出家僧侣学习儒家经典的历史自佛教传入中国后就已经开始,因为要向礼法文业世代相传的士族弘宣佛法,就必须熟悉传统文化,以求得士族的尊重和接纳。据《高僧传》记载,早在东晋时期,刚出家的幼童就在导师的指导下,学习儒家经典。如:"释昙徽,河内人,年十二,投道安出家,安尚其神采,且令其读书,二三年中,学兼经史,十六方许剃发。"[3]又有"释道融,汲郡林虑人,十二出家,厥师爱其神彩,先令外学,往村借《论语》,竟不赍归,于彼已诵,师更借本覆之,不遗一字,既嗟而异之,于是恣其游学。迄至立年,才解英绝,内外经书,阇游心府"[4]。时至唐代,寺院对僧众的教育早已自成体系:(1)每个刚出家的僧人都有一位亲教师和一位规范师作为其专职导师,在相当长的时间对其学习、生活进行指导。撰写《大唐西域求法高僧传》的义净,年幼时即"辞亲落发,遍询名

---

〔1〕道宣:《量处轻重仪》,参见《大正藏》第45册,台北:台湾佛陀教育基金会影印,1990年。
〔2〕道诚:《释氏要览》,参见《大正藏》第54册,台北:台湾佛陀教育基金会影印,1990年。
〔3〕慧皎:《高僧传》,中华书局1992年版,第202页。
〔4〕慧皎:《高僧传》,中华书局1992年版,第241页。

匠,广探群籍,内外闲习,今古博通"。[1] 义净从 7 岁出家到 12 岁之前都由其亲教师善遇法师指导他研读儒家经史和佛教典籍。义净在《南海寄归内法传》中忆及往事时写道:"法师亡日,净年十二矣。大象既去,无所依投,遂弃外书,钦情内典。"[2] (2)大多数寺院还兴办寺学,唐末仅敦煌地区的 17 所佛教寺院,就有净土、莲台、金光明等 10 座寺院设有寺学,在寺院中学习的学生分为僧俗两众,他们享有接受均等教育的机会。寺学的教学方法主要是由熟稔传统文化的学问僧开设讲座,也有俗家学士在寺学讲解世俗文章。在教育实践中,寺学制定了首先为学生传授儒家蒙学的教材,等他们能够识文断字后,再讲解科举考试的必修科目《论语》《孝经》等,最后再学习佛教典籍的程序。学生修习儒学基础知识的目的,主要是为他们掌握和理解佛典做准备。从唐代国家教育制度分析,内地寺院的情况应与敦煌地区基本相同。(3)唐代的佛寺以其幽雅的环境、丰富的藏书,吸引了众多文人士子寄寺习业或授业,成为当地的文化教育中心。中唐以后,士子因寺院食宿、藏书之便,聚读山林成为时尚,这样更加易于儒释之间的广泛交游。于是,僧侣与儒士互为师友,彼此取长补短,有的是儒士受业于高僧,如初唐僧人彦范"虽为沙门,而通儒学,邑人呼为刘九经。颜鲁公、韩晋公、刘忠州、穆监宁,独孤常州,皆与之善,各执经受业者数十人"。[3] 有的是僧人依儒者为师,如唐僧昙一,景龙中承恩出家,"时兼外学,常问《周易》于左常侍褚无量,论《史记》于国子司业马贞,遂渔猎百氏,囊括六籍"。[4] 因此,在寺院教育体系下培养而成的高僧,他们对传统文化并不陌生,史学也是他们学术素养的重要组成部分。

无论是自幼接受官学、私学教育的唐代高僧,还是由寺院教育体系培养而成的唐代高僧,早年儒家经史的学习经历,为他们日后的学术研究奠定了坚实的基础,当他们从事佛教史籍的撰述时,自然会将这种学

〔1〕赞宁:《宋高僧传》,中华书局 1987 年版,第 1 页。
〔2〕义净:《南海寄归内法传校注》,中华书局 1995 年版,第 233 页。
〔3〕王谠:《唐语林》,上海古籍出版社 1978 年版,第 144 页。
〔4〕赞宁:《宋高僧传》,中华书局 1987 年版,第 352 页。

术背景呈现于著作当中。

37.3 唐代高僧史学修养的具体体现

（1）沿用传统史学体裁撰述佛教史籍,在撰述中广泛征引传统历史典故

唐代佛教史籍的体裁十分丰富,佛教史家在撰述中基本沿用了传统的史学体裁来记述佛教历史,分别有传记体、类书体、地志体、目录体等,但他们并不囿于史书体裁的限制,而是根据记述内容的需要做出适当的创新和改进。例如:唐代是历史笔记勃兴的时代,这类历史笔记的作者承袭了魏晋南北朝时期"品藻人物"的社会风气,关注于记述当时名人的琐言逸事,并不同程度地杂以神怪传奇,如《隋唐嘉话》《朝野佥载》《酉阳杂俎》等。而这一史书体裁也被佛教史家采用,用来记录佛教灵验故事,称为"感应传"或"灵验记",并在此基础上,创造出佛教史书体裁"经传体",即专门记录某一佛经传习源流的史书。撰写于唐代的经传体佛教史籍主要有释慧祥的《弘赞法华传》,释法藏的《华严经传记》和释僧祥的《法华经传记》。

7世纪至8世纪是我国类书编纂的全盛期。类书的大量涌现,一是为了满足文人学士写作骈文的需要,他们需要了解对仗所需的华丽辞藻和典故;二是为了满足士子应付科举考试的需要,参加考试的士子需要了解各种经过简化、归类,易于记忆的知识。于是,一些综合各科知识又便于携带和背诵的简约化文本便应运而生了,并被人们大量传抄和诵读。在这种社会风气下,为解决传统史籍卷帙繁多、翻检不易等难题,史学界随之出现了辑录历代史料,分门别类编排的类书体史书,如《贞观政要》《唐六典》等。同样,浩如烟海的佛典宝藏往往会使释门初学者畏而止步,为了指导他们修习,佛教史家在传统史学体裁的启发下,也开始采用类书体的形式编撰佛教史籍,而唐代佛教史籍《法苑珠林》无疑将佛教类书的编纂推进到前所未有的高度,书中仅征引内外典籍就多达400余种,是一部事理渊博的大型佛教百科全书。

此外,佛教史家在宣传佛教时,对于中国人完全陌生的异域文化,只能用国人熟悉的历史掌故相比拟,以增加他们的感性认识。例如:针对我国民众期待通过信仰佛教,能够为自己和家人的今生来世带来各种世俗利益的心理需求,释法琳在《辩正论》中列举了"邹衍长叹夏日零霜(《后汉书·刘瑜传》注引《淮南子》),李广注心箭羽没石(《史记·李广列传》),将军拜井疏勒泉飞(《后汉书·耿恭传》),明府叩头江陵火灭(《后汉书·刘昆传》)"[1]等历史典故来劝说信众只要坚定信仰,就一定会离苦得乐。

"故汉文优贤,而贾谊犹谪;魏武礼士,而孔融就诛",[2]"唐尧伪让以享福,夷齐真让而致馁"[3]等诸如此类的历史典故在释门学者神清的《北山录》中更是信手拈来。

(2)继承传统史学求真和经世的治史观念,将传统史学的严谨学风移入释门

求真和经世是我国传统史学的基本特征。求真即"善恶必书""不虚美,不隐恶",要求史家忠于史实,坚持直书、实录的原则,按照历史的本来面目如实记载历史。唐代大多数佛教史家在撰写佛教史籍时,基本恪守了秉笔直书的史学原则。例如《大唐西域记》的作者辩机在该书记赞中明确表示:"书行者,亲游践也;举至者,传闻记也。或直书其事,或曲畅其文。优而柔之,推而述之,务从实录,进诚皇极"[4]唐陇西处士李怀琳在为释彦悰的《唐护法沙门法琳别传》作序时称赞彦悰为"僧中之良史","其记词记事,班马拟以多惭,直笔直言,陈范方之有愧"[5]

〔1〕法琳:《辩正论》,见《大正藏》第52册,台北:台湾佛陀教育基金会影印,1990年,第537页。

〔2〕神清:《北山录》,见《大正藏》第52册,台北:台湾佛陀教育基金会影印,1990年,第590页。

〔3〕神清:《北山录》,见《大正藏》第52册,台北:台湾佛陀教育基金会影印,1990年,第604页。

〔4〕玄奘、辩机著,季羡林等校注:《大唐西域记》,中华书局2000年版,第1049页。

〔5〕彦悰:《唐护法沙门法琳别传》,见《大正藏》第52册,台北:台湾佛陀教育基金会影印,1990年,第198页。

《唐护法沙门法琳别传》一书主要记载了唐僧法琳的事迹：唐初，释道之争愈演愈烈，高祖武德四年（621），太史令傅奕上疏皇帝，主张废佛，并广泛散布胡佛邪教的言论。为捍卫佛法，佛教僧人以法琳为首先后撰写《破邪论》和《辩正论》予以回击。但是，由于得不到皇权的支持，在释道之争中，释门逐渐处于劣势。贞观十一年（637），唐太宗更是发布了《令道士在僧前诏》，明确规定道教的社会地位在佛教之上，称李唐皇室本源出自老子李聃，故令自今以后，斋供行立以至称谓，道士、女冠可在僧尼之前，以敦尊祖之风。这对当时的佛教界无疑是一次沉重打击。贞观十三年（639），护法沙门法琳又因道士秦世英的诬告而被捕入狱，理由是讪谤朝廷。唐太宗亲自讯问法琳，为何要在其著作《辩正论》中批判皇室的祖宗老子？法琳回答："……拓跋达阇，唐言李氏。陛下之李，斯即其苗，非柱下陇西之流也。"[1] 法琳因此触怒了皇帝和朝廷，竟遭遇流放四川僧寺，被贬而逝的命运。

沙门法琳的护法言行被彦悰忠实记录在《法琳别传》中，因为坚持秉笔直书，此书被唐朝政府明令禁止流通。释智昇在《开元释教录略出》卷 4 中记载："……明敕禁断，不得流行，故不编载，然代代传写之。"[2] 因此，在敦煌文书中，至今还保存有《法琳别传》的残卷，如 P. 2640Va、P. 2640Vb、P. 3901、P. 3686、P. 4867 等。[3] 日本当代学者砺波护在其《隋唐佛教文化》一书中也一往情深地写道："……彦悰把法琳的言行如此详细地记录下来，令我满怀敬意。"[4]

但是，佛教史家在撰写佛教史籍时，势必会受到宗教信仰的影响，诸如佛法感应、神异等事迹，他们也作为"实录"郑重书写下来，正是这些内容使佛教史籍遭到传统史家的非议，降低了佛教史籍的史学价值。

所谓经世，其主旨是"经邦""致用"，唐高祖在《修魏周隋梁齐陈史

---

〔1〕彦琮：《唐护法沙门法琳别传》，见《大正藏》第 52 册，台北：台湾佛陀教育基金会影印，1990 年，第 210 页。

〔2〕智昇：《开元释教录略出》，见《大正藏》第 55 册，台北：台湾佛陀教育基金会影印，1990 年，第 625 页。

〔3〕敦煌研究院：《敦煌遗书总目索引新编》，中华书局 2002 年版，第 248、303 页。

〔4〕砺波护：《隋唐佛教文化》，上海古籍出版社 2004 年版，第 32 页。

诏》中指出："史官记事，考论得失，穷尽变通，所以裁成义类，惩恶劝善，多识前古，贻鉴将来。"[1]唐高祖的这篇修史诏书，重点强调了传统史学的取鉴作用和教育作用：一方面认识到史学可用来总结历史经验，探究政治方术；另一方面又肯定史学彰善瘅恶，树立良好社会风气的功能。受儒家经学的影响，我国传统史学一般使用儒家伦理观念作为评价历史人物的价值标准，君臣、父子之义，始终是传统史籍评价史事、人物的主要尺度。虽然遁形于空门，但自幼浸润在儒家文化当中的佛教史家在记述佛教史事时，更多地也是依据儒家伦理观念发表评论或褒贬是非。

梁武帝是我国历史上信奉佛教的皇帝，他曾4次舍身出家，广建佛寺，在佛教史上是著名的护法帝王，梁武帝晚年政治腐败，因侯景之乱，导致南梁的动乱和灭亡。对于梁武帝的败亡，传统史籍这样记载："及乎耄年，委事群幸，然朱异之徒，作威作福，挟朋树党，政以贿成。服冕乘轩，由其掌握，是以朝经混乱，赏罚无章。"[2]"……遂使滔天羯寇，承间掩袭。鸷羽流王屋，金契辱乘舆，涂炭黎元，黍离宫室。"[3]为南朝佛教繁荣做出特殊贡献的梁武帝，佛教史籍又是如何评价他的呢？神清在《北山录》中批评萧梁："虽四十五年江表无事，而政刑襄缺，礼乐崩弛，征徭不减，鳏寡无告，君倡臣和，父倡子和，自谓无为致理，高谈治国，遂使侯景伺隙，凭天作威，既丧其身，亦弃其族。"[4]与《梁书》相较，《北山录》对梁武帝的评价可谓有异曲同工之处。

儒家孝亲观同样是传统史籍不遗余力宣传的主题，唐代修撰的纪传体正史《隋书》《周书》《南史》均设有"孝义传"，《梁书》《陈书》《北史》也设有"孝行传"。因离家背亲屡遭儒士抨击的佛教，在隋唐以后逐渐走上与儒家孝亲观融合的道路。释道世在《法苑珠林》中专设"忠孝篇"列举了中国古代传说中的15位孝子的事迹，说明我国佛教对儒

---

[1] 慧皎：《高僧传》，中华书局1992年版，第32页。
[2] 姚思廉：《梁书》卷3，中华书局1983年版，第97页。
[3] 姚思廉：《梁书》，中华书局1983年版，第98页。
[4] 神清：《北山录》，见《大正藏》第52册，台北：台湾佛陀教育基金会影印，1990年，第604页。

家孝行的认同、糅合。

对孝的宣扬,在其他佛教史籍中也俯拾即是。道宣的《续高僧传》记载了很多以孝行清直知名的高僧,隋僧敬脱"常施荷担,母置一头,经书及笔又置一头,若至食时,留母树下,入村乞食用以充继"。[1] 唐僧法护,12岁时父母双亡,哀恸气绝。道宣还记载了梁代高僧法云,因母亲去世累日不食,哀毁过礼;隋僧灵裕"母病绵笃,追赴已终,中路闻之,竟不亲对"。[2] 这两个极端的例子,面对逝去亲人的伤痛,法云用儒家礼仪要求自己尽孝,而灵裕又以释门规范约束自己离亲割爱。神清在其著作《北山录》中同样记述了法云、灵裕的事迹,在对比了"昔者法云居忧,殆至毁灭;灵裕觐母,闻丧而还"[3]之后,神清作出评价,认为裕为失礼"然诸夏之邦,以礼仪观德,居其邦变其俗,君子所不为也"。[4] 表明唐代高僧已经能够站在佛教的立场上对世俗孝道予以认同和肯定。

(3)以弘扬佛法为撰述宗旨,留存了中古社会大量的珍贵史料

由传统经史教育培养而成的唐代佛教史家,在其撰述行文的字里行间,可见其谨严精审的治学态度和孜孜以求的治学精神,受其宗教信仰的影响,他们致力于撰述的主要目的,是为了使佛法不坠,能够长流世间。即使这样,唐代佛教史家依然为我们保存了中古社会大量的珍贵史料。这些史料,一可以弥补正史对佛教史事和民间社会史的缺载,例如,安史之乱之后,唐朝国力迅速由盛转衰,中晚唐时期,整个国家交织在内忧外患之中,自然灾害频频发生,唐朝帝王需要借助佛教安抚百姓,或以崇信佛法来消灾免难。佛教不仅成为劝善化俗的手段,而且成为镇护国家的法宝,并逐渐参与到国家祭祀的礼仪当中,如祈雨、祈福

〔1〕道宣:《续高僧传》,见《大正藏》第50册,台北:台湾佛陀教育基金会影印,1990,第519页。

〔2〕道宣:《续高僧传》,见《大正藏》第50册,台北:台湾佛陀教育基金会影印,1990,第497页。

〔3〕神清:《北山录》,见《大正藏》第52册,台北:台湾佛陀教育基金会影印,1990年,第608页。

〔4〕神清:《北山录》,见《大正藏》第52册,台北:台湾佛陀教育基金会影印,1990年,第608页。

和攘除星变等活动。然而我国传统史籍受儒家正统观念的支配，对佛教在当时社会生活中的影响严重缺载，流传下来的唐代佛教史籍，却忠实显现了中古社会的真实面貌。在一个科学并不昌明的时代，人们必须借助信仰来给苦难的心灵以安慰，这些史料为我们重塑唐人社会生活、弥补正史记载的缺憾带来了希望。

又如《续高僧传》的作者道宣在撰写该书时"或博咨先达，或取讯行人，或即目舒之，或讨仇集传，南北国史，附见徵音；郊郭碑碣，旌其懿德，皆撮其志行，举其器略，言约繁简，事通野素，足使绍胤前良，允师后听"。[1] 正因为道宣竭尽全力搜罗史料，所以《续高僧传》为我们留存了从梁初至唐麟德二年（665）共160多年间释门僧侣与帝王、士大夫往还的事迹，以及当时的社会政治事件、寺院经济状况、世情风俗、民谣时谚等，其中许多记载不见于正史，成为研究中古史不可或缺的资料。

二可纠正正史的错误。日僧圆仁撰写的《入唐求法巡礼行记》以日记的形式，翔实地记录了他从唐文宗开成三年（838）至唐宣宗大中元年（847）入唐求法的行历和见闻，内容主要涉及文宗、武宗两朝的朝政史事，举凡民情风俗，市贾物价，灾害星变，乃至佛道斗争他都一一缕述。圆仁以一个外国人的眼光与感情对中国历史进行了大量的细节描写和记载，不仅可以弥补正史的不足，而且还可以纠正正史的许多错误和偏见。例如，对于文宗、武宗时期朝廷的政治斗争以及武宗毁佛的时间、原因，圆仁的记载与正史多有出入，虽然所记不无讹传误闻，但至少开拓了我们的视野，使我们对晚唐历史有了进一步的认识。

综上所述，在儒家思想占据政治统治地位的中古社会，在传统史学发达的学术背景下，唐代高僧出家前或出家后均可通过多种途径接受儒家传统的经史教育。深厚的史学修养使他们在撰写佛教史籍时，不仅继承了传统史学的体裁和观念，而且能够根据记叙内容的需要，对原有体裁进行改造和创新。同时，唐代高僧又以其"方外之人"的特殊身

〔1〕道宣：《续高僧传》，见《大正藏》第50册，台北：台湾佛陀教育基金会影印，1990，第425页。

份,为我们记录了中古社会的大量史事,成为当代学者研治中古史的珍贵资料。

（本文与李艳合作,原载于《甘肃社会科学》2011 年第 3 期）

38　隋代的大兴善寺

众所周知,隋代结束了中国自魏晋南北朝以来政治上的分裂局面,为大唐王朝的建立打下了坚实的基础。其首都长安,以后被唐代沿用,是当时世界上最大的城市。

先是,隋文帝在北周时曾被封为大兴公,故其夺得北周政权之后,放弃了汉代以来的长安故城,在龙首原另选新址,建立都城,并取名为大兴城。引人注目的是,尊崇佛教的隋文帝把他在长安城内建立的第一座佛教寺院,也命名为"大兴善寺"。此无疑表明了大兴善寺为隋代国家首寺的地位。

隋费长房《历代三宝记》卷 12 中说:

> 《大隋录》者,我皇帝受命四天,护持三宝……岂唯七宝,独显金轮。宁止四时,偏和玉烛。是以《金光明经·正论品》云:因集业故,得生人中,王领国土,故称人王。处在胎中,诸天守护……以天护故,称为天子。赤若之岁,黄屋驭时,土制水行,兴废毁之。佛日火乘,木运启年。号以开皇……季夏诏曰:殷之五迁,恐民尽死,是则以吉凶之土,制长短之命,谋新去故,如农望秋。龙首之山,川原秀丽。卉物滋阜,宜建都邑。定鼎之基永固;无穷之业在兹。因即城曰大兴城,殿曰大兴殿,门曰大兴门,县曰大兴县,园曰大兴园,寺曰大兴善寺。三宝慈化,自是大兴![1]

上文是说,隋文帝成了统一天下的人王——甚至成了金轮王(如文中有岂唯七宝,独显金轮)之后,推演五行,又考虑到"殷之五迁"的历史教训,[2]实际上可能考虑到旧长安城汉代以后王朝更替频繁的现

---

〔1〕《大正藏》卷 49,第 101－102 页。

〔2〕盘庚迁殷之前,殷曾五次迁都。即亳、嚣、相、庚、庵。

实,而另建首都,以图"永固"之基业。新的都城取名为大兴城,宫殿为大兴殿,所在县为大兴县,宫内园林为大兴园,其作为封建国家意识形态的基地自然就取名大兴善寺了。其"大兴",还有"大兴"佛教之意。

实际上,大兴善寺作为隋代"国寺"的地位,在佛教文献中即有明确记载。《续高僧传》卷21《隋京师大兴善寺释灵藏传》载:"释灵藏,俗姓王氏,雍州新丰人也。曾依颖律法师出家。"北周初年,大度僧尼,因灵藏"通经了意,最为第一",为太祖隋公(隋文帝父)所重。藏与高祖(隋文帝)曾为布衣之交,故隋文称帝之后,灵藏特受尊崇。隋初,"移都南阜(即把都城从汉长安移至隋唐长安),任选形胜,而置国寺,藏以朝宰惟重,佛法悠凭,乃择京都中会路均近远,于遵善坊天衢之左而置寺焉。今之大兴善是也"。这就是说,作为"国寺"的大兴善寺址的选择,也是佛教高僧灵藏决定的。

大兴善在隋代的地位由以下两个方面的内容可以看出。

首先是译经。隋代译经据唐初法琳《辩正论》的记载是:

> 隋……二君,三十七年,寺有三千九百八十五所,度僧尼二十三万六千二百人,译经二十六人,八十二部。[1]

道宣在《大唐内典录》中载:

> 天命有隋……大度僧尼将三十万,崇缉寺宇向有五千,翻译……道俗二十余人,所出经、论、传法等合九十部,五百一十五卷。[2]

智昇《开元释教录》又载:

> [隋代译经]缁素九人,所出经论及传录等,总六十四部三百一卷。[3]

由此可见,唐人对隋代译经数量的记载是有出入的,虽然如此,也可知在隋代短短的37年中,译出的佛经数量是可观的。与此相关的问题是,隋代的译经场在何处呢?无疑是在大兴善寺。

〔1〕〔唐〕法琳:《辩正论》卷3《十代奉佛篇》,载于《大正藏》第52册,第509页。
〔2〕〔唐〕道宣:《大唐内典录》卷17,载于《大正藏》第55册,第274页。
〔3〕〔唐〕智昇:《开元释教录》卷7,载于《大正藏》第55册,第547页。

《历代三宝记》卷 12 录《大隋业报差别经》1 卷,开皇二年三月译,是第二出。后记:

> 元魏世婆罗门优婆塞瞿昙般若流支长子达摩般若,隋言法智,门世以来,相传翻译。高齐之季,为昭玄都。齐国既平,佛法同毁。智因僧职,转作俗官。册授洋州郡守。大隋受禅,梵牒即来,显佛日之重兴,彰国化之冥应。降敕召[法]智,还使译经。即于大兴善寺翻出。智既妙善隋梵二言。执本自翻,无劳传译。大兴善寺沙门成都释智铉笔受。文辞诠序义理,日严寺沙门赵郡释彦琮制序。[1]

同书卷 12 又录《象头精舍经》1 卷,开皇二年二月译,第二出,与《伽耶山顶经》体同,各异;《大乘方广总持经》1 卷,开皇二年七月译。后记:

> 右二部二卷,北天竺乌场国三藏法师毗尼多流支,隋言灭喜,既闻我皇兴复三宝,故能不远五百由延,振锡巡方,来观盛化,至止便召入令翻经。即于大兴善寺译出。给事李道宝,般若流支次子昙皮二人传译。大兴善寺沙门长安释法纂笔受为隋言,并整比文义,沙门彦琮并皆制序。[2]

同书卷 12 又录《大方等日藏经》15 卷,开皇四年五月起翻,五年二月方讫;《力庄严三昧经》3 卷,开皇五年十月出,费长房笔受;《大庄严法门经》2 卷,开皇三年正月出,沙门智铉笔受;《德护长者经》2 卷,开皇三年六月出,沙门慧琨笔受;《莲华面经》2 卷,开皇四年三月出;《大云轮请雨经》2 卷,开皇五年正月出;《牢固女经》1 卷,开皇二年十二月出;《百佛名经》1 卷,开皇二年十月出。后记:"上四经六卷,并沙门寻献笔受。"其后总记说:

以上这八部二十八卷经,是北天竺乌场国三藏法师高齐昭玄统那连提耶舍,隋言尊称所翻译的。耶舍少出家,五天竺游四。历经大小诸

---

〔1〕《大正藏》第 49 册,第 102 页。
〔2〕《大正藏》第 49 册,第 102 页。

国,凡六十余。后北至茹茹国（柔然国），其国破更,东至入邺都,正值北齐文宣时。文宣帝待其甚厚,诏任昭玄统之职,以管理北齐佛事。在北齐时,即有译经。齐被周灭,乃憩漳河之滨。开皇元年,新经至长安,隋文帝敕召,二年七月,传送到京,住大兴善寺,给以上供,敬重有加,其年季冬,开始翻译佛经,沙门僧璨、明芬,给事李道宝,学士昙皮等,僧俗四人,助其翻译。京城大德昭玄统都大兴善寺主沙门灵藏等二十余德,监掌始末,至五年十月勘校讫。据传,那连提耶舍寿九十余岁,至开皇九年而卒,所译佛经,高僧彦琮并为制序。

同书卷 12 又录《新合大集经》60 卷,招提寺沙门释僧就于开皇六年合。后记说:先是北齐高氏之世即译出《月藏经》12 卷,隋开皇耶舍又译《日藏经》15 卷等,僧就将《月藏》《日藏》附入《大集经》而成《新合大集经》。时有大兴善沙门洪庆者,识度渊明,奉为皇后检校抄经,将僧就《新合大集经》加以整顿精善。终使"散经还聚,聚兴《大集》之文;别壤遂通,通显大兴之国"。

同书卷 12 又录《佛本行集经》60 卷……《金光明经·嘱累品·银主品》等经 31 部,165 卷。后记为"北天竺揵达国三藏法师阇那崛多(隋言至德)译"。阇那崛多,北周武成年初,与同学耶舍崛多,随阇那耶舍赍经来至中国,师徒共习方言,"二十余年,崛多最善"。崛多还曾往蜀地游巡,随处宣译新经。不久,周武灭佛,欲返天竺,路经突厥,突厥可汗请留,停此间十有余载。开皇四年,又入中国;五年,隋文帝敕其住大兴善寺弘法宣教,翻译讲经。又召婆罗门沙门达摩笈多并遣高天奴、高和仁兄弟等同译佛经。此时,隋文帝又增置十大德沙门僧休、法粲、法经、慧藏、洪遵、慧远、法纂、僧晖、明穆、昙迁等,监掌始末,诠定旨归。开皇十二年以后翻译的佛经,皆出于大兴善寺禅堂,有沙门笈多、高天奴兄弟等助译,并由沙门明穆、高僧彦琮重对梵本,再更覆勘,整理文义。

《新合金光明经》8 卷。

后记有"大兴善寺沙门释宝贵,开皇十七年合"。《金光明经》,十六国北凉时就有昙无谶的译本。但其中《银主品》《陀罗尼品》及《嘱累品》新来,阇那崛多又将其译出,经彦琮重复校勘,沙门宝贵合为 8 卷。

《十种大乘论》1卷。

后记为"大兴善寺沙门释僧粲撰。粲姓孙氏,陈留人。少出家游学,江河南北,无所不经。关陇西东,触处皆履,工难问,善博寻,时为二十五众第一巨匠"。

《论场》一部31卷。

后记为:"大兴善寺沙门成都释僧琨集。"琨俗姓郑氏,性沉审,善音声,时为二十五众教读经法主。

由上可知,隋代在大兴善寺译出的佛经达40部之多,而智昇《开元释教录》记载,隋代译经共64部,也就是说,隋代绝大部分佛经是在大兴善寺翻译的。当然在大兴善寺之外,也有译经者。如《历代三宝记》卷12曾提到"于时广济寺独耶舍一人译经,至[开皇]七年别敕(阇那)崛多使兼翻译,两头来往。至[开皇]十二年,翻书讫了,合得二百余卷"。这似乎说明,大兴善寺之外的译事,还受到大兴善寺译经高僧的指导。

其次,再看在大兴善寺活动的高僧。

下面只谈隋文帝召集在大兴善寺的高僧。

活动于大兴善寺的高僧,前文在谈译经时已提到了不少,以下再举数例。

《续高僧传》卷21《隋京师大兴善寺释灵藏传》所载的灵藏,即前文中所提选择大兴善寺址者。其很可能是第一个驻锡大兴善寺的高僧。开皇四年,关辅亢旱,隋文帝引民就给洛州,敕灵藏同行,共通圣化,既达所在,归投极多。隋文帝闻之告曰:弟子(隋文帝自称)是俗人天子,律师(指灵藏)为道人天子。有乐离俗者,任师度之。遂依而度,前后数万。隋文帝在此把灵藏与自己相提并论,称自己为"俗人天子",灵藏为"道人(此指和尚)天子",可见灵藏在隋初佛教界的地位了。可惜灵藏开皇六年就去世了,春秋六十有八,葬于长安南郊。[1]

同书卷21《隋西京大兴善寺释洪遵传》又载:释洪遵,姓时氏,相州

---

〔1〕《大正藏》卷50,第610页。

人也。8 岁出家,师从高僧,学习律部。后游方各地,谘访佛教深义。又往少林寺、邺城等地从高僧资云、晖公修学。北齐时,以洪遵学声早举,策授为断事沙门,赴青齐地,处置僧俗讼事。本传谓其"非类不交,惟道同辙,名儒大德,见辄慕从,常与[敦煌]慧远等名僧通宵造尽"。开皇七年,下敕追至京阙,与五大德同时得到隋文帝的召见。之后令住大兴善寺,给十弟子,四事供养。十一年,又敕与天竺高僧,共译佛经。十六年敕请为"讲律众主",在关中首开《四分律》之讲。仁寿二年,敕送舍利于卫州福聚寺;仁寿四年,又送舍利于博州起塔。此次起塔,祥瑞多现。本传"[洪]遵于京邑盛开律仪,名骇昔人"。有《大纯钞》5卷,用通律典,寻又下敕令知大兴善寺任。大业四年五月十九日,卒于大兴善寺,春秋七十有九。[1]

同书卷 21《隋西京大禅定道场释觉朗传》又载:

释觉朗,俗姓未详,河东人。住大兴善寺。明《四分律》及《大涅槃》。气骨陵人,形声动物,游诸街巷,人皆顾之。仁寿四年,下敕令送舍利于绛州觉成寺,起舍利塔时,祥瑞多现,大业末年,有敕令知大禅定道场主。[2]

同书卷 23《隋京师云花寺释僧猛传》又载:

释僧猛,俗姓段氏,京兆泾阳人。本传谓其"姿荫都雅,神情俊拔。竟孺出家,素知希奉。聪慧利根,幽思通远。数十年间,躬事讲说。凡有解悟,靡不通练"。西魏时已知名当时。隋文帝时,以僧猛年德俱重,玄儒凑集,派人追访至京(长安),令崇法宇。于大象二年,勒住大兴善寺,讲扬《十地》。后常住云花寺聚徒授业。虽居云花寺,但名仍隶大兴善寺。开皇八年四月四日卒于住寺,春秋八十有二。[3]

同书卷 30《隋京师日严道场慧常传附道英、神爽传》载时京师大兴善寺道英、神爽者,亦以声梵驰名,道英喉颡伟壮,词气雄远。大众一聚,其数万余,声调棱棱,高超众外,大兴善寺大殿铺基十亩,棳扇高大,

〔1〕《大正藏》卷 50,第 611－612 页。
〔2〕《大正藏》卷 50,第 612 页。
〔3〕《大正藏》卷 50,第 631 页。

非卒摇鼓,及道英引众绕旋,行次窗门,声聒冲击,皆为振动。神爽唱梵,弥工长引,游啭联绵,周流内外。[1]

道英、神爽二僧,是特别善于"唱导"的一类高僧,可见驻锡于大兴善寺的僧人,并不限于译经之类。

《续高僧传》卷9《隋京师大兴善道场释僧粲传》记载:

释僧粲,姓孙氏,汴州陈留人。幼年尚道,游学为务,遍及河北江南、东西关陇。故通诸经,工难问,善博寻。因涉历齐、陈、周三国,自号为"三国论师"。开皇十年,被隋文帝迎入长安,敕住大兴善寺,频经寺任。十七年下勅,补为二十五众第一摩诃衍匠,有佛教论著多种。仁寿二年,隋文帝分舍利建塔,奉命护送舍利到家乡汴州福广寺。临出发时,"面别帝庭,天子亲授灵骨,慰问优渥"。仁寿年末,又敕送舍利置塔于滑州修德寺。其两次送舍利至州,"皆感灵瑞,文帝叹重,更加敬仰"。以其辩功,又得齐王(隋文帝子)礼敬,躬奉麈尾什物等。大业九年卒于大兴善寺,春秋八十有五。[2]

同书卷10《隋西京大兴善道场释僧昙传》载:

释僧昙,姓张,住洺州。少小出家,通诸经论。以高齐之季,结友西行,前达葱岭,遇路不通,返回长安。因通梵言音字诂训,于开皇十年,奉敕住大兴善寺译经。其先后奉敕送舍利于蒲州栖岩寺、殷州智度寺。两次护送舍利起塔,皆多灵异祥瑞。僧昙长于译经,大业初年,卒于大兴善寺。[3]

《续高僧传》卷26《隋京师大兴善寺释道密传》载:

释道密,姓周氏,相州人。初投耶舍三藏,师习方艺,又至邺下,博听大乘。西梵文言,继迹前烈;异术胜能,闻诸齐世。隋代建立,大兴佛教,敕召入京,住大兴善寺。隋文帝分舍利建塔,铨衡德望,令道密护送舍利于同州大兴国寺,此寺本隋文帝出生之地。仁寿末年,又奉敕送舍利于郑州黄鹄山晋安寺。隋大业年间,隋炀帝在洛阳上林园置翻经馆,

〔1〕《大正藏》第50册,第705页。

〔2〕《大正藏》第50册,第500页。

〔3〕《大正藏》第50册,第500页。

道密又在此译经。[1]

《续高僧传》卷26《隋京师经藏寺释智隐传》载：

释智隐，姓李氏，贝州人。自少及长，遵弘道义，慧解所传，受无再请。开皇七年，勅召大德，入京住大兴善。通练《大智度论》《阿毗昙》诸经。十六年，下勅补讲论众主。仁寿时分舍利建塔，奉敕送舍利于益州法聚寺。此寺为蜀王杨秀所造。后又奉送舍利至莘州，此次舍利入塔时，祥瑞多现。[2]

《续高僧传》卷26《隋大兴善寺释明璨传》载：

释明璨，姓韦，莒州沂水人。十岁出家，二十受具，中途寻阅，备通经史。弘扬《成实论》《涅槃经》等。周武废佛，避世林泽。隋时敕召入京住大兴善寺。仁寿初岁，分舍利建塔，奉召送舍利于蒋州栖霞寺。曾于江表获经一百余卷，为前录所遗。隋末住大禅定寺，弘法为务。春秋时节，频往蓝田，登山临水，养性其间。唐初辞世。[3]

《续高僧传》卷26《隋京师大兴善寺慧重传》载：

释慧重，姓郭，雍州人。净持戒地，明解《摄论》。履游名教，清高不群。住大兴善，博综机要，荣达叙顾。辩章言令，写送有法。仁寿初时，分舍利建塔，敕召送舍利于泰州岱岳寺。四年，又送舍利于隆州禅寂寺。其两次护送舍利建塔，皆现祥瑞并得舍利五枚。还京之后，改革前度，专修禅业。余则跏坐正念，毕世终业。[4]

《续高僧传》卷26《隋京师大兴善寺释明芬传》载：

释明芬，相州人。北齐三藏耶舍高足，通解方俗，妙识梵言。开皇之译，下敕追延，令与梵僧，对传法本。仁寿时分舍利建塔，令送舍利至慈州石窟寺。其寺为北齐文宣帝所立，舍利至寺时，多有灵瑞事现。芬后卒于大兴善寺。[5]

《续高僧传》卷26《隋京师大兴善寺释僧盖传》载：

〔1〕《大正藏》第50册，第667页。
〔2〕《大正藏》第50册，第668页。
〔3〕《大正藏》第50册，第669页。
〔4〕《大正藏》第50册，第669页。
〔5〕《大正藏》第50册，第669页。

释僧盖,恒州人。曾游太原,专听《涅槃》。晚至洛下,还综前业。后入京师,住大兴善寺。仁寿二年分舍利建塔,敕送舍利于沧州;四年,又敕送舍利于浙州法相寺。两次护送舍利,皆有祥瑞。后住禅定寺。唐初辞世,年九十余。[1]

《续高僧传》卷11《唐京师大兴善寺释法侃传》载:

释法侃,姓郑氏,荥阳人也。弱年从道,志力坚明,师渊法师。周灭北齐,南渡江阴,至栖建业。隋平齐后,北上江都,住安乐寺。时杨广藩镇扬越,搜举名器,法侃被召至长安。其至大兴善寺后,栖心止观,开道《唯识》。仁寿二年,隋文帝分舍利建塔,奉敕前往宣州安置舍利。其安置舍利时,灵异多现。又送舍利至黎州,得一古瓦,铭文:"千秋万岁,[长]乐未央"。返京之后,仍讲经授法。[2]

《续高僧传》卷26《隋京师大兴善寺释僧世传》载:

释僧世,青州人。善《地论》,长辩论,名闻齐鲁。开皇入京,住大兴善寺。长游讲会,必存论决。仁寿时分舍利建塔,下敕送舍利于莱州弘藏寺。仁寿四年又敕送舍利于密州茂胜寺。其两次护送舍利至州,多有灵瑞事现,文帝大悦。还京不久而卒。[3]

《续高僧传》卷26《隋大兴善寺释智光传》载:

释智光,江州人。尼论师弟子。少听《摄论》,大成其器。开皇十年,敕召尼公,相从入京,住大兴善寺。仁寿时分舍利建塔,护送舍利至循州道场塔寺。返京后以法自娱,频开《摄论》,有名秦壤。晚厌谈说,归静林泉,安禅自节,卒于山舍。[4]

《续高僧传》卷26《隋京师大兴善寺释宝宪传》载:

释宝宪,郑州人。宝镇律师弟子。童稚依止,即奉科条,审量观能,具承大法。开皇之始,与宝镇同来,住大兴善寺。仁寿年分舍利建塔,奉敕护送舍利至洪州置塔。[5]

---

〔1〕《大正藏》第50册,第670页。
〔2〕《大正藏》第50册,第513页。
〔3〕《大正藏》第50册,第671页。
〔4〕《大正藏》第50册,第671页。
〔5〕《大正藏》第50册,第672页。

· 欧 · 亚 · 历 · 史 · 文 · 化 · 文 · 库 ·

《续高僧传》卷26《隋京师大兴善寺释僧昕传》载：

释僧昕，潞州上党人。自周学法，通大小乘经。周武灭法时，逃隐泰山。大隋弘法，还归听习。游步洛下，从学慧远公。《十地》《涅槃》，咸究宗领。后入关中，住大兴善寺。仁寿中岁，下敕送舍利至毛州护法寺。其置塔时，祥瑞多现。[1]

《续高僧传》卷26《隋京师大兴善寺释道生传》载：

释道生，蒲州人。延统法师弟子。仁正致怀，声色无染。受持戒护，耽咏文言。《四分》一律，薄沾声教。住大兴善寺，众敬惮之。仁寿二年。敕送舍利于楚州。传谓舍利初停公馆，有鹿诣舍利所，自然屈拜，下舍利起塔日，白鹤两双，飞旋塔上等异事。[2]

《续高僧传》卷26《隋京师大兴善寺释静凝传》载：

释静凝，汴州人。迁禅师之弟子。早年听受佛法，经律《十地》，是所询求。后师《摄论》，备尝幽显。常乐止观，掩关思择。缘来便讲，唱吼如雷。开皇六年，随县迁入雍，住大兴善寺。仁寿二年，下敕护送舍利于杞州。舍利入塔日，祥瑞多现。[3]

《续高僧传》卷8《隋京师净影寺释慧远传》载：

释慧远，姓李氏，敦煌人，后居上党高都。北齐高僧，周武帝灭佛时，曾在邺城殿前，与周武帝激烈辩论，反对灭佛，一时声名大震。开皇七年，敕召大德六人入京，远即其一。达长安时，常随学士二百余人，创达帝室亲临御筵，文帝大悦，敕住大兴善寺；劳问丰华，供事倍隆。又以大兴善寺盛集法会，诸事繁多，虽有扬化，终为事约，乃选天门之南大街之右，为慧远专立净影寺。于是四方投学，七百余人，皆海内英华……虽复与大兴善寺诸德英明一期，至于归学师寻、千里继接者，莫高于远矣！本传又谓慧远形长八尺，腰有九围，十三幅裙，可为常服。登坐震吼，雷动蛰惊！开皇十二年春，下敕令知翻译，刊定辞义。其年卒于净影寺，春秋七十。同月隋朝重臣李德林去世，隋文帝悲感交集，呼嗟叹

---

〔1〕《大正藏》第50册，第673页。
〔2〕《大正藏》第50册，第674–675页。
〔3〕《大正藏》第50册，第675页。

曰:"国失二宝!"[1]

　　隋文帝统一全国之后,结束了魏晋南北朝以来南北分裂的政治局面,统一的中央政权需要统一的政治思想。因为隋文帝曾用不光彩的手段夺取了北周政权,违反了儒家基本伦理道德——"三纲五常",如再用儒家思想作为统治思想等于自打嘴巴。故重新拾起了被周武帝废毁了的佛教作为思想武器。但隋代之前的南北朝,有所谓"南义北禅"之说,佛教学派众多,思想分歧,作为中央集权制国家的封建帝王隋文帝当然不允许这种现象继续存在下去。所以他必须对佛教重新洗牌,以便佛教更好地为隋王朝服务。故他采取了一系列措施。这些措施除了上面所说的在长安建立国家最高佛教学府大兴善寺,在该寺大量翻译佛经之外,又召全国高僧来至长安,建立国家佛教研究与教化机构——"五众"。"五众"即涅槃众、地论众、大论众、讲律众、禅门众。每众设众主,领导该众高僧,专门从事研究、修习、弘扬所学。又从当时佛教界的杰出人物中选出"十大德",安置于大兴善寺,以为领袖[2]。再就是学习印度的阿育王,在全国4次分舍利建塔,[3]实现自己的理想——做统一四天下的转轮王。[4] 从上述高僧的事迹来看,这些活动于大兴善寺的高僧大多数是从原先的北齐、南陈召至长安的。这些高僧均为当时的硕学大德,在译经、讲法、宣律、坐禅、唱导等方面别有专长,隋统一后,把这些高僧网罗于长安大兴善寺,实际上是统一南北佛教各派、加强对高僧控制所采取的强力措施。

　　(本文与宋宝泉合作,原载于宽旭主编《首届大兴善寺唐密文化国际学术研讨会论文集》,陕西师范大学出版总社有限公司2012年版)

[1]《大正藏》卷50,第489页。
[2]见唐道宣撰:《续高僧传》卷11、13、21等。
[3]隋文帝第一次分舍利建塔,法事即在大兴善寺进行,据《释氏稽古略》卷2载,仁寿元年"十月十五日午时,[帝]御大兴殿,向西执圭而立,延请佛像及沙门三百六十人,幡盖音乐,自大兴善寺迎来,至殿烧香礼拜"。
[4]参见杜斗城:《隋文帝分舍利建塔的意义及有关问题》,载于《人文杂志》(增刊)1993年;杜斗城、孔令梅:《隋文帝分舍利建塔有关问题的再探讨》,载于《兰州大学学报》(社会科学版),2011年5月。

39　论北魏太武帝与华北乡村
佛教的发展

佛教在我国内地传播之初,寺院和信众主要集中在中西交通沿线的城邑,特别是长安、洛阳等大城市中,在乡村地区影响甚微。众所周知,我国古代是一个典型的以农耕文明为主的社会,人口主体主要分布在乡村。佛教只有传入乡村、为乡民所接受,才能真正成为一种中国化的宗教。魏晋南北朝时期,社会形势发生了巨大变化,原有社会结构及思想体系的打破,为佛教在我国乡村地区的发展提供了契机,扩大了佛教在我国乡村地区的影响。笔者在梳理这一时期华北乡村佛教的相关资料时,发现北魏太武帝统治时期是佛教在我国华北乡村发展的一个重要转折时期,所以本文拟就太武帝与华北乡村佛教的关系略作讨论。

39.1

北魏太武帝是一位有着雄才大略的统治者,他在位期间(423—452年),"锐志武功,每以平定祸乱为先"。不仅解除了柔然对北魏北方的威胁,还征服了北燕、北凉,使近百年来处于动荡、割据状态的中国北方重归统一,为隋唐的大一统奠定了基础,也为北魏佛教的发展提供了条件。

但是,直到太武帝太平真君七年(446)以前,佛教在我国的影响主要集中在城市中,在广大乡村地区的影响很小。究其原因,一方面,佛教在我国内地传播初期,被认为是"佛出西域,外国之神,功不施民,非天子诸华所应祠奉",所以自"汉明感梦,初传其道"以来,直至三国曹魏时,历代政府都奉行"唯听西域人得立寺都邑,以奉其神,其汉人皆不得出家"的政策，[1] 从狭隘民族的角度上限制了佛教传播的范围。另一方面，由于我国早期佛教主要流行于"西域人"中，汉人奉佛者较少。[2] 而当时的"西域人"因经商等原因，多集中于"都邑"中，这样在地域上也限制了早期佛教的传播。所以佛教在我国传播初期，与西域人及城市有着密切的关系。

"西域"是指当时中原王朝西部边界以西的所有地域，包括亚洲中、西部，印度半岛等地，"西域人"就是从上述地区来华之胡人，他们"好货利"，"善市贾"，"利之所在，无所不到"，不远万里，来到我国内地从事商业活动，"并形成了胡人聚落，大多与中国中古时期的'市'，特别是'都邑'的市存在着直接的关系"。[3] "都邑"是我国古代对城市的统称，季羡林先生认为："印度佛教是在城市中成长起来的一个宗教，和尚都住在城市中，同商人住在一起。"[4] "印度佛教这种与生俱来的生存惯性并不会因为来到中国就很快发生变化。"[5] 而且由于在中西交通史上，商人是沟通中西交流的重要媒介，他们结成人数众多的商队往来于商路上。在这些商路上，处处充满了艰难险阻，没有一定的经济及人力条件是很难生存下来的。所以，印度和西域来华的僧人很多是同商旅结伴而来的。而佛教刚传入我国之时，由于和我国传统文化有较大差异，除侨居汉地的胡族和少数汉人信仰之外，普通民众中并没有多少人接受佛教，作为胡商聚居地的城市，也便于僧人寻求供养以维持自己的生活。[6]

此外，城市还是一个地区政治、经济、文化的中心，人口集中，文化水平较高，有利于外来事物的传播。我们从《出三藏记集》《高僧传》等记录早期佛教在我国内地传播、发展的资料中可以看出，佛教在我国传

〔1〕慧皎撰，汤用彤校注：《高僧传》，中华书局1994年版，第352页。
〔2〕《弘明集》卷12"襄者晋人略无奉佛，沙门徒众皆是诸胡"。（《大正藏》卷12，第81页。）
〔3〕叶德荣：《都邑的"市"、胡人聚落与佛教》，载于《世界宗教研究》2010年第6期。
〔4〕季羡林：《季羡林文集》第7卷，江苏教育出版社1998年版，第179页。
〔5〕尚永琪：《3—6世纪佛教传播背景下的北方社会群体研究》，科学出版社2008年版，第33页。
〔6〕叶德荣：《都邑的"市"、胡人聚落与佛教》，载《世界宗教研究》2010年第6期。

播之初,一些僧人为了在中国寻求立足之地,获得统治者的支持,而依附于朝廷和权贵。而另一些僧人则在底层知识分子的支持之下,集中精力进行译经活动,传播佛教义理。一批像聂承远这样有着深厚传统文化修养未出仕的知识分子较早地接受了佛教,并在佛经的翻译中发挥了重要作用,为佛教在我国的传播和发展做出了重要贡献。不论是上层统治者,还是底层知识分子,他们的集中之地都是城市。而且城市人口集中,不仅是城市居民生活的地方,也是城乡生活的交汇点和桥梁,是理想的传教场所。所以,佛教在传入我国内地之初,僧人主要在城市中进行传教活动。

受此影响,虽然北魏太武帝太平以前,佛教在华北地区已有较大的发展。特别是石赵时,由于高僧佛图澄的努力及石勒、石虎的支持,佛教在华北地区的影响不断扩大。但这种影响仍主要集中在邺、襄国等城市中,与乡村的联系较少。直到北魏初期,太武帝一系列限佛、禁佛、灭佛政策的颁布,才使华北佛教的这一情形逐渐发生了变化。

39.2

北魏统治初期,由于佛教势力不断膨胀,与当时的政治、经济、民族、宗教等社会矛盾的不断交织,使得太武帝在太平真君七年(446)颁布了我国历史上第一个也是最为严厉的一个灭佛诏书。这一诏书的颁布,不仅使佛教在北魏受到了毁灭性的打击,"土木宫塔,声教所及,莫不毕毁矣"。同时也使大量僧人流落到乡村,客观上为乡村佛教的发展奠定了基础。但太武帝灭佛非是一蹴而就,"有个疏远排斥、限制佛教的过程",[1]所以,其对华北乡村佛教的影响也是逐渐显示出来的。在此,笔者以限佛、灭佛诏书颁布的时间为顺序,对这一过程发生、发展、演变的情形进行一些分析。

太延五年(439),太武帝"平凉州"后不久便实行限制佛教的政策。

〔1〕张箭:《三武一宗灭佛》,四川大学2001年博士学位论文,第10页。

据《魏书·释老志》记载:"太延中,凉州平,徙其国人于京邑,沙门佛事皆俱东,像教弥增矣。寻以沙门众多,诏罢年五十以下者。"[1]而《资治通鉴》卷123胡三省注则更明确地指出,此次限佛的目的应是"以其(沙门)强壮,罢使为民,以从征役"。[2]究其原因,太武帝拓跋焘在位期间"廓定四表,混一戎华",[3]需要大量的兵源。而他在平定凉州时,凉州因城民素少,以僧为兵,登城抵抗,可能是受到此事的启发,太延五年,在他平凉州后不久,便"诏罢沙门年五十以下者"。[4]考虑到当时人的寿命普遍较低,这一政策的施行,可能会迫使很多僧人还俗,流落民间,并在乡村活动。

太平真君五年(444),正月壬寅,太子拓跋晃在穆寿、崔浩等人的辅佐下开始"总统百揆""决庶政"。戊申,便下诏曰:"愚民无识,信惑妖邪,私养师巫,挟藏谶记、阴阳、图纬、方伎之书;又沙门之徒,假西戎虚诞,生致妖孽。非所以壹齐教化,布淳德于天下也。自王公以下至于庶人,有私养沙门、师巫及金银工巧之人在其家者,皆遣诣官曹,不得容匿,限令今年二月十五日,过期不出,师巫、沙门身死,主人门诛……"[5]此诏书的公开目的是"壹齐政化,布淳德于天下"。其实是当时政治斗争的集中表现。当时玄高等人利用"道术",参与到统治者内部的斗争,引起了太武帝及部分大臣的警惕,是这一诏书颁布的主要原因。此诏书的内容和执行情况也可能比"诏罢沙门年五十以下者"更为严厉,太延五年限佛诏书颁布之后,隐匿于私门,被贵族、官员、富人私养的僧人,现在也必须还俗了。所以,太平真君五年限佛诏书颁布之后,必然会有更多的僧人流落到乡村。

太平真君七年(446),太武帝颁布了我国历史上第一个也是最残酷的一个灭佛诏书,开启了中国历史上用政治力量镇压佛教的先河。其文曰:

---

〔1〕魏收:《魏书》卷114,第3032页。

〔2〕司马光编著,胡三省注:《资治通鉴》,中华书局1956年版,第3867页。

〔3〕魏收:《魏书》卷4,中华书局1974年版,第109页。

〔4〕《大正藏》卷50,台湾新文丰出版公司1973年版,第646页。

〔5〕魏收:《魏书》卷4,中华书局1974年版,第97页。

·欧·亚·历·史·文·化·文·库·

昔后汉荒君,信惑邪伪,妄假睡梦,事胡妖鬼,以乱天常,自古九州之中无此也。夸诞大言,不本人情。叔季之世,闇君乱主,莫不眩焉。由是政教不行,礼义大坏,鬼道炽盛,视王者之法,蔑如也。自此以来,代经乱祸,天罚亟行,生民死尽,五服之内,鞠为丘墟,千里萧条,不见人迹,皆由于此,朕承天绪,属当穷运之弊,欲除伪定真,复羲农之治。其一切荡除胡神,灭其踪迹,庶无谢于风氏矣。自今以后,敢有事胡神及造形像泥人、铜人者,门诛。虽言胡神,问今胡人,共云无有。皆是前世汉人无赖子弟刘元真、吕伯强之徒,接乞胡之诞言,用老庄之虚假,附而益之,皆非真实。至使王法废而不行,盖大奸之魁也,有非常之人,然后能行非常之事,非朕孰能去此历代之伪物! 有司宣告,征镇诸军、刺史,诸有佛图形像及胡经,尽击破焚烧,沙门无少长悉坑之。[1]

从这道诏书的内容看,佛教被认为是"前世汉人无赖子弟刘元真、吕伯强之徒,接讫胡之诞言,用老庄之虚假",附益而成的。是东汉末年以来,"政教不行,礼义大坏……生民死尽,五服之内,鞠为丘墟,千里萧条,不见人烟"的罪魁祸首。所以令"有司宣告,征镇诸军、刺史,诸有佛图形像及胡经,尽击破焚烧,沙门无少长悉坑之"。[2] 但是,由于太武帝当时正在长安平定盖吴叛乱,所以除长安的佛教受到严厉打击,沙门被诛,佛像被焚之外,其他地方因当时留守平城的太子拓跋晃"缓宣诏书",故意泄露消息,"远近皆豫闻之",使"四方沙门多亡匿获免,在京师者,亦蒙全济"。[3] 当时逃匿的僧人中,有的隐匿于"闭绝幽深,军兵所不能至"[4]的深山,有的"发自平城,路由岱郡上谷。东跨太行,路经幽冀南转……达于扬州",[5]辗转逃到南方,宣释佛法。有的留在城市"密持法服器物,暂不离身"[6],坚持行道。更多的僧人则是

〔1〕魏收:《魏书》卷114,中华书局1974年版,第3034页。

〔2〕魏收:《魏书》卷114,中华书局1974年版,第3034页。

〔3〕魏收:《魏书》卷114,中华书局1974年版,第3035页。

〔4〕慧皎撰,汤用彤校注:《高僧传》,中华书局1994年版,第386页。

〔5〕慧皎撰,汤用彤校注:《高僧传》,中华书局1994年版,第314页。

〔6〕魏收:《魏书》卷114,中华书局1974年版,第3035页。

流落到乡村,促进了佛教在华北乡村的发展。

乡村是城镇之外,百姓的主要居住地。南北朝时期,华北各地村落遍布于城邑交通线附近及边僻之地。特别是当时战乱不断,"百姓不能堪命,各事流移,或依于大姓,或聚于屯封"[1],居住在城内的民众,也在大族的带领下逃往山林陂泽,形成新的村落。为了在动荡不安的环境中得以自保,当时的村落大多以乡里有威望的大族豪强为核心,聚众凭险,设坞堡以自守,所以村落也常被称为"村坞"。较大的村坞中不仅有着较为齐全的经济部门,而且也有一定的军事武装,往往能够形成一种较为独立的势力。北魏统一北方后,广大乡村中存在着星罗棋布的坞壁组织,在地方上的势力颇大。在村坞中,村坞主以宗族血缘的关系来维持村坞的运行,外来势力即使通过武力据有村坞,也难以使堡众归顺。所以当北魏入主华北地区时,面对强大的坞堡势力,国家政权不得不与强宗大族妥协,通过他们来控制乡村。北魏初期在乡村实行的"宗主都护"制度,本身就是对坞堡主势力的一种承认。在宗主都护制度下,北魏对乡村的统治往往是软弱无力的,"旧无三长,惟立宗主都护,所以民多隐冒,五十、三十家方为一户"[2],作为"国之命脉"的户口管理受到严重侵蚀,其他制度也常常难以得到百姓的认可。既然当时华北乡村中隐匿了大量的人口,那么也必然成为大量落难僧人的选择。

在太武帝太平真君七年灭佛诏书颁布之前,佛教可能已通过以下几种方式在华北乡村地区缓慢传播了。首先,北魏太武帝以前,大部分僧人集中于城市中,但是也有部分僧人隐匿于山林中,虽然这些"阿兰若"僧隐居山林的主要目的是修行,而不是在乡村中宣扬佛教,但也会对周围村落中的居民产生一定影响。其次,北魏在建国之初,便实行"以沙门敷导民俗"的政策,这些僧人可能在城市中进行敷导民俗的活动,也可能在乡村中活动,使佛教在乡村中产生一定的影响。再次,太

---

〔1〕姚思廉:《梁书》,中华书局1973年版,第3035页。

〔2〕魏收:《魏书》卷53,中华书局1974年版,第1180页。

武帝在统一北方的过程中,迁徙了大批民众到华北各地的城邑及乡村中,这些民众很多来自佛教兴盛的地区,他们有信仰佛教的基础,更有利于佛教的传播。太武帝前期的两个限佛、禁佛诏书的颁布,虽然执行的具体情况现已不得而知,但可以肯定,当时有很多僧人流落到北魏统治薄弱的乡村了。

这些逃匿到乡村的僧人,既不同于游方宣化时途经乡村的僧人,也不同于隐居山林或在乡村敷导民俗的僧人,他们居住在村落中,并且大部分可能已经还俗。但宗教信仰不是仅靠政治手段就能解决的,这些居住在乡村中的还俗僧人,可能在从事生产劳动或其他活动的同时,仍坚持着自己的信仰。所以当灭佛的气氛有所松动之时,他们就有可能暗中进行佛教活动,并向周围的人宣扬佛教,使佛教在乡村中的影响逐渐扩大。而且北魏初,很多名僧以神异著称,一般僧人所学也多以坐禅、咒术为主,对文化水平较低的普通民众具有很大吸引力。他们所宣扬的因果报应、轮回转生的内容,也容易被乡村民众所接受,有利于佛教在乡村的传播。

佛教在乡村中传播并为村民所接受是需要一个过程的。在崔浩死后,太武帝的灭佛政策已逐渐松弛,但仍在执行。史称"浩既诛死,帝颇悔之,业已行,难中修复。恭宗潜欲兴之,未敢言也。佛沦废终帝世,积七八年,然禁稍宽驰,笃信之家,得密奉事,沙门专至者,犹窃法服诵习焉。唯不得显行于京都矣"[1] 这样,一方面为佛教在华北乡村的发展提供了较为宽松的条件;另一方面也使得大量僧人能够留在乡村中向乡村民众传播佛教并指导村民进行佛事活动。所以,当太武帝死后,佛教重获统治者支持之时,乡村民众的佛教组织——社邑及其所造的造像碑、塔等便大量出现了。这些居住在乡村中的信徒,既不能理解佛教高深的教义,也没有财力建造高像大窟,只能以一些造像碑、塔及小型石窟来表达自己的信仰,寄托自己对健康、安定生活的追求,为自己、家人、国家、皇帝祈福。如北魏法义兄弟一百余人造像记中就称:

---

〔1〕魏收:《魏书》卷114,中华书局1974年版,第3035页。

"大魏孝昌三年七月十日法义兄弟一百余人,各抽家财于峦山之阴,敬造石窟,雕刊灵像,上为帝主、法界群生、师僧父母、居家眷属、咸预福庆,所愿如是。"[1]但是,他们人数众多,特别是在僧人的指导下,组成社邑,突破血缘、民族的隔阂,共同进行佛教活动,不仅促进了佛教在华北乡村的发展,推动了北魏佛教的繁荣,乃至对北魏社会都产生了重要的影响。

39.3

由以上的讨论,我们可以看出太武帝统治时期,由于强大政治势力的介入,客观上促使佛教传入了华北乡村地区,使得佛教被广大乡村民众逐渐接受,加快了佛教中国化的进程,对我国佛教及社会都产生了重要的影响。

一方面,佛教在华北乡村的发展,改变了佛教的组织模式,使得大批僧人突破了寺院的限制,活跃在乡村进行劝化。他们除了向村民宣讲基本的佛理之外,还时常作为宗教活动的指导者,带领村民组织以俗人为主要成员的"社邑"组织,举办斋会,建造佛像,进行佛事活动,并"做一些修桥、铺路、造井等的社会公益事业"[2],促进了佛教在华北乡村中的进一步发展。而且由于大批少数民族民众南下进入农耕区域,井然有序的小农社会被完全冲垮了。以儒家思想为主体的农业文明意识形态和北方游牧文明意识形态,都失去了原来存在的社会环境。然而不同民族、文化的民众杂居在一起会产生种种社会矛盾的。随着佛教在华北乡村地区影响的不断扩大,佛教逐渐成为整合北方社会的黏合剂。佛教所宣扬的因果报应、轮回转世等学说,为各族民众接受,北方民众在佛教"众生平等"理念的引导下,在社邑这一突破了民族、血缘隔阂的佛教组织中共同活动,又促进了当时各民族融合进程的不断

---

〔1〕陆增祥:《八琼室金石补正》,文物出版社 1985 年版,第 90 页。
〔2〕刘淑芬:《五到六世纪华北乡村的佛教信仰》,载于《中研院历史语言研究所集刊》第 63 册,第 3 页。

加快。

另一方面,也使得当时中国南、北佛教在规模上产生了很大的差距,当时北方民众信佛人数远多于南方。在北魏初,南北佛教的规模相差并不是很大。但到北魏末年,北方僧尼数达 200 余万,寺院达 3 万余所。[1] 而南朝直到陈朝时,全国仅有寺院 1232 所,僧尼 3.2 万人,[2] 与北方相差甚远。为什么在不到 100 年的时间里,南北佛教会产生如此大的差距呢?关于这一问题出现的原因,长期以来受到学术界的关注。以往学者多从经典阐扬、社会动荡及经济因素进行分析,但其间重要的原因并未找到。北魏后期,南北双方人口大致相当,佛教虽有"南义北禅"之说,但南北双方也互有影响,南方佛教虽有几次"论战",但没有遭受北方佛教那种毁灭性法难的打击,发展环境明显好于北方。但南方民众信仰,特别是诸如社邑那样的民间佛教组织形式,反而为什么不如北方兴盛呢?原因就在于北魏太武帝在位期间一系列的限佛、灭佛政策,迫使大量僧人流落到乡村,为广大乡村民众所接受,促进了北方佛教的发展。北魏后期,南北佛教在规模上差距扩大的原因也在于此。

然而,随着佛教在北方的兴盛,佛教所带来的社会问题,也超过南方。其中,由僧人领导的暴动此起彼伏,成为当时社会的一个重要问题。农民暴动是中国封建社会阶级矛盾激化的一种表现,是封建社会难以克服的一个顽疾。由于在封建社会中,广大民众的知识水平较低,所以"宗教被作为联系民众的纽带"[3],在暴动中被作为号召民众、进行反抗的旗帜,发挥着重要的作用。北魏时,随着佛教在华北乡村中的广泛传播,佛教逐渐成为联系民众、进行暴动的旗帜,"关右之民,自此年以来,竞设斋会,假称豪贵,以相扇惑。显然于众座之中,以谤朝廷,无上之心,莫此为甚。愚谓宜速惩绝,戮其魁帅,不尔惧成黄巾赤眉之

〔1〕魏收:《魏书》卷 114,中华书局 1974 年版,第 3048 页。
〔2〕道宣撰,范祥雍点校:《释迦方志》,中华书局 1983 年版,第 121 页。
〔3〕塚本善隆:《北朝仏教史研究》,東京:大東出版社,1978,第 144 页。

祸"。[1] 虽然当时统治者已经注意到"比丘不在寺舍,游涉村落,交通奸猾,经历年岁",并采取了一定的措施进行干预,"令民间五五相保,不得容止。无籍之僧,精加隐括,有着送赴州镇,其在畿郡,送付本曹。若为三宝巡民教化者,在外赍州镇维那文移,在台者都维那等印牒,然后听行,违者加罪"。[2] 但这一措施的作用有限,以佛教为号召进行的农民暴动,一直是令北魏统治者头疼的一个重要的社会问题。

（本文与许栋合作,原载于《求索》2012 年第 10 期）

---

〔1〕魏收:《魏书》卷 114,中华书局 1974 年版,第 1048 页。
〔2〕魏收:《魏书》卷 114,中华书局 1974 年版,第 3038 页。

40 李冲与孝文帝改制

公元 5 世纪末发生的"孝文帝改革",是我国历史上重要改革之一。史家在论及这次改革时,对于孝文帝的评价是很高的。但对于这次改革的关键人物——李冲,却很少有人提及,本文就此谈一些问题,不妥之处,望有关同志批评指正。

李冲,陇西狄道(今甘肃临洮)人。父李宝[1]为十六国西凉王李暠之孙。北魏太武帝时,李宝内附,为北魏王朝"都督西垂诸军事""领护西戎校尉、沙州牧、敦煌公"等。史言李冲少孤,"为长兄荥阳太守[李]承所携训。承常言:'此儿器量非恒,方为门户所寄。'冲沉雅有大量,随兄至官。是时牧守弟子多侵乱民庶,轻有乞夺,冲与承长子韶独清简皎然,无所求取,时人美焉"。[2]孝文帝时,冲以例迁秘书中散,典禁中文事。后又迁内秘书令、南部给事中。李冲在北魏政治中崭露头角,就在此时。

我们知道,孝文帝的改革大体可分为实行"三长制"、"均田制"、"实行汉化"、迁都洛阳和对"史治"进行一系列改革等几个方面。其中实行"三长制"就是李冲提出的。《魏书》卷53《李冲传》载:

> 旧无三长,唯立宗主督护,所以民多隐冒,五十、三十家方为一户。冲以三正治民,所由来远,于是创三长之制而上之。[3]

"三长制"的具体内容是:

> 宜准古,五家立一邻长,五邻立一里长,五里立一党长,长取乡人强谨者。邻长复一夫,里长二,党长三。所复复征戍,余若民。

---

〔1〕详见《魏书》卷 39《李宝传》。

〔2〕《魏书》卷 53《李冲传》,第 1179 页。

〔3〕《魏书》卷 53《李冲传》,第 1180 页。

三载亡愆则陟用,陟之一等。[1]

李冲的改革建议一出,在北魏统治集团内部,立刻引起了激烈争论。鲜卑贵族的代表人物太尉元丕认为"此法若行,于公私有益",这是因为鲜卑贵族当时所役使的主要是奴隶和封建国家赏赐的隶户,故立"三长制"不会太多地损害他们的利益。而汉族地主主要依靠大量的"包阴户"来维持自己的"庄园经济",立"三长制"对他们极为不利,因而"皆以为不可"。[2] 原来,在"五胡十六国"的混乱年代里,黄河流域的一些大地主为了自保,往往修筑墙壁,聚族而住,他们利用手中的土地,控制着大量的佃户和部曲,这些佃户和部曲,只向他们的"宗主"负责,有事则执戈战斗,无事则从事生产,他们忍受着"倍于公赋"的经济剥削和极端残酷的政治压迫,但又无法摆脱这种处境。北魏统一黄河流域以后,坞壁林立,百室合户,千丁共籍的情况仍然存在。在孝文帝之前的北魏统治者都没有很好地解决这个问题。孝文帝即位以来,以前那种"诸州户口,籍贯不实,包藏隐漏,废公罔私。富强者并兼有余,贫弱者糊口不足。赋税齐等,无轻重之殊;力役同科,无众寡之别"[3]的情况不但没有改变,而且越来越严重了。如对其不采取有力措施,听任广大劳动户口被大地主夺取,继续造成十六国以来"宗主督护制"下的"经济割据"形式,这无疑是会危及北魏王朝的最高统治。实行"三长制"能使"风教易周,家至日见,以大督小,从近及远,如身之手,干之总条"[4],把劳动人口变为封建国家直接控制的"编户",这当然是符合历史潮流的。

值得提出的是,李冲为了更好地使"三长制"付诸施行,而采取了"经济手段"。这就是李冲在建议实行"三长制"的同时,又提出实行新的赋调制度。其文如下:

其民调,一夫一妇帛一匹,粟二石。民年十五以上未娶者,四

---

[1] 此据《魏书》卷101《食货志》,《资治通鉴》文字稍异。

[2] 《资治通鉴》"齐武帝永明四年"。

[3] 详见《魏书·食货志》孝文帝关于实行"三长制"的诏书。

[4] 《魏书》卷110《食货志》,第2855—2856页。

人出一夫一妇之调;奴任耕,婢任绩者,八口当未娶者四;耕牛二十头当奴婢八。其麻布之乡,一夫一妇布一匹,下至牛,以此为降。大率十匹为公调,二匹为调外费,三匹为内外百官俸,此外杂调。民年八十已上,听一子不从役。孤独癃老笃疾贫穷不能自存者,三长内迭养食之。[1]

李冲的这个建议,无疑比以前实行"九品混通"时户调不均的现象进步得多[2],更比"包阴户"给大地主"倍于公赋"的租调轻得多。这种较轻的赋调制度当然能够吸引广大佃农从大地主的"庄园经济"中逃出,而转化为自耕农民。

在让农民得到实际利益,摆脱"宗主督护制"的同时,李冲还注意把大地主对自己建议的反抗,降低到最低程度。如前文中提到的"奴任耕,婢任绩者,八口当未娶者四(按:也就是一夫一妇的租调);耕牛二十头当奴婢八"等,无非是变相地减轻地主所纳的租调。因为奴婢在当时和"良人"的"受田"数量是一样的,但其租调却比"良人"少得多。至于耕牛,当时每头可"受田"30亩,20头才交纳相当一夫一妇的租调,这也是相当轻的。而在当时,有奴婢和大量耕牛的只能是地主。

在封建王权与宗主势力进行的斗争中,李冲能注意用"经济手段"去瓦解大地主的"经济基础",把农民引到王权方面,这在当时确实是高明的一招。在同大地主进行斗争的同时,李冲又能使其得到一点"小恩小惠",而不至于造成僵局,这当然比王莽的"变法"要高明得多。

《魏书·食货志》曰:三长制实行之初,"百姓咸以为不若循常,豪富并兼者尤弗愿也。事施行后,计省昔十有余倍,于是海内安之"。可见"三长制"的实行对北魏政权的巩固起了非常重要的作用。

孝文帝改革的另外一条重要内容就是实行"均田制"。"均田制"虽不是由李冲建议而实行的,但从李冲主张实行"三长制"及其新的租

---

〔1〕《魏书》卷110《食货志》,第2855页。

〔2〕《魏书》卷110《食货志》载:"先是,天下户以九品混通,户调帛二匹、絮二斤、丝一斤、粟二十石;又入帛一匹二丈,委之州库,以供调外之费。至是,户增帛三匹,粟二石九斗,以为官司之禄。后增调外帛满二匹。"可见在实行"三长制"之前,北魏的赋调是相当重的。

调制度来看,他无疑是支持实行"均田制"的。关于北魏王朝"三长制"和"均田制"实行的时间问题,史书记载行"均田制"在前[1],有人对此提出异议[2],但不管怎样说,如不实行"三长制","均田制"也不过是空中楼阁。

还应当指出的是,李冲对当时北魏政权所做的贡献,并不止建议实行"三长制"一项。《魏书》本传谓:"文明太后(孝文帝母)崩后,高祖(孝文帝)居丧,引见待接有加。及议礼仪律令,润饰辞旨,刊定轻重,高祖虽自下笔,无不访决焉……高祖亦深相杖信,亲敬弥甚,君臣之间,情义莫二。及改置百司,开建五等,以冲参定典式。"我们知道,北魏政权的建立者鲜卑拓跋部是从漠北进入中原的游牧民族,在孝文帝之前,其鲜卑旧俗和落后的生产方式还保留很多。他们的统治者虽然锐志武功,但对先进的汉族文化和中原地区两汉以来就已非常发达的封建礼乐制度,却知之甚少。陇西李氏是从河西迁来的汉族地主,在十六国后期的战乱中,陇西李氏建立的西凉政权,是当时唯一的汉族政权。这个政权存在的时间虽然不长,但却保留了汉族的传统文化。他们对两汉魏晋以来的礼乐制度是熟悉的。故李冲能参加制定"礼仪律令""改置百司,开建五等"的活动就不难理解了。《魏书》本传言:"冲机敏有巧思,北京(按:指平城)明堂、园丘、太庙,及洛都(按:指洛阳)初基,安处郊兆,新起堂寝,皆资于冲。"可见,在孝文帝时,北魏王朝的重要典章制度和建筑修造都是和李冲分不开的。

孝文帝迁洛后不久,又欲出兵南郑,李冲谓:虽鞭之长,不及马腹,南郑于国,实为马腹。力谏孝文帝取消此举,并献策曰:"宜待大开疆宇,广拔城聚,多积资粮,食足支敌,然后置邦树将,为吞并之举。"孝文从之。李冲的这个"高筑墙,广积粮"的战略措施,对南迁后不久的北魏政权的巩固起了重要作用。

《资治通鉴》"齐明帝建武三年"还记载了这样一件事。孝文帝和

〔1〕《魏书》卷7《高祖纪》。
〔2〕见《历史研究》1956年2期唐长孺先生文。

群臣论选举时言:"近世高卑出身,各有常分;此果如何?"李冲对曰:"未审上古以来,张官列位,为膏粱子弟乎,为致治乎?"帝曰:"欲为治耳。"冲曰:"然则陛下何为专取门品,不拔才能乎?"[1]可见,李冲的用人思想也是比较进步的。实际上,李冲很早就这样做了。李彪为顿丘卫国人,家世寒微,少孤贫,因举孝廉至京师馆受业,李冲见其"色厉辞辩,才优学博",因而举荐。李彪后为御史中尉,领著作郎,"多所劾纠,远近畏之,豪右屏气"。孝文帝曾对群臣说"吾之有李生(按:指李彪),犹汉之有汲黯"。[2]可见李冲是很能知人善任的。李冲为陇西大族,出身显贵,但他能不惑于世俗,提拔"低贱",主张用人不以门第,这在以衣冠取士的魏晋南北朝时代,也是难能可贵的。

李冲从甥阴始孙孤贫,往来冲家,至如子侄。有人求官,送马于始孙,始孙又送于李冲,马主见冲乘马而不得官,自陈其事,李冲知道后,"执始孙以状款奏,始孙坐死"。故史言李冲"处要自厉,不念爱恶"。[3]正因为李冲"忠勤明断,加以慎密",获得了孝文帝的极大信任。《魏书·李冲传》云:"是时循旧,王公重臣,皆呼其名,高祖常谓[李]冲为中书而不名之。"足见对其之敬。孝文帝迁洛,举动非常,朝野震动。鲜卑贵族,多数反对。唯"加[李]冲为辅国大将军,统众翼从"。孝文帝去邺,"以冲为左仆射,留守洛阳"。李冲卒后,孝文帝为其举丧于悬瓠,发声悲泣,不能自胜,诏曰:"冲贞和资性,德义树身,训业自家,道素形国。太和之始,朕在弱龄,早委机密,实康时务。鸿渐瀍洛,朝选开清,升冠端右,惟允出纳。忠肃柔明,足敷睿范,仁恭信惠,有结民心。可谓国之贤也,朝之望也!"孝文帝自邺还洛,路经冲墓,望坟掩泣久之,又昭曰:"可遣太牢之祭,以申吾怀。"与百官相见,皆叙冲亡没之故,言及流涕。又对右卫宋弁曰:"仆射执我枢衡,总厘朝务,清俭居躬,知宠已久。朕以仁明忠雅,委以台司之寄,使我出境无后顾之忧,

---

[1][宋]马马光著,[元]胡三省注:《资治通鉴》卷140《齐纪六》,中华书局1956年版,第4395–4396页。

[2]《魏书》卷62《李彪传》,第1390页。

[3]以下引文皆见《魏书》卷53《李冲传》。

一朝忽有此患,朕甚怀怆慨。"从这些话中都可看出,李冲在"孝文帝改革"时所起的特殊作用。

　　总之,李冲在"孝文帝改革"中的作用是不可低估的,也是需要进一步研究的。但本文所及,还很肤浅,望有关同志进一步探讨。

(本文原载于《兰州学刊》1984 年第 5 期)

41　汉唐世族陇西辛氏试探

陇西辛氏是汉唐期间陇右大族之一,解剖这个大族的兴衰情况,对于深入研究魏晋南北朝时代的世族门阀地主阶级是很有意义的。本文试图从分析具体材料入手,对此作一尝试。

《新唐书》卷73《宰相世系表》载:"辛氏出自姒姓,夏后启封支子于莘,'莘''辛'声相近,遂为辛氏。周太史辛甲为文王臣,封于长子。秦有将军辛胜,家于中山苦陉。曾孙蒲,汉初以豪族徙陇西狄道。曾孙柔,字长汎,光禄大夫、右扶风都尉、冯翊太守。四子:临、众、武贤、登翁。武贤,破羌将军。生庆忌,左将军、光禄大夫,常乐公。生子产,豫章太守。曾孙茂,后汉成义将军、酒泉太守、侍中。"[1]

郑樵《通志》卷30《氏族志六》载:"辛氏有三:莘氏讹为辛。又计然本姓辛。又周有项寘赐姓辛氏。"同卷《改氏第二》又谓:"项氏后周赐辛氏","辛氏改为计氏"。可知辛氏在北周时有较大变动,故此文所涉及的是文献上明确载为"陇西人"的辛氏。

《新唐书》所载辛氏秦以前的世系,无疑有很多穿凿之处,即使秦以后的情况,《新唐书》也未全载(如辛绍先家族的世系),但其所记秦代以后陇西辛氏的部分世系,却是有据可查的。这里先从辛武贤说起。

西汉神爵元年(公元前61年),辛武贤以酒泉太守为破羌将军,佐赵充国平羌,《史记》卷22《汉兴以来将相名臣年表》载其事甚明。其子辛庆忌,《汉书》卷69有传。《汉书》载:"辛武贤自羌军还后七年,复为破羌将军,征乌孙至敦煌,后不出,征未到,病卒。子庆忌至大官。""辛庆忌字子真,少以父任为右校丞,随长罗侯常惠屯田乌孙赤谷城

---

〔1〕〔宋〕欧阳修、宋祁撰:《新唐书》卷73上《宰相世系三上》,中华书局1975年版,第2879－2880页。

……拜为侍郎，迁校尉，将吏士屯焉耆国。还为谒者，尚未知名。元帝初，补金城长史，举茂材，迁郎中车骑将军，朝廷多重之者。转为校尉，迁张掖太守，徙酒泉，所在著名。"西汉成帝时，辛庆忌又被"征为光禄大夫，迁左曹中郎将，至执金吾"。后因"坐子杀赵氏（赵充国后代）"，辛庆忌又被降为"酒泉太守"。此时，大将军王凤上书成帝曰：辛庆忌"前在两郡著功迹……仁勇得众心，通于兵事，明略威重，任国柱石。父破羌将军武贤显名前世，有威西夷。臣凤不宜久处庆忌之右"。此后，辛庆忌又被征为光禄大夫、执金吾。《汉书》又谓辛庆忌"为国虎臣，遭世承平，匈奴、西域亲附，敬其威信……长子通为护羌校尉，中子遵函谷关都尉，少子茂水衡都尉出为郡守，皆有将帅之风。宗族支属至二千石者十余人"。[1] 可见其门庭之兴旺。

王莽时，由于辛氏"有背恩不悦安汉公之谋"，又有人"举奏其宗亲陇西辛兴等侵陵百姓，威行州郡"，辛氏宗族遭到一次重大打击。王莽兴大狱，辛庆忌长子辛通、次子辛遵、少子辛茂及南阳太守辛伯等皆被诛杀，"辛氏由是废"。

大概由于王莽的诛杀以及汉末以来的战乱流离，陇西辛氏一时衰微，整个东汉时期，辛氏显达者少见。

《三国志》卷25《辛毗传》载："辛毗字佐治，颍川阳翟人也。其先建武中，自陇西东迁。"[2]可知王莽并没有把辛氏杀绝，东汉初年，这个大族的一支，又迁入中原。

东汉末，辛毗先随兄辛评从袁绍，后从曹操。曹操表其为议郎。不久，又迁丞相长史，后又迁侍中等。"青龙二年，诸葛亮率众出渭南，……〔魏明帝〕以毗为大将军军师，使持节；六军皆肃，准毗节度，莫敢犯违"。可见此时辛毗的地位，已非同一般。辛毗的儿子辛敞，咸熙中为河内太守。女辛宪英为羊耽妻，"聪明有才"，均见史传。

晋代魏后，辛氏渐显。《晋书》给辛氏立传者有辛勉、辛宾、辛谧、

〔1〕〔汉〕班固：《汉书》卷39《辛庆忌传》，中华书局1962年版，第2995－2997页。
〔2〕〔晋〕陈寿：《三国志》卷25《辛毗传》，中华书局1959年版，第695页。

辛恭靖等人。

辛勉,字伯力,父辛洪,曾为晋左卫将军。辛勉本人,有贞固之操。晋怀帝时,累迁为侍中等。洛阳陷落后,刘聪请勉为光禄大夫,固辞不受。

辛宾,为辛勉族弟,晋愍帝时为尚书郎,后被刘聪杀。

辛谧,事迹见《晋书·隐逸传》。谧父辛怡,曾为晋"幽州刺史,世称冠族"。辛谧本人"少有志尚,博学善属文,工草隶书,为时楷法。……拜太子舍人,诸王文学、累征不起。永嘉末,以谧兼散骑常侍,慰抚关中。谧以洛阳将败,故应之。及长安陷没于刘聪,聪拜太中大夫,固辞不受。又历石勒、季龙之世,并不应辟命"。后"不食而卒"。

西晋末年的大乱使北方的世家大族受到严重打击。黄河流域的巨姓这时不是南渡,就是西避河西,或者东去辽东。陇西辛氏与当时的前凉、西凉、西秦政权和南方的东晋王朝都有密切关系。

仕前凉、西凉、西秦和东晋的陇西辛氏有辛攀、辛凭、辛理、辛渊、辛景、辛恭靖等人。

辛攀,字怀远。兄辛鉴、辛旷,弟辛宝、辛迅,并有才识。时谚曰:"五龙一门,金枝玉昆"。西晋建兴中,辛攀为晋大鸿胪,出使凉州,遂留仕张轨。

辛凭,前凉张茂时为敦煌太守,曾赐爵关内侯。

辛理,美容貌,张轨欲夺其妻,以寡妹妻之,理割鼻自誓,轨不能强,徙为敦煌太守,以忧而死。

辛渊,字子深,仕西凉李轨为骁骑将军。

辛恭靖,东晋隆安中为河南太守,后被姚兴俘至长安,越狱后南逃东晋,"桓玄请为谘议参军,置之朝首"。

辛景,仕西秦,官至尚书。

《晋书》又载:张祚"立妻辛氏为皇后","玄盛前妻,同郡辛纳女,贞顺有妇仪,先卒,玄盛为之诔"。可知陇西辛氏与前凉张氏、西凉李氏还有婚姻关系。

北魏灭北凉之后,凉州大族多被迁往平城等地。因此凉州文人、世族卓显于北魏者很多。如曾仕西凉的辛渊后代辛绍先家族就被内徙"于晋阳"（今山西太原）。入魏之后的这支陇西辛氏，不但没有衰落，反而更兴旺了。辛绍先家族的世系谱（见下图41-1）充分说明了这个问题。辛绍先自中书博士，转神部令。兴皇中，又为下邳太守，加宁朔将军。北魏太和十三年辛绍先死后，赠冠军将军、并州刺史、晋阳公，谥曰惠。[1]

其子辛凤达"有长者之名，卒于京兆王子推国常侍"。其孙辛祥"举司州秀才，司空行参军，迁主簿"，后"转并州北平府司马，会刺史丧……敕行州事"。不久，又除郢州龙骧府长史，带义阳太守等。

1975年2月，在山西省太原南郊的太堡砖厂，发现了"辛祥夫妇墓"。以前，这个地方还曾发现过"辛凤麟夫妇墓"[2]，可知这里是辛氏的一个墓地。这个发现不仅使人们折服祖国文献记载的可靠性，也进一步补充了文献中关于陇西辛氏的材料。

在"辛祥夫妇墓"中，除发现了瓷、铜、银等各类随葬器物外，更重要的发现应为"辛祥墓志"。其墓志题为"魏故征虏安定王长史义阳太守辛府君墓志铭"。志文34行，961字。其命妇李庆容墓志题为"魏故义阳太守辛君命妇墓志铭陇西李氏"。志文61行，280字。

"辛祥墓志"中谓辛祥一家自汉之后"轩冕世袭"，与史实相符。

据墓志记载，辛祥于北魏孝明帝"神龟元年八月十三日卒于洛阳永年里宅"。过了将近3年，"迁葬于并州太原郡看山之阳"。其命妇李氏，北魏宣武帝永平三年闰六月"卒于华州镇之洛曲里"，同年"迁葬于并州太原郡都乡坂里之北山"。

"辛凤麟夫妇墓"遭到破坏，仅留墓志残石2块，从辛凤麟妇胡氏墓志可知，胡氏也"薨于洛阳永年里弟"。同年十二月"归祔于晋阳之北山，合葬东安府君"。"东安府君"即指其夫辛凤麟。

辛祥之妻，在"辛祥墓志"中说是"太原王氏"，但未见王氏墓志。

〔1〕辛绍先家族事迹详见《魏书》卷45，第1025-1029页。
〔2〕辛祥、辛凤麟夫妇墓的材料，详见《考古学集刊》第一期，中国社会科学院出版社1981年出版。

其命妇李氏,志文称其为凉武昭王(即西凉王李暠)之玄孙。可见入魏之后的陇西大族辛、李两家,仍有婚姻关系。

辛凤麟之妻胡氏,其墓志载为"安定临泾人"(今甘肃泾川县北)。可知,辛氏与安定大族胡氏,也有婚姻关系。

辛祥子辛琨、辛怀仁、辛贲、辛烈、辛匡皆显达当时。辛祥弟季仲,季仲子辛元植,元植弟辛士逊皆仕魏为显宦。

辛凤达弟辛穆(辛绍先子),亦先后为北魏义阳、汝阳太守,后"迁中散大夫,加龙骧将军"。孝昌二年,征为征虏将军、太中大夫,死后"赠后将军,幽州刺史"。

辛穆长子辛子馥,北魏孝庄帝时,除宣威将军,尚书右主客郎中,持节为南济、冀、济、青四州尉劳使。寻除宁朔将军,员外散骑常侍,仍领郎中等。《魏书》又谓"子馥以三传经同说异,遂总为一部,传注并出,校比知长,会亡未就"。其子辛德雄、弟辛子华,后也显达。

辛绍先家族,自西晋至隋,世系如下:

注:表据《魏书·辛绍先传》等"正史"资料制成。表中横线为"父子"关系,竖线为"兄弟"关系。

图 41-1　辛绍先家谱自西晋至隋世系图

《魏书》卷 77《辛雄传》计 6000 多字,这在《魏书》人物传记中是少见的。其文又较详细地记载了北魏后期陇西辛氏的另外一个家族。

辛雄,父辛畅,曾为北魏大将军谘议参军、郡太守等。太和中为本郡中正。辛雄本人"正始初,除给事中,十年不迁职,乃以病免"。"神龟中,除尚书驾部郎中,转三公郎。其年,沙汰郎官,唯雄与羊深等八人见留"。《魏书》言辛雄"颇涉书史,好刑名"。断事精练,喜怒不形于色,故很得北魏当权者赏识。武泰中,诏辛雄以本官兼侍中,关西慰劳大使。后又迁镇南将军、都官尚书,行河南尹。普泰时,为镇军将军、殿中尚书,又加卫将军、右光禄大夫、秦州大正中。太昌中,又除殿中尚书,兼吏部尚书等。北魏末年,辛雄被齐献武王杀于洛阳,没其家口,二子士燦、士贞,逃入关中。

辛雄从兄辛纂,也曾为北魏镇东将军,"太昌中,除左光禄大夫。纂侨寓洛阳,乃为河南邑中正"。永熙中,除使持节、河内太守。纂后又"行西荆州事、兼尚书、南道行台,寻正刺史"等。辛纂后被析阳郡少数民族起义军杀死。其子辛炎,先后为武定、博陵太守。

辛雄族祖辛琛,北魏景明中为伏波将军、洛州辅国府长史、转奉车都尉,出为扬州征南府长史。辛琛祖北魏延兴中曾为代郡太守。辛琛子辛悠、辛俊、辛术、辛休,族子辛珍等皆显名当时。

从辛绍先、辛雄两个家族的事迹可以看出,整个北魏时代,辛氏官僚,遍及朝廷,他们"内居显位,外宰州郡",成为北魏统治者的重要支柱。

北魏分裂为东、西魏,经北齐、北周至隋代统一,陇西辛氏一直荣而不衰。

《北史》卷83《辛彦之传》载:"辛彦之,陇西狄道人。祖世叙,魏凉州刺史。父灵补,周渭州刺史。"辛彦之"后入关,遂家京兆。周文见而器之,引为中外府礼曹,赐以衣马珠玉。时国家草创,朝贵多出武人,修定仪注,唯彦之而已"。"隋文帝受禅,除太常少卿,改封任城郡公,进位开府,历国子祭酒,礼部尚书"等,又先后任随州、潞州刺史,"俱有惠政"。并撰《坟典》《六官》《祝文》《礼要》《新礼》《五经异义》各一部。其子孝舒、仲龛"并早有令誉"。

辛庆之,也是陇西狄道人。《周书》卷39本传谓其"世为陇右著姓,父显崇,冯翊郡守,赠雍州刺史。庆之少以文学征诣洛阳,对策第一,除秘书郎"。普泰二年,又迁平北将军、太中大夫等。西魏"大统中,加车骑将军,俄迁卫大将军,左光禄大夫。后太祖东征,为行台左丞。时初复河东,以本官兼盐池都将"。大统九年,入为丞相府右长史,兼给事黄门侍郎,除度支尚书,复行河东郡事,迁通直散骑常侍、南荆州刺史,加仪同三司。辛庆之不但以武名重当时,"又以其经明行修",与"卢诞等教授诸王"。故史称其"志量淹和,有儒者风度"。其族子辛昂,西魏大统十四年"封襄城县男,邑二百户,转丞相府田曹参军"。北周保定二年,"进车骑大将军,仪同三司,转小吏部",后又"进位骠骑大将军,开府仪同三司"。

辛仲景,为辛昂族人,其高祖辛钦,曾为后赵吏部尚书、雍州刺史。父辛欢,魏陇州刺史,宋阳公。辛仲景本人"年十八,举文学,对策高第,拜司空主簿,迁员外散骑侍郎,位至内史下大夫,开府仪同三司"。

在魏晋南北朝后期的陇西辛氏中,辛威这个人物,也是值得注意的。《周书》卷29载:"辛威,陇西人。"祖大汗,魏渭州刺史。父生,河州四面大都督。及威著勋,追赠大将军、凉甘等5州刺史。早在北魏、西魏时,辛威就以多次战功,被迁骠骑大将军、开府仪同三司等,并赐姓普屯氏。后又"以桑梓荣之",迁为河州刺史,并任本州大中正。

入北周后,辛威更显,先后被进位柱国、行军总管、大司寇、上柱国、宿国公等。史言"威性持重,有威严,历官数十年,未尝有过,故得以身名终。兼其家门友义,五世同居,世以此称之"。辛威卒后,庾信为其撰《神道碑》[1],可见其在当时的影响。其子辛永达,北周大象末被"拜仪同大将军"。

在与北周政权对立的北齐政权中,也有"陇西辛氏"。《北齐书》卷38《辛术传》虽未载辛术籍贯,但《魏书》卷77《辛雄传》载辛术为辛雄族祖辛琛之子。可知辛术也为"陇西辛氏"。《北齐书》说辛术"少明敏,有识度",曾与仆射高隆之共典营构邺都宫室。后迁尚书右丞,出为河清太守,政有能名。因而"河清父老数百人诣阙请立碑颂德"。"齐天保元年……东徐州刺史郭志杀郡守。文宣闻之,敕术自今所统十余州地诸有犯法者,刺史先启听报,以下先断后表闻。齐代行台兼总

─────────────

〔1〕《辛威神道碑》见于《文苑英华》卷911。《全上古三代六朝文》、《陇右金石录》皆辑。

人事,自术始也"。"及王僧辩破侯景,术招携安抚,城镇相继款附,前后二十余州。于是移镇广陵。获传国玉玺送邺……寻征为殿中尚书,领太常卿,仍与朝贤议定律令。迁吏部尚书"。《北齐书》又谓:"迁邺以后,大选之职,知名者数四,互有得失,未能尽美……唯术性尚贞明,取士以才器,循名责实,新旧参举,管库必擢,门阀不遗。"辛术不但在北齐政治中起了重要作用,而且是一个"少爱文史,晚更修学"的"文人"。史言辛术定淮南后,"凡诸资物一毫无犯,唯大收典籍"。

隋代周后,陇西辛氏仍然保留了原来的地位。《隋书》中给辛氏立传的还有辛德源、辛公义、辛彦之(其事迹见前文)、辛大德等人。

辛德源,祖辛穆,父辛子馥(见前文)。北周时辛德源曾为员外散骑侍郎,累迁比部郎中,通直散骑常侍等。"聘陈还后,待诏文林馆,除尚书考功郎中,转中书舍人"。隋时"秘书监牛弘以德源才学显著,奏其与著作郎王劭同修国史。德源每于务隙撰《集注春秋三传》三十卷,注扬子《法言》23卷"。又"有集二十卷"。又撰《政训》《内训》各20卷。其子素臣、正臣"并学涉有文义"。[1]

辛公义,祖征,魏徐州刺史。父季庆,青州刺史。公义早孤,为母所养,亲授书传。"周天和中,选良家子任太学学生,以勤苦著称。武帝时,召入露门学,令受道义"。"建德初,授宣纳中士","从平齐,累迁掌治上士,扫冠将军"。"开皇元年,除主客侍郎,摄内史舍人事,赐爵安阳县男,邑二百户。每陈使来朝,掌奉诏接宴。转驾部侍郎,使往江陵安辑边境"。"仁寿元年,追使扬州道黜陟大使"。[2]

史传上还有不少关于隋代陇西辛氏的记载,此不一一列举。

《周书》卷39史臣曰:"韦、辛、皇甫之徒,并关右之旧族也。或纡组登朝,获当官之誉;或张旃出境,有专对之才。既茂国猷,克隆家业。美矣夫!"寥寥数语,陇西辛氏在当时的地位便知。

唐朝建国,关陇地主虽是其重要支柱,但陇西辛氏在唐代显达者,

---

〔1〕见《隋书》卷58《辛德源传》。
〔2〕见《隋书》卷73、《北史》卷86《辛公义传》。

史传少见。《新唐书·宰相世系表》载"〔辛〕茂将,相高宗",这就是所谓唐代"辛氏宰相一人"。

《新唐书》卷 147《辛云京传》谓其为"兰州金城人,客籍京兆,世为将家。"可见在辛云京时,父祖已无名了。史家只好以"世为将家"代替了史传上详载其祖先事迹而炫耀之的惯例。辛云京为唐肃宗时人,与从弟辛云晃,在平定"安史之乱"中皆立大功。其曾孙辛谠,唐书有传。

两唐书皆载辛秘其人,亦言其为陇西辛氏。史言其"少嗜学,贞元年中,累登《五经》《开元礼》科,选授华原尉,判入高等,调补长安尉"。元和"十二年,拜检校工部尚书,代郗士美为潞州大都督府长史、御史大夫,充昭义军节度、泽潞磁洺邢等州观察使"。[1]

总之,在长达将近 300 年的唐王朝历史上,见于史籍的陇西辛氏,比魏晋南北朝时代少多了。由此可见,唐代以来的陇西辛氏已"日薄西山,气息奄奄"了。

中国的封建社会,发展到魏晋南北朝时代,出现了很多具有特征性的现象。所谓"世族政治"就是其特征之一。"永嘉之乱"以后,黄河流域虽有"胡族"的不断入进,但魏晋以来的士族势力受到的打击并不太大。相反,有些"胡族"的统治者,却采取了保护世族地主的政策。十六国时代的石虎,虽视人如草芥,但对士族地主却另眼看待。在他统治时,"镇远王擢表雍、秦二州望族,自东徙已来,遂在戍役之例,既衣冠华胄,宜蒙优免,从之。自是皇甫、胡、梁、韦、杜、牛、辛等十有七姓蠲其兵贯,一同旧族"。[2] 前秦时,苻坚也采取过同样的政策。鲜卑拓跋部入据中原之后,在此方面做得更为突出。早在皇始元年(396),道武帝夺得并州时,就曾招引汉族士人。神麚四年(431)太武帝诏征中原士族范阳卢玄、博陵崔绰、赵郡李灵、河间邢颖、渤海高允、广平游雅、太原张伟等几百人,给以官爵。尽管北魏统治者用各种方法拉拢各地世族地主,但是相当一部分世族地主,对这个来自北方的鲜卑统治者,是有

---

〔1〕见《旧唐书》卷 157、《新唐书》143《辛秘传》。
〔2〕见《晋书》卷 106《石季龙载记》上,第 2770 页。

强烈反抗情绪的。北魏统治者对这类世族地主,一般都采用"强徙"的办法,甚至还进行残酷镇压。如道武帝时曾强徙旧燕境内"守宰豪杰吏民"2000家于平城,太武帝时曾杀河清世族崔氏等。但随着北魏统治政权的逐渐稳固和拓跋鲜卑汉化程度的提高,世族地主也愈来愈认识到他们和北魏集团利益的一致性,因此,北方的世族大都与拓跋贵族合流了。陇西辛氏就是这方面的典型例子,这从上文列举的材料中看得很清楚。

魏晋以来的世族地主,有两个"传家法宝":一是"婚姻",一是"学术"。这就是,世族地主为了保持门阀地位,把婚姻严格地限制在他们的范围之内,甚至在世族中间,其门阀高下,也有严格限制。世族地主力图用这种方法来保持他们在当时社会中的特殊地位,以防门第降低。陇西辛氏先后与泰山羊氏、前凉张氏、陇西李氏、安定胡氏、太原王氏为婚,就是最好的说明。特别是北魏后期,陇西辛氏和安定胡氏为婚,更应重视。安定胡氏,北魏一代,2位皇后(即宣武帝灵太后胡氏、孝明帝皇后胡氏),显贵一时。北魏末期的政权,实际上就掌握在灵皇后胡氏手中。陇西辛氏在北魏后期兴盛一时,应与此有关。

凭借"学术"传家,也是魏晋以来世族维护其家声的重要"法宝"。在当时,即是以别的途径而发展成为世族的,要长久保持自己世族的地位,也必须在"学术"上努力。陇西辛氏虽起自戎马,但后来的情况就不同了。从三国辛毗开始,辛氏就文人辈出,如西晋辛勉,以博学闻名当时,又辛谧"博学善属文,工草隶书,为时楷法"。北魏辛雄"颇涉书史"。又高僧辛瑗"解经论,兼数术"[1]北周辛彦之,以经学闻名。又辛庆之"少以文学征诣洛阳,对策第一",史言其有"儒者风度"。北齐辛术,"少爱文史,晚更修学"。隋代辛德源,"才学显著",其子辛素臣"并学涉有文义"。又辛公义,"父亡早孤,为母所养,亲授书传"。魏晋以来的世族地主,常以家学家风相耀互贬,即是处于穷途没落之时,也往往咬文嚼字,故作斯文。这种现象和前面已讲到的婚姻方面的现象

---

〔1〕见《高僧传》卷8《辛瑗传》,见《大正藏》第50册,第376页。

495

一样,也是世族自保而得以延续的一种方法。陇西辛氏之所以延续较长,这也应是一个重要因素。

魏晋以来,取仕制度一直沿用所谓的"九品官人法"。这个制度原来的目的是按照人物德行才学取仕,由各级"中正"负责,选举一些士人来充实统治阶级的各种机构。但是,封建制度的腐朽性决定了此制度只能为极少数世族服务。就陇西辛氏而言,当时担任"中正"官者,不乏其人。如辛雄父辛畅,北魏太和中就为本郡(应为陇西郡)中正,辛雄本人后为"秦州大中正",又任吏部尚书。其从父兄辛纂,也曾为"河南邑中正"。北周时代的辛威,也曾任"河州大中正"。因为"九品中正者,寄雌黄于一人之口"。取仕不问德行才学,只视郡望门阀,再加上"中正"好恶由心,互相利用,就必然产生"上品无寒门,下品无世族"的情况。但随着唐代以来"科举制度"的实行和完善,世族地主的这种特权受到很大限制。陇西辛氏至唐代衰落,这应是主要原因。

史书记载陇西辛氏人物籍贯时,往往以"陇西狄道"或"陇西"称之。实际情况是,很多人物已离开陇西几代人了。史家这样记载,无非是溯其"郡望"而已。《汉书·辛庆忌传》载王莽时,有人告发辛氏"宗亲陇西辛兴等侵陵百姓,威行州郡",此处"州郡"应指辛氏的故里陇西一带。《三国志·辛毗传》记辛毗祖先"建武中,自陇西东迁"。又十六国时代,辛凭为敦煌太守,子辛髦至陇西狄道省墓,遇同郡辛晏反,髦为晏执。这些事例都说明,十六国以前,辛氏不但在陇西有"祖坟",而且有势力。但北魏时,情况就不同了。如上文中曾提到在山西太原南郊发现了"辛氏墓地",这个墓地中的墓主辛祥、辛凤麟妇胡氏,皆卒于洛阳宅地,但他们卒后,不葬在洛阳,却迁葬回太原家族茔地埋葬。可见,被北魏徙往"晋阳"的这支"陇西辛氏",已视"晋阳"为"桑梓"所在了。至于在陇西"故里"是否还有其他辛氏宗族,史籍上没有明确记载。即使有,恐怕已不成其为"世族"了,因为就一个世族大姓来说,在其发展过程中,也是有分化的。[1]

----

〔1〕凡文中未注明出处的人物,多见于《晋书》本传。

总之,透过"陇西辛氏"的一些材料,我们看到了魏晋以来世家大族的某些具体情况。但本文涉及的内容是很有限的,望有关专家批评指正。

[本文原载于《兰州大学学报》(社会科学版)1985 年第 1 期]

42   河西汉墓记

1982 年夏,"中国秦汉史研究会丝绸之路考察团"一行二十多人考察"丝绸之路"甘肃和新疆段的某些重要地点。笔者对一路所见,曾作过详尽记录,回来之后,又参阅有关文献,先后整理了几篇短文,藏之于箧,迟迟未刊,其主要原因是担心某些材料为访问所得,或考察时所见,加之本人的学识所限,恐谬误流传。近十年过去了,多数材料已以不同方式公布或展览,又得有关同志同意,我想把这篇《河西汉墓记》拿出来补白,并借此听取各方专家的意见,获取新的补充资料。

42.1   河西汉墓的分布

为了叙述方便,这里把河西汉墓分为三区。即石羊河水系及永昌县的西大河水系一带(大部分地属武威地区);黑河流域及山丹、民乐的部分地区(大部分地属张掖地区);北大河、疏勒河及党河流域(大部分地属酒泉地区)。

武威地区地处河西走廊东部,现辖武威、民勤、古浪、天祝、永昌、景泰 6 县。专署所在地武威县城为河西走廊第一大镇。在其区下属的各县中,都发现过汉墓群,发现最多的是武威,其次是民勤、永昌、景泰等县。这里以武威县(现改为市)为代表略做介绍。[1]

武威县发现的汉墓,除张义公社境内发现的墓群距县城 70 华里外,余皆在县城四周 60 华里内。有些墓群则距县城更远,这种情况正好说明今之武威县城及其附近,在汉代是一个重要的居民点和军事要点。武威县发现的汉墓以磨咀子、王景寨、旱滩坡、洪祥滩等汉墓群最

---

〔1〕《兰新铁路武威——永昌沿线工地古墓清理概况》,载于《文物参考资料》1956 年 6 期。

为典型。

　　磨咀子汉墓群位于武威城南 30 华里的祁连山下,杂木河两岸,墓群坐落在一处高低不平的台地上,墓地范围东西长约 700 米,南北宽约 600 米。50 年代以来,甘肃省文物工作者先后清理、发掘墓葬 70 多座,时代从西汉末至东汉中期,个别墓属东汉晚期。[1] 大多数是带斜坡墓道的单室土洞墓,夫妻合葬;只有 1 座东汉晚期墓是双室土洞墓。葬具多为柏木素棺,有的棺盖上放置铭旌、简册和鸠杖。随葬品除各地习见的樽、杯、盘、壶、罐、几、案及仓、灶、井等模型外,普遍有木制的俑、家畜、家禽、房屋、车辆和耕犁的模型。木制家畜偶像仅见马、牛、羊,中原常见的模型猪在此少见。1957 年发掘的 6 号墓共出汉简 480 枚,除 11 简为日忌杂占简外,其余 469 简均为《仪礼》简,为《仪礼》的研究和校勘提供了重要资料。1959 年和 1981 年出土的"王杖诏书令简"又为研究汉代此类制度提供了新的证据。

　　王景寨汉墓群位于武威县城东约 60 华里的东河公社王景寨大队。其墓群东西长 6 华里,南北宽 5 华里。墓地保存墓葬很多,仅明显的封土堆就有 30 多座。这里曾出土过不少汉代陶器、漆器、丝织品等。

　　旱滩坡汉墓群位于武威县城西南 30 华里的祁连山北麓,1972 年修水利时发现汉墓 1 座。[2] 出土医药木简牍 92 枚[3],亦为我国近年来考古学上的重大发现。1974 年元月,又在此地清理了 1 座汉代土洞墓,在出土的木牛车两侧的栏板上,发现了书写有汉文字的麻纸,为研究我国造纸的历史,提供了实物资料。近些年来,武威县文化馆陆续在此墓地清理汉墓 7 座,看来此处也是一个规模不小的汉墓群。

　　半截墩滩汉墓群位于武威市城北 40 华里的四坝公社,其墓地东西长约 7 华里,南北宽约 5 华里,近年来陆续在这里发现汉代砖室墓和大量汉代陶片。洪祥滩汉墓群位于武威市城北 50 华里的洪祥公社,其墓地分布在一个东西、南北分别为 8 华里左右的四坝河滩上,有明显封土

　　〔1〕《武威磨咀子三座汉墓发掘简报》,载于《文物》1972 年第 12 期。
　　〔2〕《武威旱滩坡汉墓发掘简报》,载于《文物》1973 年第 12 期。
　　〔3〕《武威汉代医简》,文物出版社 1975 年版。

欧·亚·历·史·文·化·文·库·

堆的有 30 多座,在历年的水利工程中都发现过汉墓,出土有铜镜、石磨、灰陶罐之类。

总之,武威地区的汉墓群大大小小有几十处,本文只能简介上述几处。从武威发现的汉墓来看,大都选择一个较高的地势,其城南的有些汉墓,就选择在祁连山下的滩坡上。有些墓地,墓葬分布极为密集,有少数墓地,坟冢外露,封土累累,只要稍加注意,就会发现是古代墓群。值得注意的是,武威地区的很多汉代墓地,往往打破新石器等时代的遗址和墓葬,在此类墓地里,新石器等时代陶片和汉代陶片往往共存,其文化面貌也较为复杂。

张掖为河西走廊中部的一个地区,专署所在地张掖县(现改为市)城,为河西第二大镇。其区以张掖市最为富庶,素有"金张掖,银武威"之称。黑河从祁连山北下之后,在张掖市境,网状撒开,形成了纵横交错的水系,张掖县城就在此水系之中。张掖地区以张掖、民乐等县发现的汉墓为最多。

张掖县汉墓的分布与武威市有很多类似之处,不过,张掖发现的有些汉墓群,规模则更大。张掖县城西北约 30 华里处的黑水国汉墓群就是一个典型的例子。其墓地处在一个地势较为平坦的荒漠地上,从现存的情况来看,东西长约 2 公里、南北宽 2 公里的范围内,皆有汉代砖瓦和陶片分布,墓地中有很多半露的砖室墓和被盗掘之后的残迹。据文化馆同志介绍,此墓地在新中国成立前就遭旧军队大规模盗掘,现很多墓葬已被风沙埋没。

张掖县城东南 25 公里的碱滩甲子墩汉墓群规模则更大。其墓群东至山丹县山羊堡滩遗址,西至张掖碱滩公社古城大队,南自大沙河南 2 公里,北至大沙河,东西长约 20 华里,南北宽约 4 华里。墓地内墓葬分布密集,其中有十几座墓葬封土为夯筑方形土墩,夯土坚实,最大的高竟达 12 米,直径 21 米,墓区内的汉代绳纹陶片及汉代子母砖俯首便是。另外在墓区内还发现有建筑遗迹。有些墓因被洪水冲刷,露出地表,常出有汉代陶器、耳杯、五铢钱之类出现。

张掖地区的民乐县境,也发现有很多汉墓,其中以韩庄墓群、八卦营墓群、卧牛山墓群最为典型。

韩庄墓群位于民乐县城东北40华里处,在墓地内有高大的圆形夯土墓冢19座,自南至北呈带状弧线排列。1975年4月,张掖地区文物普查队实测了一个封土堆,顶宽9.4米,底宽20米,残高4米。此墓群周围还暴露有不少残砖瓦和少量陶片。在其墓地不远的张庄北端,也有同样墓冢7座。1978年地区考古学习班试掘了韩庄墓地的2座墓,从出土器物和墓的形制来看,应为东汉晚期。

位于民乐县城东南30华里的八卦营墓地更为特殊,其墓地墓葬分布于背背山、簸箕洼山等5条小山岭上,从山脚到山顶都有墓葬,分布十分密集。从已发现的墓葬来看,多为沿山脚挖的土洞墓,也有少数用子母砖砌的砖室墓,还有儿童的瓮棺葬。在这些墓中,曾发现汉代五铢钱等物,看来也应为汉代墓。

卧马山墓群在民乐县城西20华里处,其墓地自南至北有10余座高大的封土堆,因墓葬四周全为耕地,有些被水淹没塌陷,从暴露的遗物来看,也为汉墓。

位于民乐县城西北50华里的王什寨墓地,南北长2华里,东西宽1华里,墓地内现存有大大小小的墓冢40余座,其中最大的底径达22米,残高5.5米。其地表有不少汉代子母砖,在墓群西侧10米处还发现过古代砖窑1座,其残存砖和墓地用砖相似,故知砖窑可能是为造墓而建。

总之,张掖地区发现的汉墓,有明显封土堆和大冢的墓葬比武威要多,有些墓地的规模之大,也为武威之所不及。

酒泉地区处河西走廊最西端,嘉峪关、玉门两市也在其区之内。在酒泉下属的各县及嘉峪关、玉门市境内都发现过汉墓。

酒泉地区的汉墓以酒泉县(今为酒泉市)最为集中,另外,金塔、敦煌等县也发现过不少汉墓,玉门市辖境也有不少发现。酒泉地区发现较大的汉墓群有30多处,其墓葬有上千的,也有几百的,最少也有几十。酒泉地区发现的汉墓虽无张掖地区那么多的高坟大冢,但发现的汉代烽燧和古城遗址却比武威、张掖地区多得多。

·欧·亚·历·史·文·化·文·库·

今酒泉县城内钟楼以东至东关内的地下常常发现汉墓,南稍门外还发现过儿童墓葬,可见今酒泉城的部分地区,在汉代就是一个墓区。

位于酒泉城东 88 华里的四坝河两边,丰民河下游的下河清墓群,是一个面积为 12 万平方米左右的汉墓群,1956 年甘肃省博物馆曾在此发掘墓葬 24 座,同时发现有画像墓和古窑址。

酒泉下河清公社附近也有一处规模很大的汉墓群,其范围据当地群众说方圆有 10 多华里,地表上暴露有大量绳纹、弦纹、水波纹、弧线纹灰陶片,从被毁坏的砖券单室墓葬结构和条砖来看,应为东汉墓。

酒泉地区,还常发现魏晋墓,因此住往发生汉魏墓很难一下区分的情况。

河西各地都发现过不少汉墓,但大都是临时性的清理,还没有揭露过一个大面积的墓地,这当然对了解河西地区汉墓的具体布局及其规律带来了困难。比如讲,某一个排列比较整齐的墓地,是一个家族的墓地,还是士兵的"公墓",或者是屯田士兵及其家属的墓区,都没有搞清楚过。但我们从上述例子中大概可知,河西汉墓,规模很大,分布很广,其中有些分布密集,排列整齐的墓群可能和中原地区的"家族墓地"有所不同。总之,河西汉墓分布的这种情况,与河西当时地位是完全一致的。

42.2 河西汉墓的基本形制和特点

整个西汉王朝,可以从汉武帝初年(元朔以前)分为前后两期,河西发现的墓葬多属西汉后期以后,这是由于河西四郡的设立,是从汉武帝以后才开始的。

河西地区发现的西汉后期墓,较大的墓室一般长在 4 米以上,多为带斜坡墓道的单室土洞墓,也有砖室墓。这类墓一般由墓道、墓门、墓室三部分组成,多夫妇合葬。随葬器物多为陶质,一般有鼎、壶、罐、钵、熏炉、樽、豆、仓、灶、井等。有些器物(如仓等)在一个墓中成套成对的出现,但上数器物种类并不是在每个墓中全出,一般只出其中的一部分。这类墓多出西汉后期流行的昭明镜、日光镜等。每座墓中都出数量不等的五铢钱。王莽时代的四神镜和货泉等钱币也常有发现。大概由于气候干燥的缘故,河西汉墓中往往出土保存完好的木器。如1972年武威磨咀子发现的48号西汉晚期墓中,就曾出土木器30多件,其中有辂车1组,六博木俑1套,木俑9身,小木剑5把,小木马8件,木牛犁1组。此种情况在河西其他地方的汉墓中也常发现。

河西地区西汉后期墓随葬品的放置,规律性很强。如武威磨咀子发现的48、62号墓室前部皆铺苇席一层,棺前置几、案,案上置漆器及小陶壶等饮食器皿。陶罐、井、灶、碟等炊器置于墓室左角或前方。陶壶、仓、熏炉及木鸡等随女棺;木辂车、牛车、马、羊等随葬男棺。男、女头部各有粮囊3个。男棺盖上皆放置一双鞋,其他如铜镜、铁刀、钱币之类都放在棺内。在河西走廊中部的张掖地区及西部的酒泉地区发现的西汉后期墓葬,其随葬品也和武威地区大同小异,故不赘述。

东汉前期的河西墓葬,仍延续了西汉末期的基本情况,仍流行单室土洞墓。王莽时出现的前室平面方形穹窿顶,后室平面长方形、用条砖券顶的墓这时大量出现。

东汉后期,墓的洞室越来越大,子母砖的使用越来越多。适应数代合葬的多室墓出现,这类墓有的具有前、后室,有的具有前、中、后三室,有的开几个侧室,共同使用一前室。此类墓如50年代在武威管家坡清理的3号墓及丘家庄发现的2号墓和1969年发现的雷台汉墓。管家坡清理的3号墓中,共发现人骨架6具。此墓为墓门、外室、过道、内室四部分组成,通长7.57米,全部为条砖砌成。6具骨架内室东西各1具,外室东西二层台各1具,东二层台下1具,西过道1具。内外室骨架东皆为男性,西为女性,各骨架周围均发现棺板痕迹。丘家庄发现的2号汉墓,也是一个多人合葬墓,其墓为墓门、前过道、外室、中过道、中室、后过道(南北2个)、内室(南北2个)7部分组成,其墓顶部崩塌,早年被盗,清理时发现人骨架5具(以前老乡还在墓道上层挖出人骨架3具)。中室南北二层台各1具,南内室2具,北内室1具。中室均为男性,南北内室为女性。各骨架周围均有棺板痕迹。其随葬品大都集中在中室,内室、外室少见。

在随葬品方面,东汉前期河西汉墓的随葬器物与西汉末期相差不远,仍有鼎、罐、瓮、仓、灶、井这类陶器和模型明器。但西汉未出现的酒器如案、耳杯、樽、槛、勺等这时流行起来。这类器物有时为木质漆器,有的为陶质。另外,家畜、家禽等模型明器比以前更加流行。

东汉后期,随葬器物的种类和数量都比前期多,酒器(如耳杯、樽等)之类更加流行,家畜、家禽等模型明器越往后越多。东汉五铢,剪轮、綖环钱出现很多。建筑模型明器这时大量出现,特别是在武威、张掖地区,这类东西出的很多。

河西地区,还经常发现数量很多的小型汉墓,这类墓一般长仅容身或3米左右。多土坑和土洞墓,只有少数用砖。这类墓的随葬品也很简单,一般只有小型陶器和铜钱数枚。

总之,河西地区的汉墓虽然情况复杂,但共性很强,我们在参观武威、张掖、酒泉等地的博物馆时,看到的汉代器物,如壶、罐、仓、灶、井、子母砖和铜生活用器等,无论是在器型和制作方法上,皆千篇一律,看不到这三地区有明显不同。

42.3 对河西汉墓一点认识

上文虽然粗略地叙述了河西汉墓的一些情况,但从中可以看出,汉代河西的文化面貌和关中、中原是基本一致的,而同南方地区的差别较大。

汉武帝设河西四郡之后,为了巩固河西走廊这条军事、交通要道,在河西地区进行了大规模的军事屯田和"徙民实边"。这些屯田的士兵和被徙的"百姓"大都来自关东、关中地区,其中有些是因犯罪而徙来的豪族,这些人大量来河西,使河西地区的文化面貌发生了急剧变化。可以说,在汉武帝设河西四郡之前,河西地区还没有一个占主导地位的文化把这个地区"统一"起来,只有强大的"汉文化"的西来,才结束了河西地区从原始社会以来一直存在的头绪纷繁的各种文化。在河西地区发现的数以千计的汉墓把此问题说得再清楚不过了。

河西汉墓,无论其墓葬形制、随葬器物还是其早晚的变化,都和中原地区没有多大差别。以其随葬器物为例,河西东汉墓的随葬器物,除了延续西汉以来就流行的鼎、盒、壶、罐、仓、灶、井等器物之外,家畜、家禽等模型明器及案、耳杯、樽、槅、碟类的生活用器也越晚越流行,这种变化和关中、中原地区的汉墓是基本一致的。又如东汉前期,前室平面呈方形、顶用条砖叠涩成蒙古包式的穹隆顶,后室平面呈长方形,用条砖作券顶的前后室墓在中原大量出现,在河西最西部的酒泉地区,这类墓也很流行。东汉后期,中原等地由于多人合葬墓盛行,往往一座墓在后室和两侧增开侧室,这种多室墓在河西地区也经常发现。前文中提到的武威管家坡 3 号墓及丘家庄 2 号墓就是典型例子。在中原地区,西汉前期,一般夫妇并穴合葬(不在一个墓室内,但在一个茔地内),后期夫妇同穴合葬(在一个墓室内)。至东汉以来,随着人身依附关系和大家族观念的加强,不但夫妇同穴合葬,一家几代人合葬的情况也风行一时,这种习俗当然也很快传到河西地区。

　　东汉以来,豪强地主及与之适应的庄园经济极为发展,因此,在我国南方和黄河流域的汉墓中都成套出现大量建筑型明器,如陶楼、陶屋、陶院落等。在河西地区,这类模型明器也常有发现。特别是武威雷台东汉晚期墓出土的一座绿釉陶楼院落更为典型。其楼院通高 1.05米,为长方形,四周围以院墙,院墙四周各建一方形望楼,望楼之间以飞桥相连,桥身两侧均有障墙,成悬槽状以防飞箭射入。正中立高楼 5层,窗作密梀,是迄今以来东汉墓中发现的最高陶楼模型。《墨子·备高临篇》中说:"高楼以射适(敌)。"又《备城门篇》曰:"楼若令耳,皆令有力者主敌,善射者主发,佐皆厉矢。"武威雷台东汉晚期墓中这座陶楼模型的出现,更形象地补充了文献记载的不足。河西汉墓中这类随葬品的出现,说明河西地区和中原地区一样,在东汉晚期,豪强地主势力也是非常发达的。

　　在武威雷台汉墓中,出土了各种铜俑 45 件(举世闻名的"铜奔马"就出自此墓)。其中有"张氏奴"铭文的 8 件,有"张氏婢"铭文的 4 件,另有铜马 39 匹,铜牛 1 匹,铜车 14 辆,其中斧车 1 辆,轺车 4 辆,"小车"2 辆,"辇车"3 辆,大车 3 辆,牛车 1 辆。从其使用车马等制度来看,墓主人"张将军"是一个相当二千石的大官。以前,了解这类官僚的出行场面,只靠中原等地壁画墓中的"出行图"和文献记载,雷台汉墓中这套铜车马俑的出现,进一步补充了前者的不足,因为它提供的资料更加形象了。"张氏奴""张氏婢""牵马奴"等铭文的出现,更具体地说明河西地区东汉末期和中原等地一样,同样存在着严重的"奴婢制度",这对了解当时的阶级和社会情况也是不可多得的实物资料。

武威磨咀子 62 号墓中,出土了一对制作精良的漆耳杯,耳杯腹部有四对凤鸟及流云纹,其中一件杯底近座处有半圈针刻隶书款识,1 行47 字,其文为"乘舆,漆洀洀画木黄耳一升六六勺杯。绥和元年,考工工并造。洀工手,护臣彭,佐臣伊,啬夫臣孝主(?)。守右丞忠,守令臣丰省"。按"乘舆"是封建皇帝的代称,"绥和"是西汉成帝的最后一个建元,绥和元年即公元前 8 年。"考工"即西汉中央政权少府卿属官考工令,"护臣"可能是考工室中护理其事的官吏,"佐"是助理,"啬夫"是考工室中的小吏,"主(?)"可能是主持,"丞""令"在汉代为级别稍高的官吏。汉代专供御用的"乘舆"漆器,一般都有专门的制造地点和专职的官吏管理。武威 62 号汉墓中出土的这件由考工室制作的漆器,可能来自当时的首都长安。但河西出土的漆器并不只这一两件,在一些较大的墓中,常常出有制作比较精美的漆器,如耳杯、樏、案之类。在考古发掘和文献记载中还没有发现河西能制作漆器的证据,故河西出土的这类器物,可能皆来自关中、中原等地。至于河西地区自己制作的器物(墓中的随葬品),其中很多都为中原、关中器物的仿制品(如壶、仓、灶、井等皆同中原、关中的样式相近),因此,河西汉墓中的器物和中原等地有很多共性,就不难理解了。

当然,河西汉墓和中原汉墓也有相异之处,但这绝不是主要方面。

如中原地区从西汉晚期以后,就出现延续数百年的大家族墓地,在河西地区这类墓地还没有发现过。又如东汉以来,我国不少地方出现了壁画、画像石、画像砖墓,其画内容多为神仙画、天象图,墓主人车马出行图、生活图及反映儒家思想的孝、悌、忠、信故事等。但这类墓在武威、张掖地区就很少见到。在酒泉地区虽发现了壁画墓和画像砖墓（是在条砖上用毛笔画图，和四川发现的在砖上模印图面的画像砖不同），但其下限大多已至魏晋，就其内容来说，反映墓主生活及农牧场面的题材较多。这大概和河西汉墓中较多地出土反映农牧生产的随葬器物（如木牛、犁等）是一致的。

在中原等地区，自东汉以后，墓中往往出一种买卖冢地的券约（铁或铅质）。东汉早期，这种券约住往刻有买冢地的日期、位置、面积、价值、证人等等。这种买地券后来受早期道教的影响，逐渐和镇墓文融为一体，刻在长方形的铅或铁板上，放入墓内。东汉后期，这类镇墓文有许多又用朱砂写在一种陶瓶上，瓶内装水晶、雄黄之类（道教认为这些药能使人长生），其内容常有"天帝神师敢告"、"天帝使者告×氏"之类，"天帝神师"即太平道方士的自称。这类买地券、镇墓文在中原地区流行，正是当时中原地区土地兼并激烈、太平道教流行的证据。但同时代的河西地区，这类东西还没有发现过。河西地区，这类东西出现较少，是否能说明当时河西地区冢地买卖和太平道教并不那么流行。因为河西地区土地较为宽广，选择一块墓地是比较容易的，又一种宗教的流行也是要经过一段时间的。

又如在随葬的木制家畜偶像中，马、牛、羊多见，而没有中原常见的猪，似乎表明河西更重视畜牧经济的特点。

总之，河西地区的汉墓，也有同中原有别的地方，但这些区别并不是"质"的区别，有很多地方可能是地理和时间的因素。

（这里，我要特别感谢当时我曾访问过的、长期在河西从事文物工作的党寿山、梁新民、师万林、卢晔、冯明义、刘兴义、荣恩奇、张仲、韩耀成诸位先生！还要感谢当时考察团负责人柳春藩、刘光华、熊铁基教授及王多闻先生。特别是刘光华教授，他曾对此文提出过不少修改意见。）

（原文载于《敦煌学辑刊》1992 年第 1、2 期）

·欧·亚·历·史·文·化·文·库·

43　洛阳出土的几通
唐代安定胡氏墓志

　　安定临泾(今甘肃镇原县东南)为胡氏郡望。在魏晋南北朝时期，尤其是在北魏宣武帝妃、孝明帝母胡灵太后临朝听政时期(516—528)，安定胡氏家族的权势更是达到炙手可热的程度。在武泰元年(528)的"河阴之变"中，胡氏家族虽受到致命打击，但余烬未熄，其家族的不少成员在以后的历史中仍扮演过重要的角色。胡氏家族的兴衰对研究南北朝至隋唐时代的政治以及上族与寒门之兴衰交替与地位升降都有典型意义，值得关注。河南洛阳出土的 4 通胡灵太后家族成员的墓志即可为这一研究提供有益的资料。

　　在这 4 通墓志中，有 3 通今天都收藏于河南省新安县铁门镇的千唐志斋博物馆中。其一为《胡质墓志》。[1] 志文题《安定胡公墓志铭》，称墓主"讳质，字孝质，安定临泾人也"，"祖邕，东魏骠骑将军、南青州刺史……父永，北齐兖州司马、东莱太守"。胡质本人于隋仁寿二年(602)以举方止而得任燕州司户参军。大业三年迁巴郡司功书佐。唐时仍受重用。贞观元年(627)六月，除北澧州司法参军。贞观三年(629)八月十一日病卒。第二年正月葬于河南县千金里芒山。世子苏州昆山县丞伯远等为之"刊石"。《志》谓胡质任北礼州司法参军时，"举直错枉，狱讼无冤，感德怀恩，吏民胥悦"。

---

〔1〕见河南省文物研究所、河南省洛阳地区文管处编《千唐志斋藏志》，文物出版社 1984 年版，第 11 号；毛汉光撰《唐代墓志铭汇编附考》(共 18 册，台北：中央研究院历史语言研究所，1984—1994 年。以下简称《附考》)，第 1 册，第 21 号；北京图书馆金石组《北京图书馆藏中国历代石刻拓本汇编》(共 100 册，中州古籍出版社，1989—1991 年。以下简称《拓本》)，第 11 册，第 25 号；《隋唐五代墓志汇编》(洛阳卷)，第 2 册，天津古籍出版社 1991 年版，第 13 号；周绍良《唐代墓志汇编》，上海古籍出版社 1992 年版，贞观第 13 号。

其二为《胡俨墓志》。[1] 志文题《大唐故文林郎新喻县丞胡府君墓志铭》，称墓主"讳俨，宁长威，安定临泾人也……祖永，魏东平、雁门二郡太守；父质，巴郡功曹、北澧州司法参军事"。胡俨"以孝廉举授登仕郎，武德五年（622）除吏部文林郎，选袁州新喻县丞……贞观五年（631）六月□日终于县，春秋卅六。以六年岁次壬辰九月辛巳朔四日，葬于河南邙山"。

其三为《胡宝墓志》。[2] 志文题《唐故郓州参军事胡府君墓志铭并序》，谓墓主"讳宝，字令珍，安定临泾人也……祖永，隋东莱、雁门二郡太守；父质，燕州司户、唐北澧州司法参军事"。胡宝"以贞观十九年诏授登仕郎行郓州参军"。贞观二十二年卒于京（长安），享年仅 35 岁。亦归葬于河南邙山。

从以上 3 通墓志可以看出，其墓主为父子关系。胡质为父，胡俨、胡宝为长幼二子。同时碑中提到的还有其先祖胡邕和胡永父子。值得庆幸的是，胡永的墓志在洛阳竟也有出土。[3]

《胡永墓志》原碑未见，但墓志拓本皮藏于周绍良先生家内，可以参见。题《安定胡府君墓志》，谓墓主"讳永，字敬延，安定临泾人也……祖亮，夏[4]中书侍郎，魏镇北司马，赐爵临泾子、徐州牧，才称贞干，见重当时。父邕，魏开府、祭酒、通直常侍、骠骑将军、南青州刺史，识度淹雅，流芳后世"。胡永本人，初仕魏，武定中任相国府中兵，不久官升至司徒府咨议，又提升为南兖州司马、齐州长史，"爰及老成，悬车致仕，发轫蓟北，税驾燕南，以为河冀沃壤，贤圣所宅，遂家于清河郡，因构第焉"。隋大业五年（609）三月七日，终于私第，享年 88 岁。夫人清

〔1〕见《千唐志斋藏志》，第 14 号；《附考》第 1 册，第 31 号；《拓本》第 11 册，第 42 号；《隋唐五代墓志汇编》（洛阳卷），第 2 册，第 22 号；《唐代墓志汇编》，贞观第 27 号。

〔2〕见《千唐志斋藏志》，第 48 号；《附考》第 2 册，第 134 号；《拓本》第 11 册，第 181 号；《隋唐五代墓志汇编》（洛阳卷），第 2 册，第 128 号；《唐代墓志汇编》，贞观第 158 号。

〔3〕见《附考》第 1 册，第 18 号；《拓本》第 11 册，第 16 号；《隋唐五代墓志汇编》（陕西卷），第 1 册，第 8 号；《唐代墓志汇编》，贞观第 8 号。

〔4〕夏，又称赫连夏，为十六国之一。407 年匈奴贵族赫连勃勃称天王大单于，国号夏，建都统万城（今陕西横山西北）。418 年，赫连勃勃攻取长安，即帝位。其疆域范围大致包括今陕西北部和内蒙古的一部分。431 年亡于吐谷浑。

河张氏,东海太守之女,唐贞观二年(628)十一月三十日与夫合葬于洛阳千金里。

《胡永墓志》称其祖为胡亮,父名胡邕。《胡质墓志》谓其祖为胡邕,父名胡永。《胡俨墓志》《胡宝墓志》则称其祖为胡永,父为胡质,其祖孙关系至为明了。墓志中提到的胡邕,职衔是东魏"南青州刺史",胡永任过北齐的"南兖州司马",胡质曾任澧州司法参军事,各碑所述一致,说明这些名字的出现都不是偶然的巧合,况且,他们不管亡于何地,最终都归葬于河南邙山(或作"芒山")。说明邙山有该家族的墓地。

《胡永墓志》尾部还有如下话头:

> 伯祖国珍,后魏司徒安定公。兄长粲,陇东王。

这是非常值得珍视的信息。按,胡国珍其人,在《魏书》卷83、《北史》卷80均有专传,系安定胡灵太后之父,是北魏晚期政坛上一度炙手可热的人物。胡国珍、胡灵太后父女虽出身西北望族,但在北魏鲜卑贵族与北方汉族高门当政的政治背景下,他们家族并未取得显赫地位。胡国珍一直赋闲在家。其祖胡略,仅在后秦[1]姚兴时期(394—416)出任过渤海公姚逯之"平北府咨议参军"。其父胡渊,在赫连夏时出任过赫连屈丐的"给事黄门侍郎",入北魏后"以降款之功赐爵武始侯。后拜河州将军"。门第不显,应属寒门阶层。宣武帝时,其女胡氏入宫,为充华嫔,也属宫中地位较低者。后以胡氏子元诩(魏孝明帝,516—528年在位)登上皇帝宝座而被尊为皇太妃,进而被尊为皇太后。"临朝听政,犹称殿下,下令行事。后改令称诏[2],群臣上书曰陛下,自称曰朕……亲览万机,手笔决断"。[3] 国珍以女而贵。在女儿被尊为皇太后之初,国珍充闲散之职光禄大夫。胡灵太后临朝后,国珍地位飙升,"加侍中,封安定郡公,给甲第,赐帛布绵谷奴婢车马牛甚厚……寻进位中书监、仪同三司,侍中如故,赏赐累万。又赐绢岁八百匹,妻梁四

---

〔1〕后秦,又称姚秦,为十六国之一。淝水之战后,羌族酋长姚苌于384年称王,2年后称帝,国号秦,建都长安,史称后秦。据有今陕西、甘肃、宁夏、山西一部分。417年为东晋刘裕所灭。

〔2〕据《魏书》卷9《肃宗纪》及《资治通鉴》卷148"梁武帝天监十八年(519)正月"条,该年正月改令为诏。

〔3〕《魏书》卷13《宣武灵皇后胡氏传》,第337－338页。

百匹,男女姊妹兄弟各有差,皆极丰赡……熙平初,加国珍使持节、都督、雍州刺史、骠骑大将军、开府……迁司徒公,侍中如故"。[1] 安定胡氏家族成了北魏后期统治阶级最高权力的核心所在。从名称、职官到地位,都可以肯定《胡永墓志》中的"国珍"就是胡灵太后之父胡国珍。

至于胡长粲其人,《北齐书》卷48及《北史》卷80均有传。《北齐书》卷48云:

> 父僧敬,即魏孝静帝之舅,位至司空。长粲少而敏悟,以外戚起家给事中,迁黄门侍郎。后主践祚,长粲被敕与黄门冯子琮出入禁中,专典敷奏……后主即位,富于春秋,庶事皆归委长粲,长粲尽心毗奉,甚得名誉。

后为其从祖兄胡长仁所害忧郁而死。按,胡长仁为北齐武成皇后之兄,官至"右仆射及尚书令。世祖崩,预参朝政,封陇东王……后主纳长仁女为后,重加赠谥,长仁弟等前后七人并赐王爵,合门贵盛"。[2] 其父胡延之,官至魏中书令、兖州刺史。

《胡永墓志》称胡长粲曾受封"陇东王",但《北史》与《北齐书》均未言及之,未详孰是。从墓志称长粲为胡永之兄而实为从兄一事看,《胡永墓志》对胡长粲的记载似不甚准确。以此推之,墓志称长粲为"陇东王"与正史所载不合,亦应有误。正确的表述应为"从兄长仁,陇东王"。

综合各种记载,我们可勾勒出千唐志斋墓志所涉胡灵太后家族之7代世系:

第一代为胡略。第二代为胡渊。胡渊生第三代胡国珍、胡真、胡亮兄弟。其中,胡国珍无男,养其兄胡真子僧洗(?—537)[3]为嗣。胡僧洗生胡祥[4]。

---

〔1〕《魏书》卷83《胡国珍传》,第1833–1834页。

〔2〕《北齐书》卷48《胡长仁传》,第668页。

〔3〕胡僧洗,字湛辉,封爰德县公,位中书监、侍中,改封濮阳郡公。见《魏书》卷83《胡僧洗传》,《北史》卷80《胡僧洗传》。

〔4〕胡祥,字元吉,官至殿中尚书、中书监、侍中,改封东平郡公。事见《魏书》卷83《胡祥传》,《北史》卷80《胡祥传》。

胡真生有4男1女,其中,僧洗过继于胡国珍。其余3子,一为长子胡宁,字惠归,袭胡国珍先爵,改为临泾伯,后晋为公,官至岐、泾二州刺史。二为胡盛,字归兴,位左衔将军,赐爵江阴男。官至幽、瀛二州刺史,冀州刺史。胡灵太后以其女嫁孝明帝,被立为皇后。其三为胡虔,字僧敬,以助胡灵太后反对元叉专权而受重用,任"泾州刺史,封安阳县侯。兴和三年,以帝元舅超迁司空公"。[1] 其子即前文所述的胡长粲。长粲生二子,长子仲操,位陈留太守;次子叔泉,任通直散骑常侍。[2] 一女为清河王元亶妃,生北齐孝静皇帝。

胡亮生胡邕。前文述及的胡延之或为其子,亦未可知。

胡延之生胡长仁、胡长雍等。长仁又生君璧、君璋及女齐后主皇后胡氏等。

胡邕生胡永(522—609)。胡永又生胡质。胡质(563—629)再生胡俨(586—631)和胡宝(614—648)兄弟。

这一关系可简要表述如下:

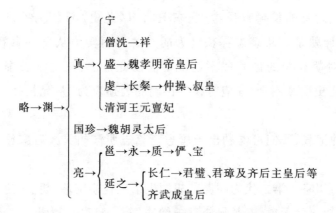

图43-1 千唐志斋墓志所涉胡灵太后家庭7代世系图

胡氏一门,在北朝时期地位显赫,单皇后就出过多人。在北魏,除胡灵太后外,尚有胡灵太后从兄冀州刺史胡盛之女曾嫁于魏明帝,立为

---

〔1〕《魏书》卷83《胡虔传》,第1836页。

〔2〕《北史》卷80《胡虔传》,第2691页。

皇后。不过此氏未有大的作为,武泰元年于瑶光寺出家为尼。[1] 在北齐,也出过2位皇后,一为武成皇后,另一为后主皇后。其中,前者在武成皇帝驾崩后被尊为皇太后。[2]

在4位皇后中,影响最大者莫过于胡灵太后。她曾临朝听政达12年之久,"位总禁要,手握王爵",在北魏晚期的政治生活中扮演过极为重要的角色。但她"轻重在心,宣淫于朝,为四方之所厌秽",[3]又佞教成性,主政期间大兴土木,不遗余力地修建寺、塔、石窟等;[4]为了满足穷奢极欲的生活,不顾人民死活,预征6年租调,导致民不聊生。这些倒行逆施很快引起了人民不满,波澜壮阔的农民起义和士兵暴动此起彼伏,撼动了北魏王朝的统治基础,使之处于风雨飘摇之中。永安元年(528),为了挽救自己的颓势,胡灵太后毒死了孝明帝,立年仅3岁的元钊为傀儡皇帝。三月,秀容川(山西忻县境)契胡酋长尔朱荣以此为借口,向洛阳进军。四月,尔朱荣立元子攸为帝(孝庄帝),马踏洛阳,沉胡灵太后与元钊于黄河,在河阴之陶渚(河南孟津)围杀北魏王公大臣2000余人。胡氏家族由此走向衰落。

在"河阴之变"爆发之前,胡国珍即以80高龄于神龟元年(518)去世。其临终前的情况,《魏书》本传有如下记载:

> 始国珍欲就祖父西葬旧乡,后缘前世诸胡多在洛葬,有终洛之心。崔光尝对太后前问国珍:"公万年后为在此安厝,为归长安?"国珍言当陪葬天子山陵。及病危,太后请以后事,竟言还安定,语遂昏忽。太后问清河王怿与崔光等,议去留。怿等皆以病乱,请从先言。太后犹记崔光昔与国珍言,遂营墓于洛阳。太后虽外从众议,而深追临终之语,云:"我公之远慕二亲,亦吾之思父母也。"[5]

这段记载透露了如下重要信息:其一,胡国珍之父母均埋葬于故土

〔1〕《魏书》卷13《孝明皇后胡氏传》,第340页。

〔2〕《北齐书》卷9《武成皇后胡氏传》、《后主皇后胡氏传》。

〔3〕《魏书》卷13《宣武灵皇后胡氏传》,第339页。

〔4〕关于胡灵太后的佛事活动,可参见杨富学、朱悦梅:《胡灵太后与北魏晚期佛教》,参见《少林文化研究论文集》,宗教文化出版社2001年版,第86 – 91页。

〔5〕《魏书》卷83《胡国珍传》,第1835页。

安定,所以胡国珍亦有归葬祖茔之心;其二,在胡国珍之前,已有不少随孝文帝迁至洛阳的安定胡氏在亡故后都随地就葬了,而未还归安定祖茔。而胡灵太后家族墓地在洛阳的出现,则自胡国珍始。[1]

今天存世的唐代墓志中还有一些墓主也姓胡,同来自安定,如圣历三年(700)《大周洛州合宫县故陪戎副尉胡君(讳哲,字仁感)之墓志铭并序》[2]、开元三年(715)《大唐处士故君胡君〔讳佺,字尚真)墓志并序》[3]、天宝五载(746)《唐故宣节校尉守左卫河南府淇梁府左果毅都尉胡府君(讳肃,字元遁)墓志铭并序》[4]、天宝八载(749)《大唐安定郡参军陆丰妻胡夫人墓志铭并序》[5]、元和十二年(817)《唐故横野军判官朝请大夫试虔王府长史胡府君(讳者,宁子方)墓志》[6]、大和七年(833)《唐胡府君夫人朱氏墓志铭》[7]、年代不明的《胡氏墓志》[8]等。不过需要申明的是,这些墓主虽与胡灵太后一样也来自安定,但他们属于另外的家族,与本文所论的胡太后家族并无关联,故此略而不赘。

综上所述,可以看出,洛阳出土的几通安定胡氏墓志对唐代历史研究在一定程度上具有证史、补史的价值,进而言之,其对认识北魏胡太后家族及其后裔的历史活动具有重要的史料价值。如何挖掘利用这些地下出土资料以填补我们的知识空白,尚需今后更多的努力。

(本文与杨富学合作,原载于《文献》2003 年第 3 期)

〔1〕据传,甘肃庆阳亦有胡国珍墓,当非。或为胡国珍的衣冠冢。

〔2〕《附考》第 13 册,第 1268 号;《拓本》第 18 册,第 180 号;《隋唐五代墓志汇编》(洛阳卷),第 7 册,第 171 号;《唐代墓志汇编》,圣历第 47 号。

〔3〕杨殿珣:《石刻题跋索引》,商务印书馆 1940 年版,第 186 页;《附考》第 16 册,第 1563 号;《拓本》第 21 册,第 50 号;《隋唐五代墓志汇编》(山西卷),第 87 号;《唐代墓志汇编》,开元第 35 号。

〔4〕李希泌:《曲石精庐藏唐墓志》,齐鲁书社 1986 年版,第 56 号;《拓本》第 25 册,第 108 号;《隋唐五代墓志汇编》(洛阳卷),第 11 册,第 75 号;《唐代墓志汇编》,天宝第 91 号。

〔5〕《千唐志斋藏志》,第 846 号;《拓本》第 26 册,第 9 号;《隋唐五代墓志汇编》(洛阳卷),第 11 册,第 123 号;《唐代墓志汇编》,天宝第 147 号。

〔6〕《唐代墓志汇编》,元和 111 号。

〔7〕杨殿珣:《石刻题跋索引》,第 204–205 页;《唐代墓志汇编》,大和第 56 号。

〔8〕《唐代墓志汇编》,残志第 13 号。

44　皇甫谧籍贯之考证

目前,对皇甫谧籍贯的不同说法主要有三说:一为甘肃平凉灵台说。此说历史最为悠久,也是传统说法。如从《元丰九域志》记载灵台有皇甫谧墓算起,已有900多年的历史了。二为甘肃平凉西北说。三为宁夏固原说。之所以有上述不同观点,实际上是由于对《晋书》记载的皇甫氏的郡望——"安定朝那"及其相关问题的看法不同而引起的。

《晋书·皇甫谧传》载:"皇甫谧字士安,幼名静,安定朝那人,汉太尉嵩之曾孙也。出后叔父,徙居新安。"〔1〕这条记载很明确,皇甫谧为"安定朝那人"。

上引文中所说的"汉太尉嵩"即皇甫嵩,事见《后汉书》本传。传谓:"皇甫嵩字义真,安定朝那人,度辽将军规之兄子也。父节,雁门太守……初举孝廉、茂才。太尉陈蕃、大将军窦武连辟,并不到。灵帝公车征为议郎,迁北地太守。"〔2〕皇甫嵩后因镇压黄巾军功高位显,威震天下,官至车骑将军,并拜太尉,病卒后赠骠骑将军印绶等。民间甚至有"天下大乱兮市为墟,母不保子兮妻失夫,赖得皇甫兮复安居"的歌谣,可见其当时的影响之大。

上文中所提到的"度辽将军规",指皇甫规,其与皇甫嵩为叔侄关系,是皇甫嵩的长辈,《后汉书》卷65有传。其文曰:"皇甫规字威明,安定朝那人也。祖父棱,度辽将军。父旗,扶风都尉。永和六年,西羌大寇三辅,围安定,征西将军马贤将诸郡兵击之,不能克。规虽在布衣,见贤不恤军事,审其必败,乃上书言状。寻而贤果为羌所没。郡将知规有兵略,乃命为功曹,使率甲士八百,与羌交战,斩首数级,贼遂退

---

〔1〕〔唐〕房玄龄等:《晋书》卷51《皇甫谧传》,中华书局1974年版,第1409页。
〔2〕〔南朝宋〕范晔:《后汉书》卷71《皇甫嵩传》,中华书局1965年版,第2299页。

515

却。"[1]从以上所引文献可知,皇甫谧及其曾祖皇甫嵩、嵩之叔父皇甫规,正史皆记载其为安定朝那人。现在的问题是"安定朝那"到底为何地呢?

《汉书·地理志》"安定郡"条下颜师古注曰:"武帝元鼎三年置。"这就是说安定郡置于汉武帝时期。其郡下辖21县,曰高平、复累、安俾、抚夷、朝那、泾阳、临泾、卢、乌枝(氏)、阴密、安定、参峦、三水、阴槃、安武、祖历、爰得、眴卷、彭阳、鹑阴、月支道。以上除安定郡治高平为今宁夏固原之外,包括朝那在内的多数县治的确切地点实际上还是有待于作进一步考察的。但根据近些年来的调查及文献记载来看,上述21县绝大多数分布于今甘肃陇东等地区,少数应在今宁夏固原境内。[2] 至于近年来,有些学者以宁夏固原彭阳县古城镇出土的"朝那鼎"为重要依据,确定古城镇为西汉朝那县治,未免失之偏颇。因为一个通高只有23厘米的小鼎,无疑是一个可以四处移动的文物,何况其上面阴刻的县名除朝那之外,还有乌氏,其铸造的地点实际上是不明确的。[3] 此外,常被用来证明西汉朝那在今宁夏固原彭阳的文献,均较晚出,特别是把近些年来所修的方志、辞书、历史地图册等作为依据,就更加显得苍白无力了。[4] 至东汉时期,安定郡及其属县均发生了很大变化。晋司马彪《续汉书·郡国志》"安定郡"记安定郡辖县八,曰临泾、高平、朝那、乌枝(氏)、三水、阴盘、彭阳、鹑觚。由此可知,东汉安定郡辖县比西汉竟减去13县之多,可见东汉安定郡的范围大大缩小了。此外,还有一个重要变化,就是郡治不在原来的高平(宁夏固原)而改治临泾(今甘肃镇原县南)了。这就是说东汉时的安定郡治已不在宁夏固原境内而南徙至今甘肃陇东。至于其郡一些易受羌人攻略的属县,特别是萧关(在今甘肃平凉北)[5]之外的属县,不是内徙合并,就是被羌人占领了。此时朝那县也应内徙了。

---

〔1〕《后汉书》卷65《皇甫规传》,第2129页。

〔2〕安定郡辖今宁夏固原市、中卫市、同心县和今甘肃平凉市、白银市。

〔3〕《后汉书》曰:"陈鼎于庙,以备器用。"故鼎切忌轻动。

〔4〕班彪作于更始年间(23—25)的《北征赋》证明朝那县治今宁夏彭阳。

〔5〕《辞海》载:萧关在今宁夏固原东南。

东汉时安定郡的内徙和缩小,实际上是与其西北边的羌人的强大密切联系的。《后汉书·西羌传》记载得很清楚,其文曰:"羌既转盛,而二千石、令、长多内郡人,并无守战意,皆争上徙郡县以避寇难。朝廷从之,遂移陇西至襄武,安定徙美阳,北地徙池阳,上郡徙衙。百姓恋土,不乐去旧,遂乃刈其禾稼,发彻室屋,夷营壁,破积聚。时连旱蝗饥荒,而驱蹙劫略,流离分散,随道死亡,或弃捐老弱,或为人仆妾,丧其太半。"[1]这次内徙,郡县并举,变动更大,安定郡徙于美阳。美阳在今陕西武功县北,距离长安已近在咫尺了。《资治通鉴》系此事为东汉安帝永初五年,内容相同,故不赘引。

《后汉书·西羌传》又载:"[汉顺帝永和]五年夏,且冻、傅鸡种羌等遂反叛,攻金城,与西塞及湟中杂种羌胡大寇三辅,杀害长吏……于是复徙安定居扶风,北地居冯翊,遣行车骑将军执金吾张乔将左右羽林、五校士及河内、南阳、汝南兵万五千屯三辅。"《后汉书·顺帝纪》记此事更具体,其说"[永和六年]冬十月癸丑,徙安定居扶风,北地居冯翊"。此时,东西羌联合,已威胁到长安附近的三辅之地。安定郡又被"复徙"置于三辅之一的扶风境内。至于远离长安的西北边地,特别是宁夏固原地区,至少在第二次内徙后就被羌人占领了。换言之,东汉时的安定郡不但内徙,而且内徙了3次,即一徙临泾(今甘肃镇原),二徙美阳(今陕西武功),再徙扶风(今陕西西安附近)。《续汉书·郡国志》中记载的安定郡还有8县的情况,反映的应是东汉早期的情况,即安帝永初五年(111)之前羌人还没有占领安定郡及其属县的情况。

上文已经提到,安定郡的第二次内徙,是"徙郡县以避寇难",在朝廷的一声令下,对于那些因恋土不愿内徙的百姓,连房屋都被扒掉了,可见这次内徙是很彻底的。试想,在其他郡县都被内徙的情况下,朝那县为什么还要孤悬于北疆一隅呢?所以那种认为朝那县从建县一直到皇甫谧时代一直未有迁徙的观点肯定是不能成立的。[2]那么朝那县

〔1〕《后汉书》卷87《西羌传》,第2887-2888页。
〔2〕《晋书》载记证明十六国时期朝那县治仍在今宁夏彭阳。

迁于何地呢？很遗憾，早期文献（两汉书）没有直接记载。

《后汉书·皇甫规传》又载："延熹四年秋，叛羌零吾等与先零别种寇钞关中，护羌校尉段颎坐征。后先零诸种陆梁，覆没营坞。规素悉羌事，志自奋效，乃上疏曰：'自臣受任，志竭愚钝……今猾贼就灭，太山略平，复闻群羌并皆反逆。臣生长邠岐，年五十有九，昔为郡吏，再更叛羌，豫筹其事，有误中之言。臣素有固疾，恐犬马齿穷，不报大恩，愿乞冗官，备单车一介之使，劳来三辅，宣国威泽，以所习地形兵执，佐助诸军。'"这里，皇甫规以自己年已59岁，自幼生长在邠岐之间，曾在这一带担任过郡吏，熟悉关中地形为理由，上疏朝廷，请求朝廷让其回三辅地区领兵，平定羌乱。上文中提到的邠，在今陕西邠县一带，与甘肃灵台县接壤；岐，即陕西岐山，距灵台很近。

今灵台县独店镇张鳌坡有皇甫谧墓，20世纪60年代经甘肃省文物普查队试掘之后，根据历代文献记载确定为皇甫谧墓。关于皇甫谧墓最早见之于文献者为宋王存的《元丰九域志·附录》，其录"泾州"条下载："川曰泾、汭。[有]皇甫士安读书台。灵台，古密须国之地，汉地理志云：密人之国。[有]密康公墓。皇甫士安家。"[1]《元丰九域志》来源于唐代《十道图》，是北宋王存、曾肇、李德刍等共同编撰的一部官修地理书。由于其书所载过于简略，绍圣四年（1097）黄裳又辑录各地山川、民俗、物产、古迹等等，以补其缺。书中遂有"古迹"一门。由此可见，自明以来的历代《灵台县志》中有关皇甫谧墓的记载并非空穴来风。近有人怀疑此墓是否为皇甫谧墓，有人说其应为其衣冠冢，更有人武断地说是古人在造假等等。但依笔者看来，在900年前的宋代，人们可能还没有如此强烈的"争名人"的意识。即使如此，古人为什么偏要在灵台造一个假的皇甫谧墓呢？退一步讲，如果是衣冠冢，古人为什么要在灵台修皇甫谧的衣冠冢呢，这不是从另一个方面说明灵台与皇甫谧有着千丝万缕的关系吗？此外，灵台、泾川许多有关地名、民俗、民间

---

〔1〕〔宋〕王存撰，王文楚、魏嵩山点校：《元丰九域志·附录》卷3，中华书局1984年版，第589－590页。

传说等等更是不能轻易否定的。这类文化积淀更为珍贵,因为其几乎是不受外界干扰的。据朱建唐先生调查,张鳌坡附近还有当地老乡世代相传的"皇甫书室"遗迹,有皇甫谧曾经耕耘稼穑过的"皇家坪"、皇甫谧读书台和"皇家湾"等地名。当地老乡世代相传皇家湾曾出过一个"针灸大夫",人称皇甫先生。[1] 此外,灵台县朝那镇社古村有一古城遗址。现村民大多依据而居,城虽破坏严重,但轮廓仍依稀可辨。城墙为夯土筑城,遗址有汉代以前陶片、碎瓦之类。说明此古城应筑于东汉。离城 3 华里处有一小村,叫皇甫湾。当地人世代传说,皇甫谧即出生于此。附近还有一颇具规模的古墓群,墓中曾出土有汉代钱币、铜镜等文物,附近还有车头坡、歇马店、皇甫岭等地名,当地文史工作者均认为其应与皇甫谧有关。还有灵台邻县泾川县在北朝时期曾是皇甫家族的重要集聚地。北魏胡太后(今泾川人)生母为皇甫氏,其舅皇甫佽、皇甫度(曾封安定县公)等都为北魏重臣。现存于泾川县的《南石窟寺之碑》碑阴载有"安定皇甫慎""安定皇甫恂"及庙会活动等。《敕赐嵩显寺碑记》载有"别驾从事皇甫规,字文则,安定人""平凉太守朝那县皇甫恂,字文远,安定人"。北魏时期的安定城,在今泾川水泉寺一带。今泾川县(在历史上有时泾川辖灵台或合县)址在明代旧名皇甫店,距此不远的完颜村旧名皇甫头,其地还有皇甫庙等。以上这些,特别是有关地名、民俗、民间传说等等更是不能轻易否定的。因为历史长河中的这类文化积淀往往包含着真实的历史,其信息量有时甚至超过某些文字记载。

总之,以上事实均说明今灵台及其邻县泾川在历史上曾是皇甫家族的集聚地区,这种情况与皇甫规说自己生长于邠岐一带非常接近。

众所周知,魏晋南北朝以来的世家大族,多数形成于东汉,至于被视为陇右巨姓的皇甫氏,实际上是从东汉晚期的皇甫规、皇甫嵩二人才开始显贵的,此时,上距西汉已 100 多年。在此之前,笔者还未发现某

---

〔1〕《晋书》载:皇甫谧晚年活动地在洛阳附近,且半身瘫痪,以床为伴,经常与亲人诀别。

某皇甫氏为"安定朝那人"的记载。[1] 故皇甫氏的郡望应指内徙之后的"安定朝那",皇甫规自己说出"生长邠岐"一带,正与此暗合。[2] 至于西汉安定朝那时皇甫氏作为大姓还没有形成,所以皇甫氏的郡望,于西汉时期的安定朝那无关。换言之,史书中所载以上皇甫氏为"安定朝那人"的"安定朝那"应指内徙之后的安定朝那,内徙之后的朝那,应在今甘肃灵台。

（本文原载于《光明日报》2006 年 3 月 11 日）

---

〔1〕东汉初期,皇甫文在安定高平活动,皇甫援在河西走廊活动,皇甫俊任住安定都尉。

〔2〕皇甫规父亲皇甫旗任扶风都尉。

45 悼周丕显先生

周丕显先生是 1996 年 2 月 9 日(农历正月初三)因心脏病复发在医院去世的。先生生于 1935 年,刚过 60 不久。

80 年代初,兰州大学想在敦煌学方面有所作为,但因自己力量不足,请来校外二位先生兼课。一是敦煌研究所的段文杰先生,一是甘肃省图书馆的周丕显先生。他们分别讲授"敦煌艺术"与"敦煌遗书"。此时,我作为一位年轻助教,除了跟着听课之外,还干一些接来送往的杂事,因为经常相处,对先生的了解就比较多了。

先生生于江苏宜兴,50 年代初考入南京大学历史系,师从柳翼谋、贺昌群、韩儒林诸位名师,学习考古学、简牍学、蒙元史。后转入北京大学图书馆学系,受业于敦煌学家王重民先生,学习历史文献学、敦煌文献学,还听过向达先生有关敦煌学的课程。1958 年毕业,分配来甘肃省图书馆从事西北文献的收集和研究工作,任文献部主任多年。1961 年开始在报刊上发表敦煌研究成果,先后撰写过有关历史文献、敦煌文献、目录学、西北史地的文章 80 多篇,近百万字,并为颜廷亮先生主编的《敦煌文学》《敦煌文学概论》两书的主要撰稿人。此外,还编著《甘肃地方志综论》一书。

作为一位学者,先生不但著述丰富,还兼职于兰州大学、西北师范大学、宁夏大学,先后为这些学校的本科生和研究生讲授史部目录学、文献学、中国史学名著评论、敦煌遗书研究、中国书史、校勘学等课。先生授课内容丰富,循循善诱,风趣幽默,常常听者盈堂。

先生在科研方面最有特色的应是对敦煌俗曲中分时联章体歌词、敦煌千字文、敦煌童蒙及家训、敦煌佚诗及目录等方面的研究和论述。如《敦煌俗曲分时联章歌体再议》一文,可称得上是利用敦煌文献研究中国"分时联章"歌体的代表之作。其文详尽考察了"五更转""十二

·欧·亚·历·史·文·化·文·库·

时""十二月"等辞体,论其发展及衰落,既列举正史中的根据,又博引民间遗存,所得结论和叙事论理的方法,无不令人信服。

《巴黎藏伯字 2721 号〈杂钞·书目〉考》《敦煌"童蒙""家训"写本之考察》《敦煌古钞〈兔园策府〉考析》《敦煌本〈千字文〉考》等文,是先生从正在撰写的《敦煌"童蒙""家训"写本之校注与研究》一书中别出整理而成的独立文章。先生认为:"历史上的蒙书和家训内容,包括了不少封建文化的糟粕,必须扬弃,我们若以正确的观点和方法,认真加以分析和研究,内中仍有许多值得继承的文化内涵。"(见先生《敦煌文献研究·自序》)基于这种目的,先生对敦煌遗书中的此类文献注意较多,其中有不少真知灼见。如其通过对敦煌《千字文》的考察,指出了敦煌《千字文》自 7 世纪中叶至 10 世纪中叶 34 件传钞本,皆为梁周兴嗣集王羲之书千字所编的那一本;同时还提出了敦煌本以外的《千字文》也同此例的观点。其论精详,非广博饱学,不能为之。

此外,先生还发表过《敦煌遗书概述》《敦煌遗书目录探微》《敦煌佛教文学》《敦煌科技书卷丛谈》等文。这类作品,多是先生在"讲稿"的基础上加工而成的。从题目来看,都带有"综述通论"性质。但先生的"综述"并非一般的泛泛之文,往往是建立在精确的统计与考证之上的。在此基础上,再提出自己的看法。如《敦煌科技书卷丛谈》一文在论述敦煌古本草残卷时,先后考察了敦煌文献中五六件本草残卷的内容,从梁陶弘景的《本草集注》开始,兼及唐宋诸《本草》的源流,直至明代李时珍的《本草纲目》,一泻千里,一篇利用敦煌文献所写的本草学发展简史跃然纸上。与此同时,又选敦煌写本《本草》与《证类本草》对勘比较,指出"中古时代医疗用药的变化和当时对医药性能认识"的情况及其价值。这里还应提及,近年来甘肃学者先后出版的几种敦煌医学著作,其肇始无不与这篇文章有关。同时,这些书的作者,许多人都曾向先生问学。

甘肃省图书馆收藏的西北地区文献很多,先生任文献部主任多年,同文献部的其他同志一起,编著了不少目录索引,为读者提供了极大的方便。文献部在先生的领导下,咨询工作做得非常出色,常常受到读者的表扬。特别是 80 年代以来,各地大兴修方志之风,文献部的阅览室内,常常座无虚席。更麻烦的是,这些远道而来的读者,还要提出许多问题。先生常为这些读者不厌其烦地回答问题,甚至帮助查找资料和书籍。甘肃很多教育、文化界人士都知道,省图有个周先生,说他是个"活字典"。

先生在甘肃史学界、图书馆学界、敦煌学界是一位很有影响的人物,先后担任甘肃敦煌学会副会长、省档案学会副会长、省图书馆学会常务理事等社会职务多种,同时,还任甘肃省政协常委,为甘肃省的文化事业做了许多工作。但先生这几年的心情是压抑的,先生常说到他不会应付复杂的人事关系,甚至处理不好上下级之间的关系。此外,清冷的退休生活的突然到来,也使常以接待读者为乐的先生感到寂寞。

我同先生亦师亦友。先生的猝然去世,使我非常悲痛,唯一能安慰我的是,我帮先生出版了他的文集《敦煌文献研究》一书。先生一生写了不少东西,但多零散发表在一些报纸杂志上,他一直想把有关敦煌的十几篇文章结集一书出版,但由于"出版补贴"问题和先生不愿求人的态度,一直未能如愿。我组织"敦煌学文库",首选了他的书。由甘肃文化出版社出版的这本书,现已获甘肃省社联第五次优秀图书一等奖。王永兴先生看了这本书之后评说周先生的治学"颇有[王]重民先生的遗风"。

先生的父母均健在,双双 80 多岁了,先生本来是应长寿的,但却永远离开了我们,离开了他眷恋的"敦煌学"。愿先生神游净土,永离烦恼吧!

附：

周丕显先生敦煌学论著目录

一、专著

《敦煌文献研究》，甘肃文化出版社，1995 年 6 月。

二、论文

《敦煌遗书概述》，《兰州大学学报》，1980 年 1 月。

《敦煌遗书目录探微》，《敦煌学辑刊》，1986 年第 1 期。

《敦煌俗曲分时联章歌体再议》，《敦煌学辑刊》总第 4 期。

《敦煌佛教文学》，原未刊，见《敦煌文献研究》。

《敦煌佚诗杂考》，《敦煌学辑刊》，1992 年第 1、2 期合刊。

《敦煌佛经考略》，《敦煌学辑刊》，1987 年第 2 期。

《巴黎藏伯字第 2721 号〈杂钞·书目〉初探》，《敦煌吐鲁番学研究论文集》，汉语大词典出版社（上海），1990 年 6 月。

《敦煌古钞〈兔园策府〉考析》，《敦煌学辑刊》，1994 年第 2 期。

《敦煌"童蒙"、"家训"写本之考察》，《敦煌学辑刊》，1993 年第 1 期。

《敦煌本〈千字文〉考》，原未刊，见《敦煌文献研究》。

《敦煌科技书卷丛谈》，《敦煌学辑刊》总第 2 期。

《敦煌遗书中的档案》，《档案》，1989 年第 5 期。

《〈敦煌碑铭赞辑释〉评介》，《敦煌研究》，1994 年第 1 期。

《两汉时期的目录学》，《兰州大学学报》，1984 年第 4 期。

《读〈书目答问〉》，《图书与情报》，1990 年第 4 期。

《先唐经录之考察》，《图书与情报》，1993 年第 3 期。

《清代西北舆地学》，《社科纵横》，1994 年第 2 期。

《〈元史〉到〈新元史〉》，《西北民族研究》，1992 年第 2 期。

（本文原载于《敦煌吐鲁番研究》第三卷，1998 年）

参考文献

一、古籍文献

〔汉〕司马迁.史记[M].北京:中华书局,1959.

〔汉〕班固.汉书[M].北京:中华书局,1962.

〔魏〕杨衒之.洛阳伽蓝记[M].周祖谟,校释.北京:1963.

〔南朝宋〕范晔.后汉书[M].北京:中华书局,1965.

〔梁〕沈约撰.宋书[M].北京:中华书局,1974.

〔梁〕萧子显.南齐书[M].北京:中华书局,1974.

〔北齐〕魏收.魏书[M].北京:中华书局,1974.

〔唐〕姚思廉.梁书[M].北京:中华书局,1974.

〔唐〕房玄龄,等.晋书[M].北京:中华书局,1974.

〔唐〕令狐德棻,等.周书[M].北京:中华书局,1971.

〔唐〕魏征.隋书[M].北京:中华书局,1973.

〔后晋〕刘昫,等.旧唐书[M].北京:中华书局,1975.

〔唐〕李延寿.北史[M].北京:中华书局,1974.

〔宋〕欧阳修,宋祁.新唐书[M].北京:中华书局,1975.

〔宋〕王钦若.册府元龟[M].北京:中华书局,1960.

〔元〕脱脱,等.金史[M].北京:中华书局,1974.

〔元〕脱脱,等.辽史[M].北京:中华书局,1974.

〔宋〕司马光,等.资治通鉴[M].北京:中华书局,1956.

〔唐〕玄奘,辩机.大唐西域记[M].季羡林等,校注.北京:中华书局,1985.

〔日〕圆仁,顾承甫.入唐求法巡礼行记[M].何泉达,点校.上海:上海古籍出版社,1986.

〔宋〕李焘.续资治通鉴长编[M].北京:中华书局,1992.

〔北魏〕郦道元.水经注[M].陈桥驿,点校.上海:上海古籍出版社,1990.

〔宋〕李昉,等.太平广记[M].北京:中华书局,1961.

〔唐〕段成式.酉阳杂俎[M].北京:中华书局,1981.

〔宋〕赞宁.宋高僧传[M].范祥雍,点校.北京:中华书局,1987.

〔晋〕释法显.法显传[M].章巽,校注.北京:中华书局,1988.

〔唐〕义净.大唐西域求法高僧传[M].王邦维,校注.北京:中华书局,1988.

〔梁〕释慧皎.高僧传[M].汤用彤,校注;汤一玄,整理.北京:中华书局,1992.

〔清〕董诰等.全唐文[M].上海:上海古籍出版社,1983.

〔梁〕释僧祐,苏晋仁.出三藏记集[M].萧錬子,点校.北京:中华书局,1995.

〔唐〕释道世,周叔迦.法苑珠林[M].苏晋仁,校注.北京:中华书局,2003.

〔明〕一如法师.三藏法数[M].金陵刻经处,1991.

陈述辑校.全辽文[M].北京:中华书局出版社,1982.

英藏敦煌文献[M].成都:四川人民出版社,1990.

法藏敦煌西域文献[M].上海:上海古籍出版社,2001.

二、专著

〔明〕胡汝砺编.嘉靖宁夏新志[M].银川:宁夏人民出版社,1982.

〔清〕张鉴.西夏纪事本末[M].刻本.清光绪十一年.

〔清〕王昶.金石萃编[M].光绪癸巳年(1893)上海醉六堂印.

〔清〕严可均.全上古三代秦汉三国六朝文[M].北京:中华书局影印本,1958。

〔清〕汤球.十六国春秋辑补[M].北京:商务印书馆,1958.

汤用彤.印度哲学史略[M].北平:独立出版社,1946.

吴景敖.西陲史地研究[M].上海:中华书局,1948.

黄文弼.吐鲁番考古记[M].北京:中国科学院,1954.

陈垣.中国佛教史籍概论[M].北京:中华书局,1962.

永瑢,等.四库全书总目[M].北京:中华书局,1965.

任继愈.汉唐佛教思想论集[M].北京:人民出版社,1973.

张星烺编著.中西交通史料汇编[M].朱杰勤,校订.北京:中华书局,1977.

韦舫.中国戒律宏传概论[M].台北:大乘文化出版社,1978.

王豁生诗集笺注[M].上海:上海古籍出版社,1979.

宫大中.龙门石窟艺术[M].上海:上海人民出版社,1981.

国家文物局古文献研究室,新疆维吾尔自治区博物馆,武汉大学历史系编.吐鲁番出土文书[M].北京:文物出版社,1981.

郭朋.隋唐佛教[M].济南:齐鲁书社,1981.

羽田亨.西域文化史[M].耿世民,译.乌鲁木齐:新疆人民出版社,1981.

汤用彤.隋唐佛教史稿[M].北京:中华书局,1982.

陈寅恪.唐代政治史述论稿[M].上海:上海古籍出版社,1982.

商务印书馆编.敦煌遗书总目索引·日本人中村不折藏敦煌遗书目录[M].北京:中华书局,1983.

续敦煌实录[M].张澎辑,李鼎文,校点.兰州:甘肃人民出版社,1985.

姜亮夫.莫高窟年表[M].上海:上海古籍出版社,1985.

刘长久,胡文和,李永翘.大足石刻研究[M].成都:四川省社科院出版社,1985.

郭朋.汉魏两晋南北朝佛教[M].济南:齐鲁书社,1986.

敦煌文物研究所.敦煌莫高窟供养人题记[M].北京:文物出版社,1986.

敦煌石窟研究国际学术讨论会论文集[M].沈阳:辽宁美术出版社,1987.

董玉祥.河西石窟[M].北京:文物出版社,1987.

任继愈.中国佛教史[M].北京:中国社会科学出版社,1987.

中国大百科全书·宗教卷[M].北京:中国大百科全书出版社,1988.

史金波.西夏佛教史略[M].银川:宁夏人民出版社,1988.

方广锠.中国佛教典籍百问[M].北京:今日中国出版社,1989.

杜斗城.敦煌本《佛说十王经》校录研究[M].兰州:甘肃教育出版社,1989.

中国石窟·永靖炳灵寺[M].北京:文物出版社,1989.

周叔迦.《法音》文库·法苑谈丛[M].北京:中国佛教协会出版,1990.

杜斗城.敦煌五台山文献校录研究[M].太原:山西人民出版社,1991.

杜斗成.北凉译经论[M].兰州:甘肃文化出版社,1995.

黄征,吴伟.敦煌愿文集[M].长沙:岳麓书社,1995.

梁启超集[M].北京:中国社会科学出版社,1995.

于存海,何继英.西夏佛塔[M].北京:文物出版社,1995.

汤用彤.汉魏两晋南北朝佛教史[M].北京:北京大学出版社,1997.

杨际平,郭锋,张和平.五—十世纪敦煌的家庭与家族关系[M].长沙:岳麓书社,1997.

杜斗城.北凉佛教研究[M].台北:台北新文丰出版公司,1998.

温玉成.少林访古[M].天津:百花文艺出版社,1999.

劳政武.佛教戒律学[M].北京:宗教文化出版社,1999.

敦煌文物研究所.甘肃藏敦煌文献[M].兰州:甘肃人民出版社,1999.

四库全书(文渊阁本)[M].上海:上海古籍出版社,1987.

殷光明.北凉石塔研究[M].台湾:台湾新竹觉风佛教艺术文化基金会,2000.

王素.高昌史稿[M].北京:文物出版社,2000.

张宝玺.甘肃佛教石刻造像[M].兰州:甘肃人民美术出版社,2001.

古正美.从天王传统到佛王传统——中国中世佛教治国意识形态研究[M].台湾:台湾商周出版社,2003.

郝树声,张德芳.悬泉汉简研究[M].兰州:甘肃文化出版社,2009.

"讲座敦煌"《敦煌佛与禅》[M].日本大东出版社,昭和五十五年.

三、论文

宿白.敦煌莫高窟中的"五台山图"[J].文物参考资料,1951(5).

史岩.酒泉文殊山的石窟寺院遗址[J].文物参考资料,1956(7).

夏鼐.青海西宁出土的波斯萨珊朝银币[J].考古学报,1958(1).

金维诺.敦煌壁画祇园记图考[J].文物参考资料,1958(10).

黄盛璋,方永.吐谷浑故都——伏俟城发现记[J].考古,1962(8).

杨泓.试论南北朝前期佛像服饰的主要变化[J].考古,1963(6).

〔日〕京都國立博物舘编集.守屋孝藏氏蒐集古經圖録.東京:京都國立博物舘,1964。

王毅.北凉石塔[J].文物资料丛刊,1977(1).

宿白.云冈石窟分期试论[J].考古学报,1978(1).

董玉祥.炳灵寺石窟的分期//中国考古学会第一次年会论文集(1979).北京:文物出版社,1980.

樊锦诗,马世长,关友惠.敦煌莫高窟北朝洞窟的分期//敦煌研究文集.兰州:甘肃人民出版社,1982.

孙修身.敦煌李姓世系考[J].西北史地,1983(3).

萧村.辽朝别有一五台山[J].文物,1984(9).

李永宁,蔡伟堂.《降魔变文》与敦煌壁画中的"劳度叉斗圣变"//1983年全国敦煌学术讨论会文集·石窟艺术编.兰州:甘肃人民出版社,1985。

贺世哲.敦煌莫高窟的《涅槃经变》[J].敦煌研究,1986(1).

杜斗城.关于敦煌本《五台山赞》与《五台山曲子》的创作年代问题[J].敦煌学辑刊,1987(1).

杜斗城.关于敦煌本《佛说十王经》的几个问题[J].世界宗教研究,1987(2).

陈炳应.北魏曹天护造方石塔[J].文物,1988(3).

黄燕生.唐代净众——保唐禅派概述[J].世界宗教研究,1989(4).

李西民.麦积山石窟艺术史上的六个高潮//麦积山石窟艺术研究所编.石窟艺术.西安:陕西人民出版社,1990.

张学荣,何静珍.论莫高窟和麦积山早期洞窟中的交脚菩萨//1987年敦煌石窟研究国际探讨会文集·石窟考古篇.沈阳:辽宁美术出版社,1990.

〔日〕池田温.中國古代寫本識語集録.東京大学東洋文化研究所,1990.

李聚宝.十六国时期敦煌的政治状况//魏晋南北朝史论文集.济南:齐鲁书社,1991.

贺世哲.关于十六国北朝时期的三世佛与三佛造像诸问题(一)[J].敦煌研究,1992(4).

马国荣.北魏与西域关系述略[J].喀什师范学院学报,1995(4).

孙晓林.汉——十六国敦煌令狐氏述略[J].北京图书馆馆刊,1996(4).

黄爱平.《四库全书总目》的经学观与清中叶的学术思想走向.中国文化研究,1999年春之卷.

郑颖.《四库全书总目》子部存目浅谈.丽水师范专科学校学报,2004(1).

冯培红.汉晋敦煌大族略论[J].敦煌学辑刊,2005(2).

〔日〕磯部彰编集:《台東区立書道博物館所藏中村不折旧藏禹域墨書集成》,文部科学省科学研究費特定領域研究 < 東アジア出版文化研究 > 総括班,2005 年。

后　记

　　我在北京大学历史系考古专业读书时,最感兴趣的是商周考古一段,尤其对青铜器的分期断代、金文、甲骨文等最有兴趣。因此当时给我授课的邹衡先生、李伯谦先生想把我留校专门从事这方面的教学与研究。毕业时学校动员我们到艰苦的地方去,同学纷纷报名,我还曾报名要求到西藏去。正在这时,甘肃省博物馆文物工作队队长张学正来北大要人,我被分配到了故乡甘肃。在甘肃省毕业生分配办公室报到时,又被调整到了兰州大学历史系。

　　白驹过隙,倏忽十年。转眼之间,我在兰州大学已工作了三十多年了。三十多年来,我实际上主要是个"教书匠"。我敢断言,我是兰州大学历史学院给本科生上课最多的教授,教学效果之良好也是学生公认的。我先后给学生讲授过中国古代史、宗教学概论、中国佛教史、敦煌艺术概论、考古学通论等课。特别是由我创建的考古及博物馆系招生以来,由于师资缺乏,我的授课任务就更重了,以致我没有更多的时间从事科研工作。加之我兴趣广泛,酷爱棋类之戏又浪费了大量时间。尽管这样,我还是出过几本被学术界认为很有价值的小书,如《敦煌本〈佛说十王经〉校录研究》(甘肃教育出版社,1989 年 12 月)、《敦煌五台山文献校录研究》(山西人民出版社,1991 年 5 月)、《陇右高僧录》(兰州大学出版社,1993 年 6 月)、《白话贤愚经》(甘肃人民出版社,1994 年 8 月,2012 年台湾空庭书院又出了繁体本)、《北凉译经论》(甘肃文化出版社,1995 年 6 月)、《北凉佛教研究》(台湾新文丰出版公司,1998 年 3 月)、《敦煌与丝绸之路》(与王书庆合作,海天出版社,2004年 6 月,此书还有英文、法文、日文、韩文版)、《炳灵寺石窟内容总录》(兰州大学出版社,2006 年)、《正史佛教资料类编》(甘肃文化出版社,2006 年 5 月)、《考古学通论》(教材,兰州大学出版社,2007 年 6 月)、

《河西佛教史》(中国社会科学出版社,2010年12月)。特别是近年来
所出《正史佛教资料类编》60多万字,被台湾中华电子佛典作为《大藏
经·续编》收录,印度宗教刊物发专门评论,影响较大;《河西佛教史》
80多万字,由国内佛教研究权威、一级教授方立天先生作序,给予了充
分肯定;《考古学通论》(教材)被国内包括清华大学的十几所高等院校
采用,先后多次获奖。

除此之外,我还在海内外的一些刊物上发表过几十篇论文。这个
集子所收40多篇文章是其中部分论文,多数已经发表(其中很多文章
是为了参加学术会议的应时之作)。这些文章有些是我独立完成的,
有些是我与同行合作的,基本以发表年代先后顺序排列,内容大多与佛
教、佛教考古、"敦煌学"有关,还有几篇是我研究方向还未确定之前的
习作,虽质量不高,但作为我的"学术历史"的记录,也把其收了进来。

我为兰州大学出版社帮了一点小忙,出版社想为我出本书以示谢
意,我没有什么好的东西拿出来,就以此来充数吧!

在此,我还要特别感谢兰州大学出版社的施援平女士、社长崔明教
授、魏鸿彪主任及钟静、许景等同志,还有为我帮忙整理书稿的研究生
丁得天、吴通、高倩、刘鹏、朱姝民、张正宇、高倩茹、公维军、张焕粉、杜
赟清、高泽、郭静娜、张航等同学!

杜斗城记于兰州大学杜撰斋

2013.8.28

索 引

A

阿弥陀佛　40,110－112

阿难　35,41,43

阿育王
135 － 141,143,154,187,188,
191,198,200,227,261,345,
415,431,469

安般守意经　212

安史之乱
52,123,129,130,456,494

B

拜寺口　251,253,254,262,297

般若
82,99,101,109,119,140,168,
175,203 － 205,208,232,243,
262,266,308,310,315,364,
366,382,402,407,411,418,
419,446,461

宝雨经　178－182,184

北朝
11,12,25,58,75,97,109,156,
159,163,248,265,267,328,
330,341,355,362,363,374,
376,381 － 383,394,396,404,
416,429,431,478,512,519,
529,530

北凉
10,13,18 － 25,28 － 31,83,108,
113,135,145,151,153 － 160,
162,164 － 175,177 － 180,188,
192,214,226,227,234,378 －
380,385 － 393,396 － 400,405,
462,470,488,528,531

北凉石塔
21,155,164,171,363,379,380,
398,399,528,529

北魏
1,3 － 5,10,11,16,25,30,31,
39,72,97,99,100,113,135,
141,147,153,154,156 － 167,
174,176,183,214,229,264,
265,279 － 284,289,290,329 －
331,336,341,363,374,380,
381,384 － 393,398,400,401,
403 － 405,470,472,475 － 483,
488 － 492,494 － 496,508,510 －

·欧·亚·历·史·文·化·文·库·

·欧·亚·历·史·文·化·文库·

·欧·亚·历·史·文·化·文·库·

欧亚历史文化文库

已经出版

林悟殊著:《中古夷教华化丛考》　　　　　　　　定价:66.00 元

赵俪生著:《彔兹集》　　　　　　　　　　　　　定价:69.00 元

华喆著:《阴山鸣镝——匈奴在北方草原上的兴衰》　定价:48.00 元

杨军编著:《走向陌生的地方——内陆欧亚移民史话》　定价:38.00 元

贺菊莲著:《天山家宴——西域饮食文化纵横谈》　　定价:64.00 元

陈鹏著:《路途漫漫丝貂情——明清东北亚丝绸之路研究》

　　　　　　　　　　　　　　　　　　　　　　定价:62.00 元

王颋著:《内陆亚洲史地求索》　　　　　　　　　定价:83.00 元

〔日〕堀敏一著,韩昇、刘建英编译:《隋唐帝国与东亚》　定价:38.00 元

〔印度〕艾哈默得·辛哈著,周翔翼译,徐百永校:《入藏四年》

　　　　　　　　　　　　　　　　　　　　　　定价:35.00 元

〔意〕伯戴克著,张云译:《中部西藏与蒙古人

　　——元代西藏历史》(增订本)　　　　　　　定价:38.00 元

陈高华著:《元朝史事新证》　　　　　　　　　　定价:74.00 元

王永兴著:《唐代经营西北研究》　　　　　　　　定价:94.00 元

王炳华著:《西域考古文存》　　　　　　　　　　定价:108.00 元

李健才著:《东北亚史地论集》　　　　　　　　　定价:73.00 元

孟凡人著:《新疆考古论集》　　　　　　　　　　定价:98.00 元

周伟洲著:《藏史论考》　　　　　　　　　　　　定价:55.00 元

刘文锁著:《丝绸之路——内陆欧亚考古与历史》　　定价:88.00 元

张博泉著:《甫白文存》　　　　　　　　　　　　定价:62.00 元

孙玉良著:《史林遗痕》　　　　　　　　　　　　定价:85.00 元

马健著:《匈奴葬仪的考古学探索》　　　　　　　定价:76.00 元

〔俄〕柯兹洛夫著,王希隆、丁淑琴译:

　　《蒙古、安多和死城哈喇浩特》(完整版)　　　定价:82.00 元

乌云高娃著:《元朝与高丽关系研究》　　　　　　定价:67.00 元

杨军著:《夫余史研究》　　　　　　　　　　　　定价:40.00 元

梁俊艳著:《英国与中国西藏(1774—1904)》　　　　定价:88.00 元

〔乌兹别克斯坦〕艾哈迈多夫著,陈远光译:

　　《16—18 世纪中亚历史地理文献》(修订版)　　定价:85.00 元

成一农著:《空间与形态——三至七世纪中国历史城市地理研究》

　　　　　　　　　　　　　　　　　　　　　　定价:76.00 元

杨铭著:《唐代吐蕃与西北民族关系史研究》　　　定价:86.00 元

殷小平著:《元代也里可温考述》　　　　　　　　定价:50.00 元

耿世民著:《西域文史论稿》　　　　　　　　　　定价:100.00 元

殷晴著:《丝绸之路经济史研究》　　　定价:135.00 元(上、下册)

余大钧译:《北方民族史与蒙古史译文集》　定价:160.00 元(上、下册)

韩儒林著:《蒙元史与内陆亚洲史研究》　　　　　定价:58.00 元

〔美〕查尔斯·林霍尔姆著,张士东、杨军译:

　　《伊斯兰中东——传统与变迁》　　　　　　　定价:88.00 元

〔美〕J. G. 马勒著,王欣译:《唐代塑像中的西域人》　定价:58.00 元

顾世宝著:《蒙元时代的蒙古族文学家》　　　　　定价:42.00 元

杨铭编:《国外敦煌学、藏学研究——翻译与评述》　定价:78.00 元

牛汝极等著:《新疆文化的现代化转向》　　　　　定价:76.00 元

周伟洲著:《西域史地论集》　　　　　　　　　　定价:82.00 元

周晶著:《纷扰的雪山——20 世纪前半叶西藏社会生活研究》

　　　　　　　　　　　　　　　　　　　　　　定价:75.00 元

蓝琪著:《16—19 世纪中亚各国与俄国关系论述》　定价:58.00 元

许序雅著:《唐朝与中亚九姓胡关系史研究》　　　定价:65.00 元

汪受宽著:《骊靬梦断——古罗马军团东归伪史辨识》　定价:96.00 元

刘雪飞著:《上古欧洲斯基泰文化巡礼》　　　　　定价:32.00 元

〔俄〕Т. Б. 巴尔采娃著,张良仁、李明华译:

　　《斯基泰时期的有色金属加工业——第聂伯河左岸森林草原带》

　　　　　　　　　　　　　　　　　　　　　　定价:44.00 元

叶德荣著:《汉晋胡汉佛教论稿》　　　　　　　　定价:60.00 元

王颋著:《内陆亚洲史地求索(续)》　　　　　　定价:86.00 元

尚永琪著:

　　《胡僧东来——汉唐时期的佛经翻译家和传播人》　定价:52.00 元

桂宝丽著:《可萨突厥》　　　　　　　　　　　　定价:30.00 元

篠原典生著:《西天伽蓝记》　　　　　　　　　　　　　定价:48.00 元

〔德〕施林洛甫著,刘震、孟瑜译:

　《叙事和图画——欧洲和印度艺术中的情节展现》　　定价:35.00 元

马小鹤著:《光明的使者——摩尼和摩尼教》　　　　　定价:120.00 元

李鸣飞著:《蒙元时期的宗教变迁》　　　　　　　　　定价:54.00 元

〔苏联〕伊·亚·兹拉特金著,马曼丽译:

　《准噶尔汗国史》(修订版)　　　　　　　　　　　定价:86.00 元

〔苏联〕巴托尔德著,张丽译:《中亚历史——巴托尔德文集

　　第 2 卷第 1 册第 1 部分》　　　　　定价:200.00 元(上、下册)

〔俄〕格·尼·波塔宁著,〔苏联〕B.B.奥布鲁切夫编,吴吉康、吴立珺译:

　《蒙古纪行》　　　　　　　　　　　　　　　　　　定价:96.00 元

张文德著:《朝贡与入附——明代西域人来华研究》　　定价:52.00 元

张小贵著:《祆教史考论与述评》　　　　　　　　　　定价:55.00 元

〔苏联〕K.A.阿奇舍夫、Г.A.库沙耶夫著,孙危译:

　《伊犁河流域塞人和乌孙的古代文明》　　　　　　　定价:60.00 元

陈明著:《文本与语言——出土文献与早期佛经词汇研究》

　　　　　　　　　　　　　　　　　　　　　　　　　定价:78.00 元

李映洲著:《敦煌壁画艺术论》　　　　定价:148.00 元(上、下册)

杜斗城著:《杜撰集》　　　　　　　　　　　　　　　定价:108.00 元

敬请期待

许全胜著:《黑鞑事略汇校集注》

贾丛江著:《汉代西域汉人和汉文化》

王永兴著:《敦煌吐鲁番出土唐代军事文书考释》

薛宗正著:《汉唐西域史汇考》

徐文堪编:《梅维恒内陆欧亚研究文选》

徐文堪著:《欧亚大陆语言及其研究说略》

刘迎胜著:《小儿锦文字释读与研究》

李锦绣编:《20 世纪内陆欧亚历史文化研究论文选粹》

李锦绣、余太山编:《古代内陆欧亚史纲》

郑炳林著:《敦煌占卜文献叙录》

李锦绣著:《裴矩〈西域图记〉辑考》

李艳玲著:《公元前 2 世纪至公元 7 世纪前期西域绿洲农业研究》

许全胜、刘震编：《内陆欧亚历史语言论集——徐文堪先生古稀纪念》

张小贵编：《三夷教论集——林悟殊先生古稀纪念》

李鸣飞著：《横跨欧亚——中世纪旅行者眼中的世界》

杨林坤著：《西风万里交河道——明代西域丝路上的使者与商旅》

林悟殊著：《华化摩尼教补说》

王媛媛著：《摩尼教艺术及其华化考述》

李花子著：《长白山踏查记》

芮传明著：《摩尼教敦煌吐鲁番文书校注与译释研究》

马小鹤著：《霞浦文书研究》

段海蓉著：《萨都剌传》

〔德〕梅塔著，刘震译：《从弃绝到解脱》

郭物著：《欧亚游牧社会的重器——鍑》

王邦维著：《玄奘》

芮传明著：《内陆欧亚中古风云录》

李锦绣著：《北阿富汗的巴克特里亚文献》

孙昊著：《辽代女真社会研究》

赵现海著：《长城时代的开启
　　——长城社会史视野下明中期榆林长城修筑研究》

华喆著：《帝国的背影——公元14世纪以后的蒙古》

杨建新著：《民族边疆论集》

王永兴著：《唐代土地制度研究——以敦煌吐鲁番田制文书为中心》

〔苏联〕伊·亚·兹拉特金等著，马曼丽、胡尚哲译：
　　《俄蒙关系档案文献集（1607—1654）》

〔俄〕柯兹洛夫著，丁淑琴译：《蒙古与喀木》

马曼丽著：《马曼丽内陆欧亚自选集》

韩中义著：《欧亚与西北研究辑》

刘迎胜：《蒙元史考论》

尚永琪著：《古代欧亚草原上的马——在汉唐帝国视域内的考察》

石云涛：《丝绸与汗血马——早期中西交通与外来文明》

青格力等著《内蒙古土默特金氏蒙古家族契约文书整理研究》

尚永琪著：《鸠摩罗什及其时代》

石云涛著：《魏晋南北朝时期的外来文明》

·欧·亚·历·史·文·化·文·库·